联合国国际货物销售合同公约评释

第三版

李巍 著

A COMMENTARY ON CISG

3rd Edition

法律出版社
LAW PRESS · CHINA
北京

图书在版编目(CIP)数据

《联合国国际货物销售合同公约》评释 / 李巍著
. -- 3 版. -- 北京 : 法律出版社, 2023
ISBN 978-7-5197-7812-5

Ⅰ. ①联… Ⅱ. ①李… Ⅲ. ①联合国–国际贸易–贸易合同–国际公约–解释 Ⅳ. ①F744

中国国家版本馆 CIP 数据核字(2023)第 064752 号

《联合国国际货物销售合同公约》评释(第三版)
《LIANHEGUO GUOJI HUOWU XIAOSHOU HETONG GONGYUE》PINGSHI (DI-SAN BAN)

李 巍 著

策划编辑 刘晓萌
责任编辑 刘晓萌
装帧设计 鲍龙卉

出版发行 法律出版社
编辑统筹 法治与经济出版分社
责任校对 晁明慧
责任印制 吕亚莉
经 销 新华书店

开本 710 毫米×1000 毫米 1/16
印张 37.25 字数 627 千
版本 2023 年 10 月第 1 版
印次 2023 年 10 月第 1 次印刷
印刷 固安华明印业有限公司

地址:北京市丰台区莲花池西里 7 号(100073)
网址:www.lawpress.com.cn
投稿邮箱:info@lawpress.com.cn
举报盗版邮箱:jbwq@lawpress.com.cn
销售电话:010-83938349
客服电话:010-83938350
咨询电话:010-63939796

书号:ISBN 978-7-5197-7812-5
定价:156.00 元
凡购买本社图书,如有印装错误,我社负责退换。电话:010-83938349

作者于2011年11月11日受邀参加在美国弗罗里达大学召开的纪念公约发表30周年国际学术会议，主题为“国际销售法——全球挑战”。上图为会后全体代表的合影（右二为作者），下图为作者在会议上作“CISG in China"的主旨演讲。

第三版前言

《〈联合国国际货物销售合同公约〉评释》(以下简称《公约评释》)第二版于2009年出版发行,至今已经过去14年。这些年来,公约取得巨大成功,它的普遍性和统一法的作用日益增强,21世纪开始的10年,英国、印度、巴西、葡萄牙这几个注重对外贸易的国家仍属于非缔约国,进入第二个10年,巴西、葡萄牙先后加入公约。截至2023年9月,公约有96个缔约国,它们代表不同法律传统和经济发展水平以及占全球2/3的经济规模,公约已经成为沟通条约性的国际统一法和国际商业惯例之间的桥梁,成为沟通普通法系和民法法系不同国内法传统、法律制度之间的桥梁,成为沟通不同法律概念、不同法律语言和文化的桥梁。这些年来,与本书相关的中国法律和国际惯例也有了新的发展,中国最高人民法院于2009年发布《关于适用〈中华人民共和国合同法〉若干问题的解释(二)》,于2012年发布《关于审理买卖合同纠纷案件适用法律问题的解释》,全国人大于2020年通过《中华人民共和国民法典》,这部法律和相关司法解释的公布实施标志着中国货物销售法体系已经形成。同时,国际商会公布了《国际贸易术语解释通则》2010年版和2020年版,有必要通过修订本书反映这些法律和国际惯例的发展变化。

随着公约影响力扩大,国际社会关于公约的学术研究有长足的进展,取得丰硕成果。仅UNCITRAL在线法律图书馆(Uncitral law library)藏书目录中就收集了1000多种关于公约的专著和论文资料。美国佩斯大学法学院建立了专门研究公约的数据库(http://www.cisg.law.pace.edu),收集了数量更庞大的学术资料和立法准备资料,向全球开放供研究和查阅。由国际著名法律专家组成的国际销售公约咨询委员会(CISG-

AC)已经发布21份解释公约的咨询意见和2份宣言,有力促进对公约的统一解释。我们还应关注各国法院和仲裁机构适用公约裁判案件的情况,目前,美国佩斯大学法学院CISG数据库公布了3131件适用公约案件,其中,欧洲国家特别是德国贡献了较多的法院判例,中国CIETAC提供了较多仲裁案例。2011年11月11日,我作为来自中国的学者代表,受邀参加了在美国佛罗里达大学召开的纪念公约发表30周年学术会议,与全球30多位顶尖的研究公约学者济济一堂,探讨公约法律问题,国际销售法面临的全球挑战,代表们提交的论文形成论文集,由剑桥大学于2014年出版。[1] 2015年我受韩国仲裁协会邀请参加由该协会举办的"纪念韩国加入公约10周年"学术会议,讨论公约在国际商事仲裁中的适用和案例。关于公约的学术繁荣和法律适用案件的增加创造了必要条件,推动国际社会对统一法的理解和认识更为深化和成熟,而且提高了本人对公约的认识和理解,有必要通过修订《公约评释》反映这些新见解,弥补原作品的不足。

本书的修订自2020年年初开始,用时一年多,于2021年中期修改完成。《公约评释》第三版比旧版增加4万多字,内容更充实。在技术方面,完全按照条款先后次序进行解释和评论,改变了旧版书个别地方打乱条款先后次序,将几个相关条款放在一起解读的情况,更方便读者查阅。本书条文分析体例带来一定系统整合上的困难,为帮助读者整体把握公约含义以及条文之间、内容之间的相互关联,行文中在必要之处加括号文字说明需参照的条款和相关评释,方便做前后对照解读。这次修订还参照多家出版单位制定的法律著作编写规范,对旧版书正文和注释中用语、格式的不准确、不规范之处做了统一调整,使之更加规范化。本次修改对公约某些关键条文涉及的重要法律问题做专题研究和处理,其中主要是第1条适用范围、第19条反要约、第25条根本违约、第28条实际履行、第31条卖方交货义务、第35条货物与合同相符、第4章货物风险转移、第74条损害赔偿救济、第79条不能控制的障碍免责、第95条缔约国保留,通过专题研究,对这些条文的评释作了恰当处理,内容作较大调整和补充,虽耗费心

[1] See, Larry A. Dimatteo ed., International Sales Law A Global Challenge, Cambridge University Press, 2014.

力，却增进了作品深度及其理论与实务价值。

过去几年，新冠疫情全球肆虐，人们正常的生产和生活受到严重干扰，国际经济贸易和人员往来遭遇重大阻碍，也让我们反思疫情引起的国际货物买卖法问题。研究公约第 79 条，令我思考疫情引起的销售合同履行受阻能否免责，思考这一条与国内法不可抗力制度、履约艰难制度的关系，以及其与销售合同中免责条款的关系。面对疫情，自然关注公约关于风险转移的相关规定，思考国际货物买卖面临的各种风险，特别是政府对货物禁运、对边境管控带来的交易风险，探究合同中的哪一方应该承担这样的风险。修改第 19 条，令我思考什么是“格式之战”，国内法和公约是如何处理商业实践中最为常见，却总是含混不清的这个法律问题。修改第 35 条，特别关注第 2 款货物与合同相符的默示条件，其与产品标准的关系。修改第 1 条、第 4 条和第 95 条，重点搞清公约适用范围，第 1 条(b)项间接适用公约的路径，缔约国作出保留的后果。这些条款都涉及重大法律问题，感谢这个信息化时代，使我有条件利用可获得的必需资料做研究和思考，跨越国内法和国际法、传统商法和现代商法的时空界限，重新审视和厘清这些基本商事合同法和国际法问题。

撰写一部自己满意的评释 CISG 的中文作品是多年以来的愿望，今天这愿望初步实现，甚感欣慰。在 2020 年开始动笔撰写本书之际，恰逢公约发布 40 周年，我对统一法的成功表示祝贺！感谢中国政法大学国际法学院的支持和资助！感谢编辑审读人员的辛勤劳动！本人虽竭尽全力，仍不能避免书中存在错漏之处，恳请读者批评指正。

李　巍

2023 年 1 月 24 日于北京

再版前言

1980年《联合国国际货物销售合同公约》(以下简称公约或CISG)已经实施21年。截至2009年5月,公约缔约国有73个,2008年7月日本加入公约后,公约的缔约国已经包括除英国以外的当今所有贸易大国(印度、巴西、葡萄牙除外),可以说全球贸易额的绝大部分是由营业地位于公约缔约国的当事人之间的交易创造的。目前,国际社会对公约的评价甚高,它被誉为自1958年《联合国承认和执行外国仲裁裁决公约》(《纽约公约》)以来最成功的国际立法。公约与罗马国际统一私法协会《国际商事合同通则》(UPICC)、欧洲合同法委员会制定的《欧洲合同法原则》(PECL)并列,堪称当代国际商事合同法的典范。“就三者的关系而言,公约为世界性的国际合同法和欧洲合同法作了积极准备并发挥了倡导作用,公约是《国际商事合同通则》和《欧洲合同法原则》的‘教父’,而后两个文件反过来影响对公约的解释。”〔1〕特别是UPICC紧跟公约出台,其2004年修订版事实上已经在国际商事仲裁中发挥填补公约空白的作用。

本书运用条文评释体例,对公约包括序言和第四部分国际公法条款在内的全部101个条文进行解释和评论,阐述它们的适用范围、立法目的和基本含义,阐明条文之间和章节之间的相互联系,用比较法和案例分析法,将公约与相关国际商事法和国内法比较,揭示其中蕴涵的基本法律概念、原则以及现代国际商事法理念。〔2〕 本书第一版共38万字,于2002年出

---

〔1〕 Ole Lando, Andre Janssen, Olaf Meyer eds., *CISG Methodology*, European Law Publishers, 2009, Preface, p. 1.

〔2〕 本评释采用的公约文本是联合国国际贸易委员会公布的中英文正式文本,载联合国国际贸易法委员会网,中文版载 http://www.uncitral.org/pdf/Chinese/texts/Sales/cisg_Expl_Note_c.pdf;英文载 http://www.uncitral.org/Pdf/english/texts/Sales/cisg/CISG.pdf。

版,市场反映良好。本书出版后,关于公约的解释有以下重要进展:第一,联合国国际贸易法委员会于2002年发布了《贸易法委员会关于公约判例法摘要汇编》,这份文件与早期公布的《秘书处评论国际货物销售合同公约草案》一样,是对公约的权威解释。[1] 第二,设在英国伦敦女王大学的民间的国际销售公约咨询委员会(CISG-AC)于2001年成立,由曾经参与公约立法的专家组成,负责不定期地发表对公约条文解释性的咨询意见,目前已经陆续发表了9份解释意见,原书没有吸纳这些内容。而UPICC和PECL的影响扩大,有必要结合这两个文件重新审视公约条文含义。对照国际社会关于公约的学术进展,笔者在教学实践中逐渐发现一些本书第一版中内容和观点的疏漏、不准确之处,应予修改和补充。因此在第一版出版后不久便着手重新写作,历时5年,最终完成第二稿。这次出版的第二版共40余万字,是在第一版基础上的再度创作,大部分内容做了更新,体例上作了调整,增补了原书缺漏的对序言、第四部分最后条款的评释,使结构完整协调。在写作过程中,笔者参阅了前述贸易委员会的权威解释资源,广泛参考了当今最有影响的关于公约研究的学术作品,提出了自己对于公约的认识理解,力求达到完整准确地解释公约,反映当代公约研究的新进展。

如果说WTO多边贸易规则是调整纵向的政府管理贸易方面的基本国际法规则,那么,公约则是调整平等主体的跨国当事人之间货物交易的基本国际统一实体法,它反映了从20世纪20年代开始的有关的国际组织和学者在统一国际货物销售法方面的不懈努力和追求,以及所取得的辉煌成果。这一进程中,德国比较法学者恩斯特拉贝尔(Ernst Rabel)起了关键作用。在拉贝尔的建议下,于1926年根据条约设立的政府间组织——罗马国际统一私法协会决定承担统一货物销售法的研究起草工作,在1935年制定

[1] 联合国国际贸易法委员会是联合国大会授权的负责为充分理解公约和统一解释公约制定必要工具的机构。联合国大会1966年12月17日第2205号(XXI)决议指出:贸易法委员会应当特别积极致力于"……促进确保国际贸易方面国际公约及统一法的解释与适用趋于一致的方法和收集、分发国际贸易法方面各国法律与包括判例法在内的现代法律发展的资料"。参见联合国国际贸易法委员会(UNCITRAL):《贸易法委员会关于〈联合国国际货物销售合同公约〉判例法摘要汇编》(2008年修订)引言,秘书处说明第10段及注释6。

了第一部国际货物销售统一法草案。虽然这项立法工作在第二次世界大战期间停顿下来,但很快又得以恢复。1956 年,罗马国际统一私法协会制定了《国际货物(有体动产)买卖统一法公约草案》,1959 年完成了《国际货物(有体动产)买卖合同成立统一法公约草案》。这两个草案在 1964 年 4 月召开的海牙外交会议上通过,1972 年生效,形成了公约的前身《国际货物买卖统一法公约》(ULIS)和《国际货物买卖合同成立统一法公约》(ULF),两个海牙公约仅有 9 个国家参加,没有取得预想的成功。于 1966 年诞生的联合国国际贸易法委员会决定由它来完成统一国际货物销售法的历史使命。该委员会组织的工作组将两个海牙公约合并,在 1978 年提出了《国际货物销售合同公约草案》。根据联合国大会的授权,联合国国际货物销售合同会议于 1980 年 3 月 10 日至 4 月 11 日在奥地利维也纳举行(维也纳会议),包括中国在内的 62 个国家的代表出席了会议。在这次会议上,《国际货物销售合同公约草案》被正式批准,定名为《联合国国际货物销售合同公约》,并开放签字。1988 年,公约达到法定批准国家数额,正式生效。中国于 1986 年 12 月向联合国秘书长递交了关于该公约的核准书,成为创始缔约国,公约自 1988 年起对我国生效。但是中国在参加公约时,根据其第 95 条、第 96 条的规定,对公约第 11 条以及第 1 条第(1)款(b)项作了保留。

货物销售合同是商业合同的精粹,是全部商业关系体系的支柱。调整国际货物销售合同关系统一实体法的诞生,不仅有助于减少国际贸易法律的障碍,促进经济全球化历史进程中各国法制的协调统一,它本身就是人类这一领域制度文明成果的"结晶"。在对公约的研究中,我深切感受到公约具有以下鲜明特征:首先,公约是调整国际货物销售合同的统一实体法,公约被纳入国内法律体系后,可以由裁判机关作为准据法直接适用,不需要借助国际私法规则的指引,它属于国内法体制下可自动执行的条约,而两个海牙公约是非自动执行的公约。其次,公约作为调整国际货物销售的系统法律,不仅具有内在结构的整体性,而且强调其国际性和独立性,公约不依赖于任何国内法体系,它凝聚了全球努力,代表了各个国家和地区的不同法律体系的融合和平衡,摆脱了不同种族、不同国家及其法律制度的偏见,这一点也超出了两个海牙公约,后者被认为更倾向于欧洲大陆体系。所以,著名荷兰比较私法学者福兰克·费拉里(Franco Ferrari)教授、维也纳会议美国代表约翰·霍纳尔德(John O. Honnold)教授都强调公约必须统一解释、统一适用。霍纳尔德于1987年在美国匹兹堡大学法学院的一次讲演中特别告诫与会者,“切忌戴上国内法律的‘眼镜’解读公约文本”,甚至想象在阅读公约时最好能像神话中喝了“忘川之水”一样忘记过去一切,这样就可以去掉头脑中预设的国内法理念,可以将基于国内法的先入之见减少到最低程度。再次,公约充分尊重当事人意思自治,把销售合同置于优先的效力地位,公约强调在国际货物销售合同的法律调整中,销售合同是除国家强行法以外第一层次的效力根据,当事人可以不适用公约,也可以在符合第12条的条件下,减损或改变公约规定的效力,体现了公约作为“补充性规则”的特点。最后,公约反映了国际货物销售合同法的独特性,这表现在公约同样尊重商人之间形成的贸易惯例的约束作用,巧妙建立起与Incoterms为代表的国际商业惯例的互补关系。公约关于根本违约、实际履行、减价、宣告合同无效、风险转移、不可抗力、预期违约等制度设计无不考虑到国际货物销售的特殊性,在分担义务和责任时谨慎地做到权利义务平衡,这使公约有更大包容性,也说明我们不能把公约与国内合同法或货物销售法简单地等同。

本书首先是对公约的学理解释,这一定位要求我在充分占有资料基础上,经过去伪存真、去粗取精的分析判断,得出最符合公约立法原意的结论,总结和表现出来。写作过程是不断克服原有国内法制度和理念的惯性,突破现有法律知识的局限,逐渐接近对公约公认的理解的过程。而在解释公约问题上,中国同样应该尊重公约的国际性以及促进其统一适用,不应该维持基于国内法先入之见的自己的一套理解,应该探求和坚持符合公约立法原意的国际社会公认的理解,这是中国作为负责任大国应尽的国际义务,也是确保中国法院、仲裁机构审理的公约所调整的争议案裁判质量的需要。本书也是一部国际商事法的理论著作,不仅要通过解释功能,说明法律概念、法律规则本身是什么,还要通过理论阐述和制度比较,说明公约制度设计的原因、目的、功能和效果。这一定位要求我在吸收现有研究成果基础上,有所突破和创新,表现当代国际商事法理论的新见解、新发展。随着研究的深入,我发现公约是以合同法为主的相关法律制度集大成者,其至少涉及国际货物销售合同法及其惯例、国际私法(冲突法)、国际公法(条约法)、法理学、法解释学、民法原理等诸学科问题。我很欣慰能够利用公约"搭建的平台"重新审视和梳理它所涉及的重要法律概念、规则和原理,并且和我尊敬的这一研究领域的学者、同行进行心灵的沟通对话,这一过程,我获得了释疑解惑的启迪,领略到他们对公约的独到见解,他们法律思维,法律推理的深邃、缜密,我对他们心怀敬意。

最后,希望本书成为对外贸易经营者广为接受的关于货物销售法的通俗指引。书中阐述的法理清晰、简明易懂,我相信,无论对美感还是对真理的判断,都取决于大脑思维处理的流畅性,一个称得上真理的论断首先应该能够清楚读懂,易于理解。从另一个角度看,中国是公约创始缔约国,也是贸易大国,中国当事人与其他缔约国的当事人之间发生货物销售合同争议,如合同中没有直接间接地排除适用公约,公约将自动适用,可以预见,今后公约的适用会增多。因此,中国的企业家应具有国际视野,了解公约所代表的现代国际商业标准和游戏规则,这样才能在经营中减少失误。

谨以本书纪念联合国国际货物销售合同公约实施20周年!

谨以本书弘扬公约的核心价值——法治、诚信、契约精神!

李　巍

2009年5月

于北京亚运村

目　　录

序言 …………………………………………………………… (1)

第一部分　适用范围和总则 ………………………………… (3)
第一章　适用范围 ………………………………………… (3)
第 1 条　公约适用的国际销售合同 …………………… (3)
第 2 条　公约不适用的货物销售 ……………………… (16)
第 3 条　公约不适用的销售合同 ……………………… (20)
第 4 条　公约不适用的法律问题 ……………………… (27)
第 5 条　公约不适用于卖方出售的货物造成人身伤亡责任引起的争议 …………………………………………… (34)
第 6 条　当事人协议排除适用公约 …………………… (37)
第二章　总则 ……………………………………………… (48)
第 7 条　解释和适用公约的原则 ……………………… (48)
第 8 条　当事人的声明和其他行为、合同本身的解释原则 ……… (60)
第 9 条　商业惯例、习惯做法的效力 ………………… (71)
第 10 条　营业地及当事人一个以上营业地 ………… (81)
第 11 条　销售合同形式自由 ………………………… (85)
第 12 条　缔约国做出第 96 条下保留的效果 ……… (96)
第 13 条　“书面形式”的含义 ……………………… (101)

第二部分　合同订立 ……………………………………… (104)
第 14 条　要约的定义及有效要约条件 ……………… (104)
第 15 条　要约生效及撤回 …………………………… (113)
第 16 条　要约的撤销 ………………………………… (116)

第 17 条　要约的失效 …………………………………… (120)
第 18 条　承诺及其生效时间……………………………… (123)
第 19 条　反要约与“格式合同之战” …………………… (132)
第 20 条　要约有效期的确定……………………………… (147)
第 21 条　逾期的承诺 …………………………………… (149)
第 22 条　承诺的撤回 …………………………………… (151)
第 23 条　合同成立的时间 ……………………………… (152)
第 24 条　“送达”的含义 ………………………………… (154)

第三部分　货物销售 ……………………………………… (156)
第一章　总则 ……………………………………………… (156)
第 25 条　根本违约 ……………………………………… (156)
第 26 条　宣告合同无效的通知以及第三部分的其他通知 ………… (172)
第 27 条　第 26 条下通知的生效 ………………………… (175)
第 28 条　实际履行的救济原则…………………………… (177)
第 29 条　合同的修改、终止 ……………………………… (189)
第二章　卖方义务 ………………………………………… (193)
第 30 条　卖方承担的基本义务…………………………… (193)
第一节　交付货物和移交单据 …………………………… (194)
第 31 条　卖方交货地点 ………………………………… (194)
第 32 条　卖方为完成交货应承担的其他义务 …………… (207)
第 33 条　卖方交货时间 ………………………………… (210)
第 34 条　卖方交付单据义务……………………………… (213)
第二节　货物相符与第三方要求 ………………………… (215)
第 35 条　卖方交货与合同相符…………………………… (215)
第 36 条　认定货物与合同相符的时间界限 ……………… (231)
第 37 条　卖方在交货日截止前补救不符货物的权利 …… (235)
第 38 条　买方检验货物的时间…………………………… (238)
第 39 条　买方发出品质异议通知的义务 ………………… (244)
第 40 条　对卖方援引第 38 条和第 39 条行使抗辩权的限制 ………… (254)

第 41 条 卖方对所出售货物的权利担保 …………………………… (256)
第 42 条 卖方对所出售货物的知识产权担保 ……………………… (261)
第 43 条 买方面临第三人权利要求的通知义务 …………………… (271)
第 44 条 未能发出对货物异议通知下的违约救济权 ……………… (273)
第三节 卖方违反合同的补救办法 …………………………………… (275)
第 45 条 卖方违约买方可采取的补救措施 ……………………… (275)
第 46 条 买方要求卖方实际履行 ………………………………… (280)
第 47 条 针对卖方不履行义务的“宽限期”程序 ………………… (287)
第 48 条 卖方交货日期过后对不履行义务的补救权利 ………… (291)
第 49 条 买方宣告合同无效的权利和条件 ……………………… (297)
第 50 条 卖方交货不符时买方行使减价救济 …………………… (305)
第 51 条 针对卖方部分不履行的救济 …………………………… (312)
第 52 条 卖方提前交货或超量交货的处理 ……………………… (316)
第三章 买方义务 ……………………………………………………… (318)
第 53 条 买方的基本义务 ………………………………………… (318)
第一节 支付价款 ……………………………………………………… (324)
第 54 条 买方的付款义务 ………………………………………… (324)
第 55 条 开口价的处理 …………………………………………… (326)
第 56 条 按净重确定价格 ………………………………………… (326)
第 57 条 买方付款的地点 ………………………………………… (326)
第 58 条 买方付款时间 …………………………………………… (332)
第 59 条 买方承担付款义务的起算时间 ………………………… (338)
第二节 收取货物 ……………………………………………………… (339)
第 60 条 买方收取货物的义务 …………………………………… (339)
第三节 买方违反合同的补救办法 …………………………………… (341)
第 61 条 买方违反合同时卖方可采取的救济措施 ……………… (341)
第 62 条 买方违约卖方要求实际履行 …………………………… (345)
第 63 条 针对买方逾期不履行义务的宽限期程序 ……………… (350)
第 64 条 卖方宣告合同无效的权利和条件 ……………………… (354)
第 65 条 买方不提供货物规格的处理 …………………………… (358)

第四章　风险转移 …………………………………………………………（362）
第 66 条　风险转移的含义与后果 ………………………………………（362）
第 67 条　货物销售风险转移的界限 ……………………………………（370）
第 68 条　运输途中出售货物的风险转移 ………………………………（383）
第 69 条　不涉及运输货物和目的地交货的风险转移 …………………（388）
第 70 条　卖方根本违约对风险转移的影响 ……………………………（394）
第五章　买方和卖方义务的一般规定 …………………………………（400）
第一节　预期违反合同和分批交货合同 ………………………………（400）
第 71 条　预期违约的救济 ………………………………………………（400）
第 72 条　预期根本违约 …………………………………………………（413）
第 73 条　分批交货的违约责任……………………………………………（418）
第二节　违约的损害赔偿 ………………………………………………（424）
第 74 条　损害赔偿的一般规则……………………………………………（424）
第 75 条　宣告合同无效后的损害赔偿——具体的赔偿方法 …………（443）
第 76 条　宣告合同无效后的损害赔偿——抽象的赔偿方法 …………（449）
第 77 条　减轻损失义务 …………………………………………………（454）
第三节　利息 ……………………………………………………………（461）
第 78 条　收取利息的权利 ………………………………………………（461）
第四节　免责 ……………………………………………………………（466）
第 79 条　因不能控制的履行障碍免责 …………………………………（466）
第 80 条　一方当事人的原因造成另一方不履行的免责 ………………（486）
第五节　宣告合同无效的效果 …………………………………………（488）
第 81 条　宣告合同无效的后果——清理程序 …………………………（488）
第 82 条　对买方行使退货权的限制 ……………………………………（495）
第 83 条　不能按原状返还货物的救济权 ………………………………（500）
第 84 条　归还货物或价款时的利益返还 ………………………………（500）
第六节　保全货物 ………………………………………………………（503）
第 85 条　卖方控制货物时保全货物的义务 ……………………………（503）
第 86 条　买方在控制货物时保全货物的义务 …………………………（505）
第 87 条　有义务保全货物的一方接收和处置货物 ……………………（508）

第 88 条 保全货物的当事人出售货物 …………………………………（508）

第四部分 最后条款 ……………………………………………………（512）

第 89 条 公约的保管人 ……………………………………………（512）
第 90 条 与其他类似国际协议的关系 ……………………………（512）
第 91 条 公约的批准和加入程序 …………………………………（513）
第 92 条 缔约国对公约第二部分、第三部分的保留 ……………（515）
第 93 条 联邦国家条款 ……………………………………………（516）
第 94 条 具有类似销售法的缔约国声明公约不适用 ……………（519）
第 95 条 缔约国声明对第 1 条第(1)款(b)项保留 ……………（521）
第 96 条 缔约国对“合同形式自由”的某些规定作出保留 ………（527）
第 97 条 缔约国可随时声明撤回原来的保留 ……………………（528）
第 98 条 对缔约国声明保留的限制 ………………………………（529）
第 99 条 公约生效时间以及与两个海牙货物销售法的关系 ……（530）
第 100 条 公约对具体销售合同生效的时间 ……………………（532）
第 101 条 缔约国退出公约 ………………………………………（533）

附录 UNITED NATIONS CONVENTION ON CONTRACTS FOR THE INTERNATIONAL SALE OF GOODS ………（535）

主要参考文献 ……………………………………………………（573）

序　　言

本公约各缔约国，

铭记联合国大会第六届特别会议通过的关于建立新的国际经济秩序的各项决议的广泛目标，

考虑到在平等互利基础上发展国际贸易是促进各国间友好关系的一个重要因素，

认为采用照顾到不同的社会、经济和法律制度的国际货物销售合同统一规则，将有助于减少国际贸易的法律障碍，促进国际贸易的发展。

兹协议如下：

评　释

序言阐明了《联合国国际货物销售合同公约》(United Nations Convention on Contracts the International Salf of Goods，以下简称公约或CISG)[1]制定的背景、基本目标和性质。序言第一段说明公约与建立国际新秩序的广泛目标是一致的。序言第二段和第三段阐明公约的具体目标、它的性质和功能，即制定一部照顾到不同社会经济法律制度的调整国际货物销售合同的统一规则，以减少国际贸易的法律障碍，在平等互利的基础上发展国际贸易。

国际经济关系和经济秩序分为两个基本层面：一是政府管理经济和贸

[1] 此处所述"公约"以及本书下文中提到的"公约"均指1980年《联合国国际货物销售合同公约》。

易形成的国内经济法关系和国际经济法关系(纵向关系);二是基于具体合同形成的私人之间商事交易法律关系(横向关系),前者由 WTO 法等国际公法和国内经济管理法调整;后者由私法性的国际公约、国际惯例和国内商业法调整。公约是与 WTO 法相对应的调整国际货物销售合同关系的国际商事交易法,主要功能是为国际货物销售提供公平的交易规则,创造安全的、可预见性的交易秩序和环境。缔约国参与公约的立法也是为了实现国际货物销售法律本身的科学合理、买卖双方的权利义务平衡。公约并不调整缔约国政府之间的贸易政策和贸易利益关系,它只在微观的个体交易法层面影响国际贸易秩序。

虽然公约序言没有包含实质性规则,但其已经被法院和仲裁庭引用于解决合同争议,其中的第三段指出公约是"国际货物销售合同统一规则",用于解决国际货物销售合同争议,这排除将公约适用于解决基于国内法提出的国内合同争议。[1] 第三段指出,公约是"照顾到不同社会、经济和法律制度的调整国际货物销售合同的统一规则",其适用有助于减少国际贸易障碍,发展国际贸易。有国内法院在判决中援引序言第二段和第三段裁决:就公约调整范围的事项而言,公约优于国内法。考虑公约序言措辞的意旨,对基于国内法提出的国际货物销售合同争议案件优先适用公约。[2]

---

〔1〕 参见联合国国际贸易法委员会(UNCITRAL):《贸易法委员会关于〈联合国国际货物销售合同公约〉判例法摘要汇编》(以下简称《判例法摘要汇编》)(2016 年版)序言第三段。另外,公约第 1 条第(1)款也说明,公约不适用于调整营业地位于同一国家的当事人之间订立的货物销售合同以及合同的成立。《判例法摘要汇编》是联合国国际贸易法委员会秘书处根据授权对公约实施以来收集到的各国裁判机关适用公约典型判例报告所做的系统编纂,2004 年初版,2016 年发布第 3 版。该文件按照条文顺序以判例摘要形式客观、简要地报告案例,说明判例引出的结论和法律观点,裁决机关对公约相关条款的解释和适用,其与《秘书处评论国际货物销售合同公约草案》一样,接近于对公约的正式解释,是正确理解和统一解释公约的必要工具。英文版 The Digest of Case Law on the United Nations Convention on Contracts for the International Sale of Goods(2016),载联合国国际贸易法委员会官网:https://uncitral. un. org/sites/uncitral. un. org/files/media-documents/uncitral/en/cisg_digest_. pdf。

〔2〕 参见《判例法摘要汇编》(2016 年版)序言第三段,注释 1。

Part 1　第一部分

适用范围和总则

第一章　适用范围

第1条　公约适用的国际销售合同[1]

(1)本公约适用于营业地在不同国家的当事人之间所订立的货物销售合同：

(a)如果这些国家是缔约国；或

(b)如果国际私法规则导致适用某一缔约国的法律。

(2)当事人营业地在不同国家的事实，如果从合同或从订立合同前任何时候或订立合同时，当事人之间的任何交易或当事人透露的情报均看不出，应不予考虑。

(3)在确定本公约的适用范围时，当事人的国籍和当事人或合同的民事或商业性质，应不予考虑。

评　释

1. 公约的适用范围

第一章共6条，从法律关系的主体、客体、权利义务关系这三个方面界定了公约的适用范围，说明公约在什么情况下适用，对哪些当事人适用，对

[1]　本书公约各条款的名称为作者添加，以方便读者理解和查阅。

哪些交易事项有效以及公约规则本身的效力地位。本章解决的是公约整体上的适用范围问题,理解本章必须考虑公约第四部分并与公约第四部分最后条款(第 89~101 条)结合起来解读,后者规定了公约适用的地域范围,以及对具体缔约国、具体货物销售合同交易生效的时间,允许缔约国对公约作出的保留。公约全部条款共 101 条,其中规定实体权利义务的条款共 88 条,自第 89 条以后是国际公法条款。在这 88 个实质性条款中,每一条的适用都应该先把它限定在第一章以及第四部分规定的适用范围中,然后再考虑具体条款的适用范围。法律调整的基本特征之一是每一部法律、每一个具体法律规则都有其特定适用范围,法律职业者适用法律解决争议,首先应该考虑该法律是否适用于所处理的案件,如果发生适用法律错误,将背离法律的目的和宗旨,影响裁决公平和公信力。因此,第一章是我们理解和运用整个公约的前提和基础。

概言之,公约从四个方面限定了它的适用范围:(1)公约适用于不同国家当事人之间订立的国际货物销售合同(第 1 条);(2)公约仅适用于商业性国际货物销售合同(第 2 条);(3)公约不适用于某些国际货物销售合同,包括某些特殊性交易(第 3 条)和交易中的某些特殊法律问题(第 4 条、第 5 条);(4)当事人可以根据意思自治,通过合同排除适用公约或选择适用公约,或者改变公约某些条款的效力(第 6 条)。

2. 公约适用的国际货物销售合同

第 1 条规定了公约适用的主体范围以及认定国际货物销售合同[1]的标准。它"适用于营业地位于不同国家的当事人之间订立的货物销售合同"以及销售合同的成立。如果当事人有一个以上的营业地,则以与合同及合同履行关系最密切的营业地为营业地[第 10 条(a)项]。显然公约是以当事人"营业地位于不同国家"作为认定国际销售合同的标准,这个标准

---

[1] 某些关于公约的中文著述将"货物销售合同"称为"货物买卖合同",意在强调公约规范买卖双方的权利义务。查英文原文"sale of goods",应译为"货物销售",虽然字面上,"货物销售"主要是指货物的售出,似乎不涉及货物的买进,但是"货物销售合同"却是规范买卖双方权利义务的法律文件,公约正是在这个意义上使用"货物销售"的概念,即它是调整"货物销售合同"而不单是"货物销售"。把"sale of goods"译为"货物销售"不影响人们对公约调整买卖双方权利义务的理解,而且这一提法是正式的中文书面语。

涉及对“营业地”概念的理解,“营业地”问题将在第 10 条的评释中讨论,这两个条款可以结合起来理解。该标准也涉及“货物”的概念,这个问题将在第 2 条的评释中加以说明。认定销售合同具有“国际性”可以采用不同标准,海牙统一国际私法协会《国际货物买卖统一法公约》(the Uniform Law on International Sale of Goods,ULIS) 第 1 条规定,除当事人营业地位于不同国家外,还需要有另外两个涉外因素,即货物经跨境运输、合同经跨境订立或货物在合同订立地以外的另一国家交付。这一标准源自英国法,英国《1893 年货物买卖法》(1973 年修订)第 62 条第(1)款名词解释将“国际货物销售合同”解释为:订立货物销售合同的双方其营业地(无营业地者为惯常住所)分处于不同国家的领土之上(在引用此解释时,海峡群岛和人岛应被视为联合王国以外的国家),并须有下列条件之一:a. 一项合同涉及货物买卖,而在缔约时,货物正在或者将要从一国领土运往另一国领土;b. 构成要约和承诺的行为是在不同国家的领土内完成的;c. 构成要约和承诺的行为是在一个国家的领土内完成,而货物的交付则需在另一个国家的领土内履行。英国法是以“当事人营业地位于不同国家”即“营业地标准”作为认定国际销售合同的基本标准,还要符合“货物跨国运输标准”“缔约行为发生地标准”“合同履行地标准”这 3 个标准中的任何一个标准,即英国法认定国际货物销售至少需要满足两个标准,只符合营业地标准还不足以构成国际货物销售。我国原《涉外经济合同法》规定,涉外经济合同是指中国企业或其他组织与外国企业或其他组织以及个人订立的经济合同。这是以国籍作为认定国际销售合同性的标准。

公约以“营业地标准”作为认定国际货物销售合同的唯一标准,其他标准不予考虑。同时,明确排除了以当事人的国籍这个相当复杂的因素作为认定销售合同“国际性”的标准,第 1 条第(3)款规定:“在确定本公约适用范围时,当事人的国籍和当事人或合同的民事或商业性质应不予考虑。”这是因为自然人国籍和法人国籍的认定本身就涉及不同标准,自然人国籍有所谓“出生地主义”和“血统主义”,既可以“生来取得”,也可以“传来取得”,即通过结婚、被收养、领土转换或达到一定居住年限等法定要件取得国籍。法人国籍标准有所谓“法人成员国籍”“法人成立地”“法人住所地”“法人主营业地”“资本控制者所在地”等不同学说,可以想象,以国籍为标准确定销售合同的"国际性"会引起极大混乱,而"营业地"是一个较少争议,容易判明的标准。采用这一标准意味着,即使当事人双方的国籍相同,如都是在美国登记注册的两个公司(假设采用"法人成立地"标准),营业地在不同国家,甲公司在美国经营,乙公司在加拿大经营或在那里有分公司,这两个当事人之间的交易就是国际交易,其签订的合同属于公约调整的国际合同,在一定条件下可以适用公约。反之,当事人双方即使国籍不同,一个是在美国登记注册的公司,一个是在加拿大登记注册的公司,而营业地在一个国家,如都设在美国,这两个公司之间的交易就不属于国际交易,其签订的合同不属于国际合同,不能适用公约。另外,在实行民商分立的国家其法律制度把销售合同分为商事合同和民事合同,各适用不同的法律,而另一些国家没有这种区分,公约也没有这样的区分,不应把公约解释为仅仅适用于按照某一国内法划分的商事交易或商人之间的交易[第1条第(3)款],而应严格地按照第一章规定的范围决定是否适用公约。当然典型的国际货物销售是商业性的,公约第2条(a)项排除说明公约主要适用于有商业目的的交易。

"营业地"是永久性的经营场所,是用于一般商业交易的永久的惯常居住地,而不是临时住所。假定意大利某公司就一项设备引进到中国与中方磋商,有5人的谈判班子住进北京饭店,可能住几个月,不能说北京饭店是意大利某公司的营业地,它的真正营业地在意大利,其与中方的交易属于国际交易。依据营业地认定销售合同国际性的标准是显见的国际性标准(apparent internationality)。根据第1条第(2)款的规定,当事人营业地在不同国家的事实,以当事人在订约前和订约时明知为先决条件;或者从合同及其他交易信息中推定当事人应该知道这一事实为先决条件(如合同文本是外文,当事人交换名片显示其营业地在外国)。如果订立合同时当事人任何一方不知道这一事实,则不能认定当事人营业地位于不同国家,他们之间的合同视为国内合同。典型的情况是营业地在甲国的当事人委托营业地在乙国的A公司作为代理与乙国B公司签订合同,该乙国A公司始终不披露他与甲国当事人之间的代理关系,或者即使披露了代理人地位,其谈判对手B公司不知道真正的另一方当事人位于甲国,这应视为合同当事人都位于乙国,公约不适用。发生这类争议,主张其不明知营业地位于不同国家的一方负有举证责任。

3."营业地"标准的不足

采用"营业地"这个唯一标准确定销售合同的"国际性"不能完全令人满意。虽然用单一标准可以减少法律适用的不确定性,减少当事人为适用自己喜好的法律择地诉讼(forum shopping),减少不必要的诉诸国际私法规则,最终有更多的机会适用公约这样的适于国际交易的现代销售法,但是这种简单化有时会造成法律适用的不合理。一方面,它显得太宽泛,把本来应由国内法调整的交易纳入公约调整,因为即使货物从制造到使用从来也没有离开原产国,这种货物也可成为国际销售合同下的货物,只要交易双方的营业地位于不同缔约国。

例 1A:营业地位于纽约的公司将拥有的建筑材料存放在日内瓦,纽约公司与法国某公司订立了销售合同,将这些建筑材料出售给法国公司,而法国公司购买这些材料的目的是修建位于日内瓦的旅馆。美国与法国都是公约缔约国,如果当事人在销售合同中没有确定应适用的法律,那么应适用公约解决该合同引起的争议。可是作为合同标的物的这些建筑材料,根本不会跨越瑞士国境,为什么不可以适用瑞士国家的法律呢?

在另外一些情况下,采用"营业地标准"又显得太狭隘,使本来应由公约调整的销售合同不能适用公约。

例 1B:位于纽约的美国甲公司与位于印第安纳州的美国乙公司签订了一份购买家具合同,这些家具被卖方甲公司存放在意大利,买方乙公司购买这批家具的目的是装备其在法国的新的公司办事处,因此不属于第 2 条(a)项排除,这样货物注定要由意大利运往法国,发生跨国运输和货物进出口,并且合同也是在美国以外的国家交付履行,但是由于当事人的营业地都在美国,公约对这一交易不适用。

考虑到大部分国际货物销售都伴随货物进出口和跨国运输,ULIS 将主体标准(当事人营业地)与客体标准(货物发生跨国运输)或与行为标准(要约与承诺从不同国家发出)两方面因素结合来确定销售合同的国际性,有一定合理性。

4. 公约的直接适用以及与法院地国际私法的关系

公约第 1 条第(1)款(a)项规定了其直接适用于销售合同的 3 项条件:来自不同国家的合同当事人的营业地所在国都是公约缔约国;当事人没有根据意思自治原则在销售合同中明示排除适用公约,或通过选择特定国内法默示地排除适用公约;解决合同争议的法院地也应该位于公约缔约国,非缔约国法院没有义务遵守公约第一条规定。符合上述条件,法院将自动适用公约,而不是根据国际私法原则适用相关国内法,这就是公约的直接适用(自动适用)。公约实施 30 多年来,有记录的绝大多数适用公约的法院判决或仲裁裁决,裁判机构都是援用公约第 1 条第(1)款(a)项自动适用公约,随着缔约国增加,自动适用公约的机会也会增加。

在缺少调整国际货物销售合同争议的国际统一实体法时,裁判机关只能通过援用其所在国的国际私法规则选择适合的准据法,处理此类合同争议。公约产生后,法院是否可以绕开其所在国的冲突法规则直接适用公约,这在公约最初实施阶段并不确定。从公约自身性质看,公约是包含私法和国际公法规则的混合性条约,其实质规则是调整货物销售合同的国际统一实体法,公约与其前身两个海牙规则的主要不同是,后者作为国际条约的附件存在,必须由缔约国将其转化为国内法才能适用;而公约属于国际法分类中"可以自动执行的条约",不需要经过国内法转化即可直接适用,缔约国法院可以直接适用,私人也有权在销售合同中选择适用公约,[1]直接引用公约主张权利。另一重要理由是,应当重视公约包含国际私法规则以及缔约国应该遵守相关法律适用义务这个事实,公约第 1 条第

〔1〕 公约的前身 ULIS 和《关于国际货物销售合同成立统一法公约》(the Unform Law on the Formation of Contract for International Sale of Goods, ULF)是非自动执行的条约,两个条约本身没有包含关于销售合同的规则,其主要内容是要求缔约国将作为条约附件的两个统一法,即《国际货物销售统一法》《国际货物销售合同成立统一法》纳入国内法。

(1)款属于国际私法中单边冲突规范,缔约国加入公约等于将这一国际规则纳入国内法律适用法,缔约国有义务优先遵守这一单边冲突规范,而且这一冲突规范的系属直接指明了应适用的法律,没有必要再适用国内冲突法规则另外选择准据法。联合国国际贸易委员会《判例法摘要汇编》回答了这一问题,其指出:依照惯例,面临国际性质的情况时,法院采用本国现行的国际私法规则确定适用哪些实体规则。然而,在实施国际统一的实体规则(如公约所规定的规则)的国家,法院在诉诸国际私法规则之前,必须确定这些国际统一的实体规则是否适用。这就意味着对公约的援用优先于对诉讼地的国际私法规则的援用。[1] 作为一部实体法公约,CISG 的规则更加具体,能直接带来实质性解决办法,而国际私法规则要求采取"两步走"的方法(确定应适用的法律,然后再适用该法律)。如果双方当事人营业地所在的两个国家都是缔约国,即使法院地的国际私法规则指向第三国的法律,公约也适用,只要双方当事人没有通过选择第三国法律排除适用公约。[2]

5. 公约的间接适用

除直接适用外,第 1 条第(1)款(b)项规定了间接适用公约这一路径。如果当事人一方或双方的营业地不在公约缔约国,并且双方没有通过协议选择适用法,没有直接或间接排除适用公约,就需要借助法院地的国际私法规则,看能否依据公约第 1 条第(1)款(b)项间接适用公约。(b)项规定,"如果国际私法规则导致适用某一缔约国的法律",则应该适用公约而不是国际私法指向的那个缔约国的国内法,这就是借助国际私法规则指引间接适用公约。(b)项适用受本公约第 6 条制约,如果当事人双方通过协议明示地排除适用公约,或者根据意思自治,通过选择具体的国内法默示地、间接地排除适用公约,包括(b)项在内的整个公约不适用。假定合同卖方的营业地位于马来西亚(非公约缔约国),买方营业地位于德国,合同约定适用《德国民法典》,法院根据国际私法的意思自治原则,决定适用《德国民法典》,这种情况理论上也属于国际私法规则(意思自治)导致适用缔约国法律,可是由于当事人协议选择的结果排除公约整体适用,第 1 条第(1)款

〔1〕 参见《判例法摘要汇编》(2016 年版)第 1 条第 2 段。

〔2〕 参见《判例法摘要汇编》(2016 年版)第 1 条第 18 段。

(b)项无适用余地,不能再依据(b)项适用公约,用公约代替当事人选择的《德国民法典》。不过如果合同概括选择德国法律为适用法,则并没有完全排除公约适用(参见下文及第6条评释)。

各国调整国际商事合同法律适用的冲突法规则是最具有趋同性的领域,这方面的规则主要有3项:当事人意思自治原则、最密切联系原则,以及适用合同特征性履行地法律,其中第3项规则是最密切联系原则的具体化,就是将承担特征性履行义务一方国家法律作为与合同有最密切联系国家的法律。这3项原则也规定在有影响的地区性冲突法国际条约——《1980年欧共体关于合同债务的法律适用公约》(罗马公约)中。上述3项国际私法规则都可以导致适用公约,首先,如果当事人根据国际私法规则中"意思自治原则"概括地选择某缔约国的法律为准据法,[1]公约可同时适用,因为缔约国加入公约使其成为国内法一部分,并且公约作为调整国际货物销售合同的特别法应优先适用。"此项原则[指第1条第(1)款(b)项]的进一步适用就是,如果来自两个不同国家的当事人已经指定一个公约缔约国的法律作为合同适用的法律,即使是双方当事人没有特别地提到公约,也应该适用公约。"[2]其次,在当事人没有协议选择合同适用法时,并且合同争议不符合自动适用公约条件(一方为非缔约国),法院通常依据本国国际私法中"最密切联系原则"决定准据法,若法院在考虑所有与合同有重要联系的因素后(如争议解决地、合同成立地、合同履行地、货物

[1] 这是指当事人一般性地约定适用某缔约国法律,如规定"本合同项下的任何权利义务由德国法调整",并没有排除适用公约。有时,当事人约定适用缔约国某具体法律,如规定"本合同项下的任何权利义务由《中华人民共和国合同法》调整",相当于当事人同意仅适用特定中国法,默示地排除适用公约,这种情况下公约不适用。

[2] UNCITRAL, *Commentary on Draft Convention on Contracts for the International Sale of Goods Prepared by the Secretariat on Article 1 of Draft Convention* (*Article 1 of Official Text*), paragragh 8, in the Official Records of United Nations Conference on Contract for International Sale of Goods, (Official Records), UN DOC. A/CONF. 97/5 (1979), p. 15. 联合国国际贸易法委员会秘书处根据1978年UN33/93号决议成立,负责筹备联合国国际货物销售合同大会。其成员包括约翰·霍纳尔德、埃里克·伯格斯坦(Eric E. Bergsten)、弗里兹·安德林(Fritz Enderlein)等资深国际商法专家。《秘书处评论国际货物销售合同公约草案》(Secretariat Commentary on Article of Draft Convention)是这些专家对1978年《国际货物销售合同公约草案》(纽约草案)所作的点评。由于公约本身没有正式解释和评论,该秘书处评论被公认为是最接近于公约正式解释的文件,已收入联合国国际货物销售合同大会正式记录,以UN97/5(1979)号文件公布。

所在地等），确定了某国家法为准据法，而该国恰好为公约缔约国，这种情况下法院应适用公约而不是缔约国国内法，这是第1条第(1)款(b)项适用的典型场景，并且在效果上是用公约替代国际私法规则指向的国内法。最后，在当事人没有协议选择适用法时，有国内冲突规范和关于冲突规范的国际条约直接规定应适用销售合同中承担特征性履行一方（卖方）所在国的法律，当争议案中的卖方所在国为公约缔约国时，就应适用公约而不是该国国内法。[1]

第1条第(1)款(b)项的法律效果是增强公约的适用性，扩大其适用范围，使公约在相对于第1条第(1)款(a)项更宽松的条件下适用于更多销售合同。基于(b)项适用公约，首先不需要合同双方当事人的营业地都位于公约缔约国，一方或双方营业地位于非缔约国不影响公约适用；其次解决争议的法院地不要求位于缔约国，基于(b)项适用公约的限定条件是“国际私法规则导致适用缔约国的法律”，其中的“国际私法规则”既包括缔约国的也包括非缔约国的，非缔约国的法院在解决相关合同争议时基于本国的国际私法规则也可导致适用公约。假定营业地位于日本的卖方，与营业地位于马来西亚（非缔约国）的买方发生销售合同争议，不能依据第1条第(1)款(a)项自动适用公约。因为日本加入公约时没有作出第95条下的保留，第1条第(1)款(b)项作为对日本有约束力的规则可以产生以下扩大公约适用的效果：(1)案件在日本法院审理，当事人没有约定应适用的法律，法院根据日本国际私法规则中“最密切联系原则”决定适用日本法律，这种情况应适用公约而不是日本国内法；(2)案件在日本法院审理，当事人在销售合同中笼统地规定“本合同项下的权利义务由日本法律调整”，法院根据国际私法规则中“意思自治”原则应该适用《日本民法典》，同时优先适用公约，因公约是日本法的一部分，也是特别法；(3)案件

---

[1] 我国《最高人民法院关于审理涉外民事或商事合同纠纷案件法律适用若干问题的规定》(2007年)第5条规定，“当事人未选择合同争议应适用的法律的，适用与合同有最密切联系的国家或者地区的法律。人民法院根据最密切联系原则确定合同争议应适用的法律时，应根据合同的特殊性质，以及某一方当事人履行的义务最能体现合同的本质特性等因素，确定与合同有最密切联系的国家或者地区的法律作为合同的准据法。(一)买卖合同，适用合同订立时卖方住所地法……”这一规定与1955年《关于国际货物销售适用法律的海牙公约》第2条、1980年《罗马合同法律适用公约》第4条第(2)款相似。

在马来西亚法院审理,当事人没有约定应适用的法律,法院根据本国国际私法规则中"最密切联系原则"决定适用日本法律,马来西亚法院决定适用公约而不是日本国内法,这是基于本国国际私法的规定和对日本处于公约缔约国地位的尊重;[1](4)案件在马来西亚法院审理,当事人在销售合同中笼统地规定"本合同项下的权利义务由日本法律调整",法院根据本国国际私法规则中"意思自治"原则决定适用《日本民法典》,同时优先适用公约,公约作为特别法,是日本法的一部分;(5)案件在日本法院审理,而日本的国际私法规则导致适用第三国韩国法律(如合同约定适用争议发生时货物所在地法,而争议解决时货物在最终用户的韩国境内)。韩国没有对第1条第(1)款(b)项作出保留,这也应同时适用韩国法律和公约。以上假设的5种适用公约情形在仅有公约第1条第(1)款(a)项规定,没有(b)项规定的情况下是不能发生的。

商人普遍关注交易本身的利害而忽略较专业的法律适用问题,合同中的法律适用条款被俗称为"午夜条款"。在合同本身没有规定适用法时,争议发生后,当事人更难达成适用法律协议,由此带来更多导致公约自动适用和间接适用的机会。但是根据公约第95条的规定,缔约国加入公约时可以声明对第1条第(1)款(b)项作出保留,目前有7个国家作出此项保留,其中有影响的国家是美国、中国和新加坡。[2] 这样,假如中国当事人与马来西亚当事人的销售合同争议由中国管辖法院审理,并且国际私法规则导致适用中国法律,虽然中国是公约缔约国,也是作出第95条保留国,中国法院免除适用第1条第(1)款(b)项的公法义务,这种情况下只能适用中国国内法,而不是适用公约。需要注意的是,保留国仅仅没有义务

---

[1] 20世纪90年代,德国法院审理多件此类案件。联邦德国于公约对其生效(1991年)前处于非缔约国地位,这一时期,法院审理多起德国当事人与其他欧洲国家当事人销售合同争议案中,根据德国国际私法规则决定适用意大利等公约已经对其生效的国家法律,法院依据第1条第(1)款(b)项决定适用公约,公约是这些国家特别的实体法。See Peter Schlechtriem ed., *Commentary on the UN Convention on the International Sale of Goods*, Clarendon Press, Oxford, 1998, p.26.

[2] 关于中国20年以来实施公约的状况以及如何看待中国在加入公约时所做的两项保留,参见李巍:《论中国撤回对于〈联合国国际货物销售合同公约〉第1条b项的保留》,载《法学家》2012年第5期;李巍:《〈联合国国际货物销售合同公约〉对于国际商事法统一适用的贡献——纪念〈联合国国际货物销售公约〉实施20周年》,载陈安主编:《国际经济法学刊》第15卷·第4期,北京大学出版社2009年版。

实施第1条第(1)款(b)项,用公约代替中国法处理案件,保留仅仅具有拒绝或移除(b)项的效果,没有添加新义务,第95条并没有阻止保留国法院在不能满足自动适用公约[第1条第(1)款(a)项]条件时适用公约;也没有阻止保留国法院在符合第1条第(1)款(b)项条件下自愿适用公约。[1]这与中国作为第95条保留国的地位并不冲突(关于缔约国此项保留的后果详见本书对公约第95条的评释)。

6. 当事人协议选择适用公约

当事人协议选择适用公约,是指当事人双方(无论营业地是否位于缔约国)直接选择公约作为销售合同准据法,其适用公约的有效性建立在国际私法"当事人意思自治"原则基础之上,该原则承认合同应适用当事人同意选择的法律,而这里所指的"法律"包括公约这样的国际法(参见本书第6条评释)。[2] 多数国家的法院应该尊重当事人选择公约为适用法,判例法显示公约可以任由当事人选择而适用其合同。当事人选择适用某一缔约国法律时也会导致公约适用(公约是缔约国法的一部分)。当事人选择适用公约是当事人通过合同约定对公约的直接适用,是当事人基于"意思自治"自行选择适用法的结果。这与公约第1条规定的两条适用路径不同,后者是法院行使公权力选择适用法的结果。(a)项路径是法院直接适

〔1〕 参见国际销售公约咨询委员会(The International Sale Convention Advisory Council, CISG-AC),*CISG-AC Opinion No. 15*,Opinion,paragraph 1,Comments,paragraph 3. 7,载美国佩斯大学法学院官网,https://www. cisg. law. pace. edu/cisg/CISG-AC-op. html(2020. 11. 3)。CISG-AC是私人发起成立的咨询机构,由美国佩斯大学法学院国际商法研究所和伦敦玛丽女王大学商法研究中心资助设立,2001年在巴黎召开第一次会议正式成立。首任主席为德国弗莱堡大学教授彼得·施莱特里姆(Peter Schlechtriem),成员包括纽约佩斯大学法学院教授、维也纳会议美国代表埃里克·伯格斯坦,罗马大学教授、维也纳会议意大利代表迈克·波奈尔(Michael Joachim Bonell),美国哥伦比亚大学教授、维也纳会议美国代表艾伦·冯斯沃斯(Allen Farnsworth)等多名专家。该机构职能是应邀对法律实践中遇到的涉及公约条款的疑难问题作出解释,不定期发布解释性意见,希望以此促进公约的统一解释和适用。截至2020年2月,该机构已发表21份解释意见和2份宣言,对公约重要的法律问题和相关条款进行解释评论。这些意见无法律约束力,不过这些意见是由曾参与公约立法的著名商法专家提出的,所以有很强的说服力。

〔2〕 当事人的营业地所在国是缔约国,他们的选择适用公约相当于选择国内法,因公约是国内法一部分,这种选择无疑是有效的。如果当事人的营业地所在国不是缔约国(一方或双方),他们在合同中选择适用公约相当于选择外国法,其是否有效是有争议的问题,已有仲裁机关支持这个选择,进一步讨论参见第6条评释。

用公约处理案件,是缔约国法院在合规条件下履行实施公约规定公法义务(非基于当事人协商同意);(b)项路径是法院间接适用公约,即当“国际私法规则导致适用缔约国法律”时决定适用公约,甚至用公约替代国际私法规则指向的国内法,这也是法院为履行公约下的公法义务进行法律选择的结果。

7. 非缔约国以及国际商事仲裁机构适用公约

公约第 1 条至第 5 条以及最后部分的公法条款界定了缔约国的实施义务,这些条约义务对缔约国的法院有约束力,如果销售合同争议由缔约国法院管辖,并且当事人的营业地都位于缔约国,没有通过协议排除适用公约,该法院有义务首先依据第 1 条第(1)款(a)项直接适用公约。如果缔约国没有对公约第 1 条第(1)款(b)项作出保留,在符合条件时也有义务对有关的销售合同争议间接适用公约。公约对非缔约国法院没有约束力,非缔约国法院受理国际销售合同争议案,即使当事人双方营业地位于缔约国,其首要遵循的是本国冲突法指引,而不是公约规定。但是这并不排除非缔约国法院也会直接或间接适用公约,这些法院适用公约不是履行公约规定的适用义务,而是基于国内法义务(宪法、冲突法、程序法规定),基于合同当事人双方的营业地都位于公约缔约国,并且没有排除适用公约的事实,基于尊重当事人所属国是公约缔约国的地位。公约对国际商事仲裁机构也没有约束,即使该机构位于公约缔约国,在公约适用性上其地位也相当于非缔约国法院。仲裁机构是当事人协议选择的民间独立裁判机构,不在国家机构体系内;其设立是基于当事人同意,国家不提供经费,仅提供法律运作框架;仲裁庭的首要目的是按照当事人授权范围妥善解决争议,实现合同目的,无法律义务必须遵守其所在国的诉讼程序法和冲突法,实施所在国参加的国际条约。这与法院作为国家司法机关的性质截然不同,法院审判案件基于宪法和法律授权;其运作资金来源于国家财政;法院有义务忠实执行宪法和法律,履行国家参加的国际条约义务,遵守国家诉讼程序法和冲突法。[1]

---

〔1〕 根据国际私法“场所支配行为原则”,在一国进行的诉讼必须适用法院地的诉讼程序法,包括冲突规则,没有任何主权国家允许适用外国程序法。

现实是,有影响的国际商事仲裁机构仍然像国内法院一样依规适用公约,公约的适用规则对商事仲裁机构有事实上的约束力。这是因为国内仲裁法和有关仲裁的国际惯例规定了国际商事仲裁特有的一套法律适用规则和冲突法规则,具体案件中正确理解和适用公约是这些法律适用规则所要求的。《贸易法委员会国际商事仲裁示范法》第 28 条关于选择适用于解决实质争议的规则作以下规定:"(1) 仲裁庭应当依照当事人选择的适用于解决实质争议的法律规则对争议作出决定。除非另有表明,指定适用某一国家的法律或法律制度应认为是直接指该国的实体法而不是其法律冲突规范。(2) 当事人没有指定任何适用法律的,仲裁庭应当适用其认为适用的法律冲突规范所确定的法律……(4)在所有情况下,仲裁庭应当依照合同条款对争议作出决定,同时考虑适用于本交易的贸易惯例。"[1]遵守这些仲裁法规则和惯例可以增强最终裁决中法律适用部分的说服力和公信力,减少裁决被拒绝承认和执行的风险,因为那些以《贸易法委员会国际商事仲裁示范法》为基础制定国内仲裁法的国家,拒绝承认和执行在适用法方面不符合仲裁程序的仲裁裁决,主流学术观点认为仲裁中应适用的冲突规则构成仲裁程序规则的一部分,仲裁裁决法律适用错误被视为仲裁程序瑕疵而拒绝承认和执行。[2]

由于历史原因,目前绝大部分涉及中国当事人的国际销售合同争议案是通过仲裁裁决解决,而不是通过向法院诉讼解决,原因在于仲裁机构聚集大量审理国际销售合同争议的专业人才,并且处理这类争议不是国内法院工作重点。中国国际经济贸易仲裁委员会(China International Economic and Trade Arbitration Commission,CIETAC)审理的一些案件表现出对公约的准确理解和较高法律水平。在"美国原棉买卖合同争议仲裁案"中,中国买方因为美国卖方出售的原棉有严重质量问题向 CIETAC 提起仲裁,裁决的法律适用部分指出:"本案申请人是营业地位于中国的公司,被申请人

---

〔1〕 类似的规定还可以参见《中国国际经济贸易仲裁委员会仲裁规则》第 49(1)条、《贸易法委员会仲裁规则》第 35(1)条。

〔2〕 See Pilar Perales Viscasillas, *Arbitration and the CISG*, in Ingiborg Schwenzer, Yesim atamer & Petra butler eds., Current Issues in the CISG and Arbitration, Eleven International Publishing, 2014, p. 65.

是营业地位于美国的公司,且本案属于国际货物销售合同争议,合同双方营业地所在国都是CISG缔约国,因而本案应该适用公约。对于公约没有规定的问题,应适用与合同有最密切联系的国家法律,因本案申请人位于中国,交货地位于中国南通,争议解决地在中国,应适用中国法律。"〔1〕但是被申请人卖方主张棉花交易在国际贸易中具有特殊性,本案不能适用公约,而应该适用《棉花交易利物浦规则》(Rules of Liverpool Cotton Exchange)。仲裁庭发现双方没有就适用这一惯例达成一致,也没有协议排除适用公约,故驳回被申请人要求。在澳大利亚卖方与中国买方"羊毛进口合同争议案"中,仲裁庭裁定:"根据上述合同约定,除合同写明的交易条件外,双方当事人明确并入合同中的《1990年中纺羊毛和毛条一般交易条件》也成为双方交易条款和条件。但是该一般交易条件既不是双方政府签订的条约,也不是中国政府认可的法律,合同和该交易条件没有列明法律适用条款,经查申请人所在国澳大利亚与被申请人所在国中国都是CISG缔约国,根据两国承担的公约义务,在双方没有排除适用情况下,应该适用公约。"〔2〕

第2条　公约不适用的货物销售

本公约不适用于以下的销售:

(a)购供私人、家人或家庭使用的货物的销售,除非卖方在订立合同前任何时候或订立合同时不知道而且没有理由知道这些货物是购供任何这种使用;

(b)经由拍卖的销售;

(c)根据法律执行令状或其他令状的销售;

(d)公债、股票、投资证券、流通票据或货币的销售;

〔1〕 中国国际经济贸易仲裁委员会编:《中国国际经济贸易仲裁裁决书选编》(2003—2006),法律出版社2009年版,第286页。

〔2〕 同上书,第313页。

(e)船舶、船只、气垫船或飞机的销售；

(f)电力的销售。

评　释

1. 公约所指的“货物”

第2条用排除法从反面确定公约调整的货物销售范围，对于排除本公约适用范围的销售应进行限制性解释。[1] 这6项排除可分为3组：第一组是按照买方购买货物的目的所作的排除(a)项；第二组是按交易类型所作的排除(b)项、(c)项；第三组是按照货物类型所作的排除。这一条应与第3条结合起来理解，说明公约适用于一般商业性的国际货物销售。

公约没有从正面提出“货物”的定义，这也是近年来有学者主张应把公约扩大适用于服务贸易的一个重要立论的“突破口”。立法的历史表明，公约立法者至少是希望对“货物”作更广泛的、更有弹性的解释，如法语文本的 ULIS 使用的概念是“objets mobiliers”(有体动产)，而正式的公约文本用的是“merchandises”(商品、货物)，学术界认为，公约所指的货物是有形动产(corporeal movable goods)。[2] 但是不限于此，如天然气，不是通常理解的有形动产，应属于公约调整范围；公约不适用于建筑承包合同及房屋销售合同，但适用于活动房屋的销售，即使是买方购买后决定把它永久地固定在土地上，也不影响公约的适用。还应把“货物”与其他形式的资产相区别，公约不适用于主要目的是提供无形的资产(技术、知识产权)或服务的合同，如计算机软件的载体硬盘(disc)，它们和书籍一样本身可作为货物批量销售，这属于公约调整范围，如果软件卖方为满足客户特殊需要而提供经过改制的软件产品，卖方的主要义务是提供服务，不属于公约调整。

---

〔1〕 参见《判例法摘要汇编》(2008年版)第2条第8段。

〔2〕 公约立法的历史也可以证明这一点，分别于1956年和1959年完成的两个海牙公约草案的全称是《国际货物(有体动产)销售统一法公约草案》《国际货物(有体动产)销售合同成立统一法公约草案》。

2. 基于购买目的和货物交易方式所作的排除

第2条(a)项指出,公约不适用于供私人、家庭或家人使用而购买的货物销售。理由是为私人或家人使用的销售不是典型的国际商事交易,买者的目的是个人消费,而不是为了转售赢利。更重要的是,为私人、家人使用而购买涉及消费者权益保护、社会公共政策和公共利益,各国通常由消费者权益保护法、产品责任法调整,作为强行法,其效力高于公约之类的任意性法律,这方面的国内法制也极不统一,所以公约作此排除。另外,这类购买通常属于国内购买,公约不必要为相对极少的国际购买作出调整。需注意的是,公约排除的是为个人消费而购买或出售的货物交易,并不是把消费类货物的所有交易排除于公约调整之外,消费类货物即使是适于家庭使用,如电器、家具,如果为经营目的或为商业的需要而产生的国际交易,仍属公约范围,如业主为他的营业场所购买家具,传媒机构为了营业目的购买摄影器材等。

根据(a)项的除外规定,是否属于为私人或家用的购买取决于买方购买时的意图和卖方在订立合同时是否知道这一意图,而不是货物被买进后的实际用途。如果证据显示买方购买时是为私人使用,且卖方知情,可以排除适用公约,即使买方购买后改变主意,把它用于商业目的也是如此。反过来,如果买方购买时的目的不是私人使用,或者虽然有此目的而卖方并不知道此目的,就不能排除公约的适用。可见,(a)项除外规定使为私人使用而排除公约适用的范围缩小,许多国内法在这项排除上并不要求卖方明知,可能产生与公约的冲突。学术界关于其中的举证责任问题观点不一,笔者认为,法律适用问题也一样应遵循"谁主张,谁举证"原则,当事人若主张其交易适用公约,就要证明其购买不是为私用,或者证明卖方不知道或没有理由知道其为私用。另外,家庭和家人、个人的含义各不相同,应该从社会学意义上而不是从家庭法意义上解释,显然,为居住在一起的伴侣购买也是"为家用"。

(b)项和(c)项规定公约不适用以拍卖方式的销售和根据法律执行令状和其他令状的销售,理由与(a)项排除类似,即这种交易由特殊的国内法调整,通常属于强行法调整,不构成主要的国际交易。拍卖是合同成立的一种特殊方式,甚至拍卖师击锤确定购买者时,还不知买方是谁或无法确定是谁。也有学者认为,商品交易所达成的交易不属于以拍卖方式的销售,而是通过特别迅速的要约、承诺而达成的交易,只要商品交易合同满足了公约适用的其他条件,类似于纽约商品交易所达成的交易可以适用公约。

3. 按照货物的性质所作的排除

证券交易由专业性很强的证券法调整,公约不应该对这类国内法产生影响。公约第2条(d)项规定其不适用于公债、股票、投资证券、流通票据或货币的销售,这是为了避免与国内证券法、银行法等强制性规范冲突。不过,代表货物的单据的销售不在排除范围。[1] 第2条(d)项所述6种商业证券应属于在流通中使用的,而不包括为获得这种证券载体本身的商业价值而从事的商业证券销售。为私人收藏的购买难以纳入公约适用范围[第2条(a)项],除非属于商业性收购。

国内法将船舶、飞机作为不动产看待,其交易应遵守特殊的规则,包括遵守注册登记等有关强制法,公约第2条(e)项也将其交易排除在外。ULIS中的此项排除仅限于已注册登记的船舶或飞机,公约取消了这一限制,使排除范围扩大。有学者认为,公约中所说的船舶是大船("ship"或"vessel"),而不包括小帆船、划艇(boats),这一理由很难成立,从字面上看不出公约要排除大船而不是小船。有说服力的理由是应该从所交易的标的物性能、功能上考虑,那些虽被称为船舶、飞机,却不具有船舶、飞机通常的功能,不能用于商业运营和作为短途运载工具使用者不在排除之列,如作为体育用品的划艇、帆船等。[2] 公约没有明确排除船舶、飞机的零部件销售,这类交易应属于公约调整范围。1992年,匈牙利最高法院就美国联合国际技术公司的一家分公司诉匈牙利国家航空公司案作出裁决,支持了这种观点,该案涉及几种型号的飞机发动机销售合同是否成立,这是较早

---

〔1〕 参见《判例法摘要汇编》(2008年版)第2条第7段。

〔2〕 1998年,中国南方某企业购买了俄罗斯一艘退役报废的航空母舰,改做餐厅、娱乐场所,用于观光服务,这种交易很难说应排除于公约适用范围之外,俄罗斯为公约缔约国。判例显示,一艘退役的海军潜艇的销售不属于(e)项排除范围。

的有影响的适用公约判例。[1]

公约不适用于电力销售,这是基于标的物的特殊性质所作的排除,这项排除的理由不足,因为与之性质相似的货物如燃气、原油都属于公约适用范围,虽然有的国内法不承认电力为货物,公约不妨把它纳入货物范围。

第3条　公约不适用的销售合同

(1)供应尚待制造或生产的货物的合同应视为销售合同,除非订购货物的当事人保证供应这种制造或生产所需的大部分重要材料。

(2)本公约不适用于供应货物一方的绝大部分义务在于供应劳力或其他服务的合同。

评　释

1. 第3条第(1)款的含义

ULIS以及CISG都没有对"销售合同"下定义。有一种说法是各国法律在此问题上分歧不大。从公约权利义务规定、销售合同的功能看,本质上,销售合同是卖方提交货物及代表货物的单据,转移货物所有权,买方接受货物,支付价金的双务合同(第30条、第53条)。不过现在越来越多的销售合同当事人已不再只满足于传统的钱货交易,除此以外还要提供劳务、服务及其他辅助工作,这样灵活的交易是否也适用公约,公约第3条回答了这一问题。总的精神是,公约将其调整的国际货物销售的范围扩大,它适用于当事人除提供货物外,还实施一定行为或提供一定服务的销

[1] 该案及相关分析参见Paul Amato, *U. N. Convention on Contract for the International Sale of Goods—The Open Price Term and Uniform Application: An Early Interpretation by Hungarian Courts*, Journal of Law and Commerce, Vol. 13, p. 1-29 (1993)。自公约生效到20世纪90年代,国际社会产生了100多例适用公约的仲裁裁决或法院判决的案件,涉及货物有87种,其中有些货物如飞机发动机、帆船、摩托艇、体育比赛门票、活动房屋等与公约第2条规定有关。参见Franco Ferrari, *Specific Topics of the CISG in the Light of Judicial Application and Scholarly Writing*, Journal of Law and Commerce, Vol. 15, p. 15, note 78. (1995)。作者为荷兰基尔勃格大学比较私法学教授,是重要的研究公约学者之一。

售合同,包括由买方提供一部分物料,由卖方生产加工制成品或提供其他服务,然后将制成品返销给买方即“来料加工”,在中国属于加工合同。但是这种服务提供不应占合同交易的大部分,否则就变成了服务合同,不属于公约调整范围。

第3条第(1)款规定:“供应尚待制造或生产的货物的合同应视为销售合同,除非订购货物的当事人保证供应这种制造或生产所需的大部分重要材料。”这一款将公约适用于尚待制造或生产的货物(订制物),结果是,其适用范围扩展至卖方除提供货物外,还包括实施约定行为的合同,这是指生产、加工中的行为。比如,买方在销售合同中可以要求其所订购的某一地块的农产品不得喷洒农药;其所订购的钢材必须添加某种元素;苹果在即将成熟时必须套袋;收获的饲草必须经过熏蒸等,这些加工生产方法是影响产品性能的。此外,买方还可能提出非与产品性能有关的生产加工方法,比如,要求肉类在良好卫生环境下生产;纸品在环境友好的条件下生产等,此类产品本身并不能反映出卖方是否履行这些义务。无论如何,卖方没有依约履行上述行为,属于违反销售合同,买方可以行使公约下的索赔权。第3条第(1)款的调整范围已经超出许多国家国内货物销售法的范围,如中国合同法将买方订制(custom-made)货物的合同纳入承揽合同范围,有的国家法律规定销售合同调整的货物是标准化的,在合同订立前已制成的货物。但是《欧盟议会和委员会关于消费货物和相关的担保某些问题指令》[1]规定:“为本指令之目的,提供尚待制造或生产的消费货物的合同也应属于销售合同。”《德国民法典》第651节也规定,关于货物销售的条款适用于提供尚待制造和生产的可移动物。

第3条第(1)款提出一项重要限制,就是如果订制货物的当事人提供制造或生产这种货物所需要的大部分材料,公约就不适用。其中最有争议的是如何理解所谓的“大部分材料”(substantial part of materials),学界有代表性的一种观点认为,“大部分”是指材料占货物价值的大部分,这形成“经济价值标准”;另一种观点认为,“大部分”是指提供的材料对生产货物的重

---

〔1〕 EU Directive 1999/44, 25 May 1999.

要性或必需性方面占大部分,这形成所谓的"必需性标准"。[1] 这种分歧甚至与公约不同语言的正式文本所使用的文字有关,"大部分"的德文表述为"Parte Sustantial",法文表述为"Part essentielle"。公约立法的历史及多数判例支持前一种观点。1964 年两个海牙公约 ULIS 第 6 条和 ULF 第 1 条第(7)款都规定,"如果订购货物的当事人提供必需部分和大部分材料(essential and substantial part of materials),该统一法不适用",公约正式文本将"essential"删除,意味着公约立法者拒绝采纳"必需性标准"。另外,CISG-AC 发表的第 4 号意见也指出:"在解释公约第 3 条第(1)款中'大部分'这一表述时,那种'经济价值标准'应该首先采用。而'必需性标准'只有在考虑案件情形,经济价值标准不可能或不适宜采用时才可以被考虑。"[2] 这里所说的经济价值标准不适宜采用的情况,是指当事人双方提供的用于制造货物的原料价值相当,或者材料本身含有知识产权,其价值难以准确衡量。

CISG-AC 对第 3 条第(1)款所述"大部分材料"的解释具有合理性,材料属于物料,不包括作为无形资产的图形、技术说明、技术本身或公式配方,除非它们包含在材料中,提高了当事人提供的材料本身的价值。比如,当事人签订了一份合作开发一种密封产品的协议,约定买方提供包含其专有技术的半成品,卖方最终加工出成品并负责销售给买方,这里,买方提供了包含一类技术的大部分材料,而卖方按买方提供的详细说明生产出合同项下的货物。卖方按买方要求,并由买方提供经济价值微不足道的元素"铬",生产出合同项下的特种钢材,其中买方提供的"说明"和元素"铬"不属于大部分材料。材料是指生产、制造应交付的货物所需要的,用于包装和运输方便提供的辅助材料应排除在外,虽然图形、技术说明甚至买方为卖方完成图书制作需提交的影印胶片都是生产、制造货物必需的,但它

---

[1] 在国际商会审理的一件仲裁案中,争议的合同要求买方提供定制卡车的发动机;仲裁庭依据公约第 3 条第(1)款的规定,认为发动机构成所谓"大部分"材料,决定不适用公约。在法国一地方法院审理的一案中,买方提供定制鞋所需鞋跟和带有"皮尔卡丹"品牌的饰物,法庭认为这也是"大部分"材料。

[2] The International Sale Convention Advisory Council, *CISG-AC Opinion*, *No. 4*, Opinion, paragraph 2.

们最终没有成为构成货物一部分的“材料”。

2. 第 3 条第(2)款

第 3 条第(2)款规定,公约不适用于供货方的绝大部分义务在于提供劳务或其他服务的合同。这一规定的主旨是将公约扩大适用于混合合同,即在货物销售合同中规定卖方除提供货物外,还提供一部分附属的服务,只要其中的服务是附属性或少部分的,就不影响作为销售合同的属性,也不影响公约调整这类合同的所有权利义务。根据这一款,卖方的义务除交付货物、转移财产所有权以及交付单据外,还包括提供一定劳务或服务,前提是这种劳务或服务不构成卖方“绝大部分”义务。国际贸易中卖方本来要提供包装、订立运输合同、发运货物等服务,这些服务从来就与货物销售相随附,属于固有的服务,其不可能改变销售合同的性质,不是这一款调整的重点。第 3 条第(2)款所指的附属的服务是这些固有服务以外的其他服务,最常见的是:对交付的成套设备生产线进行安装调试;对提供的组合式家具、空调运送并安装调试;卖方除交付设备外还依约承担培训买方的操作雇员等。第 3 条第(2)款也同样适用于所谓的“交钥匙工程”(turn-key contract),这是指卖方除提供货物外,还提供“一揽子”服务,其中决定性因素是提供货物或服务所占经济比重。有时技术转让及服务部分另订立分合同,这无关紧要,只要整体上这类服务从属于销售合同,也不占合同义务的绝大部分,就不能排除公约适用。

第 3 条第(2)款所述“绝大部分”(preponderant part of obligation)显然比第(1)款所述“大部分义务”措辞强烈,所指的比重更大。一方面,确定“绝大部分义务”的标准仍然是“经济价值标准”,“如果提供劳务和服务的义务占卖方义务的 50% 以上,本公约就不适用。正是基于这一点,一家法院裁定要求进行市场研究的合同不属于本公约适用范围。另一方面,拆卸并销售二手衣架的合同被认为在公约适用范围之内,因为拆卸价值仅占合同总价值的 25%”。[1] 在不能清楚地区别劳动力、服务在合同中所占任何价值的比重时,就应该考虑其他因素,如“必需性标准”,特别是应考虑当事人订立合同的实质目的是购买货物还是服务。在解释当事人之间合同的

〔1〕 参见《判例法摘要汇编》(2008 年版)第 3 条第 4 段。

性质时,应考虑合同名称、内容、价格构成、当事人对合同中不同义务的重视程度。

另一问题是,公约适用于合同全部还是仅适用于货物交易部分。倾向性的意见是,混合合同中如果提交货物与提供服务两者紧密联系,构成一个整体,当事人是在一个单一合同中规定这两方面事项,公约应适用于合同的全部,在这种情况下,违反其中提供服务义务属于违反销售合同,按照公约违约救济规则处理。反之,如果当事人已经将这两方面义务分开,分别签订了主合同、分合同,公约仅适用于其中的货物交易,技术服务部分由相应的国内法调整。关于合同是否被分割,应由国内法解决,"注意到这一点很重要,这一款[指第3条第(2)款]并不是想确定由一项合同或交易创设的义务实质上是由一个合同还是由两个合同组成的,因此,关于卖方与货物相关的义务和与提供劳务、服务有关的义务是否可以分成两个合同(合同的可分性),这一问题应该依据相应的国内法解决"。[1] 提交货物与提供服务这两种义务的履行要求、违约形式有所不同,货物有腐烂变质问题,有运输问题,而服务不存在这样的问题,它的违约表现也不同于货物交易。公约把这种混合交易纳入调整范围,事实上支持这样一种理念,就是公约关于合同成立、履行、违约救济的一般原理和原则可适用于销售合同中提供服务的义务。

3. 公约能否适用于服务贸易

21世纪,全球经济发展的一个重要趋势是国际服务贸易已成为规模巨大、增长最快的产业,欧美主要发达国家服务贸易出口已占本国出口贸易的60%~70%,它们在国际竞争中的比较利益优势已经从传统制造业转向服务业和高技术产业。关贸总协定乌拉圭回合谈判达成了《服务贸易总协定》,关于服务贸易的市场准入、政府管理已经纳入了WTO多边贸易体制管辖,在政府对贸易管制的层面上建立了统一的调整服务贸易的国际准则,而在交易法层面,即调整平等主体的当事人之间国际服务业交易方面,还缺少一般性的国际法规则。近年来,已有学者提出将主要调整货物

---

〔1〕 UNCITRAL, *Secretariat Commentary on Article 3 of Draft Convention* (*Article 3 of Official Text*), Paragraph 3, Official Records, p. 16.

贸易的 CISG 扩大适用于调整服务贸易，其中纽约大学法学院博士卡伦·B. 吉安努兹（Karen B. Giannuzzi）在 1997 年发表的一篇论文中提出的见解值得关注。[1]

吉安努兹博士提出以下理由论证应将公约适用于服务贸易：（1）公约的目标是促进国际商业法的统一，尽可能在全球广泛适用，即实现“普遍性”，而国际经营者需要一个适用货物与服务的有预见性的法律框架，公约仅适用于货物而不适用于服务不利于促进公约的普遍适用。（2）公约是活的文件，意在协调统一国际商业法，为实现这一目的，在决定是否适用于服务时，应该从广义上解释，即使是显然不应该适用公约的情况，也可以考虑类推的方式适用公约的原则、规则。“在美国，如果 UCC 不适用，而交易构成非常类似于 UCC 调整的销售（如许可合同、租赁合同），法院已经通过类推的方式适用 UCC。”[2]（3）第 1 条中缺少明确的“货物”定义以及第 2 条中没有明确排除服务支持了这一主张：公约立法者本来没有将“服务”排除于公约适用范围。（4）普遍认为第 3 条处理混合合同，也意味着排除纯粹的服务交易，这种理解是不完全的，如果公约起草者本意要排除纯粹的服务，应明确规定，第 3 条承认不是所有合同都能分清“货物合同”或“服务合同”，这一条意在处理“混合合同”，防止这类合同游离于公约之外，而且第 3 条第 2 款不包括也不能解决所有货物与服务结合的情况。

应该说，吉安努兹博士的观点确有合理之处。在新的世纪里，应该考虑到使公约能适应国际服务贸易蓬勃发展的客观形势，使法律适应新的情况。通过放宽解释公约的意图，甚至通过类推的方式，或者允许当事人根据意思自治原则，以“并入”的方式扩大公约的适用范围，使之能适用于某些服务交易或混合交易，这有利于增强公约的活力。不过他主张公约本身并没有排除服务交易，本来既适用于货物交易，也适用于服务交易，尚缺乏足够的依据，至少是公约立法者受历史条件的局限，在制定公约当时没有

---

〔1〕 See Karen B. Giannuzzi, *The Convention on Contracts for the International Sale of Goods: Temporarily Out of "Service"?*, Law & Policy in International Business, Vol. 28, p. 991 – 1035 (1997).

〔2〕 See Karen B. Giannuzzi, *The Convention on Contracts for the International Sale of Goods: Temporarily Out of "Service"?*, Law & Policy in International Business, Vol. 28, p. 1016(1997).

把服务交易考虑进去。当初的意图是要制定一部“货物销售合同公约”。美国《统一商法典》(Uniform Commercial Code,UCC)起草于20世纪50年代,公约的前身ULIS也制定于20世纪60年代,当时的经济生产活动以货物的生产和贸易为主,国际统一法的制定也是参照货物贸易,服务交易在当时主要限于国内范围,国际服务贸易的比重不大。还应看到,把公约作为一般的国际法,适用于金融、电信、保险运输、餐饮、旅店、娱乐传媒等各种类型的服务,它的必要性和可行性是个疑问。因为服务交易不同于货物交易,不同类型的服务有不同的专业化权利义务要求,事实上,像保险服务、银行服务、技术服务、运输服务等领域都有专门的标准合同、专门的国内法调整,有些领域如运输服务已建立了国际统一法,而公约本身难承担此项重任。

4. 与销售合同相似的其他合同

公约适用于货物销售合同、分批销售合同(第73条)、由供应商直接向卖方的顾客交付货物的合同,以及卖方除提供货物外,还提供一定服务的合同。以下讨论的是对于与销售合同类似的其他合同,公约是否适用。

(1)易货贸易(barter)和对销贸易(counter-trade)。前者是不使用货币而使用等值货物的商品交换;后者是出口商出口货物后,再从相应的进口商那里回购等值或不等值的货物。由于这两种方式都不存在履行支付货款义务的一方,有学者主张不能适用公约。而相反的意见是公约没有要求必须以货币来支付购买货物,维也纳会议东德代表马斯科(Maskow)指出:“对销合同或回买合同可以看作规定向不同方面提交货物的几个相关合同,一方接受货物后再提交等值的货物抵偿价款,此时每个当事人既是卖方也是买方。”“易货贸易合同的双方当事人都是卖方。”〔1〕这类合同履行有相互依赖问题,应在合同中作出规定,鉴于公约没有明确规定是否适用于此类交易,当事人可以在合同中声明“本合同交易属于公约所指的货物销售合同”,以避免争议。

〔1〕 Maskow, C. M. Bianca & M. J. Bonell eds., *Commentary on the International Sale Law: The 1980 Vienna Sales Convention*, Milian: Giuffre, (1987), p. 386-387. 马斯科、比安卡与迈克、波奈尔均为维也纳会议意大利代表。

(2)租赁合同(leasing contract)。规定一方将其财产使用权在一定时期内转让给另一方,而收取预定租费的合同。尽管某些租赁合同(融资租赁)的承租方在租赁期满时有优先购买租赁物的权利,但租赁期间出租方转让的是货物使用权而不是所有权,所以公约不适用于租赁合同。

(3)寄售合同(consignment contracts)。属于委托销售,由出口方把货物运交进口国的代理人,委托其代为销售货物,由于进口国代理人没有买断货物,寄售关系不是买卖关系,公约不适用于寄售,但是 ULIS 适用于寄售。

(4)公约不适用分销协议("distribution arrangement"或"distributor contract")。分销协议是生产商或批发商授权经销商在某一市场独家经销其产品的安排。该协议的目的更多在于组织销售及划分市场范围,而不是转移货物所有权,但是在执行分销协议过程中订立的销售合同可以由公约调整。特许协议、连锁经营(chain-style business)协议也不属于公约调整范围。

第 4 条 公约不适用的法律问题

本公约只适用于销售合同的订立和卖方和买方因此种合同而产生的权利和义务。特别是,本公约除非另有明文规定,与以下事项无关:

(a)合同的效力,或其任何条款的效力,或任何惯例的效力;

(b)合同对所售货物所有权可能产生的影响。

评 释

第 4 条和第 5 条规定了公约不涉及的三个方面的法律问题,也是以排除法确定公约适用范围。

1. 公约涉及的法律问题

第 4 条第一句列出了本公约的条款优先于国内法适用的一些事项,即销售合同的订立和双方当事人的权利义务。就合同成立而言,公约仅仅规范了合同成立的客观要件,并不解决一个有效合同涉及的所有实质要件问题。按照公约第二部分规则已经订立的合同,在考虑一般国内法规定的合同生效的一些实质要件后,可能发现该合同是无效的。第 4 条第一句界定的公约适用范围并不是严格意义上的,应该小心谨慎地解释它。事实上,除它所指的"销售合同的订立和买卖双方因销售合同产生的权利义务"之外,公约还调整许多其他事项,如当事人声明、行为及合同的解释(第 8 条);习惯做法和惯例的适用(第 9 条);合同形式自由(第 11 条);合同的修改、解除(第 29 条);解释公约及填补公约空白的方法(第 7 条)等。

除第 4 条明示规定外,判例法证明公约同样涉及举证责任问题。第 79 条第一句要求因不能控制的障碍主张免除合同义务的一方负举证责任,证明他符合第 79 条规定的免责条件。在一个判例中,法院判决买方丧失了以货物与合同不符为由向卖方索赔的权利,因为他不能证明货物存在公约第 35 条规定的不符合合同的情形,也不能证明就不符合合同的情形及时通知卖方(第 39 条)。依据第 42 条主张卖方违反知识产权担保的买方有义务证明卖方知道或不可能不知道货物存在第三人知识产权。依据公约第 74 条主张损害赔偿的一方有责任证明其要求损害赔偿的前提,即证明存在损害、违约与损害之间的因果关系以及损失的可预见性。公约第 7 条规定:"凡本公约未明确解决的属于本公约范围的问题,应按照公约所依据的一般原则解决。"就举证责任的分配而言,基于上述规则确立的一般原则是:"希望从某个法律规定中获得有利法律后果的当事人必须证明该规定的事实前提存在;任何主张例外的当事人必须证明该例外的事实前提存在。"〔1〕

2. 公约不涉及的法律问题

第 4 条第二句以非详尽的列举方式指出,公约不涉及销售合同、合同的任何条款及惯例的效力[(a)项]。关于合同效力,各国法律通常规定以下几类合同是无效的或可撤销的:(1)违反法律、公共政策、社会公共利益、道德风俗的合同;(2)以欺诈、胁迫手段订立的合同和显失公平的合同;

〔1〕 参见《判例法摘要汇编》(2008 年版)第 4 条第 4 段。

(3)无行为能力人、限制行为能力人订立的合同;(4)当事人无代理权或超越代理权订立的合同;(5)因错误产生的合同。这些问题各国法律规定不同,难以统一,特别是公约不愿陷入对“公共政策”和“公共利益”理解上的纠纷。毒品交易普遍认为是违法的,可是法律对“毒品”范围界定差异很大,美国《对外腐败行为法》禁止商人向外国政府官员行贿,而有的国家对这种贿赂款物可以推定为商业开支。因为存在分歧,公约规定其不适用于合同及其条款的效力,这方面的争议只能依据相关国内法处理。有时当事人对于合同整体的效力无异议,而对个别条款的效力有争议,如争议解决条款、标准条款,公约不适用于解决该争议。

例 4A:1988 年,北京五金矿产进出口公司与美国全美商业中心有限公司达成协议,由中方向美方提供起重机配件,美方以“付款交单”方式付款,后来双方同意改变了支付条件,以“承兑交单”90 日内支付。中方按计划装运了货物,美方很快拒绝付款,理由是货物有瑕疵,后来拖欠货款达 1200 万美元。1989 年,美方代表到中国与中方协商,双方签署了一份书面协议,其中承认美方欠中方 1200 万美元,其中 768 万美元已于 1989 年 5 月 15 日过期,协议确认一项支付安排,允许美方以分期方式支付欠款,美方代表离京前以支票支付了 197 万美元。美方认为中方口头同意其他两项条件:补偿有瑕疵的货物和短缺货物;按 D/A90 条件于 1989 年 9 月重新向美方供货。后来中方拒绝按 D/A90 条件供货,美方停止履行支付欠款。中方向得克萨斯州法院起诉,美方认为支付协议不能执行,它是在胁迫欺骗下签订的,中方威胁他不签订协议就不解决瑕疵商品问题。而中方认为应以书面协议为准,不承认口头协议存在。在法律适用问题上,中方主张适用得克萨斯州法律,美方主张适用 UCC 和公约。得克萨斯州法院认为:支付协议不属于货物销售协议,不能适用 UCC 和公约,只能适用得克萨斯州的法律;关于口头协议的效力争议,依据公约第 4 条不能适用公约,而应适用得克萨斯州法律。最后法院根据美国法中“口头证据规则”认定,美方主张存在的口头协议无效,而书面协议有效,判决美方向中方支付拖欠款项。[1]

公约也不适用于关于贸易惯例效力引起的争议,这一点应与第 8 条、第 9 条结合起来理解。第 8 条要求解释当事人的意图可以考虑贸易惯例,第 9 条强调当事人同意的贸易惯例有法律效力,这两个条款与第 4 条(a)项不冲突。关于是否应该依据贸易惯例解释当事人意图,以及当事人明示、默示同意的贸易惯例是否有效的问题,可依据公约解决(第 9 条)。除此以外,其他涉及贸易惯例效力的争议,如一项合同规定或当事人的做法是否属于贸易惯例?对贸易惯例,特别是《国际贸易术语解释通则》(International rules for the interpretation of commercial terms, Incoterms)术语,条款的解释引起的争议等,公约不适用。这说明并非所有的关于合同及其条款效力、惯例的效力问题都排除于公约适用范围,应该注意到第 4 条第(2)款中"特别是,除非本公约另有明文规定"这一提法,它意味着公约其他条款中关于合同、惯例效力的规定,不受第 4 条影响,如第 29 条规定了修改合同的效力,第 8 条处理对当事人声明及合同条款的解释,第 9 条处理国际贸易惯例的效力等。

公约不涉及销售合同对所出售货物所有权可能产生的影响。这项排除基于两方面理由:一是所出售货物的所有权转移问题,主要国家的法律制度有严重分歧,如德国法规定货物出售后并不当然转移所有权。买卖合同属于债法,所有权转移属于物权法范围,需要另外签订物权合同才转让货物所有权。而英国法与法国法主张原则上货物所有权自销售合同成立

〔1〕 案例转引自 Beijing Metals & Minerals Import/Export corp. v. American Business Center. Inc. ,993 F. 2d 1178 (5th cir. 1993)。这一案件很有影响,美国学术界一种观点认为,此案中的支付协议虽然不含有买卖货物义务,它却是对于原来于 1988 年签订的货物销售合同买方支付义务的修改,是原合同一部分,而原合同符合适用公约的条件;根据公约第 29 条第(1)款的规定,既然一个由公约调整的合同可经当事人协议修改,修改协议本身也应适用公约。另一种观点认为,应区分"经修改的销售协议"(modified sales agreement)和"修改协议本身"(modification agreement proper),经修改的协议从属于原协议,原合同适用公约,修改的部分当然也适用公约,但这并不意味着修改协议本身引起的争议也适用公约,除非修改协议本身符合一个新的销售合同要求以及公约适用的条件。关于此案的讨论参见 *Recent Development*: *CISG*, Journal of Law & Commerce, Vol. 14, p. 153-168, (1995);龚柏华:《美中经贸法律纠纷案例评析》,中国政法大学出版社 1996 年版,第 13 页。

时就转移。二是考虑到这一问题的复杂性，厘清这方面的规则将延迟公约的缔结。第4条(b)项规定的销售合同对所出售货物的所有权产生的影响有以下三方面：

第一，货物所有权何时转移到买方，即转移所有权的时间条件，表面看转移所有权往往与交货行为联系在一起，但在法律上两者是有区别的，卖方将货物交付给买方并不意味着转移了所有权，卖方可通过保留单据来保留所有权，这种情况下卖方已不享有完全的货物所有权，因为货物已由买方占有。各国法律关于货物所有权转移的制度比较复杂，这方面可参见本书第53条评释。

第二，买卖合同是否足以割断第三人对卖方出售货物应享有的权利，即卖方所出售的货物遭第三人追索和主张权利，法律是保护原所有人还是保护善意第三人对货物的权利，这些问题属于物权法范围，留给国内法处理。但是公约第41条从合同法卖方应履行的义务角度出发，要求卖方出售的货物不得存在第三人权利，卖方违反此项义务造成损失应承担违约责任。

第三，需要解决货物所有权争议涉及的冲突法以及其他法律选择问题。以意大利国内法为例，意大利《民法典》关于货物所有权转移区分特定物和种类物，对于可替代的种类物销售，并且卖方不需要承担运输，一旦货物被特定化，货物所有权转移即可发生。如果货物需要运输，一旦货物交付给承运人或货运代理人，所有权转移。但是如果交付承运人运输的货物有多个买方，并且货物没有被分割，当货物被运到目的地并且实际交付给各买主时才被特定化，货物所有权延至此时转移。[1] 根据意大利国际私法规则，财产所有权方面适用物之所在地法，即合同订立时货物所在地法。即使一份国际货物销售合同包含所有权保留条款，并且合同规定适用外国法，遵守此项国际私法规则是所有权保留条款得以在意大利强制实施的条件。对于跨境交易的货物，意大利法院执行这一规则需参考货物自一国向另一国转移时，其位于所在地的情况，考虑出口国和进口国两地不同法律规定。假定货物自德国装运出口到意大利，依据德国法，货物所有权并不

---

〔1〕 意大利《民法典》第1378条。

在装运港装运货物时转移,卖方这一期间仍享有对货物控制权和所有权。当货物在目的地实际交付给意大利买方时所有权转移,并且意大利关于货物所有权法律规定当然适用。

例 4B:马来西亚 D 公司向印度某公司出售一批橡胶,由日本一家船公司承运,后来船长修改了船名,伪造了提单,在运输途中将这批货卖给了新加坡商人,新加坡商人又以低价卖给了中国东北某公司,运送货物的船舶抵达中国南方某港口卸货后溜走,印度公司的保险人(取得代位求偿权)查明这批货物下落,向我国海事法院出示整套提单、付款单据,证明印度公司是这批货的所有者,请求法院判归印度公司所有,因而与中国东北公司发生争议,法院认定货物上的唛头标志是印度公司所指定的,判决货物归印度公司的保险人所有,中国东北公司遭受巨大损失。

此案中新加坡商人与中国东北公司,印度公司与马来西亚公司的买卖关系可由公约调整,新加坡商人出售的货物存在第三人权利被索回,给买方中国东北公司造成巨大损失,应承担违约责任;而印度公司的保险人与中国东北公司的争议属于物权争议,不属于公约调整范围。

3. 公约未规定的合同法律问题

公约作为统一的实体法,弥补了当事人合同争议法律调整的不足,但是公约并不能解决所有与国际货物销售相关的法律问题,它本身就规定不适用于某些合同争议(第 2~5 条)。就销售合同法应有的范围而言,公约也仅仅规定一些主要问题,第 4 条第 2 句中"特别是"(in particular)这一措辞说明,公约不涉及的法律问题并不限于其列举的范围,除此之外,以下问题公约并没有直接作出规范:

(1)关于销售合同及合同权利义务转让问题、应收账款转让问题。

(2)当事人权利能力和行为能力;代理问题,如由第三方代表当事人订立的合同是否有效;合同当事人对其雇员行为、代理人行为的责任;代理人与本人关系。

(3)所出售货物存在担保权益的有效性,如卖方与第三方哪一方对货物有优先权。

(4)诉讼时效问题。

(5)定金、违约金问题。

(6)判例显示,公约不涉及标准合同条款、法院选择条款、惩罚性条款、和解协议的效力。

(7)合同对第三方的效力以及一方当事人是否负连带责任问题。

(8)所支付的货币问题。

(9)缔约过失。

罗马国际统一私法协会制定的《国际商事合同通则》(2004 年修订)(UNIDROIT Principles of International Commercial Contracts, 以下简称 UPICC 或通则)恰好在上述公约未规定,而货物销售合同法应涵盖的几个主要方面作出补充规定,新版 UPICC 增加了 5 章内容,分别规定代理权、第三方权利、抵销、权利转让、义务转移和合同转让、时限。此外,第 1 章和第 5 章各新增一条,分别涉及“抵触行为”(禁反言)、协议解除,其补充公约立法不足的意图显而易见。因为许多参与“通则”修订的罗马国际统一私法协会成员也是直接参与公约制定的成员,这次修订还吸收了联合国国际贸易法委员会成员参加。[1] UPICC 前言第 5 段明确指出:“通则可以用来解释或补充国际统一法律文件。”

首先,无论从什么角度看,UPICC 都应作为公约的补充立法,在处理公约未规定的又属于公约调整范围的国际货物销售合同争议时优先考虑适用。公约第 9 条指出:(1)双方当事人已同意的任何惯例和他们之间确立的任何习惯做法,对双方当事人均有约束力。(2)除非另有协议,双方当事人应视为已默示地同意对他们的合同或合同订立适用双方当事人已知道或理应知道的惯例。这说明公约承认通则作为国际惯例可以优先适用。其次,传统上国际统一法依照国内法规定解释和补充,或者通过国际私法

〔1〕 国际统一私法协会 UPICC 筹备工作组成员包括迈克·波奈尔(工作组主席)、艾伦·冯斯沃斯、彼得·施莱特里姆,他们分别是制定公约的维也纳会议意大利、美国、德国代表。还包括主持公约制定的联合国国际贸易法委员会秘书处成员。这次修订 UPICC 是贸易法委员会与统一私法协会在完善国际商事统一立法方面的一次良好合作。

指引选择适用国内法来补充国际立法的不足。而近年来法院和仲裁庭都更多地倾向于摒弃这种"冲突式"的解决办法,转而按照自主性和国际统一的原则,运用国际惯例和类似国际规范解释和补充国际统一法,以维护国际统一法的自主性、原有特征,这也是通则在解决国际商事争议时应优先考虑适用的因素。最后,即使是在公约未规定时适用国内立法处理国际商事争议,也应注意到"通则可以用来解释或补充国内法"。[1]

第5条 公约不适用于卖方出售的货物造成人身伤亡责任引起的争议

本公约不适用于卖方对于货物对任何人所造成的死亡或伤害的责任。

评释

第5条规定:"本公约不适用于卖方对于出售的货物对任何人所造成的死亡或伤害的责任。"卖方出售货物给买方后,货物可以由买方自己用于生产活动或供其他商业所用,也可能由买方转卖给下游经销商或进入消费领域,由消费者购买使用。在这些环节中,都可能出现卖方出售的货物对买方本身、对买方的下游经销商或对消费者造成人身伤亡的情况。第5条所指的"卖方出售的货物"对任何人造成的伤亡责任是指该货物质量缺陷引起的伤亡责任,如果买方在提取货物、接管或搬运卖方交付的货物过程中,因货物失落或运输工具失控造成买方等人身伤害,这本来就不属于第5条的调整范围,但可能属于销售合同调整范围或公约其他条款调整范围。

卖方出售的货物造成人身伤亡之责任,通常属于国内产品责任法的调整范围,产品责任法或消费者权益保护法属于强行法;在很多情况下,因产品责任提起的诉讼属于侵权责任诉讼,而公约仅调整合同成立以及当事人因销售合同产生的权利义务,不适用于此类产品责任争议,此类争议应由

[1] 参见UPICC(2004)前言第6段。

国内法调整。在正常情况下,若当事人提起侵权诉讼,应适用人身伤亡损害发生地之国内法。

需要注意的是:首先,公约第2条规定其不适用于供私人、家庭使用而购买的货物,如果卖方在订立合同时不知道买方为私人目的而购买,则可以适用公约,即使这样,该买方提出因货物造成的人身伤亡赔偿请求,公约也不适用。其次,属于公约范围的交易,买方可能就货物造成其雇员的人身伤亡向卖方索赔,或者消费者因使用卖方出售的货物造成人身损害而向买方索赔,买方转向卖方索赔;或者受伤的雇员等其他人直接向卖方索赔,这些情况下,依据第5条的规定,公约都不适用。最后,卖方出售的货物既可能引起人身伤亡,又造成财产损失,公约不适用于人身伤亡部分的赔偿请求,但是有可能适用于财产损失部分的权利要求,因为公约仅仅不适用于“人身死亡或伤害责任”。对属于公约范围的国际货物销售合同争议,若当事人以卖方违约为由,仅提出人身伤亡的赔偿请求,无论当事人的请求是独立存在,还是属于与侵权的诉讼请求竞合(concurrent),公约都不适用,而应适用调整该合同争议的准据法;如果当事人在此类诉讼中既提出人身损害的赔偿请求,又提出财产损失的赔偿请求,公约可适用于后者,前者应由相应的国内法调整。

例5:营业地位于德国的卖方向位于美国加利福尼亚州的买方出售一套重型设备,由于该设备某一原件缺陷引起工厂失火,造成一雇员烧伤,所购设备报废,同时损害了买方一些其他的机器设备。此案中公约不适用于雇员人身伤害责任,但是适用于设备报废和火灾引起的买方其他财产损失。

公约第2条(a)项排除和第5条排除有重要意义,有了这两条规定,买方为消费购买商品造成的损失或因所购商品造成人身伤亡损失而提出索赔,不受第39条及时检验货物、发出不符通知时限的约束,按照大部分国家法律,这种侵权之诉不需要及时发出货物不符通知,诉讼时效自损害发生时起算。

按照国内法律适用的程序,法庭需要根据争议事项将案件归于某一类性质,如侵权、产品责任、合同纠纷等,然后决定应适用的法律,如果国内法律规定以及法院的定性与公约第5条规则相吻合,不会有公约适用的困难。问题常常出现在两者不一致上,如有的国内法认定例5中的当事人人身伤害和财产损失都属于产品责任,应适用国内产品责任法,对其中的任何权利要求,公约都不适用。还有的合同当事人无意中对货物品质做了误述而给买方造成损失,这能认定卖方欺诈而归由国内侵权法调整吗?美国的判例显示,法官倾向于扩大产品责任范围,由产品缺陷造成起火、爆炸事故,即使没有造成人身伤亡而引起买方设备、其他财产损失,也可构成产品责任,按侵权案件而不是按合同纠纷处理,这样做的结果是否排除了适用公约?对此一种观点认为,侵权争议已不属于公约第4条所指的因销售合同权利义务引起的争议,公约不适用。而约翰·霍纳尔德认为,"如果国内规则所调整的事实与公约所调整的事实实质相同,应以公约规则代替国内规则调整,任何其他结果都会损害公约建立统一法的基本功能"。〔1〕也就是说,国内法可以将应由公约调整的同一事实做不同的定性分类,如欺诈、侵权、产品责任、违约等,公约没有这样的归类,如果被归类的案件属于公约调整范围,不影响公约适用。

在这方面,德国的立场是:如果当事人因卖方交付的货物品质缺陷提出侵权诉讼要求,即使该争议事项属于公约调整范围,即存在侵权竞合的违约责任,该诉讼请求也不再与公约有关。如果缺陷产品的制造者与受产品损害的一方都是销售合同的当事人,并且该销售合同由公约调整,关于财产损失的赔偿要求不得依据国内侵权法提出,而应由公约调整。但是受缺陷产品损害的一方若与产品生产者无合同关系,他向产品生产者提出的依国内法的侵权请求继续存在,与上述依公约提出的权利要求竞合。〔2〕

如何处理产品责任请求与公约范围的违约责任请求两者之间的关系很重要。一个现实的问题是,若销售合同排除适用公约,又规定免除公约

〔1〕 John O. Honnold, *Uniform Law for International Sales Under the 1980 United Nations Convention*, Kluwer(1982), p. 103. 作者为美国宾夕法尼亚大学法学院教授、联合国国际贸易法委员会秘书处成员、维也纳会议美国代表,是公约立法活动重要参与者。

〔2〕 See Peter Schlechtriem ed., *Commentary on the UN Convention on the International Sale of Goods*, Clarendon Press oxford, 1998, p. 50.

范围的违约责任,如某些合同中的免责条款所规定:“卖方在任何情况下的赔偿责任仅限于缺陷零部件本身的价值”,那么缺陷产品造成人身伤亡责任可否也免除? 这在欧洲各国之间不成问题。公约第 90 条规定,本公约不优于已经缔结的载有与本公约范围事项有关的任何其他国际协定条款。按照 1985 年制定的欧共体产品责任指令,对于欧共体成员间当事人订立的货物销售合同,依据该指令制定的成员国产品责任法有优先适用效力,根据产品责任法提出的权利要求不受当事人协议中免责条款影响,也不因没有及时指出货物与合同不符受到影响。

第 6 条　当事人协议排除适用公约

双方当事人可以不适用本公约,或在第 12 条的条件下,减损本公约的任何规定或改变其效力。

评　释

1. 公约与当事人意思自治

第 6 条规定公约的排除规则(opting-out CISG),即尽管销售合同具备适用公约的所有条件,该合同也不一定适用公约,当事人可以排除适用公约,也可以在适用公约时减损公约某条款规定或者改变公约某条款的效力。排除规则体现私法中当事人意思自治原则,确认当事人意思自治以及销售合同的效力高于公约,说明公约是任意性的(optional)和补充性的规范(default rule),而非强制性的规范。公约主要发挥补充作用,对于当事人在合同中不能解决、不能详细规定和预见的问题,公约可以提供补充。

“当事人意思自治原则”是合同法基本原则,也是国际商事合同法律适用法的基本原则,它表现为当事人可以通过协议自由订立合同和自主解除合同;可以自主决定合同的内容;自由选择合同适用的准据法,但要受制于法律规定的某些限制。《欧洲合同法原则》(Principles of European Contract Law,PECL)第 1-102 条指出:“服从于本原则确立的公平交易和诚信要求,以及某些强行法规则,当事人可以自由地订立合同,决定合同的内容。"[1]《1980年欧共体关于合同债务的法律适用公约》(罗马公约)在承认与合同有密切联系的国家强行法、法院地强行法优先效力的前提下,指出"合同应适用当事人各方选择的法律"(第3.1条),"未依第3条选择可适用于合同的法律,合同应适用与它有最密切联系的国家的法律"(第4.1条)。公约同样尊重当事人订约自由,在尊重当事人法律适用选择意愿以及国内强行法的前提下,发挥其国际统一实体法的调整作用。调整当事人商事交易的有约束力的规则按照法律效力的高低排序如下:

(1)与合同有密切联系国家的国内强行法,以及法院地强行法;

(2)明示、默示地规定的合同条款;

(3)准据法,即当事人选择的法律,或在当事人未选择时自动适用公约,或适用与合同有最密切联系的国家法律;[2]

(4)补充的法律条款(在准据法未作规定时适用其他补充性法律,可由当事人选定,或依国际私法规则选择);

(5)惯例。

2. 当事人明示、默示地排除适用公约

根据第6条的规定,当事人可以协议明示或默示地排除适用公约,包括整体排除或部分排除适用公约。排除适用公约可以在合同订立时发生,也可以在合同订立后,甚至在争议解决程序中发生。

明示地排除适用公约就是在合同中正面规定其合同、争议解决不受公约调整,这又分为两种情况:一种是在正面排除公约的同时指明合同应适用的法律。另一种是没有指明应适用的法律,如规定:

"本合同下当事人的权利和义务将不受《联合国国际货物销售合同公约》调整。"(The rights and obligations of the parties under this contract shall

---

[1] 《欧洲合同法原则》于1996年由欧洲合同法委员会第8次会议通过,属于欧洲示范法,无法律约束力。

[2] 当事人选择的法律通常限于国内法和国际条约,也包括UPICC这样的惯例。合同中引用贸易术语被认为将相关规则并入合同,而不是被选做准据法。但是在国际仲裁背景下,仲裁员不受特定国内法约束,他可以选择UPICC作为准据法。参见UPICC(2004)前言第2段、第4段及其注释。

not be governed by the CISG.)

“本合同规定的当事人的权利义务将不受《联合国国际货物销售合同公约》调整，这些权利和义务将由康涅狄格州法，包括该州通过的统一商法典调整。”(The rights and obligations of the parties under this agreement shall not be governed by the provisions of the 1980 United Nations Convention on Contracts for the International Sale of Goods; rather, these rights and obligations shall be governed by the law of the State of Connecticut, including the Uniform Commercial Code as enacted in Connecticut.)

经确认当事人正面排除适用公约，则公约不适用。同时指明了应适用的法律(积极选择)，该指明的法律本身是否有效(如是否与合同有密切联系、是否规避强行法等)，乃至于合同中法律适用条款本身是否有效，这些问题应依据被选择的法律判断，或者依据争议解决所在国的实体法或冲突规则决定其效力，而不能适用公约，不仅因为公约被排除，还因为公约不能处理涉及合同条款的效力问题[第4条(a)项]。1988年在海牙通过的《国际货物销售合同法律适用公约》第10条规定：“任何时候，依据当事人的行为或合同条款明示或默示地清楚显示，当事人已经就合同应适用的法律达成了协议，该法律适用协议的存在和有效性应由被选择的法律来决定。”如果认定当事人的法律适用条款无效，应该根据争议解决所在地的国际私法规则确定合同准据法。

合同正面排除适用公约却没有说明应适用何种法律，如何处理？显然，这种情况下也应该按照争议解决地的国际私法规则决定应适用的国内法，当国际私法规则指向一个公约缔约国的法律时，应该适用该国的国内法而不是公约，这是指公约被整体排除的情况。如果公约部分地被排除，那么由什么法律代替被排除的公约条款解决相关争议呢？这种情况不应该依据公约第7条规定适用公约的一般原则处理，而应该依据争议解决地的国际私法规则决定应适用的国内法律，填补被排除的公约条款留下的空白。

ULIS 第 3 条明确规定当事人可以明示地或默示地排除适用该统一法。[1] 而 CISG 本身没有这样规定,有学者因此不承认当事人可以默示地排除适用公约。立法历史表明,维也纳会议多数代表反对这样一项建议:就是主张"排除公约适用必须以明示的方式"。公约没有明确规定其可以被默示地排除"是为了防止法院过分轻易地断定公约被默示地排除",而不是阻止当事人以默示的方法排除适用公约,因此,默示地排除是可以的,当然默示排除必须有真实依据而不是靠推测。[2]

典型的默示排除公约方式是在合同中选择适用某种国内法,如果所选择的国内法是非公约缔约国的,或者虽然选择了公约缔约国的法律,当事人在合同中特指适用该国某具体的法律,就应认定排除适用公约。如规定:"本合同中的权利和义务由美国《统一商法典》调整。"(The rights and the obligations of the parties under the contract shall be governed by U. S. Uniform Commercial Code.)或者如同已经发生的案例那样,规定适用《德国民法典》和《德国商法典》,适用《奥地利消费者保护法》和《奥地利商法典》等。

如果合同只是笼统地规定"本合同所有争议适用中国法解决",或者如判例显示的,选择适用"德国法""瑞士法",则不能有效地排除适用公约,因为作为缔约国,公约已成为其国内法的一部分,甚至具有优于国内法的效力,这样的表述意味着该国国内法和公约都是合同准据法。选择适用缔约国境内某地方法律,如加利福尼亚州法律,被认为没有排除适用公约,因公约是美国国家法一部分,其效力及于全部领土,对加利福尼亚州有约束。声明选择"意大利国内法"或"瑞士国内法"是否有效排除公约是争议问题,在 1980 年维也纳会议上,有代表建议:当销售合同中规定本合同由某一特定国家的法律调整时,就是已认定当事人已经排除适用公约,即使是这个国家(作为缔约国)已经将公约并入其国内法。这一建议被大多数国家

---

〔1〕 ULIS 第 3 条规定:"销售合同的当事人可以自由地,整体或部分地排除本法适用,此项排除可以明示或默示。"

〔2〕 See Franco Ferrari, *Specific Topics of the CISG in the Light of Judicial Application and Scholarly Writing*, Journal of Law and Commerce, Vol. 15 p. 87. (1995). 作者为荷兰基尔勃格(Tilburg)大学比较法系教授,重要的研究公约的学者。

代表拒绝而没有采纳。[1] 若需单独排除适用公约,可以这样规定:

"本合同将由中华人民共和国内法调整和解释,不包括《联合国国际货物销售合同公约》。"(This Contract shall be governed by and construed under the internal Law of the P. R. C. Not including the CISG.)

公约适用的判例法显示:并入 Incoterms 贸易术语不构成默示排除适用公约,并入贸易术语没有解决适用法问题,因为贸易术语是商业惯例,并入的结果是其包含的交易条件纳入合同,是合同组成部分,效力高于作为补充性规范的适用法。最后,通过诉讼地的选择也可排除适用公约,条件是必须能从当事人的选择中推断这样的意图:以仲裁庭、法院所在国的国内法为合同适用的法律,并且该仲裁庭、法院的所在国不是公约缔约国。而最简单的排除办法是声明买方是为私人使用而购买货物。

3. 合同订立后的法律选择问题

当事人在合同订立时以及合同本身是否排除适用公约,法院和仲裁庭在实践中把握较严格的标准,也较容易认定。当合同中没有规定应适用的法律,在合同成立后,甚至在争议解决诉讼程序中,当事人是否通过默示协议选择了适用法,就排除适用公约达成协议,这个问题比较复杂。进入诉讼或仲裁程序时,如果销售合同没有规定法律适用,裁判庭有时从当事人提交的诉状和答辩状中推定是否有法律适用协议,如果当事人双方都援引某国内法支持其诉讼主张,通常根据这一事实推定当事人默示地就适用该国内法达成协议,特别是当法院地位于非公约缔约国,没有太大问题。但是如果案件由公约缔约国法院审理,并且销售合同符合公约第 1 条(a)项自动适用条件,仅仅因当事人在申诉和答辩中没有提到公约而提到某国内法,就认定其默示地协议排除公约,是一种误判,在这方面,智利最高法院 2008 年审理的皮货买卖合同争议案("皮货案")具有典型性。

例 6:2001 年 12 月,营业地位于智利的买方与营业地位于阿根廷的卖方订立 15 万件皮货进口合同,每件 2.55 美元,卖方于 2002 年年

[1] See C. M. Bianca & M. J. Bonell eds., *Commentary on the International Sales Law: The 1980 Vienna Sales Convention*, Giuffre, Milan, 1987, p. 56.

前分批完成交货,买方先期开立10万美元信用证付款。买方购买这些皮货作为原料用于制造其Magromer品牌服装和皮包。买方依约将10万美元信用证副本通知卖方,但是截至2002年年底卖方仅交付89,000件皮货,卖方承诺在收获期结束继续履行尚未交付的货物,实际上已经将余下61,000件货物转卖给其他买主。案件经初级法院审理后,买方向智利最高法院提出上诉,以卖方违约为由请求损失赔偿,包括不能按计划生产出制成品的利润损失(收获季过后买方难以补进货物)。本合同生效时智利和阿根廷都是公约缔约国(分别于1991年和1989年加入公约),合同没有规定法律适用,而双方在申诉与答辩的文件中都援引《智利民法典》提出请求,只是在口头辩论程序时买方提到CISG。智利最高法院裁决驳回买方诉讼请求,理由是根据案情和《智利民法典》第1489条的规定,当事人有权要求违约方实际履行义务或解除合同,同时要求损失赔偿,而不能单独请求违约损失赔偿。关于法律适用,法官认为,原告提出权利要求的依据限于国内法条款,这默示地表明双方不适用公约调整其合同的意愿,这没有违反CISG第6条的规定,这一条规定当事人意思自治。[1]

选择适用法是审理国际商事争议案的必经程序,应该遵守程序法,法院审理案件应该遵守的程序法是法院地法,包括诉讼程序法、冲突法以及有约束力的国际条约。仲裁机构审理案件应该遵守的程序法是其所在地的仲裁法和有关的仲裁规则。此外,审理国际货物买卖争议,缔约国法院在诉诸法院地国际私法规则之前,首先应该考虑CISG是否适用(见本书第1条评释),智利作为公约缔约国,其最高法院应该遵守这一国际义务。本案当事人双方营业地都位于公约缔约国,合同没有规定适用法,也没有明确排除适用公约,符合公约第1条(a)项条件,应该自动适用公约。“皮货案”中,法官如果优先考虑公约适用性就能在最初环节避免适用法律错误,正常结果是:根据公约第45条的规定,因卖方不履行义务遭受损害的

〔1〕“智利皮货案”,载美国佩斯大学法学院官网,http://cisgw3.law.pace.edu/cases/080922ch.html,最后访问日期:2019年12月30日。

买方可以行使包括实际履行、损失赔偿、宣告合同无效等任何救济，其中损失赔偿救济既可以同其他救济合并行使，也可以单独行使，不受限制。

根据公约第 6 条的规定，当事人协议排除适用公约有优先效力，但是协议排除公约必须基于双方当事人确凿的（certain）、真实的（real）同意，而非基于假想的（hypothetical）推断，并且应该满足一般的证据标准。何况“皮货案”的案例报告反映出，原告买方在诉讼中曾表示没有默示排除 CISG，双方从没有表现出反对 CISG 的意愿。法官仅仅因为当事人不了解公约，在申诉和答辩中援引《智利民法典》说理，就推断其协议排除公约，这是错误推断，因为私法上有约束力的协议以双方同意为前提，逻辑上，如果当事人不知道有 CISG，就不可能有意图地达成排除适用 CISG 的协议，“因为不可能存在当事人对于双方都不知道的事项达成的协议”，[1]如同德国商法学家施莱特里姆所言：“基于无知的表白不构成协议”（the statements based on ignorance are not agreements），用不正确的适用法说理并非法律策略，只不过是蹩脚律师给出的糟糕法律建议。[2] 作为对“皮货案”反映出的适用公约第 6 条错误的回应，2014 年 5 月 30 日，CISG-AC 以“依据第 6 条排除公约”为题发布第 16 号意见，指出“在法律诉讼程序中，排除适用公约的意图不能仅仅从当事人一方或双方不能基于公约提出论据或辩解进行推断”。[3]贸易法委员会也指出：“根据多份裁决，仅凭双方当事人依据国内法说理的事实本身不能得出排除适用公约的结论。依照不同法院的做法，如果双方当事人不知晓本公约的适用性而依据国内法说理，仅仅因为他们错误地认为其国内法是适用的，则法官应适用本公约。”[4]

一个先决问题是：依据什么法律解释当事人意图，确定是否存在排除适用公约协议？CISG-AC 的意见是，在符合公约第 1 条(a)项自动适用条

---

〔1〕 See The International Sale Convention Advisory Council, *CISG-AC Opinion*, *No. 16*. Comments, 5.14.

〔2〕 See Pascal Hachem, *Applicability of the CISG-Article 1and 6*, in Ingiborg Schwenzer, Yesim atamer & Petra butler, eds., Current Issues in the CISG and Arbitration, Eleven International Publishing, 2014, p. 40.

〔3〕 The International Sale Convention Advisory Council, *CISG-AC Opinion*, *No. 16*, Opinion, paragraph 5.

〔4〕 参见《判例法摘要汇编》(2016 年版)第 6 条第 14 段。

件时,缔约国法院应该首先适用公约的相关规则解释当事人意图。“公约调整排除公约的方式,排除公约的协议由公约第 11 条、第 14~24 条、第 29 条中关于合同成立规则和合同修改的规则调整”,“当事人双方排除公约的意图需要按照公约第 8 条(当事人声明、行为、合同解释规则)决定”。[1] 这些意见说明公约自身包含解释和认定当事人法律选择条款的规则,涉及认定当事人是否排除适用公约,可以依据上面提到的规则,不需要借助外来的法律填补空白,在案件初步推定应该适用公约的场合,缔约国法院有义务遵从公约自身的规则确定当事人是否排除适用公约。另外,在合同成立后当事人通过声明和行为表示排除适用公约,这涉及协议更改合同,应符合公约有关合同成立、协议修改合同的规则。

4. 减损公约某条款或改变公约某条款的效力

当事人在整体上排除适用公约,结果是公约的全部条款都不适用于其销售合同;当事人也可以减损公约的个别条款,取消个别条款的效力,如公约不适用于船舶、飞机的销售,当事人又希望他们之间的这类货物销售能够适用公约,当事人就可以在合同中这样规定:“本合同的权利义务由《联合国国际货物销售合同公约》调整,但是公约第 2 条(e)项不包括在内。”[The rights and the obligations of the parties under this agreement shall be governed by the provisions of the CISG, excluding its article 2(e).]

改变公约效果,是指通过合同规定改变公约某一条款的内容,使之适合当事人需要。如规定:“尽管有《联合国国际货物销售合同公约》第 39 条第(1)款之规定,当事人双方同意:如果买方不在发现或理应发现货物不符合合同之后的 14 日之内向卖方发出通知,说明不符的性质,买方就失去了主张货物与合同不符的权利。”[Notwithstanding article 39(1) of the United Nations Convention on Contracts for the International Sale of Goods, the parties agree that the buyer loses the right to rely on a lack of conformity of the goods if he does not give notice to the seller specifying the nature of the lack of conformity within FOURTEEN (14) DAYS after he has discovered it

[1] See The International Sale Convention Advisory Council, *CISG-AC Opinion*, *No. 16*, Opinion, paragraph. 2, 3.

or ought to have discovered it.]

"尽管有《联合国国际货物销售合同公约》第 39 条第(2)款之规定,当事人双方同意:如果买方不能在自货物实际上交付给他之日起的 6 个月最迟期间内向卖方发出上述通知,他就失去了主张货物与合同不符合的权利。"[Notwithstanding article 39(2) of the United Nations Convention on Contracts for the International Sale of Goods, the parties agree that the buyer loses the right to rely on a lack of conformity of the goods if he does not give the seller notice thereof at the latest within a period of SIX MONTHS from the date on which the goods were actually handed over to the buyer.]

公约对于当事人整体上排除其适用没有限制,而对于取消公约某条款或改变公约某条款的效力有限制,这就是第 6 条所强调的,当事人应该在符合第 12 条的条件下取消或改变公约条款的效力。因此,如果缔约国根据第 96 条的规定,在加入公约时宣布公约第 11 条、第 29 条或第二部分对其不适用,而合同当事人一方的营业地又位于作出这种保留的缔约国境内,该合同当事人不得在合同中改变或取消缔约国作出保留的条款的效力。另外,公约中的国际公法条款(第 89~101 条)也不能被排除,因为这些条款调整缔约国之间的权利义务而不是私人之间的权利义务。当事人双方也不可以协议排除第 28 条规定,这一条是对法院的宣示。

5. 当事人挑选适用公约

依据公约第 6 条的规定,当事人可以通过协议使本来应该适用公约的合同不适用公约,相反的问题是,当事人能否通过协议使本来不应该适用公约的合同适用公约?这就是所谓的挑选适用公约(opting-in CISG)问题。公约本身对此没有作出明确规定,但是贸易法委员会总结相关判例结果,指出"本公约可以通过双方当事人选择而适用其合同。在双方当事人没有作出选择或选择无效情况下,就需要借助法院地的国际私法规则中的客观标准来确定公约能否依据第 1 条第(1)款(b)项而适用"。[1] 这一结论中所述公约经"当事人双方选择而适用",是指当事人双方直接选择公约作为准据法,也包括当事人双方通过选择某一缔约国法律而导致适用

〔1〕 参见《判例法摘要汇编》(2008 年版)第 1 条第 22 段。

公约。作为冲突法的特定概念,当事人协议选择的“法律”是广义的,包括本国法、外国法、地区法、国际条约和国际惯例。事实上,除货物销售合同公约外,海牙规则、汉堡规则都曾经被船公司列入提单条款作为准据法;国际商会《跟单信用证统一惯例》更广泛地被纳入信用证格式条款中作为准据法。〔1〕 这不同于根据国际私法最密切联系原则确定准据法,这一原则指向的准据法总是某一国家的国内法,包括作为国内法一部分的国际条约。

对挑选适用公约,公约前身 ULIS 有明确规定,其第 4 条指出:“不论当事人的营业地、惯常居住地是否在不同国家,也不论这些国家是否为 1964 年 7 月 1 日《国际货物销售统一法公约》的缔约国,在当事人选择本法作为合同适用法时,本法亦应适用,只要这种适用不影响任何强制性法律条款的适用,并且这些强制性条款是在当事人若不选择本法时本来应该适用的。”CISG 没有采纳这项规定,据认为不是意图拒绝当事人以“挑选”的方式适用公约,而是讨论公约草案时,代表们不满意使用所谓“强制性法律条款”这个表述,对当事人意思自治加以限制,这是一个在法律适用时必然引起歧义的含混不清的概念,它很可能反过来妨碍当事人“挑选适用”公约。另一重要事实是,在维也纳会议上,民主德国代表建议在现在的公约第 6 条后面加上一句“即使是依据第 2 条或第 3 条的规定,本公约不适用,当事人若作了有效选择,本公约也应适用”。这个建议也遭到反对,理由是实现“建议”中所说的内容不一定需要作明确规定,因为有公约承认的“意思自治原则”存在,当事人这样的选择亦应被尊重。〔2〕 允许挑选适用公约的结果是:尽管公约本来不应该适用于当事人的合同,当事人

〔1〕 当事人选择的法律包括国际条约,这一主张还参见陈治东:《国际贸易法》,高等教育出版社 2009 年版,第 31 页。中国不是海牙规则缔约国,但中国远洋运输公司提单条款规定,“有关承运人的义务、责任、权利及豁免应适用海牙规则,即 1924 年 8 月 25 日在布鲁塞尔签订的《关于统一提单若干规定的国际公约》”。在广州海事法院审理的“柯兹亚轮迟延交货纠纷案”中,法院认定当事人双方一致同意海牙规则为解决本纠纷的法律,双方选择没有违反中国法律,确认有效。参见龚婕:《论提单法律适用原则》,载金正佳主编:《中国海事审判年刊》(2000),人民交通出版社 2000 年版,第 81~83 页。

〔2〕 公约这一段的立法背景参见 Franco Ferrari, *Specific Topics of the CISG in the Light of Judicial Application and Scholarly Writing*, Journal of Law and Commerce, Vol. 15, p. 96-97(1995)。

也可以选择公约作为调整合同关系的适用法。这里应该把“挑选适用”公约与将公约“并入合同”(incorporated in contract)区分开来，后者是指把公约整体或部分条款纳入合同中，使之成为合同的一部分，与合同条款有同等效力，这种做法公约本身同样不反对。还应注意，当事人挑选适用公约或并入公约都不能违反本国强制法和公共利益，至于什么是强制法，应由案件审理机关确定。

前面提到的不符合适用公约条件的情况有三种：(1)交易的货物、交易的性质属于公约第2条、第3条、第5条的排除范围；(2)当事人营业地并非位于不同国家；(3)交易与公约缔约国无关，并且不符合第1条第(1)款(b)项规定的情况。在不违反公共政策或国内强行法前提下，当事人协商同意将性质上属于公约第2条、第3条排除的交易纳入公约调整范围不会有严重的问题，公约起草者当初作这样的排除仅仅是怀疑公约对这些交易是否合适，这些问题本来可由当事人基于意思自治自行决定。第二种情况是指当事人的营业地在同一国家，这种情况约定适用公约与公约原则规定不符，也无此必要。第三种情况是将公约适用于同缔约国根本无关的当事人，可能要遭到那些要求交易与当事人选择的法律“有合理联系”的国家的反对，也可能与本国国际私法规则相抵触。笔者认为，公约具有中立性，并且专门调整国际货物销售合同，就法律的适用性而言，很难说公约不如通过国际私法规则选择的外国法与当事人交易有更合理的联系。[1]

---

〔1〕 法律实务界对于公约的认同可从一些真实案例反映出来。1990~1993年，国际商会仲裁院裁决了一系列涉及适用公约的仲裁案，在一个案件中，仲裁庭将公约适用于1979年签订的一系列合同，理由是“没有比1980年《联合国国际货物销售合同公约》更好的渊源来确定一项通行的贸易惯例”(Arbitral Tribunal, ICC, No. 5713)，该案的双方当事人所在国都不是公约缔约国。在另一个案件中，伊朗当事人请求将公约作为通行的国际商法或贸易惯例的一部分，适用于其在公约被批准以前订立的合同。这两个案子都遭到非议，原因不在于当事人与公约没有联系，而是因为人们不同意公约是惯例，它没有像Incoterms那样被广泛地纳入标准合同，公约是国际协议。更主要的原因是，作为常识，公约不该适用于其生效以前订立的合同。

第二章 总 则

第7条 解释和适用公约的原则

(1)在解释本公约时,应考虑到本公约的国际性质和促进其适用的统一以及在国际贸易上遵守诚信的需要。

(2)凡本公约未明确解决的属于本公约范围的问题,应按照本公约所依据的一般原则来解决,在没有一般原则的情况下,则应按照国际私法规定适用的法律来解决。

评 释

1. 公约的统一解释和统一适用

各国法律制度之间的差异曾经是影响国际贸易和对外交往的重要障碍,为了实现国际贸易法的统一,国际社会进行了不懈努力,最早制定货物销售统一法的罗马国际私法协会(1926年)已经有95年历史,致力于统一商事法的非政府组织国际商会(1919年)已有102年的历史,国际海事委员会(1896年)致力于统一全球海事法规,已有125年的历史。国际贸易法的统一有两个途径:一个途径是实现各国私法(冲突法)的统一,其结果可以保证争议无论由哪个国家的法院管辖,当事人都能预见同样的应适用的国内法,在没有国际统一实体法的情况下,这是最好的选择;另一个途径是近几十年形成的制定国际统一实体法的趋势。CISG是最重要的国际统一实体法,它可以被当事人直接采用和在一定条件下自动适用,克服了利用冲突法规则选择准据法的间接性。

可是,国际统一实体法的产生并不能保证国际销售合同法律调整的协调统一,实现减少国际贸易障碍的目标,正如当初参与公约制定的学者预料到的,“统一的话语并不能产生统一的结果”,[1]它还有赖于法律解释和法律适用的统一。公约实施以来,法律实务界和学界对其中许多条款的理解、解释及适用上出现分歧,使公约致力于实现的统一货物销售法的目标遭受挫折。[2] 这是因为公约同国内法的实施一样,有一个确定个别条款的准确含义、填补立法当初遗留的法律漏洞的问题,它已经从学术专家为主的造法者手中移交给缔约国法官、律师、仲裁员、法律顾问,最终需要由主权国家的司法机关或仲裁机关解释和适用,因为公约与国内法对应存在,来自不同法律制度背景的法官、仲裁员最容易将公约融入本国法律制度的框架,戴着本国法律制度和文化的“有色眼镜”,用本国法固有的概念和知识体系、法律解释技巧去理解和解释公约,结果是对同样的公约条文有不同的理解和解释,同样的案件由不同国家的裁判机关处理会得出不同结果。法官、仲裁员还可能利用公约解释的不统一偏袒某一方当事人,以至于当事人为保护其利益而不得不从适用法律的挑选转向“择地诉讼”(forum-shopping)。这个问题还因为公约不同语言和文本翻译表述的纰漏而加重,公约有英语、法语、西班牙语、俄语、阿拉伯语、汉语 6 种语言的正式文本,这 6 种语言的文本有同等法律效力,仅以中文本和英文本对照,中文本有多处与英文表述的意义相去甚远(参见本书对公约第 25 条、第 51 条的评释)。[3]

公约第 7 条提出解释和适用公约的一般原则和规则,作为法官判案的指引,它有助于发挥公约统一实体法的作用,促进对其统一解释和适用,防止法官在处理案件时用他们所熟悉的国内法、推理方法解释和适用公约。同时进一步服务于公约的三项目标:“减少当事人择地诉讼;减少诉诸国际

---

[1] See John. O Honnold, *The Sales Convention in Action—Uniform International Words; Uniform Application?*, Journal of Law and Commerce, Vol. 8, p. 207(1988).

[2] 截至 2020 年,民间的国际销售公约咨询委员会已经公布 21 份咨询意见,这 21 份意见都是应业界请求,对具有较大争议性的公约条款所作出的解释和评论,意见从侧面显示出那些争议较多的重要条款。

[3] 汉堡大学名誉教授罗尔夫 · 赫伯(Rolf Herber)认为,当不同语言的文本对公约某条款的表述不一致时,英文本(有时法文本)比其他语言的文本更能表述出维也纳会议的意图,因为关于公约的正式讨论和协商是以英语和法语进行,英语是公约起草委员会使用的工作语言。即英文本更能反映公约的立法原意。参见 Rolf Herber, Peter Schlechtriem ed., *Commentary on the UN Convention on the International Sale of Goods*, Clarendon Press Oxford, 1998, p. 64。

私法规则的必要性;提供一部适合于国际性交易的现代销售法。”[1]第7条被学界比喻为“敲开公约统一适用之门的钥匙”。与公约其他条款不同,它具有工具价值,既是对国际货物销售合同当事人的约束,也是对律师、法官的约束。第7条具有普遍性,由于第7条第(1)款的内容已经被移植到后来几乎所有的国际商事法中,事实上,它是解释和适用所有国际商事法的基本原则。[2]

2. 解释公约的一般原则

第7条第(1)款提出了解释公约的3项原则:考虑公约的国际性;促进其统一适用;在国际贸易上遵守诚信的需要。在解释公约时,《维也纳条约法公约》确立的国际公法类条约解释原则可直接用于解释公约第89条以后的内容,我们也应当承认《维也纳条约法公约》第31条第(1)款的解释原则对包括公约整体在内的所有国际条约的普遍适用。《维也纳条约法公约》的解释原则主要服务于确定双边或多边条约中缔约国之间达成的合意,以及各方应承担的权利义务,第31条第(2)款要求在确定条约上下文含义时参考五大类文书和文件,以把握缔约方的真实意图。公约是私法性的国际条约,也是造法性国际条约,设定的是私人之间的权利义务。解释公约的目的不是揣摩缔约方的意图或合意,及他们的权利义务,而是为了确定经缔约方妥协达成的条约法律本身的含义,为了公约的统一适用。不应当完全排除《维也纳条约法公约》提供的解释原则和工具,不过在接受这些原则和工具的指引时应该考虑到公约的特殊性。

考虑公约的国际性是解释公约的根本立场,它要求用“自主的方法”(autonomous approach),而不是“国家主义方法”(nationalistic approach)理解和解释公约,这一过程不能让国内法的“先入之见”主导和控制,不能完全用国内法理念来解释公约中出现的与本国法相同或类似的概念和规范,尽管我们不能割断传统法律文化与公约自身解释方法的联系。在立法

---

〔1〕 UNCITRAL, *Secretariat Commentary on Article 6 of Draft Convention*(*Article 1 of Official Text*), paragraph 4, Official Records, p. 15.

〔2〕 与公约第7条第(1)款相同或近似的规定还见于《联合国国际货物销售合同时效公约》第7条、《联合国电子商务示范法》第8条、《联合国跨境破产示范法》第8条、UPICC第1.6条、《联合国国际合同使用电子通讯公约》第5条、《联合国国际贸易应收账款转让公约》第7条。

技术上,公约吸纳两大法系都认可的成熟的货物销售规范,去除国内法带有传统特色或明显差异的部分,引入通用的平易的语言表述规范内容,公约中的不能控制的障碍免责制度、损害赔偿及违约救济制度、预期违约制度、风险转移制度等表面上与国内法有关制度相同,却有着不同于国内法相关制度的特点,其中的差别或是适应了国际货物销售的特殊需要,或是作为不同法律制度之间妥协的结果,采用这样的立法技术意在使公约保持独立性,[1]使最终的文本成为"在西方文化的炼狱之火中打造出的燃烧着国际化火焰的长生鸟(phoenix)",[2]尽可能减少国内法或某一法系的制度框架对正确理解和解释公约的干扰。尽管缔约国加入公约后,以转化或采纳的方式将公约纳入国内法体系,公约仍然是一项自主的国际立法,不依赖于任何国内法体系而独立存在,因此应该用自主的方法(autonomous approach),依据公约自身的解释原则,它的立法历史和国际背景、它的上下文进行解释,而不是用特定国内法赋予的含义来解释。

避免受国内法制度的干扰也包括不受国内固有的法律解释方式的局限。传统的普通法法官倾向于经验主义、遵循先例,如果有制定法,他们遵循所谓"字面规则"(literal rule)进行限制解释,即严格地从法律的字面含义中推断立法原意,法无明文规定者由判例法补充,不太看重立法的历史和规则的起源。[3] 而在民法法系国家,法官侧重从立法历史反映出的筹备资料,同时注意从法律上下文、语法结构上分析其通常含义,得出立法原意。缔约国适用公约处理案件意味着公约代替了先前存在的所有相关国内立法(包括制定法和判例法),公约自身的性质决定了采用普通法国家严

---

〔1〕 公约用"不能控制的障碍免责"代替国内法的"不可抗力"等概念。用"宣告合同无效"来表达任何一种解除当事人之间合同关系的后果。在表述这种法律关系状况时,中国法里有解除合同、撤销合同、终止合同履行和宣告合同无效等不同提法,法律后果却是解除了合同关系,但解除合同的事由、方式是不同的。

〔2〕 Camilla Baasch Anderson, *The Uniform International Sales Law and the Global Jurisconsultorium*, Journal of Law and Commerce, Vol. 24:159, p. 161(2005).

〔3〕 这个问题在法律的"国际化"进程中已有了灵活的处理。20 世纪 90 年代以来,美国最高法院承认,国际公约可以做比私人协议更灵活的解释,确立其含义时除字面表达之外,可以查找公约的历史。在英国上议院审理的福瑟吉尔诉英皇航空公司案(Fothergill v. Monarch Airlines)中,5 名法官中有 4 名参考立法的历史解释所涉及的《华沙公约》条款的含义。UCC 第 1-102 条也指出,本法应作灵活解释和适用,以促进本法之基本宗旨的实现。

格的限制解释方式不可取,应代之以与大陆法国家类似的更宽容的和弹性的解释方式。

从历史上看,国际商事法的统一运动主要在立法方面,很少涉及司法领域,很少有法官在解释国际商事法时考虑它的国际统一法特性,其国际性特征常常被忽略,而这一问题在公法性条约的解释中并不明显。1980 年英国上议院审理的具有里程碑意义的福瑟吉尔诉英皇航空公司案,突破了传统解释方法的局限。该案涉及对《统一国际航空运输的某些规定的公约》(《华沙公约》)第 26 条关于收件人发现货物、行李损坏后,应在规定时间内向承运人发出通知要求的解释,上议院法官承认国际商事统一法适用的独特性,法官迪普洛克在判决中指出,"这一国际公约的语言不是英国议会法案起草人选用的,它既不是用传统的英国立法习语表达,也不是专门为英国法官解释而设计,它是为更加广泛和多样的法律受众准备,不像一部议会立法,处理的是纯粹的国内法问题。因此,在解释该法时不应受英国法的技术规定或英国法的先例约束,而应按一般可接受的扩大原则解释"。[1] 最终 4/5 的法官的意见是,解释《华沙公约》必须考虑立法的准备资料、外国法院判例以及学者著述。

促进公约在所有缔约国中统一适用不仅是一项解释原则,也是公约更深层次目标,基本的要求是缔约国法院在适用公约处理案件时,应该参考另一缔约国法院适用公约处理类似案件的判决,避免陷入"归家倾向"(homeward trend)[2]。公约实施的过程表明,贸易法委员会希望用以下方式达此目的:一是在立法技术上采用平易的、通用的语言表述其内容,使不同文化和法律背景的人易于理解它。二是在公约文本中专门规定了解释

〔1〕 See John. O Honnld, *Uniform Law for International Sales under the 1980 United Nations Convention*, Deventer/Boston: Kluwer, 1982, p. 119. 在 Fothergill v. Monnarch Airlanes 案中,原告认为《华沙公约》第 26 条关于货物、行李损坏(damage)后的通知要求不适用于本案涉及的行李内物品损失(loss),而被告承运人认为通知要求适用本案。上诉法院支持原告,上议院推翻上诉法院判决,认为应对第 26 条作扩大解释,通知要求适用于本案。

〔2〕 学术界用"归家倾向"代指用国内法方式解释和适用公约的各种表现,包括:(1)在应该适用公约的案件中不适用公约;(2)依照现存的或者只不过假定的与公约对应的国内法规定解释公约条款;(3)在处理公约下的争议案件时,通过诉诸同时存在的国内法救济损害公约效力。See Ingeborg Schwenzer, *Divergent Interpretations: Reasons and Solutions*, in Larry A. DiMatteo ed., International Sale Law a Global Challenge, Cambridge University Press, 2014. p. 103.

和适用公约的一般原则和工具(第7条),第7条可以有效地抵抗法官在处理案件时用他所熟悉的法院地法理解和解释公约。三是在公约实施中发展有利于其统一解释和适用的判例法指引,让裁判机关更方便地获取国外类似案件的判例以及相互交换这方面的信息。“在某一判例中,一家法院同时援引了外国法院判决和仲裁裁决。在其他判例中,两家法院援引了两个外国法院作出的判决,另外还有一些判例同时参照了同一项外国法院的判决。就是最近,某法院援引了37项外国法院判决和仲裁裁决。”〔1〕别国判例,特别是贸易法委员会正式公布的适用公约的判例,具有某种意义的先例作用。

早在1988年,联合国国际贸易法委员会第21次会议就决定设立以秘书处为核心的信息收集系统,由公约缔约国政府任命的国家通讯员负责,将本国适用公约的判决以摘要形式报告给贸易法委员会秘书处情报交流中心(clearing house),秘书处用一种联合国工作语言负责编辑和编写这些判例,然后翻译成所有联合国工作语言并正式公布。目前,委员会已将来自44个国家的1300余件适用公约和仲裁示范法的法院判例摘要汇编成《贸易法委员会法规判例法》(Case Law on UNCITRAL Texts, CLOUT),在UNCITRAL官方网站发布,每月增补。〔2〕 2004年6月14日召开的贸易法委员会第37次会议通过《贸易法委员会关于〈联合国国际货物销售合同公约〉判例法摘要汇编》在委员会网站发布(2008版、2012版),该摘要汇编是继秘书处评论之后又一部接近于对公约正式解释的文件,是为实现公约统一解释和统一适用取得的重要成果。此外,CISG-AC这样的民间机构发表解释意见,也是促进对公约统一解释适用。

解释公约还必须注意在国际贸易中遵守诚信的需要。UCC将“诚信”解释为“有关行为或交易中事实上诚实”(第1-201条第19项)“涉及商人时,诚信的义务指事实上诚实和遵守同业中公平交易的合理的商业准则”(第2-103条第1项b),这里,“诚信”包含诚实信用、公平交易双重含义。UPICC第1.7条注释指出,虽然通则的规定或条文注释多次仅提及诚实信

〔1〕《判例法摘要汇编》(2008年版)第7条第3段。

〔2〕 See Case Law on UNCITRAL Texts, https://www.uncitral.org/clout/index.jspx.

用,或是仅提及诚实信用和公平交易,但是这些提法均应理解为本条所规定的"国际贸易中的诚实信用和公平交易"。这也印证了公约所说的"诚信"包含诚实信用和公平交易含义,通则作了6项举例形象地说明什么是交易中违背诚信,值得参考。

公约第7条第(1)款提出的遵守诚信首先是一项对各国裁判机关、律师宣示的解释公约的原则。它要求这些机构和个人在解释公约时以最大善意,通过正确运用解释公约的技巧(考虑公约的宗旨、立法历史、它的上下文等),对公约作出符合其本意的合理解释,不得故意曲解公约的本意以实现不正当的目的和利益。要求法院适用公约处理案件时,必须考虑当事人在交易中是否遵守了诚信原则。诚信原则也是对国际货物销售合同当事人的约束,要求他们在交易中诚实守信,勤勉地履行合同义务,这是贯穿公约始终的调整国际货物销售合同的基本原则。UCC中的诚信原则仅适用于合同的履行,而民法法系国家、社会主义国家的法律中,甚至通则中,诚信原则不仅适用于合同履行,而且适用于合同的订立过程和对合同的解释。因为存在这样的差异,引起维也纳外交会议代表对公约第7条第(1)款的诚信原则适用范围的争论。一派观点认为应制定一个明确条款向当事人直接施加诚信行为的责任;另一派坚决反对任何一种在公约中明确加进诚信原则的做法。作为一种妥协,形成了现在第7条第(1)款关于诚信的规定。从公约和ULIS的准备情况来看(后者也没有加进明确的诚信条款),没有明确规定诚信原则只是为了防止引起歧义和国内司法机关武断解释,损害公约适用的统一性,它绝不意味着公约不包含这样的基本原则,第7条第(1)款本身就强调,在"国际贸易中"要遵守诚信,另外,公约第16条第(2)款、第21条第(2)款、第29条第(2)款、第37条、第40条、第47条第(2)款、第48条、第49条第(2)款、第64条第(2)款、第82条、第85~88条都提出了明显的诚信要求,是诚信原则的具体化。

3. 解释公约的方法

公约没有规定具体的解释方法,第7条第(1)款要求考虑公约的国际性,这意味着不能直接采用本国法的解释方法来解释公约。不过,公约的独特性并不能割断其自身的解释方法与传统法律文化积淀下的法律解释方法之间的历史联系，公约自身的解释工具只能通过梳理、总结现有法律解释方面的国内、国际制度经验，并结合公约自身特点打造，拒绝国内法的方法只是反对照搬其固有的解释原则和模式，而不是否定其工具成分，对两大法系各自形成的解释工具应兼容并蓄。公约的国际商事统一实体法性质决定了解释公约的方法与传统法律理论归纳出的解释制定法的方法、解释国际条约的方法联系最密切，以下是公认的解释公约方法。

（1）字面解释

字面解释即按照公约条文的字面通常含义进行解释，包括语法解释，逻辑解释。公约是不同法律语言和概念的综合体，它的语言表述是中性的、平易的，力求简化，避免歧义。公约有的条款采纳了某个国家或某类法律制度特有的概念，这不等于在公约的语境下，这一概念含义与它源自的国内法的含义相同，除非立法的历史表明公约采用某一国内法概念时也采用了它在国内法语境的含义，而没有赋予其新的功能性含义。为了在字面上准确理解公约，将本国语言的公约文本与公约的英文本、法文本对照理解是十分必要的，后两种语言是联合国贸法会起草和讨论公约的工作语言。

（2）历史解释

历史解释，是指通过查阅公约立法的历史、立法的准备资料来探求公约的立法原意。从 ULIS 到 CISG，有关的国际机构经过近 30 多年的努力，积累了大量可援用的立法准备资料。特别是公约的历史资料是公开的，容易检索到，维也纳会议资料、秘书处对于公约草案的评论都载入“正式记录”；不同级别的准备资料和讨论情况载入 UNCITRAL 年鉴（yearbook）。

（3）UNCITRAL 提供的解释工具

国际公约不同于国内立法，不存在超国家的权威立法和司法机构负责对公约进行有权解释。不过，联合国国际贸易法委员会提供的解释工具应该被国内裁判机构尊重。根据联合国大会 1966 年 12 月 17 日第 2205 条决议授权，国际贸易法委员会是唯一负责为充分理解公约和统一解释公约提供必要工具的机构。经贸易法委员会授权公布的《秘书处评论国际货物销售合同公约草案》和《判例法摘要汇编》属于这类接近于正式解释的工具。

（4）比较法的方法

这是指在理解公约时将公约与国内法比较，将本裁判机关的理解与别国裁判机关的理解进行比较,确认两者之间的差异和相同点,在比较中把握公约的准确含义,这方面,联合国国际贸易法委员会秘书处编撰的《贸易法委员会法规判例法》(CLOUT)中汇集的判例,以及美国佩斯大学国际商法研究所收集的大量适用公约判例提供了最丰富的参考资源。[1] 公约中的法律概念和法律规范有些可以按照它来源国的法律所赋予的含义去理解,有些则不能这样理解,但是这些国内法上的理解却是我们理解公约概念、原则的基础和出发点,也提供了重要的参照物和指点。约翰·霍纳尔德教授在将公约第 79 条与 UCC 第 2-615 条比较时说:"公约指令我们解释其条款必须考虑它的国际性质,促进其统一适用的需要,如果我们能像神话中所说的喝了'忘川之水'一样忘却过去的一切,清除头脑中所有源于国内法传统的预设的理念,用纯粹的视角解读第 79 条,并考虑到实际做法和国际贸易的需要,我们就可以达到此目的,而因为缺少这种纯粹(innocent),我们可以通过密切关注国内法和公约之间的不同点,将那些基于国内法的先入之见减少到最低限度。""采用比较法的方式对于促进公约的统一适用不会造成困难,这种方式可以从普遍存在的规范类型以及现代国内法的趋势中寻求指引。"[2]

(5)学理解释

无论历史解释还是字面解释,都应参照法学家的著述。前沿的研究公约学术领域的专家常常是参加公约制定的缔约国的代表,国际贸易法委员会提供的解释工具也是这些专家主持编写的。民间的公约咨询委员会提供的意见属于学理解释。

4. 填补法律空白的方法

公约仅仅规范合同成立以及由合同产生的当事人权利义务,对于公约没有规定而又属于其调整范围的问题如何解决,公约第 7 条第(2)款的回答是:"应按照本公约所依据的一般原则解决,在没有一般原则的情况

---

〔1〕 获取公约判例资源可查阅联合国国际贸易法委员会官网和美国佩斯大学法学院国际商法研究所官网:https://www.cisg.law.pace.edu/,后者收录的判决多数来自 CLOUT。

〔2〕 John O. Honnold, *Uniform Law for International Sales Under the 1980 United Nations Convention*, Deventer/Boston, Kluwer, 1982, p. 425-430. 作者所述"忘川"(Lethe)为希腊神话中天国一河流,饮其水即忘却过去的一切。

下,应按照国际私法规定适用的法律来解决。"这项规定的根本目的是要保证公约的独立性和统一适用,即不仅是公约已经作出规定,只是其含义不明时应依据第 7 条第(1)款规定的原则解释和适用,即使是公约未作出规定而属于公约范围的问题时,也应根据公约的方式填补空白,尽可能避免诉诸国内法。一个具体的法律文件有内部空白(internal gap)和外部空白(external gap),内部空白是指那些属于该法调整范围而该法没有作出规定的事项;外部空白是那些本来不属于该法调整范围的事项,也就不涉及该法律的适用问题。

公约第 7 条第(2)款仅适用于填补公约的内部空白。其适用的首要条件是该事项属于公约调整范围,如果问题不属于公约第 4 条规定的范围,或者属于第 4 条、第 5 条的排除范围,或者属于笔者在第 4 条评论中补充列举的公约没有规定的问题,这类争议事项属于公约的外部空白,第 7 条第(2)款不适用,应适用其他法律解决。另外,如果交易不能满足公约适用的条件或者当事人排除了适用公约,也不会提出填补法律漏洞的问题。然后是属于公约范围的问题公约没有明确解决,包括不能通过运用前述解释公约的方法求得明确解决。比如,在决定利息赔偿额时如何确定利率就是公约范围的问题(第 78 条),而公约又没有明确解决的。有些事项公约没有明确规定解决办法,但是从公约现有条文可类推出解决办法,这也不能算是"法律空白"。比如,第 66 条提出买方承担风险责任的例外情况;如果货损是由于卖方行为或不行为所造成,则买方对风险转移之后发生的这种损失不负责任。这一规则也可推导出:如果货损是由于买方的行为或不行为所造成,则买方对风险转移前造成的这种损失仍需负责,在 FOB 条件下,买方若未能如约按时接收货物造成货物变质,就属于这种情况。

关于法无明文规定需要填补空白的方法,法学领域有所谓的"内部类推法"和"外部类推法"。内部类推法将法律看成综合的、法典化的自足的系统,不仅有法律效力,而且其本身就是一个法的来源,对于该法范围的漏洞,完全可以从法律本身确定的目标、原则和具体规则中推导出解决办法,不需要借助外部的法律或原则[UCC 1-102 条第(1)款];外部类推法不把法律看成封闭的体系,填补法律漏洞需要借助外部相关法律、判例、公平正义原则等作为补充(参见 UCC 第 1-103 条)。

公约第7条第(2)款提出的填补空白的方法是上述两种方法的结合。凡是公约未明确解决的属于公约范围的问题,应按照公约的一般原则解决,这是内部类推的方法。依据一般法律原则填补法律漏洞是大陆法系国家普遍的做法,类似的规定常见于民法或其他法典中,但是两大法系关于一般原则的产生是完全不同的,大陆法系国家一般的法律原则直接源于立法,从法典本身去寻找或从具体条文的规定中得出。而普通法系国家的一般法律原则源于普通法(判例法),制定法就某一方面问题制定的规则需要严格解释,不可能成为一般原则的来源,对于制定法没有规定的问题,只能从判例法中寻找可适用的原则、规则。UCC第1-103条规定,在没有本法具体条款取代的情况下,普通法和衡平法的各项原则,包括商人法和一般合同法规定都作为本法的补充。公约第7条第(2)款深受大陆法的影响,它所要求依据的公约一般原则只能从公约自身去寻找或推导。[1]《判例法摘要汇编》第7条列出18项公约一般原则,其中主要有:

(1)诚实信用原则(第7条)。

(2)当事人意思自治原则[第6条、第9条第(1)款]。在所有原则中,该原则优先适用。

(3)信息沟通与合作原则(第19条、第21条、第26条、第39条、第48条、第65条、第71条、第72条、第79条)。这是指当事人有责任在对方需要时提供与交易相关的信息,采取完成交易所需要的合作步骤,这项原则表现为公约条款中的许多通知义务,也可以从诚信原则中推定。

(4)合理性原则(第8~10条、第18条、第25条、第35条、第42条、第46条、第49条)。当事人实施合同所要求的行为或权利必须符合"合理人"的标准,不得加重对方负担。

(5)减轻损失原则(第77条、第85条、第86条)。即使另一方有违约情况,当事人有责任采取措施防止损失扩大,避免加重对方负担。

(6)不得自食其言["禁反言",第16条第(2)款、第43条第(2)款]。

---

[1] 公约与UPICC有很大不同,后者确定的一般原则有两类:一类是明确规定的,如第1.1条、第1.3条、第1.7条;另一类未作规定,可以从具体条文中分析提炼出来。公约很少有明确规定的一般原则,这反映出作为国际协议各方在确定一般原则上的艰难,原则性的东西难以界定,公约真正是妥协的产物。

这是指当事人对于其所做的声明、承诺，所承认的事实不得反悔抵触。

（7）力求保全合同原则或合同优先原则（favor contract）（第11条、第16条、第19条、第21条、第37条、第48条、第49条、第64条、第82条）。当事人就主要事项达成协议，合同成立；除非发生根本违约等事由，否则应尽可能维持合同有效性。

（8）发送原则。这是公约中适用于合同订立后当事人之间通信的一般原则，据此，一旦发送方以适当方式履行了通知义务，有关的通知或请求立即生效。涉及发出货物与合同不符的通知（第39条、第43条）、有关实际履行、减价、损害赔偿或利息的要求、合同无效的宣布等。但是第48条涉及的通知除外。发送原则同样适用于当事人双方就合同进行的其他通信，除非当事人一致同意必须于收到时方可生效。

（9）恶意行为加重责任原则。在一项判决中，法院根据第40条推导出这一原则："即使买方存在重大过失，也应比具有恶意的卖方获得更多保护。"卖方若虚报车辆年限和行程，他必须承担第35条第（3）款规定的责任，即使买方知道货物与合同不符。[1]

（10）通知原则。依赖一项权利的一方当事人必须用声明的方式向另一方发出通知，并且除非特别规定，通知一般不受形式要求限制。该原则还意味着当事人履行通知要求（如第39条下的通知）即获得相关权利，不受其他条件限制，公约拒绝这样的理念，即一项权利取得需要通过司法诉求才确定，也不承认所谓权利根据事实自动取得。

（11）合同形式自由原则（参见对公约第11条、第12条和第96条的评释）。

在没有一般原则的情况下，应按照国际私法规则确定的法律来解决，这是外部类推的方法，应该在不能实行内部类推时适用。公约承认外部类推，这说明它不是一个封闭系统，不是绝对排斥国内法的影响和适用，在一定条件下，用国内法填补公约的漏洞不仅是准许的，也是一项义务。

---

〔1〕《判例法摘要汇编》（2008年版）第7条第22段。

例7:1988年,阿根廷M公司(卖方)与德国A公司(买方)签订一木炭销售合同,合同价格条件为FOB布伊诺斯艾丽斯。1989年卖方履行后,买方以货物与合同不符(水分超标)为由拒绝付款。1994年,卖方在布伊诺斯艾丽斯起诉买方,买方在法庭出示证据,证明货物品质不符,要求索赔。法庭首先确定法律适用,阿根廷在公约生效时已经是缔约国,而德国于1994年加入公约,虽然此时争议已经发生,案件由法院审理,但在合同订立时德国不是公约缔约国,公约不能自动适用[第1条第(1)款(a)项]。根据阿根廷国际私法,销售合同应适用"履行地"法,销售合同是双务合同,而决定准据法的履行是"特征性履行"(characteristic performance),即卖方的履行,因此应适用阿根廷法律。合同订立时,阿根廷是公约缔约国,根据公约第1条第(1)款(b)项的规定,应适用公约,法庭的这一判定是正确的。但是在实体裁量时,法庭认为,根据《阿根廷商事法典》第476条的规定,对所收货物质量有异议一方应将该问题交专家仲裁。"而公约没有任何决定货物质量程序的一般原则",决定适用国内法确定货物质量是否与合同相符,拒绝采纳买方证据,导致买方败诉。本案裁决的首要失误是法庭以国内法制度理解和解释公约,违反了解释公约的"国际性原则"。其次,法庭虚拟了所谓公约存在的法律空白,排除了公约相关原则和规则的适用(第35条、第53条),违反了公约第7条第(2)款的填补空白规则。[1]

第8条　当事人的声明和其他行为、合同本身的解释原则

(1)为本公约的目的,一方当事人所作的声明和其他行为,应依照他的意旨解释,如果另一方当事人已知道或者不可能不知道此一意旨。

---

〔1〕 本案例参考阿根廷布伊诺斯艾丽斯商事上诉法院2001年审理的梅耶诉翁达·霍夫勒公司案(Mayer v. Onda Hofferle)。对本案的讨论参见Anthory J. Mcmahon,*Differentiationg between Internal and External Gaps in the UN CISG:A Proposed Method for Determining"Governed by" in the Context of Article 7(2)*,Columbia Journal of Transnational Law,Vol. 3, p. 1014-1015(2006)。

(2)如果上一款的规定不适用,当事人所作的声明和其他行为,应按照一个与另一方当事人同等资格、通情达理的人处于相同情况中应有的理解来解释。

(3)在确定一方当事人的意旨或一个通情达理的人应有的理解时,应适当地考虑到与事实有关的一切情况,包括谈判情形、当事人之间确立的任何习惯做法、惯例和当事人其后的任何行为。

评 释

1.第8条立法的历史和适用范围

第7条处理的是公约本身的解释问题,而第8条处理的是当事人在交易中做出的声明和行为,以及所订立的合同条款本身的解释问题。第8条是公约中唯一源自UNIDROIT《统一国际货物销售合同效力若干规则的法律草案》(ULVC)的条款,[1]为扩大该条文适用范围,贸易法委员会工作组在第8次会议上决定放弃原来以ULF第4.2条和第5.3条为基础起草关于合同解释的规则,改为参考ULVC相关条款来拟定,最后形成的公约正式文本中的第8条,前两款分别来自ULVC第3.2条和第3.3条。[2] UPICC第4.2条的规定与公约第8条第(1)款和第(2)款的规定相同,第4.3条的规定与公约第8条第(3)款的规定相同,第4.3条注释中的举例有助于我们理解该条款以及公约第8条第(3)款,这说明第8条的解释规则成为"模板",为后来的国际商事条约、惯例采用,不仅适用于国际货物销售

---

〔1〕 UNIDROIT Draft Law for the Unification of Certain Rules Relating to Validity of Contracts of International Sale of Goods, ULVC.

〔2〕 See Farnsworth, Bianca & M. J. Bonell eds., *Commentary on the International Sales Law: The 1980 Vienna Sales Convention* (Milan: Giuffre, 1987), p. 95-100. ULVC第3.2条规定,如果当事人双方实际的共同意旨不能确定,他们的声明和行为应该按照其中一方的意旨来解释,当此一意旨得以成立并且另一方知道或者本来已经知道此一意旨。第3.3条规定,如果前款规定不适用,当事人双方的声明和行为应该按照与当事人同等情况的合理的人应有的意旨进行解释。

合同,事实上它也是所有国际商务合同的解释原则和解释方法。[1] 第8条稍远的根源是ULF第4.2条和第5.3条,原本用来规制合同成立过程中的要约和承诺,用来解释协商过程中各方的声明和行为。典型的场景是一方发出购买订单,另一方签字接受或发出确认书表示接受;一方拿出合同草案,另一方签字同意,其中前一方是作出单方声明的一方,后一方表示签字同意,说明他知道或不可能不知道前一方当事人的意旨,这就是公约第8条第(1)款所指的情况。如果双方都参与了协商,最后共同签署了作为协商结果的单一合同文本,之后发生的解释问题争议应该适用第8条后两款解决。另外,涉及合同成立及合同条款解释问题的"格式合同之战"也与第8条密切相关。

第8条最终被置于第1部分第2章总则,作为一般规则,适用于解释公约调整下当事人的任何声明和其他行为。在合同的谈判、磋商、准备履约和履行过程中,都可能发生当事人双方对其中一方发出的声明或做出的行为理解不一致,或者在履行合同中对合同中的某一条款、某一概念术语的含义理解不一致,争议由此产生。这种认识上的分歧和引起的争议事实上基于性质完全不同的原因:一种是当事人双方对一方发出的声明和做出的行为本来认识理解一致,不存在分歧,后来出于利益关系考虑,另一方当事人否认先前存在的"意思表示一致",对声明或行为做出了不同理解和解释。另一种是当事人双方对其中一方发出的声明和做出的行为,对某个合同条件本来就理解不一致,从来就不存在意思表示一致,直到争议和冲突表面化。公约第8条提出了解释当事人声明和其他行为,解释合同条款的一般原则和方法,它适用于:(1)对当事人在订约、磋商过程中发出的声明(要约、承诺、撤销或拒绝一项要约的声明),以及行为或不行为的解释。正确解释当事人的声明或行为可以决定合同是否成立以及依据什么条件成立,决定当事人的表达是否应受法律约束。(2)对当事人在合同成立后的往来通知、行为或不行为的解释,包括对要求修改、补充、终止合同的通知、

---

[1] 公约第8条与商事合同通则的相关规定对《中华人民共和国民法典》的适用也有特殊指导意义,《中华人民共和国民法典》第142条和第466条规定了对当事人意思表示和合同本身的解释规则,这两条的内容仅相当于公约第8条第(3)款,欠缺工具价值。

相关行为或不行为的解释。正确解释当事人这类声明和行为决定合同命运、合同内容变化，影响当事人权利义务。(3)对合同履行过程中当事人做出的声明、行为和不行为的解释。包括对发运货物、接收货物或拒收货物的通知、行为和不作为的解释；对声明货物与合同不符(第39条)、要求解除合同的通知和相关行为或不行为的解释；对宣布中止履行合同有关的声明、行为或不行为的解释。正确解释这些通知或行为涉及当事人实质权利义务的确认和分担。(4)对体现在单一合同文本中的合同条款本身的解释，以及对任何属于合同证据的文件解释。

考虑到公约的国际性和独立性，"在本条款(指第8条)适用的情况下，排除国内法解释规则的适用，因为第8条详尽地处理了解释问题"。[1]第8条的合同解释原则也是公约第6条"当事人意思自治"原则的进一步阐述和补充，第8条第(1)款明确将一方当事人的"意旨"作为优先考虑因素，体现在合同中的当事人意思表示优于包括公约在内的任意性法律，这成了在公约管辖范围内的普遍原则，在性质不同的国内经济体制中都适用。我们也不能割断第8条与公约第7条的联系，解释合同的目的是保护善意的当事人对合同项下正当权利义务的合理期待，第7条表述的诚实信用原则同样是解释当事人声明和行为、解释合同的基本原则，是确定一方当事人意旨或一个通情达理人应有理解时应该考虑的一个因素[第8条第(3)款]。

公约第8条仅仅提出解释合同的一般原则和方法，如果当事人对另一方的表述或对所达成的合同条款产生分歧，争议解决机构可以依据公约提供的解释方法认定某种理解或解释为合理，应予采纳。但是如果当事人由于这种解释和理解上的分歧而主张某一合同条款或某一表述无效，这涉及合同条款的效力，不属于公约调整(第4条)。

例8A：卖方的本意是以86,000元的价格出售某种货物，在出售该货物的要约中错误地将价格写成68,000元，任何一个处于买方同样情况下的合理的人都不会认出卖方这一表述是错误的，如果作为受要约

[1] 《判例法摘要汇编》(2008年版)第8条引言第2段。

人的买方接受了这一要约,该合同成立,双方以68,000元成交。此例中卖方能否以错误为理由解除合同,当事人是否对价格问题的认识发生"错误",这个争议应由国内法调整,而对于当事人的意旨,可以依据公约第8条原则解释。

2. 解释合同、当事人声明和行为的主观方法

第8条的解释原则建立在学理上相互区别的两种解释合同方法基础上,这就是主观方法和客观方法。主观方法是基于其中一方当事人的声明或行为来确定当事人双方的共同意旨的方法。这一方法推定当事人双方对其中一方提出的声明,或做出行为,或合同中某一条款的理解存在合意,当事人真实意图或合意显然存在于某一方的声明或意图中,是可以确定的。客观方法是不依赖于任何一方的声明和行为来确定当事人双方意旨的方法,这种方法假定当事人双方对其中一方发出的声明,或做出的行为,或合同中某一条款的理解不存在合意,当事人双方真实意图或合意并非明显存在于某一方声明或行为之中,只能依据一个所谓"合理人"的客观标准以及考虑与争议事实有关的一切客观情况得出。在多数情况下,最终得出的一个通情达理的人应有的理解与某一方当事人的理解相吻合。

第8条第(1)款体现了解释合同或当事人声明、行为的主观方法,它适用于当事人双方对其中一方所作的声明和行为,对合同条款的理解本来存在合意(adidem),只不过由于各种因素,另一方当事人提出异议或提出了不同解释,否认先前存在合意的情况。在这种情况下,一方当事人所作的声明和其他行为,应依照他的意旨解释,如果另一方当事人已经知道或者不可能不知道此一意旨。"因为第7条(指公约第8条)提出了解释每一方当事人单方面行为的规则,它不依赖所谓当事人双方的共同意旨作为解释那些单方行为的工具。然而,第7条第(1)款承认另一方当事人常常是知道或不可能不知道所质疑的前一方当事人所作出的声明或行为的意图,这种情况下,前一方当事人作出的声明或行为的意图就是共同意旨。"[1]这

[1] UNCITRAL, *Secretariat Commentary on Article 7 of Draft Convention(Article 8 of Official Text)*, paragraph 3, Official Records, p. 18.

里所述一方当事人的声明和行为的意旨是指声明和行为作出时的意旨,而不是指争议发生时的意旨,既然承认当事人的共同意旨存在于某一方的声明或行为中,第 8 条第(1)款授权裁判机关对当事人的主观意旨进行实质性探询。其结果是,如果当事人双方对其中一方作出的声明、行为的含义或合同含义有一致理解,该双方共同一致的理解应该被采纳,即使是双方当事人未能以客观的准确的方式记录和表达其意旨,即使是一个合理的人也不能理解其含义。比如,为减少佣金支出,卖方同意买方的主张,将合同文本中的总价记为 5 万元,而不是真实价格 10 万元,但是合同应按照双方的真实的共同意旨解释,总价是 10 万元而不是 5 万元。

主张另一方当事人知道或不可能不知道其意旨的当事人负举证责任,证明另一方知道或不可能不知道其意旨的事实,这个过程中,应适当考虑与争议事实有关的情况,包括谈判情况、当事人之间确定的任何习惯做法、惯例和当事人其后(指声明、行为作出之后)的任何行为,确定一方当事人声明和行为的意图[第 8 条第(3)款]。为保证一方当事人的主观意旨与另一方当事人理解相关,该意旨必须以某种方式表达出来。"一方当事人不为人知的意旨是不相关的",[1]也不可能为另一方所知,第 8 条第(1)款不适用。另外,有时一方当事人的声明与他随后的行为相冲突,如受要约人声明不同意要约中的实质条件,却接受了要约人发送的货物,这时应结合其做出的行为合理解释他声明的意旨,这符合诚信。

例 8B:当事人双方建立了稳定客户关系,在以前多次进行的矿产品交易中,合同中都是以 CNF 来表达 C&F(CFR)贸易术语,后来因为一批货物发生海损,并且双方都没有办理保险而引起哪一方承担投保义务的争议。卖方用此次交易过程中的往来函电和前次交易资料证明,买方知道、也不可能不知道合同中的 CNF 就是 C&F,查国际商会 Incoterms,C&F 交易条件下卖方无义务办理保险。仲裁庭依据公约第 8 条第(1)款和第(3)款的规定,支持卖方主张。

例 8C:中国 A 公司向荷兰 B 公司出口 5000 箱"雪花牌糖水梨"。

---

[1] 《判例法摘要汇编》(2008 年版)第 8 条第 6 段。

B公司收到第一批货物后认为其品质与以前的供货不同,要求退货。A公司主张B公司此次订货与前次订货根本不是一个品种,价格也比前次货物低20%。荷方认为他订购的货物与以前的供货相同,此次价格低,他们理解为卖方为与对手竞争主动降价。最后查阅订单等资料发现,B公司此次订购的货是雪花牌糖水梨(Hsuen Ha Brand Pear in Syrup),而不是前次购买的雪花牌糖水洋梨(Hsuen Ha Bartlett Pears in Syrup)。提供5000箱雪花牌糖水梨不仅是卖方的意旨,而且是买方意旨,证据表明买方知道,也不可能不知道这一意旨,根据公约第8条第(1)款的规定,应支持卖方主张,买方无权退货。

3. 解释合同、当事人声明和行为的客观方法

第8条第(2)款体现了解释合同或当事人声明、行为的客观方法,它适用于当事人双方对其中一方所作声明和行为、对合同中的某概念和条款的理解本来就不存在合意的情况。其原因是一方当事人的声明或行为并没有表达出争议发生后他所主张的意图,或者他虽表达出该意图,而该意图并不为另一方当事人所知,也不被另一方当事人所理解。另一重要原因是当事人故意让某些合同条件含混不清,这可能是合同达成的必要条件,双方都清楚在某些合同条件上不可能达成一致,又有使实质交易达成的共同意愿,只好放弃个别合同条件清晰化和对细节的磋商,希望另外寻找机会在司法干预下处理模糊条件问题。[1] "如果作出声明或实施某种行为的一方当事人没有表达出关于争论之点的意图,或者另一方当事人不知道或者没有理由知道该意图指的是什么,第7条第1款[公约第8条第(1)款]不适用。"[2]在这种情况下,争议中的一方当事人的声明和行为以及某合同条款的客观含义"应按照一个与另一方当事人同等资格、通情达理的人处于相同情况中应有的理解来理解"[第8条第(2)款]。通常,裁判机关确

[1] See Larry A. DiMatteo & Danniel T. Ostas, *Comparative Efficiency in International Sales Law*, American University International Law Review, Volume 26, p. 404, (2011).

[2] UNCITRAL, *Secretariat Commentary on Article 7 of Draft Convention(Article 8 of Official Text)*, paragraph 4, Official Records, p. 18.

定的一个客观的通情达理的人的理解,应该与当事人某一方的理解相吻合,但是也不排除这一理解与任何一方当事人的理解不相吻合,此时,引起争议的需要解释的条款视为不存在,不得并入合同。如果涉及合同中的实质要件,有可能导致合同不成立。维也纳会议美国代表艾伦·冯斯沃斯用如下实例分析说明第 8 条第(2)款与第(1)款的关系:假设卖方在要约中表示出售给买方 1000 吨燕麦,买方表示接受。现在卖方主张其要约中的 1000 吨是短吨(2000 磅),而买方主张卖方有义务提供 1000 长吨货物(2240 磅)。此例中,如果卖方能证明以短吨计算交货量不仅是他在要约中的意旨,而且证明买方知道或不可能不知道卖方的意旨是按短吨交货,根据第 8 条第(1)款的规定,卖方的意旨和主张应被采纳。假如卖方不能提供上述证据,他必须证明一个与买方同等资格、处于买方相同情况的通情达理的人一定会认为卖方要约中的吨是短吨。相反,如果买方能证明,当他表示"我接受"时,他的意图是接受一个以长吨计量的合同,而且一个与卖方相同资格的处于相同情况的通情达理的人一定会理解他在接受一个长吨合同,依据第 8 条第(2)款的规定,买方的主张应被采纳。[1]

第 8 条第(2)款提出虚拟的第三方"合理人"标准并不是高度抽象的参照标准,[2] 首先,"合理人"的理解应为"通常公认的理解"(generally accepted view),著名的《柯林斯合编英语词典》(Collins Cobuild English Dictionary)[3] 在解释"accepted"词条中指出:"公认的观点是大多数人一致认为正确的或通情达理的观点"(Accepted ideas are agreed by most

---

[1] See Farhsworth, C. M. Bianca & M. J. Bonell eds., *Commentary on the International Sale Law: The 1980 Vienna Sales Convention*, Giuffre, Milan, 1987, p. 99-100.

[2] 侵权法中认定过错的客观标准有大陆法的"良家父"标准,在大陆法国家,过错是指未能像一个良家父一样行为,即一个细心、谨慎、顾及他人的人在同样外部环境下的行为。德国学者认为,行为人如果欠缺同一职业、同一社会交易团体分子一般所应具有的知识能力时即应受到责难。参见王利明:《侵权行为法归责原则研究》,中国政法大学出版社 1992 年版,第 222~223 页。美国学者认为,"更确切地说,一个通情达理的人只不过是个理性的、谨慎的人而已,一个群体里所有成年人通常所知道的事实都为一个通情达理的人知晓,即使被告是该群体中的另类,并且对有关问题事实上不知晓,被告行为的标准也不会有任何区别。因此一个在乡村度假的城里人被推定知晓骡子会踢人"。参见[美]文森特·R. 约翰逊:《美国侵权法》,赵秀文译,中国人民大学出版社 2005 年版,第 77 页。

[3] John Sinclair, Gwyneth Fox, Stephen Bullon et al. eds., *Collins Cobuild English Dictionary*, Harper Collins Publishers, (1995).

people to be correct or reasonable)。德国波恩律师沃纳·江格(Werner Junge)认为,“通常公认的理解是在国际贸易中熟知某一贸易部门做法的一个专业人士的理解。他通晓所涉及的各种类型的销售合同以及相关的专业术语;熟悉发货方式、海关手续、支付方式等操作实务;熟悉所涉领域的货物及使用的专业特性”。[1] 对于国际商会制定的 Incoterms 等交易中广泛使用的共同条件、标准的格式合同条款,通常公认的理解是制定这些文件的有关国际机构的理解和解释。国际商会、联合国国际贸易法委员会、联合国欧洲经济委员会是制定这类文件的主要机构,它们制定这些文件的目的是使交易合理化,避免理解和解释的争议以及提高交易效率。必要时可以咨询这些机构的专家、秘书处,参考这些机构发布的权威解释资料、判例去排除理解和解释的困难。应当注意到:首先,当事人也许是国际贸易中的新手,刚刚进入行业领域,或者即使是有多年经验,也缺乏专业素质,对争议中的声明、行为、合同条款含义事实上不理解,这都不影响依据同行业公认的专业人士理解的标准确定当事人在当时情况下应有的理解。其次,适用第 8 条第(2)款的“合理人”标准并不要求裁判机关探求假定的当事人本来意图,不是用来寻求和解释设想中的当事人合意,而是用不依赖于当事人双方的“合理性解释”标准填补合同的空白。最后,基于以上理由,第 8 条第(2)款的实质是授权裁判机关在考虑第(3)款所提出的诸因素基础上行使裁量权,用客观的、通情达理人的理解推定当事人双方应有的理解,裁定当事人声明、行为应有的含义。在确定“合理人”应有的理解时,第 8 条第(3)款非限制性列举应适当考虑的有关的情况,包括谈判情形、当事人之间确立的任何习惯做法、惯例和当事人其后的任何行为。已经裁决的公约判例中,法院认定当事人曾提到合同文本、已经转售了根据合同购买的货物、已经接受了另一方送交的发票等行为是合同成立的证明。而合同成立后,双方当事人都展现出与合同规定不同的行为,如改变交货和接收货物期限,改变装运条件等,这可能解释为双方修改了合同。

第 8 条第(1)款的适用需要一方当事人声明清楚明确,并且有足够证

[1] Junger, Peter Schlechtriem ed., *Commentary on the UN Convention on the International Sale of Goods*, Clarendon Press Oxford, 1998, p. 72.

据说明另一方知道其意旨，这方面的争议较少发生，也较易解决。实践中更多发生的争议是当事人之间就一项声明、行为、合同条款解释上根本不存在合意，需要适用第 8 条第(2)款解决争议。以下是欧洲某些国家法院在这方面的判例，对我们有很好启示。

例 8D：德国卖方向奥地利买方出售一批保护膜，买方未经检验即收下货物。直到最终用户使用时发现粘贴在高档钢材产品上的护膜揭下时在金属表面留下胶水残余。买方得知情况后的第二天告知卖方(此时索赔期已过)。买方向用户支付了擦去胶水的费用，转而向卖方索赔。法院认定：鉴于双方已就索赔金额和支付方式谈判达 15 个月之久；卖方表示愿意出 7 倍于货价的金额赔偿买方；卖方实际支付了一笔专家费用，依据公约第 8 条第(2)款和第(3)款的解释原则，买方有理由认为，卖方默示地放弃了以买方未能及时发出货物与合同不符通知(第 38 条、第 39 条)为由拒绝赔偿的抗辩权，这只能理解卖方后来也不会援用公约第 38 条和第 39 条为其辩解。

例 8E：法国卖方按长期形成的“免费送货，关税已付、免收税费”的商业条件向德国买方出售货物，在一次交易中买方拒不承认货物已发运，也拒绝付款。卖方出具盖有买方印章的未经签字的收据证明货已发出，要求买方付款。法院裁决：必须依据公约第 8 条第(2)款和第(3)款考虑对合同中的“一般商业条件”进行解释，该条件不仅涉及费用，还涉及风险转移。买方在收据上盖章而未签字不能证明货物已发运，按协议条件，卖方有义务自担风险将货物送至买方营业地。卖方已办保险的事实，以及卖方有时利用自己运输工具为买方送货，说明当事人双方同意货物在买方营业地交付时转移风险。支持买方主张。

例 8F：荷兰卖方与瑞士买方订立一项由买方用卖方发送的纺织品制造货物的协议。在买方使用了 10%的原料之后，双方合作终止，买方退还剩余货物，卖方起诉，要求买方偿还整批货物价款(而不是 10%已使用的货物价款)。法院支持卖方主张，裁决：根据公约第 8 条第(2)款和第(3)款的规定，买方不作任何保留地要求卖方开出发票说明他买下了货物，尽管买方自知不会使用全部材料，进货价也不是由双方商定而是依据公约第 55 条确定。买方应偿还货款及利息,利率应根据债务人买方营业地法律确定,正是债务人有可能因为不支付货款而获利。

例 8G:奥地利买方从德国卖方订购一批绒鼠毛皮。后因质量问题,买方提出索赔和拒绝付款。法院认为,争端属于公约适用范围,当事人只商定一个价格范围(35~65 马克/件)不影响合同成立,其价格可适用通常的市场价格,货币按付款地点卖方营业地(德国)的货币(马克)支付。根据公约第 8 条第(2)款和第(3)款的规定,任何一个通情达理的人都会视内容十分明确的订单为一项公约第 14 条意义上的要约。〔1〕

4. 与解释当事人声明、行为、合同条款相关的问题

(1)语言问题

因语言问题引起的误解容易发生,它涉及第 8 条第(1)款所述"知道或不可能不知道"标准的把握。使用与合同用语、被通知人所用语言不同的语言书写的通知是否有效取决于个案情况,同时应根据第 8 条第(2)款和第(3)款的规定,考虑通情达理的人对此应有的理解,以及国际贸易中遵守的惯例、习惯做法。从法律上讲,一项声明,或一份标准合同的接受者有义务去读懂以非通常性语言或他所不理解的外国语言书写的文本,对这样的文本,他有权也有责任提出反对和质疑,有权要求提供翻译文本以澄清事实。当事人若没有及时表示异议而明示、默示地接受了与合同语言或接受者本国语言不同的外语作出的声明,他就应当受此声明的约束。一方当事人同意用某种外语谈判或接受了以这种外语表述的要约,他就应当受这种外语表述的合同条款约束。

(2)与 UCC 口头证据规则的关系

UCC 第 2-202 条确立了口头证据规则,其内容是:如果当事人双方订立了合同并且同意将书面合同文本作为合同完整的和准确的表现,则不允

〔1〕 例 8D 至例 8G 依据的资料分别来源 UNCITRAL, CLOUT, case No. 270, No. 317, No. 215, No. 106, http://www.UNCitral.org/UNCitral/zh/case-law/abstracts.html。

许当事人用先前存在的任何证据或口头协议推翻意图作为合同条款最后表述的书面文本,或当事人在确认性备忘录中一致同意的条款。但是允许用交易过程、履行过程、贸易惯例解释和补充书面合同文本,也可用与书面合同文本一致的条款补充和解释该文本,除非法院认为上述书面文本已被当事方作为完整协议而排除其他任何条款。口头证据规则的立法意图在于维持当事人达成的体现于备忘录、书面合同中的最后协议的稳定性和有效性,防止任何一方以其他证据或理由修改、推翻已达成的最后协议,减少协议达成后可能产生的争议。但是有学者认为,公约第 8 条第(3)款的规则拒绝 UCC 口头证据规则,它允许在解释合同、确定当事人意旨或一个合理人应有的理解时,考虑一系列相关情况,包括合同谈判情况、当事人习惯做法、当事人的行为等,这意味着已经达成的协议或协议条款可由当事人援用与这些情况相关的口头证据解释、修改、补充,甚至推翻。笔者认为,依据第 8 条解释合同规则,不排除运用订约过程形成的个别协议、个别约定修改或解释一项正式合同文本或正式备忘录中的条款,即使个别协议是口头形式,只要它有足够证据支持也是有效的。关于这一点,公约不同于 UCC,公约不需要考虑"口头证据规则"(参见第 11 条评释)。当事人为了防止动摇已达成的书面协议,可以订立一个"吸收条款"(merger clause)或合并条款(integration clause),如规定:"当事人签署的并且在对应于本段边缘空白上签字了的协议构成所有协议条款的最后表述,它是一个全部的排他的合同条款的陈述。"(This agreement signed by both parties and so initialed by both parties in the margin oppsite this paragraph constitutes a final written expression of all terms of this agreement and is a complete and exclusive statement of those terms.)

第 9 条　商业惯例、习惯做法的效力

(1)双方当事人业已同意的任何惯例和他们之间确立的任何习惯做法,对双方当事人均有约束力。

(2)除非另有协议,双方当事人应视为已默示地同意对他们的合同或合同的订立适用双方当事人已知道或理应知道的惯例,而这种惯例,在国际贸易上,已为有关特定贸易所涉同类合同的当事人所广泛知道并为他们所经常遵守。

评 释

1. 当事人之间同意的商业惯例的效力

第 9 条内容是公约第 4 条规则的例外,虽然第 4 条规定公约不适用于惯例的效力,但这并不影响第 9 条阐述在何种情况下惯例、习惯做法对当事人有约束。UCC 第 1-205 条解释行业惯例为"任何进行交易的做法或方法,只要该做法或方法在一个地区、一种行业或一类交易中已得到惯常遵守,以至于使人有理由相信它在现实交易中也会得到遵守"。惯例是否存在以及是否适用于当事人的交易,通常属于事实问题,主张存在商业惯例的一方应负举证责任。有些行业惯例仅仅是惯常遵守的做法,没有固定于书面文件中,这是非规范性惯例。而有些惯例已经固定于有关机构制定的文件中,这是规范化惯例。

在制定国际统一法的历史上,惯例的效力一直是有争议的问题,焦点是依据什么标准确定对当事人之间的合同有约束的惯例;惯例的效力是否高于国际统一实体法,还是它仅仅在与国际统一实体法不相冲突的范围适用。对于惯例效力的来源,学术界认为其分别建立在主观理由和客观理由基础上。主观论者认为,有一类惯例其效力完全源于当事人明示或默示地同意采用,此类商业惯例经当事人同意,并入合同,成为合同一部分,在不与合同条款冲突的范围内适用。客观论者认为惯例的效力源于客观上的法律规定,是法律本身将那些具有一般行为规则性的规范化的惯例(normaltive usage)规定为解释合同的工具或作为补充合同的文件来源,由于法律的规定,使这类惯例即使没有经当事人同意采用,也会自动地适用于所涉及的某一类交易。[1] 这两种理论都承认:惯例的基本要求是它们被广泛承认并且为当事人知道或理应知道。公约第9条体现了这两种理论的妥协与融合。贸易法委员会指出:“这一条款(指第9条)说明惯例以及当事人之间建立的习惯做法在多大范围对公约支配的合同当事人有约束力。第9条第(1)款涵盖当事人双方已经‘同意’的惯例和他们之间确立的习惯做法,第9条第(2)款涉及当事人双方已经‘默示地对他们的合同适用’的惯例。”[2]

第9条第(1)款规定,双方当事人已经同意的任何惯例对双方当事人均有约束力。这体现了惯例效力来源的主观论。当事人同意采用惯例有两种方式:一种方式是直接将惯例的有关内容并入合同,如销售合同采用诸如CIF、FOB这样的贸易术语,就意味着Incoterms的相关内容并入合同,此时被并入的惯例具有与其他合同条款一样的效力,其效力高于准据法和未并入的其他惯例。另一种方式是当事人同意将惯例作为准据法适用于他们之间订立的合同,如当事人约定“除非本合同条款另有规定,本合同受《国际商事合同通则》(2004)管辖”,此时惯例的效力低于合同,它只能用来解释合同或补充合同条款。当事人的同意既可以明示,也可以默示,假如一方当事人习惯性地用《联合国欧洲经济委员会机器设备交货共同条件》解释他提供的合同草案,另一方没有明确反对,就意味着该交货共同条件适用于他们订立的合同。当事人同意的惯例当然包括第9条第(2)款界定的规范性的惯例,需要强调的是,第9条第(1)款所述当事人同意的惯例还包括那些不够规范性的惯例。比如纯粹地方性的商品交易所、集贸市场、货栈、港口码头通行的惯例,尽管不符合第9条第(2)款所要求的在国际贸易中被“广泛知道”,只要被当事人双方了解并同意采用,也对他们有约束力。有时当事人同意采用的惯例属于别的地方或别的商业交易门

---

〔1〕 波纳尔教授认为,这两类惯例的区分在国内法的实践上并不明显。即使是那些其法律制度认为惯例的效力取决于当事人同意的国家,当事人同意的意旨也可以根据如下简单的事实推定:特殊的惯例是当事人从事交易的商业部门中共同遵守的。而强调客观标准的国家也不妨碍它们要求当事人采用那些不足以证明是确定的、众所周知的惯例,至少这类惯例是当事人双方知道的。参见 C. M. Bianca & M. J. Bonell eds., *Commentary on the International Sale Law: The 1980 Vienna Sales Convention*, Giuffre, Milan, 1987, p. 110。

〔2〕《判例法摘要汇编》(2008年版)第9条引言第1段。

类,或者对惯例的表述有误,只要当事双方愿意采用,都不影响其效力,因为第 9 条第(1)款所述惯例效力源于当事人意思自治。

当事人并入合同的惯例内容与合同中的其他条款相冲突如何处理?这个问题不同于第 9 条第(2)款所述当事人适用的惯例与合同条款相冲突的情况。并入合同中的惯例与合同中其他条款冲突属于合同条款之间的冲突,被并入的惯例也是合同条款,实质上是经过协商的合同条件与没有经过协商的标准条款之间的冲突,在这种情况下,经过协商的合同条款优先适用(参见本书对公约第 19 条的评释第 5 节)。如果是属于公约调整的合同,应当适用公约第 8 条规定的解释合同的方法解决,即使在不适用公约情况下,也应考虑体现在 UPICC 第 4.2 条、第 4.3 条中的同样的解释方法。在以下两例中,裁判机关显然运用了公约第 8 条第(2)款和第(3)款的客观解释方法,合理解决了贸易术语与合同中其他条款冲突引起的争议。

例 9A:美国 K 公司与委内瑞拉 N 公司订立了由前者向后者出售 700 台电视机的合同,价格条件为 CIF 马拉凯波(Maracaibo),合同中还约定 N 公司可以在电视机出售之后向 K 公司付款。K 公司将货物交给境内 F 运输公司代理运输,取得了货运单据。后查明这批货物在承运人手中被盗,而 K 公司没有取得海运保险单。K 公司起诉告承运人,承运人认为货物风险已经转移给买方,K 公司不是合格原告。法庭认为:此案中当事人约定买方 N 公司可以在货物出售后付款,这说明货物只有真实转移到买方控制才是合同履行的必要条件,这种变更使合同本质上不同于 CIF 条件,CIF 不是要求货物必须到达的合同。既然风险仍由卖方负担,并且卖方没有办理保险,货物损失应由卖方承担,卖方也有权因货物丢失起诉承运人。[1]

例 9B:一个 CFR 合同中的交货条件规定:“船舶应在 1986 年 3 月 15~30 日到达。”货物被装在 Wise 货轮上,在运输途中被伊拉克的火箭摧毁。买方争辩,既然卖方没能在约定的时间交货,风险应由卖方

[1] 参见[美]理查德·谢弗、贝弗利·厄尔、菲利伯多·阿格斯蒂:《国际商法》,邹建华译,人民邮电出版社 2003 年版,第 168 页。

负担，买方拒绝付款。法官判决指出：合同中的交货条件意味着卖方应安排运输和及时装货，使之能在正常情况下于3月15～30日到达。这不是卖方担保必须在此期间到达，因此，合同没有改变CFR风险责任分担，货物被毁风险应由买方负担。[1]

2. 当事人之间确立的习惯做法及其约束作用

公约第9条第(1)款还承认，当事人之间确立的习惯做法具有和商业惯例同样的约束作用。除非当事人明确排除其适用，否则，习惯做法不仅可以补充合同条款，还可以用来确定当事人的意旨[第8条第(1)款]以及一个客观的合理人应有的理解[第8条第(2)款]。已经确立的习惯做法可以变成合同所蕴含的当事人在今后交易中必须履行的义务和权利，这是诚实信用原则的体现。

习惯做法(practice)是先前交易中重复出现的行为，用以解释他们的意图和其他行为。公约没有给习惯做法下定义，学术界认为它相当于UCC中所指的交易过程(course of dealing)(第1-205条第1款)和履约过程(course of performance)(第2-208条第1款)，根据这两个条款的解释，交易过程是当事人之间在合同订立前作出的一系列行为，它被认为是当事人之间建立起的共同谅解的基础，用以解释他们的意图和其他行为，交易过程最终可以达成协议，该协议可以体现为明示的合同条款，也可体现为默示认可。履约过程是合同订立后的一系列行为，如果销售合同涉及任何一方重复进行的履约活动，并且他了解这种活动的性质以及对方有机会对其加以拒绝，任何未经拒绝而被接受、默认的履约过程均可用于确定协议的含义。一个简单的例子是：如果依据早先当事人交易中建立起来的习惯做法，卖方习惯于直接履行买方订单而没有向买方发出承诺通知，卖方就不得援用公约第18条，以买方没有发出承诺通知为由拒绝履行后来买方发

[1] 参见杨良宜：《国际货物买卖》，中国政法大学出版社1999年版，第308～309页。例9A和例9B表明：当事人若希望在援用贸易术语的同时，通过合同改变贸易术语规定的某些权利义务，他们应在合同中做消除冲突的技术安排。如指出"虽有CFR关于风险转移的规定，当事人同意货物应于××期限内到达后买方付款"。"虽有Exwork的规定，当事人同意卖方办理与本合同有关的出口手续，缴纳出口税费。"

出的订单。在特定交易中,当事人之间已经建立起的习惯做法自动产生约束力,除非当事人明确、及时地否认这种被重复的行为,否则它已经变成合同蕴含的当事人可以做出或不做出一定行为,或要求他人做出该行为的一项权利。

例 9C:卖方是石油产品批发商,依据一份长期合同向买方炼油厂供应汽油。由卖方提供的合同草案规定:输入运油车的燃油数量根据车上加油机的仪表显示计算(按净加仑计算)。买方收到合同草案后将其改为"以毛加仑计算"。买方之所以这样改,是因为汽油体积随温度升降而胀缩,在高于华氏 60 度的温度时,买方实际装运的油品少于仪表指示的数量。合同履行 5 个多月,卖方出售了 200 万加仑汽油,每一次交易后卖方在发票上都以净加仑计算,而买方却按毛加仑付款,这期间产生了 5000 美元差额。卖方起诉要求买方偿还欠款并要求解除合同。法庭认为:买方在合同中提出"按毛加仑计算",如果卖方不同意买方的修改,而坚持按草案最初提出的方法解释合同,就会认为买方每一次都没有按照合同要求付款。但是在长达 5 个月时间里,卖方没有一次拒绝买方的付款,对买方依毛加仑付款保持沉默,这一履约过程表明卖方默示地同意买方的计量方法和付款数额。当事人确立的习惯做法说明买方对草案的修改补充已成为合同一部分,卖方有义务按此条件履行合同。[1]

某一习惯做法是否已经确立、是否对当事人产生约束应该视具体情况而定,但是先前交易中仅出现过一次的做法不足以构成习惯做法。[2] 有法院认为,依照第 9 条第(1)款的规定,习惯做法若对双方当事人产生约束力,要求当事人之间的关系持续一段时间,习惯做法出现在多份合同履行中,并且是要求持续一定的时间和达到一定频次的行为。在仅有两次以同样方式处理的前次交货的场合,这样的持续时间和重复次数不足以构成习

---

〔1〕 例 9C 参见林晓云:《美国货物买卖法案例判解》,法律出版社 2003 年版,第 48~51 页。

〔2〕 参见 UPICC 第 119 条注释。

惯做法，绝对次数太低。[1] 惯例与习惯做法的重要区别是：惯例是一般行为规范，有普适性，而习惯做法没有普适性，当事人只受他们之间建立的习惯做法约束，不受别人建立的习惯做法约束。一方当事人把它与第三方当事人交往中确立的习惯做法拿过来，作为与另一方当事人交易的条件，如果另一方同意，这意味着他人的习惯做法经过“移植”变成了当事人之间的习惯做法。[2] 另外，规范化惯例具有规范性，而习惯做法无规范性。

3. 规范化的国际惯例的约束作用

按照第9条第(2)款的规定，即使是当事人之间不存在任何第9条第(1)款意义的明示同意，国际货物销售合同的当事人也要受一些专门的贸易惯例的约束，只要这些惯例属于双方当事人知道或理应知道，并且在国际贸易上已为有关特定贸易所涉同类合同的当事人广泛知道和惯常遵守。第9条第(2)款所指的规范化惯例是严格意义上的国际惯例，这些国际惯例当然可以因为当事人明示、默示地同意采纳而发挥第(1)款意义上的约束作用，但是第(2)款所述规范化惯例其效力来源显然不同于第(1)款：首先，第(2)款范围的惯例的约束作用不是源于当事人同意，而是源于公约或国内法客观上的规定，体现了惯例效力的客观论，正是公约本身的设定，导致即使当事人没有明示或默示地同意采用，这一类惯例也当然适用于他们之间的交易。其次，基于上述理由，公约对于这些可以自动适用的规范化惯例提出了一定的规格要求，有明确的构成要件，而第(1)款意义的惯例既可以是满足这些规格要求，也可以是不那么严格，不能满足这些规格要求的。最后，当事人同意的惯例可以用并入方式使之成为合同一部分，而第(2)款范围的惯例除了可以被并入合同，还可以“适用于”当事人之间的合同与合同订立，成为解释合同和补充合同的工具，在不与合同其他条款冲突的条件下发挥约束作用。

就其确定性、规范性、普遍性而言，商业惯例不同于习惯或当事人之间的

---

〔1〕 参见《判例法摘要汇编》(2008年版)第9条第7段。

〔2〕 有的法院判例承认：仅仅是初步往来中一方的意图，也可能在商业关系一开始就是习惯做法，成为双方合同的一部分。前提是至少商业伙伴理解，对方当事人只愿意以这种特定条件和特定的方式订立合同。参见《判例法摘要汇编》(2008年版)第9条第7段。

习惯做法。公约范围的惯例(usage)也不同于公法意义的惯例(customs),后者是正式的国际法渊源,与一般当事人的理解或意图无关,其构成条件是为多数国家承认和遵守,并且是长久建立起来的、古老的(时间性、连续性、一般性)。商业惯例是在重复行为基础上产生的固定行为规则,经有关的机构颁布而具有规范性,被行业人士经常采用而具有约束作用。UCC 第 1-205 条指出:"商业惯例指进行交易的任何做法或方法,只要该做法或方法在一个地区、一种行业或一类贸易中已得到经常遵守,以至于使人有理由相信它在现行交易中也会得到遵守。"

构成第 9 条第(2)款的规范化商业惯例,并且能自动适用于当事人之间交易的条件如下:

(1)应属于当事人知道或理应知道的。这是界定此类商业惯例的主观标准,它要求一项规则作为客观的商业惯例被采用,应为当事人合理预见,知道或理应知道的,这一点在决定当事人是否默示地同意采用一项惯例时尤为重要。主观标准是从分析当事人主观状态来看他是否同意一项惯例,并不依赖于当事人是否实际知道和了解惯例的内容,如果根据公约第 8 条第(3)款提到的相关情况,结合当事人的地位、职业状况分析,推定他应该知道一项惯例的内容,就可以认定其默示地同意受该惯例约束。

(2)在国际贸易中为特定交易所涉及的同类合同的当事人广泛知道和惯常遵守,这是认定此类惯例的客观标准。首先,意味着此类商业惯例具有国际上的通用性和普遍性,是特定行业国际商业交易中普遍认可的。相对于海牙《国际货物销售统一法》中与公约第 9 条对应的条款,第 9 条所述"在国际贸易中""广泛知道"的提法是新加进去的,目的是避免当事人将纯属地方性的惯例适用于某些国际销售合同,而该合同的另一方可能完全不了解这种惯例的内容。但是有些地方性惯例,如商品展销惯例,涉及运输、装运、包装、交货期要求等惯例,虽然在特定国家适用,却被外国人在此类交易中广泛知道和遵守,或者在与某外国人的多次交易中被一直遵守,该外国当事人应受这种地方性惯例约束。即第 9 条第(2)款指的规范化国际惯例并不绝对排斥地方性惯例,不限于国际组织制定的。其次,规范化的国际惯例既然是被广泛知道和惯常遵守,这类惯例应该是被固定的(规范化、成文化),并且被多数国家认可的,比如国际商会制定的 Incoterms、

UCP,或罗马国际私法协会制定的 UPICC 等,仅有少数国家承认的惯例不具有这种规范化惯例的约束作用。最后,有些惯例可能不被一般商人了解,而从事特定交易的人广泛知道和惯常遵守,如谷物、羊毛、棉花等特定产品交易,其质量、包装、运输标准、交货方式受特定交易惯例控制,这类惯例也属于第 9 条第(2)款的规范化国际惯例。[1]

4. 习惯做法、惯例的效力及其与公约的关系

UCC 强调应将当事人的习惯做法、惯例、合同条款在合理情况下作一致的解释,若此种解释不合理,"明示条款的效力优于交易过程和商业惯例,交易过程的效力优于商业惯例"[第 1-205 条(4)];"明示条款的效力优于履约过程,履约过程的效力优于交易过程和商业惯例"[第 2-208 条(21)]。公约第 9 条没有说明合同条款与当事人习惯做法、商业惯例的效力关系,应由裁判机关依据国内法在个案中确定,以下是中国国际经济贸易仲裁委员会以公约为准据法裁决的一案。该案承认明示的合同条款的效力优于习惯做法、惯例的效力。

例 9D:中国 A 公司与荷兰 B 公司于 1994 年签订了花生仁购买合同,后卖方 A 公司以 B 公司未能依合同按时开立信用证和派船接货(FOB 条件)为理由,主张买方构成根本违约,索赔 5000 吨货物的利润损失。买方辩称,其与卖方在长期贸易关系中已经确立了被申请人买方开立信用证的时间应为双方验货合格后的一段合理时间这一习惯做法,该习惯作为双方长期合作的默示条件应被遵守。由于在 1994 年 3 月和 5 月中旬的两次看货,质量未被买方认可,导致合同不能履行(交货期为 1994 年 4 月 15 日),买方未开证是由于卖方没有备好货物所致,买方不构成违约。仲裁庭认为:合同规定的价格条款是 FOB 天津,合同中没有规定买方开证时间应为双方共同验货后的合理时

[1] 杨良宜先生指出:"要建立一种认可的业务习惯(指惯例)是极不容易的,这几乎是要在询问每一个业内人士都得出同一结论才行。即使业内大部分人士同意而仍有少部分人持异议就已经不能被法庭接纳为认可的业务习惯。"上述评论是针对一案中供货方石油公司指示为其运送油品的船舶改变已选定的目的港遭拒后,妄称修改目的港是惯例而做出的。参见杨良宜:《航运实务丛谈》(第 3 册 · 租约),大连海事大学出版社 1994 年版,第 235 页。

间,相反,却明文规定买方应在装运期到来之前的 15 日开立信用证,无论双方有无先验货后开证的惯例,如果合同有明示的相反约定,则明示约定应优于默示推定。故被申请人应在装运期前 15 日开证,他没有履行该项义务,构成根本违约,应承担违约责任。[1]

公约第 4 条规定其不适用于任何惯例的效力,而第 9 条第(1)款确认了当事人同意的贸易惯例有约束力,第 9 条规定不受第 4 条规定的影响。但是公约没有进一步说明公约本身、贸易惯例与销售合同之间的关系,这方面争议应依据国内法解决。[2] 不过如有证据表明当事人确立的习惯做法和惯例属于销售合同的一部分,如果当事人引用的商业惯例与公约相冲突,比如惯例规定的交货时间、地点、风险转移规则与公约相冲突,按照公约第 6 条的规定,这相当于当事人以合同形式改变公约规定或其条款的效力,惯例应优先适用。"因为惯例对当事人发生约束作用只不过是因为当事人明示、默示地将惯例并入销售合同,按照意思自治原则,发生冲突时,这些惯例应该适用而不应适用与之冲突的公约条款。"[3] ULIS 第 9 条第(2)款规定:"一旦所适用的惯例与本统一法相冲突,除非当事人有相反约定,惯例优先适用。"CISG 没有采纳这一条,一方面,因为第 9 条已经指出当事人同意的惯例才有约束力,这意味着惯例已成为合同一部分,当然有优先效力,没有必要专门规定;另一方面,也因为 ULIS 第 9 条没有说明惯例优先适用以不违反本国强行法为条件,有可能与一些国家的宪法原则、公共政策相冲突。UPICC 第 1.8 条的注释也说明,一旦习惯做法和惯例被适用,其相对于通则中的不同规定具有优先性。

商业惯例在调整国际货物销售合同关系中具有重要作用,它可以扩展合同调整的范围,补充合同条款的不足,有助于当事人迅速达成交易。现

[1] 参见中国国际商会仲裁研究所编:《典型国际经贸仲裁案例评析》,法律出版社 1999 年版,第 5 页。

[2] 商业惯例与合同、准据法、国际条约的效力关系如何处理,这属于广义的法律冲突问题,应依据法院地所在国的国际私法规则处理,如果没有规定,应依据该国际私法规则所选择的国内实体法解决,或者依据法律适用方面的国际惯例解决。

[3] UNCITRAL, *Secretariat Commentary on Article 8 of Draft Convention*(*Article 9 of Official Text*), Paragraph 5, Official Records, p. 19.

代国际商事交易要求快捷、迅速、高效，当事人没有足够的时间考虑和处理合同的细节问题，即使有足够的准备，预见到可能出现的问题，把所有问题都拿到谈判桌上协商也不现实，会面临极大阻碍（参见第 8 条评释中关于模糊条款问题），甚至达不成交易，失去商机。有经验的商家只能就主要交易事项进行协商，合同未作规定的，留待以后根据贸易惯例去处理，这是有效率的做法。贸易惯例可以有效地弥补公约的不足，由于国际条约的局限，公约有的条款原则性、概括性，有的概念模糊，规则之间相互矛盾，需要通过解释和补充明确含义，完善规则体系。科技发展和技术进步给国际货物销售带来新的合同法问题，客观上要求公约本身修改和完善，以应对挑战。但是由联合国机构组织对公约大规模修改面临重重困难，而通过修改和更新商业惯例，可以在一定程度缓解上述问题的压力，我们已经看到 Incoterms 正在不定期地更新、修改，《联合国电子商务示范法》有效地填补了调整空白，而 UPICC 被认为是有效的解释和补充公约的工具，为适应不断变化的商业需要，也被适时更新。

第 10 条　营业地及当事人一个以上营业地

为本公约的目的：

(a)如果当事人有一个以上的营业地，则以与合同及合同的履行关系最密切的营业地为其营业地，但要考虑到双方当事人在订立合同前任何时候或订立合同时所知道或所设想的情况；

(b)如果当事人没有营业地，则以其惯常居住地为准。

评　释

1. 当事人的营业地

公约以营业地为标准来决定销售合同是否具有国际性，遗憾的是，公约没有给营业地下定义，因为在讨论公约草案时，各国代表有不同的理解。阿根廷和比利时的代表认为，“营业地是一个稳定的地点，合同的全部或一部分在此履行,该地点的营业地具有自主的谈判权和缔结合同权利”。挪威代表认为,营业地应具有稳定性要求,但不一定有缔约权,只要有谈判权即可。联邦德国代表主张,“可以设想,营业地是某种持续性存在,具有某些正式授予的权利”。最后的意见是“营业地”的概念不在公约里规定,而由裁判机关考虑可以界定营业地的相关因素(如组织及权限、营业活动情况),在个案基础上确定。

综合以上不同观点,我们可以得出一个营业地应具备的基本条件:它是一个稳定的经营组织机构所在地;它是领导其成员进行商业活动的一个商业活动中心;它具有一定的自主决策权力。[1] 与合同相关的自主权主要是谈判磋商的权利、缔约的权利(在合同上签字的权利),其中缔约权较重要。2005 年通过的《联合国国际合同使用电子通信公约》将营业地定义为“当事人为从事一项经济活动,但并非从某一处所临时提供货物或服务而保持的一非短暂性营业所的任何地点”。该法强调,仅凭当事人订立合同所需的信息系统支持设备所在地,或其他当事人可以进入信息系统的地点,或当事人使用与特定国家相关的域名、电子信箱不能认定为营业地。[2] 在合同上签字者、在诉讼程序上应认定为法律关系的当事人,该签字者营业地即合同当事人的营业地。如果正常情况下,缔约者也是合同谈判者,就不会引发交易当事人该有谈判权还是缔约权的讨论,不会在认定营业地上出现困难。正是由于存在缔约主体与谈判主体相分离的情况,才产生这样的困难,公约也因此没有对营业地及与营业地相关的权利进行界定。

2. 当事人存在一个以上营业地

适用公约的条件是当事人的营业地处于不同国家,在多数情况下,这些国家应该是公约缔约国。目前,经济全球化发展的一个主要特点是跨国公司在全球范围内组织其生产销售活动,利用各国有利的资源制造产品,其公司分布在不同国家,其中有总公司与分公司或附属公司的区分,或

---

[1] 以上关于“营业地”的讨论参见 Franco Ferrari, *Specific Topics of the CISG in the Light of Judicial Application and Scholarly Writing*, Journal of Law and Commerce Vol. 15. p. 27-28(1995)。

[2] 参见《联合国国际合同使用电子通信公约》第 4 条、第 6 条。

母公司与子公司的区分。如果当事人的所有公司都在缔约国A,或者分布在除另一方当事人营业地以外的其他不同国家,这些国家也是缔约国,另一方当事人营业地在缔约国B,这不会引起公约适用方面的争议,当事人的任何一个公司与另一方当事人签约,都视为可由公约调整的国际合同。但是,如果当事人有3家公司分别位于A国、B国和一个非缔约国E,并且位于不同国家的这些公司又存在一定的联系,如总公司和分公司之分或母公司与子公司之分,或分公司之间的关系,究竟哪一个公司的所在地应被认定为与另一方当事人签约的当事人营业地,这对于确定合同的性质及决定公约的适用都非常重要。此外,公约第12条、第20条第(2)款、第24条、第31条(c)项、第42条第(1)款(b)项、第57条第(1)款(a)项、第96条等条款都涉及对当事人营业地的选择和确定。为此,公约第10条(a)项规定:"如果当事人有一个以上的营业地,则以与合同及合同的履行关系最密切的营业地为其营业地……"秘书处评论指出,"其中的短语'合同及合同的履行'是指交易的整体,包括与要约、承诺及合同履行相关的所有因素。为第9条(公约第10条)之目的,总部所在地或主营业地所在地无关紧要,除非这些营业地点或办公地点牵涉到相关交易如此之深,以至于成为与合同及合同履行关系最密切的营业地。"[1]

第10条(a)项告诉我们,公约采纳"最密切联系理论",而不是"主营业地理论"作为判断合同当事人营业地的标准,依据这一理论,当事人存在一个以上营业地时,应该以与合同及其履行有密切联系的营业地(不一定是主营业地)为当事人营业地,在此基础上确定合同的准据法。合同及其履行包含了交易的整体,与之相关的连接因素有参加谈判当事人的所在地,发出要约和承诺的地点、合同签订的地点、在合同上签字的当事人所在地、货物装运地、目的地。如果当事人一个以上的营业地与合同都有联系,究竟哪个地点与合同有最密切联系,公约没有明确规定,可以由裁判机关依据国际私法最密切联系的理论确定,以质和量两个方面分析所有与合同相联系的因素,最后看哪个营业地属于"连结点的聚集",该营业地即与

[1] UNCITRAL, *Secretariat Commentary on Article 9 of Draft Convention* (*Article 10 of Official Text*), Paragraph 6, Official Records, p. 19.

合同有最密切联系。其中,哪个营业地是公司总部所在地或主营业地并不重要,除非这个地点与合同有最密切联系,或成为“连结点上的聚集”。

例 10A:中国大连 A 公司在日本注册了一家公司,有一天,A 公司在大连向韩国一家公司发出要约,被对方接受,合同最后在大连签订,卖方 A 从大连发运了货物,但是合同上签字的是 A 在日本的公司(以日本公司的名义)。此案中卖方的营业地应考虑在日本还是在大连呢?

这类问题还可发生在当事人通过其在外国的永久性代理机构进行商业活动的情况。

例 10B:卖方是美国纽约的电器设备制造商,买方是法国一家百货店,卖方有一个在英国的销售代理常年巡回在欧洲推销产品。该代理商在法国巴黎时,以卖方名义与买方签订了一份出售 1000 套电烤箱的合同,这些电烤箱是卖方在纽约制造的,合同订立时货物被储存在英国一家免税仓库中。显然,如果卖方从美国发货,合同在美国履行,应认定纽约是卖方的营业地,可以适用公约(美国、法国都是公约缔约国);假定英国代理商不需要经过卖方特殊批准,可自主行动,以美国公司名义与买方签约,从英国的仓库组织发运货物,应认定英国与合同有密切联系,英国不是公约缔约国,公约不适用。

另外,第 10 条(a)项还要求在决定与合同有最密切联系的营业地时,以当事人双方(而不是一方)在订约前或订约时所知道或设想的情况为前提,就是说即使某营业地与合同有密切联系,如装运地或货物最终目的地等,如果当事人中有一方在订约前或订约时不知情,或根据情况判断不可能知情,该营业地也不能成为合同当事人的营业地。比如,合同在甲地签订,订约前和订约时,当事人双方都设想货物在甲地发运,但是合同订立后、履行期到来时,由于客观原因,卖方改在位于另一国家的乙地装运货物,这一改变不能影响甲地与合同有密切联系的事实,因为双方都是在合同订立后才知道这种变化。

3. 当事人无营业地的情况

目前,大部分国际货物销售都是商人之间的交易,他们通常都有法律上承认的营业地。偶尔地,有些自然人,他们本身没有营业地,如果他们为商业目的购买货物,订立国际货物销售合同,也涉及公约的适用问题,此时应以其惯常居住地为准。

第 11 条 销售合同形式自由

销售合同无须以书面订立或书面证明,在形式方面也不受任何其他条件的限制。销售合同可以用包括人证在内的任何方法证明。

评 释

1. 第 11 条确立的"合同形式自由"原则

第 11 条提出了现代合同法关于"合同形式自由"(freedom of form)的基本原则,即销售合同成立不受形式要求限制,无须以书面订立和书面证明,合同可以用包括人证在内的任何方法证明。UPICC 第 1. 2 条作了类似的规定,它反映出各国在合同形式问题上实行"以不要式为主,要式为例外"的普遍趋势,以满足国际商事交易,特别是现代电子商务迅捷、高效的要求。除第 11 条规定外,公约第 29 条准许销售合同根据协议更改或终止,不受书面形式限制;第二部分中某些条款也规定发价、接受或其他意旨表示可以用书面以外任何形式做出,它们都是公约"合同形式自由原则"的体现。中国《民法典》第 469 条同样承认,合同的订立可以采用书面形式、口头形式和其他形式。书面形式是指当事人以签订正式的合同书、协议书的方式,或者以书面材料(包括数据电文)证明的方式确立合同关系,达成交易。由于它清楚明确,有据可查,成为最主要的国际货物销售合同形式。口头形式是通过面对面地协商或电话协商,明确交易条件,达成交易,口头合同在日常即时清结的买卖中大量存在,而在商业性国际货物销售中不常见。其他形式主要是指以默示行为的方式订立合同,合同不以当事人明示,而以当事人的行为推定其成立,如卖方以发运货物的方式,买方以开立信用证或直接汇出货款的方式接受对方发出的要约[第 18 条第(3)款]。无论采取什么形式,一个有效合同应满足当事人意思表示一致,达成协议这个实质要件。

不过英美普通法认为,达成协议不等于合同成立。协议是当事人就某一具体问题达成的合意,它可以用证据证明或用事实推定;合同是双方达成的所有协议的总和或最终的渊源,依据特定的法律具有约束力,有时合同成立需满足其他条件,如经过批准,这样当事人达成协议也不等于合同成立。但是在其他法律制度背景中或者在公约的背景中,并没有将达成协议与合同成立严格区别,公约明确规定合同于按照本公约规定对要约的接受生效时成立(第 23 条)。《中华人民共和国民法典》第 483 条也规定“承诺生效时合同成立”。通常当事人之间就交易中的所有条件或主要条件达成协议,就意味着合同成立,除非当事人作出保留,对合同成立事先附加条件。

第 11 条规定:“销售合同无须以书面订立或书面证明,在形式方面也不受任何其他条件限制。”这一句是“合同形式自由”原则实质内容的高度概括。销售合同可以用非正式的方式订立,包括以口头或默示行为的方式订立,不受书面形式要求的限制,也不受英美普通法关于“对价”要求的限制。“从该原则特别可以得出这样的推论,即双方当事人可以通过任何方式——无论书面的、口头的还是其他方式——自由地更改或终止他们之间的合同。甚至默示地终止合同也被认为是可能的。”[1]根据第 11 条第 2 句的规定,销售合同可以用包括人证在内的任何方法证明,这一规定取代了某些国家的国内法关于销售合同应以书面形式证明的要求。贸易法委员会判例显示,当事人之间关于交易条件的口头谈话可以用来确定双方达成了一项协议。第 11 条的前身 ULIS 第 3 条规定:“一份要约或承诺无须用书面证明,在形式方面不受任何其他条件限制。”公约第 11 条避免采用“要约或承诺”的提法是考虑到有些合同是在旷日持久的谈判后达成,有些

---

〔1〕《判例法摘要汇编》(2008 年版)第 11 条第 2 段。

则是在中间人的撮合之后达成，这些情况下很难判断当事人的哪些行为构成要约或承诺，[1]显然这方面的困难并不影响合同成立，只要有证据证明合同存在即可。

销售合同“形式自由”原则具有重要意义，虽然在当事人交易的某个阶段合同通常被落实为书面形式或合同书，同时他们又通过电子传真发出过要约和承诺，其中究竟是包含当事人声明的书面合同记录构成合同，还是符合书面形式要求的要约和承诺构成合同，这一点有时是不清楚的。第 11 条回答了这一问题，显然，“以口头、电话、电传(telex)、电子传真(fax)、E-Mail 等通信手段直接达成的协议即具有法律上的约束力。”[2]书面合同不限于正式的书面合同书，也包括书面证据证明的任何协议。因此，中国的对外贸易经营者应保持警惕，对外交往中任何形式的关于交易条件的意思表示都有可能变为合同存在的证据。我们也可以利用这一规则对已经存在的而交易对手否认的合同抓住不放。还应看到，基于第 18 条第(1)款关于承诺可以用行为方式作出的规定，考虑第 8 条关于当事人声明或行为的解释规则，当事人的某些行为甚至不作为有可能被认定为关于要约或承诺的意思表示。

例 11A：德国买方向意大利卖方发出订单订购 3000 双鞋。买方发出的订单写明了货物名称、规格、数量和价格。卖方没有答复订单要求，但在订单规定的交货期间向买方交付了 2100 双订单中的鞋。买方收下了货物，却没有支付货款。后卖方起诉买方要求偿付货款，买方答复说货款用来抵销卖方没有依约提供足够量的货物造成的损失。本案中买方发出订单是要约，卖方没有答复此要约，双方并没有就

---

[1] 并非所有合同都是通过当事人之间异地发出要约和承诺的方式得以订立，一些重大交易需要商人之间经过旷日持久的当面协商谈判后形成正式合同，这一过程难以分清具有法律意义的要约和承诺。因此，《中华人民共和国合同法》(1999 年)第 13 条关于“当事人订立合同，采取要约、承诺方式”的规定并不恰当。《中华人民共和国民法典》第 471 条对此作了修正，指出当事人订立合同，“可以采取要约、承诺方式或者其他方式”。

[2] Peter Schlechtriem ed., *Commentary on the UN Convention on the International Sale of Goods*, Clarendon Press, Oxford, 1988, p. 85. 另外，CISG-AC 第 1 号意见指出：“合同可以通过电子通信方式订立和证明”(第 1 段)。

3000双鞋的交易达成任何协议。卖方交付2100双鞋是以行为的方式发出的反要约,如果买方不同意该反要约(包括其表示反要约的方式),它应该拒绝接受这2100双鞋。可是买方接受了货物,事实上以行为方式表示了承诺,双方就2100双鞋的销售合同成立,并且已经部分履行,买方无疑应该支付货款。其主张抵销的要求不成立,因双方之间并不存在关于出售3000双鞋的合同。[1]

维也纳会议苏联代表认为,关于销售合同可以是非正式的规定与包括苏联在内的某些国家的国内法冲突,这些国家出于外贸管制、外汇管制的需要,出于制裁违法的证据需要,规定国际货物销售合同必须以书面形式订立。中国当时的《中华人民共和国涉外经济合同法》也是这样要求的,这项要求已超出了私法范围,成为公共政策问题,公约立法者必须予以考虑。作为一种妥协,公约第12条、第96条规定允许这类国家在加入公约时对第11条、第29条或第二部分中关于准许销售合同及其修改或协议终止可以用书面以外方式作出的规定予以保留,包括中国在内的一些国家在加入公约时依据公约第96条,对公约第11条、第29条等有关"合同自由原则"的规定做出了保留。之后,又因为国内法的变化,一些保留国宣布撤销此项保留(参见对公约第12条、第96条评释)。

2. 中国货物销售法关于合同形式的规定

中国没有调整货物销售合同的单行法律,中国货物销售法是由一组规范性法律文件构成的制度体系,1999年《中华人民共和国合同法》实施,2009年最高人民法院发布《关于适用〈中华人民共和国合同法〉若干问题的解释(二)》,2012年最高人民法院发布《关于审理买卖合同纠纷案件适用法律问题的解释》,2020年全国人大通过《中华人民共和国民法典》。从此,中国以民法典为核心,以最高人民法院关于合同编的司法解释为补充的货物销售法体系已经形成。

中国在加入公约时宣布,中国考虑不受公约第11条以及与第11条相

[1] UNCITRAL, CLOUT, case No. 291(德国莱茵河畔法兰克福高等法院,1995年5月23日)。

关规定的约束，尽管中国的保留声明并不符合公约第12条、第96条关于保留声明的规范要求（没有提到第29条），贸易法委员会仍将中国作为这两个条文下关于合同形式自由的保留国。中国加入公约后，相关国内立法发生根本变化，1999年《中华人民共和国合同法》第10条规定，当事人订立合同有书面形式、口头形式和其他形式，〔1〕《中华人民共和国民法典》第469条作出几乎同样的规定。由于《中华人民共和国合同法》取消了涉外经济合同必须采取书面形式的限制，事实上采纳与公约一致的“合同形式自由原则”。鉴于此，中国于2013年1月16日宣布撤销此项保留，〔2〕这样，公约第11条、第29条和第二部分中关于合同形式自由的规定成为对中国有约束力的规则。《中华人民共和国合同法》大量吸收了CISG和UPICC中的规则，关于合同成立的条款又是《中华人民共和国合同法》中与公约最相似的部分，中国撤销对公约第11条保留，强化了这两个法律中“合同形式自由原则”对中国当事人的约束作用。

虽然依据《中华人民共和国民法典》及其相关司法解释，中国实行合同形式自由，即使是国际货物销售合同，也可采取书面、口头或其他形式，但有两方面因素决定了现行中国绝大部分的对外贸易合同仍然采取书面形式。

一个因素是，中国法律明确规定了“书面形式”的含义，“书面形式是合同书、信件、电报、电传、传真等可以有形地表现所载内容的形式。以电子数据交换、电子邮件等方式能够有形地表现所载内容，并可以随时调取查用的数据电文，视为书面形式”（《中华人民共和国民法典》第469条）。如此，目前在国际贸易中广泛实行以往来电子传真等函电形式发出要约、承诺，以此达成的交易都自觉或不自觉地纳入了书面合同的范围。另外，由于有明确定义，当事人有了预见性，不至于发生误解。原来的《中华人民共和国涉外经济合同法》没有说明什么是“书面形式”，第7条的字面含义似

〔1〕 原《中华人民共和国合同法》没有说明“其他形式”的含义，根据最高人民法院于2009年发布的《关于适用〈中华人民共和国合同法〉若干问题的解释（二）》第1条规定，“其他形式”的合同是指以默示行为方式达成的事实合同。中国法律承认事实合同，与公约第18条第（1）款吻合。

〔2〕 公约第97条第（4）款规定：根据本公约规定作出声明的任何国家可以随时用书面正式通知保管人撤回该项声明。此种撤回于保管人收到通知之日起6个月后的第1个月第1日生效。

乎仅仅是指正式的合同书,而仲裁庭倾向于对此作宽泛解释,书面形式包括以往来书面电函达成的交易,由于对书面形式理解不同,发生很多争议,中国当事人因此遭受过重大损失。

例 11B:1989 年 4 月,中国香港特别行政区 C 公司与内地 F 公司通过电话及电子传真达成协议,由 F 公司向 C 公司出售 10,000 吨秘鲁鱼粉。后来 C 公司依约定在广交会期间携合同文本交 F 公司经理签字,被后者拒绝。C 公司以 F 公司毁约为由向香港特别行政区法院起诉,F 公司依据《中华人民共和国涉外经济合同法》第 7 条以及他主张的"中国习惯做法",认为只有双方在最后合同文本上签字,合同才成立,在此之前不存在任何协议。法院支持 C 公司请求,认为双方电话和往来函电证明合同已经存在,往来函电也是书面形式。判决 F 公司赔偿 C 公司违约损失 85 万美元。[1]

另一个重要因素是,中国法律以及合同法的司法解释、法院审判实践对于当事人采用书面以外的其他形式订立合同(以口头或行为形式),提出明确的证据,包括书面证据要求。当事人就合同是否成立发生争议,主张合同成立的一方应提交双方发出要约承诺的数据电文、签字的合同书或确认书作为书面合同存在的直接证据。没有这类直接证据,应提交证明合同已经履行且为相对人所接受的证据(《中华人民共和国民法典》第 490 条),证明双方存在以行为方式成立的"事实合同",这类证据诸如由当事人签署的送货单、收货单、结算单、发票或者对账确认函、债权确认书等书面凭证。如果主张买卖合同成立的一方仅提供自己签发的送货单而无对方的签章,最多只能证明其已经发送了货物(要约),不能证明货物已为对方接受(承诺)及买卖合同的成立。因此,《关于审理买卖合同纠纷案件适用法律问题的解释》第 1 条指出"一方以送货单、收货单、结算单、发票证明买卖合同成立的,法院应当结合双方交易方式、交易习惯以及其他证据证明

---

〔1〕 参见上海对外贸易协会编:《对外经济贸易案例分析》,复旦大学出版社 1991 年版,第 37~44 页。

合同存在”,孤立的这类凭证不能证明合同存在。此外,中国法律和行政法规规定某些类型的交易合同应该采取书面形式。实务中,中国当事人进出口货物履行必要的报关手续或申领外汇手续时,都要求出示书面合同书(包括简式的合同确认书),没有书面合同,根本完不成交易。

3. 第 11 条与美国《欺诈行为法》(Statutes of Frauds)的关系

前面已提到,口头协议如何举证?如何防止当事人滥用这一权利将虚假的合同强加给对方?这个问题人们很早就考虑到了,英国议会于 1677 年通过了《欺诈行为法》,其基本的精神是,如果一个协议或约定没有采用书面形式订立并经过承诺人签字,当事人就不应该依据该协议被起诉。该法律还规定,从订立之日起,在一年内不履行的协议应采用书面形式,并经被追究责任的人签字。《欺诈行为法》的目的是防止当事人用虚假的口头证据证明当事人之间存在协议,而事实上不存在协议,这一法律规定在英国《1893 年货物买卖法》第 4 条,1954 年修订时取消了这一内容。但是 UCC 至今仍保留了这一内容,其第 2-201 条第(1)款规定:“除本条另有规定外,价款达到或超过 500 美元的货物买卖合同,如果缺乏充足的书面材料表明当事方已达成买卖合同,且合同已由被要求强制执行的当事方或其授权代理人或经纪人签名,合同即不得通过诉讼或抗辩强制执行。”第(2)款规定:“商人之间,如果一方寄送足以对抗自己的用以确认合同的书面文件,且书面文件在合理时间内由另一方收到,且收到方有理由知道其内容,则收到方如果未在收到后 10 日内以书面形式拒绝其内容,该书面文件在对抗收到方时即满足本条第(1)款要求。”〔1〕

以下是美国俄勒冈州上诉法院 1995 年审结的一案,可以帮助我们理解 UCC 第 2-201 条:

---

〔1〕 第 2-201 条第(2)款规定的目的是纠正滥用商法。商人之间形成习惯,通过寄送确认函确认口头协议,确认函足以对抗寄送人,对其有约束力,因为它满足了第 2-201 条第(1)款要求,且寄送人在上面签了字,一旦对方签字即合同成立。但是这样的函件对接受者无约束力,因为他没有在上面签字,法律的滥用表现在不受约束的接受者此时可以视行情决定是否履行确认书,是否在上面签字,使寄送确认书者处于不利地位,第(2)款正是约束接受者,要求他若反对,必须在 10 日内提出,否则视为同意确认函。

例 11C:卖方加拿大 GPL 公司证明其在 1992 年 5 月与美国俄勒冈州路易斯安那太平洋公司(LP 公司)通过电话达成一项出售雪松木板的协议(此时货价上升),GPL 称在货价下跌时,双方口头重新商定了某些条款,然后该公司寄送给对方一份确认书,要求买方签字后寄回确认书副本。而 LP 公司没有照此办理,反而声明其从没有购买木板,不承认曾收到确认书。在 6 月 LP 公司收到卖方交付的几批木板后,拒绝 GPL 公司再交货,后者向俄勒冈州法院起诉,请求确认销售合同成立。法庭上 LP 公司主张 GPL 公司的请求与 UCC 第 2-201 条第(1)款不符,该交易超过 500 美元,应采用书面形式,GPL 公司应收回其请求。GPL 公司主张其请求符合第 2-201 条第(2)款的规则,买方收到了确认书后没有在 10 日内提出反对,标的物为 74 万美元的合同已成立。原告律师在庭审中曾声明其所主张的销售合同应适用公约而不是 UCC,法官认为 CISG 不要求合同必须用书面证明,CISG 可以有效对抗被告依欺诈行为法的辩解,只是原告"交叉指定"适用公约的要求提出太晚,没有被采纳。[1]

美国在加入公约时没有依据第 96 条、第 12 条对公约第 11 条、第 29 条和第二部分相关条款作出保留,这样,如果美国当事人与营业地位于公约缔约国并且同样没有作出上述保留的另一方当事人因合同形式问题引起争议,可能适用公约而不是 UCC 欺诈行为法。这样,即使是超过 500 美元的交易,也可以用口头协议或其他方式达成。美国的司法实践要求口头协议的证据可以采用备忘录形式,该备忘录要求:(1)必须双方当事人签字;(2)必须包括口头协议的全部实质内容;(3)要使一份未经签字的文件成为备忘录或其组成部分,该文件的起草必须在当事人签字的其他文件中提到过。[2] 以书证来证明口头协议恐怕是各国的通例,公约虽然允许以证人证言来证明当事人之间有口头协议,孤立的证人证言能在多大程度上获得

[1] See GPL Treatment, Ltd. v. Louisiana-Pacific çorp., 894 p. 2d 470 (or. Ct. App. 1995).

[2] 参见王军:《美国合同法判例选评》,中国政法大学出版社 1995 年版,第 66 页。

法庭的支持却令人怀疑。在维也纳会议期间,加拿大等国代表希望取消第 11 条中合同可以由证人证明的规定,最后,代表们考虑到这样做可能与"法官自由审查证据"的原则相冲突,没有接受这个建议。为防止当事人不经意间陷入口头协议纠纷,同一个营业地位于公约缔约国而没有作出第 96 条保留的交易对手以电话磋商交易事项,应该保留备忘录,记录协商要点,在协商完毕后寄给对方。也可以在口头协商中事先声明:"在签署书面合同之前,我们之间没有合同存在。"

4. 关于普通法的"口头证据规则"(The Parol Evidence Rule)

公约提供了解释和证明销售合同的一般原则和规则:第 8 条允许在解释合同中考虑所有相关的情况;第 9 条允许当事人将惯例并入销售合同,允许用 Incoterms 这样的文件解释并入的合同条款;第 11 条表明合同可以用人证来证明,如果公约作为准据法,这些规定优先适用,国内法关于解释和证明合同的规则不适用,这方面较有影响的是普通法国家流行的"口头证据规则",本书第 8 条评释已经提到"口头证据规则",可以对照理解。[1]

口头证据规则是普通法国家法院形成的一套确定书面合同的作用和证明力的基本原则。它在以下条件下适用:一是当事人之间的协议已经写入书面文件;二是一方当事人寻求出示其他外部的口头证据,主张其为书面合同的一部分。口头证据规则的目的是通过拒绝接纳与书面合同相抵触的先前的口头陈述或函件,维持书面合同的完整性,使书面合同的内容具有优先效力。法官可以据此排除已知的外部的口头证据,特别是谈判期间的陈述。UCC 第 2-202 条体现了这一规则,它规定:"当事方在确认性备忘录中所同意的条款或当事方以其他方式在书面文件中规定的表示当事方所商定的最终协议条款,不得以任何先前存在的协议或同时达成的口头协议加以反驳,但可以用下列材料加以解释或补充:a. 交易过程或行业惯例,或履约过程;以及 b. 与书面条款含义一致的补充条款,除非法院认为上述书面文件被当事方作为完整协议而排除任何其他条款。"美国的法院

[1] 在德国、法国、日本、北欧等大陆法国家并没有"口头证据规则"。在证明当事人之间的合同方面,可以采纳任何可获得的证据,没有对可采纳的证据类型加以限制。

通常分两个步骤适用口头证据规则:第一步是看书面合同文件是否被整合(integrated),即书面文件是否本来就代表合同条款的最终表述。显然当事人双方的协商记录仅仅是协议草案等注定不被认为已经整合,而当事人正式签署的包含详细条款的书面文件通常被认为已经整合,这时,当事人不得引用任何与书面合同条件相抵触的口头证据。即使书面文件被整合,第二步还要看它是否已被"完全整合",是否该书面文件属于当事人协议的完全表述,如果是这样,无论是补充书面合同的口头证据还是与书面合同相抵触的口头证据,都不得采用。口头证据规则具有听证功能和引导功能,前者可以去除伪证和不可靠的口头证据;后者可以排除已经被书面文件取代或被吸收的早先的协议。

与口头证据规则相关的另一美国法律制度是"显明含义规则"(the Plain Meaning Rule)。与口头证据规则不同,显明含义规则仅仅服务于对合同条款的解释,并不能用于排除与书面文件相抵触的条款或补充性条款。根据这一规则,当合同条款的语言表述清楚无误时,其含义也确定无疑,不应诉诸任何其他外部证据。只有当合同条款注定含混不清,才可以考虑采纳先前谈判时的证据。

公约第 11 条规定尽管涉及书面合同的作用和证明力问题,但是没有并入国内法的口头证据规则,并不承认书面文件的优先效力。相反,依据公约第 8 条的规定,当事人的声明、合同条款或其他行为应依据他的意图来解释或按照一个合理人应有的理解来解释,在确定一个合理人应有的理解时,应考虑到与事实有关的一切情形,包括谈判情况、当事人之间的习惯做法、惯例和其后的任何行为。无论第 8 条还是第 11 条,都允许在决定某一合同条款时考虑所有的外部证据,在确定和解释合同条款时,书面文件仅仅是诸多可以考虑的情况中的一种情况或证据之一。同理,依据公约,显明含义规则也不适用。

例 11D:意大利卖方 C 公司出售一批瓷砖给买方美国 M 公司,在买方拒绝支付已履行部分的货款时,卖方拒绝提供其余订单中的货物。买方在美国起诉告卖方违约,卖方反诉买方不能支付货款。卖方出示预先印制的书面合同背面条款,主张该条款赋予卖方在买方不付款时享有解约权，而庭审中，买方出示源于当事人谈判期间的证据，证明他们之间的销售协议不包含预先印制的书面合同条款。初审法庭适用口头证据规则支持卖方。第十一巡回法院推翻了原审法院判决，认定当合同由公约调整时，口头证据规则不适用。[1]

值得注意的是，当事人可以根据“意思自治原则”通过合同安排改变公约第8条、第11条的效力，使口头证据规则事实上发挥作用。这就是在合同中规定“合并条款”（merger clause），其内容是宣告用完整的书面协议取代先前的口头协议，排除其他外部声明、承诺等证据，甚至排除不确定的惯例效力，这在当事人不能把握谈判期间所做声明的后果时比较重要。以下是典型的合并条款：“This agreement signed by both parties and so initialed by both parties in the margin opposite this paragraph constitutes a final written expression of all the terms of this agreement and is a complete and exclusive statement of those terms.”（“当事人双方签署的本协议，以及由当事人双方在本段文字的边缘签上姓名首字母的本协议构成本协议所有条款的最终的书面表述，并且是一份完全的、排他性的这些协议条款的表述。”）

或者是：“Purchaser agrees that the Purchase Order and Sales Contract relating to this transaction include all of the terms and conditions of this Agreement and that this Agreement cancels and supersedes any prior agreement and as of the date hereof comprises the complete and exclusive statement of the terms of the Agreement relating to the subject matters covered hereby. Purchaser further understands that verbal promises by sales representatives are not valid and any promises or understandings not herein specified in writing are hereby expressly waived by the Purchaser.”（“买方同意，与本交易有关的订单和销售合同包括了所有本协议的条款和条件，本协议取消并取代本文件日期前的任何协议，它构成与所涉及标的物有关的本协议条款的完全的、排他性的表述。买方深切理解由销售代表所做出的

---

〔1〕 See MCC-Marble Ceraluic Center, Inc. v. Ceramica Nuova D'Agostino, S. P. A., 114F. 3d 1384, 1388-1389(11th cir, 1988).

口头承诺归于无效,任何没有详尽写入本书面文件的承诺或谅解在此买方明确表示放弃。")

上述合并条款可以实现两个目的:一是排除那些有可能补充书面文件或与书面文件抵触的外部合同证据,以减损公约第 11 条的效力,第 11 条允许合同可以用人证在内的任何方式证明;二是为合同解释的目的,禁止求助于任何其他外部证据,以规避公约第 8 条的合同解释规则。总之,"当合同由公约调整时,合并条款,即'完整协议条款'取消了体现于公约中的解释和证明规范的效力,其效果是阻止某一当事人援用那些法庭供述证据或没有写入书面文件中的协议。此外,如果当事人有此意图,合并条款也许会阻止使用商业惯例证据"。[1]

PECL 第 2:105 条承认当事人合同中订立的合并条款的效力,但是对合并条款的使用做了限制。如果合并条款没有具体协商规定,当事人关于其先前的声明、承诺或协议不构成合同一部分的意图只是一种假定[第 2:105 条第(2)款]。除非订立个别协商的条款,否则,当事人先前的声明可以用来解释合同,这一规则不得排除或限制[第 2:105 条第(3)款]。根据一方当事人的声明或行为可以排除他们主张的合并条款,如果另一方当事人合理地信赖他的声明或行为。

第 12 条　缔约国做出第 96 条下保留的效果

本公约第 11 条、第 29 条或第二部分准许销售合同或其更改或根据协议终止,或者任何发价、接受或其他意旨表示得以书面以外任何形式做出的任何规定不适用,如果任何一方当事人的营业地是在已按照本公约第 96 条做出了声明的一个缔约国内;各当事人不得减损本条或改变其效力。

[1] The International Sale Convention Advisory Council, *CISG-AC Opinion No. 3*, Opinion, Paragraph 3.

评　释

1. 立法的历史

公约确立了“合同形式自由”(freedom of form)原则,即销售合同成立不受形式要求限制,无须以书面订立和书面证明(第 11 条),合同可以协议修改和终止,不受形式要求限制(第 29 条),要约和承诺等意思表示可以用书面以外方式作出(第二部分)。考虑到某些国家的法律要求对外货物销售合同必须采取书面形式,[1]在当时的苏联、中国等社会主义国家,这种书面形式要求是一项强制性规定,违反它等于违反公共政策。所以立法者在公约中安排第 12 条和第 96 条,允许这些缔约国随时对于公约第 11 条、第 29 条、第二部分有关合同形式自由的规定做出保留。立法的历史表明,在维也纳会议讨论公约草案中合同形式自由的原则的同时,有关这一保留条款的建议就已经提出来了,这与第 95 条保留的建议基于很勉强的理由提出来,在维也纳外交会议最后阶段顺利通过的背景有所不同,可见第 11 条以及其他相关条款中的合同形式自由原则、适用范围从一开始就是最有争议的问题。苏联为代表的社会主义国家坚持对外贸易合同必须有正规形式要求,而西方市场经济国家的代表拒绝正规形式要求,认为这在国际交易中不适当也不可行,因此一旦贸易法委员会倾向后者,在公约中引入合同形式自由原则,另一方必然作出保留,因此第 96 条是为弥合分歧所作出的妥协。

对“合同形式自由”原则保留的安排由公约第 12 条和第 96 条构成,第 12 条第一句与第 96 条一样宣告作出保留的法律效果,第二句强调缔约国作出保留具有强制性,当事人不得通过意思自治(第 6 条)排除或改变保留的法律效果。这两个条款措辞明显有重复性,甚至在维也纳外交会议

---

〔1〕 各国法律关于销售合同采取书面形式的要求分三种情况:第一种是当时的苏联、中国等社会主义国家,其国内法要求对外贸易合同必须采取书面形式,否则是无效的,这是强制性规定,属于比较严格的一类。第二种是以美国为代表的,其 UCC 第 2-201 条欺诈行为法有书面形式要求,但不是强制性规定,违反这项规定的后果并不是使合同无效,只是不能强制执行。第三种是目前大多数国家,也是公约的基本立场,关于销售合同的法律不对销售合同包括对外贸易合同的形式提出特别要求。

上,本来属于第二委员会讨论的第 96 条(公法议题)被放在第一委员会,与第 12 条一并讨论,有代表建议将两条合并,最终没有被采纳。不过将第 12 条插入第 11 条之后并引出第 96 条,最大好处是吸引读者注意到,第 11 条合同形式自由原则受保留条款限制。另一重要特点是公约对做出这项保留的国家有资格限制,允许做出保留的国家仅限于"本国法律规定销售合同必须以书面订立或书面证明的缔约国",国内法没有这类规定的缔约国无权做出保留。而对于做出保留的时间却没有限制,缔约国可以"随时"作出第 96 条保留(比较第 95 条),相关国家不仅可以在签署加入或批准书的同时作出这项保留,还可以在加入公约之后声明作出保留,这种弹性规定是考虑到一些国家有可能在成为公约缔约国之后其国内立法引入正规合同形式要求,有意利用第 96 条作出保留。实际上这种预想的情形后来并没有发生,没有缔约国在加入公约之后声明作出第 96 条保留。而相反的变化却发生了,这就是当初加入公约时,因为国内法有书面合同形式要求而作出保留的缔约国,在成为缔约国后,其国内法取消了销售合同的书面形式要求。例如,中国 1999 年通过的《中华人民共和国合同法》取消了合同必须采取书面形式要求,因此于 2013 年 1 月 16 日宣布撤销第 96 条下保留。进入 21 世纪,爱沙尼亚、拉脱维亚、立陶宛也先后撤销了这一保留。但保留国在履行公约第 97 条第(4)款撤销保留手续之前,仍处于保留国地位。目前,仍维持第 12 条、第 96 条保留的国家有阿根廷、亚美尼亚、白俄罗斯、智利、巴拉圭、俄罗斯、乌克兰以及越南和朝鲜。

2. 第 12 条、第 96 条保留的适用范围和法律后果

缔约国作出第 96 条允许之保留的法律后果是:营业地位于作出保留的公约缔约国的当事人与另一方当事人(无论营业地是否位于公约缔约国)签订货物销售合同,"公约第 11 条、第 29 条或第二部分中准许销售合同及其更改,根据协议终止,或任何要约、承诺等其他意旨表示得以书面以外形式作出的任何规定"对该合同不适用。"保留"排除了缔约国法院在审理涉及保留国当事人的销售合同争议时,适用公约中与"合同形式自由"相关规定的公法义务,这项义务的免除适用于所有主体有保留国当事人的销售合同(不仅仅针对保留国法院),因此具有普遍性,不仅对"保留国"法院适用,对“非保留国法院”也适用,只要它们审理的销售合同争议案件中,“任何一方当事人的营业地是在已按照本公约第 96 条做出了声明的一个缔约国内”。第 12 条、第 96 条下的保留限于特定范围,其适用于公约第 11 条、第 29 条、第二部分中“准许销售合同及其更改,根据协议终止,或任何要约、承诺等其他意旨表示得以书面以外形式作出的任何规定”,虽然这一句中“等其他意旨”的开放提法不够明确,联系上下文,应该是指与合同成立、协议修改和终止相关的所有声明或意思表示,包括:与合同、合同成立相关的意思表示(第 11 条、第 14 条、第 18 条、第 23 条);与合同协议修改相关的意思表示(第 29 条、第 14 条、第 18 条);与合同协议终止相关的意思表示[第 29 条第(1)款];单方面要约、承诺和反要约(第 14 条、第 19 条);要约的撤销、撤回和拒绝通知[第 15 条第(2)款、第 16 条、第 17 条];拒绝对要约有添加、修改的承诺通知[第 19 条第(2)款];以行为表示承诺的通知[第 18 条第(1)款];对预期承诺做出反应的通知(第 21 条);撤回承诺的通知(第 22 条)。

一旦合同当事人位于保留国,公约中关于上述意旨可以用书面以外的其他形式作出的规定不适用,代之以适用相关国内法的规定(见下文)。相反,当事人作出的不属于以上范围的声明、意思表示,不受第 96 条下保留的约束和影响,对属于公约调整的销售合同,公约关于形式自由的规定取代国内法关于书面形式的相关规定,这主要是指合同履行阶段的各种通知和意思表示,包括但不限于:单方面终止合同的通知、宣告合同无效的通知(第 26 条);货物与合同不符的通知(第 39 条);要求减价通知(第 50 条);给予履行宽限期的通知(第 47 条、第 63 条);买方关于第三人权利要求的通知(第 43 条)等。这些通知和意思表示不受第 96 条保留影响,对于公约调整下的销售合同,适用公约意思表示“形式自由”原则,国内法相关要求和限制不适用。

缔约国做出第 96 条下保留的后果是公约关于合同形式自由的某些规定不适用,那么这个空白由什么法律来填补?依据什么法律解决当事人之间因合同或其他意思表示的形式问题引起的争议?特别是合同是否成立的争议?在讨论公约草案时,一种意见是,如果一个缔约国作出第 96 条允许的保留,其本国法中关于货物销售合同必须采取书面形式的规定,应适用于所有该国当事人与另一国家当事人订立的货物销售合同,否则就没有必要作出保留。反对者认为,这样做的结果使这类国家关于销售合同必须采取书面形式的法律要求适用的范围比目前可能的适用范围更广泛。因为即使没有公约,书面形式的要求也未必适用于所有涉及这类国家当事人的销售合同。只有依据国际私法规则导致适用要求销售合同必须采取书面形式的国家法律时,合同才应该采取书面形式。他们认为当第 11 条不适用时,该合同的当事人仍然要像没有公约时那样,依据国际私法规则确定适用的准据法,只有当裁判庭发现,依据国际私法规则,解决争议应适用的法律是作出声明保留的国家的法律时,这个国家法律中关于销售合同必须采取书面形式的要求才适用。[1] 比如,一个俄罗斯当事人与加拿大当事人订立了货物销售合同,俄罗斯是作出第 11 条保留的国家,加拿大不是,当事人因为合同形式问题引起关于合同是否成立的争议,根据国际私法规则,如果俄罗斯的法律是准据法,则其国内法关于书面形式要求的规定应该适用;如果适用加拿大的法律,则其国内法中关于合同可以采取任何形式的规则适用。

后一种观点,也是霍纳尔德教授、施莱特里姆教授所持的观点,代表当前公约学术研究的主流倾向,如同 CISG-AC 发布第 15 号意见指出的,公约第 12 条、第 96 条关于保留的规定仅有"否定效果"(negtive effect),即当销售合同争议的一方当事人来自第 96 条保留国时,免除保留国承担适用第 11 条、第 29 条和第二部分相关规定下的公法义务,公约第 11 条等关于合同形式自由原则的相关规定不适用。但是公约的制度安排没有"肯定效果"(positive effect),第 12 条和第 96 条并没有正面规定当争议方的营业地位于保留国时,合同以及与合同成立、修改解除相关的声明必须采取书面形式,第 96 条和第 12 条关于保留的规定没有提供调整形式有效性的决定性规则,也不能从中推论:当争议方营业地位于第 96 条保留国时应该适用

---

〔1〕 See John O. Honnold, *Uniform Law for International Sales Underthe the 1980 United Nations Convention*, Deventer/Boston, Kluwer, 1982, p. 156; Peter Schlechtriem ed., *Commentary on the UN Convertion on the International Sale of Goods*, Clarendon Press, Oxford, 1988, p. 44, 91.

那个保留国的法律,处理关于合同形式要求引起的争议。[1]

不过,主流观点没有考虑到第96条保留国法律中关于销售合同书面形式要求的性质,如果属于任意性法律要求可以不适用;如果是强行性法律要求,就应该予以尊重。[2] 假设《中华人民共和国涉外经济合同法》仍有效并且中国没有撤销第96条下的保留,其中第7条关于"当事人就合同条款以书面形式达成协议并签字,即为合同成立"的规定就是一项强制性规定,1987年10月19日发布的《最高人民法院关于适用〈涉外经济合同法〉若干问题的解答》明确将未采取书面形式的涉外经济合同归于无效合同,这样即使外国仲裁庭裁决中方为一方当事人的口头销售协议为有效协议,并请求中国司法机关执行这一裁决,中国司法机关可依据《承认及执行外国仲裁裁决的公约》第5条第2款的规定,以违反公共政策为由,拒绝执行该裁决。

第13条　"书面形式"的含义

为本公约的目的,"书面"包括电报和电传。

评　释

信息沟通与合作原则是公约的一项重要原则,当事人有责任在必要时向对方提供与合同有关的信息,合作完成合同的履行;采取与合同及其履行有关的作为或不作为也必须及时通知对方。公约10多个要求当事人发出通知的条款没有特别的形式要求,[3]只是第21条第(2)款、第29条第(2)款涉及书面形式的要求,公约为此提出了书面形式的含义,其第13条

〔1〕 See The International Sale Convention Advisory Council, *CISG - AC Opinion No. 15*, Opinion. 6. 2, Comments, Paragraph 4. 17, 4. 23.

〔2〕 PECL第1:103条第2款规定,然而,应该使那些依据相关国际私法规则,不论合同的准据法如何都适用的国内的、超国家的和国际强行法规则生效。

〔3〕 公约中涉及通知的条款有第39条、第43条、第46~48条、第63条、第67条、第71条、第79条、第88条。

规定:"为本公约的目的,'书面'包括电报和电传。"[1]

这一规定消除了人们对于计算机时代通过数据电文传输的纸面信息是否属于书面形式的疑虑,因为公约没有要求书面形式必须要有真实签名或盖章。同时,第13条也是公约对传统"书面形式"含义的重要补充,人们通常理解的有着真实签名的合同书、确认书、备忘录、通知等,当然属于公约所指的书面形式,通过电报、电传发出的信息虽然没有真实签名,也是书面形式。在传统的文件世界,"书面"的理解并不复杂,它是指用铅笔或毛笔写在纸面上或其他耐久性介面上的文件。问题是除电报、电传外的其他电子文件(如E-mail、电子传真等)是否也属于书面形式,《联合国电子商务示范法》的立法历史表明,立法者按功能等同原则,将所有能发挥纸面信件功能的电子通信工具所传递的纸面信息都纳入书面形式,这种纸面信件功能如下:(1)可检索和保存(save、retrieve);(2)可理解和识别(understand、perceive)。实践证明已有的电子通信传递的信息具备这些功能。因此,《联合国电子商务示范法》第6条以及《联合国国际合同使用电子通信公约》第9.2条都规定:如果法律要求一项通信或一项合同应采用书面形式,或规定了不采用书面形式的后果,如果一项电子通信所含信息可以调取以备日后查用,即满足该项要求。公约咨询委员会第1号意见第2段也指出:"CISG中'书面'的提法还包括任何具有可识别格式的,可检索的电子信息。"

目前,关于电子商务的立法将这些电子通信设备发出的可读取的电子信息统称"数据电文",《联合国电子商务示范法》第2条指出,"数据电文是指经由电子手段、光学手段或类似手段生成、储存或传递的信息,这些手段包括但不限于电子数据交换、电子邮件、电报、电传或传真"。实践中,当事人可以约定往来交易的通信方式,约定只有特定电信服务商传输的纸面信件可以接受(第6条)。除非当事人之间限定书面形式的概念,否则推定

[1] 需要注意的是,公约第13条所述的电传(telex)是指用户电报传真,以传统电报机(telegraph)发出。这与当代广泛使用的用电话线路发送的电子传真(fax)是不同的通信方式和装置,大概在公约起草的时代,电子传真尚不普及。但是这种技术上的区别在法律上并不重要,从法律上看,两种装置发出的信息是一样的,都没有真实签名盖章。所以,这里的"电报""电传"应作广义解释,它应该包括电子传真(fax)甚至电子邮件(Email)等所有现代快速通信系统发出的信息。

“书面形式”包括任何电子通信方式传输的数据电文信息。这一推定可以因当事人先前的行为或惯例加以确定。

第 13 条对“书面形式”所作的广义解释具有重要意义，它使目前普遍使用的通过电传方式达成的交易都属于“书面方式”订立的合同，即使销售合同的当事人位于作出第 11 条保留的公约缔约国，这种保留对于他们用电传或其他电子装置发出的纸面信息没有什么限制作用，不影响用数据电文达成的合同成立，考虑到目前国内法“对于”书面形式普遍做扩大的解释，这个道理就更明显。UCC 第 1-201 条第 46 项规定：“书面”或“书写”包括印刷、打字或“任何其他有意作出的可见记号”。第 41 项规定，“电报”包括通过无线电、电传机、电缆和任何机械传送方式或类似方式所传送的信息。英国《仲裁法》(1996 年)第 5 条规定：以下情况被认为存在“书面协议”：(1)该协议是以书面形式达成的；(2)如果该协议是通过书面通信方式达成的，无论当事人是否签字；(3)如果该协议被证明是书面形式的；(4)当事人以非书面形式表示同意，只要有关条款是书面的，他们之间的协议为书面协议；(5)一项非书面协议被当事人中的一方或当事人授权的第三方记录下来，该协议即被证实为书面协议。

Part 2　第二部分

合同订立

第14条　要约的定义及有效要约条件

(1)向一个或一个以上特定的人提出的订立合同的建议,如果十分确定并且表明发价人在得到接受时承受约束的意旨,即构成发价。一个建议如果写明货物并且明示或暗示地规定数量和价格或规定如何确定数量和价格,即为十分确定。

(2)非向一个或一个以上特定的人提出的建议,仅应视为邀请做出发价,除非提出建议的人明确地表示相反的意向。

评　释

1. 公约第二部分概述

第二部分共11条,没有章的划分,是关于合同成立的基本规则,主要源于公约前身ULIS和ULF,其与第三部分关于货物销售的规则彼此独立,自成体系。作为一个整体,这两个部分都从属于第一部分范围和总则。公约第92条允许一个国家加入公约时声明不受第二部分或第三部分约束,一旦缔约国就公约第二部分或第三部分声明保留,在声明保留的范围内所规定的事项上,不得视为公约缔约国。第二部分中第14~17条处理要约问题,规定了有效要约的条件、要约的撤销、撤回及失效。第18~22条处理承诺问题,规定了承诺期限,它的撤回,与要约不符承诺的处理。第23条、第24条规定了合同成立的时间。

2. 要约的定义，有效要约的条件〔1〕

要约是向一个或一个以上特定的人提出的订立合同的建议，该建议表明一旦受要约人作出承诺，要约人愿意受要约提出的条件约束的意图。公约第 14 条第(1)款从正面提出了一个有效要约应具备的条件，第(2)款从反面说明非向一个或一个以上特定人提出的订约建议，即所谓“公众要约”(public offer)属于要约邀请。从民商法制度整体考虑，要约是做出声明的法律行为，其有效性不仅需要满足第 14 条第(1)款规定的条件，还要符合相应的国内法关于有效法律行为的基本要求，显然，无行为能力人或限制行为能力人发出的要约、代理人无权或超越代理权限发出的要约都是在效力上有欠缺的，此类问题引起的关于要约有效性的争议应由国内法调整。

第 14 条规定的有效要约的要件如下：

(1)应表明要约一旦被接受，要约人承受约束的意旨，这是一个有效要约的实质要件，其他条件都是这个本质要件的进一步阐述。要约人首先要受要约中提出的交易条件约束，在要约规定的有效期内不能撤销和更改要约的内容；还要受因为受要约人接受要约而产生的合同的约束，有效要约必须表明要约人愿与受要约人订立合同的意图。公约没有说明什么样的建议表明要约人应该承受要约约束的意旨，当事人在往来函电中也没有指明是“要约”还是“承诺”，判断“承受约束的意旨”是否存在，只能依据公约第 8 条的规定，通过对要约人的声明及行为进行解释得出，其中应考虑与发出要约的事实有关的一切情况、当事人的习惯做法和惯例、其后的行为。外贸实践中许多要约表述说明要约人受约束的意旨，比如要约明确规定了有效期，表明在有效期内要约人愿意受其约束；有的在要约中提出交易条件后表示“要求确认”“如无异议立即开证”；买方向卖方发出订单表示“我们订货”，请“立即发货”等，这都是表明受约束的意图。从英美法的判例看，对于所列交易条件完整、明确的建议，人们有理由认为是要约，相反，建

〔1〕 一些重要的商事合同并不是通过往来函电发出要约、承诺的方式订立，而是通过面对面协商、谈判订立。要约承诺适于隔地函电成交，是订立合同的方式之一。但是依据 PECL 第 2:211 条的规定，尽管一项合同订立过程不能解析成要约和承诺，这方面的规则经调适后仍然适用。

议中空缺的内容越多,法院就更倾向于认定当事人缺乏订立合同的意图。

(2)要约是向一个或一个以上特定的人发出的订立合同的建议。要约是要约人希望订立合同的意思表示,这种意愿只有在传递给特定对象时才能实现,而向特定人发出的要约通常表明了订约意图。许多向公众发出的商品目录、报价单、促销广告之所以不是要约,原因就在于发布信息者不具有与特定人订约的目的,大部分不标明价格,有些宣传品声明“仅供参考不作报价”来说明不受其约束,仅仅是要约邀请。无论“买货要约”(offer to buy goods),还是“售货要约”(offer to sell goods),都应该向一个或一个以上特定的人发出。就售货要约而言,向一个以上的人发出要约有两种情况:一种情况是要约人对所有受要约人都有供货能力,已经准备好对这些人的承诺负责;另一种情况是要约人仅仅对其中一个人有供货能力,之所以向不同的人发出要约,是为了从中选择最好的交易对象,为了防止向所有的受要约人负责的风险,要约应说明“此货物将售予最先付现款或交付银行承兑汇票的人”。

“公众要约”(public offer)泛指向公众发出的订立合同的建议,其中应细分为两类:一类是一般性地介绍和推销商品,没有标明价格,大部分商品目录和促销广告属于这类,这是要约邀请;另一类是虽然面向公众发出,但明确规定了数量、规格和价格,如零售商店柜台陈列商品的标价、自动售货机商品标价等,它们都相当于持续向公众发出要约,有些国内法承认这类公众要约的有效性。PECL 第 2:201 条第 3 款规定:“专业供货商在公开的广告、商品目录或通过商品展示以声明价格发出的提供货物或服务的建议,应被认定为按声明价格出售货物或服务的要约,直到货物或服务售完为止。”公约第 14 条第(2)款考虑了这两种情况:原则上非向一个或一个以上特定人提出建议仅应视为要约邀请,但是提出建议的人如果明确表示出相反意向,如他在建议中提供的交易条件完整明确,即表明受其约束,就是有效的公众要约。

值得注意的是,UPICC(第 2.2 条)和《中华人民共和国民法典》第 472 条并没有规定要约必须向一个或一个以上特定人发出,说明“向特定人发出”不是要约的实质性要件,而是很少被采用的次要条件。“美国判例法的决定性标准不在于建议是否向一个或一个以上特定人发出,而在于该建议中是否包含某种陈述，该陈述相当于一项允诺或承诺，它不同于一时想法、主观意见或一种设想。”

(3)要约所提出的交易条件十分确定，即应包含拟订合同的实质条件。关于要约内容的确定性，公约与一般国内法的要求基本一致，所不同的是，按有关国内法，如UCC，要约的某些内容即使不十分确定，只要当事人有明显订约意图，法庭就可以依法对不确定的内容作出补救，而公约却提出一个内容确定性的标准，没有料到，麻烦竟由此产生（见下文关于“开口价”的讨论）。第14条第(1)款提出的内容确定的标准是：应写明货物名称；明示或默示地订明货物数量，或规定确定数量的方法；明示或默示地订明货物价格，或规定如何确定价格的方法。具备这些内容的要约，一旦被对方接受，合同即可成立。至于其他内容，如交货时间、地点、付款方式等，若未在要约中规定，不影响合同的成立，可以在事后根据双方建立的习惯做法或惯例加以补充。内容确定的要约不一定要在合同订立时准确规定数量和价格，只要提出确定数量和价格的方法即可，“例如，在特定期间，卖方向买方发出要约‘可售所有现货’(sell all I have available)或买方向卖方发出要约‘求购所有我所需物品’(buy all my requirements)足以确定所提交的货物数量，这种要约应被理解为卖方可供其所能实际获得的数量或买方可购买实际所需要的数量，这两个数量都应该根据诚信原则结合实际情况理解。”[1]同样，买方发出订单求购商品，其中列明商品名称、规格，他可能不清楚货价，订单中没有具体规定货物价格，买方发出订单的行为意味着他将要支付卖方出售该货物应收取的时价，买方已经默示地提出了价格条款。时价是交货时供货市场的货物价格，交货期可能是未来几个月甚至几年。

3. 第14条与第55条的关系

要约中如果没有明确规定品种、数量，当事人通常可以达成默契，至少容易获得事后补救。如果要约中没有规定价格，当事人也没有就确定价格的方法达成一致，这就产生了“开口价条件”(open price terms)问题。

---

〔1〕 UNCITRAL, *Secretariat Commentary on Article 12 of Draft Convention* (*Article 14 of Official Text*), Paragraph 12, Official Records, p. 21.

例 14A:位于缔约国 X 的阿莫斯公司向位于缔约国 Y 的巴恩公司发出订单,要约上写明购买 M-33 塑料 1000 单位。巴恩公司接受了要约,立即发运了货物,因为阿莫斯公司对这批原料的需求紧急。但是双方没有来得及商议价格,也未能提出确定价格的方法。

此例中,如果事后买方接受了卖方的要价,说明双方已经就确定价格的方法达成协议,属于第 14 条第(1)款调整范围。但是若事后买方不接受卖方的出价或买方发现这批货有质量问题而拒绝付款,争议如何处理?依据公约,双方的合同是否成立?对于这个问题,学术界争论的焦点是如何理解第 14 条与第 55 条的关系。霍纳尔德教授认为,首先,第 14 条可以与第 55 条结合起来理解,"即使一个国家仅参加了公约第二部分而没有参加第三部分,第二部分条款(指第 14 条)的解释也必须考虑第三部分条款(第 55 条)。CISG 制定时本来允许和鼓励各国加入第二部分和第三部分,如果第二部分的解释依赖于一个国家是否加入公约第三部分,将违反公约第 7 条所述统一性的目标。"其次,对于有效成立的合同而没有明示或默示地规定价格,许多国家的货物销售法都规定了一个确定价格的机制,公约也提供了一个这样的机制,第 55 条就是解决了开口价问题。最后,第 14 条第(1)款意味着具备所述三要素(货物、数量、价格)的建议是十分确定的,但是它并不是说缺少其中一个要素是"致命"的,第 55 条规定得很清楚,即使没有明示、默示地确定价格或决定价格的方法,合同也可以有效地成立,第 14 条不应解释为要求所有合同都应确定价格,第 55 条包含了补救条款,所以,第 14 条不应解释为要求要约必须具备"三要素"。[1]

以冯斯沃斯为代表的学者提出了相反的观点:首先,第 55 条并没有解决开口价问题,第 55 条明确规定只有合同已经有效成立时,才可以按照第 55 条补充合同缺少的价格条款,而按照第 14 条第(1)款的要求,除非要约中规定了价格或确定价格的方法,否则合同就不成立。第 14 条关于要约确定性的含义是,要约必须包含"三要素"。其次,第 55 条属于第三部

[1] See John O. Honnold, *Uniform Law for International Sales Under the 1980 United Nations Convention*, Deventer/Boston, Kluwer, 1982, p. 164, note 9; p. 338; p. 163, note 8.

分,处理当事人已成立合同中的权利义务,第 92 条允许缔约国加入公约时宣布不受第二部分约束,但是受第三部分约束,第 55 条仅适用于涉及作出这种保留的缔约国的当事人订立的合同。如果合同依据作出保留的国家法律已经有效成立,但是缺少价格条款,当事人所在国批准的公约第三部分又适用于该合同,第 55 条这时可以适用。最后,一个缺少价格条款的合同是否已经成立,是否可以用第 55 条补充合同中的开口价,取决于当事人的营业地所在国是否批准了公约第二部分,如果第二部分没有被批准,法院将依据国内法确定合同是否成立,如果发现合同已经成立,第 55 条可以作为补充价格条款的依据,但是如果一个国家批准了整个公约,包括第二部分,第 14 条阻止一个没有规定价格的合同有效成立,第 55 条也不会对其生效。

立法的历史证明后一种观点有充分的根据和说服力。秘书处评论指出:"第 12 条第(1)款[公约第 14 条第(1)款]规定,一个订立合同的建议,如果明示或默示地确定了价格或规定了确定价格的方法,就是十分确定的、足以构成要约。因此,只有当事人一方的营业地位于一个缔约国,该国批准接受了公约第三部分,但是没有批准第二部分,并且该缔约国法律规定即使合同没有明示或默示地规定价格或确定价格的方法,合同亦可成立,第 51 条(公约第 55 条)才可以有效。"〔1〕

应当看到,第 55 条是用来填补合同的空白,而不是用来填补要约的空白,其适用的条件如下:(1)当事人之间的销售合同已经有效成立,但没有规定价格;(2)存在货物在类似贸易条件下通常的市场价格,使裁判机关可用来参考填补合同空白。由于这些条件限制,第 55 条仅在非常少见的情况下适用。在第 14 条约束的情况下,第 55 条难以适用,假如要约人发出的要约缺少货物、价格、数量这 3 要件中任何一个要件,也没有规定确定货物数量、价格的方法,这不是一个有效要约,合同不可能成立,第 55 条不适用。如果要约具备了"三要件"或存在决定货物数量、价格的方法,这意味着规定了价格,即使合同成立,第 55 条也不适用。如果当事人之间的合同

〔1〕 UNCITRAL, *Secretariat Commentary on Article 51 of Draft Convention* (*Article 55 of Official Text*), Paragraph 2, Official Records, p. 45.

已经成立,但没有规定价格,同时也不存在用来确定价格的货物在类似交易中的通常价格,第55条也不能适用(参见例14D)。贸易法委员会的判例显示,大部分的判决因为双方当事人已明示或暗示地规定了价格或规定如何确定价格,从而满足了第14条第1款中的确定性要求,不适用第55条。[1] 也因为第14条第(1)款关于要约确定性的标准并不难达到,它们可以被默示地决定,也可以根据公约第8条从当事人的声明或行为中推定。

在缔约国对公约第二部分做出保留情况下,允许所涉销货合同在没有规定价格时也可成立,从而导致第55条适用。除此之外适用第55条的情况还有:(1)公约第6条允许当事人通过明示、默示的协议改变第14条第(1)款的效力,当事人可以约定,没有规定价格的要约有效,货物价格可以在过后依据第55条确定。(2)第14条还可以通过适用商业惯例或当事人之间的习惯做法得以排除,从而有可能适用第55条。(3)如果当事人经过磋商后都承认有约束的合同存在,即使其中的要约不能满足第14条的确定性要求,体现于公约中的"力求保全合同原则"要求我们维持合同的有效性,此时应视为当事人已经同意不适用第14条,货物价格应依据第55条确定。(4)任何时候,当合同已经履行,也不可能因为没有规定价格而否定合同存在,裁判机关应建议当事人协商确定价格,或依据第55条确定价格。

例14B:德国制造商为意大利买方制作22万个试管,在协商谈判期间涉及不同的玻璃类型。卖方最后交付的是F型试管,买方拒绝付款,主张他需要的是质量更好的D型试管,法院在调查中发现当事人之间并没有就购买特定品质的试管达成协议,合同不成立。公约第14条第(1)款规定一个十分确定的要约必须写明货物,没有要求写明货物质量、规格。本案例说明当事人如果没有就货物的品质、规格达成协议,相当于就货物本身没有达成一致。

例14C:乌克兰卖方向奥地利买方发出一份电传,电传表明卖方同意在将来规定的期限内向买方提供一定数量的货物,也说明了要提供

[1] 参见《判例法摘要汇编》(2008年版)第14条第15段。

的货物规格，但是没有说明货物的价格，只是说明有关货物的价格在新年开始前10日商定，买方同意卖方电传的内容。后来卖方没有提出供协商的价格，双方也没有就所销售的货物价格达成协议。买方将此案提交仲裁，主张合同成立，卖方应赔偿违约的损失。仲裁庭认为，第55条不适用，因为双方同意今后协商价格，价格属于待定事项，这也不能解释为提供了确定货物价格的方法。而根据第14条的规定，双方没有就货物价格达成协议，合同不成立。但买方可以就卖方没有在指定时间内建议价格享有不属于公约范围的独立损害赔偿请求权。[1]

4. 国内法关于"开口价"的规定

《中华人民共和国民法典》第626条规定："买受人应当按照约定的数额和支付方式支付价款，对价款数额和支付方式没有约定或约定不明的，适用本法第五百一十条、第五百一十一条第(二)项和第(五)项规定。"第510条允许合同生效后，在没有规定价格时，当事人可以协议补充，达不成协议时，按照交易习惯确定，或者依据第511条第2项的规定，按照合同订立时履约地市场价格履行，或者按照政府指导价履行。PECL规定，如果合同没有规定价格或决定价格的方法，当事人被视为已经同意采用合理价格(第6:104条)。如果价格或任何其他合同条件应由一方当事人(或第三人)决定，而一方当事人(或第三人)的决定极度不合理，那么，尽管有任何相反规定，也应以合理的价格或其他合同条款来替换(第6:105条、第6:106条)。如果价格或任何其他合同条件应参照某种因素决定，而此种因素不存在或不复存在或难以获得，应以最接近相同的因素替代(第6:107条)。UCC拒绝任何关于缺少价格规定导致合同不能强制执行的看法，只要当事人的主导意旨是达成了有约束力的协议，缺少价格条款可以依法补充(第2-305条)。德国法认为每一个条件可以确定的要约都可以导致合同成立，可以确定是指要约包含补救不确定性的方法，并且这种方法可以

〔1〕 例14B、例14C参见UNCITRAL，CLOUT，case No. 135（德国莱茵河畔法兰克福高等法院，1995年3月31日），case No. 139（俄罗斯联邦工商联合会国际商事仲裁庭，1995年3月5日）。

成功地使用。比如,在价格不明时可以由当事人自己决定;通过援用填补空白的制定法规则决定;由法院根据合同条款解释当事人的意图决定;依靠合同以外的客观数据(时价)决定。法国法反对授予法官较大自由裁量权来考虑相关情况去补充合同条款的缺失,特别是法官不能补充要约中诸如"价格"这样的关键要素,只有当缺失条款可以根据客观标准来确定时才可补充。而如果没有相关的客观标准,要约因缺乏确定性而失效。以下是匈牙利最高法院审结的一例涉及开口价的案件,本案法官支持了前述冯斯沃斯对第14条的理解,认定一个缺乏价格的"合同"不成立。

例14D:美国普拉特·惠特尼公司[惠普公司 Pratt & Whitney (P. W)]于1990年秋季与Malev匈牙利国家航空公司(M)就购买飞机发动机进行谈判,据称存在的合同分为两部分:一个是P. W向M公司提供苏制图-154飞机发动机的协议;另一个是P. W向M提供后者即将购买的宽体客机原装发动机和备用发动机的协议,引起争议的是后一个协议。P. W在要约中表示可提供:(1)这两种飞机使用的原装发动机;(2)备用发动机;(3)维修服务保证和金融支持。P. W将要售予M的发动机型号视后者购买的飞机型号而定。在1990年11月9日的最早要约中,P. W列出可供选择的3种型号飞机发动机的报价,即PW4056(用于波音飞机)、PW4152(空中客车)和4156A(空中客车),三种型号都属于PW4000系列。1990年12月,双方草拟的一份函件表明M已选择了PW4000系列发动机,用于即将购买的宽体客机,M公司总经理在函件上签了字并电传给P. W副总裁。1991年3月25日,M通知P. W,声明将不购买PW4000发动机,P. W公司主张,双方在12月签字的函件说明已达成协议,遂向布达佩斯法院起诉M公司毁约,初审法院判原告胜诉,后匈牙利最高法院推翻初审法院判决,判被告胜诉,合同不成立。

本案适用了公约,法院认定P. W提出的要约价格不明,PW4056是指发动机基本组合,而PW4152和PW4156都是指喷气发动机系统,除发动机外,还包括引擎舱和其他部件,而所报价格仅指发动机,不包括其他部件。

也就是说,P. W 公司的报价单中并没有说明其要供货的两种喷气发动机整个系统的价格,由于原告提供 M 考虑的要约没有表明价格,根据公约第 14 条第(1)款的规定,要约必须表明要约人受约束的意旨,必须十分确定(包括货物名称、数量、价格),因此,该合同不能成立。公约第 55 条不能用于解决要约中的价格条款,因为喷气发动机没有市场价格。[1]

第 15 条　要约生效及撤回

(1)发价于送达被发价人时生效。

(2)一项发价,即使是不可撤销的,得予撤回,如果撤回通知于发价送达被发价人之前或同时送达被发价人。

评　释

1. 要约生效的时间

第 15 条第(1)款规定了要约生效的时间,即"发价于送达被发价人时生效"。公约没有采取一些国家法律制度所规定的"投邮主义原则",而采取"到达主义原则",即要约的生效以实际送达给受要约人时为准。公约第 24 条解释了"送达"的含义,它是指"以口头通知对方,或通过任何其他方法送交对方本人或其营业地或通信地址,如无营业地或通信地址,则送达对方惯常居住地"。虽然到达主义原则意在使受要约人了解要约之后再作出承诺,但是这一原则并不依赖于受要约人是否实际了解到要约的内容。一个企业法人可能不知不觉地成为受要约人,只要一个要约满足了第 24 条所指的送达要求,被送到该企业办公室或其他地址。要约对于要约人有约束力,不可撤销的要约生效后,在有效期内要约人不能撤销要约,也不能更改要约的内容,如果受要约人做出有效承诺,要约人必须承担合同订立

---

〔1〕 例 14D 参见 Pratt & Whitney v. Malev Hungarian Airlines 一案,关于本案的讨论参见 Paul Amato, *CISG—The Open Price Term and Uniform Application: An Early Interpretation by Hungarian Courts.* Journal of Law and Commerce, Vol. 13, p. 1-29 (1993)。

的法律后果,受合同约束。相反,要约对受要约人没有法律约束力,受要约人收到要约后可以答复,也可置之不理,他这样做不承担什么法律后果,只要他不做出表示承诺的行为(第18条)。

规定要约生效的时间对于计算要约有效期以及受要约人作出承诺的期限有重要意义。要约自送达受要约人时生效,原则上要约的有效期应自送达受要约人时起算。要约人于6月1日以信函发出要约,要约中规定受要约人应该在20日内复电有效,假定受要约人于6月5日收到了要约,20日期限应自6月5日起算,受要约人应在6月25日以前复电有效。但是公约第20条对于以电报信函发出的要约却作出相反的规定,第20条第(1)款规定,要约人在电报信函内规定的承诺期限,从电报交发时刻(交给电报公司发出)或信上载明的发信日期起算,如果信上未载明发信日期,则从信封上所载的日期起算,这相当于以一个要约还没有生效的日期作为要约有效期的起算日,有些不符合法理。这一规定据认为是承认英国普通法的观点,即"要约人是一项要约的主人",他有权确定一个承诺的期限。期限不明的,应作出有利于要约人的解释。不过第20条第(1)款的规定是在当事人没有明确如何计算要约有效期的起算时间时适用,一旦当事人自行确定了起算时间,它就不能适用(参见第20条评释)。

在普遍运用电报、电传、电子传真、电子数据交换系统等瞬时通信工具(instantaneous communication)送达要约和承诺的今天,发出要约与收到要约的时间差已经很小,究竟采取投邮主义还是到达主义原则决定要约的生效日已经没有多大法律意义,联合国国际贸易法委员会还没有收到一例关于要约被撤回或被撤销的案例就说明了这一点。[1] 重要的是对新的送达方式在法律上作出说明,这方面,《中华人民共和国民法典》适应了信息时代的技术要求,其第137条规定:"以非对话方式作出的意思表示,到达相对人时生效。以非对话方式作出的采用数据电文形式的意思表示,相对人指定特定系统接收数据电文的,该数据电文进入该特定系统时生效;未指定特定系统的,相对人知道或者应当知道该数据电文进入其系

[1] 参见《判例法摘要汇编》(2012年版)第15条、第16条第2段。

统时生效。”[1]采用数据电文会产生新的问题，如因为电脑系统故障使等待承诺的要约人不能及时收到邮件，误将货物卖给他人，而发出承诺的受要约人却认为合同已经成立。

由于收件人的信息网络或服务器故障，使发件人发出的要约、承诺等信息在进入收件人服务器后，收件人不能读取，这种情况下应认定电子信息到达了收件人服务器，应由收件人承担因其内部网络服务器故障造成的风险损失，因为收件人本来可以通过选择更好的网络服务商或服务器防范风险。这一结论的前提是收件人同意接收电子信息，收件人的同意既可以明示，也可依据公约第 8 条从其声明、行为、双方习惯做法中看出。如果收件人不经常阅读电子邮件，没有理由预见到发件人会发出电子信息传送要约、承诺或其他通知，发件人不能主张其及时发出了通知，因为其以电子通信方式发出通知不适当，收件人也不承担延误收到通知的后果。收件人仅仅同意接收电子信息还不够，还要表示同意接收特定类型、格式并以可读取方式进入其地址的信息，否则，收件人对于发件人发出的不能读取的信息不负责任。解决类似问题的最好办法是发件人利用数据电文发出信息后以电话等方式加以确认。

2. 要约的撤回

要约的撤回(withdrawal)与要约的撤销(revocation)都是取消要约，使之不生效，但是撤回要约是要约生效前将其收回，而撤销要约是要约生效后把其收回。公约第 15 条明确授权要约人可以撤回要约，即使是不可撤销的要约，也是如此，只要撤回通知与要约同时或先于要约送达受要约人。要约的撤回与撤销的区分在英美普通法没有太大的重要性，根据普通法原则，要约人在受要约人作出承诺前的任何时候都可以撤回其要约或改变其内容，即使要约规定了有效期，在期限届满前仍可随时撤回要约。理由是

---

[1] 《中华人民共和国民法典》的这一规定与目前关于电子通信的国际商事规范基本一致。类似的规定参见《联合国电子商务示范法》第 15 条第(2)款。CISG-AC 第 1 号意见第 3 段指出，术语“到达”“相当于一条电子通信进入受要约人服务器那一时刻。一项要约即使是不可撤销的，也可以撤回，只要撤回通知在要约到达同时或在此之前进入受要约人的服务器。以电子通信方式撤回要约的先决条件，是受要约人明示、默示地同意接收那一类型、格式并到达那一地址的电子信件”。

"要约人是要约的主人",要约是一项允诺,一个人要受其作出的允诺约束应具备两个条件,或是取得对方某种对价,或是作出的允诺采取了特殊形式(如签字蜡封)。

第16条 要约的撤销

(1)在未订立合同之前,发价得予撤销,如果撤销通知于被发价人发出接受通知之前送达被发价人。

(2)但在下列情况下,发价不得撤销:

(a)发价写明接受发价的期限或以其他方式表示发价是不可撤销的;

(b)被发价人有理由信赖该项发价是不可撤销的,而且被发价人已本着对该项发价的信赖行事。

评 释

1. 国内法关于要约的撤销问题

美国法接受了英国普通法的一般原则,即要约可以在受要约人作出承诺前随时撤回,除非:(1)要约人与受要约人之间受有选择权合同(option contract)的约束,此时要约人给了受要约人在规定期限内是否接受要约的选择权,如期货交易所的交易或其他类似情况;(2)要约人在要约中明示、默示地保证其要约不可撤销。这种不可撤销性要受一定限制,UCC 第 2-205 条规定,如果商人在签名的书面函件中提出出售或买进货物的要约,且函件保证该要约将保持有效,则即使无对价,在要约规定的有效期内,或如果未规定时间,在合理时间内,要约不可撤销。在任何情况下,此种要约不可撤销的时间都不超过 3 个月。《德国民法典》规定,要约原则上对要约人有约束力,除非要约人在要约中注明不受约束的词句,要约人须受要约的约束(第 145 条)。如果要约中规定了有效期,则在有效期内不得撤回或更改其要约,如果要约中没有规定有效期,则依通常情况可望得到答复以前不得撤销或更改其要约。法国法规定,要约人在要约被受要约人承诺以前可以撤销要约,但是法院判例认为:如果要约人在要约中指明了承诺期限,要约人也可以在该期限内撤销要约,但是应该承担损害赔偿责任,即使未规定期限,要约人若不适当地撤销要约,造成对方损害,亦应负赔偿责任(因侵权或滥用权利产生的损害)。这些规定说明两大法系在要约可否撤销上有明显分歧,公约试图弥合这种分歧,但其结果仍有不令人满意之处,问题出在对第16条第(2)款规定有不同理解。

2. 可以撤销的要约

第16条第(1)款规定:“在未订立合同之前,发价得予撤销,如果撤销通知于被发价人发出接受通知之前送达被发价人。”这一规定说明,首先,要约人撤销要约必须在要约生效之后、合同成立以前,如果合同已经成立,就不能撤销要约。这里的“合同已经成立”,是指受要约人采用口头方式或以实施某种行为的方式使合同成立,前者如要约人以电话方式发出要约,对方以同样方式表示同意;后者是指要约人以口头或书面方式发出要约之后,受要约人采取了公约第18条第(3)款所述的行为,如发运货物或支付价款表示承诺,自该行为作出时起合同已经成立,要约人不能撤销要约。其次,要约人撤销要约必须在受要约人发出承诺通知以前,当事人以书面方式发出要约,受要约人通常也以书面方式表示承诺,一旦受要约人发出承诺通知,要约人就不能撤销要约,这里公约所确定的要约人撤销权的终止时间是受要约人发出承诺的时刻,而不是承诺到达时刻,尽管依据第18条第(2)款、第15条的规定,承诺于表示承诺的通知到达要约人时生效,并且合同于承诺生效时成立。最后,撤销要约的通知在送达受要约人时生效,公约以“到达主义”决定撤销要约的通知生效的时间。

如同第15条评释所提及,在采用瞬时通信系统的当代社会,受要约人发出承诺通知与此项通知到达时刻几乎同时发生,在两者间划分法律界限没有多大实际意义,第16条第(1)款的实质是提出受要约人做出承诺前要约得以撤销的一般原则,但是受第(2)款规定限制。

3. 不可撤销的要约

诚如霍纳尔德教授所言,如果第16条仅仅由第(1)款组成,没有第(2)

款,公约与传统的普通法基本吻合,即要约在受要约人承诺之前可以撤销,即使是规定了承诺期限也是如此。但是公约第 16 条第(2)款对于要约的可撤销性提出两方面限制,要约在以下情况不得撤销:(a)以规定承诺时间的方式或者其他方式表明要约是不可撤销的。[1] (b)受要约人有理由信赖该要约是不可撤销的,并且已经本着对该要约的信赖行事。第(2)款(a)项的意思是要约可以用不同方式表明其不可撤销,最清楚的方式是要约人在要约中作出有效声明:"这是一项确定的要约(实盘)"(this is a firm offer);"我们信守我们的要约,直到贵方回复"(We shall stand by our offer until we receive your answer);"我将保持要约有效直至 6 月 15 日以前"(I will hold this offer open until Jun, 15)。问题是要约是否可以默示地表示不可撤销,特别是如果要约中规定了承诺期限,这是否默示地表示在承诺期限内要约不可撤销?

在维也纳会议上挪威代表反映了大陆法系的普遍的倾向,认为(a)项的意思是要约如果规定了承诺期限,就表明在该期限内要约不可撤销。英国代表站在普通法的立场上认为,(a)项限制意味着:只有当要约人以规定承诺时间的方式表明要约是不可撤销的,要约才不可撤销。即规定承诺期限本身并不表明要约不可撤销,还要依据公约第 8 条规定,在考虑谈判情况、当事人习惯做法和惯例等相关情况之后,合理解释当事人的意旨,才可以决定要约是否可撤销,因为按照普通法,要约中规定了承诺期限仅仅意味着要约在该期限内有效,过期无效,绝不等于要约人放弃了撤销权。日本代表也指出,依据第 16 条第(2)款(a)项的规定,要约不可撤销的标准是当事人的意旨,要约规定承诺期限的事实仅仅产生了一个可以反驳的关于要约不可撤销的假定,要使假定成立,还要服从第 8 条规定的一般解释规则。UPICC 第 2.1.4 条第(2)款(a)项与公约第 16 条第(2)款(a)项的表述一致,通则对于(a)项的注释持上述英国代表的立场,它说得更清楚:"表明确定的承诺时间本身可以(但不是必定)构成要约不可撤销的默示表示。

---

[1] 对照英文第 16 条第(2)款(a)项,笔者做这样的中文表述,这与正式中文文本的表述略有不同。正式中文文本中的(a)项显然意味着要约如果规定了期限,就是不可撤销的,这与讨论公约时代表大陆法的一派观点相符合,《中华人民共和国合同法》第 19 条也与之同义。

根据第四章关于解释的一般性规定中所确立的各种不同标准,对要约的条款进行适当解释,将可得出要约是否可撤销的结论。总之,如果在一法系中将确定承诺时间视为要约不可撤销的表示,则可以推定要约人规定这种明确的时限意在使要约不可撤销。另外,如某一法系认为确定承诺时间不足以显示要约的不可撤销性,则推定要约人没有这种使要约不可撤销的意思。"

考察立法的历史可以看出,英国代表的意见只能说是一部分代表的意见,按照该意见理解第16条第(2)款(a)项将明显损害公约的统一性,其结果是,来自不同法律制度背景的要约人发出的要约,即使规定了承诺期限,在受要约人看来也具有不确定性。在维也纳外交会议上,英国代表曾建议修改现有的第16条第(2)款(a)项,明确规定,规定一个固定的承诺时间的要约本身不属于表明要约是不可撤销的,但是这一建议未被采纳。[1]而秘书处评论清楚地解释了(a)项:"要约可以用不同的方式表明其是不可撤销,最明显的方式是要约本身可以规定它是不可撤销的,或者在一个指定的期间内它不得被撤销,要约也可以通过规定一个固定的承诺时间表明其是不可撤销的。"[2]这一解释应该普遍适用,不论当事人来自什么样的法律背景。

第16条第(2)款(b)项限制条件表明公约既授予要约人在一定情况下的撤销权,也给相对的受要约人有限的保护。(b)项限制说明两种要约人不可撤销要约的情况:一是受要约人有理由相信要约是不可撤销的。在某些情况下,要约发出后,受要约人需要进行广泛的调查论证,或需要向第三方发出要约邀请,收集报价后,才能决定是否接受该项要约。因此,即使要约没有表明其不可撤销,在受要约人需要考虑和作出决定的一段合理时间内,要约不可撤销。二是受要约人已经本着对该项要约的信赖行事,这是指英美法"不得自食其言"原则适用的情况,即如果总承包商需要依据分包商的投标向建筑工程的业主发出要约,即表明总承包商已经本着对分包商

---

〔1〕 See UNCITRAL, The Official Records of United Nations Conference on the Contract for International Sale of Goods, p. 75.

〔2〕 UNCITRAL, *Secretariat Commentary on Article 14 of Draft Convention* (*Article 16 of Official Text*), Paragraph 7, Official Records, p. 22.

的信赖行事,在合理时间内,分包商不得撤回投标。涉及货物买卖的要约,受要约人本着对要约的信赖行事可以包括为生产合同项下的货物做准备,购买或租用材料设备,只要这些行为是受要约人正常发生的,并且是要约人应该预见到的,要约人就不得撤销要约。值得注意的是,英美法认为受要约人需要调查论证等为接受要约做准备并不是使要约不可撤销的理由,唯一的理由是受要约人本着对要约信赖行事,并因此产生了实质性的费用支出,或者向第三人作出了实质性的承诺。

4. 对滥用要约撤销权的救济

要约人声称撤销一项依法不可撤销的要约,可能有两种后果:一是法庭认定其撤销无效,而受要约人的承诺有效,合同成立,要约人应履行合同,否则应承担责任,此时的争议和救济属于公约第 4 条确定的范围,可以由公约调整。二是要约人的撤销要约无效,但是受要约人还未来得及作出承诺,或者虽曾作出承诺,但是鉴于变化的情况,维持双方合同只能使损失扩大,而不希望合同成立,此时受要约人因为信赖要约付出了代价,遭受了相当损失,因为没有合同关系,其救济应依据公约第 7 条第(2)款,依据公约的一般原则处理,或者援用相关国内法解决。例如,依据《中华人民共和国民法典》第 500 条的规定,可以按缔约过失处理,也有的国家按侵权处理。

第 17 条　要约的失效

一项发价,即使是不可撤销的,于拒绝通知送达发价人时终止。

评　释

1. 要约因为受要约人的拒绝而终止

第 17 条指出了一项要约被拒绝的法律后果:"一项发价,即使是不可撤销的,于拒绝通知送达发价人时终止。"在拒绝通知送达前,受要约人仍有撤回拒绝通知的可能性。

例 17A:10 月 1 日,卖方向买方发出要约:"兹发盘秘鲁鱼粉 1000 吨 CIF 上海 480 美元/吨,11 月交货,不可撤销即期信用证付款,10 月 15 日前复到有效。"10 月 10 日买方回电称:"回你 10 月 1 日电,因价格太高恕难接受。"10 月 14 日卖方收到买方来电:"你 10 月 1 日发盘我接受。"卖方答复说:"你 10 月 14 日来电接受是无效的,因为你方此前的来电已经拒绝了我方 10 月 1 日发出的要约。"

此例中卖方的答复成立。依据公约第 17 条的规定,由于买方 10 月 10 日的回电拒绝了卖方 10 月 1 日发出的要约,该要约因而失效。买方 10 月 14 日发给卖方表示承诺的函电是对一个已经不存在的要约表示接受(实质上是新的要约),当然无效。

第 17 条的意义在于,受要约人拒绝一项要约也就终止了该要约的效力,要约人免除了一旦对方接受就要按要约中的条件与之订立合同的约束。他也不必担心受要约人在拒绝要约后反悔,重新接受此前已被拒绝的要约,因为这个要约已经对要约人没有约束。他可以调整计划,重开谈判,任何此后缔结的合同都在发出新的要约、承诺基础上完成,即使新的要约和承诺中商定的交易条件与原要约中的条件没有什么不同。"第 17 条规定,受要约人拒绝要约的通知到达要约人时要约失效,一项拒绝具有(使要约失效)的效果,即使该要约是不可撤销的,并且在其中规定的承诺期限尚未届满前被拒绝也如此,在此之后订立一项合同的程序只能通过发出一项新的要约来发起。"[1] 对要约的拒绝使原要约失效,以后发出电文只能理解为一新要约,发起新的谈判。彼得 · 施莱特里姆提出的这一原理具有重要价值,它可以帮助我们在当事人之间复杂的协商交易中分清法律上的界限。

例 17B:例 17B 的情况与例 17A 基本相同。所不同的是卖方收到买方 10 月 14 日来电"你 10 月 1 日发盘我接受"之后,恰好货物没有售

---

[1] Peter Schlechtriem ed., *Commentary on The UN Convention on The International Sale of Goods*, Clarendon Press, Oxford, 1998, p. 124.

出,还想与之成交,于是电告买方说明其意思,并将体现10月1日要约中交易条件的确认书或合同文本交买方签字,如果买方此时反悔,不签字,他是否有权这样做呢?显然他无权这样做,理由是:10月1日卖方的要约因买方10月10日的电文拒绝而失效,买方10月14日电文应认定为与10月1日交易条件相同的一项新的要约,卖方立即电告买方表示同意,并交确认书要买方签字是承诺,合同已成立,买方无权不在确认书上签字。

2. 其他终止要约效力的情况

要约可以被明示地拒绝,也可以被默示地拒绝,受要约人答复要约人时,即使他声称接受对方的要约,如果在答复中对要约条件有公约第19条所指的实质上的添加、限制或修改,这种答复相当于反要约,是对原要约的拒绝。原要约人如果接受了反要约,双方将按反要约给出的交易条件达成协议。除受要约人明确拒绝要约或发出反要约可以导致要约失效以外,要约还因为超过有效期而自行失效。如果没有规定有效期,应在合理的时间内失效。要约还因为要约人有效撤销而失效。以口头发出的要约应该立即承诺,否则失效[第18条第(2)款]。ULIS第11条还规定了要约因当事人订约能力变更而终止,这是指当事人发出要约后发生要约人残废、丧失行为能力,或作为法人被撤销、被取消经营权等情况,但是CISG未采纳该条款。

实务中受要约人发出电文明确表示拒绝一项要约不多见,这样做的结果使原要约失效,受要约人也失去了再讨价还价的余地,主动权完全在要约人手里。反之,即使是保持沉默,也会留有余地。对于一份尚不能果断接受的要约,明智的受要约人可以既不表示拒绝,也不明确表示接受,因而有可能争取更好的交易条件。在这个过程中,受要约人就一份要约向要约人提出询问(inquiry)、请求(request)、期望(hope)、建议(proposal),试图使要约人放宽交易条件,这既不是第17条意义上的对要约的拒绝,也不是第19条意义上的对要约条件进行了实质性的添加、限制或修改,并不产生使要约失效的法律后果,这一点应特别注意。“即使是答复中提出询问或暗示附加条件的可能性,这种答复并不属于第17条第(1)款[公约第19条第(1)款]声称的接受,该答复也许是一种独立的信息,意图探求要约人接受不同交易条件的意愿,同时保留着过后随时接受要约的可能性。"[1]

例17C:A于10月1日向B发出要约:"中国松香WW级100吨,香港仓库交货500美元/吨,现货交易,10月10日复电有效。"B于10月5日复电:"回你10月1日电,中国松香WW级100吨,500美元/吨,你能否两个月内交货?"10月7日,B向A去电表示立即接受A于10月1日发出的要约。此例中B于10月7日发出的承诺有效,B于10月5日发出的电文中的内容是一项请求或希望,不是对要约的拒绝,A在有效期内收到了承诺,合同成立。

第17条还意味着,即使是不可撤销的要约,要约因被拒绝而失效的规则同样适用,这应和了大陆法系制度而与英美普通法不同。依据后者,一项不可撤销的要约并不因为遭拒绝而失效,要约人在随后的有效期内收到承诺,仍然是有效的承诺。美国判例法显示,在房屋租赁和其他选择购买合同中,如果当事人按一定条件购买了选择权(option),即支付了对价,在特定期限内,要约不因拒绝而失效,也不允许撤销,在有效期内可讨价还价,待选择权期限届满时,双方若仍没有达成协议,该选择权失效。

第18条　承诺及其生效时间

(1)被发价人声明或做出其他行为表示同意一项发价,即是接受。缄默或不行动本身不等于接受。

(2)接受发价于表示同意的通知送达发价人时生效。如果表示同意的通知在发价人所规定的时间内,如未规定时间,在一段合理的时间内,

[1] UNCITRAL, *Secretariat Commentary on Article 17 of Draft Convention* (*Article 19 of Official Text*), Paragraph 4, Official Records, p. 24.

未曾送达发价人,接受就成为无效,但须适当地考虑到交易的情况,包括发价人所使用的通信方法的迅速程度。对口头发价必须立即接受,但情况有别者不在此限。

(3)但是,如果根据该项发价或依照当事人之间确立的习惯做法或惯例,被发价人可以做出某种行为,例如与发运货物或支付价款有关的行为,来表示同意,而无须向发价人发出通知,则接受于该项行为做出时生效,但该项行为必须在上一款所规定的期间内做出。

评 释

1. 承诺是受要约人同意一项要约的意思表示

第18条第(1)款明确提出了一个有效承诺的定义,它是受要约人以声明或做出其他行为同意一项要约的意思表示。承诺首先是受要约人以一定的方式对要约表示无条件的同意,仅仅在声明中表示收到了要约,或者表示对要约感兴趣,不是一项承诺,任何一种附条件地接受要约也不是一个有效的承诺,比如:"在此我接受你方备忘录中规定的条款,并在以后两周内提请我方董事会同意",这不是一个有效承诺,如果过了2周要约已经过期,要约人可以拒绝接受受要约人的最后同意。受要约人对要约的同意还意味着应与要约保持一致,英美普通法要求承诺要像镜子反映物体一样反映要约的内容,不允许对要约有实质性添加、修改(第19条)。

第18条第(1)款体现了当今国际商法通行原则,即承诺在形式上不受限制。在不适用第18条第(3)款,不需要满足其中的限制条件时,承诺既可以由声明表示,也可以通过默示的行为来表示,[1]只要这种表示在要约规定的承诺期限或者在合理期限内到达要约人。即使要约是以电讯发出声明来表示,受要约人也可以用做出行为表示承诺,假定要约本身没有对承诺形式提出要求或限制,承诺不需要与要约发出的方式一致,书面要约

---

〔1〕 与第18条第(1)款相类似的规定还见于UPICC第2.1.6条,PECL第2:204条规定:"受要约人做出的任何形式的声明或行为都是一项承诺,只要该声明或行为表明同意一项要约。"

可以用口头、电报、电话或行为表示承诺。而如果以行为表示的承诺与要约不一致，就是反要约，即反要约也可以用行为表示（参见例 11A）。

例 18A：由于前次交易购买的货物畅销，10 月 20 日，德国买方向意大利卖方发出要约："再订购 1000 双男式皮鞋，价格条件为均价 120 美元/双，11 月底以前交货。"卖方没有答复买方要求，但在 11 月初发运了买方订单中求购的货物，并将提货单寄交买方，买方于 11 月 5 日收到了提货单，之后提取了货物，但是没有支付货款，引起争议。本案卖方是以发运货物的行为表示承诺，买方收到承诺这种意思表示的时间是收到提货单的时间或者是在此之前收到承诺人发来的到货通知的时间。

要约人有权在其发出的要约中对受要约人做出承诺的方式提出限制，要约人可以在书面要约中要求受要约人采用电话、电传或挂号信方式表示承诺，该要求是要约内容的组成部分。大部分要约中都规定有效期，要求受要约人在规定的时间内"答复"或"回电"，这意味着受要约人应以声明方式答复而不能直接以行为方式表示承诺。假定例 18A 的德国买方在书面电函中除提出上述交易条件外，在结尾要求卖方"在 10 日内确认"，这意味着卖方应先在 10 日内确认是否接受要约，未经确认而直接做出上述发货行为，这相当于他对要约同意的表示与要约不一致，是反要约，只有要约人同意接受该反要约，才产生新的合同，如果他拒绝，就没有合同。要约中对承诺的形式要求应依据公约第 8 条，通过分析要约的内容得出，但要约本身用电传（fax）或信函方式发出，并不意味着承诺也必须以此方式发出，除非这是国际商业惯例或当事人之间习惯做法要求的（第 9 条）。

《中华人民共和国民法典》没有相当于公约第 18 条第（1）款前半句的规定，其第 480 条指出，"承诺应当以通知的方式作出；但是，根据交易习惯或者要约表明可以通过行为作出承诺的除外"。这说明法律要求承诺以通知方式作出，以行为方式作出承诺限于例外情况，即只有在"根据先前交易或要约表明可以通过行为作出承诺"才可以这样做，与公约第 18 条第（3）

款规定相似。但是中国最高人民法院发布的《关于适用〈中华人民共和国合同法〉若干问题的解释(二)》(参见第11条评释)第2条指出:当事人没有用口头或书面形式订立合同,但从双方的民事行为中能推定有订约意愿的,可认定为《合同法》第10条第1款(《民法典》第469条)的"其他形式"订立的合同。这一解释确认以行为方式达成协议的有效性,"其他形式"订立的合同是指以行为方式订立的"事实合同"。同时《中华人民共和国民法典》第490条第2款又规定:"法律、行政法规规定或者当事人约定合同应当采用书面形式订立,当事人未采用书面形式但是一方已经履行主要义务,对方接受时,该合同成立。"由于以上规定,例18A中卖方直接发运货物的行为即使依据《中华人民共和国民法典》,不符合承诺的形式要求,由于买方接受了提货单并提取了货物,当事人之间的事实合同成立,买方应该支付货款。买方的行为也可以解释为默示同意卖方不以通知的方式,而以行为的方式作出承诺。

第18条第(1)款第2句"缄默或不行动本身不等于接受"的规定,也不应该看作对要约的拒绝。要约人本身不能单方面改变承诺应以声明或行为表示的一般规则。如果要约人在要约中声明:"请务必在10月20日前答复,逾期未收到你的答复,我们认为你方接受了要约。"这样的声明对受要约人无约束力,公平交易的原则不允许要约人向受要约人施加必须回答此类要约的义务,不应指望受要约人对他不想接受的要约都做出反应。但是如果受要约人自愿承担对特定要约人发出订单必须做出反应的义务,不做出反应就等于承诺,要约人也本着对此信赖行事,这相当于双方当事人依据公约第6条规定改变了第18条第(1)款第2句的效果。如卖方声明"除非在收到你方发来的订单后3日内我方发出异议通知,否则,我方同意按每台100美元向你提供组件",就属于这种情况。另外,当事人可以用明确的协议取得这样的效果。

例18B:双方签订的特许协议中有一条款规定,买方发出订单后,卖方必须在收到订单后的14日内答复买方,如果在此期间不答复,被认为接受了订单。7月1日,卖方收到了买方发来的提供100套组件的订单,直到7月25日卖方才通知买方他不能接受订单,依据双方事先约定,合同于7月15日成立,卖方应承担违约责任。[1]

应该注意的是,缄默本身不等于承诺,可是缄默加上某种行为就可能被认定为承诺,实务中卖方发运货物,组织生产合同项下的货物,接受买方开立的信用证;买方开立信用证,接收货物或处分货物等实际履行的行为,都可能被认定为承诺(第8条)。对于要约的沉默本身不是承诺,但是对要约中某一条件或要约人其他声明的沉默,在考虑公约第8条第(3)款所涉及的各种情况后,可能被认定为接受了其中的条件或同意要约人的声明。

例18C:美国纽约的切尔维奇有限公司(C公司)与俄罗斯对外经济协会于1989年达成协议,由前者向后者提供一批鞋类,合同中规定所有合同争议在俄罗斯仲裁。为履行该协议,C公司与意大利鞋类制造商费兰多公司(F公司)协商交易,1990年3月13日,C公司根据协商结果,向F公司发送一份协议备忘录,规定由F公司向C公司出售25万双鞋,备忘录特别并入了C公司与俄罗斯方面达成的在俄罗斯仲裁解决合同争议的条款。F公司收到备忘录后没有及时答复。1990年5月11日,C公司以F公司为受益人向F公司开立了金额为259万美元的信用证,其中也提到了与俄罗斯的合同条件。1990年8月7日,F公司签署备忘录并寄交C公司,同时附信表示反对备忘录中关于在俄罗斯仲裁条款,不受仲裁请求的约束。1990年9月和1991年1月,C公司接受F公司履行的2批货物16万双鞋,支付了价款。在履行第三批交货时因质量问题发生争议,F公司在美国纽约向法院提起诉讼,C公司请求法院停止诉讼程序,主张该案应由俄罗斯仲裁。

法院支持被告C公司,认为:C公司在其发出的要约中(3月13日备忘录)并入了在俄罗斯仲裁条款,在整个交易过程中,F公司有责任在合理时间内及时反对要约中的仲裁条款,F公司在收到要约5个月

〔1〕 例18B转引自UNCITRAL, *Secretariat Commentary on Article 16 of Draft Convention* (*Article 18 of Official Text*), Example, 16B, Official Records, p. 23。

后、收到信用证2个月后才反对要约中的内容,这项反对是不及时的,超过了合理时间。在F公司收到C公司开立的信用证,得知其已经开始履行交易时,仍没有及时反对其中的仲裁条款,虽然沉默本身不是承诺,但F公司接受C公司履行的行为是对要约同意的表示,沉默与履约过程的结合构成承诺。[1]

2. 承诺到达要约人时生效

公约第18条第(2)款规定,对要约的承诺于同意该要约的表示在要约规定的期限内或在合理时间内到达要约人时生效。如果采用数据电文,"承诺于表示同意的电子信息进入要约人服务器时生效,假定要约人已明示、默示地同意接收那种类型、格式并到达那一地址的电子讯息"。[2] 在承诺生效制度上,公约采纳了大陆法国家的"到达主义",如果受要约人做出的承诺表示于传输中丢失,没有到达要约人,合同就不成立。公约第22~24条与本部分讨论的内容有关,第24条规定了包括承诺在内的声明到达的含义。第23条指明承诺到达的后果是合同成立,由此得出:承诺到达的时间是合同成立的时间;承诺到达的地点是合同成立的地点,这对于合同争议案件管辖和法律适用有重要意义。由于采用"到达主义",承诺是可撤回的,只要撤回通知于承诺本应生效时或在此之前到达要约人(第22条)。

第18条第(2)款关于承诺"到达生效"的原则适用于第(1)款承诺定义中任何形式的承诺表示,既适用于以口头和书面声明表示的承诺,也适用于以行为方式做出的承诺。前一种以声明方式表示承诺,于该声明到达要约人时生效,这易于理解,问题是如何理解以行为做出承诺的生效时间,受要约人仅仅做出相关行为就产生有效承诺,还是做出行为之外,另要发出已做出相关行为的通知,在该通知到达要约人时生效。字面上,公约

---

〔1〕 参见案例 Filanto, SPA v. Chilewich International Corp., Federal Supplement, Vol. 789, p. 1229(1992)。参见[美]雷·奥古斯特(Ray August):《国际商法》,高等教育出版社2002年版,第560~562页。

〔2〕 The International Sale Convention Advisory Council, *CISG-AC Opinion No. 1*, Opinion ON CISG Article 18(2), Paragraph 1.

的英文表述与 UPICC 相关条款(第 2. 1. 6 条)的表述相同,都是“对要约的承诺于同意的表示到达要约人时生效”(The indication of assent reaches the offeror),这说明大多数情况下以行为表示的承诺不需要另行通知,只要该行为表达的意图能转达给要约人,或直接、间接地使他获悉这一意图就可以。“实务中,这一问题并不像假想的那样会经常出现,如果这种行为是由买方付款或卖方通过空运或其他运输方式发运货物构成,对要约同意的表示可以在事件的自然进程中在所要求的时间内为要约人获悉。若这种同意的表示通过一个例如银行、承运人等第三人的通知的方式到达要约人,这也足够。受要约人也不必明确地声明他接受要约,只要客观情况能清楚地看出事实的确如此。”[1] PECL 第 2:205 条规定:“在以行为发出承诺情况下,合同于关于该行为的通知到达要约人时生效(notice of the conduct reaches offeror)。”这一规定与公约第 18 条第(2)款的规定是一致的,即以行为表示的承诺,于关于该行为的通知到达要约人时生效,除此之外,不要求另行通知。但是当行为本身不能将承诺表示在合理时间内送达要约人时,受要约人在做出行为之外,应该发出关于该行为的通知,[2] 商业交易中当事人应遵守的“信息沟通与合作原则”,现代通信方式的便捷性,客观上要求当事人及时发出通知。假定卖方通过发运货物表示承诺,他可以在货物运输途中行使停运权而撤回承诺;假定货物在运输途中灭失而卖方没有向买方另外发出通知,这等于承诺没有到达要约人,合同不成立。

第 18 条第(2)款要求承诺还应该在要约规定的时间内到达,如果没有规定承诺期限,应该在合理时间内到达。逾期的承诺或没有在合理时间内到达的承诺是无效承诺,相当于反要约,如果要约人接受,成立新的合同。当要约没有规定承诺期限,如何确定做出承诺的合理时间就是关键,公约规定应考虑交易情况,包括标的物性质、受要约人需要考虑的时间、价格波动情况、货物提供需要的时间等。此外,应考虑要约人发出要约的通信方

---

〔1〕 Farnsworth, C. M. Bianca & M. J. Bonell eds., *Commentary on the International Sale Law: The 1980 Vienna Sales Convention*, Giuffre, Milan, 1987, p. 170.

〔2〕 参见 UPICC(2004),第 2. 1. 6 条注释,第 4 段。

式,显然要约人采用电传发出要约就需要受要约人比采用信函发出要约做出更迅速的反应,而口头(包括电话、电子语音对话等实时通信工具)发出要约,必须立即承诺才有效,否则就等于超过合理时间,口头要约失效。[1]但情况有别者不在此限,如要约人口头发出的要约中给受要约人较长的考虑和答复期限,受要约人应在该期限内答复。公约采用承诺到达生效的原则有两个例外:一是根据第 18 条第(3)款的规定,受要约人可根据要约本身的规定、当事人之间确定的习惯做法或惯例,以相关行为表示承诺,此时不需要发出通知,承诺于该行为做出时生效;二是当事人可以事先约定用沉默、不作为表示承诺,这也不需要发出通知,不存在承诺是否到达问题。

3. 第 18 条第(3)款

第 18 条第(3)款适用于承诺"到达生效原则"的一种例外情况,它允许受要约人根据要约本身的规定或当事人之间已经建立起的习惯做法或惯例,以实施某种行为表示承诺而无须发出通知,该承诺在行为做出时生效,但该行为必须在要约规定的期限内或在合理期限内做出。以下实例说明当事人可以根据他们已经建立起的习惯做法,以行为表示承诺。

> 例 18D:买卖双方已建立起 10 年的供货关系,从买方第一次发出订单开始,卖方就不发出承诺通知而是直接按订单上的说明备货装运,准时在一个月左右运抵买方所在港口,卖方在收到买方发来的到货通知后一个星期收到货款,在以后的交易中双方都这样办理,但是在近期一次买方发出订单后,卖方既没有发货,也没有通知买方他不发货的情况,给买方造成损失。此例中卖方违背了根据双方事先建立的习惯做法形成的合同关系,卖方沉默构成对要约的接受,应承担违约责任。

---

[1] 口头要约立即接受才有效,说明口头要约仅在协商谈判期间有约束。如果谈判采用实时电子通信系统,无论是语音还是文字录入,其情形类似于口头协商。由此推定,以实时的立刻接入谈判方式发出要约,必须当场接受才有效。相关应考虑的因素是,另一方能获知要约具有立即应答的可能性。通过"聊天室"(chat room)及其他类型的实时通信发出要约也必须立即接受,过时则要约失效。See The International Sale Convention Advisory Council, *CISG-AC Opinion No. 1*, Opinion on CISG Article 18(2), Paragraph 1.

另外，根据要约本身的规定，受要约人也可以用行为表示承诺，不需要发出通知，这是指要约中有类似于“请立即发运”“请立即供货不要拖延”之类的措辞，此时可以认定要约本身规定受要约人可以不发出通知，直接以行为表示承诺，合同于行为做出时成立。在不符合第 18 条第(3)款规定的限制条件时，受要约人以行为表示承诺应符合第 18 条第(1)款和第(2)款规定，同时，不违反要约本身规定，并且在到达要约人时生效。

受要约人表示承诺的行为通常是发运货物或支付货款，但并不限于此，“也应包括任何其他行为，诸如发起生产、组装、包装合同下的货物、开立信用证、为要约人采购货物等与发运货物或支付价款有关的行为”。[1] 但是把表示承诺的行为延伸到准备履行阶段，甚至组装、生产订货阶段有两方面问题：一是这个做出承诺的时间难以确定；二是给了受要约人投机机会，他可以在准备生产过程中遇行情不利而停止生产，撤回承诺而不会受什么损失。所以，维也纳会议日本代表曾野和明(Kazuaki Sono)认为应该正确理解第 18 条第(3)款中所述的“与发运或支付价款有关的行为”，以行为表示的承诺“应该在实施该行为，并且按照人们通常可以预想的，没有更多的撤回该承诺余地的时候生效。还应注意，因为以行为方式表示承诺不需要发出通知，要约人了解受要约人作出承诺的唯一方式是通过受要约人的行为，这些因素似乎要求：为使该行为足以构成公约所指的‘以实施某种行为表示同意’，该行为必须是有决定性的步骤，由于它本身的特殊性质，以至于没有(给受要约人)收回该行为的余地。这似乎意味着，除非要约有‘立即装运’的措辞，否则受要约人必须给要约人表示同意的通知，这才是明智之举”。[2] 曾野和明的意思是，为了使做出承诺的行为得以确认，在必要时应向要约人发出通知，以避免争议，他并没有把发出通知作为

[1] UNCITRAL, *Secretariat Commentary on Article 16 of Draft Convention (Article 18 of Official Text)*, Paragraph 12, Official Records, p. 24.

[2] Dubrovnik Lectures: *International Sale of Goods*, Oceana Pub. Inc. (1986) p. 122.《杜布罗夫尼克讲演集》是许多研究公约的学者为纪念公约发布 5 周年，于 1985 年以公约为主题联合组织的一次讲演的汇编，由大洋出版公司于 1986 年出版。保罗·沃尔肯(Paul Volken，荷兰)、曾野和明(Kazuaki Sono，日本)、伯恩·冯·霍夫曼(Bernd Von Hoffmann，联邦德国)、弗里兹·安德林(民主德国)、塞冯(Sevon，芬兰)、维留斯(Vilus，南斯拉夫)等学者参加了演讲，他们的作品冠以不同章节、标题编入该讲演集，是研究公约的重要参考。杜布罗夫尼克为克罗地亚一美丽城市。

以行为表示承诺得以成立的要件。

在以行为表示承诺问题上,公约与国内法有所不同,虽然两大法系都允许受要约人以行为表示承诺,同时又施加些限制条件,要求此类承诺方式或者是要约允许的,或者是要约人及时得知,能合理预见的。

第19条 反要约与“格式合同之战”

(1)对发价表示接受但载有添加、限制或其他更改的答复,即为拒绝该项发价,并构成还价。

(2)但是,对发价表示接受但载有添加或不同条件的答复,如所载的添加或不同条件在实质上并不变更该项发价的条件,除发价人在不过分迟延的时间内以口头或书面通知反对其间的差异外,仍构成接受。如果发价人不做出这种反对,合同的条件就以该项发价的条件以及接受通知内所载的更改为准。

(3)有关货物价格、付款、货物质量和数量、交货地点和时间、一方当事人对另一方当事人的赔偿责任范围或解决争端等的添加或不同条件,均视为在实质上变更发价的条件。

评 释

1. 第19条第(1)款

第19条第(1)款重申一项普遍的合同法原则:“对要约的答复声称是一项承诺,但是含有添加限制或其他更改,即为拒绝该要约,构成反要约。”[1]反要约是对原要约的拒绝,也是为订约目的而请求另一方承诺的新要约。“声称是一项承诺”意味着这一条款适用于受要约人对要约做出了他认为是一种承诺的反应,受要约人仅仅在答复中澄清要约中某项条件,或提出请求、希望、建议,这类表示不属于对要约的添加、限制或修

〔1〕 此处对于第19条第(1)款的表述与公约正式中文文本略有不同,为准确理解约文,笔者对照英文文本做了适当更正。

改,不是反要约,第 19 条第(1)款不适用,当然也不是对要约的拒绝或接受。对要约内容有“添加、限制或其他更改”,是指有可能改变当事人权利义务的更改,而不是指语言、句式或表达方式的差异,如将 FOB 写成“Free on Board”以及英文拼写错误等,也不包括无关紧要的添加,如在 FOB 后面加上“第 55 号码头”,由于语言不同和翻译不恰当,这类差异在交易中难以避免,它不是第 19 条第(1)款适用的情况,在仅有此类文字差异的情况下,应认定内容与要约一致,是一个有效承诺。有时,受要约人的添加、修改属于当事人之间默示遵守的贸易惯例、习惯做法,如添加了所有权保留条件(在买方付款前保留货物所有权),或者添加了要约中没有的仲裁条款。如果这是当事人之间已经形成的习惯做法,就相当于没有添加,因为考虑公约第 9 条以及第 8 条解释当事人行为的规则,要约人在要约中默示地包含这样的条件。

传统理论认为,合同义务产生于当事人双方合意,要约人发出要约相当于授权受要约人在自愿基础上通过发出承诺按要约规定的条件与之订立合同,如果承诺与要约内容不一致,就没有达成协议,合同不成立。这一精神在英美普通法中被称为“镜像规则”(mirror-image rule),承诺是要约的镜像,承诺要像镜子反映物体一样与要约严格相符,但是公约关于承诺与要约相符的要求不是严格意义上的,秘书处评论指出:“这一条款反映了传统理论,即合同义务产生于相互一致的意思表示,于是,承诺必须准确地与要约相符合,如果声称的承诺并不与要约完全相符,就不是承诺,而是发出了反要约,为订立一个合同,它需要另一方承诺。然而承诺并不需要使用与要约所用的完全相同的话语,只要承诺中字面上的差异并没有改变当事人双方的义务。”〔1〕

考虑第 19 条第(2)款的规定,在公约框架内,反要约是对要约内容做实质性的添加、限制、修改。非实质性的添加、限制、修改并不注定是反要约,在这种情况下,是否构成反要约,要取决于要约人的态度。反要约也应符合公约第 14 条第(1)款限定的标准,实践中许多反要约仅仅提出主张修

〔1〕 UNCITRAL, *Secretariat Commentary on Article 17 of Draft Convention* (*Article 19 of Official Text*), Paragraph 2, 3. Official Records, p. 24.

改的内容,比如"回你×月×日电,如价格××我接受",表面看这并不符合第14条第(1)款规定的"三要件"标准。"然而,基于第8条的解释以及考虑第19条第(1)款的目的,即保持订约程序持续进行,可以得出宣示者在反要约中已经并入了原要约中所有他不主张修改的那些条件。"[1]同理,前述例17A中"你10月1日电我接受"是一项无效接受,这一声明也应该认定为一项包含10月1日电文交易条件的反要约,当原要约人接受了新的要约时,合同就成立。原要约人是新的受要约人,应依据第18条规则来衡量他对于反要约的接受是否是有效承诺。

2. 对要约的非实质性添加、修改

"镜像规则"的最大问题是,受要约人表示承诺的答复中微小的不符可能构成反要约,导致合同不成立。如果当事人都有订约意愿,仅仅因为僵化的法律规定而导致合同不成立,这样的规则不合时宜。还有另外一种情况,在市场行情波动时,严格的镜像规则可以被不够诚信的当事人利用,抓住另一方答复中微小不符,拒绝客观上已经成立的合同。公约第19条第(2)款和第(3)款对镜像规则做了适当调整,使之具有一定灵活性,这个据说是最早产生于1915年瑞典合同法的规则模式,即区分实质性修改和非实质性修改要约,是公约"力求保全合同原则"的重要体现,也是维也纳会议上经过激烈争论之后,坚守镜像规则与反对这一规则的不同观点妥协的结果。

公约第19条第(2)款规定,对要约的答复中包含有添加或不同条件,"如果所载的添加或不同条件没有实质上改变要约的条件,除要约人在不过分迟延的期间内以口头或书面通知,反对其间的差异,仍构成承诺"。由此产生的合同条件以所包含的更改为准。首先,应该注意的是,这里所述的"没有在实质上改变要约的条件"的添加或不同条件不包括前述受要约人在答复中"没有改变当事人权利义务"的语言中的微小差异,这类微小差异有两种情况:一种是内容与要约的内容相同而词语表述不同或语法、语序、语言表述方式的改变;另一种是内容有添加,但是不影响要约中的权

[1] Peter Schlechtriem ed., *Commentary on The UN Convention on The International Sale of Goods*, Clarendon Press, Oxford, 1998, p. 142.

利义务,还有英文拼写错误等,如前所述,存在这些微小差异的承诺相当于一个与要约内容完全一致的承诺,第 19 条第(2)款不适用。其次,为避免争议,第 19 条第(3)款列举了 8 种属于实质性添加、修改的情况,这一列举是非穷尽的,并不排他,没有包含所有可能发生的实质性添加。有的学者就指出,担保条款、拒绝承认某事实的声明条款、不可抗力条款、对违约救济的限制责任条款都属于实质性添加、修改。曾野和明认为,CIF 条件下卖方指定船舶发生变更、包装的微小改变可能属于非实质性的改变,但是这也要看交易具体情况,一项修改在受要约人看来是不重要的,在要约人看来可能是重要的,反之亦然。受要约人在答复中有利于对方的修改、添加属于非实质性的修改、添加,比如买方在订单中订购磷酸氨纯度为至少 51%,受要约人卖方在答复中同意订单中条件,但将所供货物纯度改为 57%,这是非实质性的。此外,贸易法委员会判例显示,以下更改要约为非实质性的:在价格波动时变更和推迟某一品目的交货;卖方保留变更交货期权利;在合同联合公布前严守机密;对买方退货的时间限制。[1]

总之,受要约人声称的承诺对要约内容有添加、限制、修改,仍然构成有效承诺的条件是:(1)受要约人对要约的修改是非实质性的;(2)要约人在合理时间内没有反对修改的内容。声称的承诺包含对要约实质性添加、修改和限制,构成反要约和对要约的拒绝,使原要约失效(参见第 17 条评释)。如果要约人接受反要约,成立新合同,即使交易条件与原要约相同;如果要约人反对该反要约,等于又提出了新的要约。根据第 19 条第(2)款的规定,如果要约人在不过分拖延的期间反对受要约人答复中的非实质性的添加,该声称的承诺也变成对要约的拒绝和反要约,合同不成立。这一规定说明声称的承诺包含对要约非实质性修改,其是否导致合同成立取决于要约人态度,如果他不想成交,可及时反对受要约人的添加、修改,因此会带来诚信问题,某一方可能滥用规则而取得不当利益。对于受要约人来说,若想达成交易,他必须仔细审核要约的内容,务必使承诺与要约相符,若有任何不符,要约人都可声明反对,导致要约失效,要约人有充分选择权。另外,要约人也可能因为他不同意受要约人答复中个别不符的条件

〔1〕 参见《判例法摘要汇编》(2008 年版)第 19 条第 5 段。

而使他希望达成的交易落空。比如,要约中规定:可出售 1000 吨白糖,麻袋包装,以及价格交货条件;受要约人(买方)答复中同意要约条件,只是添加了"用新麻袋包装",要约人如果及时反对这一添加合同就不成立,尽管受要约人真的想成交。

3. 格式合同之战(battle of the form)

商人都要预先印制带有留白的标准化合同文本,根据交易需要在留白处填写好商定或待商定的交易条件(当事人名称、货物、规格、数量、价格、付款方式),就成了格式合同。用于国际货物销售的标准合同文本多种多样,如购买订单、确认书、意向书、提货单、报价单、合同书、简式合同等,虽然向交易对方发出的这类文件也许属于法律意义上的要约、承诺或反要约,可是没有哪个标准合同文本冠以这类名称。应该将"格式合同"(form contract、form)或"标准合同"(standard contract)与"一般条件"(general condition)或"标准条款"(standard terms)加以区别,格式合同是合同整体,既包括正面的经个别协商的交易条件,也包括未经协商的标准条款或一般条件。而标准条款是指合同中除经过个别协商的主要交易条件(特殊条件)之外的其他法律条款,如品质担保、免责、不可抗力、争议解决等,也包括供选择适用的一般条件、行业惯例,如"中纺(Chinatex)羊毛或毛条交易一般条件""国际棉花交易利物浦规则""欧洲标准化委员会钢产品交货和技术一般条件"等,其共同特征是预先制备,可以反复使用,没有经过个别协商。"标准条款的实质特征是这些条款没有经过当事人双方个别协商,至于这些条款如何被提出,由谁制定,内容简短还是篇幅巨大都不重要。标准条款可以为当事人一方或双方专门拟定,也可以由行业组织制定,供行业通用。"〔1〕有时一般条件也指标准条款。

在采用计算机进行文字处理的现代信息社会,使用格式合同是最便捷的交易方式,从事国际贸易的商人近乎百分之百使用格式合同谈判和成

〔1〕 The International Sale Convention Advisory Council, *CISG-AC Opinion No. 13*, general comments, Paragraph 5,6. 此外,PECL 第 2:209 条第(3)款规定:一般合同条件是为数量不定的某种性质的合同预先订制的条件,这些条件未经当事人之间个别协商。《中华人民共和国民法典》第 496 条也有类似规定。

交,他们可以制备多种合同模板存入电脑,根据交易需要随时调取和删改。当交易各方都拿出对自己有利的格式合同文本向对方提出交易条件,就会产生两种或多种格式合同文本之间的冲突,引发合同是否成立,如果合同成立,哪些标准条款应该纳入合同的问题,这就是所谓的“格式合同之战”。格式合同争议可归纳为以下几种类型:(1)一方发出含有标准条款的格式订单,另一方发出确认书或确认通知,或者反之,一方发出订货单,另一方用带有标准条款或一般条件的格式确认书回复。无论如何,其间只有一方发出带有标准条款的格式合同。(2)双方都发出带有标准条款的格式合同,虽然主要交易条件已经达成一致,双方格式合同中的标准条款或一般条件相互冲突,如仲裁条款和法律适用条款、付款方式、担保条款等方面。(3)双方通过口头或发送电子信件协商交易,其间有一方或双方发送了格式合同,内容多有冲突,但没有持续性的交换格式合同,大量双方协商的往来通信中无法分清要约和承诺,但是将信息统合,看得出已经达成协议。(4)双方交换了格式合同文本,其中至少有一方的文本含有“一般防御条款”(general defence clause),规定除非对方同意本格式合同或要约中所有条件,没有添加其他条件,否则合同不成立。上述类型(2)中每一方都向对方发送了对自己有利的格式合同文本,结果是文本中许多标准条款或条件相互冲突,这是典型的“格式合同之战”。但是类型(1)中仅有一方发出格式合同,交易中仅存在一套标准条款,则不可能有格式合同之战,只有标准条款是否已经并入合同的问题(假想的格式冲突)。如果另一方声明反对格式条款,属于反要约,合同不成立;如果其用实际履行的行为接受格式合同条款,合同成立,标准条款纳入合同。即使互换的格式合同文本有冲突,如果实质交易没有履行,则没有合同,因为没有利害冲突,也不会有格式合同之战。因此,所谓“格式合同之战”是指这样一种法律争议:双方都发送了对自己有利的格式合同文本,其中许多标准条款相互冲突,同时双方已经履行了实质交易,发生争议后,各自都主张应该适用自己合同文本中的标准条款。

公约第 19 条没有明确解决格式之战,它一直是公约制定者积极讨论和关注的问题,在维也纳外交会议上,第一委员会讨论公约草案第 17 条(正式文本第 19 条)时,比利时代表建议新的货物销售公约能够解决格式之战这一常见情况,当要约人与受要约人就主要交易条件达成一致,其他问题参照一般条件处理,而冲突的一般条件注定不能成为合同一部分。最终委员会没有接受这个修改建议,原因是这个问题过于复杂,修改的准备工作不足,甚至国内法对此也没有一致的解决办法。更主要的是,现有的公约条款或者按照公约一般原则可以解决这个问题,没有必要补充新规则。〔1〕 标准条款纳入问题应该依据公约关于合同成立的规则和解释合同的规则决定,运用公约第 8 条规则和关于合同成立的规则(第 14 条、第 18 条、第 19 条、第 23 条)可以合理解释当事人交易中的声明和行为中的意图,解释他们发出的要约和承诺的内容,可以合理确定合同是否成立,标准条款是否应该纳入合同。格式之战问题属于公约调整范围,不应该适用国内法处理。〔2〕

4. 公约下"格式合同之战"的解决方式

从力求保全合同、促进国际贸易的原则出发,法院处理公约下格式合同冲突争议的基本思路如下:如果当事人双方已经履行了实质交易,合同已经存在,合同成立的先决条件得以满足,争议的实质不再是有没有合同,而是哪些条款或条件应该纳入合同,当事人履行实质交易的行为就是第 18 条和第 19 条意义的"接受",构成合同存在的基础。决定哪一方的格式条款应纳入合同,目前主要采用两种方式:一种方式是适用"最后一枪为胜利者"(last-shot rule)规则,另一种方式是适用"剔除规则"或"消除规则"(knock-out rule)。"最后一枪为胜利者"的方式是严谨适用公约关于合同成立(要约和承诺)的规则,以及用第 8 条解释规则评估当事人的声明和行为,决定采用哪一方的标准条款而否定另一方的标准条款,得出的结论自然是最后一枪为胜利者。其特征是合同条款由合同成立前(交易履行前)最后提出不同条件的一方决定,一方发出要约,另一方回复中提出不同格式合同条件,如果包含的不同条件没有被要约人反对,并且要约人履行了

〔1〕 See UNCITRAL, the Summary Records of 10th Meetings of the First Committee, https://www.cisg.law.pace.edu/cisg/firstcommittee/Meeting10.html.

〔2〕 The International Sale Convention Advisory Council, *CISG - AC Opinion No. 13*, Opinion, Paragraph 1, 10, Specific comments, Paragraph 10.5.

交易,履行被认定为对不同条件的认可,则合同成立,那些不同条件成功纳入合同。提出不同条件的一方开了最后一枪,他是胜利者。裁判机关运用这一方法严重依赖利用公约第 8 条解释当事人的声明和行为,这些声明和行为决定合同是否成立,当事人是否接受了不同条件,一方履行交易的行为相当于对另一方提出条款的接受,客观上阻止他声称不接受另一方的反要约。

“最后一枪为胜利者”模式有很大局限,它要求当事人做出的声明和行为,其法律性质和时间界限清楚可辨,最后提出不同交易条件的时间和当事人履行交易的时间清楚无误,而多数情况下,格式合同争议案情复杂,合同条款、条件广泛散布于当事人之间谈判和通信联络中,当事人声明中哪个是要约、哪个是承诺、何时履行交易、哪一方“开了最后一枪”,这些关键事实无法确定,这时采用“剔除规则”是解决格式之战的最佳选择,这一方式从传统合同理论出发,信奉协议是谈判累积的成果,而后又被执行。其特点是充分尊重当事人意思自治,法院的任务不是考虑合同是否成立,而是置身于当事人地位解释其意图,在整体评估各方标准条件之后,决定哪些条款、条件被纳入合同,这一过程,法院并不给予任何一方提出的不同条件(标准条款)优于对方所提条件的效力,一旦交易履行,合同成立,合同条款应包括:双方协商一致的实质交易条件;双方格式合同中相互一致的标准条款;双方格式合同中虽然不一致却并不抵触的标准条款。格式合同中相互抵触的标准条款应该“剔除”(knock-out),留下的空白由公约等法律调整。同时,需要注意解决格式合同争议时剔除规则不能适用情况,即当事人在争议发生前,明确表示其不受除自己格式合同中标准条款以外的其他标准条款约束。并且仅仅在格式合同中包含这样的防御条款不足以排除剔除规则适用。〔1〕

德国联邦最高法院审理的“奶粉案”是优先适用“剔除规则”的经典判例,该案法院在评估双方哪些标准条件属于相互冲突时不是局限于分析个别条款,而是将所有相关条款作为整体考虑,虽然买方格式合同包含一条

〔1〕 See The International Sale Convention Advisory Council, *CISG-AC Opinion No. 13*, Specific comments, Paragraph 10.8.

对卖方有利的索赔规定,并且与卖方的标准条款并不冲突,法院仍将其剔除;而买方的标准条款基于行业惯例,平衡双方利益,整体被接受。法院裁决指出:“上诉法院正确地认定,买方和卖方提出的一般条款和条件部分抵触并没有导致公约第19条第(1)款和第(3)款意义上的合同因为缺少合意不成立,司法上的评估是,当事人履行合同的行为表明,他们并不认为彼此合同条款不一致是第19条意义的实质性的,合同不应在法律上被质疑。上诉法院接受这一点。至于在多大程度上冲突的一般条款和条件成为合同不可或缺的部分,在法律文献中有不同解决,主流意见是:部分彼此相异的条款、条件可以成为合同一部分,只要它们不相互抵触,其余部分适用法律条款做补充。”〔1〕由于没有明确的要约承诺,法院推定当事人默示同意排除适用公约关于要约和承诺的规定(第14条、第18条、第19条、第23条),用自主的订约程式达成协议(第6条)。

例19A:德国买方与意大利卖方订立了销售合同,由卖方出售一批时装。交易中当事人各方提供的标准合同中都规定合同适用对自己有利的法律。卖方依约交付了货物,买方以货物与合同不符为由拒付货款,主张解除合同。卖方在德国起诉买方,法庭鉴于当事人营业地所在国都是公约缔约国,决定自动适用公约。法庭认为,买方关于货物与合同不符的主张是在发现货物与合同不符之后6个星期才提出,超过了公约第39条规定的提出品质异议的合理时间,特别是货物与特定季节密切相关,判决不支持买方,买方应偿付货款及利息。关于格式合同中各自提出的法律选择条款,法庭认为,当事人履行合同的事实说明其受合同中实质的权利义务以及格式合同中相一致的条款约束,但是排除相冲突的法律适用条款。同时,当事人一方面履行

〔1〕 Germany 9 January 2002 Supreme Court (Powdered milk case), http://cisgw3.law.pace.edu/cases/020109g1.html. 该案的案情是:德国公司出售奶粉给荷兰公司,后者又转售给阿尔及利亚的最终用户,部分用户投诉奶粉有质量问题。荷兰买方向德国卖方索赔,卖方承认奶粉质量问题,同意召回不合格货物,但是不同意损害赔偿,因为其格式合同中标准条款排除适用公约,而买方的标准条款中反而包含一项对卖方有利的赔偿规定,即违约的损害赔偿额以不符货物价值为限。法院用“剔除规则”处理该案,没有简单采纳某一方的标准条款。

合同,又互不承认对方的法律适用条款,说明他们默示地同意不受公约第19条第(1)款的约束,排除其效力。因为双方互换格式合同,无法分清要约和承诺,并且始终互不承认对方法律适用条款。对于公约与合同没有规定的问题,应依据德国国际私法规则指向的准据法(意大利法)处理。[1]

5. 国内法和国际示范法中的"剔除规则"

《德国民法典》第305~310条规制标准条款纳入合同问题,这些条款是针对消费者交易,不适用于解决商人之间的标准条款冲突,这方面只能由民法典中关于合同成立的一般规则调整。《德国民法典》含有与公约第19条第(1)款相似的"镜像规则",第150条规定对要约有修改的接受是对要约的拒绝,构成新的要约。第151条规定如果根据一般惯例不能期待发出通知,接受可以不采取通知形式。这意味着接受可以采取行为方式,特别是履行的行为。德国最高法院在早期的判决中实行"最后一枪为胜利者"模式解决标准条款冲突问题,如果因为履行交易使合同成立,履行是对反要约的接受,包括其中的标准条款。自20世纪70年代,联邦最高法院不再坚持"最后一枪为胜利者",而遵循"剔除规则",原因是许多案件中,当事人格式合同有"防御条款",或"一般性拒绝条款"(general rejection clause),明确拒绝另一方格式合同中的标准条款和条件,即使其履行交易也不等于接受另一方的标准条款。法院因此在个案中裁决,尽管合同得以履行,当事人仍持续性地提及他们各自的标准条款和条件,因此不能推论一方的标准条款效力优于对方。法院指出,"拒绝条款"具有阻止另一方标准条款成为合同一部分的效果,但不具有使一方的标准条款效力(整体)优于对方的效果。依据《德国民法典》第154条的规定,双方当事人的履行应解释为就实质交易,或商定的交易条件达成协议,合同由双方一致同意的

---

〔1〕 德国凯尔(kehl)地方法院,1995年10月6日判决。载罗马统一国际私法协会等主办的项目网站UNILEX:www. unilex. info-cusel,2008年1月25日下载。

条款构成,冲突的条款剔除,代之以适用法律规定。[1] 德国法院倾向于用“剔除规则”处理格式合同争议,这对于公约解释以及缔约国处理公约下这类案件产生重要影响。

美国《统一商法典》也有与“剔除规则”相似的条款,UCC 第 2-207 条规定:“(1)在合理的时间内发出的承诺表示或书面确认只要确定并及时,即使与原要约或原同意的条款有所不同或对其有所添加,仍具有承诺效力,除非承诺中明确规定以要约人明确同意这些不同或补充的条款为承诺条件。(2)补充条款应被解释为对合同的补充建议。除下列情况外,这些条款构成合同的组成部分:a. 要约明确规定承诺必须限于要约规定的条件;b. 补充条款对合同作了实质性改变;或 c. 在收到此种补充条款后的合理时间内,要约人通知受要约人拒绝该补充。”第 2-207 条是用“剔除规则”改进传统普通法的“镜像规则”,基本含义如下:(1)受要约人在合理时间内对要约中的交易条件表示承诺,合同就成立,即使承诺与原要约不同(主要针对标准条款的不同)。(2)承诺中含有对要约的修改、补充应该成为合同一部分,除非:要约中有“防御条款”,规定承诺必须限于要约规定的条件;或补充是对要约实质性修改(剔除),或要约人及时反对其中的补充修改(剔除)。(3)修改补充的内容虽然被剔除,当事人基于实质条件达成的合同仍然成立,只是修改、补充的部分不包括在合同之内,除非受要约人在承诺中声明以要约人明确同意这些不同或补充的条款为承诺生效及合同成立条件。

此外,“剔除规则”还体现在 PECL 第 2:208 条和第 2:209 条,后者规定:“(1)如果当事人之间除了在要约和承诺中引入的相互冲突的一般合同条件之外已经达成协议,则合同成立。一般条件中实质上相同的部分构成合同的一部分。(2)然而,如一方当事人有以下情况则合同不成立:a. 当事人预先明确地,而不是经由一般合同条件表示,他本来就不受基于第(1)款成立的合同约束;或者 b. 当事人不迟延地通知另一方,其原本就不受这样

---

[1] See Kaia Wildner, *Art. 19 CISG: The German Approach to the Battle of the Forms in International Contract Law: The Decision of the Federal Supreme Court of Germany of 9 January 2002*, 20 Pace International Law Review, p. 10-11 (Spring 2008).

的合同约束。"这一规定与 UPICC 第 2.1.22 条相同,与 UCC 第 2-207 条相近。它们的共同点是关注格式合同冲突背后是否存在真正的协议,并且尽力维护真正的协议。以下实例依据公约"最后一枪为胜利者"方法和国内法处理可能结果不同:

例 19B:美国买方向中国香港特别行政区卖方发出一份购买棉衣的订单,订单中的仲裁条款规定在纽约美国仲裁协会仲裁,中国香港特别行政区卖方同意买方的交易条件,但是在发出的销售确认书中规定在中国香港仲裁,后来合同履行中因货物质量发生争议。双方都承认合同存在,但是相互不承认对方关于仲裁条款的规定。根据公约的规定,我们假定此例中美国买方发出的订单是要约,中国香港特别行政区卖方发出的确认书是承诺,这个承诺中的仲裁条款与要约有实质不同,应属于反要约,但是美国买方没有及时对该反要约提出异议,而且双方已经履行了合同,这相当于买方接受了卖方的反要约,买方应受卖方承诺中仲裁条款的约束,卖方确认书中的仲裁条款有效(适用"最后一枪为胜利者"规则)。但是按照 UCC 的规定,双方对立的仲裁条款构成各自对另一方仲裁条款的明确反对,UCC 第 2-207 条第(2)款(c)项的解决办法是两个仲裁条款相互取消,相当于合同中没有包含仲裁条款。

例 19C:日本买方寄送一份钢材订单给美国卖方,卖方以一份标准合同表示接受,合同中还声明卖方的接受是附条件的,即买方同意其格式合同中及背面的附加条件,如果这些条件不可接受,买方应该立即通知卖方。卖方标准合同中含有一个订单中没有的仲裁条款。买方收到了钢材,支付了货款,后因为钢材质量问题,起诉卖方,卖方向法庭提出,在仲裁审理前应终结诉讼程序。根据公约的规定,日本买方发出的订单是要约,美国卖方发出的标准合同含有实质性的添加、修改,视为反要约,然而通过接受卖方交付的货物、支付货款,买方接受了反要约,该合同成立,卖方在合同中增加的仲裁条款有效(适用"最后一枪为胜利者"规则)。但是依据 UCC 第 2-207 条第(1)款的规定,合同没有成立,因为买方向法院起诉的行为说明他没有同意卖方在标准合同中附加的条件。可是双方又以实际履行的方式承认合同存在,根据 UCC 第 2-207 条第 3 款的规定,合同条款应由那些"当事方在书面材料中一致同意的条款加上依本法其他有关规定成立的补充条款(指非实质性补充)决定"。一项关于仲裁的条款不属于第 2-207 条第(3)款所指的有效补充条款,仲裁条款无效。

《中华人民共和国民法典》对于格式合同采取了特殊态度,该法第 496 条、第 497 条规定允许使用格式合同,但是作了过分严格的限制。比如,规定提供格式合同一方不合理地免除或者减轻其责任、加重对方责任、限制对方主要权利的格式条款无效(第 497 条),这一规定在商人与消费者之间毫无问题,因为商人处于优势,消费者处于弱势。但是若适用商人之间的国际货物销售,则会出现不良后果,可能使格式合同中对己方有利而不利于对方的标准条款归于无效。其实应当推定双方会阅读整个合同包括标准合同任何部分,并会就他们不满意的条款进行协商,如果协商结果不满意,可以有不订立合同的选择。他们不应既选择订立合同,而事后又通过法律来逃避应负的义务。

6. 标准条款并入合同

如前所述,协商谈判中如果只有一方使用格式合同,只有一套标准条款,这不会有格式合同冲突,只有标准条款是否纳入合同问题;格式合同之战也存在哪一方是胜利者,他提出的标准条款应该纳入合同问题。当事人双方经过协商明确同意标准条款并入(incorporation)合同这没有问题,多数情况是一方在协商交易中口头或书面提出适用标准条款,另一方没有明确同意,有时标准条件附加在主协议上(显眼或不显眼),有时一方拿出的合同仅仅含有一个并入条款(incorporation clause),没有附加相应标准条件文本,这引起标准条件是否已经有效并入合同的争议。这类销售合同争议属于其公约调整范围,应该依据公约第 8 条解释规则、第 9 条关于惯例效力、第二部分关于合同成立规则处理。

无论公约还是国内法都强调,标准条款必须经双方协商同意才可以成为合同一部分,否则就没有纳入合同(中国法认为其无效),这是标准条款纳入合同的实质要件,“在合同成立时,当事人双方明示或默示地同意将标准条款纳入合同,并且另一方有合理的机会注意到这些标准条款,标准条款就被纳入合同”。[1] 关于标准条款的纳入是否经过双方协商同意,首要条件是提出标准条款一方应该提请另一方注意到并入标准条款,使另一方“知道或不可能不知道”这一事实(两者举证义务实质相同),根据公约第8条第(1)款的规定,当一方清楚无误地表示他们的合同受一些标准条款或惯例约束,另一方知道其内容没有反对,并且明示或默示地同意并入,该标准条款就具有约束力。根据上述基本原则,标准条款并入合同应该符合以下规则:

(1)标准条款纳入合同的首要条件是另一方当事人有合理机会注意到标准条款,为此:①当事人双方都应获得和知晓标准条款本身,不仅主张并入的一方当事人要表明将标准合同并入的意图,还要在合同成立时使另一方得到标准条款,包括提示下载网址。虽然国际贸易中经常使用标准条款,依赖和提出标准条款的一方有义务获取标准条款,不应将此项义务施加给另一方。②如果附加标准条款,应清楚无误地说明将其并入合同,即要提到(reference)。在法国巴黎上诉法院审理的“饼干外包装纸”案件中,法国买方向意大利卖方发出饼干外包装纸订单,订单背面印有标准条款,但正面没有并入条款(incorporation clause),法院采用严格标准,认为缺少正面并入条款足以否定背面标准条款与合同有任何联系。[2] 但在美国联邦地区法院审理的“离心机”案中,[3]要约人用邮件发出要约,附件包含一个担保规定和一个标准条款,虽然要约没有并入规定,法院考虑附件与要约人正文意图的相关性,认定附件中的文件有效并入合同。③无论“并入条款”还是“标准条款”本身对于同等情况合理的人都应该是清楚无误,使其“不可能不知道”和能理解。用另一方不能理解的外国语言表述或

---

〔1〕 The International Sale Convention Advisory Council, *CISG-AC Opinion No. 13*, Opinion, paragraph 2.

〔2〕 See France 13 December 1995 Appellate Court Paris (ISEA Industrie v. Lu), http://cisgw3. law. pace. edu/cases/951213f1. html.

〔3〕 See United States 21 January 2010 Federal District Court [California], Golden Valley Grape Juice and Wine, LLC. v. Centrisys Corporationetal, http://cisgw3. law. pace. edu/cases/100121u1. html.

用隐蔽方式(背面等)表述不可取。④默示同意。如果要约清楚表明并入标准条款,受要约人得知后在合理时间内没有及时反对,并且履行了合同,等于受要约人默示接受标准条款加上订约时协商的条件。

(2)判例表明以下情况属于当事人注定有合理机会注意到合同并入标准条款:①多数情况,如果标准条款附加在要约或与合同订立有关的其他文件中,或印在这类文件背面,等于另一方有合理机会注意到标准条款,法国“饼干外包装纸”案是基于特殊事实的例外。②如果当事人都在场,在面对面协商时或根据并入条款提到了标准条款,并且在谈判地能得到这些条款,等于另一方有合理机会注意到标准条款。③如果合同以邮件等电子方式达成,当事人在邮件中指示了标准条款网址,另一方能以电子方法合理获得、下载储存,或点击超链接获得文本,等于另一方有合理机会注意到标准条款。④当事人双方在先前类似交易中使用过标准条款。

(3)并入标准条款应在合同成立之前,标准条款不得在合同成立后主张并入(除非当事人双方同意),事后要求并入相当于单方修改合同。

(4)标准条款的排除与冲突的规则:①排除不合理的“意外”标准条款,标准条款调整当事人双方都熟悉的领域,通常一方提出的标准条款一旦成功并入合同,另一方当事人受此约束。但是如果并入的标准条款令人意外(surprising)或不同寻常,以至于任何与当事人同等情况的合理人都不能预见合同能包含这样的条款,则该条款不应成为合同一部分。这不是效力问题,而是合同成立问题,属于公约调整范围。[1] 这一条符合诚信原则,意在防止处于优势地位的谈判方利用标准条款损害没有经验的对方。②如果标准条款与经过协商谈判的条款相冲突,经过协商的条款优先适用。[2] 这一条基于以下法律推理:当事人实际的意旨(actual intention)优于推定(presumed intention)的意旨。经过协商的条款更能反映出当事人双方意图。③如果一方提供的标准条款经过解释后仍然含义不明,对另一方

〔1〕 See The International Sale Convention Advisory Council, *CISG - AC Opinion No. 13.* Opinion, paragraph 7; UPICC article 2. 1. 20.

〔2〕 See The International Sale Convention Advisory Council, *CISG - AC Opinion No. 13.* Opinion, paragraph 8,还见于《中华人民共和国民法典》第 498 条。

有利的解释应优先采纳。[1] 这一条体现“不利于文件起草人”的解释原则（contra proferentem）。

第 20 条　要约有效期的确定

（1）发价人在电报或信件内规定的接受期间，从电报交发时刻或信上载明的发信日期起算，如信上未载明发信日期，则从信封上所载日期起算。发价人以电话、电传或其他快速通讯方法规定的接受期间，从发价送达被发价人时起算。

（2）在计算接受期间时，接受期间内的正式假日或非营业日应计算在内。但是如果接受通知在接受期间的最后一天未能送到发价人地址，因为那天在发价人营业地是正式假日或非营业日，则接受期间应顺延至下一个营业日。

评　释

第 20 条指引我们计算要约中规定的有效期（受要约人表示承诺的期限）。若要约规定了 10 日或 15 日的有效期，必须澄清计算有效期的起点。第 20 条第（1）款规定，要约用电报方式发出，以电报交发时刻起算，正式的商业函电通常要标明交发时刻，如果没有标明，函电落款处写明的日期应认定为交发时刻。若要约以信件方式发出，以信件载明的日期起算；若信上没有记载发信日期，从信封上所记载的日期起算。公约把信封上记载的日期作为次要认定标准，是考虑信件记载的日期比信封上的日期更容易查明，受要约人收到要约后可能丢弃信封而保留信件本身；另外，要约人发出要约后也可能保留要约复件，而信封上的日期，发信人不易查明。若要约人以电话、电传等瞬时通信[2]发出要约，从要约送达受要约人时起算。此

〔1〕 See The International Sale Convention Advisory Council, *CISG－AC Opinion No. 13.* Opinion, paragraph 9，还见于《中华人民共和国民法典》第 498 条。

〔2〕 此处按英文文本含义对中文正式文本的表述作了适当更正。

处应与第15条和第23条结合起来理解,前者指出要约被送达的另一层意义,即要约自到达之日起生效,在以电话、电传瞬时通信方式发出要约时,要约的生效时间也是承诺期限的起算时间,后者指出了送达的含义。

第20条按照通信方式的类型规定了不同的计算承诺期限的起算办法,采用信函、电报等间接的远程通信,实行"发信主义";采用电话、电传等瞬时通信,实行"到达主义"。将这一立法意图扩大适用于第20条没有提到的现代通信可以得出:(1)瞬时通信应包括电子实时(real time)通信,现代电子计算机语言对话系统,如MSN、聊天室等,在发件人输入语音和文字信息后,会立刻在收件人服务器上显示,这与电话功能无异。(2)邮件不是实时通信,与普通信函相似,发信时间可在信息中显示,采用邮件发出要约,要约规定的承诺期限自发信之日起算。(3)采用聊天软件控制的实时通信,要约规定的承诺期限自要约进入受要约人服务器时起算。[1]

第20条的上述规则仅仅是要约中没有明确规定如何计算承诺期限时的一个指引,在以下情况,第20条第(1)款没有适用的余地:(1)如果要约人在要约中指出"承诺期限自要约到达时起算",应以当事人的约定为准;(2)如果要约中指定一个日期为到期日,比如"本要约的有效期到6月20日为止",就没有必要确定起算日期。这样看来,第20条第(1)款只能适用于要约中笼统地规定"本要约有效期为20日",或"20日内复到有效",或者根本没有规定有效期的情况。

第20条第(2)款还规定,在计算承诺期限时,该期间内的正式假日、非营业日应该计算在内。本来非营业日对于确定承诺期限不应该产生影响,不能要求国际交易中的要约人在决定要约有效期时考虑到受要约人所处的另一国家和地区的节假日、非营业日的情况。但是要约人应该预见和考虑到非营业日对于送达的阻碍,所以,第(2)款第2句规定:"但是如果接受期间的最后一天未能送达发价人地址,因为那天在发价人营业地是正式假日或非营业日,则接受期间应顺延至下一个营业日。"比如,一个有效期为10日的要约用电传发送,于5月10日送达受要约人,有效期自这一日起

---

〔1〕 See The International Sale Convention Advisory Council, *CISG-AC Opinion No. 1*, Opinion on CISG Article 20(1), Paragraph 1-3.

算,受要约人应该在5月19日以前将承诺通知送达要约人地址,该承诺才有效,若承诺通知于5月20日(营业日)送达要约人地址,而前一天5月19日也是营业日,该承诺属于过期承诺。若5月19日恰好是一个假日或非营业日,该承诺有效期应该顺延至下一个营业日,这样在营业日5月20日收到的承诺就是一个有效的承诺,若5月20日仍是非营业日,应继续顺延至下一个营业日。

第20条第(2)款的"顺延规则"仅适用于测算有效期间的结果使一个承诺有效期的截止日期恰好是非营业日的情况,若当事人在要约中明确指定一个日期为有效期的截止日期,即使该日期为非营业日,"顺延规则"也不适用,就如同规定了截止日期后,再没有必要确定起算日期一样。

第21条 逾期的承诺

(1)逾期接受仍有接受的效力,如果发价人毫不迟延地用口头或书面将此种意见通知被发价人。

(2)如果载有逾期接受的信件或其他书面文件表明,它是在传递正常、能及时送达发价人的情况下寄发的,则该项逾期接受具有接受的效力,除非发价人毫不迟延地用口头或书面通知被发价人:他认为他的发价已经失效。

评释

依据第18条的规定,承诺应在要约规定的承诺期限内或在合理时间内到达要约人时生效,逾期的承诺是没有在承诺期限内到达生效的承诺。受要约人用声明的方式承诺,该声明没有在要约规定的承诺期限或合理时间内到达要约人,是逾期。用行为的方式做出承诺,逾期是指该行为没有在承诺期限内做出,以及关于该行为的通知没有在承诺期限内到达要约人。口头要约,立即承诺才有效,否则也是逾期。原则上,逾期的承诺是无效的,因为承诺到达要约人时,要约已经失效,对一个已经失效的要约表示承诺是无意义的,普通法认为此时的承诺权已经不存在。然而有的情况下,即使受要约人的承诺逾期到达要约人处,要约人仍愿意与之达成交易,一概将迟到的承诺规定为无效有欠妥当。因此,公约第 21 条对于迟到的承诺作了灵活处理,基本的规则如下:(1)要约人收到逾期承诺后,如果毫不迟疑地以口头或书面通知受要约人,表示愿意受该承诺约束,该逾期承诺仍有效[第 21 条第(1)款],这一款应适用于受要约人自身因素造成承诺逾期到达。(2)如果逾期的承诺文件表明其逾期到达是由于传递延误造成的,若传递正常就不会逾期,则除非要约人毫不迟疑地通知受要约人,表示拒绝该项承诺,否则该逾期承诺仍有效[第 21 条第(2)款]。在现代通信条件下,因第三人的传递延误使承诺逾期情况较少发生,第 21 条第(2)款将极少适用。

根据第(1)款的规定,要约人对于迟到的承诺在合理时间内有充分的选择机会,他可以视行情决定是否同意一项迟到的承诺。如果他想达成交易,只要发出通知(公约此处的措辞是发出"dispatch",等于投邮规则),表示确认一项迟到的承诺即可,即使行情已经对受要约人不利,合同仍可成立。受要约人若不情愿订约,他只能事先利用第 22 条规则及时撤回发出的承诺。如果要约人不愿意达成交易,他可以不理会传递正常的迟到的承诺,合同也不会成立。当受要约人用发送货物的行为表示的承诺逾期时,受要约人应承担该行为表示的承诺不被要约人承认的风险。现实生活中,一项迟到的承诺是否因为传递延误造成,往往短时间内难以认定,不想成交的要约人收到迟到的承诺后,稳妥的办法是立即发出拒绝通知。霍纳尔德教授认为,第 21 条第(1)款似乎给了要约人以牺牲受要约人利益为代价去投机的机会,并且反对这种投机效果。[1] 但是也有的学者认为第 21 条两款在原则上和在运作中是合理的、公允的,要约人投机的机会是有限的,至少比起受要约人不相上下。因为第 21 条第(1)款所指的承诺逾期是由于受要约人自身的原因引起的,受要约人已经花费了过多的时间决定是否承诺或撤回承诺,其中也有投机的成分。

由于受要约人的原因造成承诺过期,许多国家的法律将这样的承诺作

---

〔1〕 See John O. Honnold, *Uniform Law for International Sales Under the 1980 United Nations Convention*, Deventer/Boston, Kluwer, 1982, p. 202, note 3.

为反要约处理,《中华人民共和国民法典》第 486 条就是这样规定的,[1]这样,要约人表示同意逾期承诺的通知等于对反要约的承诺,依据公约第 18 条第(2)款的规定,应该在到达受要约人时才有效,要约人对逾期承诺表示沉默不产生任何法律后果。而公约第 21 条第(1)款将受要约人发出的迟到的承诺仍认定为承诺,要约人对其表示同意的通知,性质上属于确认该承诺的效力。在通常情况下,这两项规则的结果区别不大,但是,若要约人在表示确认一项迟到承诺的通知中附条件,或者作了与原来要约不同的添加、限制、修改,按照第 21 条规则处理,还是按照"反要约理论"处理,会对当事人产生不同的影响。按照第 21 条规则,这充其量是一个有争议的确认通知,或不构成对迟到承诺的确认,合同不成立。按"反要约理论",则属于一个反要约,其相对人可以接受它使合同成立,也可以不接受它,双方没有合同。

第 22 条 承诺的撤回

接受得予撤回,如果撤回通知于接受原应生效之前或同时送达发价人。

评 释

公约第 22 条做出了与第 15 条第(2)款平行的规定,允许受要约人撤回一项承诺,只要该撤回的通知与承诺本应生效之前或与之同时送达要约人,该撤回就是有效的,也阻止了原承诺生效。在一项声明生效之前允许撤回该声明,这符合"声明人是一项声明的主人"一般法律原则。该原则同样适用于撤回关于要约或承诺的声明。显然,一项修改、补充、替换原要约或承诺的通知同样有效,只要该通知先于原要约或承诺到达受要约人或要

[1] 《中华人民共和国民法典》第 486 条规定,受要约人超过承诺期限发出承诺,或者在承诺期限内发出承诺,按照通常情形不能及时到达要约人的,为新要约;但是,要约人及时通知受要约人该承诺有效的除外。

约人,或与原要约或承诺同时到达受要约人或要约人。即不仅要约、承诺生效前可被撤回,它们同样在生效前可以被修改、补充、替换。

贸易法委员会目前尚未收到任何适用公约第22条和第15条第(2)款的判例,[1]说明公约乃至国内法这方面的制度安排已经较少实际意义。一个重要限制是技术方面,虽然撤回要约或承诺的方式同样不受限制,但显然要比发出原要约或承诺的方式更快捷才行,才有可能“先于”或与原要约、承诺“同时”到达。在目前广泛采用瞬时通信方式发出交易函电情况下,选择更快捷方式有时变得不可行。

第23条　合同成立的时间

合同于按照本公约规定对发价的接受生效时订立。

评　释

第23条明确规定:“合同于按照本公约规定对发价的接受生效时订立。”明确合同成立的时间有三方面意义:首先,有助于我们正确理解与合同成立相关的其他公约条款,公约第42条第(1)款、第55条、第74条、第79条第(1)款、第100条第(2)款都涉及合同成立的时间,理解这些条款都要参照第23条规定。其次,有助于我们决定合同成立的地点,公约没有专门条款处理合同成立的地点,理解现有的公约条款也不依赖于确定合同成立的地点,但是在处理国际货物买卖合同争议时,合同成立地点对于决定管辖权、适用冲突规则和选择准据法都有重要的参照意义。将第23条和第18条结合起来,我们得知合同在承诺到达要约人时成立,或在表示承诺的行为做出时成立。该要约人的地点在许多法律体系中被认为是合意或合同成立的地点。最后,合同成立的时间也与一国财税法、贸易管理法的适用相关。

《中华人民共和国民法典》第483条与公约第23条相似,指出“承诺生

〔1〕 参见《判例法摘要汇编》(2016年版)第22条第1段、第15条第2段。

效时合同成立”,又指出“法律另有规定或者当事人另有约定的除外”,因此中国法律关于合同成立的特殊规定值得关注。首先,根据《中华人民共和国民法典》第490条的规定,当事人采用合同书形式订立合同的(包括根据自行约定或依据法律法规的强制要求采用),自当事人均签名、盖章或者按指印时合同成立。在签名、盖章或者按指印之前,当事人一方已经履行主要义务,对方接受时,该合同成立。合同书是正式的书面合同,通常指格式合同和其他自行拟定的书面合同。如果当事人之间约定采用合同书订立货物销售合同,如在要约或承诺中声明“以签订书面合同为准”或“以签订确认书为准”,即使通过书面的要约和承诺达成交易,合同也没有成立,只有双方在合同书上签字时合同成立,在此之前任何一方可以改变交易条件。不过如果在签字盖章之前,双方(不是一方)已经履行主要义务,即使没有在书面合同上签字,合同已经成立(事实合同),有强制执行效力。

其次,《中华人民共和国民法典》第491条规定,当事人采用信件、数据电文等形式订立合同要求签订确认书的,签订确认书时合同成立。应该区分两种不同性质的“确认书”(letter of confirmation),一种情况是当事人双方没有约定合同必须以签订确认书为准,表示要约、承诺的往来通知都没有做出保留,如申明“签订确认书为准”,签订这类确认书只是确认原先通过函电达成的交易,合同在函电发出的要约、承诺生效时已经成立,之后签订确认书是例行手续,为了证明先前已经存在的合同,也为了履行合同时通关、议付货款以及企业管理备案需要,签订此类确认书时不得单方面改变原先已经达成的协议条件。另一种情况是当事人之间在要约和承诺中,或在协商交易中已经附加条件,声明“合同以签订确认书为准”(subject to our final confirmation),合同成立的标志或最后条件是签订确认书,这样就符合《中华人民共和国民法典》第491条规定的情况,合同在签订确认书时才成立。在此之前任何一方都可修改交易条件,往来电函达成交易也可在签订确认书时修改,如果最终没有签订确认书,也就没有合同。

第24条 “送达”的含义

为公约本部分的目的,发价、接受声明或任何其他意旨表示“送达”对方,系指用口头通知对方或通过任何其他方法送交对方本人,或其营业地或通信地址,如无营业地或通信地址,则送交对方惯常居住地。

评 释

第24条指明公约第二部分涉及的要约、承诺及其他意思表示“送达”收件人处的含义。对公约第18条的评释也讨论了这个问题,应结合理解。第二部分中第15条第(1)款要约、第15条第(2)款要约的撤回、第16条第(1)款要约的撤销、第17条拒绝要约、第18条第(2)款承诺、第20条第(1)款承诺期限、第22条承诺的撤回,这些条款都涉及不同场合下发出的信息只有在“送达”(reach)对方当事人才生效。公约关于要约和承诺的生效采取“到达主义”,只有送达对方才生效,这意味着要约和承诺在送达对方生效之前都可撤回,只要撤回通知与要约或承诺的通知同时到达或先于其到达。也意味着受要约人在要约送达之前,即使从第三人处了解其内容,也不得承诺,因为要约尚未生效。可见,明确送达的含义和条件,对于认定要约、承诺是否生效、何时生效,对于当事人举证,都具有重要作用。但是第19条第(2)款和第21条中涉及的通知是“发信主义”,第24条不适用。另外,第24条对于理解、适用第三部分某些条款也有作用,第27条规定第三部分涉及的通知和其他信息在适当发出时有效,然而该规则也有几项例外,第47条第(2)款、第48条第(4)款、第63条第(2)款、第65条、第79条第(4)款都规定关于确认的通知只有相对人收到时才有效。虽然公约规定第24条适用于第二部分,但是立法意图并没有显示出反对以第24条的方式解释前述的“收到”(receipt)通知,“收到”的通常含义十分接近第24条表述的“送达”。第24条可以广泛适用,这似乎表明类推适用这一条的正当合理性。

根据第24条的规定,送达收件人是指“以口头通知收件人或以任何其他方法亲自送交收件人或其营业地或通信地址”。这种通知和送交没有地域限制,无论是在营业地还是在营业地以外的其他地方,如收件人投宿的饭店或其他逗留地方等,都可以完成。“收件人”是指具有法律人格的自然人或组织中的责任人,或收件人的任何代理人,该代理人应有必要的授权,至于何者可认定为代理人,应依据相关国内法或惯例决定。根据第 24 条的规定,要约、承诺通知或其他意旨送交收件人的营业地、通信地址、惯常居住地都产生送达效果,这意味着在收件人事实上了解通知或意旨的内容之前送达可能已经完成。在这里,公约关于送达的标准不是“了解主义”,而是“到达主义”,要求送交(delivery)适当的地点即可产生送达效力,如送达收件人的邮筒、邮箱或通过中介人送交收件人所雇用的人。但是把通知放在收件人居住地点的门前或其他不注意地方不构成送交营业地。

《联合国电子商务示范法》规定的数据电文收到时间,是在电子商务环境下“送达”的含义。第 15 条第(2)款规定除非发件人与收件人另有协议,数据电文的收到时间按下述办法确定:如收件人为接收数据电文指定了某一信息系统:(1)以数据电文进入该指定信息系统的时间为收到时间;(2)如数据电文发给收件人指定信息系统以外的其他系统,以收件人检索到该数据电文的时间为收到时间。如收件人未指定某一信息系统,则以数据电文进入收件人的任一信息系统的时间为收到时间。《中华人民共和国民法典》第 137 条亦作了类似规定(参见第 15 条评释)。数据电文的送达或收到有一个确认或证明问题,对此,当事人之间可以事先约定信息“送达”以发送方收到收件人“收到告知”的确认为生效条件。《联合国电子商务示范法》第 14 条第(3)款规定:“如发送人已声明数据电文须以收到告知为条件,则在发送人收悉收到告知前,数据电文可视为从未发送。”此外,送达的确认或证明也可通过技术手段获得。

Part 3　第三部分

货物销售

第一章　总　　则

第 25 条　根本违约

一方当事人违反合同的结果,如使另一方当事人蒙受损害,以至于[1]实际上剥夺了他根据合同规定有权期待得到的东西,即为根本违反合同,除非违反合同一方并不预知而且一个同等资格、通情达理的人处于相同情况中也没有理由预知会发生这种结果。

评　释

1. 第 25 条在公约中的地位

公约第三部分以货物销售为题,包含 64 个条文,内容是关于国际货物销售合同中当事人的基本权利义务,一方违约,另一方可以采取的法律救济措施的规定,这是公约的实质部分。这一部分的总则第 25 条首先规定了根本违约的定义,它是公约关于违约救济的核心概念,面对违约,当事人、律师和法官首先就要用根本违约的标准衡量所发生的违约是一般违约还是根本违约,进而使未违约方取得相应的救济权利。根本违约又是统揽

[1] 此处原文为"以致于",由上下文得知,此处正确的表述应为"以至于",特此订正。——编者注

公约全局的概念，是理解第三部分其他重要规则的基础，因为第 25 条仅仅提出了根本违约的一般含义和构成要件，理解其内容必须参考第三部分其他条款，才能把握根本违约的表现、不同情况下的认定标准和相应法律后果。除第 25 条之外，公约至少有 7 个条款提到根本违约，其中主要有：第 46 条关于卖方交货不符构成根本违约，买方可要求其交付替代物；第 49 条关于卖方不履行义务构成根本违约，买方可以宣告合同无效；第 51 条关于卖方在可分割履行合同下发生根本违约的救济；第 64 条关于买方履行合同发生根本违约，卖方可以宣告合同无效；第 70 条规定卖方根本违约对货物风险转移的影响；第 72 条规定一方当事人预期根本违约，另一方当事人可宣告合同无效；第 73 条指出分批交货合同中一方当事人发生根本违约的处理。这些条款与第 25 条相互补充，构成公约关于根本违约制度的整体。显然，根本违约可导致解除合同、退货等严重法律后果，但是，在评估是否构成根本违约时，解除合同产生的额外成本和不便本身不应该对评估产生影响。〔1〕

2. 国内法关于货物销售合同违约的基本分类

"根本违约"是维也纳会议各方妥协的概念，公约以外的国内法没有这一提法，但是都有与根本违约相似的概念，用来表述一类严重违约，这些概念未必与解除合同相联系，却是公约根本违约制度立法素材和概念起源，是理解和解释根本违约定义的重要参考。特别是国际统一私法协会（International Institute for the Unification of Private Laws，UNIDROIT）于 1994 年发布 UPICC，之后有 2004 年和 2010 年更新版本，UPICC 是在公约实施后生成的国际合同法原则，是各主要国家私法专家基于个人学术技能而非政府立场的工作成果，意大利商法专家迈克·波奈尔将其称为"一种关于合同法的国际重述"〔2〕，其第 7.3.1 条关于"根本不履行"的规定是理解公约根本违约制度的直接参考。

---

〔1〕 See The International Sale Convention Advisory Council, *CISG - AC Opinion No. 5*, Opinion, Paragraph 4.

〔2〕 Michael Joachim Bonell, *The UNIDROIT Principles of International Commercial Contracts and the Vienna Sales Convention (CISG)—Alternatives or Complementary Instruments?*, Uniform Law Review, p. 27 (1996).

(1)英国法

英国法根据违约行为触犯的合同条款的性质区分违约轻重,把违约分为违反条件和违反担保,违反条件构成违反合同中重要的根本性条款,属于根本违约,受害方可以解除合同;违反担保是违反次要条款,受害方不能解除合同,只能请求损害赔偿。[1] 后来,英国司法界又提出违反"中间条款"(intermediate terms)的新的分类,除法律或合同明文规定属于条件或担保者外,其他都属于中间条款,违反此类条款的法律救济取决于违约后果的严重程度。

依据英国法,以下情况未违约方有权解除合同:a. 违约属于"毁约"性质(repudiatory breech);b. 合同明确规定某类违约是重大违约,授予未违约方解除合同权利。毁约是当事人公然否认合同存在或者声明不履行义务,在履行期届满前毁约是预期毁约,在此之后声明不履行义务是实际毁约。同时,如果违反一项合同条款,该条款为合同双方特别规定或者是合同履行的核心要件,或者违反该条款实质上剥夺了未违约方本应该获得的利益,法官可以将这类违约归于"毁约"。如果合同本身规定了发生某项违反,未违约方可以解除合同,该项违反是重大违约(material breech),在国家电力公开有限公司诉联合天然气有限公司(National Power PIC v. United Gas Coltd)(1998)一案中,法院认为:重大违约是对受损害方依据合同本来应获得的利益有严重影响的违约。在达尔凯公用服务公司诉塞尔科技国际有限公司(Dalkia Utilities Servces PIC v. Celtech International Ltd.)(2006)一案中,合同涉及 Dalkia 公司向 Celtech 供应能源服务,合同规定如果后者实质性地违反付款义务,前者有权解除合同。在 174 次分期付款中,Celtech 有 3 个月度付款违约,法院认为持续反复地不能依据合同支付到期款项是重大违约,Dalkia 有权解除合同。重大违约是与轻微的违约相对概念,实践中,如果合同没有明确规定哪些违约构成重大违约,未违约方

[1] 英国《1893 年货物买卖法》第 11 条第(3)款规定:"是否一项销售合同的规定属于条件——违反此规定将产生解除合同的权利,还是属于担保——违反此规定将产生损害赔偿请求,但无权拒收货物和解除合同,依赖于在每一具体情况下对合同的解释。一项规定虽然在合同中被称为担保,却可以被认定为条件。"在英国,除货物销售法明确规定之外,法官有责任解释当事人的合同,裁决一项合同规定究竟是条件还是担保。

应该审慎主张解除合同,如果他以违约为由主张解除合同,而最终认定违约不是重大的,主张解除合同一方本身构成公然违约,他可能遭到另一方反诉、索赔。因此合同对于哪些违约构成重大违约应该列明。

(2)美国法

UCC 没有“根本违约”这一概念,法律主要以违约后果轻重来区分违约类别,把违约分为重大违约(material breach)和轻微违约(minor breach)以及毁约〔1〕。UCC 用严重损害货物价值(substantial impair value of goods)这一标准决定一种违约是否是重大违约,第 2-608 条提出了买方接受货物后又决定撤销接受的条件,指出买方可以撤销他对于一宗或一商业单位货物的接受,如果不符货物严重损害对买方的价值。此外,关于分批交货,第 2-612 条规定,买方可以拒收不符合合同的任何一批货物,只要这种不符“严重损害了该批货物价值”,且无法补救。“严重损害货物价值”与公约关于“实质上剥夺他根据合同有权期待得到的东西”在提法上如出一辙。

第 2-608 条不同于第 2-601 条,后者是完美交货的规则,据此,买方在接受货物之前,只要货物或提示交付的货物在任何方面不符合合同,它都可以拒收全部货物或任何商业单位的货物。而一旦买方已经接受货物,就只有在不符货物严重损害对买方价值时,才能取消对货物的接受。结合第 2-608 条其他规定,买方行使这项撤销权还应该符合以下条件:a. 买方有合理理由假定不符货物将获得卖方补救而实际上卖方没有及时补救;b. 在接收货物之前难以发现这种不符并且确实没有发现这种不符;c. 由于卖方做出保证,使买方接受了货物。严重损害货物价值标准比公约第 25 条根本违约标准更主观,但是法院在实践中从主观和客观两个方面确定货物是否严重损害买方的价值:在主观方面,法院考虑买方对不符货物需要的程度;在客观方面,法院考虑货物缺陷是否严重损害买方利益。在奥布里 RV 中心有限公司诉天迪公司(Aubrey's R. V. Center, Inc. v. Tandy Corperation)一案〔2〕中,卖方根据合同向买方提供一套销售管理的电脑软件,由于其中

〔1〕 UCC 也有类似英国法中“毁约”这一分类,参见 UCC 第 2-610 条关于预期毁约,第 2-711 条、第 2-713 条关于毁约的规定。

〔2〕 Aubrey's R. V. Center, Inc. v. Tandy Corperation, 46 Wn. App. 595(Ct. App. WA, 1987).

两种软件不能发挥功能遭买方起诉,法院判决支持原告,认定电脑软件质量问题导致整个电脑系统的价值严重降低。在卡托设备有限公司诉弗农马修斯(Cato Equipment Company, Inc. v. Vernon Mstthews)一案[1]中,法院认为,卖方交付的曲轴有裂缝,并且在装入发动机时就存在这样的缺陷,安装后导致滚珠损坏,这显然是该曲轴对买方的价值严重损害。

"根本违约"与普通法中的重大违约(material breech)有制度上的渊源关系,美国法院通常使用《第二次合同法重述》(1981年)第241条规定的标准认定一项不履行义务是否构成重大违约或严重损害货物的价值,这个标准与后来的UPICC第7.1.3条和PECL第8:103条对于"根本不履行"的解释,[2]CISG-AC第5号意见对"根本违约"的解释都有相似之处。第241条规定:"决定是否一项不能履行或不能提供履行是重大的,以下情形具有重要意义:a.受损方将被剥夺的其合理期待应获得的利益程度;b.对那一部分将被剥夺的利益,受损害方能够获得充分补偿的程度;c.不能履行或不能提供履行一方将丧失利益的程度;d.不能履行或不能提供履行一方补救其不履行的可能性,考虑所有情况,包括任何提供担保情况;e.不履行或不能提供履行一方的行为符合诚信标准或公平交易标准的程度。"

(3)德国法

《德国销售法》没有区分一般违约和根本违约,德国法主要从违约的行为特征出发来划分违约类型,分为给付不能、给付延迟,属于给付不能的违约,受损害方可以解除合同;而对于给付延迟,只有经过催告程序仍不能履行才可以解除合同,其中也主要考虑违约造成的损害后果。对卖方应负责任的任何货物与合同不符(瑕疵),买方都可以请求解除合同,减少价金,减价按出卖时合格货物的价格与瑕疵货物实际价格之间的差额计算。卖方应负责的履行瑕疵包括货物在风险转移买方时没有使用价值;货物通常使用价值或适合预定的特殊使用价值全部或部分丧失;卖方违反对货物风险

---

[1] Cato Equipment Company, Inc. v. Vernon Mstthews, 91N. C. App. 546 (Ct. App. 1988).

[2] PECL第8:103条题为"根本不履行",规定:"不履行一项合同义务是根本性的,如果:(a)严格相符此项义务是合同的实质要件;或(b)不履行实质上剥夺了受损害方依据合同有权期待得到的东西,除非另一方不能预见和不能合理预见这样的结果;或(c)不履行是故意的,并且使受损害方有理由相信他不能依赖于另一方将要履行。"

转移时应具有的品质保障。但是德国法区分提交异类货物(aliud)与不符货物,卖方交付异类货物相当于没有交货,这种情况下受损害方即使没有立即发出货物有瑕疵的通知,也并不丧失救济权利。对尚没有查明的不符货物,德国法区分可以接受的异类货物和不可接受的货物,前者买方应立即通知卖方保留交付替代物的救济权利。总体上,德国法中受损害方更容易达成解除合同的救济,但是法律强调,收到不符货物的买方必须及时发出货有缺陷的通知,否则卖方可以对其瑕疵履行免责。德国法的另一重要特点是规定宽限期制度(Nachfrist),《德国民法典》第 326 条规定:一方不履行义务,受损害方必须给另一方一段宽限期要求其履行,只有经过宽限期后仍不能履行,未违约方才可以行使其他救济。

3. 立法的历史与根本违约构成要件

公约前身 ULIS 第 10 条就有根本性违约的规定,[1]当初引入这一概念的作用是"避免在货物已经交付或交货与合同不符情况下,引起货物被退回,这必然造成严重经济损失"。[2] 公约关于违约救济的突出特点就是将解除合同与根本违约联系起来,把一方根本违约作为另一方主张退货或解除合同的主要条件。根本违约作为一条分界线,把一般性违约对应的软性救济—损失赔偿、减价、实际履行等,与严重违约对应的硬性救济—退货、更换货物、解除合同区分开。只有发生根本违约才可以解除合同,这体现公约"尽可能保全合同"原则,与 UCC 第 2-601 条"完美交货"规则形成鲜明对照。根据第 2-601 条的规定,除非当事人另有协议限制行使救济权,否则卖方交付货物有任何方面不符合同,买方都可以拒收全部货物,或拒收任何商业单位的货物,接受其余货物。考虑美国有成熟的分销体系和二级市场,允许买方对任何交货与合同不符行使拒收权没有大问题,卖方在国内市场仓储、转售、再发运都容易操作。但是在国际货物销售背景下"完美交货"规则不可行,因为缺乏成熟二级市场,允许买方以轻微违约拒

---

〔1〕 ULIS 第 10 条规定:为本法之目的,一项违约应视为根本性的,如果违约方在订立合同时知道或理应知道,一个与另一方当事人同等情况的合理人要是预见到这种违约及其后果就不会与之订立合同。

〔2〕 The International Sale Convention Advisory Council, *CISG-AC Opinion No. 5*, Comments, Paragraph 3.1.

收货物将给卖方带来不成比例的高昂仓储、转售、再发运成本,增加处理货物的困难。考虑经济效率原则和权利义务平衡,公约引入根本违约概念限制买方拒收权,卖方交货即使有缺陷,只要不构成根本违约,买方无权解除合同,这体现公约尽力保全合同的理念,因为买方处于更有利地位转售和处理不符货物。

在维也纳会议上,各国代表对于将 ULIS 关于根本违约的规定引入新的货物销售公约没有异议,争议之点是如何确定构成根本违约的要件和违约的严重性,以至于授权受损害方解除合同。这方面,与正式文本第 25 条相对应的 1978 年公约草案第 23 条也没有提供足够参照和解决方案,这一条规定:“一方当事人的违约是根本性的,如果此种违约导致另一方当事人实质性损害。除非违约的一方没有预见到或没有理由预见到这种违约后果。”正式文本最终作了补充,将损害后果具体描述为“实质上剥夺了其根据合同有权期待得到的东西”,这一改动引导我们在更广泛的意义上理解“损害”的概念,并且要考虑整个合同利益这个客观标准。而草案第 23 条表述的主要缺点是通过考虑基本上是抽象的主观概念的东西来定义根本违约,结果必然会导致任意解释。因为正式文本第 25 条对公约草案的重大修改,UNCITRAL 秘书处对 1978 年公约草案第 23 条的评论较少参考意义。

根据第 25 条的规定,根本违约应该符合以下要求:违约使另一方当事人利益遭受损害;损害实质性地剥夺了权利人的利益;违约方在订立合同时能合理预见这样的损失后果。与一般违约不同,根本违约本身意味着违约引起损害,违约与损害有因果关系,意味着违约方需要承担违约责任,而一般违约不一定都需要承担违约责任。适用第 25 条,裁判机关首先应该查明违约是否具有根本性;之后,需要处理因果关系和可预见性问题。

构成根本违约的第一项条件是违约致使另一方当事人遭受损害。违约是指违反合同义务行为,不仅包括销售合同明确规定的义务,还包括法律和商业惯例规定的明示或默示义务,这些义务性规定作为补充性规则(default rules)可以弥补合同调整的不足,是当事人合同权利义务重要来源。与违约相当的另一提法是“不履行义务”。“违约使另一方造成损害”,是构成根本违约的前提条件,因为并不是任何违约都会造成未违约方损害,如卖方延迟交货却使买方赶上好行情,没有损失后果的违约不是根本违约。这种损害(detriment)是广义上的,既不同于"damage"——倾向于物的损坏和人身损害,也不同于"loss"——倾向于商业利益和财产损失,这个中性词涵盖了商业利益损失、标的物损坏、商业机会损失等多种情况。卖方未尽妥善包装义务,但是货物安全到港没有发生破损,尽管如此仍可能使买方遭受损害,其失去转售货物机会或失去客户。同样,买方不依约开立信用证将损害卖方应获得的担保付款利益,卖方的整个合同履行都依赖于买方遵守此项义务,这既不是货物损坏,也不是现实商业利益损失,但属于第 25 条所指的损害。同时,损害是当事人违反义务的结果,违约与损害有因果关系。

构成根本违约的第二项条件是违约实质上剥夺了受损害方根据合同有权期待得到的东西。这是指违反合同的后果相当严重,以至于剥夺了受害方实质的重大利益,包括现实利益和预期利益,即违约应达到某种程度、性质或严重性。英文文本这一句中的"substantially"译成中文应为"实质上",而不是"实际上",《柯林斯合编英语词典》对该词条的解释是:"正式用法,意为在数量上和程度上大","如果某种东西实质上增加或减少,意味着它以相当大的数量增加或减少。如果某东西实质上改变或完善,意味着在巨大程度上改变和完善"。用这个词修饰剥夺当事人根据合同有权期待的东西,意味着对当事人重大合同利益的剥夺。有权期待得到的东西也是一种正当期待,它属于当事人应享有的合同权利以及另一方应承担的义务范围,比如,期待卖方交货应满足进口国任何一种产品标准就不是正当期待。

违约方对违约结果的可预知性或可预见性是构成根本违约的第三要件。第 25 条没有明确规定违约方应该预见违约后果的时间起点,综合分析,合同成立的时间与可预见性相关。第一,ULIS 第 10 条已经指明,根本违约以违约方"在订立合同时"知道或理应知道为限。第二,合同订立的时间是当事人限定合同范围、确定相互利益关系的时间,这一时间点对于确定哪些利益损失是实质性的具有决定意义。第三,必须考虑与第 74 条损害赔偿原则的衔接,使两个条款精神一致,否则,以合同订立后,甚至当事人违约时作为可预见性的起点,意味着依据第 25 条可以成立的根本违约,却因为不属于第74条所述在订立合同时可预见的情况,而不能给予损害赔偿,相信这不是公约本意。根据第25条的规定,只有当违约方对某种损害后果不能预见,而且一个与之地位相同的合理的人也不能预见这种损害时,才不构成根本违约。在举证责任上,受损害方应负责证明违约所造成的损害及其严重性,违约方若主张其对这样的损害后果没有预见,他应承担举证责任,否则应认定为可以预见。决定当事人对违约后果的可预见性应考虑:(1)合同本身的规定。当事人双方都很清楚合同中的某项义务很重要,如果违约方违反了合同明确规定的这类义务,任何情况下,他都不得以没能预见违约后果为理由而阻止另一方宣告根本违约。(2)谈判中明示、默示地告知。有时合同中某项义务的重要并不明显,但是在谈判中,一方当事人明示或默示地告知另一方此项义务重要,如关于特定品质、交货期的重要,视为应该预见到。(3)根据合同的性质以及对合同的解释,以"合理人"的标准判断。如果某项义务的重要性不能基于合同本身的规定或谈判过程确定,就应采用这一方法。卖方不交货或买方拒收货物引起通常的实际损失和利润损失;季节性货物交货期的重要性;买方转售货物情况下单据的重要性,这些都是合理的人能预见到的。

4. 根本违约的核心要件——实质上剥夺受损害方合同利益

公约第25条根本改变了ULIS原有规定和1978公约草案第23条的面貌,将严重损失后果具体描述为"实质上剥夺了他根据合同有权期待得到的东西",这一表述最终被解读为"违约所导致损害的严重性应参照由合同实际规定和限定的权利人的利益决定"。[1] 这说明"利益损失"是核心,违约所招致的"损失"是指权利人利益损失;实质上剥夺权利人有权期待得到的东西,是指权利人的现实的和预期的实质合同利益被剥夺;"可预见性"是指这样的利益损害违约方能否合理预见。因此,认定根本违约的关键是评估违约是否达到实质剥夺了未违约方的合同利益的严重程度。在公约实施初期,因为研究不足和解释资料缺乏,裁判机构难以把握构成公约第25条根本违约的尺度,审理案件标准宽严不一,影响公约的统一解释和适

〔1〕 The International Sale Convention Advisory Council, *CISG-AC Opinion No. 5*, Comments, Paragraph 3. 2.

用。1996年德国最高民事法院(Bundesgerichthof, BGH)裁决“硫酸钴案”是严格把握根本违约标准的典型,法院结论是:公约关于解除合同的救济是最后的救济手段,需要满足的标准高于损害赔偿等其他违约救济,法院应尽可能地保全合同下的交易;卖方交货与合同不符时,买方如果能在正常商业渠道以别的方式利用货物,卖方就不构成根本违约。而美国的法官受国内法“完美交货”规则影响,理解公约第25条实质性损害的标准相对简单和宽松,对下文例25B中的争议,美国法院判决构成根本违约,而德国法官可能会考虑买方能否以别的方式利用空调压缩机。

例25A:荷兰卖方作为代理向德国买方出售四种不同数量的硫酸钴,合同约定货物原产地为英国,卖方应提供原产地证书和品质检验证书。买方收到货物和单据后发现原产地证书与合同不符,货物真实的原产地是南非而不是英国,并且货物的品位比合同规定的标准要低。买方因此主张合同无效,荷兰卖方作为原告向法院起诉要求买方支付货款。德国最高法院裁决认为,买方不能依据公约第49条宣告合同无效,因为卖方已经交付货物,只是货物与合同不符,包括品质不符和原产地不符。卖方并不构成根本违约,因为买方还可以从其他渠道获取正确的单证,买方不能证明原产于非洲的硫酸钴不能在德国或海外出售,不能证明卖方违约实质上剥夺了其根据合同有权期待得到的东西。[1]

例25B:1988年,营业地位于纽约的卖方罗特力士(Rotorex)公司与买方意大利德驰(Delchi)公司订立销售合同,由卖方供应10,800套空调压缩机给买方,后者将压缩机用于生产线上装配碧浪(Ariele)牌空调。卖方于1988年3月交付了第一批货物,第二批货物在运输中,买方检验发现第一批货物有93%与样品和说明不符,制冷效率低耗电高。买方要求卖方更换货物遭到拒绝,因此宣告解除合同。美国联邦上诉法院基本采纳了纽约地区法院关于本案卖方构成根本违约

---

〔1〕“硫酸钴案”,参见德国最高法院1996年4月3日判决,UNCITRAL, CLOUT, case No. 171, A/CN. 9/SER. C/ABSTRACTS/12, 26 May 1997, P. 7。

的推理,支持买方解除合同,请求损害赔偿。地区法院在判决中对公约第 25 条作如下解读:没有疑问,买方德驰公司没有在实质上取得根据合同其有权期待得到的东西,任何合理的人也应该预见到不符货物将导致买方不能取得其预期有权获得的东西,因为压缩机的能耗与制冷能力对空调产品有决定性因素,地区法院认为,卖方对其根本违约负责。[1]

2005 年 5 月,CISG-AC 发布第 5 号意见,促进对公约第 25 条自主统一的解释,该意见反映出学术界的共识是:对于权利人实质性利益损害的评估,应该采取更客观的方式,参照违反合同的条款、订立合同目的、损害后果、损失能否补救等综合因素,而不是仅仅根据损失程度等单一因素得出结论。[2] 贸易实践中根本违约有不同表现,单一因素不能适用所有情况。

5. 对“实质上剥夺受损害方合同利益”的综合评估

下文列举了认定违约造成实质性损害需要综合评估的各要素及相应的分析方法,德国法院倾向于客观的合同分析与救济导向分析,而有学者建议应该采用合同目的分析为主,辅之以考虑其他因素的“混合分析方法”。[3] 因为合同目的分析与其他要素分析有兼容性。

(1)合同本身的规定(合同分析法)

避免关于根本违约误判的最好的办法是当事人双方在合同中列明何为根本违约?或者列明发生哪些违约,未违约方有权解除合同。如果有这样的规定,说明合同有严格的履行要求,根据意思自治,这种合同规定优先适用,即使是合同列出的根本违约情况或者有权解除合同的情况按照公约第 25 条标准衡量并不构成根本违约,这样的规定仍有优先适用效力,这相

---

〔1〕 See Delchi Carrier SPA. v. Rotorex Corp., 71F. 3d 1024 (2d Cir. 1995), http://cisgw3.law.pace.edu/cases/951206u1.html.

〔2〕 See The International Sale Convention Advisory Council, *CISG-AC Opinion No. 5*, Comments, Paragraph 4.1.

〔3〕 See Aneta Spaic, *Hybrid Approach in Interpreting Fundamental Breach*, in Larry A. Dimatteo ed., International Sales Law a Global Challenge, Cambridge University Press, 2014, p. 237-253.

当于第6条所述的减损公约某些规定或改变其效力,任何裁判机构都应尊重。在合同没有明确规定时,就需要适用公约关于根本违约规定,分析违约方是否违反合同规定的实质要件,所发生的违约是否具有实质性。合同条件有一般条件和实质要件,只有当事人知道哪些合同条件是他们非常在意的实质条件,需要运用公约第8条的解释原则去分析。公约的判例显示,在一些案件中,合同明确规定货物应该达到某种核心的品质,如要求浓缩的苹果汁是无糖的,铝制板材应该达到一定的厚度,要求大豆蛋白产品是非转基因的等,法院认为,货物不符合这样的品质要求应认定为根本违约。在意大利买方诉香港卖方"编织物销售案"中,合同明确规定交货期为1990年12月3日,逾期交货买方取消订单。法院认为交货时间是合同的实质条件,买方期待能及时收到用于节日出售的货物,因为卖方事实上没有按时交货,买方有权解除合同取消订单。

(2)订立合同的目的(目的落空分析法)

这是指通过分析未违约方订立合同的目的,评估违约是否具有实质性,是否剥夺了未违约方根据合同有权期待得到的东西。卖方违约首先表现为不交货或以声明、行为表明将不交货,这无疑会使合同目的落空,在履约期届满前卖方这样做是预期根本违约,在履行期届满后这样做是实际根本违约。但是如果卖方不履行合同中一部分货物,如一批货物中少量部分或分批次交货中某一批次,这是非根本性违约。对于卖方交货与合同不符,应首先是考虑买方购买货物是为了自用还是为了转售,如果是买方自用,如用于生产加工的机械或用于组装成品的零部件,只要货物在没有不合理麻烦的情况下仍然可以使用,货物的缺陷就是次要的,是非根本性违约。如果合同规定了买方购买货物特定目的,或买方事先告知卖方该特定目的,卖方交货违反特定目的的担保,使买方不能按照合同列明的方式使用货物,卖方就构成根本违约。如果买方购买货物的目的是转售,货物能否转售,包括以适当折扣转售具有决定意义。在"女式成衣销售案"中[1],意大利卖方交付的高档时装尺码严重偏离标准规格,致使货物无法转售,法

---

〔1〕 参见德国科隆高等法院2002年10月14日判决,载美国佩斯大学法学院官网,http://cisgw3.law.pace.edu/cases/021014g1.html。

院基于买方转卖货物目的落空,支持德国买方解除合同返还货款要求。包装与合同不符也应区分不同情况,如果单纯为保护货物免于破损,只要不符合同的包装没有造成货物损坏,就不构成根本违约;相反如果是知名品牌原产包装,包装是货物组成部分,包装不符是影响货物转售的严重货物质量缺陷,是根本违约。能否转售货物与不符货物状况有关,如违反进口国安全卫生标准的货物没有转售性;也与买方地位有关,具有广泛商业渠道的批发商比零售商有更多的机会转售货物,而零售商以折扣价转售货物可能会损害其信誉。贸易法委员会判例显示,以下情况都被认定为根本违约:交付的空调压缩机制冷能力低而耗电高;交付的葡萄酒人工加糖、加水,这是欧盟法和国内法禁止的;金属板材规格不符,不能满足下一买家预期用途;机器不符合已告知卖方的特定用途,达不到作为合同基础的承诺水平;约定交付的花整个夏天都开花,结果事实上开花很短时间就凋谢等。有时卖方违反其他义务也会使买方目的落空,贸易法委员会《法规的判例法》显示,德国买方向意大利卖方定做 130 双带有买方商标的样品鞋,卖方的义务是向买方交付这些货物,但在履行期间,卖方不顾买方警告,在展销会作为其产品样品展销为买方定做的鞋,正如买方指出,卖方的做法使合同履行失去意义。法院判决支持买方因卖方根本违约而主张解除合同的要求,卖方有责任保护买方附属专有权。[1]

对于卖方延迟交货,决定性因素也是买方购买目的,延迟交货一般不构成根本违约,只有在考虑认定重大利益损害的各种因素,从合同关于交货期的有关规定、合同标的物性质、买方的购买目的等情况判断,遵守交货期的规定对买方至关重要,买方宁愿卖方不交货也不愿他延迟交货,这类延迟交付才构成根本违约,典型的情况是季节性货物、需求紧急的货物。卖方交单不符是否构成根本违约应该像对待交货与合同不符一样,运用根本违约的一般机制衡量,决定的因素是看不符单据是否限制了买方按既定计划使用货物(参见下文第 6 节)。

买方违约包括不接受货物、不支付货款、不履行其他义务。在履行期

---

〔1〕 参见德国法兰克福高等法院 1991 年 9 月 17 日判决, UNCITRAL, CLOUT, case No. 2, p. 2,载 UNCITRAL 官网, https://uncitral. un. org/en/case_law。

届满前,买方以声明或行为表示他不接受货物,这是预期根本违约;在履行期过后,如货物已经到港其无理由拒绝接受,这是实际根本违约。买方根本违约可以由默示的行为表现出来,包括其不履行应先履行的义务、不先行检验货物、不支付定金或保证金、不订立运输合同等,这些都使卖方合同目的落空,构成根本违约,但是买方逾期接受货物一般不构成根本违约。买方根本违约另一表现是不支付价款,包括在接受货物前不依约提供付款担保、不开立信用证以及在买方接受货物后不支付价款。

(3)违约造成商业利益损失的严重性(经济分析法)

对违约造成的严重损失应该综合评估,但是大量判例显示经济损失分析仍有决定意义,违约造成受损害方经济损失程度直接反映其合同利益被剥夺的程度。经济分析从两个方面考虑:一方面,是卖方交付不符货物的规模,合同总价值受损失的程度,这方面,交付的货物有10%与合同不符和占50%的货物与合同不符性质是不同的,设备效率低与设备不能正常使用性质不同,季节性货物交付延迟与非季节性货物延迟交付损失也明显不同。另一方面,应考虑受损失方补救违约损失后果所需要的费用,如果补救不符货物的费用过大或者根本无法补救,应认定为根本违约。在葡萄牙卖方与法国买方压力锅销售案中,卖方交付的压力锅有2/3不合格,存在安全隐患,虽然卖方对不合格货物数量有异议主张部分解除合同,法院支持原告解除合同要求,认为卖方提出数量异议的证据不足,而且卖方不能提供适当方法,查明不合格货物的准确数量。[1]

(4)违约方减轻或消除违约后果的可能性(救济导向分析法)

对卖方交货与合同不符或交单不符,裁判庭需要进行救济导向分析,看买方能否接受货物或单据,通过减价、修理、更换、损失赔偿等方式弥补违约所造成的损失,在交单不符时通过补交合格单据排除履行阻碍。公约的违约救济原则是尽力保全合同,解除合同是最后救济手段,“无论是卖方还是买方,如果能够对履行义务不符进行补救,就不构成根本违约,只要这种补救没有给买方造成不合理的不便,没有造成与合同赋予履行期的重

---

〔1〕“压力锅案”,参见法国巴黎上诉法院2004年6月14日判决,载美国佩斯大学法学院官网,http://cisgw3. law. pace. edu/cases/040604f1. html。

要性不相符的拖延。"[1]考虑订约目的,如果卖方欺诈性地履行损害了合同的诚信基础,就不应指望买方接受卖方的修补要求。反过来说,如果当事人违约造成的损害可以简单地通过减价或金钱赔偿得以弥补,而不需要通过解除合同、退货、更换货物才得以弥补,这样的违约通常不应该是根本性的。在德国买方与意大利卖方"女鞋销售案"中,卖方要求买方支付已经履行货物的货款,买方以交货时间和货物质量与合同不符(鞋的面料不符)为由拒绝付款,要求解除合同,法院认为买方不能详细说明交付的鞋有瑕疵不能合理使用(转售),卖方不构成根本违约,买方应该依约付款。[2]

(5)先期履行的表现(预期违约分析法)

这是根据当事人先期履行义务的行为表现和信用(包括分批交货合同先期履行的批次),评估其是否构成预期根本违约。公约提出构成预期根本违约的条件是合同履行期截止日前,当事人显然将不履行大部分重要义务或者显然将根本违约(第72条),预期根本违约不同于实际根本违约,它表现出当事人不履行实质义务的可能性,是法律授权未违约方在面临违约可能导致的实质性损害危险时,可以中止其履行的保护措施。对当事人先期履行义务表现,也应参照上文关于实质性损害构成各个要素,看是否在履行期截止日前,当事人表现出显然将不履行实质合同义务,使未违约方合同目的落空。

6. 卖方交付单据与合同不符的情况下根本违约的认定

英国货物买卖法有实际交货与象征性交货的区别,在CIF等象征性交货条件下,卖方交付单据等于交货,交单与买方付款是对流条件。与传统英国法不同,公约没有这样的区分,Incoterms1990年版之后,对CIF的解释看不出有交货与交单是对流条件这样的意味(参见本书对公约第31条的评释),在公约框架内,卖方交单和交货是平行义务,相互独立。因此,对于卖方不能交付与合同相符单据是否构成根本违约的问题,应该按照公约类

---

〔1〕 The International Sale Convention Advisory Council, *CISG - AC Opinion No. 5*, Opinion, Paragraph 3.

〔2〕 "女鞋销售案",参见德国法兰克福高等法院1994年1月18日判决,UNCITRAL, CLOUT, case No. 5,载美国佩斯大学法学院官网,http://cisgw3.law.pace.edu/cases/940118g1.html。

似于卖方交货与合同不符的一般机制决定。[1] 交单与合同不符的第一种表现是单据缺漏,该交付的单据没有交付,这不应等同于卖方不交货,是否构成根本违约,应该按照公约第25条一般原则和规则衡量,看是否限制了买方正常提取和使用货物。不按协议规定的时间交付单据构成根本违约,如果不能交单意味着买方不能提取货物;反之,不交付单据并不构成根本违约,如果买方尽管缺失单据仍可以提取货物,正常使用货物。[2] 卖方没能提交商检证书和保险单证也许不构成根本违约,假定货物已经交付且没有损失或灭失。即使卖方没有提交海运提单也不一定构成根本违约,如果买方通过使用银行担保或保函能正常提取货物。

单据不符的另一种表现是单据齐全但内容与合同不符,这应像对待货物与合同不符一样,"决定的因素是看不符单据是否限制了买方按既定计划使用货物,比如去转售它"。[3] 如果买方购买货物不是为了转售而是自用(许多CIF条件下的销售也是如此),单据不符而货物与合同相符通常不会损害买方实质利益,不构成根本违约。如果买方购买目的是转售,单据不符使买方不能正常地转售货物,就是根本违约。不过,"在单据销售情况下,如果卖方能够按照与合同赋予履行期的重要性相一致的方式对不符单据进行补救,就不存在根本违约"。[4] 在国际贸易中,特别是在国际商品交易所存在属于"连环交易"的单据买卖,代表货物的物权单证被多次转让,直到最后的买方在实体上接受货物,在这种情况下,清洁单据具有重要意义。公约也可以适用于这类国际货物买卖,在商品交易所,如果没有及时提交相符单据,一般构成根本违约。在中国国际经济贸易仲裁委审理的美国卖方诉中国买方备用零部件案中,仲裁庭认为卖方提供没有盖章的数字化电子航空运单副本而不是航空运单原件或原件副本构成违约,因为电

〔1〕 See The International Sale Convention Advisory Council, *CISG - AC Opinion No. 11*, Comments, Paragraph 3.5.

〔2〕 See The International Sale Convention Advisory Council, *CISG - AC Opinion No. 11*, Comments, Paragraph 3.5.

〔3〕 The International Sale Convention Advisory Council, *CISG - AC Opinion No. 5*, Comments, Paragraph 4.9.

〔4〕 The International Sale Convention Advisory Council, *CISG - AC Opinion No. 5* Opinion, Paragraph 6.

子航空运单副本不足以认定卖方已经向航空承运人交货。[1] 在中国卖方诉美国买方工业原料案中,仲裁庭认为卖方提交顺签提单(提单上的签署日期晚于实际交货期)并不违反义务,因为那明显是打印错误,并不影响买方提取货物。[2]

第 26 条 宣告合同无效的通知以及第三部分的其他通知

宣告合同无效的声明,必须向另一方当事人发出通知,方始有效。

评 释

1. 立法的历史以及宣告合同无效的通知功能

国际统一私法协会 ULIS 除允许宣告合同无效外,还规定了事实上(*ipso facto*)解除合同制度。[3] 解除合同是由于当事人的违约事实而自动发生,未违约方不需要向对方发出通知就产生合同解除的效果。维也纳会议组成的专门工作组对这一制度的研究认为,该制度最大的问题是造成当事人关于合同状况的混乱和不确定性,还可能造成违约方没有注意到另一方决定解除合同而继续履行,使损失扩大。而告知另一方解除合同后,另一方才有可能采取必要行动减轻损失,如立即停止生产、包装、运输合同项下的货物,或在已交付货物情况下收回和处分货物,或对买方而言,及时补进替代物。工作组的结论是:"受损害方必须向违约方发出宣告合同无效的通知方可解除合同,没能发出这样的通知,合同就继续有效。"[4] 贸易法

[1] See U. S. Seller v. Chinese Buyer (Spare Parts Case), (CIETAC) Award, September 2006, <http://cisgw3. law. pace. edu/cases/060900c4. html>.

[2] See Chinese Seller v. U. S. Buyer (Industrial Raw Material Case), (CIETAC) Award, 4 June 1999, <http://cisgw3. law. pace. edu/cases/990604c1. html>.

[3] ULIS 第 25 条规定:"如果买方得以在符合惯例和有合理可能时购进货物以替代合同项下货物,买方无权要求卖方履行合同,在此情况下,合同自买方的购买有效时得事实上解除。"第 26 条规定:"如果卖方不能在指定时间提交货物相当于根本违约,买方既可要求卖方履行,也可宣告解除合同。买方应在合理时间内通知卖方他的决定,否则合同事实上解除。"

[4] UNCITRAL, Yearbook, Ⅲ (1972); No. 31, p. 85.

委员会接受了这一建议,将公约下因违约解除合同简化为统一的"宣告合同无效",第 26 条规定:"宣告合同无效的声明,必须向另一方当事人发出通知,方始有效。"通知对方是解除合同的要件。除根据第 49 条第(1)款(a)项或第 64 条第(1)款(a)项规定,卖方或买方可以向对方发出通知,宣告合同无效之外,当事人若依据第 49 条第(1)款(b)项或第 64 条第(1)款(b)项宣布解除合同,必须在此前给对方一段合理时间让他履行义务,只有在宽限期内仍不履行,未违约方才可以向对方发出通知,宣告解除合同。即在运用给予宽限期的方式解除合同时,在发出解除合同的通知前还必须向对方发出给予宽限期的通知,这两个通知不能合二为一。

第 26 条的首要功能是确定了在一方根本违约或在宽限期内仍不履行义务时导致合同解除的时间界限,在此情况下,"合同自向另一方发出宣告合同无效的通知时起解除"。[1] 确定合同解除的时间与确定合同成立的时间同样重要,它涉及当事人有权采取替代交易的时间以及确定损害赔偿额或应付价款的利息。[2] 自合同解除时起,当事人的合同项下权利义务关系转变为恢复原状关系,进入以减少损失为目的的清理程序,对未履行的义务不再履行。合同解除时间确定后,当事人也可确定损害赔偿额以提出索赔。公约第 26 条授予销售合同的当事人一项自治权利,一方可以在满足必要条件时,无须征得另一方同意,通过单方面发出宣告合同无效的通知解除合同,这一权利是"契约自由原则"的体现。"一方当事人有权通过自己的行为左右合同进程,这是统一的国际销售法取得的最重要的成就之一。"[3]因为传统罗马法并不接受这一解除合同的方式,《法国民法典》曾经规定合同应由法院判决才可解除。

2. 发出宣告合同无效通知的方式

公约第 26 条的本意是:当一方根本违约或在宽限期内仍不履行义务

〔1〕 UNCITRAL, *Secretariat Commentary on Article 24 of Draft Convention* (*Article 26 of Official Text*), Paragraph 2, Official Records, p. 27.

〔2〕 第 26 条的实质是,不通知对方不产生解除合同后果,另一方可继续履行。而一旦发出通知,另一方继续履行造成的损失是扩大的损失,不能获赔。

〔3〕 Peter Schlechtriem ed., *Commentary on The UN Convention on The International Sale of Goods*, Clarendon Press, Oxford, 1998, p. 187.

时,受损害一方可以向另一方发出宣告合同无效的通知而解除合同关系,即有权发出第 26 条规定通知的一方应该是受损害一方,而不是指违约方,违约方单方面宣告不履行不产生使合同解除的效果,这也是国内法一般的制度安排。但是法院在实施这一制度中有很灵活的处理,考虑适应国际商事交易的便捷性,并不是机械地要求未违约方在任何情况下都必须发出通知才能解除合同,贸易法委员会公布的一些法院判例中,法官认为违约方明确宣告他不履行义务的通知相当于第 26 条项下的通知,或可以代替未违约方发出这样的通知。在 1999 年 1 月 13 日德国班堡高等法院公布的一案中,“法院认为,卖方电话通知买方其只能提供一部分数量合同项下货物足以代替(买方)宣告合同无效的通知。卖方随后真实地最终拒绝履行,允许买方不需要先宣告合同无效即可购买替代物”。〔1〕 在德国汉堡高等法院 1997 年 2 月 28 日公布的一案中,“法院认为,一旦卖方拒绝履行其交货义务,明示宣告解除合同无此必要,坚持要求这一宣告违背诚信原则(第 7 条)”。〔2〕 在德国慕尼黑高等法院审理的一案中,“上诉法院裁决,在卖方严肃地最终拒绝履行情况下,明确宣告解除合同不必要,这时要求一个明确宣告解除合同相当于不合理的形式主义”。〔3〕 这些判例并不是说违约方宣告不履行产生了解除合同的效力,而是说面对卖方声明不履行,允许买方以购买替代物、拒绝支付货款表示解除合同意图,其不需要再发出宣告合同无效的通知,合同自买方以行为表示同意解除时解除(不以卖方宣告不履行时为准)。销售合同项下的权利义务是双方合作的事情,任何一方不合作就不能履行,最终只能解除,所以不履行的通知可以代替宣告合同无效的通知,这一规则也可由公约第 72 条第(3)款进一步证实。〔4〕

宣告合同无效的通知必须表明合同已经终止,当事人不再受合同约束

---

〔1〕 UNCITRAL, CLOUT, case No. 294(德国班堡高等法院,1999 年 1 月 13 日).

〔2〕 UNCITRAL, CLOUT, case No. 277(德国汉堡高等法院,1997 年 2 月 28 日).

〔3〕 UNCITRAL, CLOUT, case No. 595(德国慕尼黑地方高等法院,2004 年 9 月 15 日).

〔4〕 中国的学界和实务界没有普遍认可违约方的不履行通知可以代替宣告合同无效的通知,另外,《中华人民共和国民法典》第 565 条规定宣告合同无效的通知到达时生效,这与公约不同。该法第 2 款还规定,当事人没有通知对方,直接起诉或申请仲裁主张解除合同,人民法院或者仲裁机构确认该主张的,合同自起诉状副本或者仲裁申请书副本送达对方时解除。

的意图,该意思表示应该是清晰的、真实的,具有不可撤销性。此项通知不受书面形式限制,也不必援用法律规定和说明理由。它可以同声明货物与合同不符的通知合并,在一个通知中表述。卖方明确告知买方“其只能交一半货”或“除非提价,否则不交货”,或者买方明确告知卖方“其已不需要这批货物”等,都是宣告合同无效。另外,当事人提起诉讼和仲裁主张解除合同,也相当于发出宣告合同无效通知。[1] 但是公约不承认默示解除合同或以做出其他行为的方式解除合同,卖方违约时,买方直接购买替代物的行为或将货物退回的行为本身不能代替发出宣告合同无效通知,不产生解除合同的效力。贸易法委员会判例显示,以下声明或意思表示没有被认定为宣告合同无效:宣布另一方不做出反应将解除合同;发函要求降价或提价;通知货物与合同不符要求赔偿;通知卖方取回不合格货物。

第 27 条 第 26 条下通知的生效

除非公约本部分另有明文规定,当事人按照本部分的规定,以适合情况的方法发出任何通知、要求或其他通知后,这种通知如在传递上发生耽搁或错误,或者未能到达,并不使该当事人丧失依靠该项通知的权利。

评 释

第 27 条说明,当事人发出的宣告合同无效的通知,或其他属于第三部分的必要通知,如给予对方宽限期的通知、第 39 条发出卖方交付货物与合同不符的通知等,其生效原则采取“发信主义”,而不是到达主义。因第三人的原因使收件人未收到这种通知,并不影响该通知生效,因传递延误而未收到通知的风险由收件人承担。这样安排的目的显然是保护无辜的受害方的解约权以及鉴于对方违约事实而中止履行的权利。第 27 条指出,“除非本公约本部分另有明文规定”,这是指适用“发信主义”例外的几

〔1〕 UNCITRAL, CLOUT, case No. 308(澳大利亚联邦法院,1995 年 4 月 28 日).

种情况,主要是指第 47 条第(2)款、第 48 条第(4)款、第 63 条第(2)款、第 65 条第(1)款和第(2)款,以及第 79 条第(4)款规定的一些情况,这些情况下应适用第 24 条规定的"到达主义"。第 27 条还要求宣布解除合同等的通知应"以适合情况的方法"发出,秘书处评论指出,这是指通知方应采取适合情况要求的合理步骤,并且使对方在合理的商业交易过程中获知的方式。在特定情况下,有多种可供选择的通信方式,通知方应采取最便捷的方式才是合理的,因为"适合情况"是指适合双方所处情况,某种通信方式如空邮通常对发信人来说是合适的,而在需要迅速通知对方时只有采用电子通信的方式才是最合适的。[1] 另外,"适合情况的方法"还意味着通知应发给原合同的当事人或其授权的代理人。当事人若不能以适合情况的方法发出通知,其解除合同是无效的。

例 27:原告葡萄牙卖方与德国买方订立了涉及 5 个批次不同规格纺织品的合同。其中第一批货物交货延迟且数量不足,买方收下了货物。第二批货物交货期到来时,卖方电话通知买方只能交付少量合同项下的货物。卖方交付的第三批货有色彩等质量缺陷,买方将这批货运往土耳其加工处理。卖方后来要求买方支付以上货物的货款共计 76,312 德国马克。买方答复:货款用来抵销因卖方迟延交货和不完全交货导致购买替代物的损失,以及将不合格货物运往土耳其加工的损失。卖方起诉。法院认为:第一批货物买方无权要求抵销,因为买方没有宣告合同无效。卖方承担买方替代交易损失的条件是该替代交易发生在合同解除后(第 75 条)。一方违约并不能授权另一方通过购买替代物免除合同义务,任何购买替代物的行为本身不能代替宣告合同无效通知,公约不承认自动解除合同。关于第二批货物,卖方电话通知买方只能提供一部分货物足以代替买方宣告合同无效通知,卖方严肃地表示拒绝履行允许买方不需要发出通知即可购买替代物,这一替代交易使买方损失 10,037 德国马克,买方有理由要求抵销。关于第

〔1〕 UNCITRAL, *Secretariat Commentary on Article 25 of Draft Convention* (*Article 27 of Official Text*), Paragraph 2,3, Official Records, p. 27.

三批货物，买方无权要求用货款抵销将不符货物运往土耳其加工造成的损失，因为该损失是卖方在订立合同时无法预见的。判决：买方应支付除允许抵销之外的其余货款。[1]

第28条 实际履行的救济原则

如果按照本公约的规定，一方当事人有权要求另一方当事人履行某一义务，法院没有义务作出判决，要求具体履行此一义务，除非法院依照其本身的法律对不属本公约范围的类似销售合同愿意这样做。

评 释

1. 主要国家关于实际履行救济法律制度的特点

各国法律制度中存在三种基本的违约救济方式：实际履行、损害赔偿、解除合同。它们是合同当事人各方都可以采取的救济办法，并且超出法律文化的局限，是所有国家法律都认可的。其中，损害赔偿救济尤为普遍，它可以同另外两种违约救济办法结合使用。实际履行（specific performance）是与金钱赔偿相对应的违约救济，它是指要求当事人以合同规定的实物、服务、行为履行义务或通过法院判决履行这样的义务。[2] 卖方不交货，买方可以要求他实际履行，如果买方的要求得以实现，就不需要借助法院的司法权强制履行；如果买方的要求不能满足，就可以通过法律诉讼，借助国家强制力实现权利。此时，实际履行作为违约救济方式，是违约方违反合同第一性义务而应承担法律责任的表现，亦称“强制履行”，基于国家强制的实际履行是事后补救，有时间上的滞后性，时间上晚于原合同规定的履行时间。

---

〔1〕 UNCITRAL，CLOUT，case No. 294（德国班堡高等法院，1999年1月13日）.

〔2〕 参见《判例法摘要汇编》（2008年版）第28条第2段规定：“实际履行意味着通过法院诉讼要求另一方当事人履行合同义务”；第46条第1段规定：“第46条给予买方要求卖方按原样履行合同义务的一般权利”。按“原样”（in kind）应理解为“按照合同规定的实物、服务、行为”履行义务。对于承担特征性履行义务的一方，实际履行就是以合同约定的实物或服务履行到期义务。参见本书关于第46条的评释。

实际履行是产生于大陆法的概念,大陆法系国家倾向于把实际履行作为主要的救济方式,实际履行是“合同必须信守原则”逻辑上的必然结果,据此违约方不应该享有权利来用金钱替自己免除合同义务(指金钱赔偿)。一方违约,另一方也不应强行进行替代交易,金钱赔偿只能作为次要救济办法,在违约方实际履行时配合使用。法国民法典规定,当事人对不履行合同义务有权选择实际履行、损害赔偿或解除合同。实际履行是可供选择的首要救济方式。两大法系关于实际履行救济的不同制度安排根源在于不同的契约观念,欧洲的契约法基于道德观念,由教会法学家阐述,对于他们来说,一个人不遵守诺言首先是宗教道德罪恶,所以协议必须遵守,如同你必须信守诺言,否则国家法律强迫你遵守。在 1964 年海牙讨论 ULIS 大会上,民法法系的代表不顾实务需要,坚守其传统,把实际履行作为主要救济规则,法国代表唐克(Tunc)说:“在法国的法律传统中,要求实际履行的权利被强烈坚持,人们感觉,除非合同被实际履行,否则合同就没有真的履行。尽管这一权利可能不经常使用,保留它仍然是众所期盼。”[1]

英国普通法把金钱赔偿作为主要违约救济方式,实际履行是衡平法上的救济,只有在金钱赔偿不足以弥补损失的情况下才适用。判例法表明,实际履行尤其适用于土地、房屋等不动产交易,法院发出强制执行令实现原告占有权,因为这类合同标的是独特的,只能通过法院对被告强制执行,完成原合同交易,才能保护未违约方的预期合同利益,使之恢复到合同正常履行应有的地位。依据英国法,以下情况不适用实际履行令:(1)实际履行引起被告严重困难;(2)合同显失公平;(3)原告行为不当(脏手规则);(4)实际履行已经不可能;(5)履行包含个人性质的服务;(6)合同含混不清难以强制执行;(7)合同被双方自行终止;(8)合同履行要求持续性监管,如建筑和修理合同,法院没有专门机构、技术专家或设备准确了解承包商是否适当履行;(9)合同订立时没有对价。

美国法律继承和发展了英国传统的以损害赔偿为主的违约救济方式。著名合同法专家冯斯沃瑟提出了美国违约救济的五大核心原则,首要信条

---

〔1〕 C. M. Bianca & M. J. Bonell eds., *Commentary on the International Sale Law: The 1980 Vienna Sales Convention*, Giuffre, Milan, 1987, p. 235.

就是:违约救济是补偿性的,而不是惩罚性的。法律的目的在于救济权利人以弥补违约造成的损失,而不是对义务人实行强制,以阻止违约。普通法也允许当事人规定违约金,违约金应是预定的损害赔偿额,惩罚性违约金无效。如果实际履行使违约方负担过重,变为惩罚,就不支持这样救济。另外,只要替代补救是充分的,违约救济就应采取替代补救方式,即金钱赔偿,而不是实际履行。[1] 传统上衡平法关于实际履行救济适用于涉及独特性财产的合同,如艺术品、传家宝、土地、房屋等不动产,UCC 突破了传统规制,将实际履行扩大适用于市场上一般货物交易。其第 2-716 条规定:"买方可以取得实际履行或收取货物的权利,如果货物具有独特性,或有其他适当情况,法院可以判决实际履行。"根据对这一条的正式评论,货物是否有"独特性"必须考虑合同整体情况,主要考虑标的物的产量,它的独特的获取来源和供货市场,以及是否有替代性,不能补进货物就是所谓"其他适当情况"的有力证明。冯斯沃瑟提出的其他三项原则是:对权利人的救济应以预期合同利益衡量,救济应使权利人恢复到假如合同履行时他应有的地位(全部赔偿或复原法则);替代补救不应包括对权利人能合理避免的损失补偿(减轻损失原则);替代补救不应包括对违约方在订立合同时不能合理预见的损失补偿(可预见性原则)。

美国以损害赔偿为主的违约救济制度体现自由市场经济的经济效益(economic efficiency)原则,从历史看,市场经济造就了普通法,普通法与市场经济有共生关系,都反映市场机制中强调效率的一面。合同法的效率原则强调,为社会利益,资源应在各方面及时有效分配,每一具体经济单位都应考虑经济效益最大化来分配它的资源,这符合整体社会利益。因此,冯斯沃斯指出,"即使一方当事人受合同约束,以这种特殊方式分配它的资源,社会利益也需要它违约,并且重新分配它的资源,只要这样做对它更有利,同时又不至于使别人境况更差。因为只要受损害方预期利益得以保护,通过违约重新分配资源不至于使受损害方境况更糟,假设这样做又使

---

〔1〕 See E. Allan Farnsworth, *Damages and Specific Relief*, 27 American Journal of Comparative Law, p. 247-253(1979).

违约方更满意,违反合同,重新分配资源就符合社会利益”。〔1〕 这个推理支持违约情况下的替代交易,而不是实际履行,强迫当事人实际履行不利于重新分配资源。基于合同法的效率原则,法律经济分析学提出“效率违约”(efficient breech)概念,这一概念最早由美国学者罗伯特·伯明翰在其论文“违约、损害赔偿措施以及经济效益”中提出,〔2〕理查德波斯纳对这一概念的描述是“如果一方当事人从违约获得的利益超出它向另一方对合同履行可获得期待利益的补偿,情况就会形成对违约的刺激,当事人应当违约”。〔3〕 但是传统大陆法学者反对效率违约,认为这是不道德的小市民合同理论,违反诚信原则。虽然法律经济分析方法在欧洲同样存在,用这种方法评估违约救济,结果是实际履行有效率,效率违约在欧洲被拒绝,因为从长远看,违约损害财产权的确定性,轻易打破由合同建立的财产交易链条,严重破坏整个社会信用体系,个别人从违约中获得的好处不能抵销全社会因诚信缺失所要支付的巨大交易成本。即使站在违约者立场,它从违约中取得的好处也要被遭受索赔的诉讼成本、个人失信成本抵销。这就是为什么欧洲民法法系国家倾向于拒绝效率违约,将实际履行置于违约救济的核心地位。

现代法律制度中,两大法系关于实际履行救济的传统区分已不明显,其适用条件和限制条件有趋同的态势,〔4〕尤其是大宗货物的国际履

〔1〕 E. Allan Farnsworth, *Damages and Specific Relief*, 27 American Journal of Comparative Law, p. 251(1979).

〔2〕 See Robert Birmingham, *Breach of Contract*, *Damage Measures*, *and Economic Efficiency*, 24 Rutgers Law Review, p. 273, 284 (1970).

〔3〕 Richard Posner, *Economic Analysis of Law*, led. 2, Cambridge University Press, Boston and Toronto, p. 89-90(1977). 波斯纳举例说,假定我签合同提供 10 万件定制部件给 A,用于其锅炉厂生产,每件 0. 1 元。交货 1 万件后,B 提出它迫切需要 2. 5 万件同样货物,否则就要以巨大成本关闭其制琴厂,B 出价每件 0. 15 元。我卖给 B 这些货物,因此延误向 A 供货,被 A 索赔 1000 元作为损害赔偿。即使向 A 做了赔偿,我仍从与 B 的交易中获利 1250 元,这对我更有利。社会也更有利,这些部件对 B 价值为 0. 15 元,而对 A 价值是 0. 14 元(2. 5 万件货物按交货时价每件 0. 14 元与合同价格每件 0. 1 元差额,A 获赔 1000 元),违约导致 2. 5 万件货物由低价客户向高价客户转移。

〔4〕 大陆欧洲法也限制实际履行,PECL 第 9:102 条关于非金钱义务的履行规定:(1)受损害一方有权要求履行除金钱支付以外的义务,包括对瑕疵履行进行补救。(2)在以下情况,实际履行不可获得:(a)履行是不合法的或不可能的;或(b)履行将引起义务人不合理的努力或费用;或履行取决于个人性质的工作或服务提供或依赖于个人关系;或者受损害一方可以从其他渠道获得履行。(3)如果受损害一方在已经知道或理应知道另一方不履行以后的一段合理时间不能寻求履行,他就失去了要求实际履行的权利。

行，违约救济的主要方式是金钱赔偿，实际履行在较少情况下采用。学者亨利克·兰多在其2004年提交第14届美国法与经济年会的一篇论文中指出，“当违约涉及不履行某种行为，例如不能交付现存的货物确保履行时，在丹麦、法国、德国3个民法法系国家，实际履行很大程度是一种‘神话’”，文章证据显示：实际履行某种行为的权利要求在丹麦大体不能强制实施；在法国有较弱强制实施力；在德国虽然可以实施，但罕见寻求这一救济的。不使用这种救济归因于成本和对违约方强制履行的困难，面对另一方不履行，未违约方有效的救济办法通常是尽快进行替代交易，然后要求金钱赔偿。[1] 西方学者将“实际履行”归结为主要是非市场经济国家法律的特征，这类国家的法律强调实际履行不是基于合同道德，而是一种特殊经济理由，冯斯沃瑟认为，计划经济国家没有自由市场，无法进行替代交易，因此，在公约立法历史上，苏联和东欧社会主义国家支持实际履行。为此，西方学者建议在与非市场经济国家当事人订立出口合同时，应限制公约第46条的适用，或通过选择争议解决机构限制实际履行。[2]

2. 美国法律制度下适用实际履行的条件和对实际履行的限制

以下是美国法律制度下适用实际履行应考虑的因素和限制：

(1)标的物具有不可替代性

合同标的物是否具有“独特性”，是否不可替代是适用实际履行的核心要件。[3] 判例显示，土地、房屋、股票曾被认为有独特性，此外，为买方定制的货物，因产地原因需由特殊供应商提供的货物都具有独特性。独特性

---

〔1〕 See Henrik Lando, *The Myth of Specific Performance in Civil Law Countries* (April 2004), http://law.bepress.com/alea/14th/art15; John Felemegas, *Comparison Between Provisions of the CISG Regarding the Right to Require Specific Performance (Arts. 28, 46 and 62) and the Counterpart Provisions of the UNIDROIT Principles*, note, 8, http://www.cisg.law.pace.edu/cisg/principles/uni28.html.

〔2〕 See Albert H. Krizer, *Guide to Practical Applications of the United Nations Convention on Contract for the International Sale of Goods*, Kluwer Law Publisher, 1989, p.219.

〔3〕 这一标准具有普遍性，并被引入国际规则，公约前身ULIS第25条规定，如果符合惯例并有合理可能，买方能购进货物，替代与合同相关货物，买方就无权要求卖方实际履行。反之，如果标的物难以替代，就可以支持实际履行。

必须考虑合同总的情况,标的物产量、独特来源、特定市场都可以使货物具有独特性。“其他适当情况”下的货物是指因需求紧迫,供应量大,不能以合理价格补进货物等情况。有时卖方实际履行的难度与其正常履行合同应获得的收益不成比例,强迫其履行是不公平的,如卖方是农产品生产商或通用芯片制造商,买方是农产品或芯片经销商,卖方不交货即使不能免责,强迫其购进替代物履行合同是困难的,因为买方作为经销商比卖方有更多商业渠道或便利购进替代物。买方最有效救济办法是若有必要,尽快进行替代交易,然后实施金钱索赔(参见例 28C)。

例 28A:范-罗伯(Van-Rob)公司(R 公司)与埃贝赫(Eberspaecher)北美公司(E 公司)订立了限制条款的合同。根据合同:R 公司依约向 E 公司提供专门设计制造的消音器,后者将消音器用于制造汽车排气系统,出售给克莱斯勒公司。E 公司需要维持至少 3 天生产的消音器供应,需要 R 公司频繁发运货物,R 公司是唯一满足 E 公司和克莱斯勒公司生产需要的供应商。E 公司强调即使是轻微的拖延供货也会引起它本身和克莱斯勒公司停产,后来 R 公司要求将增加的原材料成本作为“合金附加费”转移给 E 公司负担,否则将停止供货,为此引起争议。E 公司向美国密歇根州法院起诉,以遭受不可挽回损失为由,要求法院发出临时禁令,强制 R 公司继续履行合同,州法院判原告胜诉。被告上诉至联邦上诉法院,法院经审理认为:遭受不可挽回的损失是发出强制执行令的一个重要条件,尽管 R 公司停止供货将使 E 公司生产停顿,员工停工待料,对 E 公司其他供货商也有消极影响,E 公司还将面临克莱斯勒公司几百万美元的罚金,但是如果 E 公司最终在违约救济的诉讼中获胜,金钱赔偿足够弥补上述损害。E 公司声称负担不起 R 公司提高的价格却不能提供相应证据;E 公司本可以简单地支付 R 公司索要的高价,之后在法庭上要求损害赔偿就可以补偿其损失。因为金钱赔偿可以充分补偿 E 公司受到的损害,主张衡平法的救济是不适当的,因此密歇根东区联邦上诉法院判决撤销州法院临时禁令。[1]

(2)主张实际履行的原告在履行合同中是否有不当行为

寻求实际履行的原告必须遵守诚信,如果原告本身不履行合同义务,在与交易有关的行为中有不正当行为,并且寻求法院协助完成这一交易,则违反"净手规则"(clean-hand rule),法院将拒绝实际履行。

(3)实际履行不应该使违约方处境更为艰难

在程序上,美国法院发出实际履行强制令的前提是原告抗辩成功,同时不能使被告处境更为艰难。在杜邦公司诉拜耳公司一案中,法院驳回买方申请的临时禁令,理由是买方不能依据法律对于实质性问题抗辩成功。

例 28B:原告杜邦公司与被告拜耳公司订立了直到 2015 年的长期供货合同,从被告公司购入某种专利化学品,将其与杜邦公司自己生产的除草剂混合,制造出对作物更安全的新的除草剂。后来拜耳公司指控杜邦公司超越销售合同授予的许可范围使用其产品;杜邦公司在其推销广告当中没有承认拜耳公司在其产品中的专利权,构成违约;如杜邦公司不能对其违约采取救济将终止合同,停止供货。

杜邦公司向特拉华州法院起诉,请求确认其没有违约,要求被告实际履行合同;申请临时禁令,阻止被告停止供货。拜耳公司辩解原告违约在先,违反"净手规则"。法庭认为特拉华州的 UCC 适用本案,涉及实际履行的 UCC 第 2-716 条没有规定允许实际履行的证据要求。法庭阐述传统的发出临时禁令的三方面要件:①当事人依据法律对实质争议问题抗辩成功的可能性;②如果不发出临时禁令,将导致请求方直接的不可挽回的损失;③对当事人所受艰难处境权衡的结果支持提出请求的一方。法院注意到合同支持杜邦公司使用拜耳公

[1] See Eberspaecher North-America Inc. v. Van-Rob Inc. , 544F. Supp. 2d. 592 (E. D. Mich. 2008). 禁令是美国法院裁决的特殊救济,向当事人发出禁止从事一定行为或不做出一定行为的命令,或强制其履行作为或消极不作为义务的命令。

司的化学品,同时包含对杜邦使用化学品的许可限制,拜耳公司还保留了相关的其他权利,不允许杜邦越权使用化学品。法院的确认识到拜耳公司不履行将导致杜邦不可挽回的损失,因为拜耳的产品对杜邦生产杀虫剂是不可替代的,但是法院对当事人所受艰难情况的权衡结果并不支持杜邦,如果向拜耳发出禁令强迫他继续履行合同,将使其更为艰难,因为拜耳也生产一种杀虫剂与杜邦竞争,在未决诉讼期间拜耳将失去竞争利益。法庭认为杜邦没有足够的证据说明对争议问题审理的结果使其有权获得实际履行的救济,因此法院拒绝发出临时禁令。[1]

(4)实际履行是否可行

当履行合同变得违法或违反公共政策时,实际履行就不可行。例如,某国政府以保护国家安全和本国知识产权为由,实施新的出口管制,禁止本国某些高技术产品出口特定国家,这突如其来的政府禁运必然使所涉公司大量出口合同变得履行不可能。相反,在违约方同意履行的情况下,实际履行就是可行的。

(5)赔偿额是否可确定

在亨特食品诉奥迪肖案中,合同规定卖方在 5 年内按当地均价向买方供应桃子,违约发生时还有 3 个收获季,法院判决由于损失赔偿额无法计算,该合同应当实际履行,而不支持损失赔偿。

(6)履行是否涉及个人性质的服务

普通法的原则是,如果履行涉及个人性质的服务,违反该合同不适用实际履行,只能金钱赔偿,因这种义务履行难以判断其质量,强迫履行会使违约方感到被奴役。

(7)卖方破产时尚未发运的货物,如果买方已经支付全部或部分货款,卖方在接到第一笔货款 10 日内破产,且货物已经划拨到合同项下,买方可以重新取得这些尚未提交的货物(UCC 第 2-502 条)。

---

〔1〕 See E. I. Du Pont de Nemours & Co. v. Bayer Cropscience L. P. , 958A. 2d, 245, 247 (Del. ch. 2008).

此外,对于买方违约,卖方可以请求支付价金的情况如下:(1)买方已经接受了货物而没有支付货款;(2)货物在风险转移买方后损失、灭失;(3)货物划拨到合同项下,卖方已适当努力仍不能以合理价格转售(UCC 第 2-709 条)。

3. 公约关于实际履行救济

在公约框架内,实际履行是买卖双方都可以采取的违约救济措施,这明显区别于某些国内法制度,英国法将实际履行解释为特征性履行,是承担特征性履行一方应承担的义务,在销售合同中是指卖方的履行而不包括买方的履行,实际履行是卖方违约时买方可采取的救济,这种解释不适用于公约。依据公约第 28 条、第 46 条第(1)款、第 62 条的规定,买方或卖方都可以要求对方实际履行。当卖方违约时,买方可以要求其实际履行,包括要求其按照合同规定的时间和地点交付货物;提交单证;转移货物所有权;要求卖方交付与合同相符的货物(第 35 条);要求卖方履行其他附属性义务,如安装、调试交付的货物、技术培训,或提供履约担保等。买方也有权要求卖方履行公约第 41 条、第 42 条下的义务,使货物免除第三人权利要求,这也是要求"实际履行"。当买方违约时,卖方可以要求其实际履行,主要是要求买方接收货物;支付价金;开立信用证及提供付款担保等。当事人还可以要求违约方履行其他义务,如在宣告合同无效后,要求归还货物或归还已支付的款项,但这类履行的目的不是履行合同,而是要解决合同解除后的剩余问题,不属于实际履行范围。

公约用特有方式弥合两大法系在此问题上的冲突:

一方面,确认当事人可以要求另一方实际履行的实体权利,虽然第 49 条和第 64 条允许当事人在另一方发生根本违约情况下解除合同,却没有要求其必须这样做,即使另一方根本违约,当事人也可以选择要求对方实际履行,完成约定交易,所以第 28 条原则规定"一方当事人有权要求另一方当事人履行某一义务"。第 46 条和第 62 条第一句分别承认,"买方可以要求卖方履行义务"以及"卖方可以要求买方支付价款、收取货物或履行其他义务"。第 47 条和第 63 条分别规定了针对当事人不履行义务的宽限期程序,意在鼓励未违约方创造条件,让对方履行。这些规定代表了大陆法强调实际履行的公理,也说明立法者注意到实际履行优于其他救济的特点:卖方违约时,买方有时不能获得合理替代货源,即使买方从其他渠道购进替代物,总不能使买方获得依据原合同履行那样的满足,因货物的价值经常取决于其原产地、原有供货方以及原有供货时机。实际履行还免除了损害赔偿救济需要认定损失,确定赔偿范围的麻烦。公约没有说明实际履行救济适用的具体情况,这留给裁判庭依据国内法处理,以下是法院适用公约支持原告要求实际履行的案例。

例 28C:原告马格兰国际公司(M 公司)是营业地在美国的钢材经销商,被告赛基特商贸公司(S 公司)是德国钢材经销商,1999 年 1 月双方协商 S 公司作为中间商向 M 公司供应钢条,货物由乌克兰钢厂制造。2 月 15 日 M 公司发出订单购买 4 万吨钢条,拉脱维亚一港口交货,在 M 公司同意 S 公司后来的加价要求后,S 公司发出格式确认书,其中含有订单没有的条件(船舶载重、法律适用和争议解决)。双方就确认书中与订单不同点经协商得以解决。M 公司于 3 月 26 日开立信用证(120 万美元)。3 月 29 日 S 公司要求买方修改信用证中装运条件(改为 FCR)遭 M 公司拒绝。3 月 30 日 S 公司最后通知 M 公司要求修改信用证,否则不再履行合同。4 月 1 日在 M 公司请求下 S 公司将信用证退回,然后将钢材转卖给在美国的 M 公司最终用户。因此,原告 M 公司向伊利诺伊州北部地区法院起诉 S 公司,主张:(1)在 3 月 30 日 S 公司最后通知修改合同之前,双方已经存在合同,被告构成预期根本违约,请求补偿原告损失;(2)要求被告实际履行合同,追回钢材,因为根据伊利诺伊州 UCC 文本,M 公司无法补进货物,被告应该履行承诺;(3)已经交付给 S 公司并转交乌克兰钢厂的钢材详细说明构成商业秘密,S 公司转售钢材给 M 公司客户构成侵犯商业秘密。被告要求法庭驳回原告请求。

关于法律适用,当事人同意公约适用于他们之间的交易。法庭裁决支持原告前 2 项请求。关于第 1 项要求,根据公约第 25 条和第 72 条的规定,被告构成预期根本违约的条件是其在履行截止日前意图违约,并且此项违约具有根本性，S 公司 3 月 29 日单方面要求修改装运条件以及之后要求修改信用证构成预期根本违约，违约已经给 M 公司造成损害。关于第 2 项要求，公约第 46 条允许买方要求实际履行，除非其采取相抵触救济，第 28 条对此项权利做了限制。简言之，依据 UCC 第 2-716 条的规定，只有当货物是特定的或其他适当情况，法院可以发出实际执行令，关于这一条款的正式评论指出不能补进货物就是“其他适当情况下货物”的有力证据。依据 UCC 决定实际履行的核心是原告能否在公开市场补进货物，货物是否有替代性，对此 M 公司已经在诉讼请求中说明货物难以补进，因此支持原告要求。〔1〕

另一方面，公约对实际履行做了重要限制，包括对实体权利本身的限制以及该实体权利经由法院强制实施的程序限制，这是对普通法国家的让步。〔2〕 在实体权利上，首先，要求当事人不得采取与实际履行相抵触的救济（第 46 条、第 62 条第一句）；其次，第 77 条规定未违约方行使救济权时有减轻损失义务，这使多数情况下要求违约方实际履行不可行，替代交易成为当事人不履行时的必然选择；最后，第 85 条、第 86 条分别规定控制货物的一方有保全货物义务，第 88 条规定当事人有义务迅速处理易腐货物，履行这些义务将阻止未违约方要求另一方实际履行，完成预定交易。〔3〕 在程序限制上，若卖方陷入破产，买方要求对方实际履行取决于它是否有优先受偿权，这应该由国内法程序处理。如果买方进入破产程

〔1〕 See Magllan International Corperation v. Salzgitter Handel GMbH, http://cisgw3.law.pace.edu/cases/991207u1.html.

〔2〕 反对公约引入实际履行救济的理由是：在普通法国家，法院发出实际履行执行令后，被告如拒不执行，法院会以蔑视法庭为由对被告罚款或监禁，这对于国际贸易当事人不合适；国内法关于实际履行制度有较大差异；实际履行在经济上低效率。See Amy H. Kastely, *The Right to Require Performance in International Sale: Towards an International Interpretation of the Vienna Convention*, 63 Washington Law Review, p. 626-627(1988).

〔3〕 减轻损失的要求告诉我们，若买方声明他将不接受货物，而卖方准备履行的货物正在制造，可行的救济只能是解除合同而不是继续履行。若买方声明拒收的货物是易腐物，卖方应根据第 88 条第（2）款采取合理措施变卖货物，这就限制了卖方要求买方支付价金的权利。

序,卖方要求买方接受货物,支付价金的请求也将由相应国内破产法调整。[1]

公约对于实际履行救济的最重要限制是第28条的规定。第28条相当于原草案第26条,正式文本对该条的唯一修改是将草案第26条中的“除非法院依照其本身的法律对不属于本公约范围的类似的销售合同可以这样做(could do so)”改为“……愿意这样做(would do so)”。这一关键改动使条款的意思有了根本变化。草案第26条此处的意思是,若法院根据相关国内法对国内类似的销售合同可以作出实际履行判决,而当事人在由公约调整的合同争议中提出这样的请求,就构成法院“无义务作出这样判决”的例外,即法院有义务作出此类判决而不得自由裁量。这是对不轻易作出实际履行裁决的国内法院,主要是普通法国家的法院作出的重要限制。正式文本则表现出给处理此类争议的国内法院充分的自由裁量权,当法院地法对国内类似的销售合同争议允许采取实际履行的救济,并且法院愿意作出这样的判决,它才对由公约调整的货物买卖合同争议作出实际履行判决。法律规定允许作出实际履行判决不等于法院在个案中愿意做这样的判决,更不是必须做这样的判决。第28条规定“法院没有义务做出判决”,字面上,似乎这一条是对“法院”的宣示,不包括仲裁庭。联系公约第45条第(3)款和第61条第(3)款规定中专门提及仲裁庭,令人疑虑第28条是否对仲裁庭适用。如果销售合同争议案由仲裁机构审理,当事人可否援引第28条请求实际履行?仲裁庭能否参照这一条做出实际履行裁决?在实际履行问题上我们找不到公约对法院和仲裁庭审理案件有不同处理的规定,相反却有第28条类推适用仲裁庭的证据,贸易法委员会秘书处评论公约草案第42条(正式文本第46条)指出:“虽然买方有权借助法院或仲裁庭强制卖方履行合同,第28条在某种程度上限制了此项权利……”[2],说明第28

---

〔1〕 根据美国破产法,破产时未解除的并且未履行完毕的销售合同属于待履行的合同。如果实际履行对双方都是适当的,破产受托人通常有权拒绝承担或同意承担待履行的合同。如果卖方受托人拒绝承担待履行的合同,卖方的破产财产不必依据该合同被实际履行,买方可以在破产诉讼中提出违约赔偿请求,该请求应被作为无担保权利请求处理。

〔2〕 UNCITRAL, *Secretariat Commentary on Article 42 of Draft Convention (Article 46 of Official Text)*, Paragraph 9, Official Records, p. 38-39.

条对仲裁庭也适用。第 28 条中所述“法院依照其本身的法律”应该理解为法院地国内实体法，不包括冲突法。对于仲裁案件，应该类推适用仲裁庭所在地国内实体法，至于仲裁庭能否要求法院发出实际履行执行令，这取决于仲裁庭所在地国内法规定。

公约第 28 条以及第 46 条、第 62 条体现了具有不同法律制度的国家之间在公约下关于实际履行救济达成的妥协与平衡。这种平衡承认不同法律制度背景下，法院在适用公约处理案件时，实施这一救济的充分自由裁量权，这是正式文本第 28 条特别强调的。虽然关于实际履行的国内法制度不同，在允许司法系统行使自由裁量权问题上，两大法系国家并没有实质区别。要求违约方实际履行合同不等于法院能实施这一权利，这需要由程序法调整，正是在这一环节上出现了自由裁量。比如，法国法院在决定是否向卖方发出执行令时就有自由裁量权；英美国家的实体法与程序法是合在一起的，法律没有规定买方有权迫使卖方实际履行合同，而是规定买方可在法院协助下使卖方实际履行，法律同时规定了法院进行协助的限制和弹性，买方要求实际履行的权利与法院协助实际履行的义务并存。[1]

第 29 条　合同的修改、终止

(1)合同只需双方当事人协议，就可更改或终止。

(2)规定任何更改或根据协议终止必须以书面做出的书面合同，不得以任何其他方式更改或根据协议终止。但是，一方当事人的行为，如经另一方当事人寄以信赖，就不得坚持此项规定。

[1] 英国《1893 年货物买卖法》第 52 条规定，法院如果认为适当并根据原告请求和自身的判断，可以强制被告实际履行而不给其自行选择权。UCC 第 2-716 条第(1)款也有类似规定。

评 释

1. 第29条第(1)款

第29条第(1)款允许当事人仅通过协议修改或终止(terminated)[1]销售合同。这一表面看来没什么特别之处的宣示,首先是针对英国普通法或个别大陆法国家对当事人修改合同的不适当限制作出的。根据普通法的"对价"理论,合同成立后当事人不能协议修改仅仅是一方当事人应承担的义务,这种修改因为没有"对价"支持是无效的。大陆法允许协议修改仅仅是一方当事人的合同义务,但需要有"约因"。这种陈旧的规则是对大量存在的现代商业交易的阻碍。UCC第2-209条第(1)款首先打破了这种束缚,指出:"修改本条款范围合同的任何协议不需要对价即具有约束力。"公约第29条第(1)款事实上采纳了这一规则。第29条还承认当事人有权通过协议终止合同,这是除宣告合同无效之外的另一种解除合同方式。关于协议解除合同后的清理恢复,当事人的协议优先适用,缺乏协议规定的,应适用公约第三章第五节规定。

根据第29条的规定,只有当事人双方达成协议,才可以更改合同条款或终止合同,修改合同和终止合同的协议是否存在,也应根据公约关于合同成立的第二部分规则确定(第14~24条)。"一俟合同订立,随后的通信可以推定为更改合同的建议。这些建议必须服从本公约中关于要约和承诺的规则。"[2]同样,对双方当事人更改、终止销售合同的声明、协议的解释,以及对预计更改、终止的合同本身的解释,也应该依据公约,特别是第8条的解释规则。合同成立后,一方又以发出确认书或开立信用证的方式建议修改合同,提出新的交易条件,而另一方沉默,应适用第18条第(1)款第二句,关于修改合同的协议不成立,因为沉默本身不构成接受。但是在以下案例中,买方以货物不符合合同为由拒付货款,又对卖方决定转卖货物

---

〔1〕 第29条相当于草案第27条,此处正式文本以"terminated"代替了原稿中的"abrogated"(撤销),说明这两个概念存在差别。尽管撤销合同与终止合同的法律后果基本相同,但撤销合同通常是法院判决的结果,属于公法上的行为,并且撤销合同的条件通常是法定的。而终止合同是当事人之间协议的结果,属于私法上的行为,正式文本此处的更改是适当的。

〔2〕 《判例法摘要汇编》(2008年版)第23条第3段。

的行为不予理睬,法庭适用公约第 8 条关于对当事人声明行为的解释规则,认定双方达成了终止合同的协议。

例 29A:尼日利亚卖方通过在德国的代理人(原告)向另一德国公司(被告)出售一批稀有木材,被告以木材质量低为由拒绝付款。原告宣布其将另找买主以销售这批木材。初审法院判令被告付款,被告不服,提出上诉。上诉法院认为:当事人双方已经商定终止合同,这一点是公约第 29 条明文规定允许的,对于这种终止合同的协议,仍应适用订立合同所依据的相同规则。依据公约第 18 条的规定,缄默本身不等于对要约接受,但上诉法院认为,在某些情况下,缄默可以被解释为宣布接受。就本案而言,卖方检查了发送的木材,并提出收回木材另做销售,买方既没有拒绝这一要求,也没有要求赔偿或更换有缺陷的木材,这说明买方接受了终止销售合同的要求。因此上诉法院推翻了初审法院判决,驳回要求付款的诉讼。[1]

第 29 条应与第 11 条、第 12 条、第 96 条结合起来理解,这意味着当事人双方达成协议是修改、终止合同的全部要求。除非另有约定,修改合同的协议在形式上不受限制,可以用书面以外的形式作出,不过口头协议显然需要证据支持。缔约国可以对第 29 条第(1)款作出保留(第 96 条),若当事人的所在国作出这样的保留,其也不得通过合同减损这种保留的效力(第 12 条)。另外,该条款所指的对合同的“修改”不包括以下情况:即一方发出订单(要约),另一方以带有添加、修改的确认书回复,或直接发货而在随后出示的发票中显示对原订单内容的修改,这种确认书、发票中的更改是对要约内容的更改,适用第 19 条。

2. 第 29 条第(2)款

根据第 29 条第(2)款的规定,若当事人在书面合同中约定,任何修改或终止销售合同的协议也必须以书面形式作出,当事人就不得以书面以外的形式修改或终止销售合同。在当事人没有特别约定的情况下,以“书面

---

〔1〕 UNCITRAL, CLOUT, case No. 120(德国科恩高等法院,1994 年 2 月 22 日).

形式"作出的修改或终止合同的决定应是广义的,"书面形式"包括第13条所指的不需要真实签名的电报、电传,只要一方以这种书面形式表明修改意图,另一方以书面表示接受或有书面证据证明其接受,就产生修改或终止合同的效力。但是当事人若在合同中约定,修改、终止合同的协议除以书面形式作出外,还需要当事方真实签名或总经理批准,应服从该约定,这符合公约第6条的规则。另外,如果当事人在书面销售合同中规定有"合并条款",在书面协议达成前的口头协议也不能作为更改合同的依据(参见第11条评释)。

第(2)款第二句又指出,一方当事人的行为使另一方对其产生信赖,其就不得再坚持销售合同必须以书面形式修改或终止的规定。"一方当事人的行为"是指哪些行为?公约未明示,应理解为那些与合同的修改、终止必须以书面方式作出的约定相抵触的行为。秘书处评论以如下实例说明这一问题。

> 例29B:一书面销售合同规定卖方B应在2年间向A分批销售一定量的货物,合同规定所有对合同修改或解除的协议必须是书面的。在B向A提交第一批货物不久,A方口头告知B,要求B对所交货物的样式进行修改,否则将拒收以后批次的货物、拒付价金。B在没有收到A方书面的关于上述要求改变货物样式的确认书的情况下,按A方要求修改了货物式样,并在以后5批交货中按修改的样式做了履行,而A方接受了这5批货物。但是在B方仍按修改后的式样交付第六批货时,被A方以不符合原书面合同为由拒收。此例中A必须接受所有修改了样式的货物(共6批),但是B在从第七批开始以后的交货中应恢复原来式样。[1]

秘书处评论认为,买方A应接受经过修改样式的第六批货物,因为前5批同样的货物买方已经接受,这相当于买方同意卖方以交付与原合同规定不同的货物的方式,而不是以书面协议的方式修改原销售合同,卖方基于

〔1〕 See UNCITRAL, *Secretariat Commentary on Article 27 of Draft Convention*(*Article 29 of Official Text*), Example, 27A, Official Records, p. 28.

信赖买方接受前5批货物的行为,照样交付第六批货物,买方不得再以原来关于必须用书面协议修改合同的规定来抗辩。这里争议的问题是,A方口头通知B要求修改货物样式(口头修改合同的建议)是否也属于第(2)款第二句所指的"一方当事人的行为",这涉及A在接到第二批修改样式货物后是否就有权拒收。霍纳尔德教授认为,这种口头修改合同的建议也属于"一方当事人的行为",若另一方同意该建议并本着对此信赖行事,提出口头建议的一方不得再以合同必须以书面形式修改为由抗辩或反悔。在上例中,买方A无权拒收第二批货物。不过对于上例中的B方而言,存在如何证明A提出过口头建议的技术问题,善意的B方应在收到A的书面修改合同确认书再履行,这才是稳妥的。

第二章 卖方义务

第30条 卖方承担的基本义务

卖方必须按照合同和本公约的规定,交付货物,移交一切与货物有关的单据并转移货物所有权。

评 释

第30条概括地说明公约第二章的调整范围,卖方在国际货物销售中应承担的基本义务,即交付货物、移交一切与货物有关的单据并转移货物所有权。交付货物(delivery of goods)是个重要的法律行为和法律概念,它的含义,笔者将在第31条的评论中讨论。移交与货物有关的单据,这是指移交代表货物所有权的单据以及销售合同要求的其他单据,国际贸易中主要有提单、保险单、发票、货物商检证书等。卖方还必须转移货物所有权,国际货物买卖中,通常交付单据是转移货物所有权的标志,根据英国货物买卖法,卖方可以通过保留提单而保留货物所有权,当买方付款,卖方把提单交给买方而满足了这种对流条件,就可以认定卖方有意图把货物所有权转移给买方。《华沙—牛津规则》第 6 条规定,在 CIF 合同中,货物所有权转移的时间是卖方把装运单据交给买方掌握的时候。作为国内法的一般法律原则,货物所有权依当事人协议转移。英国普通法规定,交易的标的物是特定物,且卖方对所有权无保留条件,货物所有权在合同订立时起转移。如果是种类物,卖方没有保留条件,则所有权在货物注明到合同项下,交付给承运人发运时转移。丹麦、法国、意大利的法律也有类似规定。但是另一些欧洲国家,如德国、荷兰等,其法律规定,货物所有权在买方或买方授权的其他人占有货物时转移。因此,已经由承运人运送的货物在一些国家被认为卖方保留了所有权,在另一些国家被认为已经属于买方所有。

上述国内法及国际惯例中所有权转移的规定不一定适用所有情况。由于公约不涉及合同对所出售货物所有权产生的影响(第 4 条),认定当事人转移货物所有权的义务应依据销售合同的规定、相关的国内法及国际惯例处理,从中确定货物所有权何时转移,转移所有权需移交哪些文件,需满足哪些条件。根据公约第 67 条第(1)款的规定,尽管卖方保留了货物所有权或货物中的权益,如果这种保留是以获得价金支付为目的,并不影响交货效力以及货物风险转移。

第 30 条还强调卖方必须按照销售合同及本公约的要求履行上述义务,在销售合同与公约之间,销售合同是卖方履行义务的首要依据,两者发生冲突时,卖方应优先履行销售合同的义务,公约允许当事人排除其适用,或在遵守第 12 条规则条件下,减损或改变公约效力(第 6 条)。

第一节　交付货物和移交单据

第 31 条　卖方交货地点

如果卖方没有义务要在任何其他特定地点交付货物,他的交货义务如下:

(a)如果销售合同涉及货物的运输,卖方应把货物移交给第一承运人,以运交给买方;

(b)在不属于上一款规定的情况下,如果合同指的是特定货物或从特定存货中提取的或尚待制造或生产的未经特定化的货物,而双方当事人在订立合同时已知道这些货物是在某一特定地点,或将在某一特定地点制造或生产,卖方应在该地点把货物交给买方处置;

(c)在其他情况下,卖方应在他于订立合同时的营业地把货物交给买方处置。

评 释

1. 交货(delivery of goods)的含义与法律后果

第 31 条规定卖方履行交货义务的地点问题,它对于交货地点的解释仅在销售合同中没有规定交货地点的情况下起补充作用。为了展开这个问题,首先应该辨明“交货”的含义,Incoterms 2000 引言指出:“当货物在某一特定地点可交给买方时,Incoterms 2000 在适当之处使用了‘将货物交给买方处置’的表述。这种表述与《联合国国际货物销售合同公约》中的‘将货物交付’的表述相当。”〔1〕公约用“delivery”这个最一般性的概念表达“交货”的含义,没有使用“hand over”这一更形象的表述(比较“hand over any documents”),是希望它能涵盖各种交货方式,特别是涉及运输的交货。“交货”是指实际交货,可理解为卖方在某一特定地点和时间把货物交给买方处置的行为。“特定地点和时间”通常由当事人在销售合同中用贸易术语或合同条款确定。“交给买方处置”可以是直接交给买方,多数情况是经由货物的托管人(承运人、仓库保管人)交给买方处置。交货地点和交货时间是卖方所承担交货义务的核心问题,假定销售合同要求位于中国青岛的 C 公司向位于韩国首尔的买方 K 公司交付 100 箱成衣,C 公司需要在韩国釜山或首尔将货物交付买方处置?还是简单地由 K 公司在青岛收取货物?

---

〔1〕 Incoterms 不是有约束力的法律或条约,而是成文的商业习惯或惯例,它可以明示或默示地被并入销售合同,作为其内容的一部分。学界公认 Incoterms 属于公约第 9 条第(2)款所指的惯例,可以用来填补公约的空白。Incoterms 2020 是国际商会最新修订本。

抑或是C公司需要在青岛港将货物交承运人运交买方,这几种情况涉及不同交货地点以及由哪一方负责办理运输和保险,如果合同履行受阻,履行地是认定卖方是否完成交货以及风险转移界限的依据。

交货与装运(shipment)是两个相互联系又有区别的概念,装运是把货物装载在运输工具上运往指定目的地的行为,是一种实体上的行为活动(physical act);交货是一方自愿将货物占有权转让给另一方的法律行为。[1] 在CIF、FOB这类装运合同中,[2]卖方交货地点是装运港指定船舶上,卖方完成了装船,也就完成了交货义务,此时两者是吻合的,装运意味着交货。但是在其他如D组术语的交易条件下,装运与交货是不同的,完成装运不等于完成交货,因为卖方交货地点在目的港或目的地。在公约范围内,提交货物与提交单据也是不同的法律行为,若卖方在合同规定的特定地点把货物交给买方,或在没规定交货地点的情况下交给第一承运人,卖方就完成了第30条规定的交货义务,即使他从没有向买方提交单据,买方也只能依据合同和公约就其没有交单的行为行使救济权利。卖方的交货义务以其"交给第一承运人"或在特定地点"交给买方处置"为限,卖方对于因承运人原因不能将货物交付买方或没有及时交付买方不负责任,因为承运人不对销售合同负责。在第31条(b)项和(c)项情况下,如果买方没有收取货物,卖方就应对在其监管之下的货物负责,但是如果买方到期不接管货物,风险自货物交买方处置,买方不收取货物从而违反合同时起转移给买方[第69条第(1)款]。

交货产生重要法律后果,对买方有重要影响,如果卖方不履第31条规定的交货义务,买方有权要求其实际履行[第45条第(1)款],除非卖方的不履行符合第79条的免责条件。交货与货物风险转移相互关联,在卖方交货以前,货物损失、丢失、变质的风险由卖方负担[第36条第(1)款]。货物的品质、数量是否符合合同也依据风险转移时,在多数情况下,依据交货时的状况确定。卖方还应负担运输、仓储和通关等其他成本,直到"货物交

---

〔1〕 参见英国《1979年货物买卖法》第61条的解释。

〔2〕 Incoterms 2000按照卖方承担权利义务的大小把贸易术语分为4类,其中C组和F组术语都是卖方在装运国或发送国完成合同履行,属于"装运合同";而D组术语中卖方负责把货物运至边境或进口方约定的目的地,属于"到货合同",这一分类是国际公认的,也是较重要的。

给第一承交人”或在特定地点“交买方处置”。卖方交货后，买方必须及时领受货物，如果货物与合同不符，买方应履行第39条第(1)款的通知义务，行使救济权利。公约没有采纳ULIS第19条第(1)款关于交货的定义，后者界定交货是“交付与合同相符的货物，在公约下交付不符货物也是交货，是交货的‘异化’”，[1]产生买方的救济权利，否认这一点也就否认了买方的救济权利。

在程序法方面，第31条关于交货地点的规定可以作为确定国际货物销售合同争议案管辖权与法律适用的根据。适用于欧盟国家的《1968年民商事管辖及判决执行的布鲁塞尔公约》第5.1条规定，涉及合同争议的案件，可以在合同履行地的法院对被告起诉。而卖方的履行地应根据所适用的法律确定，一般应为卖方交货地点或卖方的营业地。1980年罗马《合同法律适用公约》第4.1条规定，“合同适用与该合同最密切联系国家的法律”。“合同与在订立合同时将要实施特征性履行那一方所处国家有最密切联系。”销售合同的特征性履行地是卖方营业地。

2. Incoterms关于交货地点的规定

公约第31条第一句显示了多数销售合同中都规定了交货地点，以及卖方有义务在这特定地点交货的现实情况。在合同中并入英文缩略语表示的贸易术语是销售合同确定卖方交货地点主要方式。Incoterms(2010)列出的11种贸易术语中，A4项清楚地说明不同交易条件下卖方“交货”的含义。在CFR条件下，“卖方必须在约定日期和期限内，按照港口习惯，以将货物装上船或者以取得已经装船货物的方式交货”；在CIP条件下，“卖方必须在约定日期或期限内，以将货物交给按照A3签订合同的承运人的方式交货”；在DDP条件下，“卖方必须在约定日期和期限内，在约定地点或指定目的地，以将抵达的仍处于运输工具上，且已经做好卸货准备的货物交买方处置的方式交货”。Incoterms 2010各贸易术语关于交货和风险界限的规定见表1。

[1] 黑格尔说过，一个真的国家就是一个与国家概念相符合的国家，一件真的艺术品就是与艺术品的概念相符合的艺术品，坏人不是真实的人，即行为不符合自己概念或自己使命的人。然而，完全缺乏概念和实在的同一性就不可能存在任何东西。甚至坏的和不真实的东西之所以存在，也只因为它的实在性还多少以某种方式符合它的概念。参见[俄]列宁：《黑格尔〈逻辑学〉摘要》，载《列宁全集》(第55卷)，中央编译局译，人民出版社1972年版，第167页。

表 1 Incoterms 2010 各贸易术语关于交货和风险界限的规定

术语		运输方式	交货地点和交货方式	风险转移界限	运输合同	保险合同
EXW	Ex Works(工厂交货)	任何运输方式	在卖方指定地点将货物交买方处置(但不装货)	卖方指定地点	买方	卖方无义务
FCA	Free Carrier+指定地点(货交承运人)	任何运输方式	货交买方指定承运人或指定的其他人(如交货地点在卖方所在地,卖方需装货;在其他情况下,在卖方运输工具上交货并做好卸货准备)	货交指定承运人	买方	卖方无义务
CPT	Carriage Paid to+指定目的地(运费付至)	任何运输方式	货交指定地点承运人	货交承运人	卖方	卖方无义务
CIP	Carriage and Insurance Paid to+指定目的地(运费保险费付至)	任何运输方式	货交指定地点承运人	货交承运人	卖方	卖方
DAT	Delivered At Terminal+运输终端(运输终端交货)	任何运输方式	在指定港口或目的地运输终端卸货并交买方处置	指定目的地运输终端	卖方	卖方无义务
DAP	Delivered at Place+指定目的地(目的地交货)	任何运输方式	在指定目的地将仍在运输工具上并做好卸货准备的货物交买方处置	指定目的地	卖方	卖方无义务
DDP	Delivered Duty Paid+指定目的地(完税后交货)	任何运输方式	在指定目的地将仍在运输工具上并做好卸货准备的货物交买方处置	指定目的地	卖方	卖方无义务

续表

术语		运输方式	交货地点和交货方式	风险转移界限	运输合同	保险合同
FAS	Free Alongside Ship（船边交货）	海运及内河水运	将货物置于买方指定的船边或以取得已在船边交付的货物的方式	装运港船边	买方	卖方无义务
FOB	Free on Board（船上交货）	海运及内河水运	将货物置于买方指定的船上或取得已在船上交付的货物的方式	装运港船上	买方	卖方无义务
CFR	Cost and Freight（成本加运费）	海运及内河水运	将货物装上船或以取得已装船货物的方式	装运港船上	卖方	卖方无义务
CIF	Cost, Insurance and Freight（成本加运费保险费）	海运及内河水运	将货物装上船或以取得已装船的货物方式	装运港船上	卖方	卖方

国际商会于1936年制定了Incoterms第一版，对发端于19世纪英国的国际贸易术语进行统一解释，之后于1953年、1967年、1976年、1980年、1990年、2000年、2010年对文本多次修订，最新的版本是2020年版。[1] 1936年版Incoterms包含5个贸易术语，这就是FOB、CFR、CIF、FAS、Ex-works，其意义在于规定了海运术语交货地点以及风险转移界限。20世纪中期，铁路运输和航空运输兴起，为适应新的运输方式，1957年修改的文本增加了2个铁路运输条件，这就是铁路交货FOR（free on rail）和火车上交货FOT（free on truck），1976年的修改本增加了启运机场交货FOB Airport。1967年版Incoterms对于通则的修改是增加了2个目的地交货条件，即边境交货DAF（delivery at frontier）和完税后交货DDP（delivered duty paid），新的贸易条件是为适应当时欧洲国家与苏联之间的交易盛行边境交

〔1〕 对20世纪80年代以来每隔10年修订通则的事实，国际商会否认刻意为之，认为这是巧合，修订是为了适应商业实践需要，而不适当的修订损害Incoterms作为商业惯例的地位。See Jan Ramberg, *ICC Guide to Incoterms 2010*, ICC Publications, 2011, p. 16.

货以及在进口国目的地交货。20世纪80年代以后,集装箱运输普及,多种运输方式和多式联运兴起,提供“门到门”运输服务,因此1980年版Incoterms增加了3个新贸易术语,即FCA货交承运人(……指定地点),CIP运费保险费付至(……指定目的地)和CPT运费付至(……指定目的地),它们适用于包括海运在内的多种运输方式,新贸易术语规定卖方交货地点是货交内陆承运人(集装箱堆场等),提供的物权单证由传统海运提单改为“通常的运输单证”,并且其权利义务规定与传统的3个海运术语FOB、CIF和CFR有对应关系。此外,这次修订还增加了2个D组术语,DEQ目的港码头交货和DES目的港船上交货。1990年修订主要是适应电子商务的兴起,涉及卖方提交单证义务,规定允许使用电子单证;另一变化是取消了用于铁路运输和航空运输的3个贸易术语,它们可以由FCA代替,同时增加一个D组术语(DDU),自此形成的13个贸易术语的格局,在2000年版本中仍然维持着,影响商界20年。Incoterms(2010)对2000年版的修改是将13个贸易术语简化为11个术语,增加了2个新术语,DAT(运输终端交货)和DAP(目的地交货),同时取消了原版通则中的4个D组术语,DAF(边境交货)、DES(目的港船上交货)、DEQ(目的港码头交货)、DDU(未完税交货),改变了某些海运术语中的义务,即改变了FOB、CFR等装运合同交货地点和风险界限,增加了新义务。2019年9月,国际商会发布Incoterms(2020),主要变化是将DAT(运输终端交货)改为DPU(在卸货地方交货),这意味着交货地点不一定是终端(terminal),可以是任何地点,并且卖方要负责卸货,这是其与DAP最主要区别;另一变化是加重CIP下卖方保险义务,卖方应办理的保险由原来的伦敦保险协会货物保险C险改为A险。

Incoterms属于公约第9条第2款所述规范化的国际惯例,也是一种格式条件,每一个用英文缩略语表示的贸易条件分别规定有10多项权利义务,整体上属于销售合同义务,核心是关于卖方交货义务、交货地点和风险转移界限;货物运输义务和投保义务分担;进出口清关手续等规定,但是贸易术语仅涉及部分销售合同义务,它不能代替合同,也不能代替准据法或与之混淆,它们之间是互补关系。另外,基于通则的性质,当事人在合同中采用某种贸易术语的同时可以对其进行变通,或改变其权利义务效果,实践中就有 FOB stowed(理仓)、FOB stowed and trimmed(理仓和平仓)、Exwork loaded(装车)、CIF landed(卸货)、CIF & commission(加佣金)等贸易术语的许多变体,这种改变需要在合同中作出说明以明确意图,如 FOB (理仓和平仓)究竟是一种单纯费用负担还是要改变风险界限。另一种情况是合同采用贸易术语同时,又做了与之抵触的规定,如采用 CIF 却规定买方"货到付款",或规定"不到货无销售"(no arrival,no sale),虽然并入合同中的贸易术语也是合同一部分,但是当贸易术语预设的交易条件与其他经协商的合同条款相冲突时,其他合同约定优先适用。[1] 上述与 CIF 抵触的规定已经改变了所并入的贸易条件(CIF 下卖方负责办理运输却不负责到货),将合同变成到货合同。[2] 还应看到,一旦采用贸易术语就需要关注解释问题,强调规范使用贸易术语,合同中应该明确规定所引用贸易术语的版本出处(如 CFR Qingdao Incoterms 2010),正是为了避免对所涉权利义务理解和解释分歧。对于 Incoterms 这样的规范化贸易惯例,通常公认的理解是制定该文件机构的理解和解释(参见本书对公约第 8 条的评释),国际商会自 1936 年发布第一版 Incoterms 时起,就形成对贸易术语的统一解释,目前 Incoterms 有 9 个版本,它们构成可以相互参照的对贸易术语本身及相关问题的解释系统,版本之间并不是替代关系,而是并存关系,可以相互对比融会贯通,尤其是各版本的引言部分,通常涉及理解和适用通则的根本问题。[3]

3. 实际交货与象征性交货

实际交货与象征性交货的区分起源于英国法律和法律学说。英国是现代商业制度的发源地,最早的 FOB 案瓦克巴瑟诉麦森(Wackerbath v. Masson)产生于 1812 年,较早的 CIF 判例特雷格里斯诉休维尔(Tregelles

---

〔1〕 Incoterms1980 引言第 5 段规定:"当事人之间合同中特殊约定条款,其效力优于本通则的任何规定"。CISG-AC 意见指出:"合同中如有经协商的条款与标准条款冲突,经协商的条款效力优于标准条款。" See The International Sale Convention Advisory Council, *CISG-AC Opinion*, *No. 13*. Opinion, paragraph 8.

〔2〕 本书对公约第 9 条的评释中也提及贸易惯例与合同条款冲突问题。

〔3〕 国际商会制定的 Incoterms 在效力上不存在新版代替旧版的问题,不能说新版发布后旧版失效,不同时期的版本都可供商人选用,只要做出必要说明即可。这不同于国内立法和国际组织制定的条约,有新法代替旧法的问题。

v. Sewell)产生于1862年。虽然国际商会始于1936年对国际贸易术语进行了统一解释,这套游戏规则差不多在200年前就已经建立完善起来。[1]国际货物买卖中广泛采用CIF术语,这使买方可以很容易地在全球范围选择供货商而不必计算运费成本,同时方便卖方,因为许多国家的政府要求出口商优先购买本国的保险和运输服务。英国判例法和《1979年货物销售法》第28条将CIF、CFR视为单据买卖,卖方将代表货物的单据交给买方被视为履行了交货义务,而不管货物是否实际上运交买方。1919年,英国高等法院作出的关于CIF交易的一项权威判例中指出:"CIF合同与其他类型的商务合同的根本区别在于交易的完成依赖于交单,而不依赖于实际交货。买方只能要求卖方提交符合交易习惯的单据,衡量买方享有的权利和卖方应尽的义务时应以完好单据是否交付为准。买方不能拒收单据而要求卖方实际交付货物;卖方也不能不交付单据而只交付货物。"[2]根据1893年《英国货物买卖法》第28条的规定,在CIF条件下,卖方交单与买方付款是对流条件,对于海运合同来说,交单时间被视为完成交货的时间,也是买方应付款的时间。1911年,肯尼迪大法官在比德尔布劳斯诉克莱门斯豪斯特(Biddell Bross v. Clemens Horst)公司一案中指出,"CIF涉及三个阶段交货——卖方向船方交货、交付单据以及船方向买方交货。最后的交付由承运人依据他与托运人的运输合同进行。虽然卖方无绝对义务在卸货港交货(考虑风险因素),并且不应对承运人违反合同而未能完成在卸货港交货负责,但卖方有义务不干涉承运人交付。即卖方对未能提交单据负责,对未能在卸货港交货不负责。"[3]英国罗奇(Roche)大法官在1924年的另一案中重申,CIF有3个阶段交货:装运货物的预备性交货(provisional delivery on shipment);提交单证的象征性交货(symbolical delivery on tender of documents);货物最终被交付给买方的完成交货(complete

〔1〕 参见杨良宜:《国际货物买卖》,中国政法大学出版社1999年版,第1~2页。

〔2〕 "玛贝尔莎林有限公司诉谷物制品有限公司案""E. 克莱蒙豪斯特公司诉布雷德史兄弟案",载陈若鸿编译:《英国货物买卖法:判例与评论》,法律出版社2003年版,第250~251页、第260~261页。

〔3〕 [英]麦克·布瑞奇(Michael Bridge):《国际货物销售法律与实务》,林一飞等译,法律出版社2004年版,第184页。

delivery)。[1] 英国学者施密托夫也指出，从商业观点看，象征性交货的实质是单据买卖，提交装运单据的事实就等于交付货物。即“卖方是通过交付货物的提单来解除其交货义务”[2]。概言之，实际交货(physical dilivery)与象征性交货(symbolical delivery)的主要区别是：(1)完成交货的标志不同，在实际交货条件下，卖方完成交货的标志是将货物交买方处置，单据交付并无特别重要意义；而在象征性交货条件下，卖方完成交货的标志是提交代表货物的合格单据。(2)付款条件不同，除非另有约定，在象征性交货条件下，买方必须在卖方提交单据时支付价款；而在实际交货条件下，卖方只能凭实际交货本身，即在货物实际交给买方处置时请求买方付款，卖方仅提交单据时，买方无付款义务。

在大量涉及CIF交易的国际货物买卖合同争议案中，上述英国法律和法律学说有可能在合同以英国法为准据法时才适用，[3] 如果以公约为准据法则很难适用。公约没有实际交货与象征性交货的区别，交货与交单是卖方应履行的平行义务，即使是CIF条件，卖方不履行交单义务也不等于其不交货，违反交单义务是否构成根本违约应依据公约第25条标准评估。同时，以上的英国法律和法律学说尽管在某一时期被视为国际惯例，广泛被用来解释CIF条件，在目前情况下，这种学说是否属于公约第9条第(2)款所指的为所涉交易的当事人“广泛知道”和“惯常遵守”的国际惯例，尚需证明。国际商会Incoterms也没有区分实际交货与象征性交货，1980年版Incoterms中对CIF条件买方第12项义务的描述是：“领受卖方所提供的符合合同规定的各项单证，并按照合同规定支付价款。”把领受单据与支付价款做对应规定，似乎迎合英国货物买卖法关于交单与交货是“对流条件”之说，至少在那个时期或之前，“实际交货与象征性交货的区别”是国际惯例。但是20世纪90年代后，这一学说的影响下降，1990年版Incoterms以及之

[1] 参见杨良宜：《国际货物买卖》，中国政法大学出版社1999年版，第47页。

[2] 施米托夫引述麦克尔法官语，参见[英]施米托夫：《出口贸易——国际贸易的法律与实务》，对外经贸大学对外贸易系译，对外贸易教育出版社1985年版，第36~37页。

[3] 即使是依据英国法，也并非所有的CIF交易都是单据买卖，象征性交货存在于单据买卖的“连环交易”中，如果买方购买货物为自用，单据就不是合同目的。参见[英]麦克·布瑞奇(Michael Bridge)：《国际货物销售法律与实务》，林一飞等译，法律出版社2004年版，第186页。

后版本都没有这样的规定,没有象征性交货的提法。[1]

4. 第 31 条第一句及(a)项规定

第 31 条指出:"如果卖方没有义务要在任何其他特定地点交付货物,他的交货义务如下:……"这一句要求卖方在合同规定了特定交货地点时,他应该在该地点交货。如前所述,在一些重要交易中,当事人通过引入贸易术语确定交货地点,另有大量交易没有使用贸易术语,合同直接规定交货地点,或通过履约过程可以确定交货地点。原中国合同法确认了中国商业惯例中三种交货模式:买方自提、卖方送货、委托第三方托运,[2]在多数情况下,合同双方对于买方到哪里提货,卖方往哪里送货应该有明确约定,卖方也可以通过运输合同知道在何处将货物交给承运人以运交买方。另外,如果买方要求卖方将货物交付给其指定的第三方,由作为第三方的另一公司进一步加工,另一公司的营业地是卖方交货地点。假如合同要求卖方在买方营业地安装所交付的设备,除非另有规定,应认定买方营业地为交货地点。

第 31 条(a)、(b)、(c)3 项是确定交货地点的补充性规则,它们在销售合同中没有约定交货地点,或约定不明确时适用。其中分为两种确定交货地点模式:一种是在货物涉及运输时,卖方将货物移交给第一承运人运交买方,完成交货的模式;另一种是在不涉及运输时,当买方收取货物,或卖方在某一特定地点将货物交买方处置时(place the goods at the buyers disposal),即完成交货模式。

第 31 条(a)项指出,如果货物涉及运输,卖方应把货物移交给第一承运人以运交买方。这一条与公约第 67 条第(1)款规制的情况相同,应该与之结合起来理解。"货物涉及运输"是指卖方有义务安排运输发运(depatch)货物给买方,如果根据合同和惯例规定,买方有义务安排运输到卖方指定地点收取货物,或者卖方不仅有义务安排运输,还要将货物实际

---

〔1〕 相较于 1980 年 Incoterms,2000 年之后的 Incoterms 版本对 CIF 买方付款义务仅规定"买方必须按合同规定支付价款",没有与卖方交单相提并论。这说明应以发展的眼光看待商业惯例,历史上某一阶段被普遍认可的国际商业惯例,可能今天不被认可,今天也产生着前所未有的国际商业惯例,如电子商务方面的惯例。

〔2〕 参见原《中华人民共和国合同法》第 141 条、第 145 条、第 146 条。

运交买方(这是在特定地点交货),第31条(a)项不适用。"第一承运人"是除卖方以外经营运输的独立承运人(第67条),这意味着(a)项适用于卖方需要雇佣独立的承运人将货物运交买方的情况,如同Incoterms C组和D组术语规定的情况。[1] 假定前述中国青岛C公司有义务雇用海运承运人将100箱成衣运至韩国釜山港,在那里运交买方K公司,C公司可以用自己的运输工具将货物运往青岛港,在那里交海运承运人甲公司(第一承运人)运至釜山,当甲公司接管货物时C公司就完成交货义务。C公司也可以雇用提供联运服务的乙物流公司,由乙公司先将货物自青岛陆路运往烟台港,在那里由海运承运人运往釜山,C公司在青岛将货物交付给乙公司(第一承运人)控制时就完成交货。在这两种情况下,交货地点都是中国青岛而不是烟台或韩国釜山。秘书处评论指出:"在此情况下,如果货物用卡车或火车从内陆的某一地点运送到港口,在那里又被装上船舶,当货物被送交铁路或公路运输公司就产生交货效力。"[2]并且风险也在这时转移。为了使这一解释与第67条的秘书处评论解释一致,显然这里的铁路或公路运输公司是除卖方以外的独立承运人,该承运人与负责海运的承运人共同负责把货物运交买方。公约反对这样的观点:当货物销售既要求内陆运输又要求海上运输时,只有在货物交付给海上承运人时风险才转移给买方。这样来划分运输风险不符合现代多式联运的做法,并且确定损失在哪里发生也会成为一个实际问题。这就是说,第一承运人不一定是海运承运人,也可以是公路、铁路承运人,只要他独立于卖方,并且负责把货物"运交买方"。

"移交给第一承运人"是指承运人为运送货物而取得对卖方交付货物的控制权。如果承运人或其代理人(如司机)在场,货物被装上承运人的运输工具就足够。如果货物被装上运输工具时承运人不在场,那么在此后当

---

〔1〕 参见《判例法摘要汇编》(2012年版)第31条第5段。此处将Incoterms D组术语一并举例,仅说明采用D组术语的合同通常也是"货物涉及运输"的合同,在交货地点和风险界限方面,D组术语是到货合同,不属于第31条(a)项适用的情况。而将F组术语一并举例是不恰当的,F组术语是买方安排运输。

〔2〕 UNCITRAL, *Secretariat Commentary on Article 29 of Draft Convention* (*Article 31 of Official Text*), Paragraph 8, Official Records, p. 29.

承运人控制运输工具时,交货已完成。卖方也可以指令其上游供货商直接发运货物给买方,这种情况下,当供货商将货物交给第一承运人时就完成交货。但是如果供货商或其雇员自己交送货物,供货商不是第一承运人而处于卖方地位,那么只有当供货商最终将货物交付给买方才完成卖方交货义务。

5. 第31条(b)项和(c)项

第31条(b)项适用于极少数国际货物销售合同不涉及运输,没有要求,因而卖方也无义务将货物运往特定地点交货的情况。不涉及运输是指不涉及卖方承担运输而由买方自备运输工具取货,Incoterms 中 Exwork 条件与之最相似(参见本书对公约第69条的评释)。在这种交货方式下,如果合同订立时,当事人双方知道某种特定的货物,或没有特定化的尚待从特定存货中提取的货物(如从一堆废钢中需拨出10吨履行合同)存放在某一特定地点,知道尚待生产制造的货物将在某一特定地点生产或制造出来,卖方的交货义务是在该特定地点把货物交给买方处置。此处的"当事人在订立合同时已知道"是指实际知道,如果当事人理应知道而实际不知道就不符合适用条件。"交给买方处置"是指卖方应做必要的工作使买方能占有货物,它应该包括:(1)将货物进行适于运输的包装并把它注明到合同项下,如果出售的是原油,可以从油库中输入买方运输工具,或买方能从卖方仓库提取所售货物也足够。(2)向买方发出领取货物的通知。(3)如果货物由货仓主、承运人等控制,卖方应指示受托人将货物交买方掌管。此外,第31条(b)项也适用于在运输途中出售的货物,卖方应在订立合同时双方都知道的地点把货物交给买方。而第31条(a)项涉及运输的合同不适用于路货销售。第31条(c)项适用于货物不涉及运输,合同也没有规定履行地,要求卖方在某一特定地点交货,可能买卖双方离得很近,买方可以很方便地自己安排车辆取货的情况。此时卖方应在订立合同时的营业地将货物交给买方处置,如果有两个以上营业地,应根据第10条(a)项确定交货地点。

第32条　卖方为完成交货应承担的其他义务

（1）如果卖方按照合同或本公约的规定将货物交付给承运人，但货物没有以货物上加标记或以装运单据或其他方式清楚地注明有关合同，卖方必须向买方发出列明货物的发货通知。

（2）如果卖方有义务安排货物的运输，他必须订立必要的合同，以按照通常运输条件，用适合情况的运输工具，把货物运到指定地点。

（3）如果卖方没有义务对货物的运输办理保险，他必须在买方提出要求时，向买方提供一切现有的必要资料，使他能够办理这种保险。

评　释

1. 基本义务以及有关货物"特定化"的概念分析

第32条说明在合同涉及运输的情况下，卖方为完成交货应承担的其他义务。其中第（2）款规定卖方在某些销售合同中安排货物运输的义务；第（3）款规定卖方应买方要求，为使其顺利办理保险而与之合作的义务。Incoterms（2010）中的各贸易术语已就运输、保险义务作了明确规定（参见本书对公约第31条的评释），当事人采用了贸易术语，它们就变成了合同义务。如果合同没有并入贸易术语，没有规定卖方在安排运输、办理保险方面与买方合作义务，公约第32条第（2）款和第（3）款将起补充调整作用。

第32条第（1）款特别强调卖方在履行交货义务的某一阶段，必须把货物特定化，将货物标注到合同项下，使当事人确信特定的货物是被指定用来履行他们之间的合同。在各国货物销售法中，"identify"（意为"标注""注明"）是关于货物特定化语境里总会出现的概念，货物"特定化"在英国《1979年货物买卖法》（Sales of Goods Act 1979，SGA）中的提法是"ascertained"（第16～18条）。通过一些行为将货物标注到合同项下（goods are identified to the contract），就使货物成为"特定化的货物"（ascertained goods），这是一种事实状态，而注明货物是使货物特定化的法律行为过程。著名公约学者约翰·霍纳尔德在其评论中将这两个概念并用,指出在合同订立时货物没有被注明,此时货物应称为通用的(generic)货物,即未经标注的(unidentified)或未经特定化的(unascertained)货物。在销售合同履行的某阶段,特定货物将被指定(designated)或被标注(identified)。[1] 国际商会《国际贸易术语解释通则》、《美国统一商法典》都摈弃了"ascertain"这一概念,UCC 第 2-501 条关于货物特定化的方式多处使用"identify"或"identification",中国学者直译为"特定化",或"将货物特定化在合同项下"(goods are identified to the contract)。[2]

在 SGA 中,一个与货物特定化既有联系又有区别的重要概念就是"划拨"或"拨付"(appropriate),特定化不等于划拨,已经划拨的货物则同时起到特定化作用。根据 SGA 第 18 条规则 5,凡属未经特定化的期货或凭说明购买的货物销售合同,如果货物处于可交付状态并无条件划拨到合同项下,货物所有权就转移到买方。可见,划拨在货物所有权转移中起关键作用。从 SGA 第 18 条规则 5 可以看到,划拨是一种公开的行为,表明将特定货物标注于当事人双方合同项下的意图。它具有两方面特征:其一,划拨是无条件且不可更改的(irrevocable)。即使卖方已经将货物特定化存入仓库,准备发运以履行某合同,这一般不视为划拨,因为卖方仍有机会改变主意,只有货物被装上船发运,才被认为是划拨。在卡洛斯弗德斯皮尔诉查里斯特威格(Carlos Federspiel v. Charles twigg)一案中,卖方依 FOB 合同需向买方交付一批单车,货物被放入集装箱,用油漆写好买方名称和地址,可是在装船前卖方倒闭,法院判卖方对这批单车所做的一切不足以显示无条件划拨,只有做到把货物装上船这最后的决定性行动,才完成划拨。[3] 其二,划拨可以由卖方提出,征得买方同意,也可以由买方提出,征得卖方同意。[4] 在 CIF 或 FOB 合同履行中,卖方的一项重要义务是在货物装船后向买方发出通知,取得买方配合以接管货物,而这一通知实质上的法律意

[1] See John O. Honnold, *Uniform Law for International Sale Under the 1980 United Nations Convention*, (Hague) Kluwer Law Publisher, 1999, p. 245. 246.

[2] 参见《美国统一商法典》,潘琪译,中国对外经济贸易出版社 1990 年版。

[3] Carlos Federspiel v. Charles twigg(1957)1, Lloyds Rep. 240.

[4] 关于划拨的含义与特征,参见杨良宜:《国际货物买卖》,中国政法大学出版社 1999 年版,第 274 页。

义是划拨货物,收到通知的买方可以确信将取得这批货物,他可以寻求转售被注明的货物。假定卖方与3个买主订立了分别出售50辆单车合同,在他产出50多辆车时倒闭,这些车因为没有被特定化不属于任何买主,可是如果卖方在工厂倒闭前向其中最先成交的买方发出通知,要他在指定日期提取货物,其中50辆单车就归属被通知方,这通知相当于划拨通知。

2. 将货物特定化的方式和法律意义

依据第32条的规定,将货物特定化的方式有:(1)卖方可以在货物装运前或装运时进行标注,在上面打上标记,说明收货人的名称、地址和到货地点。(2)若卖方获得了装运单据,如提单、装箱单,也可起到特定化的作用,这些单据通常会表明发货人和收货人名称、货物的品种、数量、货物在运输工具的位置。(3)如果前两种方法不适用,卖方应向买方发出发货通知,详细说明发运货物的情况。公约要求卖方至少采取上述三种方式中的一种将货物特定化,而Incoterms中的主要贸易术语如CIF都提出了将货物特定化要求,特别是卖方发货后的通知要求。卖方若装运的是散装谷物或同一种货物向几个买方履行,无法给货物打上标记,发货通知就更重要。卖方履行特定化义务至少有以下重要意义:其一,它是风险转移的前提条件,根据公约第67条第(2)款和第69条第(3)款之规定,在货物特定化以前,风险不转移到买方,这期间发生的意外货损只能由卖方承担。其二,特定化是卖方履行交货义务的一部分,该项义务产生于公约第32条规定以及由销售合同并入的贸易术语的要求,相应地也产生了买方这方面的权利要求,违反特定化义务也就违反合同或公约义务,由此造成损失,买方可行使违约救济权利,特别是卖方不履行发货通知义务,在特定情况下有可能构成根本违约,买方可请求解除合同。其三,将货物特定化与划拨是货物所有权转移的先决条件,英国《1979年货物买卖法》第16条规定:"凡属非特定化货物销售合同,在货物特定化之前,货物所有权不转移到买方。"虽然各国法律关于货物所有权转移的规定有很大差异,但是公认的基本规则都将货物特定化作为货物所有权转移的前提条件。

除前面提到的三种方式外,特定化还可以"其他方式"实现,包括根据货物状况、合同履行前的事实情况判断货物已被用来履行某一特定合同,为该合同而提供。中国国际经济贸易仲裁委员会裁决的以下案件可以说明这一点。

例 32:被申请人北京 B 公司为代理出口湖北省 W 罐头厂 5 万箱 1992 年生产的积压柑橘罐头与申请人德国 A 公司签订了 013 号合同。在该合同签订第二天,德国 A 公司越过代理人与直接的供货方湖北 W 厂签订了购买 4 万箱同样货物的协议。实际上 W 厂只有 4 万箱积压罐头,两份合同指向的是同一标的,B 公司无货可供而请求解除合同。申请人认为被申请人还应寻找新的货源履行 013 号合同,提出索赔。仲裁裁决认为,W 厂的供货能力表明申请人没有理由不知道他与 W 厂的合同标的物就是 013 号合同标的物,柑橘罐头虽属种类物,但 W 厂的存货只有这 4 万箱,它已成为为履行 013 号合同准备的特定物,由于 A 公司向 W 厂购买同一批货物直接导致本案 013 号合同无法履行,申请人已构成违约,应对此负责。被申请人有权利解除合同,申请人无权要求赔偿差价损失。[1]

该案的关键在于,标的物 4 万箱 1992 年产积压罐头是否为已经注明到 013 号合同项下的特定物,如果情况属实,应认定申请人违反诚信原则,其不公平竞争行为导致被申请人 B 公司无法履行 013 号合同,根据公约第 80 条的规定,申请人的索赔要求不应支持,而被申请人解除合同的要求应予支持。

第 33 条　卖方交货时间

卖方必须按以下规定的日期交付货物:

(a)如果合同规定有日期,或从合同可以确定日期,应在该日期交货;

〔1〕 参见中国国际商会仲裁研究所编:《典型国际经贸仲裁案例评析》,法律出版社 1999 年版,第 122~125 页。

(b)如果合同规定有一段时间,或从合同可以确定一段时间,除非情况表明应由买方选定一个日期外,应在该段时间内任何时候交货;或者

(c)在其他情况下,应在订立合同后一段合理时间内交货。

评　释

第33条回答卖方履行合同的时间问题。卖方的交货义务要求他在合同规定的某一时间,在根据合同或公约第31条规则确定的某一地点,把货物交给承运人以运交买方,卖方还应该实施第32条规定的某些行为,以满足交货的义务要求。卖方在交货日后或交货期限届满之后履行交货构成违约,如果实质上剥夺了买方合同利益,构成根本违约,买方有权要求损害赔偿和解除合同。

第33条规定的交货日并不意味着要求卖方使买方在该日期或期间内能够在实体上占有货物(take physical possession),或已经处于实体上占有的状态。属于装运合同的C组术语和F组术语,卖方只要在约定的交货日期或期限内将货物交给指定的承运人或其他人(FCA、CPT、CIP),或交至买方指定的船边(FAS),或交至船上(FOB、CIF、CFR),就等于按时完成了交货,而此时买方还远不能占有货物。[1] 即使是D组术语要求卖方在约定的日期或期间内在边境交货(DAF)、在目的港码头交货(DEQ)、在指定的目的地交货(DDU、DDP),也不等于买方在约定的日期或期间内能占有货物,因为他还要办理进口清关手续。认为卖方一旦交货,买方就应收到货物是对国际贸易的特殊性缺乏了解,许多案例中,买方对于承运人的原因造成的货物延期到港开罪卖方,混淆了法律上的是非界限,卖方事实上已经按时交货、正当履行了交货义务。明智的商人应该懂得,假定一位欧洲制造商向中方企业发出卖方要约:"CIF接订单后15日内交货",而5月

〔1〕 曾经有一个CIF销售合同详细规定了货物到达目的港的日期而发生争议。美国法院认为,根据Incoterms的规定,CIF是装运合同,当承运人在装运港接管了货物时,卖方的义务就已经完成,买方不应规定一个具体的到达日期。See Philips Puerto Rico Core, Inc. v. Tradax Petroleum Ltd. ,782 F. 2d 314(2d Cir. 1985).

10日卖方收到了买方发来的订单,卖方的义务是在5月25日前在装运港“将货物交至船上”,在目前的海运条件下,正常买方应在装船后1个月收到货物。

第33条(a)项指出,“如果合同规定有日期,或从合同可以确定日期,应在该日期交货”,国际贸易中直接规定卖方在某一个日期交货,或通过合同可以确定的一个日期交货(如规定卖方在收到信用证第××天交货)的情况不多见,这适用于时间因素至关重要的场合,错过该日期将构成根本违约。最常见的情况是如同(b)项所述,要求卖方在一段期间内交货,如规定卖方在“收到信用证15日内交货”“在七八月份交货”等,这可以给卖方合理的时间生产、采购、包装、租船以及安排装运货物,此时卖方可在这一段时间的任何一天交货。如果卖方在规定的日期以前交付货物,买方可以收取货物,也可以拒收货物(第52条)。合同规定的交货期间是考虑到当事人双方的需要,有时买方对货物的需求是均衡的,不应超过其处理货物的能力,他也要为合同项下的货物到达安排接货和运输,以尽可能减少仓储费用和积压,若卖方没有遵守交货期规定提前交货,会给买方带来损失。

第33条(b)项还涉及“情况表明应由买方选择日期”。一种是在合同成立时没有规定交货日期而规定由买方在日后选定,这种情况下,买方没有请求交货,卖方就没有义务交货;另一种情况是原来合同规定了一段交货期间,后来双方又就交货期达成了新的协议,规定在某一日期交货,或由买方保留权利选定一个日期交货,无论该日期是否在原来规定的期限内,卖方都应在该指定的日期交货,前提是双方达成了新的关于交货期的协议。但是要求卖方按买方选择的日期交货应满足一个条件,就是买方选定的日期是合理的,并且必须及时通知卖方他所确定的日期,以使卖方有合理的时间订立运输合同、装运货物。如果买方不能在足够的时间内通知卖方,卖方对其不履行合同不承担责任,只要他能证明买方因不能及时通知所选定的时间构成第79条所指的不能控制的履行阻碍。

在不属于(a)项和(b)项的情况下,卖方应在合理的时间交货。UCC第2-309条的正式评论指出,“合理时间取决于构成可以承受的商业行为的一些因素,应考虑到尚待实施行为的性质、目的和环境状况。然而,确定一个时间的协议作为一项默示条件,可以从合同条件、贸易惯例、交易和履行过程中寻找,也可以在明示条件中发现。"如果考虑所有这些情况,认定某个时间对于完成交货的商业行为而言是可以接受的,该时间就是合理的。

第34条 卖方交付单据义务

如果卖方有义务移交与货物有关的单据,他必须按照合同所规定的时间、地点和方式移交这些单据。如果卖方在那个时间以前已移交这些单据,他可以在那个时间到达前纠正单据中任何不符合合同规定的情形,但是,此一权利的行使不得使买方遭受不合理的不便或承担不合理的开支。但是,买方保留本公约所规定的要求损害赔偿的任何权利。

评 释

第34条指出卖方的另一项重要义务是按照合同规定的时间、地点和方式移交与货物有关的单据。重要的国际货物交易当事人都应该在合同中规定卖方提交单据和买方付款的时间和方式:采用信用证付款的,买方申请开立的信用证都要规定一个有效期以及要求卖方提交单据的日期,单据应在规定的交单期限内提交,如未规定交单期限,根据《跟单信用证统一惯例》(UCP600),应在运输单据出单后21个日历日内提交,最迟不得超过信用证的有效期。议付信用证,受益人应向议付行提交;付款信用证应向付款行提交;承兑信用证应向指定的承兑行提交。受益人卖方依信用证规定按时向银行(指中介行)提交单据,也就相当于向买方按时提交单据。卖方发运货物后也可以依约通过向银行办理托收的方式付款,卖方以买方为付款人开立汇票,将汇票和与货物有关的单据通过银行转交买方,代收行以买方付款为条件,向买方交付全套单据。如果合同约定卖方将销售合同下的应收账款转让保理商,由出口保理商向卖方提供融资和催收账款服务,卖方应该依约在发运货物之后,将与货物有关的单据连同账款转让通知书交付出口保理商以获取融资,出口保理商通过进口保理商转交全套单据,并向买方催收货款,买方应该向保理商付款赎单。如果不采用以上方式,卖方应根据销售合同规定,在装运货物后的指定期限内,通过邮局、银行或直接把单据交给买方。

维也纳会议瑞典代表、斯德哥尔摩大学教授赫尼尔(Hellner)特别注意到公约规定的卖方交单义务与UCP500的联系,他指出:“公约关于提交单据的义务只有一条很短的规则(第34条),然而当付款将依据跟单信用证实行时,我们必须指出,《跟单信用证统一惯例》包含了大量的银行根据信用证可以接受的单据的详细规则,虽然统一惯例是指买方和他指示开证的银行的关系,已经订立了涉及跟单信用证合同(指销售合同)的卖方应被推定已经同意遵守统一惯例中的规则,所以,统一惯例可以补充公约的规则。这两套规则冲突的风险不大,特别是公约第34条规定单据的交付‘必须按照合同所规定的时间、地点和方式’。”[1]第34条没有指明卖方应提交哪些单据,这应该根据合同、当事人应该遵守的国际惯例、当事人之间的习惯做法以及相关准据法来确定,通常包括提单等物权文件、码头收据、仓储收据、保险单、商业发票、原产地证明、商检证明等。这些单据中最重要的分类是控制货物处置权的单据(提单)和除此以外的其他单据(参见本书对公约第58条的评释),如果合同没有规定提交的单据的时间和方式,卖方应该在合理时间交单,使买方在货物到达时能正常提取和占有货物,能够履行海关手续并且向承运人或保险公司主张权利。第34条没有限制卖方依约保留单据直到买方偿付货款的权利。由于公约没有类似英国法的象征性交货制度,没有赋予单据交付特别重要意义,卖方不能交单或交单与合同不符构成违约,应该根据公约针对卖方违约救济机制处理(参见本书对公约第25条、第31条的评释)。

第34条第二句和第三句是维也纳外交会议接受加拿大代表肖尔(Shore)的建议增补进去的,意在把第37条规定的卖方在交货日到来前补救不符货物的权利扩大到补救所交付的不符单据,语言表述也模仿了第37条。这两个条款应结合起来理解,本书对公约第37条的相关评释也适用于第34条后两句。它是指在双方同意的交单日以前补足缺漏的文件,修

[1] Dubrovnik Lectures, *International Sale of Goods*, Oceana Pub. Inc., p. 346-347(1986).

改单据中的错误。不过，对不符单据的补救，性质上不同于对货物的补救，它涉及除卖方以外的第三方(承运人、保险人、商检机构、银行)的权利，受航运、保险、银行等不同的商业惯例约束。比如，以信用证方式付款交单受UCP600约束，是由买方受托人的银行接受和审查单据，交单时间通常是货物装运后，信用证规定的交单日以前的一段时间。假定卖方第一次提交单据遭银行拒收，银行应列明不符之点，卖方若有可能对所有不符之处修改后，他可以在交单日截止前，在信用证有效期内第二次提交单据。UCP600第16条明确规定，开证行或被指定银行发现单据与信用证不符，应不迟延地以电讯通知受益人，该通知必须说明作为拒收单据理由的全部不符之点。这意味着受益人修改了不符后第二次提交单据时，银行不得以新的不符为由拒收单据，这使卖方在交单日前修改不符单据有了更大可能。

第二节　货物相符与第三方要求

第35条　卖方交货与合同相符

(1)卖方交付的货物必须与合同所规定的数量、质量和规格相符，并须按照合同所规定的方式装箱或包装。

(2)除双方当事人业已另有协议外，货物除非符合以下规定，否则即为与合同不符：

(a)货物适用于同一规格货物通常使用的目的；

(b)货物适用于订立合同时曾明示或默示地通知卖方的任何特定目的，除非情况表明买方并不依赖卖方的技能和判断力，或者这种依赖对他是不合理的；

(c)货物的质量与卖方向买方提供的货物样品或样式相同；

(d)货物按照同类货物通用的方式装箱或包装，如果没有此种通用方式，则按照足以保全和保护货物的方式装箱或包装。

(3)如果买方在订立合同时知道或者不可能不知道货物不符合同，卖方就无须按上一款(a)项至(d)项负有此种不符合同的责任。

评 释

1. 货物与合同相符的明示义务

第35条提出了货物与合同相符的基本要求,这是任何一种货物买卖法制度的核心,这一条以及相关的检验与索赔期条款(第38条、第39条)是引起法律纠纷最多的领域。经统计UNCITRAL在其发布的《判例法摘要汇编》(2012年版)中,对第35条的阐述援引131个法院判例。CIETAC裁决涉及35条的有60多件。公约将卖方交货与合同相符的义务和交货义务分开来处理,如果卖方不交货,这相当于不履行(non-performance);如果他已经交货,只是交货延迟或交货与合同不符,这是履行瑕疵(defective performance)。这是公约与其前身ULIS的一个重要不同点,依据后者,交货与合同不符属于没有履行交货义务,〔1〕公约这种处理的合理性已在对公约第31条评释中说明。货物与合同相符还独立于货物应免除第三人权利要求,这是两个不同的问题,后者由第41条、第42条调整。第35条规则明显借鉴了英美法相关制度,英国《1979年货物买卖法》将货物与合同相符义务称为默示条件,其第13条规定,"凡属凭说明的货物销售合同,存在默示条件,即卖方交货应该与说明相符";第14条规定货物适合特定用途担保和商销性质量担保。UCC将货物与合同相符义务称为"担保"〔2〕,其第2-313条规定货物与合同相符的明示担保义务,第2-314条和第2-315条分别规定商销性默示担保以及适用于特殊目的的默示担保。为促进公约的统一适用,公约第35条没有借用国内法"担保"(warranty)概念,而采用"货物与合同相符"的更通俗提法,但是上述英国和美国国内法制度、形成的判例及其学术研究成果对理解公约第35条仍有参考意义。

---

〔1〕 ULIS第33条规定:"(1)卖方不属于履行了交货义务,尽管他已交付了:a.仅仅是一部分货物或比依约应出售的更多或更少数量的货物;b.并不是与合同有关的货物或属于不同类别的货物;c.不符合卖方已经交付或送交买方的样品或样式的货物,除非卖方送交它们时没有作出明示或默示的关于货物必须与样品或样式相符的担保;d.不具有对于其通常使用或商用必须数量的货物;e.一般而言,不具有根据合同可以预见的明示或默示的质量或特性的货物……"

〔2〕《韦伯法律词典》将"担保"解释为承诺某种与合同标的有关的事实存在或如同明示或默示宣告一样应该存在,或承诺一定存在。

第35条第(1)款指出,卖方交付的货物必须与合同规定的数量、质量、规格相符,并须按照合同所规定的方式装箱或包装。这是货物与合同相符的基本要求,也是由合同规定的明示义务。相符的内容包括货物数量、质量、规格和包装四个方面,其中任何一方面不合格,都构成货物与合同不符,买方都可以以此为由通知卖方,行使救济权利。货物相符的首要依据或标准是销售合同的规定,这个不言而喻的规则要求我们将所有对于合同标的物的期待写入合同,而事实上,即使是一些认真准备的合同,也常常不能说明当事人对货物最基本的期待和要求,所以立法者、法官不得不在法律或判决中考虑与合同或合同订立有关情况,补充这方面的要求。

货物与合同相符包括与构成合同基础的任何关于货物的说明相符。在合同订立过程中,特别是在协商阶段,卖方向买方就货物数量、质量、规格、性能等与货物相关的事实作出说明、允诺或确认,如果使买方信赖而构成交易基础,卖方交付的货物应该符合其作出的说明、允诺和确认。因此,除书面合同本身的规定以外,所有卖方对合同项下货物的描述、承诺和确认,如在发票、广告、公司及其产品介绍、产品说明书或使用手册、产品修理手册中,甚至在往来书信及口头说明中对货物的描述、承诺和确认,都可以构成关于货物状况的"合同规定",据此产生货物应该与之相符的明示义务,条件是,有关当事人应该证明:卖方在其中对货物的描述、承诺或确认(而不是吹嘘)被买方知晓、同意和信赖,因此构成交易基础或者构成事实上被双方接受的协商结果。为确认卖方的这方面义务,公约第8条关于当事人声明、意旨和其他行为的解释规则与第35条适用紧密相关,它们有助于理解什么是合同中关于货物的规定。

衡量货物与合同相符还应该考虑"任何惯例和习惯做法"(第9条),在皮特达林顿合伙有限公司诉格肖克有限公司(Peter Darlinton Parterners Ltd. v. Goshocl Ctd.)(1964)一案中,当事人签订一份购买金丝雀草种子的合同,合同规定种子须纯净无杂质,后因卖方所交货物达不到此标准而遭买方拒收,引起诉讼。法庭认为,根据商业惯例,实践中根本不存在100%纯度的种子,买方不得因种子纯度不够而拒收货物,只可以就不纯的部分按比例得到价格折扣。[1]

2. 货物与合同相符的默示义务

第35条第(2)款规定了卖方交货应该符合4个方面品质要求的默示义务,如果卖方交货违反这些义务,"即为货物与合同不符[第(2)款第一句]"。因此,货物与合同相符的默示条件是无论合同是否有此项正面规定,都推定合同中应该蕴含的条件,成为销售合同的组成部分,由此产生的默示义务是基于法律和惯例的规定自动产生的合同义务,这是为便利商业交易而做出的法律安排。

第35条第(2)款(a)项指出,"货物适用于同一规格货物通常使用的目的",这一句连同(d)项中的包装要求,相当于UCC第2-314条第(2)款关于商销性的默示担保(warranties of merchantability)。买方订购货物时通常仅提出规格而没有向卖方表示任何该货物使用的目的,这种情况下卖方提供的货物应满足该规格货物通常使用的目的,特别是包括转售要求。如机器能正常运转用于生产活动,矿物含量符合标准能用于精炼或加工成品,家具达到标准强度能适用于家用或办公使用,轿车用于安全载客并在条件较好的路面运行,化肥有效成分达标能增进作物肥力,谷物、蔬菜、水果能适用于人类安全食用等。如果购买的越野车只能在较好路面行驶而不能适应较差路况,购买的化肥因有效元素太低而不足以使用,货物由于加工包装的原因不适于在一般商业过程中转售,就不符合通用性。判例显示:冷冻设备在首次运转后不久损坏,葡萄酒掺水9%,葡萄酒人工加糖,机器使用3年后损坏,没有满足买方"长时间、不间断,无故障运作"的期望,都属于违反了第35条第(2)款(a)项标准。当然卖方也无义务提供不属于该规格货物通常使用目的的货物,如作为废品销售的汽车只可拆解,不能正常运行。UCC第2-314条提出的货物"可以在本行业不受异议地被通过",作为种类物应具有"平均良好的品质",可以帮助我们理解公约

[1] 参见汤树梅、应苏萍:《香港货物买卖法》,河南人民出版社1997年版,第55页。依据惯例确定的标准是合理的标准,违反惯例的标准也违反科学性、合理性。如果面粉中混有极少昆虫残肢就控告其不合格就不符合惯例,也会激怒供货商。中国出口德国的一批白布每100米被允许有10个疵点,这相当于疵点0分布,也是不合理的。

提出的通用性标准。

这里的问题是通用性应以卖方所在地还是以买方所在地标准为准？在某些国家，含铅汽油被认为适于该货物通常使用目的，无铅汽油是特殊标准，学界也因此在这个问题上存在两种完全不同的看法。笔者认为应以卖方所在地为标准，不同的国家对某种产品的通用性有不同理解，不可能存在统一适用的这类标准，公约第35条第(2)款(a)项提出的通用性标准既然是一种默示条件，即在合同未明确规定时应满足的要求，就应该以卖方合理预见为限，只有以卖方所在地为标准，才是卖方凭经验可以合理预见的。

第35条第(2)款(b)项要求货物适用于订立合同时明示或默示地通知卖方的特定目的，该项规定与UCC第2-315条适用于特定用途的默示担保(warranties of fitness for particular purpose)相似。这种特定目的要求以及(c)项中样品式样要求都可根据第35条第(1)款规定在销售合同中，成为明示义务。但是公约并不要求当事人双方就货物需要满足某种特殊目的达成协议，或明确写进合同。[1] 卖方承担货物满足特定目的义务的条件如下：(1)在订立合同时，买方明示或默示地告知卖方这一特定目的，或者根据订立合同的情况判断，一个合理卖方应该知道买方的特定目的；(2)买方依赖于卖方的技能和判断决定货物能否满足其特定目的，并且这种依赖是合理的。这是指卖方是制造或经销所涉产品的专业人员，具有比买方更多的专业知识。当买方购买货物应适用于某种特定目的，而不知道何种规格货物能满足此项要求，因而不能对货物做详细说明时，买方可以说明他购买货物目的来表明他想要的货物，如声明要购买能钻透碳钢的钻头、黏合金属的黏剂等。如果买方明示或默示地使卖方知道了该特定目的，卖方必须提交适用于该特定目的的货物。卖方若明知买方欲向他订购的货物不能适于买方特定用途，公约第7条第(1)款规定的诚信原则要求卖方披露这一事实，停止或改变供货。

---

〔1〕 在维也纳外交会议上，联邦德国代表建议：卖方承担6项义务的条件是当事人双方就货物满足某种特定目的已经写入合同或达成协议。这一建议未获任何支持，理由是这样的规定限制了卖方应承担的责任，而使卖方“知道”就限制较少。

例 35A:在西安某公司诉中国香港特别行政区某公司仲裁案中,被申请人提供的 BF 全自动吸塑成型机报价单(已作为协议附件)标明该机器可以制造不同材料的塑料容器,包括 PS、PVS、ABS、PET、OPS、PP,技术参数对主机的解释写明:“在冷却水进入温度 8 ℃的情况下,使用 1 mm 厚的 PS 片材每分钟 22 个循环,PP 可达 16 个循环,成品约占片材的 56%。”在签订合同时,被申请人曾建议申请人使用 PS 材料以节省投资,但是被申请人却未明确告知如使用 PP 材料还需增加除四滚轴预热器以外的其他设备。在买方交付定金准备开立信用证履行合同时,被申请人通知买方该成型机使用 PP 材料还需增加购买 17 万马克和 4 万多荷兰盾的附加设备,遭买方拒绝。仲裁庭支持买方请求,解除合同,裁决卖方返还定金并赔偿损失,理由是卖方违反了合同项下就合同性能所作出的承诺,其要求买方增加购买设备是买方订立合同时不能预见的。[1]

根据公约第 35 条第(2)款(b)项的规定,即使买方明示或默示地使卖方了解了他购买货物的特定用途,如果“情况表明买方并不依赖卖方的技能和判断力,或者这种依赖对他是不合理的”,卖方对于不能提供适于特定用途的货物不承担责任。买方不依赖于卖方技能或判断力的情况如:买方指定要购买某种品牌的货物或用高技术的专业术语描述想购买的货物;当卖方告知买方所供货物不能满足其特定的用途,买方执意购买等。如果卖方对所售货物缺乏任何专业知识或一般地了解该产品用途,而买方有更多的专业知识,他再依赖卖方的技能就是不合理的。“在任何情况下,买方将不再并且也不得依赖卖方的技能和判断,如果买方本身在其工厂使用(所购买的)货物,他比作为贸易商而不是生产者的卖方更清楚地了解货物。如果买方不依赖于卖方的判断,后者是否作出判断就与此无关。”[2]

第 35 条第(2)款(c)项要求货物质量与卖方向买方提供的货物样品或

---

〔1〕 参见中国国际商会仲裁研究所编:《典型国际经贸仲裁案例评析》,法律出版社 1999 年版,第 189~201 页。

〔2〕 维也纳会议民主德国代表安德林评论,引自 Dubrovnik Lectures: *International Sale of Goods*, Oceana Pub. Inc. , p. 157. (1986)。

式样相同,即符合卖方关于货物质量的明示担保。理论上卖方交货既要符合样品或式样,也要符合合同中关于货物、规格、品质的说明,问题是合同中关于货物的说明与样品显示的品质相冲突如何处理?安德林认为,只有在合同中关于货物的说明与样品不冲突时,货物品质才应以样品为准,否则,如果两者冲突,以清楚无误的说明为准。[1] 中国最高人民法院于2012年发布的《关于审理买卖合同纠纷案件适用法律问题的解释》第40条明确了样品与说明不一致时认定货物品质的方法,规定如“样品封存后外观和内在品质没有发生变化的,人民法院应当以样品为准;外观和内在品质发生变化,或者当事人对是否发生变化有争议而又无法查明的,人民法院应当以文字说明为准”。该规定兼顾样品和说明两方面,有一定合理性。

公约第35条第(2)款(d)项提出包装方面货物与合同相符的默示义务,是国内法中商销性默示担保的一个重要方面,(d)项规定,货物应按照同类货物通用的方式装箱或包装,如果没有通用的方式(如新产品),“则按照足以保全和保护货物的方式装箱或包装”。应该区分商品包装和运输法规定的运输包装,虽然两者都具有保护和保全货物的功能和目的,但是商品包装要求更高,它具有承载商家品牌和声誉的功能,知名品牌的包装本身就是货物组成部分(参见本书对公约第25条的评释),要求科学、可靠、符合工业设计原则。《关于统一提单若干法律规定的国际公约》(《海牙规则》)第4.5条规定承运人对货损的赔偿每件或每单位以100英镑为限,这里的“每件或每单位”是指运输包装,《海牙规则》还将“包装不良”作为承运人免责事项之一,这也是指运输包装。将10包服装放入一木箱或集装箱运输,10包是商品包装(其中每一包有20件小包装),木箱或集装箱是运输包装。有时运输包装与商品包装合而为一,如一台机器用木箱固定包装发运,这是商品包装也是运输包装。第35条第(1)款和第(2)款关于包装的规定既适用商品包装也适用运输包装,对包装的要求不仅为了保护和保全货物,也把它作为货物品质的构成方面。(d)项规定的合格包装应视货物的属性、种类、型号、适合的运输方式和运输目的国情况而定,它是关于

---

[1] 维也纳会议民主德国代表安德林评论,引自 Dubrovnik Lectures: *International Sale of Goods*, Oceana Pub. Inc., p. 157. (1986)。

包装的最低标准,公约并不阻止卖方提供比通用方式更好的包装。在一般涉及运输的合同中,卖方有责任提供适当的包装、装箱,这一点没有疑问,若采用 Incoterms 中的 E 组术语,卖方仍有义务在其营业地或在货物存放地把货物适当装箱或包装以方便买方装运,卖方若想免除该义务,应在合同中明确规定。

3. 第 35 条第(2)款中关于默示相符义务的排除

第 35 条第(2)款第一句指出,"除非当事人双方另有协议",卖方交货应该符合这 4 项默示品质要求,否则就是货物与合同不符。所谓"当事人双方另有协议"就是允许当事人双方通过协议排除第 35 条第(2)款默示相符义务。对于这项允许排除默示义务的规定,公约实施以来的判例表现出理解和适用的重大分歧。相当一部分裁决认为如果合同中存在关于货物质量要求的明确规定,则排除了第 35 条第(2)款默示义务的适用,换句话说,这种关于货物质量的明示的合同规定就相当于上面提到的"当事人双方另有协议",起到排除默示相符义务的作用。实际上将第 35 条第(2)款视为补充性规则(default rules),仅在销售合同中没有就货物质量作出明示规定,或者关于货物质量的规定不明确的情况下适用,用来弥补合同的不足。在捷克共和国最高法院裁决的一上诉案中("地毯案"),买方(被上诉人)向卖方订购一批地毯,用于铺设酒店地面,订单中详细规定了购买地毯的品牌、规格、图案和价格数量。买方收到货物后发现地毯在使用中有织物纤维脱落,不耐磨耐用质量问题,没有支付全部货款,遭卖方起诉。买方在诉讼中辩称卖方交货违反公约第 35 条第(2)款(b)项,货物不符合已经通知卖方的特定目的,要求依据公约第 50 条减价。最高法院判决驳回买方要求,指出:"当事人双方已经就卖方交付 ADOS 品牌地毯,按照每平方米 590 瑞典法郎的价格达成购买协议,依据公约第 35 条第(1)款的规定,货物质量已经商定,经商定质量的货物也已经提交,第 35 条第(2)款不适用,卖方对买方认定的货物不符合应该具有的特殊类型和参数不负责任,买方无权要求减价。"在希腊雅典初审法院裁决的"防弹背心材料案"中,法官指出,如果当事人之间没有就货物质量达成协议,并且依据公约第 9 条没有相关的惯例和习惯做法可以适用,那么货物与合同相符应该依据公约第 35 条第(2)款规定的标准来判断。[1]

另外一些裁决认为,规定货物质量的明示的合同规定并不能自动排除第 35 条第(2)款默示的货物质量标准,明示的合同规定本身并不构成排除第 35 条第(2)款适用的协议。第(2)款规定的默示义务不仅仅是补充性规则,其与合同中关于货物质量的规定应该"累加适用",除非当事人双方达成清楚明确的排除默示义务的协议,或者默示义务与关于货物质量的明示合同规定相抵触,或者情况表明当事人合同中质量条款本意是完整的、排他的规则,限制对卖方另外添加义务。[2] 在 ICC 仲裁庭审理的"钢坯案"中,仲裁庭认为,关于一般的货物质量的协议并没有排除第 35 条第(2)款,如果协议中仅包含货物质量的正面规定,而没有免除卖方义务的负面条款。[3] 在 CIETAC 审理的"PTA 粉末案"中,仲裁庭裁决卖方根据第 35 条第(1)款有义务交付符合合同技术要求的货物,以及根据第 35 条第(2)款有义务交付适合于通常目的的货物,卖方违反了这两项规定。[4]

笔者支持第 35 条默示相符义务和明示相符义务的规定累加适用,相信这样的理解符合立法原意。不同于合同中明示相符义务规定的千差万别,公约默示相符义务的规定尽管是粗略概括的,却有通用性和普遍性适用性,它要求每一个其管辖的销售合同的卖方,所交付的货物应该符合第 35 条(a)项和(d)项要求,对于一部分合同,卖方还应该同时符合(b)项与(c)项要求,除非双方有明确的协议排除默示义务。通过这一安排,希望卖方交货能够达到最低限的品质标准,满足买方对货物质量、规格、包装、效用、价值的正常的合理的期待,保障交易双方权利义务平衡。默示的品质标准不仅仅是对合同规定的补充,还是法律赋予国际交易中所有买方的一

〔1〕 See Greece 2009 Decision 4505/2009 of the Multi-Member Court of First Instance of Athens (*Bullet-proof vest case*), https://cisgw3.law.pace.edu/cases/094505gr.html(2020-10-13).

〔2〕 以下是合同中典型的默示相符义务免责条款(disclaimer of warranties):"除本合同规定者外,当事方同意卖方不承担任何货物与合同相符的义务";"当事方同意商销性默示担保,适于特殊目的的默示担保以及所有其他明示、默示担保排除于本交易,并且不应适用于所出售货物"。

〔3〕 See Stockholm Chamber of Commerce Arbitration Award of 5 June 1998 (Beijing Light Automobile Co. v. Connell), https://cisgw3.law.pace.edu/cases/980605s5.html(2020-10-13).

〔4〕 See China 18 April 2008 CIETAC Arbitration proceeding (PTA powder case), https://cisgw3.law.pace.edu/cases/080418c1.html(2020-10-13).

项基本权利,是受法律保护的买方对货物品质的合理期待。其有权要求货物达到第35条第(2)款规定的基本质量标准,唯有如此方可保障双方权利义务平衡。对事关交易公平的这项基本商事权利,只能通过双方明示协议排除和放弃,仅凭一般性的关于货物质量的合同规定就排除默示相符标准将使买方不经意地失去最重要法律保护。将默示相符标准作为明示合同规定缺失的一种补充,这个观点建立在一种错误假定基础上:明示合同规定可以代替默示相符标准,可以保证货物符合通常目的或特定目的。实践表明,这是一种错误假定,明示合同规定不能代替默示相符义务,不能说有明确合同规定就可以保证货物通常使用目的(商销性)或已经告知卖方的特殊使用目的,在"辛格公司诉杜邦德内穆尔公司案"中,[1]买方辛格公司购买的涂料计划用于新安装的电喷涂系统,卖方杜邦公司交货虽然符合合同规定的技术标准,却不能适当用于其电喷涂系统,法院判卖方交货不符合特定目的担保败诉。在"印花纺织品案"中,美国卖方向德国买方出售声称特别适合用于转印技术印花的织物"Trevira",买方购买后发现货物虽符合合同中的规格说明,却不适合转印技术印花,法院判卖方违反公约第35条第(2)款(b)项关于货物符合特定目的的义务的保证。[2]

正是基于以上考虑,为保护买方权益,国内法对合同中排除默示相符义务的规定做严格限定,UCC第2-316条第(2)款强调:"排除或修改有关商销性的默示担保或其任何部分,用语必须提及商销性;如果排除或限制以书面形式作出,其书写必须醒目。排除或修改有关适用性默示担保必须以书面形式作出,且书写必须醒目。"虽然公约不涉及合同条款的效力,但公约第8条仍适用于对合同中有争议的"免责条款"的解释,它要求我们以相同情况下与另一方同等资格的合理人应有的理解来解释合同条款,并且应该考虑与事实有关的所有情况,包括谈判情况。

4. 货物与合同相符——产品标准问题

产品标准是指经公认的机构批准的不要求强制遵守的文件,是规定关

---

〔1〕 See The Singer Co. v. E. I. Du Pont de Nemours Co., 579 F. 2d 433, US Court of Appeals for the 8th Circuit. US, 6 June 1978.

〔2〕 See United States 21 June 2002 Federal Appellate Court [4th Circuit] (Schmitz-Werke v. Rockland), https://cisgw3.law.pace.edu/cases/020621u1.html(2020-10-13).

于产品性能或与之有关的工艺和生产方法的供通用或反复使用的规则或指南。标准也包括或专门适用于产品、产品的工艺或生产方法的专门术语、符号、包装、标记或标签要求。[1] 一些标准由政府机构或政府间国际组织制定，其中被纳入技术法规的标准要求强制遵守。更多的标准由公司、行业协会等非政府组织制定，属于自愿遵守的文件，但是如果这些标准被纳入政府法规，或者成为某行业普遍采纳的准入标准，就具有强制性或准强制性。国际货物买卖中，货物因不符合进口国标准或技术法规遭海关扣押、罚款，买方经常以卖方交货与合同不符为由主张卖方违约，而公约没有直接规定产品标准对合同及其履行的效力。标准与公约的关系涉及两个方面基本问题：一是如果合同没有就货物需要符合某种标准作出规定，合同或公约是否向卖方施加义务，要求其交货符合特定标准，特别是进口国公法条例规定的标准；二是公约第 35 条规定了货物与合同相符的明示义务和默示义务，其中的“相符”是否还意味着或包括与特定产品标准相符。1995 年德国联邦最高法院裁决的新西兰“贻贝案”[2]是第一例提出和初步回应这一问题的 CISG 案例。

例 35B：德国一家渔货进口商于 1992 年从瑞士供应商购买了 1750 公斤新西兰贻贝（mussel），卖方负责将货物运交买方仓库。货物运抵后，德国市政当局检测认定这批货物“镉元素”超标，不符合德国建议性而非强制性的卫生标准，但是镉的含量没有超出允许的水平，贻贝仍然是可食用的。买方拒绝付款，遭卖方起诉。初审法院判令被告买方付款，买方向德国法兰克福州高等法院上诉，法院判决支持卖方，认为卖方交付的“镉”含量较高的贻贝没有违反公约第 35 条第（1）款的规定，因为双方当事人并没有在合同中限定镉的最高含量，判令买方支付价款及利息。买方上诉到德国最高法院，最高法院确认缅因河畔法兰克福州高等法院的判决，认为：瑞士卖方向德国买方提供的贻贝超过德国卫生当局所建议的限量并没有违反合同，镉含量问题也不构

[1] 参见 WTO《技术性贸易壁垒协定》附件 1 定义。
[2] UNCITRAL，CLOUT，case No. 84，No. 123（德国联邦最高法院，1995 年 3 月 8 日）.

成不符合规格,因为贻贝仍可食用。公约第 35 条第(2)款(a)项、(b)项并没有向卖方施加义务,要求其交付的货物符合进口国现行所有法规和公共卫生条款要求,除非出口国也实行同样的规定,或者依据于卖方的知识,买方已经告知卖方这方面的法律要求,或者存在特殊情况使卖方已经了解这些规定。法院还指出,买方以包装缺陷要求解除合同不成立,因为没能在合理时间内通知卖方这一货物与合同不符问题,驳回买方退货要求。

"贻贝案"得出的首要结论与第 35 条第(1)款相关,即货物质量、规格应与合同相符的要求并不意味着应与进口国任何关于产品标准的法律、规定相符,特别是不要求与非强制性的标准要求相符。但是如果存在以下特殊情况,卖方的交货就应符合进口国相关的产品标准要求:(1)进口国的技术标准要求或卫生标准要求与出口国相同。这样被禁止在进口国销售的产品在出口国也应禁止销售,卖方出售该货物是违法行为。(2)尽管出口国标准与进口国标准不同,如果卖方交货不符合进口国关于食品安全、医疗器械和药品安全等强制性的安全标准和卫生标准,违反技术法规,应认定为货物不适合通常使用的目的。(3)当事人双方有多次同样货物的往来交易或卖方在买方境内有分支机构,说明卖方知道买方国家关于货物的产品标准要求,并默示地同意符合这一要求。"贻贝案"得出的另一结论与第 35 条第(2)款规定相关:即使卖方把货物交付进口国特定管辖地,也能够推断货物在进口国销售,这一事实不足以认定卖方默示地同意用进口国标准判断货物是否符合第 31 条第(2)款(a)项所指的"通常使用目的",不能因此认定货物属于(a)项所指的不符。也不足以认定卖方在没有从买方那里获知进口国标准的情况下,默示地同意满足进口国不确定的标准要求和管理要求[(b)项货物适合特定目的],对外国的卖方,不应要求他知道进口国不确定的公共法律和管理实践,买方不能合理地依赖卖方这方面知识;相反,买方应知道自己国家这些专门知识,应通知卖方。同理,如果在订立合同时存在前述三种特殊情况,说明卖方应该知道买方对货物的"特定目的"

要求,并且默示地同意符合这一要求。[1]

“贻贝案”裁决产生了持续性的引领作用,除首例案件效应外,还在于它出自权威的德国最高法院,并且判决展示了法官审慎推理,提供了这类案件公允可行的处理方式。但是著名的公约专家彼得·施莱特里姆在肯定该案例重要性的同时,批评德国法院对该案的处理方式是“允许卖方经常逃避遵守买方所在国公法法规的责任”。[2] “贻贝案”原则上限制卖方交货应该符合产品标准的范围,强调卖方没有义务不加区分地使货物符合进口国所有标准。近年新的研究进展—以 CISG-AC 于 2018 年发布的第 19 号意见为标志,旨在从正面厘清标准与第 35 条规则所述相符义务的关联性;卖方承担交货与进口国标准相符义务的条件和法理依据。

根据第 35 条第(1)款的规定,卖方交付的货物不仅要符合合同规定的数量、质量、规格和包装要求,还必须符合双方同意遵守的产品标准和行业规章。[3] 协议遵守的标准应具有确定性和可预见性,这些标准应该是在合同订立时已经存在,使当事人能知道或理应知道,以便于制订计划时考虑标准引起的合规风险、管理风险和进行成本核算。[4] 双方同意包括明示同意和默示同意,明示同意遵守的标准有的已经被当事人并入销售合同,成为合同中关于货物质量规定的依据,如规定交易的原棉质量适用“中纺棉花交易标准合同”或“棉花交易利物浦规则”,有些合同规定的标准是概括性综合性的,如承诺产品符合英国零售商协会(British Retail Consortium, BRC)电热器具和碳排放标准,或符合通过“CE”认证的欧盟标准等,这是容易认定的。当事人是否默示同意遵守某项标准则需要区分不同情况,在个案分析中判断。

例 35C:荷兰卖方与比利时买方订立了出售小麦面粉合同,卖方履

〔1〕 参见《判例法摘要汇编》(2008 年版)第 35 条第 9 段、第 10 段及注释。

〔2〕 Peter Schlechtriem, *Uniform sale Law in the Decisions of the Bundesgerichtsshof*, https://www.cisg.law.pace.edu/cisg/biblio/schlechtriem3.html(2020-10-13).

〔3〕 See The International Sale Convention Advisory Council, *CISG-AC Opinion*, *No. 19*, Opinion, paragraph 1 and 3.

〔4〕 See The International Sale Convention Advisory Council, *CISG-AC Opinion*, *No. 19*, Opinion, paragraph 2.

行后,比利时买方在将货物转售莫桑比克买方时,被莫桑比克海关当局没收,原因是这批7000吨面粉含有致癌物溴酸钾,这是一种延长保质期的面粉改良剂,在荷兰与欧盟被禁止使用,也不符合国际食品法典委员会(Codex Alimemtarius Commission,CAC)标准。买方以卖方根本违约为由向荷兰法院起诉,初审法院拒绝买方解除合同要求,被买方诉至荷兰地区上诉法院,上诉法院判买方胜诉,合同宣告无效,卖方应返还货款,面粉待莫桑比克政府放行后返还卖方。卖方辩解认为,含溴酸钾事实上被莫桑比克政府允许,并且货物进口之前经过政府指定公司做了装船前检验,签发许可进口的证明。法院支持原告的理由是:合同协商阶段卖方承诺面粉是高品质,这对买方很重要,是买方期待的;货物被荷兰与欧盟禁止销售,并且不符合国际食品法典委员会标准,而该标准是荷兰与莫桑比克都同意遵守的一般标准,这些因素都决定卖方应该对这批不合格的货物负责,也否决了被告关于货物事实上被允许进口的辩解。法院还认为,接受被告的辩解意味着,不适合人类消费的产品被来自发达国家的卖方不受处罚地交付给欠发达地区的买方,而后者根据合同本来期待货物是可靠的,符合国际标准。[1]

根据第35条第(2)款的规定,卖方承担默示合同义务,交付的货物应该符合4项默示的质量标准,当卖方同意遵守某项标准时,该标准可能与卖方承担的默示合同义务相关,符合相关标准才能使货物适合其通常使用目的或已经告知卖方的特定目的,或符合样品、式样以及包装要求。有时,对于那些规定产品性能,影响货物进口使用的标准,其客观存在本身就是决定货物是否符合默示的质量标准的因素。因为公约第8条第(3)款要求解释合同"应该适当地考虑到与事实有关的一切情况",这些标准的存在就是在解释合同以及解释第35条下相符义务时应该考虑的情况。考虑标准与第35条第(2)款义务的相关性,以及卖方应履行其中的默示相符义务,交货是否需要符合某项标准,应该考虑以下因素,在个案基础上判断:

[1] See Rynpoort Trading v. Meneba Meel, Netherlands Appellate Court, 23 April 2003, https://cisgw3.law.pace.edu/cases/030423n1.html(2020,10.12).

(1)标准的性质,如果属于进口国公法条例规定的强制性的标准,不符合标准将使货物无法进口使用(参见前述"贻贝案"结论)。例如,在西班牙卖方与德国买方"胡椒粉"合同争议案中,德国法院认为"乙撑氧"超标属于货物不适于"通常使用目的",不适于在德国销售,卖方构成根本违约,买方有权解除合同。[1] 另外如果标准有高度专业和复杂性,买方应该明示而不能依赖卖方默示同意遵守。(2)进口国与出口国采纳同一标准(参见前述"贻贝案"及"溴酸钾案"裁决)。(3)当事人在订立合同中的声明和行为表明卖方承诺产品将符合某标准。例如,在协商阶段卖方承诺是优质产品供货商,产品符合所有行业标准,在报刊及推销文宣中承诺产品符合某标准。(4)双方先前的交易。如果卖方在先前交易中交货符合某标准,后来交易也应该符合该标准,因为卖方默示同意符合该标准,这也是买方对货物符合特定目的的合理期待。(5)买方对货物设计制作的干预程度,如果买方较多介入货物设计制作,就不得向卖方施加标准相符义务。(6)双方商业地位。如果卖方是小公司,买方是有声誉的跨国公司,有高度的与出售产品相关的知识技能,说明在货物是否应该符合某标准问题上,买方不依赖卖方技能判断,买方应该明示需要符合的标准。(7)公司内部管理,如果执行某标准已经纳入卖方公司管理守则,或者卖方上游公司的行为守则,则相当于卖方公开承诺遵守该标准;如果买方或买方下游公司将执行某标准纳入行为守则,则相当于买方告知卖方交货应该符合该标准,相符才适合货物通常使用目的或特殊目的。

5. 对卖方承担货物与合同默示相符义务的限制

第35条第(3)款对卖方应承担的货物与合同默示相符义务作了如下限制:若买方在订立合同时知道或不可能不知道货物不符合合同,[2] 卖方

---

[1] 参见德国埃尔旺根(Ellwangen)地方法院判决(1995年8月21日),载罗马统一国际私法协会等主办的项目网:http://www.unilex.info/dynasife.cfm? dssid = 2376&dsmid = 13353&x = 1/,最后访问日期:2019年5月1日。

[2] 公约在表示当事人"知道"或"明知"的心理状态时,分别使用"不可能不知道"(第35条、第40条、第42条)、"理应知道"(第38条、第39条、第43条、第49条、第64条、第68条、第79条)的提法,霍纳尔德解释说,"理应知道"的事实是一方当事人经过调查、询问就能显露的事实;"不可能不知道"的事实不需要施以调查责任,是一些眼前发生的谁都可以看得见的事实。这些表述可以减轻证明负担。See John O. Honnold, *Uniform Law for International Sales Under the 1980 United Nations Convention*, Deventer/Boston, Kluwer, 1982, p. 256.

就无须承担那四个方面的默示相符义务。这是指两种情况:一种是特定的经确认货物状况后的销售(如二手车床),买方事先检查了货物状况并同意购买,这相当于UCC第2-316条第(3)款所指的“依现状销售”,过后不得反悔。另一种情况是买方按样品订购货物,经检验认定货物与样品相符,买方不得在此后对经检验可以发现的货物和样品都存在的缺陷主张货物不符合同。除此之外,很难想象买方能在订立合同时就能够发现卖方将要提交的货物违反默示相符义务。如果买方在订立合同以后发现了这种不符情况,或者发现卖方有欺诈的情况,公约第35条第(3)款不能免除卖方根据第(1)款应承担的义务,买方仍可根据合同,要求卖方交付符合合同数量、质量、规格、包装的货物,并针对任何不符行使救济权利。

例35D:卖方出售给原告买方一辆旧车,双方都为车辆经销商。单据显示该车1992年第一次发许可销售证,里程计算很低,销售合同规定卖方不负责任何保修。原告将车转售给一用户,用户发现该车第一次发许可销售证是1990年,里程数大大高于原来单据显示的数,不得不保修。原告向客户支付了保修费,转向卖方索赔相同保修费。法庭认为:根据公约第35条第(1)款、第45条和第74条的规定,卖方应赔偿,因为买方的损失是他在订立合同时可以预见的。即使原告在当初可以查明不符,被告也不能利用公约第35条第(3)款免除其责任,因为被告有欺诈,欺诈的卖方不能依赖公约第35条第(3)款。合同中关于“卖方不负责任何保修”条款的实质效力问题不受公约约束,应受德国法律约束,而根据德国法,如果卖方行为欺诈,排除保修条款无效。法院还引用公约第40条和第7条第(1)款的规定,认为:“本公约包含一个原则,就是即使是非常疏忽的买方对于一个欺诈的卖方而言,应更有利于前者而不是后者。”〔1〕

〔1〕 UNCITRAL,CLOUT, case No. 168(德国科隆州高等法院,1996年3月21日).

第36条　认定货物与合同相符的时间界限

(1)卖方应按照合同和本公约的规定,对风险移转到买方时所存在的任何不符合同情形,负有责任,即使这种不符合同情形在该时间后方始明显。

(2)卖方对在上一款所述时间后发生的任何不符合同情形,也应负有责任,如果这种不符合同情形是由于卖方违反他的某项义务所致,包括违反关于在一段时间内货物将继续适用于其通常使用的目的或某种特定目的,或将保持某种特定质量或性质的任何保证。

评　释

1.第36条第(1)款

依据第35条的规定,卖方交货必须在数量、质量、规格、包装方面符合合同和公约的规定,第36条回答了认定交货与合同相符或不符的时间界限。货物与合同不符的问题可以在产品制作完成时就存在,在将货物交给第一承运人运交买方时就存在,也可能由于运输途中遭遇自然灾害、意外事故的破坏酿成,甚至在买方收到货物以后的一段时间发生。国际贸易法应该解决以何时的货物状态为准来认定货物与合同相符或不相符,卖方对在何时发生的货物与合同不符应该承担责任,从何时起卖方对在此之后发生的货物与合同不符不负责任。公约采取了传统的以风险转移的时间作为认定货物是否与合同相符的时间界限,第36条第(1)款规定,卖方对货物在风险转移到买方时就存在的任何不符合合同情形负有责任,即使这种不符合同情形在该时间后方始明显。[1] 这意味着卖方对风险转移时和转移前就存在的货物与合同不符应负责任,即使是在风险转移后方显露的隐蔽不符。而卖方对风险转移到买方后发生的货物与合同不符不负责任,如

〔1〕 卖方对于货物在风险转移时或这之前存在的任何货物与合同的不符,应对买方承担责任,这是一条普遍的规则。《瑞士货物销售法》第44条、《德国民法典》第459条与公约第36条第(1)款相似,UCC第2-509条、第2-50条关于风险转移的规定也可以得出这一结论。

果这种不符非由于卖方的原因造成,公约第 66 条进一步阐明了这一界限。秘书处评论以如下实例说明这一规定。

例 36A:销售合同规定出售一级质量的谷物,FOB 卖方某城市,卖方装运了一级谷物,但是运输途中谷物遭受湿损,到达目的港时货物质量变成三级而非合同要求的一级,买方无权以货物不符合合同为由向卖方索赔,因为货物在风险转移给买方时与合同相符。

例 36B:如果上例中卖方装船时货物的品质就是三级而非合同要求的一级谷物,即使货物到达目的港买方才知道货物与合同不符,卖方仍要对这种不符承担责任。[1]

确定卖方责任的关键是看货物与合同不符存在的时间,而不是这种不符被发现的时间,发现货物与合同不符的重要性与第 39 条有关。以上实例说明 Incoterms(2000)所含 13 种贸易术语中的 A4 项、A5 项关于交货与风险转移时间的规定对于我们正确理解第 36 条第(1)款规定有重要意义。若实例中采用的是 DEQ 而非 FOB 术语,卖方必须在指定目的港码头将货物交给买方处置时风险才转移给买方,运输途中造成的谷物湿损变成了风险转移到买方时存在的货物与合同不符,卖方应对此负责。另外是关于证明责任问题,贸易实践中只有少数情况货物与合同不符是在装运时被发现的,承运人若发现包装破损、数量短少,根据航运惯例,应在提单中做不良批注,无论采用装运合同还是到货合同的贸易术语,都是货物在风险转移时与合同不符的直接证据。大多数情况下,买方只能在接收货物时,甚至对于隐蔽缺陷,只有在经过开箱彻底检查和投入使用时才能发现货物与合同不符,如果买方推定这种不符是由于卖方违反合同义务造成的,买方应拿出事实证据证明货物与合同不符合是在风险转移时已经发生。当货物与合同不符的状况深入货物性质和内在结构,则不证自明,该货物缺陷是在风险转移给买方时固有的。

---

〔1〕 UNCITRAL, *Secretariat Commentary on Article 34 of Draft Convention* (*Article 36 of Official Text*), Example, 34A, 34B, Official Records, p. 33.

第36条第(1)款的规定明确了卖方对于交货时存在的货物隐蔽缺陷应该承担的责任，卖方对于货物风险转移到买方时存在的任何不符合同情形负有责任，“即使这种不符合合同情形在该时间后方始明显”。以下实例说明这种情况。

例36C：孟买卖方向纽约买方出售5000码纺织品，合同详细说明买方购进该批织物是用来制作夏季服装。在3个月的远洋运输中海水渗入包装箱，引起半数货物湿损，根据合同（属于装运合同），买方承担了该风险损失，接受了货物，在后来制作成衣时，买方发现织物染料褪色，所制作的服装没有商销性。此例中卖方对风险转移到买方时就存在的货物与合同不符情况负责，原因是印染工序不合格，尽管不符情况在风险转移后显露。

类似的情况还有：谷物因含水分超标在运交买方后变质，降低质量等级；羊毛、棉花、矿物等掺进杂物不能正常使用；冷冻机安装运行15日内出故障；等等。这都属于货物在风险转移时其内在品质不合格，而这种货物不符合同的情况在风险转移给买方后才显现出来，它不同于货物原来合格，只是在风险转移买方后由于外部原因造成其与合同不符的情况。当然对于卖方因为货物存在隐蔽缺陷而应承担的责任，买方负有事实举证责任。

2. 第36条第(2)款

第36条第(2)款规定，卖方对于货物风险转移到买方后发生的任何不符合同情况也负有责任，如果这种不符合合同情况是由于违反其某项义务所致，包括在一段时间内货物适用于通常使用目的或特定目的，或保持某种特定质量、性质的任何保证。这是指卖方交付的货物违反了其在合同中作出的关于正常使用寿命、保质期以及货物具有一定质量特性的明示担保，或违反关于适于通用目的和适于特殊目的的默示担保。

例36D：丹麦出口商向奥地利买方出售几批园艺种植的鲜花，买方收到货物后拒付其中部分价款,声称他的顾客抱怨购买的雏菊一夏天都该开花而没有开。卖方向买方起诉要求支付价款,买方认为卖方违反品质担保,构成根本违约。奥地利上诉法院支持初审法院判决,认为:(1)买方不能证明雏菊在风险转移买方时存在缺陷[第36条第(1)款];(2)买方不能证明卖方曾保证货物适合于买方告知的特殊目的[第36条第(2)款],或保持某种特定质量或性质(如夏天开放)。法院还认为,即使货物不合格,买方未能在发现或理应发现货物与合同不符的合理时间内通知卖方(第39条),奥地利法律规定发货后2个月内是理应发现货物与合同不符的合理时间,买方失去了宣告合同无效权利,应支付价款。[1]

根据第36条第(2)款的规定,如果卖方违反了其明示或默示的品质担保义务,违反了关于货物保持某种质量或特性的保证,即使这种违反义务的情况在货物风险转移到买方之后方始明显,应该认定货物在风险转移到买方时就存在与合同不符,卖方应对此负责,并且买方不需要进一步证明货物与合同不符是在风险转移时发生的。违反品质担保的货物质量问题很多是在货物风险转移给买方之后发生的,甚至在经过使用后的一段时间才能发生和证明。比如,合同规定该机器设备正常运转10年,而实际使用5年就报废;电池规定连续使用一个月,可通常一个星期以后就电力耗尽,都属于违反明示担保。带有塑料部件或经过黏接处理的小商品在一定时期内应保持坚固耐用,若投入使用后很快断裂则不具有商销性,这属于违反商销性默示担保。但是如果买方违反关于机器设备的维修使用说明,不正确地使用设备或使用不适合的物料,导致货物使用寿命缩短,卖方可不负责任。总之,第36条第(2)款的适用具有以下特点:(1)卖方违反合同规定的货物与合同相符的明示或默示义务,合同关于货物品质的规定具有重要意义;(2)违约事实是在货物风险转移给买方后才显露;(3)违约事实通常是不证自明的。

公约正式文本的第36条第(2)款对于1978年草稿中的该条款作了两

---

〔1〕 UNCITRAL, CLOUT, case No. 107(奥地利因斯布鲁克州高等法院,1994年7月1日).

处修改:一处是把原稿中的"任何明示担保"改为"任何担保",意在把卖方交货应符合适于通常使用目的的默示担保包括进去。法国代表格斯特因(Ghestin)指出,默示担保可以产生于对合同的解释,产生于当事人实际存在的未说出的意愿,产生于法律上的保证,该保证可以从惯常假设的当事人意愿中推理得出。[1] 另一处是把原稿中关于质量保证的"某一特殊期间"(for a specific period)改为"一段时间内"。维也纳会议占优势的观点是,这"一段时间内"的长短应由合同明确规定,而不应该由法庭考虑公约第8条所指的某些情况自行确定。而某些发展中国家代表认为,这"一段时间"是一段合理时间,应该考虑第8条所指的客观情况,视某种货物应符合的适于通常使用目的的默示担保情况而定。

第37条 卖方在交货日截止前补救不符货物的权利

如果卖方在交货日期前交付货物,他可以在那个日期到达前,交付任何缺漏部分或补足所交付货物的不足数量,或交付用以替换所交付不符合同规定的货物,或对所交付货物中任何不符合同规定的情形做出补救,但是,此一权利的行使不得使买方遭受不合理的不便或承担不合理的开支。但是,买方保留本公约所规定的要求损害赔偿的任何权利。

评 释

国际货物买卖需要承受高昂费用和风险,由于时空局限和需要履行进出口手续使货物流转颇费时力,解除这类销售合同可能带来经济上的浪费和执行困难,所以公约限制当事人行使解除合同的权利,多数情况下解除合同应基于根本违约。另一重要限制是公约授权卖方可以在不同时机对交货不符合合同的部分进行补救,补救的机会包括在合同规定的交货日前(第37条)以及在交货期过后(第48条)。卖方若实施了第37条允许的补

[1] See UNCITRAL, *The Official Records of United Nations Conference on the Contract for International Sale of Goods*, p. 313-315.

救措施,并且补救是有效的,买方不得以预期违约为由解除合同,第 72 条规定只有在履行日期之前明显看出当事人根本违约才准许这样做。卖方若实施了第 48 条允许的补救措施,"买方也不得在这段时间采取与卖方履行义务相抵触的补救办法"。对照第 48 条关于卖方在交货日后对货物进行补救的权利可以看出,公约对卖方在交货日前对所交货物采取补救措施的权利限制较少,后者不要求卖方"不得造成不合理的迟延",交货日前的补救如果没有对买方造成不便或承担不合理的费用,买方也不得拒绝。对于卖方提前交货与合同不符,买方无权行使第 45 条规定的救济权利,只有在交货期到来时他才有这样的权利。但是卖方提前交货已经属于违反义务,买方有权拒绝收取货物(第 52 条),第 37 条只能假定买方决定不拒收货物情况下适用。卖方提前交货与合同不符,属于预期违约,如果不符货物不能通过交付替代物、修理、更换货物进行有效补救,买方可依据第 72 条采取进一步行动。

第 37 条首先适用于卖方在交货日截止之前交付货物,他可以在不迟于该日期前依据第 37 条对交货不符进行补救,这是指合同约定某一段时间作为交货期,如约定 6 月交货(6 月 1~30 日),卖方可以选择在 6 月初交货,在 6 月 30 日交货期截止前对不符货物进行补救。交货期已到的交货不属于提前交货,买方无权拒绝收取货物,买方有义务在货物到达时接收和检验货物(第 38 条),如果发现货物与合同不符,必须在合理时间内通知卖方(第 39 条),卖方收到通知后或从其他途径了解到货物有不符合合同情况,可以在交货日截止之前对不符货物进行补救。卖方在交货期已到,交货日截止之前的交货与合同不符,不构成预期违约,而是实际违约,若经过补救后仍然与合同不符,买方可以行使第 45 条规定的救济权利。

第 37 条还适用于卖方提前交货(premature delivery),即第 52 条所指的情况。卖方提前交货属于违反义务,如果交货与合同不符,并且买方不打算拒绝收取货物,卖方可以在交货日到来前对不符货物进行补救。如果从卖方的交货中看出其显然将不履行大部分合同义务或将根本违反合同,买方可以根据第 71 条或第 72 条采取相应救济措施。根据第 37 条第二句的规定,在卖方进行补救时,买方保留公约规定的要求损害赔偿的权利,但是这类损害赔偿金额以及买方依法可采取的其他救济必须反映并考虑卖方根据第 37 条第一句采取任何补救的情况。

例 37:瑞士卖方向俄罗斯买方出售巧克力甜食,合同规定,卖方的头两批货物的交货期限为收到买方付款担保后一星期,1993 年 12 月中旬,卖方根据买方付款担保书后交付了第一批货物,后来买方未支付货款。买方的理由是卖方在收到买方转送的银行付款担保以前就发运了货物,是根本违约;另外买方转售货物的下游买家因经济形势变化拒绝购买货物。卖方向俄罗斯联邦工商联合会国际商事仲裁庭请求裁决,要求买方支付货款。仲裁庭认为:卖方违反关于发货时间的规定属于违约,但并不构成根本违约而使买方有权解除合同。根据第 37 条的规定,买方可以对卖方违约造成的损失主张损害赔偿,但买方没有提出任何此类赔偿要求。买方为第一批货物办好了进口通关手续,也接受了交货,买方有义务付款。仲裁庭作出有利于卖方的裁决。[1]

公约第 37 条的授权说明卖方交货是否符合合同不能仅凭一次交货确定,有可能需要经过卖方交货日前的第二次或多次补救后确定。第 37 条允许卖方针对不同情况采取以下四种可能的补救办法:(1)卖方可以补交任何货物的缺漏部分,补充第一次提交后出现的任何货物数量上的缺额;(2)若当事人协商后或经买方允许卖方分批交货,卖方可以在交货日前补交前一批货物数量不足部分;(3)卖方可以对交货质量不合格的部分进行更换,使其规格、数量、质量、包装与合同相符;(4)卖方可以在卖方营业地或买方营业地修理货物不合格的部分。

关于第 37 条是否适用于对第 41 条和第 42 条所指的货物存在第三人权利的情况进行补救,秘书处评论认为不可以(参见本书对公约第 42 条的评释)。从第二节的标题看,货物相符与第三人的权利要求是分开的,给人

[1] UNCITRAL, CLOUT, case No. 141(俄罗斯联邦工商会商事仲裁庭,1995 年 4 月 25 日第 200/1994 号裁决).

的印象是这是两个不同的范畴,而且第 41 条和第 42 条都没有提到货物与合同“相符合”问题。但是民主德国代表安德林认为,存在第三人权利要求的货物也可补救替换,不同的是第三人的权利要求按通常设想不会在交货日前提出,若买方真的在这一期间查出货物存在第三人权利,他应通知卖方,卖方可以替换补救。

第 37 条对于卖方在交货日前进行补救有一重要限制,即“这一权利的行使不得使买方遭受不合理的不便或承担不合理的开支”。公约起草者举出以下例子说明不合理的不便:采用 E 组术语的合同买方需要到卖方所在地取货,采用 FOB 术语合同需要买方租船订舱,在卖方首次履行交货数量不符情况下,要买方另外安排运输装运卖方补足的部分可能会造成买方不方便;卖方交付的机器设备不能正常运转,最好的补救措施是尽快更换有问题的零部件或设备,而不是在买方工厂长时间检查、修理,因为这会影响生产线正常运转造成买方不合理的不便。总之,“不合理的不便”取决于买方的态度和感受,而卖方采取补救措施产生的费用无论是否合理都应由其自身承担或者由买方请求损害赔偿。在公约第 37 条适用时,对于卖方是否应事先将补救的意图通知买方,虽然公约未明确规定,但一般认为,如果事先通知对买方十分重要,试图不经过通知就去实施补救可能会遭到拒绝,因为这一定会“使买方遭受不合理的不便或承担不合理的费用”。

第 38 条　买方检验货物的时间

(1)买方必须在按情况实际可行的最短时间内检验货物或由他人检验货物。

(2)如果合同涉及货物的运输,检验可推迟到货物到达目的地后进行。

(3)如果货物在运输途中改运或买方须再发运货物,没有合理机会加以检验,而卖方在订立合同时已知道或理应知道这种改运或再发运的可能性,检验可推迟到货物到达新目的地后进行。

评 释

1. 第38条检验货物及其与第39条的关系

第38条规定了买方检验货物的时间问题,它是第39条的先导,是买方根据第39条向卖方发出货物与合同不符合通知,进而行使索赔权的最初步骤。第39条要求买方必须在发现或理应发现货物不符合合同情形后一段合理时间内通知卖方,说明不符的情形和性质,否则就丧失了声称货物不符合同的权利,其中的"一段合理时间"是从买方发现或应该发现货物与合同不符的时候算起,对于买方正常履行第38条下的检验就能发现的货物缺陷,买方发出第39条下异议通知的合理时间就从他本应该实施第38条下检验货物的时间算起,无论其是否真的实施了检验行为。秘书处评论指出,"买方依据第36条(公约第38条)有义务检验货物的时间构成了买方依据第37条(公约第39条)理应发现货物不符合合同的合理时间,除非这种不符情况,即使通过此类检验,也不能被发现。"〔1〕买方及时检验货物才能及时发现货物与合同不符并通知卖方,买方不能及时检验货物将承担不能及时充分发出货物与合同不符通知的风险,进而失去因货物与合同不符要求卖方赔偿的权利。第38条没有规定不履行检验义务的制裁后果,但是不履行该项义务有可能使买方失去因卖方交货与合同不符的赔偿权,相当于第39条间接地规定了对不履行第38条义务的惩罚后果,除此之外,第38条没有对违反此项义务的独立的惩罚。〔2〕买方是否有权以货物与合同不符为由依据第45条获得赔偿,不是由检验货物本身决定,而是由是否恰当地履行第39条规定的通知义务决定,如果买方不需经过检验就能发现货物与合同不符,他可以省去这一步骤,直接向卖方发出索赔通知。第38条的另一功能是通过及时检验确定货物瑕疵的状况及发生原因,防止有关货物状况的改变是否在货物已经交付买方之后(风险转移之后)发

---

〔1〕 UNCITRAL, *Secretariat Commentary on Article 36 of Draft Convention* (*Article 38 of Official Text*), Paragraph 2, Official Records, p. 34.

〔2〕 See The International Sale Convention Advisory Council, *CISG - AC Opinion*, *No. 2*, Opinion, Article 38, paragraph 1.

生的这类法律争议。

ULIS 第 38 条关于买方检验货物规定过分严格和僵硬,要求买方应该迅速地(promptly)检验货物或由他人检验货物[第(1)款],这是因为 ULIS 主要是欧洲大陆国家代表参与制定,而这些国家的国内法对买方提出严格的检验货物和发出货物与合同不符通知要求。经过改进后的公约第 38 条相对合理和富有弹性,第(1)款规定:“买方必须在按情况实际可行的最短时间内检验货物或由他人检验货物。”这是一条总的要求,既涉及检验的时间,也涉及检验的标准和依据。时间上应在“情况实际可行的最短时间”,是一个弹性标准,而不是所谓的“立即”检验,后者在许多情况下不可能做到,也不公平。“情况实际可行的最短时间”既可以由于检验对象的技术复杂性而变得较长,也可以因为货物是易腐的而检验时间极短,应考虑的情况不是所有情况,只能是客观的情况。意大利代表比安卡(Bianca)指出:“除了预期改运和再发运情况以外,不应由买方决定去按照他的意旨拖延货物的检验,所以,买方不得向卖方发出突如其来的改变原来目的地的通知以拖延检验货物的时间。”关于其他可能的拖延检验时间的理由,比安卡说,与买方本人或负责检验货物的人有关的人为阻碍是无关的(阻碍),只有当归因于诸如总罢工这样一般的客观的阻碍发生时,检验货物的延迟可以被认为有正当理由。[1] 安德林认为,应考虑的情况包括:货物风险转移时其所在地;货物的种类,如是单件货物,还是大批量货物,或易腐货物、消费货物;货物如何包装,容器的种类,如货物使用的某种包装是否只有在其抵达最后目的地才能打开;是买方本身使用该货物,还是要把它转卖;买方处理货物技术上必备的条件;是否适用当事人之间的惯例和习惯做法;等等。[2]

检验不一定由买方或其雇员亲自进行,可以由第三人或独立的检验机构进行,包括买方指定的检验机构、下游客户(在货物改运或再发运时应该如此)。检验标准也应是“情况合理的”,应考虑销售合同的国际性、当事人

〔1〕 See C. M. Bianca & M. J. Bonell eds., *Commentary on the International Sales Law: The 1980 Vienna Sales Convention*, Giuffre Milan (1987), p. 299,301.

〔2〕 See Dubrovnik Lectures: *International Sale of Goods*, p. 166-167.

之间的约定,考虑习惯做法和国际惯例、货物种类和当事人地位。不要求买方进行的检验把货物所有缺陷都披露,买方不需做出特别的努力,运用与其地位相当的合理人对于同类货物销售应有的技能进行检验就足够,如果买方不具备必要的技能和技术设备,就不应指望他能发现货物的某种不符。

例 38A:销售合同要求卖方向买方提交 500 罐罐装氯气,以金属容器密封,当密封打开时氯气应立即使用,否则会迅速挥发。6 月 1 日货物运交买方,买方将货物放入仓库储存,既没有清点容器数量,也没有检验氯气含量。9 月 1 日,买方通知卖方他刚刚打开一罐氯气用于化学加工,发现该货物只有 400 罐,而且其中有 200 罐氯气含量不符合合同规定。此例中买方没有在情况实际可行的必要的时间内查验货物数量,其关于短少 100 罐数量的索赔不应支持,而对于罐装内气体含量的检验属于"情况实际可行的最短时间",该项索赔应予支持。

第 38 条是补充性规则,如果销售合同就检验货物的时间、地点、方式作了明确规定,应优先适用当事人的约定。它表现为当事人订立的检验、索赔条款中,通常规定买方应在货物到达目的港或卸货后若干天内对货物进行检验,超过期限不检验,买方丧失了复检权或主张货物与合同不符的权利。需要注意的是,索赔条款规定的检验、索赔期限在很多情况下适用于"显见的不符",许多隐蔽的不符不可能在合同规定的"到货后××日"发现,而是在以后的时间,甚至在货物投入使用后才能发现,对隐蔽缺陷不能单纯考虑合同检验索赔规定,而应考虑第 38 条、第 39 条,合理确定"情况实际可行的最短时间"。贸易法委员会判例说明,第 38 条所规定的检验是"多重或连续的检验",所谓"最短时间",明显缺陷应在交货后开始算起,潜在缺陷应该在这类缺陷显露时算起。[1] 对于机器设备,当事人可以约定用冷起动、精确性能试验等方法检验,大宗货物可用数理统计方法、特殊的分析程序检验。当事人在以往交易中形成的检验货物的习惯做法、行业惯

〔1〕 参见《判例法摘要汇编》(2008 年版)第 38 条第 12 段、第 16 段。

例应考虑采用,如检验通常只能查出明显的缺陷,而不包括隐蔽的缺陷;对不同货物检验可以是单项,也可以是抽样。

2. 第38条第(2)款、第(3)款

第38条第(2)款规定:"如果合同涉及货物的运输,检验可推迟到货物到达目的地后进行。"除非当事人另有约定,国际货物买卖不能单纯依据卖方出具的商检证明作为货物是否符合合同的最终依据,这可能造成违反诚信的卖方以不实的检验结果欺骗对方,损害买方利益。按照惯例,卖方出具的商检证书只能作为货物装运时与合同相符的初步证明和议付货款的依据,货到目的地后,买方保留对货物的复检权,其检验结果作为索赔依据,可以对抗卖方的检验证明,最终由裁判机关裁决货物是否符合合同、买方能否获得赔偿。除极少数交易,如采用Incoterms的E组术语,买卖双方有可能在货物交付时联合检验外,大部分涉及运输的交易中,交货地点在卖方所在地,买方不可能在卖方交货时检验货物,只能在货物到达时检验,所以检验应"推迟到到达目的地进行"。

不仅如此,第39条第(3)款还规定,如果货物在运输途中改运或买方再发运货物,买方没有机会检验货物,检验可推迟到到达新目的地后进行。维也纳会议正式记录解释:"再发运"意味着货物已经到达了它们最初的目的地并且随即被转运(另一地点);"改运"意味着货物还没有到达它们最初的目的地(仍属于运输途中)。[1] 前者的情况是买方在最初目的地接收了货物,然后以自己名义再向更远处运送同一批货物;后者是指买方根本没有在最初目的地接收货物,而是在运输途中立即转售,这两种情况都属于货物到达最初目的地后转运(transshipment)。当买方购买了密封于罐装或箱装货物并以集装箱运输,用于系列交易中的转售时,每当有效的分销要求迅速转运大宗货物时,买方一定没有机会在最初的目的地检验货物。如果在此情况下认定买方行使检验权的时效届满,剥夺其复检权以及声称货物与合同不符的权利,是不公平的,所以,公约规定这种情况下应把检验放在"货物到达新目的地后进行"。这也意味着,如果合同规定了检验时

---

〔1〕 这一解释来自荷兰代表在维也纳会议上的发言,参见UNCITRAL,*The Official Records of United Nations Conference on the Contract for International Sale of Goods*,Paragraph 18,p. 320。

间,它的起算亦应自“货物到达新的目的地后”开始。

总观第38条第(3)款,它的适用应满足两个条件:一是货物涉及转运(包括改运和再发运)并且卖方在订立合同时起已经知道或理应知道这种转运的可能性,注意,这里是要卖方知道或根据情况理应知道买方有这种转运的可能性就足够,而不要求其知道或理应知道买方肯定会转运货物。在国际贸易中,每当买方作为贸易商时,卖方必须考虑到这种改运或再发运的可能性。检验推迟到新的目的地进行的另一项条件是情况表明货物到达最初目的地时,买方没有合理的检验机会。秘书处评论认为:“典型的买方在货物改运或再发运时没有合理机会检验货物的情况是指货物以某种方式包装,以至于在货物到达最终的目的地之前打开包装进行检验是不可行的。再发运和改运货物之所以必要,是因为买方自身要在运输合同规定的目的地以外的其他地方使用该货物,而更经常的情况是买方本身是中间商,他已经按照至少相当于被包装好的所收到货物的数量转售了货物。”[1]许多判决对第38条第(3)款作严格解释,它只适用于货物直接由卖方交给买方最终客户,或买方在卖方与最终客户之间起中介作用的情况。虽然多数国际货物交易都涉及买方转售货物,却不一定转运货物,买方在转售前将货物运进自己仓库,在某一时间再运出,就不能适用第38条第(3)款。买方是否有合理机会检验货物不完全取决于转运这种运输方式,它还取决于货物缺陷暴露的程度,并非所有的转运都造成买方没有合理的机会检验货物,如果货物数量上的短少或质量上的缺陷显而易见,不需要专门开箱检验就能发现,即使买方收到货物后要立即转运,他也应该立即把这种显见的不符通知卖方,否则买方无权就这种显见不符获得赔偿。

例38B:中国某公司向意大利某公司出售26吨盐渍滑子蘑,合同规定价格条件是FOB大连1510元/吨,包装方式为塑料桶50公斤/桶,双方当事人还以传真方式签署了一份协议书,约定双方不能接触

〔1〕 UNCITRAL, *Secretariat Commentary on Article 36 of Draft Convention* (*Article 38 of Official Text*), Paragraph 6, Official Records, p. 34.

对方客户。货物进口地点是意大利热那亚港,买方还要将货物转运至最终用户意大利北部城市维罗纳,在那里报关。第一批货物14.30吨以集装箱整箱通关,铅封完好并直接运至维罗纳,经用户开箱检验发现净重短少2.964吨。1992年4月28日,买方从最终用户那里得知货物包装桶破损和短重情况后,在第二批集装箱货物于4月30日到达热那亚后,委托其代理人在该港口开箱检验了货物,但没有独立的检验机构参加,经检验认定每桶净重仅40公斤,买方请求仲裁,要求卖方赔偿两批货物总共短重5881公斤的经济损失和其他损失。仲裁庭认为买方第一批货物的检验符合公约第38条第(3)款规定的情况,认定其在维罗纳的检验结果有效,因为卖方事先知道买方将转运货物,检验可以推迟到维罗纳进行。但是买方既然委托其代理人在热那亚港开箱检验了第二批货物,说明当时他有合理机会检验货物,不过买方没有及时委托独立的检验机构参与检验,该项检验是不合理的,不足采信,买方不能获得第二批货物的损害赔偿。[1]

第39条　买方发出品质异议通知的义务

(1)买方对货物不符合同,必须在发现或理应发现不符情形后一段合理时间内通知卖方,说明不符合同情形的性质,否则就丧失声称货物不符合同的权利。

(2)无论如何,如果买方不在实际收到货物之日起两年内将货物不符合同情形通知卖方,他就丧失声称货物不符合同的权利,除非这一时限与合同规定的保证期限不符。

〔1〕 参见中国国际商会仲裁研究所编:《典型国际经贸仲裁案例评析》,法律出版社1999年版,第151~158页。

评　释

1. 买方发现货物与合同不符的通知义务，国内法比较

第 39 条规定买方在发现卖方交货与合同不符情况后应在一定期间内通知卖方的义务，以及不履行该项义务的法律后果。买方的此项通知义务亦称为提出品质异议的通知义务，通常体现于合同中的检验和索赔期条款中，要求必须在一定时间内履行，不能履行该项义务将使买方处于十分不利的境地，其可能失去主张货物与合同不符，因而获得损害赔偿的权利。以德国、奥地利为代表的欧洲大陆法国家，其国内法律对买方提出严格检验货物、遵守索赔期内发出异议通知义务，一旦货物与合同不符，法律规定买方应立即或不得拖延地发出通知，法院把握的发出通知的合理时间很短，一般是 3~5 个工作日，遵守索赔期是卖方维护交易稳定，对抗买方主张货物与合同不符主要武器，许多案件中买方如果有不能及时充分发出品质异议通知，法院都支持卖方抗辩，判买方败诉。而在普通法系国家，这个问题在法律上并没有突出的重要性，UCC 第 2-207 条也规定买方在发现或应该发现任何违约后的合理时间通知卖方，法律规定的目的是防止买方过分拖延主张权利，欺骗性拒收货物。在合同没有明确规定时，法院对合理时间把握宽松，1 个月以上时间也是合理的。而英国法律规定，只有在买方以货物不符合合同为由主张拒收货物才需要发出品质异议通知（SGA 第 35 条和第 36 条）。德国加入公约是 1991 年，涉及公约第 39 条的案件在 1989 年就出现了，[1]这方面的学术贡献德语国家最多。相反，进入 21 世纪，仍少有来自普通法国家适用公约第 39 条的判例分析，主要原因是，因货物与合同不符引起的销售合同争议案件，普通法国家的卖方并不习惯于提出买方没有及时发出品质异议通知这种抗辩，这样抗辩很少获得法院支持。

买方及时发出货物与合同不符的通知很有必要，如果其认为货物与合同不符的问题严重，决定拒收货物，只有迅速通知卖方，后者才有可能在必要的时间内修理、更换货物，才能及时照管和处分被拒收的货物，减少由此

---

〔1〕 See Germany 31 August 1989 District Court Stuttgart（shoes case），https://cisgw3.law.pace.edu/cases/890831g1.htm.

产生的费用和损失。若买方决定收下货物并行使索赔权,其也应该及时通知卖方,使后者了解不符的情况,以便对不符的货物作出补救或重新检验,卖方能有机会及时收集证据,用于因不符货物可能产生的争议解决。公平正义的理念要求法律既要保护买方因接收不符货物造成损失的索赔权,也要保护卖方免受来自买方的不合理的求偿权。秘书处评论指出:"在货物已经交付后的很长时间提出权利要求,其有效性是靠不住的,尽管卖方收到了货物与合同不符情况的迟到的通知,他难以获得货物被交付时状况的证据,因而难以追究卖方取得货源的最初的供货方或原料提供者的责任。"〔1〕根据第 39 条的规定,除非销售合同规定了更短时间的货物不符的通知期限,否则应在第 39 条规定的合理时间内按照其要求发出通知,买方如果有合理的理由不能发出通知,可不受此限制(第 44 条),但受 2 年的最长异议期限制。

根据当事人"意思自治原则",如果销售合同就买方检验和提出品质异议的时间(索赔期)作了规定,这类规定应优先适用。贸易法委员会的绝大多数判例表明,涉及货物与合同不符的许多争议案,合同中规定的买方发出货物与合同不符通知的期限都得到尊重和执行。例如,要求买方在交货后 10 日之内给出缺陷通知的合同条款对买方有约束力;双方当事人一经同意,在交货后 8 日之内通知的条款有效,也排除了适用任何此类贸易惯例的可能性;合同中要求买方在收货后 30 日之内给出缺陷通知的条款对买方有约束力。〔2〕根据惯例,水果交易在发现不符后几个小时发出通知,花卉交易 1 日内发出不符通知都是适当的;根据巴伐利亚木材交易惯例,发出不符通知的合理时间是 14 日。〔3〕

以下是实务中合同规定的典型检验、索赔条款:

---

〔1〕 UNCITRAL, *Secretariat Commentary on Article 37 of Draft Convention* (*Article 38 of Official Text*), Paragraph 5, Official Records, p. 35.

〔2〕 参见《判例法摘要汇编》(2008 年版)第 39 条第 7 段及其注释 36。

〔3〕《中华人民共和国民法典》将检验和发出异议通知放在一起规制,其第 621 条规定,"当事人约定检验期限的,买受人应当在检验期限内将标的物的数量或者质量不符合约定的情形通知出卖人。买受人怠于通知的,视为标的物的数量或者质量符合约定。"但是,其第 622 条规定,当事人约定的检验期过短,买受人在约定期限内难以完成检验的,该期限仅视为买受人对标的物外观瑕疵的异议期限。

“凡属货物品质的异议,须于货到目的港3个月内提出,凡属数量异议于货到目的港之日起15日内提出,并须提供卖方同意的检验机构出具的检验报告,否则买方丧失索赔权。”

“买方应在到货后尽快检验货物,并在发现或理应发现货物与合同不符的10日内向卖方发出货物与合同不符的通知。”

“如果发生货物重量、规格或数量与合同不符,除保险公司与船主应承担的责任外,买方有权在货物到达目的港后90日内,依据中国商检局出具的检验证书,要求退货或提出索赔。”

一个基本的原则或前提是:合同中的索赔期条款应予维持和执行,它是当事人双方通过合同约定的,买方就货物与合同不符向卖方发出通知的一段合理时间。我们注意到,合同中的这类规定通常仅适用于买方对卖方交货与合同不符提出索赔,它不适用于卖方违反其他义务买方行使索赔,也不适用于卖方针对买方违反义务行使索赔。买方索赔期的起算时间有的是从“卖方交货之日”算起,也有的是从“买方收到货物”时算起,或从“货物到达目的港”算起,这些都相当于双方同意的买方“发现或理应发现货物与合同不符”的合理时间的起算点,这类规定的可取之处是索赔期的起算时间确定无误,不至于引起争议。如果合同仅重复法律规定,规定索赔期从“发现或理应发现货物与合同不符”时算起,则难免引起争议。当事人如果不在合同规定的那一段时间发出货物与合同不符的通知,就丧失了声称货物与合同不符的权利。不过,对于机电产品和精密仪器中的隐蔽缺陷,不可能在收到货物几日之内发现,如买来的一批电脑,经使用后发现芯片不是品牌货,而是组装货,这种情况以买方超过索赔期为由剥夺其索赔权是不公平的。以下路径可以考虑来解决这一问题:(1)除索赔期外,合同应规定保质期;(2)对于卖方明知的质量问题,买方可援用第40条维持自己的索赔权;(3)如果卖方提供有缺陷的货物属于故意和欺骗性销售,这是违背诚信,卖方无权援用第38条和第39条以买方未能及时发出通知为由为自己辩解。

判例显示:当事人双方就索赔事项进行交涉中,卖方如承诺就货物质量缺陷给予买方赔偿,其就失去了援用公约第38条和第39条以及合同中的索赔期条款,以买方未能及时发出索赔通知为由为自己辩护的权利。在德国联邦法院 1998 年 11 月 25 日审结的一案中,法院认为,卖方不仅明示,也可默示地放弃援用第 38 条、第 39 条权利,默示放弃的条件是卖方的行为表明并且使买方理解为弃权。当事人双方就赔偿事项谈判达 15 个月,卖方从未保留以第 38 条、第 39 条为由拒绝赔偿的权利,反而同意按 7 倍于货价赔偿买方,并已经支付一笔专家费(参见例 8D)。在另一案件中,卖方就不锈钢丝的质量问题同意用货价抵销,法庭认为卖方也放弃了第 38 条、第 39 条下的反驳权。[1] 反之,对买方来说,如果其接受了卖方就货物质量缺陷决定给予赔偿的方案,就失去了对同一批货物依据第 38 条、第 39 条提出品质异议和索赔的权利。

2. 买方发出通知的要求

第 39 条第(1)款规定的买方通知义务可概括为以下三点要求:

首先,买方应把货物与合同不符的情况通知卖方。通知既可以用书面形式,也可以用口头形式,有些案件中以电话发出此类通知因举证困难而没有被认可。另外,买方主张其拒绝付款的行为就是默示地向卖方发出这类通知,这一主张也被法院否决。买方必须向卖方或经卖方授权的代理人发出通知,根据第 27 条的规定,此项通知不要求传达到对方才有效,由于传递延误或失误未能到达并不使买方失去第 39 条下的索赔权。但是如果通知不是由买方直接发出,而是由买方下游收货方发出,或者买方不是向卖方及其授权代理方发出,而是向与卖方无更深关系的第三人发出,卖方未能收到通知的风险由买方负担。"货物与合同不符"的情况是指第 35 条所述的货物的数量、质量、规格、装箱或包装方面与合同不符,它不包括卖方提交的货物侵犯第三人权利的情况,买方对此类货物提出的异议通知和权利要求由公约第 43 条、第 44 条处理。买方发现卖方违反其他合同义务亦应及时通知卖方,如交货延迟、未能办理约定的保险、未能交付约定的单据,但是这类不符情况通知与第 39 条所指的货物与合同不符通知有所不同,除非合同另有规定,不属于第 39 条的通知义务的范围,买方提出这方

[1] UNCITRAL, CLOUT, case No. 235(德国联邦法院,1997 年 6 月 25 日).

面的权利要求不受合同约定的索赔期限制。[1] 卖方交付的异类货物(aliud),即交付的是与合同无关的货物,亦属于交货与合同不符,这已在第31条的评论中作了说明。但是卖方交货不符或延迟带有民事欺诈性质,或属于当事人共同对标的物发生错误认识而影响合同效力,这类问题已超出公约调整范围,应由国内法调整,第39条规则当然不适用。

其次,第39条要求买方"必须在发现或理应发现不符情况后一段合理时间内通知卖方",这是第39条通知义务的核心。这个合理时间不应作统一规定,应该在个案基础上确定,"除非货物与合同不符显而易见,不需要经过检验就可以发现,否则,卖方交货后买方发出货物与合同不符的总的时间应由两部分期间构成,即第38条下检验货物的期间以及第39条下发出货物不符通知的期间",[2]计算合理时间的起点是自买方发现或理应发现货物与合同不符后开始。根据第38条的规定,自检验期届满起算,判断买方通知是否超过合理时间应考虑以下与案件有关的事实情况:(1)合同条款,根据意思自治原则,当事人可以就检验和索赔时间作出约定,此项约定应优先适用。(2)货物缺陷的性质,这决定发现货物缺陷的难度。对于显见的不符,合理时间应自买方接收和(根据第38条)检验货物时起算;对于隐蔽的缺陷,买方通常只能在货物投入使用、机器投入运转时,甚至在这以后的一段时间才能被发现,合理时间应从那时起算;如果买方在接收货物以前就能发现货物与合同不符,合理时间应自卖方交货时或交货前起算。(3)货物性质,如精密性、耐久性和易腐程度,对于易腐货物,合理时间的期间更短。(4)买方本身的经验和技能影响。(5)贸易惯例。(6)合同履行中的情况,如果买方发现不符而要求卖方修理、更换,许多情况下买方应立即通知卖方。

最后,买方应在通知中说明货物与合同不符的性质,不符合这一要求

---

[1] 在维也纳会议的准备会上,国际贸易法委员会考虑在公约草案中加进条款,要求买方对于卖方的延迟履行也应及时发出异议通知:"如果买方未能在卖方的履行被提供之后的一段合理时间内向卖方发出通知,买方就失去了基于卖方延迟履行而产生的任何权利。"这一条款未被采纳,委员会认为不应因此取消买方这方面的权利。援引自 UNCTRAL 第10次会议报告(1977),参见 UNCITRAL, yearbook, Annex 1, p. 36。

[2] The International Sale Convention Advisory Council, *CISG-AC Opinion*, *No. 2*, Opinion, Article 39, paragraph 2.

也等于没有履行第 39 条通知义务,买方只有说明货物与合同不符的性质,才有可能使卖方对买方提出的权利要求作出反应,包括由卖方重新检验货物或对不符合货物进行修理、更换和补救。怎样才算"说明货物与合同不符的性质"? 公约第 8 条要求对当事人所作的声明和其他行为应按照与其同等资格的人应有的理解来理解,即以合理的方式理解。秘书处评论指出:不应指望当事人能发现货物的某种不符,如果他既不具备也不能获得必要的技术设备或专业知识,即使是不同情况下的其他买方可以被期望能发现该项不符。[1] 同理,不应指望当事人能准确地说明货物与合同不符的性质,如果他既不具备也不能获得必要的技术设备或专业知识。总之,应按照合理的人在特定情况下可能作出的行为来判断,德国法院判例表明,属于货物式样的缺陷仅仅指出"做工差""尺码不合适",对于鞋的质量,指出"整个制作太差""部分货物针脚太差"等不能认为是适当的通知。这并不要求买方能列明所有货物残缺的细节,那样就意味着全都由买方承担违约风险,对于经过检验而认定不符的货物应出具检验结果,同时说明货物残缺点大体的数量,建议的救济办法就足够。

3. 未履行通知义务的法律后果

第 39 条规定,如果买方不在合理的时间内把货物不符合合同的情况通知卖方,其就丧失了声称货物与合同不符的权利。由此,买方也丧失了以下权利:(1)请求损害赔偿[第 45 条第(1)款(b)项];(2)要求卖方交付替代物[第 46 条第(2)款];(3)要求卖方修理货物[第 46 条第(3)款];(4)规定一段额外时间让卖方履行义务[第 47 条第(1)款];(5)宣布解除合同(第 49 条);(6)要求减价(第 50 条)。失去上述权利后,买方必须接受不符的货物和支付原合同规定的价金。

在维也纳外交会议上,与会代表就第 39 条第(1)款严格的通知要求发生争论。加纳代表戴特-班(Date-Ban)说,他们代表团希望取消第 39 条第(1)款,保留第(2)款。包含在第(1)款中的制裁过分严厉,那些其所在国的法律制度中不包含要求通知卖方的商人也许会受到不适当的惩罚,因为他们不可

---

[1] See UNCITRAL, *Secretariat Commentary on Article 36 of Draft Convention* (*Article 38 of Official Text*), Paragraph 3, Official Records, p. 34.

能及时了解这一新的要求。奥地利代表塔库(Tarko)说,根据奥地利法,买方发出货物不符的通知时限是8日,从奥地利法院和其他有类似规定的国家的法院获取的经验表明,该条款[指第39条第(1)款]是一个好的条款,他的代表团认为第(2)款规定的2年时限太长,不过作为妥协,准备接受它。包括中国在内的发展中国家代表支持加纳代表团的建议,澳大利亚、日本、欧洲等主要发达国家的代表支持奥地利代表的观点,有的代表还反问:为什么买方不应该注意到发现不符,如果其能查明不符,为什么不应该通知卖方?买方发出通知越快越好,否则卖方就不能对不符作出补救。作为双方的妥协结果,正式文本保留了第39条的全部内容,同时增加了第44条,据此买方不能发出货物不符通知如有正当理由,他并不丧失所有的索赔权。

4. 第39条第(2)款

第39条提出了买方发出质量异议通知的两个时限,第(1)款规定的是相对的时限,其中的"合理时间"应视相关的事实情况、合同条款而定,可长可短。而第(2)款规定了一个绝对的没有弹性的2年最长时限。[1] 前者倾向于卖方,后者有利于买方。无论如何,如果买方不在货物被实际交付之日起2年内将货物不符的情况通知卖方,其就丧失了声称货物与合同不符的权利,[2]"无论如何"是指品质异议通知最长应在2年内发出,即使货物的隐蔽缺陷是在买方收到货物2年后才发现,即使这2年以后发出的通知可能满足了第31条第(1)款规定的一般条件,是合理时间内发出的,或者可能符合第44条的要求(迟发的通知有合理的理由),买方仍丧失主张货物与合同不符的权利。同时,2年时限的起算日期是卖方"实际交付货物

〔1〕 在维也纳外交会议上,发达国家代表认为,第39条第(2)款规定的2年异议通知时限太长,这不仅与《布鲁塞尔承运人责任限制公约》规定的1年时限相抵触,也与大多数国家的国内法相冲突,代表们列举了主要国家法律中关于质量异议期最长时限的规定。瑞典销售法:1年;瑞士义务法典:1年;墨西哥商法典:自收到货物起5日,隐蔽缺陷30日;德国民法典:交货后6个月;UCC(第2-607条):"在合理时间"方面,没有规定最长时限;西班牙法(对广大拉美国家有重要影响):隐蔽缺陷2年。由于发展中国家代表坚持,并考虑到公约调整的销售合同的国际性,第39条第(2)款得以保留。另外,《中华人民共和国民法典》第621条规定的最长质量异议期也是2年。

〔2〕 公约的中文正式文本的第39条第(2)款规定:"无论如何,如果买方不在实际收到货物之日起两年内将货物不符合同的情况通知买方……"其中的"实际收到货物"对照英文原文是"the goods were actually handed over to the buyer",似应译为"货物被实际交付给买方",与《国际货物销售时效公约》第10条规定相吻合,本书按此译法表述,供参考。

之日”,而不是在买方发现货物与合同不符时,或者一般的规定在卖方交货时,这一时限与诉讼时效不同,既不能因为卖方修理货物而中断计算,也不因不符货物被卖方更换之后而重新起算。

2 年最长时限的唯一例外是,如果 2 年的期限与合同规定的保证期不符,后者优先适用。如合同规定了 3 年保证期,买方可以在 3 年内的合理时间发出质量异议通知。但是这并不意味着规则允许买方可以把应该在 2 个月内的合理时间发出的不符通知都推迟到 3 年期届满时发出,买方仍要遵守第 39 条第(1)款规则,特别是当合同仅仅规定了索赔期,2 年的最长质量异议时限通常不适用,除非在符合第 44 条规定时或属于隐蔽的缺陷(第 36 条),买方可在索赔期过后 2 年之内发出质量异议通知。合同规定的保证期短于 2 年如何处理,这要具体分析保证的含义,通常它是指货物在一定期间内应符合一定的绩效标准,满足某种性能要求,如保证机器 1 年内每天可以生产 100 个组件,或保证电脑 1 年内无故障运行等。这方面的品质异议与第 39 条第(1)款规定的本意上的货物不符异议有所不同,合同规定保证货到 1 年内机器每天生产 100 个组件或电脑无故障运行,在 1 年之后机器生产效率降低、电脑发生故障,卖方对这方面异议可以不负责任。但是在 1 年之后 2 年之内买方发现所购电脑发生故障的原因是电脑主机非合同规定的原厂配件而是冒牌货,并且及时向卖方发出货物与合同不符通知,买方并不因为有 1 年的保质期规定而失去索赔权。这就是说,在保质期短于 2 年质量异议的最长时限时,过了保质期,不等于超过质量异议期限。

5. 与《国际货物销售时效期限公约》的关系

对销售合同中买方行使违约救济权的限制,除公约第 39 条规定的发出货物不符通知的时限外,还有诉讼时效的限制,这两方面规则的内容、调整范围对当事人的影响是不同的。买方未能在合理时间内向卖方发出货物不符的通知,其便失去了主张货物与合同不符的权利,这是品质异议的时限。笔者此处采用“时限”的概念而不采用“时效”,是为了避免与诉讼时效法律制度相混淆。时限比较单纯,它不含有诉讼时效中关于时效中止、中断、延长等复杂的法律制度,两者不宜相提并论,尽管在对当事人胜诉权的限制上两者是一致的。买方在法定期间内没有提出诉讼请求或权利要求,即丧失了请求法院依诉讼程序强制当事人履行义务的权利,即胜诉权,这是诉讼时效。买方对不符货物提出权利要求超过品质异议的时限与超过诉讼时效的法律后果相似,可能都会失去胜诉权,但法律对当事人遵守品质异议时限的要求并不严格,这一点只要看看公约第 40 条、第 44 条、第 39 条第(2)款的规定就很容易理解。更重要的是,品质异议时限对销售合同当事人的权利影响的范围相当有限,很明显,卖方向买方提出的付款请求及其他权利要求,以及买方因货物侵犯第三人权利向卖方提出权利要求通常不受合同约定的品质异议期限制,而这些权利要求以及不属于公约调整范围的其他与销售合同履行有关的权利要求都要受诉讼时效的限制。

CISG 没有规定诉讼时效问题,为了与该公约的实施相协调,国际贸易法委员会于 1974 年提出了《国际货物销售时效期限公约》草案,在维也纳外交会议上,各国代表以签署《国际货物销售时效期限公约议定书》的方式通过了该时效公约,该公约已于 1988 年 8 月 1 日正式生效。《国际货物销售时效期限公约》的主要内容如下:(1)适用范围。公约适用于销售合同直接当事人之间的诉讼请求(第 1 条)。当事人的营业地点在缔约国内,或者当冲突法规则指向一个缔约国的法律时,适用该公约(第 3 条,议定书第 1 条)。由于一方无行为能力、欺诈胁迫、显失公平或非法等原因引起的关于合同无效的请求在公约适用范围内(第 1 条)。公约不适用于对消费者的销售合同和产品责任诉讼(第 4 条、第 6 条)。当事人可以通过协议排除公约适用[第 3 条第(3)款]。(2)诉讼时效。货物销售的诉讼时效为 4 年(第 8 条)。买卖双方在原协议中不得延长或缩短此期限(第 22 条)。因违约引起的请求权时效自违约行为发生之日开始计算;因违反保证(交货与合同不符)引起的请求权自卖方实际交货之日或买方拒收之日起算;因欺诈引起的请求权自发现或可能发现欺诈时起算(第 10 条);因卖方提出明确的保证期(保质期)引起的请求自买方将该请求通知卖方时起算,但不迟于保证期届满之日(第 11 条)。(3)时效中断。已提起司法诉讼或在已开始的司法诉讼中提出请求的行为,时效中断(第 13 条);开始仲裁,时效中断(第 14 条);反诉被认为与本诉同时开始(第 16 条)。(4)时效届满的后果。公约认为,时效届满时仅使当事人丧失其诉讼请求权,实体权利本身并不丧失,第 26 条规定,在时效期限届满后履行合同者,不能要求归还,无论他是否知道时效期限已过。

第40条　对卖方援引第38条和第39条行使抗辩权的限制

如果货物不符合同规定指的是卖方已知道或不可能不知道而又没有告知买方的一些事实,则卖方无权援引第38条和第39条的规定。

评　释

第40条规定了对卖方援引公约第38条和第39条,就交货与合同不符行使抗辩权的一项限制。它宣称如果货物与合同不符是指卖方已经知道或不可能不知道而又没有告知买方的一些事实,卖方就无权援用第38条和第39条,以买方未能在合理时间内检验货物,发出货物与合同不符通知为理由,免除自己的损害赔偿责任。这也是买方应履行第38条和第39条的检验货物,发出品质异议通知义务的一种例外情况,在此情况下,买方即使没有履行检验和通知义务,也保留了索赔权。第40条具有与第43条第(2)款相同的功能,其法律效果是减轻了异议通知要求的严格性,体现了公约立法者中代表买方利益的集团与代表卖方利益集团之间达成的一种妥协与平衡,也是公约中诚实信用、公平交易原则的体现。

这里的"不可能不知道"是指不需要调查就很清楚的眼前发生的事实,如合同要求交付100台自行车,货运单据上显示装运了80台;货物是由卖方生产、组装、制造、提供的,买方收到后发现并非合同规定的原装品牌货,而是拼装货等。[1] 买方还可以根据履约过程、第三人提供的资料证明

---

〔1〕 应注意实践中可能发生的当事人双方对标的物认识错误的情况。维也纳会议上荷兰代表福克马(Fokkema)举例说,荷兰的一个博物馆从法国卖家那里买了一幅西班牙画家戈雅的名画,货物被交付后的第4年,专家认定这不是戈雅本人的作品而是他学生的作品,博物馆董事会认为这一发现使该油画严重贬值,准备向卖方索赔,根据公约规定,显然买方的权利要求已超过索赔期甚至2年的最长时限。此案中律师建议买方按照当事人对标的物发生共同错误认识而主张认定合同无效,这只能根据冲突规则援用相关国内法解决。对于电脑、手机等科技产品,经销商如确实对其是否属于正牌货发生了错误认识,买方也误以为是正牌货而买进,也可考虑按上例处理,不过,这种情况不大可能发生。

卖方知道货物的缺陷而没有告知买方。对于卖方来说,装运前的检验十分重要,其有义务自费以协议规定的或通常的方式检验货物,出具商检证书,该证书应该是卖方对于证书列明的检验结果以外的其他货物缺陷不明知的初步证明,买方如主张货物还有其他方面缺陷,卖方明知而又没有向其披露,便应负举证责任。

对于卖方明知而又没有向买方披露的货物与合同不符,买方当然没有必要在合理时间内通知卖方,根据第 40 条的规定,他可以不受合同中的索赔期条款限制,就该项不符向卖方索赔。如果卖方把经过检验已经查明的货物与合同不符情况主动向买方做了披露,买方也没有必要按第 39 条要求再发出货物不符的异议通知,因为其已经获得了这方面的证据,可直接要求卖方补救。第 40 条没有说明卖方明知货物不符的时间问题,第 35 条第(3)款规定买方的明知是在订立合同时,第 40 条中卖方的明知当然不限于此一时间,卖方既可能在生产、制造过程就知道货物与合同不符,也可能在货物装船时或装运后从承运人处得知,这足以导致第 40 条的适用。买方只要证明卖方在交货前即知道货物与合同不符就足够。《德国商法典》第 377 条第(5)款的规定与公约第 40 条规定的内容相似,不过前者所指的卖方不披露已知的货物不符是欺诈性隐瞒。公约第 40 条的适用范围不限于此,贸易法委员会援引的一项判决指出:"'普遍一致认为欺诈与类似的恶意情况'符合第 40 条规定的要件,而且如果造成不符合同的事实'非常明显或者易于察觉',那么,卖方也必然知道。"[1] 卖方欺诈性的交货是第 40 条适用的典型情况,在其他情况下,卖方即使因疏忽没有披露他明显已知的货物与合同不符,第 40 条也适用。

买方援用第 40 条应承担两方面举证责任:一是证明货物与合同不符;二是证明货物与合同不符与卖方交货时已经知道或不可能不知道的事实有关。当买方提出初步证据后,举证责任转移到卖方,卖方应证明他对于造成货物与合同不符的有关事实没有达到必要的知悉程度,证明甚至在订立合同前或在此之后已经告知买方有关的事实。贸易法委员会引用的以下案例中,法庭认定卖方知悉货物本身的缺陷:卖方在交付铁轨压榨机时

〔1〕《判例法摘要汇编》(2008 年版)第 40 条第 4 段。

用以前没有用过的机器部件替换了压榨机上的一个关键的安全部件,即用不合适的部件拼凑;卖方出售的葡萄酒掺了水;卖方交付的部分服装不是买方所订购的型号。

例 40:意大利卖方起诉荷兰买方,要求被告支付奶酪货款。被告提出反诉,以货物不符合合同为由要求损害赔偿和减价。法院适用其所在地的荷兰国际私法,认为应适用合同订立时卖方营业地所在国意大利的法律,而意大利是公约缔约国,根据公约第 1 条第(1)款(b)项的规定,决定适用公约。法院认为,买方收到货物不久即把货物不符合同情况通知卖方,是合理的,因奶酪是容易变坏的食品。但是买方没有把货物缺陷的性质(生虫)通知卖方,买方主张奶酪已经冷冻不便检验的说法不成立,即使是冷冻的奶酪,买方也应立即检验,其可以将交付的样品解冻后检验,这不足以成为买方未能说明货物不符性质的理由。为了使卖方无法依赖于公约第 38 条和第 39 条,买方必须证明卖方知道或不可能不知道奶酪在装运前冷冻时就已经生虫(公约第 40 条),买方如能满足第 44 条下的举证要求,就有权依据第 50 条减价。

第 41 条　卖方对所出售货物的权利担保

卖方所交付的货物,必须是第三方不能提出任何权利或要求的货物,除非买方同意在这种权利或要求的条件下,收取货物。但是,如果这种权利或要求是以工业产权或其他知识产权为基础的,卖方的义务应依照第 42 条的规定。

评　释

1. 第 41 条的适用范围

第 41 条规定了卖方对于所出售货物的权利担保义务。该条款使法学学者自然地联想到民法法系国家国内法中关于权利瑕疵担保的规定,这类规则起源于罗马法,罗马法中的权利瑕疵担保是指第三人基于所有权、用益物权或担保物权等向买受人追夺标的物时,出卖人即应负担保责任(追夺担保)。存在于法学学者头脑中的国内法观念驱使他们将公约第 41 条直接解释为“所有权担保”,这样的阐释见于涉及公约第 41 条的许多中文著述,这是对第 41 条的误解。关于权利瑕疵担保,公约的重要分类是将其区分为一般的权利担保(general warranty)和特殊的权利担保(special warranty),特殊的权利担保是由第 42 条调整的知识产权担保;一般的权利担保是卖方承担的除知识产权担保以外的任何其他权利担保,由第 41 条管辖。权利担保是指卖方出售的货物不得由第三人提出任何权利要求,“任何权利”当然包括财产所有权,也包括影响买方占有、处分货物的任何其他权利。货物销售中存在的典型的第三人权利是财产所有权,第三人主张其是货物真正所有者,也包括与所有权相关的抵押权和留置权。例如,卖方将已经抵押给债权人的货物出售,作为第三方的抵押权人提出权利要求;卖方将存在留置权的货物出售,作为第三方的仓库保管人(留置权人)提出权利要求等。还有保护人身权的要求,如卖方出售的货物包装出现了未经许可印制的某名人肖像,这等于货物存在第三人肖像权,属于违反权利担保。此外,第三人还可能提出销售限制权要求,“如果卖方交付的货物需要服从卖方自己的供应商规定的条件限制,买方接受货物后将货物转售到卖方受销售限制的国家,卖方就违反了第 41 条,除非买方之前已同意在该项限制条件下购买货物”。[1]

公共当局根据国内强行法,对货物进出口实行管制和限制的行为不属于第 41 条所指的“第三人权利要求”,“第 39 条(公约第 41 条)并不是指公共当局针对货物违反健康、安全法规提出的要求,要求这些货物不得使用或销售”。[2] 政府对于违反本国人类、动植物安全和卫生法规的进口货物采取禁止进口和销售的强制措施,是政府行使公共权力,与第三人对货物主张所有权有本质不同。前者是公法行为,是执行强行法的行为,后者是

---

〔1〕《判例法摘要汇编》(2008 年版)第 41 条第 2 段。

〔2〕UNCITRAL, *Secretariat Commentary on Article 39 of Draft Convention* (*Article 41 of Official Text*), Paragraph 5, Official Records, p. 36.

私法行为,无论销售合同的当事人还是第三人,都不能对抗这种政府的行为。但是当货物被扣押、没收,甚至销毁后,销售合同中的哪一方应承担损失后果?属于不可抗力还是违约责任?根据上面秘书处评论的注释,这种情况下应认定卖方的交货违反了第35条第(2)款的品质担保义务,包括适合于通常用途的担保[(a)项]和适合于特定目的的担保[(b)项]。

2. 第41条的含义

第41条指出,卖方交付的货物必须是第三方不能提出任何权利要求的货物。只有这样,卖方才能通过履行销售合同向买方转让所有权,才能保障买方正常地行使对货物的占有、处分。与第42条规定的卖方知识产权担保义务不同,公约第41条要求卖方承担的一般权利担保责任是严格责任,卖方出售的货物不仅不能存在第三人权利,而且不得存在任何第三人权利要求,既包括经证实的、有充分依据的权利要求,也包括未经证实的,最终被认定没有依据的权利要求。无论哪种情况,只要第三人对卖方出售的货物主张权利,妨碍买方占有和正常处分货物,导致其甚至要参与诉讼,支付法律费用和成本,卖方都构成违约。第41条规定的卖方权利担保比有些国内法更为严格,如UCC第2-315条强调卖方的义务是保证货物转让时所有权完好,所交付的货物不存在第三人的担保权益或留置权。假如合同规定卖方应向买方交付10辆二手汽车,用于买方运输业务,卖方如约交货后,第三人起诉卖方,主张他对这10辆车有完全的所有权,不允许销售,根据程序,买方作为第三人也被要求参加诉讼,经过3个月的审理,法庭判决卖方胜诉,第三人的权利要求不成立。但是买方参与诉讼导致是这10辆汽车不能正常投入使用而损失了经营利润10,000元,买方还花费了5000元的法律服务费用。买方遭受的这15,000元损失按照UCC第2-315条规定是难以从卖方那里获得赔偿的,因为法律仅规定保证卖方交货不存在第三人权利,经过法院判决证明货物不存在第三人权利,卖方履行了他的担保义务,而买方因涉讼造成的损失似乎不在卖方权利担保范围。

这个问题如果适用公约第41条,买方遭受的15,000元损失无疑应由卖方赔偿,因为第41条要求卖方所交付的货物既不能存在第三人权利,也不得提出任何权利要求。第三人提出的权利要求如果成立,卖方构成根本违约,当然应赔偿买方一切损失;第三人提出的权利要求即使不成立,卖方也必须对买方卷入诉讼以及因不能及时占有、处分货物所造成的损失承担责任,因为买方要买的是货物而不是一场诉讼,第 41 条应该充分保护买方这一正当合理期待。因此,当第三人提出权利请求后,卖方即使有充分把握胜诉,也有义务排除买方的诉讼负担。买方有权要求卖方提供保函,以保证赔偿买方遭受的任何损失。当然这并不意味着卖方要对第三人提出的任何轻率无聊的权利要求负责,卖方要负责向买方证明,第三人的要求没有什么意义。

卖方对出售货物应承担权利担保义务是各国法律中一项普遍的原则和制度。UCC 第 2-312 条规定:“除本条第 2 款另有规定外,买卖合同中包含卖方的下列担保:a. 所转让的所有权是完好的,并且转让的方式是适当的;并且 b. 所交付的货物上不存在任何买方在订立合同时所不了解的担保权益或其他留置权。”英国《1893 年货物买卖法》第 12 条规定:“在每一项买卖合同中,均含有:a. 卖方的一项默示条件,即在现货买卖的情况下他有权出售该批货物;b. 卖方的一项默示保证,即有关货物在缔约当时和一直到财产权应予转移时止,都不会涉及买方在缔约前所不了解的任何费用或纠纷,从而使买方能够不受阻挠地受领有关货物,但货主在缔约前已告知买方的有关费用或纠纷的权益所有人可能采取的行动不在此限。”《德国民法典》第 434 条规定:“出卖人有义务以不附有第三人可以对买受人主张权利的方式,使买受人取得出卖的标的物。”《中华人民共和国民法典》第 612 条规定,出卖人就交付的标的物,负有保证第三人对该标的物不享有任何权利的义务,但是法律另有规定的除外。

第 41 条要求卖方承担权利担保责任并不因为买方知道第三人权利要求而免除,第 41 条并没有与第 35 条第(3)款和第 42 条第(2)款类似规定,这也说明公约下一般权利担保责任更严格。按照第 41 条的规定,卖方可以免除责任的条件是“除非买方同意在这种权利或要求的条件下收取货物”,即使是买方在订立合同时知道或不可能不知道货物存在第三人的权利,也不足以免除卖方的权利担保责任,卖方必须证明:买方不仅明知货物存在第三人权利,还明示或默示地同意接收这种存在第三人权利要求的货物。至于第三人权利要求是否成立,卖方是否在正常商业渠道以诚信合法的方式取得货物权利,这属于物权争议,应依据国际私法规则指向的国内法处理,公约不涉及合同对于所售货物所有权产生的影响(第4条)。

当货物存在第三人权利时,法律应该保护原所有人还是善意的第三人,这是保护财产权原则与保护正常商事交易原则的冲突。传统法律倾向于保护原所有人,在例外情况下保护善意买方。英国《1893年货物买卖法》第21条规定:"货物买卖中,如果卖方不是货物所有人,也未得到所有人的授权或同意而出售货物时,买方取得的权利不能超过卖方原来拥有的权利,除非货物所有人通过其行为表明他不否认卖方有出售货物的权利。"法律对于原所有人保护的方式是法院下令物归原主;侵占方在赔付货物市价后保留货物;侵占方赔付原所有者损失。保护财产权原则占统治地位的情况不符合商业发展的需要,法律开始注重保护善意第三人。英国法确立了"因疏忽而不得自食其言"(禁反言)原则,如果原所有人的行为已表明他不反对卖方出售他所有的货物(疏忽),他就不得对货物主张权利(不反悔)。德国法律和法国法律也将货物被盗与所有人自愿转移占有这两种情况加以区别,货物被盗是所有者较难预见和较难防范的,真正的货主可以轻易地证明他没有疏忽而成功追回货物。在其他情况下,如所有人为出租、出借、试用、质押等目的将货物转移给他人占有,这是所有者自愿转移占有,他有条件在转移占有前对占有者进行考察,防范其侵犯所有权,所有者疏于防范让占有者处分了货物,应由真正所有者而非善意第三人承担损失。

《中华人民共和国民法典》第311条保护善意第三人对不动产或动产的所有权,规定符合下列条件,受让人取得该不动产或动产的所有权:(1)受让人受让该不动产或动产时是善意的;(2)以合理的价格转让;(3)转让的不动产或动产依照法律应当登记的已经登记,不需登记的已交付给受让人。这一规定对善意受让人保护过度而对原所有人保护不足,法律没有区分原所有人转移对货物占有的情况(被盗或出让),也没有区分对待无权处分人(窃贼、诈骗者和其他人)。

3. 卖方违反权利担保义务的法律救济措施

卖方违反权利担保义务构成违约或根本违约,买方有权要求卖方实际履行、赔偿损失，甚至解除合同。对于卖方交货存在权利瑕疵，买方首先考虑到的法律救济是依据公约第 46 条第(1)款要求卖方实际履行，设法排除第三人权利要求的妨碍和困扰，卖方可通过与第三人协商交易，取得向买方出售货物的合法权利，包括在货物存在第三人知识产权情况下，通过购买许可免除第三人权利要求。买方还有权要求卖方赔偿损失(第 45 条、第 74 条)，除非卖方能获得第 79 条下的免责，赔偿包括为免受第三人权利困扰产生的法律费用支出、人力资源成本、不能转售货物的利润损失，以及为获得替代物所支付的费用，包括临时租用设备的成本。许多情况下货物存在权利瑕疵构成根本违约，特别是买方不得不将货物退还给第三人，或者在货物存在第三人知识产权时，买方不能按照原计划正常使用货物，根据第 49 条的规定，买方有权解除合同。但是根据第 50 条的规定，减价仅适用于货物与合同不符，即第 35 条意义上的实物不符，不适用权利瑕疵。当卖方要求买方付款，买方可以主张因货物存在权利瑕疵的损失赔偿，两者抵销也起到减价效果。

第 42 条　卖方对所出售货物的知识产权担保

(1)卖方所交付的货物，必须是第三方不能根据工业产权或其他知识产权主张任何权利或要求的货物，但以卖方在订立合同时已知道或不可能不知道的权利或要求为限，而且这种权利或要求根据以下国家的法律规定是以工业产权或其他知识产权为基础的：

(a)如果双方当事人在订立合同时预期货物将在某一国境内转售或做其他使用，则根据货物将在其境内转售或做其他使用的国家的法律；或者

(b)在任何其他情况下，根据买方营业地所在国家的法律。

(2)卖方在上一款中的义务不适用于以下情况：

(a)买方在订立合同时已知道或不可能不知道此项权利或要求；或者

(b)此项权利或要求的发生，是由于卖方要遵照买方所提供的技术图样、图案、款式或其他规格。

评 释

1. 第42条立法的历史

公约的前身ULIS没有关于卖方对所出售货物的知识产权担保条款,第52条题为财产权的转移,是与公约第41条相对应的条款,是财产权及其他相关权利的担保。卖方的知识产权担保问题在联合国国际贸易法委员会起草CISG的最后阶段才引起重视,贸易法委员会第10次会议于1977年根据建议成立特别工作组,起草关于卖方知识产权担保义务条款,最后形成与第41条相对应的第42条。尽管第42条有不足之处,但我们还没有发现哪一个国家的国内法就货物销售中卖方承担知识产权担保义务作出特别的如此详细的规定,国内法中仅有一般性权利担保而没有专门知识产权担保的规定,不能满足国际货物销售法律调整的需要,恰恰在国际货物销售领域,卖方承担的知识产权担保义务具有不同于一般性权利担保的特殊性。

维也纳会议加纳代表戴特-班评论说,特别工作组起草第40条(正式文本第42条)有两个主要目的:首要的目的是确定对于卖方应承担的交货不存在任何第三人基于工业产权或其他知识产权提出权利要求的责任限制,通过规定卖方承担此项责任以他在订立合同时知道存在第三人权利要求为条件,得以实现第一个目的;另一目的是确定依据哪一个相关法律决定卖方是否违反了知识产权担保义务,通过选择适用货物预计将被销售或将被使用国家的法律,在其他情况下,选择买方营业地国家的法律,这第二个目的也已实现。[1]

上述评论说明公约立法者注意到卖方对所出售的货物应承担的知识产权担保义务不同于一般权利担保义务。知识产权效力具有地域性、时间性,第三人的权利要求是否成立,卖方出售的货物是否可能引起第三人的权利要求,取决于货物被销往或被使用国家的法律是否承认和保护与货物相关的知识产权。而只有买方或买方的下游分销商能够决定货物将被销往何处,他们既可以在订立合同之前,也可以在订立合同之后作出这样的

〔1〕 Date-Bah评论参见C. M. Bianca & M. J. Bonell eds., *Commentary on the International Sale Law: The 1980 Vienna Sales Convention*, Giuffre, Milan, 1987, p. 321。

决定。要求卖方能够像在国内销售产品那样,对其货物销往到任何国家都承担知识产权担保义务,是不公平的,因为不能要求卖方清楚地了解货物最终销往到不同国家之后,它所处的知识产权地位。正是出于这种考虑,公约立法者在制定这方面规则时,把立足点放在对卖方应承担的知识产权担保义务实行限制上。

2. 第 42 条第(1)款的范围

第 42 条第(1)款提出了卖方对所出售的货物应承担知识产权担保义务的基本规则:卖方所交付的货物必须是第三方不能根据工业产权或其他知识产权主张任何权利或要求的货物。正式文本采用"工业产权或其他知识产权"的提法代替草案中"工业或知识产权"这一不规范提法,使之包括了现代社会国内法和国际法必须保护的所有知识产权主题。按照世界贸易组织《与贸易有关的知识产权协定》(Agreement on Trade-Related Aspects of Intellectual Property Rights,TRIPs 协定)规定的 WTO 成员知识产权保护的最低标准,知识产权的范围应包括版权及相关权利、商标、专利、地理原产地标识、工业品外观设计、集成电路布图设计、商业秘密这七个方面的主题。第三人依据相关法律保护的与当事人所交易的货物有关的这七个方面的知识产权,向销售合同的买方或卖方提出权利要求,使买方不能"平静地""不受阻挠地"占有和处分货物,卖方应按照第 42 条规定的限制条件承担必要的责任。瑞士巴塞尔大学英格堡・施温泽(Ingerborg Schwenzer)教授认为,第三人提出的人身权请求(姓名权、肖像权)应类推适用第 42 条,理由是这类侵权也涉及大量同类货物,并且有一定的时间性、地域性。[1] 笔者认为这一观点与公约立法意图不符,公约立法者明确将第 42 条作为与第 41 条一般性权利担保相区别的特殊权利担保处理(第 41 条第二句),在一般性权利担保方面,卖方承担严格责任,而知识产权担保方面承担有限责任,第 42 条应做严格解释和适用,人身权请求在性质上不属于公认的知识产权,应纳入第 41 条范围。

如同第 41 条评释中所述,卖方违反知识产权担保义务,导致买方不能

[1] See Schwenzer, Peter Schlechtriem ed., Commentary on The UN Convention on The International Sale of Goods, Clarendon Press, Oxford, 1998, p. 337.

正常占用、使用和处分货物,构成违约,买方可要求卖方实际履行,或要求损害赔偿,包括因第三人提出知识产权要求导致附带损失和利润损失的赔偿(第45条),或者如构成根本违约,买方可要求退货、解除合同(第49条)。对于货物存在第三人知识产权要求,不应排除第46条第(1)款和第48条关于实际履行的救济,在卖方交货后对被控侵权货物实行这类救济是可行的,通过更换包装或购买第三人的许可权可以消除侵权后果。公约第42条是公约立法的最后阶段新加进的条款,它与实际履行救济如何协调,立法者缺乏足够考虑,而第41条与实际履行的关系立法者已经考虑到,所以实际履约救济适用于针对卖方违反知识产权担保义务。

卖方交付存在第三人知识产权要求的货物,也有公权力的介入问题。《与贸易有关的知识产权协定》要求各成员采取包括边境措施在内的刑事司法、行政和民事措施保证协议实施,阻止冒牌货、盗版侵权产品的国际交易;允许成员实施民事禁令禁止侵权货物进口和在进口国销售;要求实行海关措施,根据权利人请求阻止被控假冒商标的冒牌货和盗版侵权货物进口;规定对于侵权货物的最后制裁是销毁和处理这些货物,不允许把未经改变的冒牌货复出口(第59条)。根据美国1988年《综合贸易与竞争法》第337条的规定,以不公平方式或不公平行为将侵犯美国知识产权的产品进口美国,由其所有人、进口人、收货人及其代理在美国销售,造成现存工业企业实质损害或损害威胁或限制和垄断商业贸易,侵权受害人可以向联邦国际贸易委员会申诉,由其发出排除进口的禁令,禁止进口侵权货物,或采取没收、扣押、销毁的强制措施。上述公权力的介入大部分是由第三人知识产权要求引起的,是卖方违反知识产权担保义务造成损失扩大的表现,即使这些货物最终被政府扣押、罚没,并不妨碍公约第42条的适用。公约第42条要解决的问题是:一旦卖方交付的货物因为存在第三人知识产权而影响买方对货物的占有、处分,损害了其依据法律和销售合同对货物应有的权利,卖方是否有义务消除干扰,对买方遭受的损失负责,在什么条件下负责。第42条并不影响第三人向卖方或买方提出任何权利要求,侵权产品被告人通常是外国制造商、出口商,也包括进口商,“应当注意到,(第42条)第(1)款并不限制第三人享有的针对买方或卖方的任何权利,这些权利产生于有关国家的工业产权法或其他知识产权法,(第42条)

第(1)款仅限于规定,在卖方于合同成立时不可能知道此一权利要求时,是买方而不是卖方必须承担因为货物存在第三人权利造成的损失”。[1]

3. 对卖方承担知识产权担保义务的主观限制

公约第42条第(1)款规定了对卖方承担的知识产权担保义务的主观限制(subjective limitation),要求卖方在订立合同时明知所交付的货物存在第三人的知识产权或权利要求,卖方的义务“以卖方在订立合同时已经知道或不可能不知道的权利或要求为限”。买方若援用公约第42条向卖方索赔,应承担这方面的举证责任。这里将卖方明知的时间确定在当事人之间的合同成立时,如果卖方在此时或在此之前明知货物存在第三人权利,并且在货物交付后第三人提出了权利要求因而损害了买方利益,卖方要对此负责。如果卖方在订立合同后才知道货物存在第三人权利,卖方可不负责,典型情况是销售合同成立后第三人取得了与当事人交易货物相关的有效专利权或商标权。但是卖方有义务将他所知道的第三人知识产权情况告知买方,这是公约蕴含的信息沟通与合作原则、诚信原则的应有之义。即使是卖方在合同成立时知道第三人知识产权存在,也并不意味着要对买方承担责任,在卖方交货以及买方提出权利要求之前,卖方有可能通过获得第三人的许可权或发起专利、商标异议程序而避免第三人的知识产权要求。

在卖方承担知识产权担保义务的主观限制方面,一个争议之处是如何理解卖方“不可能不知道”第三人知识产权存在。[2] 某些学者将“不可能

---

〔1〕 UNCITRAL, *Secretariat Commentary on Article 40 of Draft Convention* (*Article 42 of Official Text*), Paragraph 7, Official Records, p. 36.

〔2〕 公约在不同条款中,在描述当事人“知道”这一主观心理状态时,采用了知道(knew 或 is aware of)、应该知道或有理由知道(ought to have known, give good ground to conclude)以及不可能不知道(could not have been unaware of)这样一些提法,以表示当事人对某种法律事实的了解程度,并把它作为确定当事人权利义务依据之一。根据美国学者约翰·霍纳尔德的解释并参考其他国际学者的阐述,这三种状态的区别是:“知道”为严格意义上或事实上的明知。不可能不知道是接近于知道的心理状态,不可能不知道的事实是不需要实施调查、询问就应了解的“眼前发生的谁都看得见的事实”,包括当事人接到了事先通知或被告知过的一些事实,对此类事实加以否认就纯属“故意地视而不见”。而“应该知道”或“有理由知道”的事实是经过调查、询问就能了解的事实,应该知道相当于向当事人施加了随附性调查义务,应该知道的事实当事人真的不知道,等于他有疏忽、过错或违反义务,应承担因此造成的后果。参见 John O. Honnold, *Uniform Law for International Sales Under the 1980 United Nations Convention*, Deventer/Boston, Kluwer, 1982, p. 256。

不知道”归为“应该知道”范围,就是向卖方施加了调查、询问所交货物知识产权状况的默示注意义务,要他了解出售的货物在买方的所在地或货物预计被转售地的知识产权状况,是否存在第三人知识产权要求的可能性。[1]如果当事人事实上不知道而经过一般调查、询问就可以知道第三人知识产权存在,则相当于他“不可能不知道”或推定他“应该知道”。秘书处评论认为,卖方“不可能不知道第三人知识产权”是指“如果此项权利要求基于专利申请或专利授予,该专利已经在授予权利的国家公布。然而,由于各种各样原因,即使不存在这样的公布,第三人也可能拥有工业产权或其他知识产权,或者有权提出这方面要求,这种情况下,尽管侵犯了第三人权利,第 40 条第(2)款[正式文本第 42 条第(1)款]规定,卖方对于买方不负责任”。[2]

从逻辑上讲,公约第 42 条第(1)款所述“知道”与“不可能不知道”不是同义反复,如果第三人提出知识产权要求后,卖方以不知道为由就可推卸责任显然不公平,第 42 条也失去意义。因此,将“不可能不知道”理解为向卖方施加了法律上或道义上的调查义务,对于卖方经过一般查询就可获知的客观存在的第三人知识产权,卖方未尽调查义务而不了解它,或明知存在这种权利而矢口否认,推定卖方有过错,要求其承担责任,是合理的。不过客观情况不同,卖方调查、询问的义务以及反证其不知道第三人知识产权存在的举证负担也轻重有别。“进一步说,如果卖方调查知识产权状况的某种责任被否定,卖方对第三人承担的知识产权责任减至几乎没有任何重要性的程度。”[3]这些应考虑的客观情况如下:(1)第三人拥有的知识产权可检索性。对于专利、商标这类须经登记批准而公开的知识产权,卖方可以轻易通过互联网检索或者查阅商用指南查出结果,因此有无条件的

---

[1] 施温泽教授指出:“根据秘书处评论,如果争议中的知识产权已经在目的地国家公布,这相当于卖方不可能不知道。因此假定,存在着对这一情形的调查义务,至少对于已经登记的知识产权是如此。” See Schwenzer, Peter Schlechtriem ed., *Commentary on the UN Convention on the International Sale of Goods*, Clarrendon Press, Oxford, 1998, p. 339.

[2] UNCITRAL, *Secretariat Commentary on Article 40 of Draft Convention* (*Article 42 of Official Text*), Paragraph 6, Official Records, p. 37.

[3] Schwenzer, Peter Schlechtriem ed., *Commentary on the UN Convention on the International Sale of Goods*, Clarrendon Press, Oxford, 1998, p. 340.

查询义务和证明义务,卖方未尽此义务应负责;对于商业秘密之类不公开的知识产权,卖方无查询义务,不能采用推定方式认定卖方应该知道商业秘密存在,除非证明卖方事实上知道了商业秘密(如通过反向工程或以不正当方式获取),否则,卖方对第三人提出的此类权利要求不负责。(2)知识产权主题。属于专利之类的知识产权,卖方处于更有利的地位了解其所售产品的技术构造以及在目的国的知识产权状况,卖方有较重查询义务和证明义务。属于商标之类的知识产权,语言文化因素使买方处于更有利地位了解产品在本国市场的商标权状况,卖方查询及证明义务较轻。(3)卖方身份及介入买方市场的程度。如果卖方是专业的大公司并在买方市场进行大规模销售,其经济实力和专业性决定了无论货物出售到哪个买方国家,都有充分的调查及证明义务;而对于小的贸易公司,不应施加与前者相同的义务。同理,对于向毗邻国家出口产品与向遥远的另一国出口产品亦应有所区别,对于前者,应该施加较重的查询义务和证明义务。

4. 对卖方承担知识产权担保义务的客观限制(objective limitation)

客观限制是地域上的限制,这是公约范围内卖方承担有限的知识产权担保义务的另一重要表现。知识产权纯粹是基于特定国家国内法产生的权利,具有不同于其他权利的地域性特点。在本国获得保护的专利、商标并不在其他国家获得自动保护,除非权利人在其他国家也通过法律程序获得同样的授权。结果是货物在甲地销售不侵权,在乙地销售则可能构成侵权。因此,公约并不要求卖方将货物出售到任何国家都要承担知识产权担保义务,卖方仅仅对货物预计出售到的特定地区的知识产权状况负责,这是主观限制与客观限制的内在统一。根据公约第42条的规定,货物预计出售到的特定地点是指:(1)货物在其境内转售或做其他使用的国家;(2)买方营业地所在的国家。第三人基于该特定国家的法律提出知识产权要求,并符合公约提出的其他限制条件,卖方要承担责任。卖方将要出售的货物在卖方所在国也可能存在知识产权争议或第三人权利要求,知识产权的地域性决定了买方不一定关心这一情况,其仅仅关心货物在买方所在国或最终被使用、转售国家的知识产权状况,但是若卖方所在国根据相关国际协议对被控侵权的货物采取司法强制措施,[1]则有可能影响卖方履行合同项下的交货义务。

在国际贸易实践中,卖方出售货物的最终目的地应涉及两个地点,即买方营业地所在国和买方营业地所在国以外的第三国,货物只能在这两类国家进入生产、销售或消费领域,并且有可能在这两类国家造成损害后果而引起第三人知识产权要求。公约考虑到货物可能被销往的这两类国家,按货物是否被转售规定了地域限制。第一种情况是若合同订立时,预计货物将运往买方营业地所在国以外的某一特定国家,该特定国家应属于公约第42条第(1)款(a)项所指的"货物将在其国境内转售或做其他使用"的国家。"转售"与"做其他使用"这两个概念含义不同,不能相互替代,却可累积适用。假定货物最终被销往买方营业地所在国以外的甲国,进入甲国的货物可以被甲国买方在境内转售到乙国,在乙国进入生产领域,这样甲国是货物被转售的国家,乙国是货物被"做其他使用"的国家,第三人依据甲国或乙国的法律提出知识产权要求,都属于第42条第(1)款(a)项适用范围。但是如果卖方仅仅通过运输合同预知货物运往甲国,并在甲国境内转售,而没有预见到货物在乙国做其他使用,卖方对第三人根据乙国法律提出的知识产权要求不承担责任。卖方应担保货物在预计被转售或做其他使用的国家不侵犯第三人知识产权,这项要求与公约第35条第(2)款(b)项相联系,后者要求卖方出售的货物应适用于订立合同时曾明示、默示地通知卖方的特定目的。第二种情况是如果当事人在订立合同时没有预计货物将在买方所在国以外的任何其他国家转售或做其他使用,则符合公约第42条第(1)款(b)项适用条件,卖方仅对第三人根据买方营业地所在国的法律提出知识产权要求才承担责任。施莱特里姆强调第42条第(1)款(a)项与(b)项不可累积适用,如果货物不是在买方营业地所在国以外的其他国家被转售或做其他使用,只能适用第42条第(1)款(b)项,而(b)项所指的买方营业地所在国不是"货物被转售或做其他使

---

[1] WTO《与贸易有关的知识产权协定》第46条规定:"为有效制止侵权,司法机关有权在不给予任何补偿的情况下,责令将已被发现侵权的货物清除商业渠道,以避免对权利人造成任何伤害,或下令将其销毁,除非此项做法会违背现有的宪法规定的必要条件。"第51条允许各成员制定关于海关中止放行自其领土出口的侵权货物的相应程序。

用”的国家。

应该考虑到货物销售可能涉及的其他地点。假定中国卖方出售给营业地位于纽约的美国中间商一批服装,当事人都预计这批服装将在加拿大被转售或做其他使用,最终这批货物并不是像通常那样由中国直运到加拿大,而是经海运到达纽约,由纽约转运至加拿大东部城市。如前所述,这里的买方营业地(纽约)所在国不是“货物被转售或做其他使用”的国家,而是“转运国”(state of transit)。[1] “转运国”不同于货物“被转售国”,作为转运国,货物在此中转、停留没有进入流通领域,根据《保护工业产权巴黎公约》第9条第4款的规定,货物过境而没有进入流通领域不受海关罚没,并且没有进入流通领域的货物也不大可能引起第三人的知识产权要求。另一种可能是货物到达纽约后并没有直接运往加拿大,而是经过美国中间商进一步加工、改换包装后再运往加拿大。这样货物因加工程度不同有两种结果:一种结果是货物经加工和重新包装发生了实质性改变,变成原产于美国的货物,这些货物运往加拿大后引起第三人依据加拿大法律提出知识产权要求,造成加拿大买方损失,这应看作纯粹由美国中间商与加拿大买方之间的交易,应适用第42条第(1)款(b)项,由美国中间商(卖方)对加拿大买方负责。另一种结果是由中国卖方交付的货物经美国中间商改换包装后并没有发生实质性改变,仍属于原产于中国的货物,货物销往加拿大后,第三人依据加拿大法律提出知识产权要求,损害了加拿大买方利益,经查,侵权确由中国卖方引起而不是美方重新加工包装所致,这样加拿大是货物预计被转售或做其他使用的国家,中国卖方应对此负责。

5. 卖方的免责

若卖方承担的知识产权担保义务仅限于“主观限制”与“客观限制”,就不会出现理解和适用公约第42条的困难。遗憾的是,公约在预定目标上走得太远,第42条第(2)款进一步提出了卖方享有的两项免责:(1)如果买方在订立合同时知道或不可能不知道第三人知识产权要求存在,卖方就不对第三人的要求负责;(2)如果此项权利或要求是由于卖方要遵照买方提

---

〔1〕 这种转运通常不会发生,除非货物被最终销往的国家没有出海通道,而货物又需要以海运方式运送。

供的技术图形、图案、程式或规格引起的,卖方也可免责。引起争议的是第(1)项,本来这项免责与公约第35条第(3)款、第41条第一句功能相似,强调如果买方甘冒风险,愿意接受与合同不符货物或存在第三人权利要求货物,卖方可免责。可是因为有了第42条第(1)款对卖方知识产权担保责任主观限制的规定,这项免责变得与此项规定自相矛盾。可以设想发生了此类争议,卖方首先抗辩说他在订立合同时不知道货物存在第三人知识产权,买方会指出,专利已经公布,商标已经登记注册,卖方不可能不知道第三人知识产权存在;卖方可以反驳说,既然凭专利公布就推定卖方明知,也应基于同样事实推定买方明知,根据第42条第(2)款的规定,买方在订立合同时明知货物存在第三人知识产权,卖方可免责。

公约第42条使用相同措辞表示卖方承担的知识产权担保义务的主观限制以及免责的主观条件,即卖方或买方在订立合同时知道或不可能不知道存在第三人知识产权,措辞相同不等于认定卖方或买方"不可能不知道"货物存在第三人知识产权的依据、证明责任也相同,在逻辑上这属于两个不同问题。措辞相同的表述仅仅宣示了当事人一旦构成不可能不知道货物存在第三人知识产权所应承担的法律后果,即对卖方而言,他应向买方承担知识产权担保义务和责任;对买方而言;他将责任自负而免除卖方的责任。至于买方或卖方在什么情况下构成"不可能不知道"第三人知道产权存在,哪一方有更重的义务去调查、了解第三人知识产权状况,有更充足的理由应该知道第三人特定的知识产权存在,这是事实问题,应按照个案原则进行分析处理。根据前述秘书处评论,第三人的专利公布可以推定卖方不可能不知道第三人专利权存在,我们不能依据专利公布的事实,同样认定买方应该知道第三人专利权存在,从秘书处评论中还不能得出这一推论。前文已经说明卖方处于比买方更有利的地位了解其出售货物的专利权状况。相反,买方比卖方处于更有利地位了解所购买的货物商标权状况,处于更有利地位应该知道存在第三人知识产权的一方应承担较重的证明责任,证明其不知道存在第三人知识产权。司法实践中,当事人都声称不知道存在第三人知识产权,这时应依据当事人履行调查询问义务及举证责任的轻重,确定当事人过错大小及最终责任。

第42条第(2)款还规定,如果此项权利或要求是由于卖方要遵照买方提供的技术图形、图案、程式或规格引起的，卖方也可免责。因为这种情况不是卖方而是买方最先采取行动制造侵权产品。按买方指令制造产品的卖方如果知道或不可能不知道所制造的产品侵犯第三人权利，他有义务通知买方这种可能的侵权。

第 43 条　买方面临第三人权利要求的通知义务

(1) 买方如果不在已经知道或理应知道第三方的权利或要求后一段合理时间内，将此一权利或要求的性质通知卖方，就丧失援引第 41 条或第 42 条规定的权利。

(2) 卖方如果知道第三方的权利或要求以及此一权利或要求的性质，就无权援引上一款的规定。

评　释

第 43 条第(1)款要求买方应该在知道或理应知道第三人权利或要求后一段合理时间内，将此一权利或要求的性质通知卖方，否则，就无权援引第 41 条或第 42 条要求卖方赔偿损失。第 43 条第(1)款的规则与第 39 条第(1)款的规则有相同功能，显然，第 39 条下买方针对卖方实体货物与合同不符的异议通知要求不适用于针对卖方违反权利担保，除非合同另有规定，合同中的检验和索赔条款一般针对实体货物瑕疵，不适用卖方交货存在权利瑕疵。第 39 条第(2)款还规定 2 年时间的最长通知时限，而第 43 条不包括这个最长的时限。买方知道或理应知道第三人权利可以在订立合同的时候，买方在此时知道货物存在第三人权利应告知卖方，以防止损失扩大，这也是诚信要求。但是从第 43 条第(1)款的对应条款第 39 条第(1)款可得知，第 43 条第(1)款所指的买方知道或理应知道第三人权利的时间是指在合同履行后买方发现第三人权利要求的时间，如第三人正式通知买方向他主张权利，甚至第三人以外的人通过传媒指出买方收到的货物存在第三人权利等，买方应该在这一时刻知道货物存在第三人权利，上述“合理时间”应该从这一时刻开始起算。如果买方不能在自此以后的一段合理时间内把第三人权利或要求的性质通知卖方,就丧失了索赔权。当然确定“合理时间”的长度应特别考虑到买方需要时间,仔细思考或证实第三人权利是否存在,需要时间征询律师意见、采取对策。在对公约第41条及第42条评释中已经讨论过卖方违反权利担保或知识产权担保义务,买方可以采取的救济措施,从反面来看,它也说明了买方一旦没有在得知第三人要求之后的一段合理时间内把这种要求的性质通知卖方,就可能失去救济权利。

第43条第(2)款是草案中没有,后在维也纳外交会议上接受了联邦德国代表的意见新加进去的。反映的意见是,如果卖方明知第三人权利要求存在,还以买方没有在合理时间内向卖方发出此类通知为由剥夺买方应有的索赔权是不公平的。第40条已经规定,货物不符若属于卖方知道或不可能不知道又没有告知买方的事实,卖方无权以买方没有发出通知为由免责。第43条第(2)款适用于卖方交货存在第三人权利(包括一般权利和知识产权)的情况,其内容和意旨与第40条相似,指出“卖方如果知道第三人权利或要求以及此权利或要求的性质,就无权援引上一款规定”,即无权以买方没有在合理时间内将第三人权利要求性质通知卖方为理由,否定买方的救济权,免除自己应承担的责任。“卖方如果知道第三人权利或要求”是指其事实上肯定知道,而不是推定他知道(比较第40条“不可能不知道而又没有告知买方的事实”),如果卖方在订立合同时事实上知道货物存在第三人权利而没有告知买方,仍然将这种货物卖给买方,这属于违反诚信,当然无权援用第43条第(1)款获得免责。美国《统一商法典》第2-312条正式评论指出:“这一条要求买方在发现违反之后的合理时间内发出通知的规定适用于一项违反权利担保的通知,只要是卖方的违反属于无恶意的(innocent),然而,如果卖方的违反属于恶意(bad faith),就不得允许他主张其受到了买方延迟发出通知的误导或损害,在此情况下,通知的‘合理时间’应给予宽容的解释。”还可以想象出另一种卖方知道第三人权利或要求的情况,就是第三人既向买方主张权利,也可能同时向卖方主张权利,结果是,在买方向卖方发出关于第三人提出权利要求的通知以前,卖方已经得知第三人要求的一切情况,因此,也没有必要严格要求买方履行第43条第(1)款的通知程序,买方也不应该因为没有严格履行此项通知程序而失去救济权利。另外,如果卖方本来知道货物存在第三人权利,而后又以“没有收到买方通知”为由说自己不知道此项权利,则违反了各国法制普遍存在的“禁反言”或“不得翻供”或“不得自食其言”(estoppel)这一重要的程序原则,即禁止推翻自己的供词、推翻过去所做事实的陈述或知道的事实。卖方若违反了这一原则,则其主张不成立。

另一项影响买方履行第43条第(1)款通知义务的条款是第44条。第44条规定,如果买方对于他没有发出第43条第(1)款要求的通知有合理的理由,仍可按照第50条规定减低价格,或要求利润损失以外的损害赔偿。

第44条 未能发出对货物异议通知下的违约救济权

尽管有第39条第(1)款和第43条第(1)款的规定,买方如果对他未发出所需的通知具备合理的理由,仍可按照第50条规定减低价格,或要求利润损失以外的损害赔偿。

评 释

第44条是公约草案中没有,后在维也纳会议上经加纳等国代表的联合提议,新加进正式文本中的条款,目的是减缓买方没能履行第39条第(1)款和第43条第(1)款中异议通知义务造成的不利后果。第44条只是减轻,而不是消除买方不履行这两个通知义务的后果,在符合第44条的条件下,买方可以按照第50条规定要求减价或要求利润损失以外的损害赔偿,但是宣告合同无效、退货等救济权利不能恢复。这与第40条和第43条第(2)款的功能不同,如果买方援用这两个条款胜诉,则保留了针对卖方交货与合同不符或交货存在第三人权利的全部索赔权,包括解除合同的权利。第44条的措辞表明其不适用于第39条第(2)款的情况,买方不履行在2年内发出品质异议通知的义务,即使具备合理理由,也不能援用第44条规避后果。

第44条指出:“买方如果对他未发出所需的通知具备合理的理由”,其中的“未发出所需的通知”包括两种情况:一是买方未能按第39条第(1)

款、第 43 条第(1)款要求在合理时间内发出货物有缺陷通知,或者根本没有发出通知;二是买方虽然在发现货物与合同不符以及存在第三人权利要求后的合理时间发出了通知,但是没有按照要求“说明不符情况的性质”。“有合理的理由”,是指哪些理由,公约没有说明,除极少可能发生的不可抗力原因导致不能发出异议通知外,公约立法者还指出以下两种情况:一是卖方交付的机器设备由于其复杂性和新颖性,不仅进口国没有胜任的机构进行检验,甚至在世界范围内也缺少这方面专家,可以预见,等待专家必然使发现货物与合同不符及发出不符通知拖延。二是买方收到了货物,如一个工厂进口了一批设备,发现它不能正常工作,买方作为用户不具备更多的有关设备的专门知识,其在索赔期内虽然向卖方发出货物不符通知,却没有说明货物与合同不符的性质。法庭或仲裁庭如能认定在第一种情况下 1 年时间的拖延对于当时的情况是合理的,或在第二种情况下认定作为用户的工厂厂长发出的通知也是一个合理的通知,这等于满足了第 39 条第(1)款和第 43 条第(1)款的要求,买方不会丧失任何索赔权。但是若法庭认为“通知”没有在合理时间发出或没有说明不符的性质,不符合第 39 条第(1)款条件或第 43 条第(1)款条件,那么在上面两种情况下应认定存在不能发出所需通知的合理的理由,即第 44 条应该适用,结果是买方仍可以行使减价、除利润以外的损害赔偿请求权。不利的影响是,其失去了要求退货、要求交付替代物、要求修理、要求解除合同以及要求赔偿利润损失的救济权利。迄今为止,买方援用第 44 条成功的不多。在国际商会 1999 年 6 月裁判的一案中,卖方交付的焦炭由当事人双方同意的独立检验员在装货时检验了货物,签发了检验书,买方收货后发现货物与检验书显示的数量和质量不符,并通知卖方。法庭认为是检验书的错误造成买方延误通知,其可援用第 44 条。[1]

把握第 44 条所述“合理的理由”肯定是一个有争议的问题,一些学者主张严格控制这一尺度,他们认为,第 44 条将极少适用,因为发现或理应发现货物不符的买方几乎不可能找到正当理由,为其不能发出合适的通知辩护,特别是在现代通信技术条件下。另一些学者认为,第 44 条相当重

[1] 参见《判例法摘要汇编》(2008 年版)第 44 条第 6 段。

要,它给卖方增加了负担,特别是"合理理由"的含糊性有可能作出对买方有利的解释。作为一般规则的例外性条款,第 44 条的适用确实应该严格把握,但是它毕竟是妥协的产物,意在消除第 39 条严格适用可能造成的过分严厉的僵硬结果,实质上它是当今社会发达国家和发展中国家之间在国际经贸领域不平等竞争格局的一种反映。订立第 44 条的背景是来自发展中国家的代表对于第 39 条规定严格的品质异议通知期限心存疑虑,很显然,当他们的初级产品、原材料出口到发达国家时,这些国家的买方没有什么困难就可以在较短时间内发现其中的不符;而发达国家的卖方向发展中国家出售先进复杂的机器设备时,买方由于技术、资金、设备限制,很难在较短时间内查明货物的缺陷,严格的索赔时限可能使他们失去索赔机会,因此,为了达成一种平衡,第 44 条就应在合理的、必要的情况下适用。

实际上,第 44 条并没有给欲行使索赔权的买方做出太大的让步,所谓减缓异议通知效力的严格性相当有限,没有按第 39 条发出合理通知的买方即使后来发现货物根本无法使用,也无权退货、更换货物。另外,第 44 条并没有豁免买方依据第 38 条及时检验货物的义务,买方没有这样做,也很难根据第 44 条获得损害赔偿,并将遭遇卖方以下抗辩:(1)货物缺陷的原因是什么?这一缺陷是交货时就存在,还是经过买方不合理使用引发的?(2)由于买方过分拖延履行通知义务,使卖方无法获得货物检测证据和有关证人的证词,无法查明货物缺陷原因,无法向上游供货商索赔,根据第 80 条买方应承担此责任。(3)如果买方及时发出不符通知,则卖方可以对不符行使补救措施或追究第三人责任,买方延误通知使损失扩大,根据第 77 条的规定,对扩大的损失不予赔偿。

第三节　卖方违反合同的补救办法

第 45 条　卖方违约买方可采取的补救措施

(1)如果卖方不履行他在合同和本公约中的任何义务,买方可以:

(a)行使第 46 条至第 52 条所规定的权利;

(b)按照第 74 条至第 77 条的规定,要求损害赔偿。

(2)买方可能享有的要求损害赔偿的任何权利,不因他行使采取其他补救办法的权利而丧失。

(3)如果买方对违反合同采取某种补救办法,法院或仲裁庭不得给予卖方宽限期。

评 释

1. 违约救济的一般问题

公约是有着完整逻辑结构的规范系统,条款之间、制度之间、一般原则和具体规则之间存在内在有机的联系,甚至需要相互参照方能正确理解。比如,卖方的义务与卖方违约时买方的救济制度(第三部分第二章);买方义务与买方违约时卖方的救济制度(第三部分第三章)就密切相关,不了解买方或卖方义务就不能确定当事人的责任,可采取的违约救济措施。单独制度与整体制度的联系体现为公约总则与其他具体规则和制度之间的关系,第一部分总则中关于合同与公约解释的规则、诚信原则等具有全局性的指导意义,第三部分第一章的总则对整个部分有指导意义,特别是其中对"根本违约"概念的解释和关于实际履行救济的规定(第 28 条)。

公约把买卖双方各自应承担的义务,针对另一方违约可以采取的违约救济办法,作了分别的对应性的规定。第 45 条是关于卖方违约时买方可以采取的救济办法的提纲挈领式的宣示,相应地,第 61 条是关于买方违约,卖方可以采取的违约救济办法的纲要性规定,这两个条款有明显的相似性和对称性,理解了第 45 条,也就基本掌握了第 61 条,可以把它们放在一起解读。公约这种对称性的规定,除具有分类清晰、语义明确、便于掌握的特点外,更深刻意义在于表明当事人双方权利义务平衡,相互制约、相互依存,双方地位同等重要,既不是所谓的卖方取向,主要保护卖方权利;也不是所谓的买方取向,重在保护买方权利,其价值取向是不偏不倚,同等相待。[1] 公约作为新的国际货物销售统一法,是代表不同的取向的立法者之间妥协的产物。这一点公约与 UCC 形成鲜明对照,后者被认为比它的前身《1906 年统一销售法》对买方利益更具有保护性,UCC 没有像公约那样把买卖双方义务、违约救济分别规定,它的买卖篇(第二篇)突出了卖方义务以及卖方违约时买方可采取的救济方式。

2. 第 45 条的含义

第 45 条第(1)款规定:"如果卖方不履行他在合同和本公约中的任何义务,买方可以:(a)行使第 46 条至第 52 条所规定的权利;(b)按照第 74 条至第 77 条的规定要求损害赔偿。""不履行义务"是在广义上或一般意义上表述违约行为的合同法概念,PECL 和 UPICC 都采用这一概念,一致的提法是"non-performance of obligation"。UPICC 第 7. 1. 1 条专门就不履行义务予以定义,"不履行是指一方当事人未能履行其合同项下的任何义务,包括瑕疵履行或履行延迟"。在公约框架内,"不履行义务"涵盖了当事人任何一种违约行为,包括作为和不作为(见表 2),虽然在公约的不同条款中分别使用"不履行义务"和"违反合同"(breach of contract)的提法,但正如乌尔里克休伯(Ulrich Huber)教授指出,"表述方式的变化纯粹是语言学上的原因,实质上,'违反合同'与'不履行义务'确属同一含义"。[2]

---

〔1〕 尽管公约对买卖双方义务、违约救济采取了分列式的对称性规定,其中关于卖方义务、卖方违约时买方可采取的救济措施规定更详细。这并不说明公约是买方取向,而是因为卖方作为销售合同中负有特征性履行义务的一方,在双方的合同关系中占主导地位,合同能否顺利履行更多取决于卖方,其应承担的义务、涉及的法律问题也较多而且复杂。买方承担的义务、买方违约时卖方可采取的救济相对显明和简单,公约这方面的规定也相对简约,这种差异与权利保护上的侧重和倾向性无关。发展中国家的当事人从发达国家购买货物时希望公约能给予其更充分的保护,而发达国家的卖方希望在与买方交易时能做到契约自由,公约照顾了两个方面的利益,特别是关于契约自由原则,公约比诸如 UCC 迈出的步子更大,UCC 第 1-101 条规定,该法规定的善意勤勉、合理注意义务不得通过协议排除,公约第 6 条规定不含有这样的限制。

〔2〕 Huber, Peter Schlechtriem ed., *Commentary on the UN Convention on the International Sale of Goods*, Clarrendon Press, Oxford, 1998, p. 357.

表 2 不履行销售合同义务(违约)的行为表现

卖方	买方
不交货; 宽限期内不交货(第 49 条); 交货延迟或提前交货; 交货与合同不符; 交货存在第三人权利; 不交付单据; 交单与合同不符; 在履行期截止日前显然将不履行大部分合同义务或将根本违约; 不履行其他义务(保全货物和减轻损失,提供安装、技术培训等辅助性服务)	无正当理由不接受货物; 无正当理由不接受单据; 不支付货款; 在履行期截止日前显然将不履行大部分合同义务或将根本违约; 不履行其他义务(保全货物和减轻损失、提供支付保证、先行检验货物、提供规格式样等)

但是卖方或买方不同违约行为的表现和法律后果是不同的,如卖方不交货和交货与合同不符都属于不履行义务,如果卖方不交货,买方可以宣告合同无效;而交货与合同不符只有构成根本违约,买方才可以解除合同。对于卖方不交货或交货延迟,构成不履行义务的前提是当事人履行期已经截止。卖方交货期未到或履行期届满前很难说他不履行义务,除非在这一时刻明显看出他将不履行大部分合同义务(第 71 条),或者明显看出他将根本违约(第 72 条),这样买方可以针对卖方预期违约行使第 45 条的救济权利。构成不履行义务也不以当事人是否有过错为前提,卖方因为不能控制的障碍导致不能履行,仍属于不履行义务,买方可以行使第 45 条授予的除损害赔偿以外的其他救济权利。但是如果卖方的不履行是由于买方的行为或不行为引起的,第 80 条限制第 45 条的适用,买方不得行使第 45 条的救济。

第 45 条第(1)款说明两个基本问题:首先,损害赔偿请求直接产生于卖方客观的不履行义务,包括依据销售合同和公约应该承担的义务,而不需要证明卖方是否有过错,是否违反诚信或违反明示担保。后者是大陆法系国家的法律,主要是德国法所要求的,公约在这一点上采纳了英美普通法系的一元论,即把损害赔偿责任建立在有违约事实这单一因素基础上,采取了三要件,即"违约事实+损害事实+违约与损害的因果联系"。其次,第 45 条第(1)款把当事人之间的销售合同放在首要地位,买方行使违约救济首先是因为卖方违反了合同义务,违约救济还产生于当事人违反公约等准据法规定的义务,产生于违反有约束力的商业惯例以及当事人之间确立的习惯做法。买方的救济权不限于公约第 46 条至第 52 条的规定,销售合同中若有其他与公约不一致的关于违约救济措施的规定,应优先适用(第 6 条),无论这些规定客观上是加重了卖方责任还是减轻了卖方责任。即合同不仅可以改变卖方义务,还可以改变买方采取的救济。〔1〕 如果当事人在销售合同中没有规定具体的违约救济办法,则可以依据第 45 条第(1)款采取救济措施:按第 46 条规定要求卖方实际履行;按照第 47~49 条规定要求解除合同;按第 50 条要求减价;按第 51 条针对卖方部分违约时的救济措施;按第 52 条针对卖方提前交货或超量交货时的救济措施;按第 74~77 条规定请求损害赔偿。

3. 第 45 条第(2)款和第(3)款

第 45 条第(2)款规定,买方可享有的损害赔偿请求权不因其行使采取其他补救办法的权利而丧失。在普通法系国家,某些判例法和制定法早期曾有这样的规定:买方若宣布解除合同或退货,就不能再要求损害赔偿,而只能恢复到合同履行前的状况。这一规定对于防止买方因为轻微的货物不符而宣布解除合同相当有效,但是当卖方严重违约时,则不利于保护买方权利。公约在这里重申,损害赔偿权既是一种独立权利,也是一种可与其他救济措施同时使用的补充性权利,买方或卖方要求损害赔偿的救济与其他救济措施具有协调性。〔2〕 另外,这些可采取的救济措施中,有些又具有客观上或主观上的抵触性,客观的抵触性是指采取某一种救济自动排除了另一种救济,如要求解除合同就自动排除了要求被解除义务的实际履行。主观的抵触性是指当事人采取的某一种或多种救济主观上对其产生约束,使其放弃采取其他救济,如买方要求减价后,则可能放弃了损害赔偿。公约第 45 条第(2)款以及对应的第 61 条第(2)款强调这些救济措施

---

〔1〕 有的销售合同规定了违约金或定金,所有的法律制度都承认作为预定损害赔偿违约金的效力和社会实用价值,它克服了关于实际损害的取证困难,对于惩罚性违约金,有的国家明令禁止。公约没有规定违约金问题,第 45 条、第 46 条对此没有影响,根据第 4 条的规定,违约金条款的效力应依国内法决定。

〔2〕 关于在买方要求减价情况下是否还可请求损害赔偿,参见本书对公约第 50 条的评释。

之间的协调性,当事人可以在请求损害赔偿外同时采取其他救济,除非它们之间存在客观抵触性。

第45条第(3)款禁止法院或仲裁庭在买方提出违约救济时给卖方履行的宽限期。宽限期(Nachfrist)是德国法律概念,《德国民法典》和法国法中都有这样的制度,其含义是当履行期到来而一方仍没有履行时,另一方可以给予违约方一段额外时间,或由违约方请求法院另外确定一段时间让其履行合同,只有当违约方在该额外时间仍不能履行,未违约方才可以或经法院准许采取违约救济措施。公约第47条借鉴了这一制度,允许买方在卖方违约时给予其履行的宽限期,但是禁止法院、仲裁庭在买方请求违约救济时再给予卖方宽限期,因为这在国际贸易中不切实际,并不一定有助于卖方履行。更主要的是允许法院这样做可能造成法院滥用自由裁量权,不适当地给予卖方宽限期,拖延案件审理和裁决,损害买方利益。

第46条　买方要求卖方实际履行

(1)买方可以要求卖方履行义务,除非买方已采取与此一要求相抵触的某种补救办法。

(2)如果货物不符合同,买方只有在此种不符合同情形构成根本违反合同时,才可以要求交付替代货物,而且关于替代货物的要求,必须与依照第39条发出的通知同时提出,或者在该项通知发出后一段合理时间内提出。

(3)如果货物不符合同,买方可以要求卖方通过修理对不符合同之处做出补救,除非他考虑了所有情况之后,认为这样做是不合理的。修理的要求必须与依照第39条发出的通知同时提出,或者在此项通知发出后一段合理时间内提出。

评　释

1. 买方要求卖方实际履行的权利

第46条规定了在卖方违约情况下,买方可以要求卖方实际履行义务的救济措施。这一条与第 62 条关于买方违约时卖方可以要求实际履行的规定相对应,说明要求违约方实际履行是买卖双方都可采取的救济。要求卖方实际履行排在买方可选择的救济措施(第 46~52 条)之首,说明公约希望尽可能保证合同的履行和效力,解除合同的救济只是作为卖方严重违约时可运用的最后手段。本书关于公约第 28 条的评释就实际履行救济作了专门阐述,第 46 条第(1)款、第 62 条都需要与第 28 条结合起来理解。

第 46 条第(1)款规定:“买方可以要求卖方履行义务,除非买方已采取与此一要求相抵触的某种补救办法。”对于卖方而言,要求其实际履行是指要求其以合同规定的实物或服务履行任何到期义务,而不是以金钱赔偿等方式履行义务。[1] 买方可以向卖方提出多种实际履行义务的要求,这方面已经在第 28 条评释中作了说明,主要包括:在卖方到期不交货时要求他交付货物;在卖方交货与合同不符时补足数量上缺失部分或对货物瑕疵进行补救;在卖方不履行其他义务时(提供技术资料,技术培训,或遵守独家销售义务),要求其履行这些义务;在卖方不交付单据或交单不符时,交付规定单据或与合同相符的单据。第 46 条第(1)款的措辞说明,买方要求卖方履行的义务是一般性的,并没有特别限于某一具体方面,实际履行救济适用于卖方不履行任何义务,包括卖方交货存在第三人权利(第 41 条)或存在第三人知识产权(第 42 条),对于这类违约行为,卖方也有实际履行的可能性。如果是种类物,在货物存在第三人财产权的情况下,卖方可通过重新提交不存在第三人权利的货物实际履行义务;在货物存在第三人知识产权的情况下,卖方可以通过取得与货物相关的销售许可或第三人知识产权许可履行义务,卖方还可以通过改装机器或去掉侵权品牌使货物不构成侵权。但是要求卖方履行这类义务并不是基于第 46 条第(2)款和第(3)款,这两个条款仅适用于严格意义上卖方实体交货数量或品质与合同不符,而卖方交货存在第三人权利和知识产权的情况不属于交货与合同不

---

〔1〕《判例法摘要汇编》第 46 条第 7 段指出:“除第 46 条第(2)款和第(3)款所述情况外,买方根据第 46 条第(1)款有权要求卖方以实物履行任何到期义务。”

符,买方此处的实际履行救济权源于第46条第(1)款。[1]

买方行使实际履行的救济权受诸多制度限制和实务操作限制,因此,尽管公约确认这是一项重要的救济权利,实务中,当事人更倾向于采取其他救济,特别是要求损害赔偿。而在卖方不交货时要求他交付货物,或成功地使他完成交付,这样的案例鲜有发生。对实际履行的重要限制是公约第28条的规定,据此,即使买方提出实际履行的诉求,法院也没有义务作出这样的裁决,除非法院依照其本身的法律对不属于公约范围的类似销售合同愿意这样做。在卖方因不能控制的障碍导致不能履行时,买方要求实际履行的权利也将受到限制和排除。比如,在合同订立后、履行期到来时,卖方国家政府颁布出口禁令,限制卖方交付的货物出口,这样卖方就不能履行义务。然而,卖方遭遇的障碍若是暂时性的,第79条允许卖方在障碍存在期间不履行,在障碍消失后,买方仍然有权要求卖方实际履行,并且自障碍消失之日起,卖方对其不履行义务须承担损害赔偿责任。此外,并不是卖方任何违约行为都可要求实际履行,如卖方交货延迟,但其已经交付货物,以实物履行了义务,就不存在要求他实际履行的问题,只能就延迟造成的损失要求损害赔偿。当卖方交货延迟,买方同意接收迟来的货物,应申明保留索赔权,如果买方没有保留权利,甚至对卖方交货迟延没有提出异议而接收了货物,则相当于买方以行为同意卖方延迟履行,相当于修改了原来规定的履行期,卖方没有违约责任。买方要求实际履行的救济权利除受国内法的诉讼时效规定限制外,时间上没有严格限定,这与第46条第(2)款和第(3)款要求卖方交付替代物或要求修理更换时,买方应及时通知的要求形成对照。

根据第46条第(1)款的规定,如果买方采取了与实际履行相抵触的救济办法,其不得再要求卖方实际履行,这是公约对买方采取实际履行救济

〔1〕 相反的观点是第46条第(2)款和第(3)款,不仅适用于第35条下的货物与合同不符,也适用于货物存在第三人权利要求(第41条)以及知识产权要求(第42条)。See The International Sale Convention Advisory Council, *CISG-AC Opinion*, *No. 21*, Opinion, Paragraph 2, Interpretations, 3.5-3.7. 从立法历史和上下文看,笔者不认同这一观点,如果货物存在第三人权利,卖方可以通过购买许可、更换货物等措施排除第三人权利要求,这属于第28条和第46条第(1)款规定的实际履行,将这些措施归于对不符货物修理更换过于牵强。

的又一重要限制。“相抵触的救济办法”是指解除合同、减价以及用损害赔偿替代履行。卖方不交货或交货与合同不符买方都可以要求其实际履行，而一旦买方采取相抵触的救济，实际履行请求权就被排除。如果卖方交货与合同不符构成根本违约，买方决定退货并解除合同，买方及时发出了第 39 条的品质异议通知和第 26 条要求的宣告合同无效的通知，就不能再要求卖方实际履行。比如，卖方交付的矿产品的有效成分不足，又不失去效用，买方决定收下货物，同时要求减价，卖方同意了买方的要求将货物折价，买方就不得再要求卖方实际履行。我们也可以设想，买方先要求卖方实际履行，如要求其在宽限期内交货或补交数量上的不足部分，如果卖方没有履行，买方仍可以宣布合同无效[第 49 条第(2)款(b)项]或要求减价。这种做法与公约第 46 条第(1)款并不抵触，即先于请求实际履行前要求减价或解除合同有“抵触”问题，而在卖方实际履行无效果后再提出减价或解除合同无“抵触”问题，但是要求减价与要求修理更换相抵触。在通常情况下，实际履行与附带的损害赔偿并不抵触，两者可以兼得，卖方逾期不交货，买方可以要求其交货，同时保留对延迟交货的损失赔偿权。但当卖方逾期不交货时，买方购进替代物(自行履行)，然后向其索赔差价损失(第 75 条)，就不能再要求卖方实际履行了。如同 ULIS 第 25 条所述，“买方在符合惯例并且有合理的可能时购进替代物，替代与合同相关的货物，买方就无权要求卖方履行合同。这种情况下，合同自这种替代购买实施起事实解除”。

2. 要求卖方交付替代物以及修理不符货物

第 46 条第(2)款和第(3)款规定了卖方交货与合同不符时，买方有权要求其交付替代物和要求修理更换的特殊救济，这两款适用于第 35 条下严格的货物与合同不符，第 46 条第(2)款允许买方只有在卖方交货严重不符，构成根本违约时，才可以要求卖方交付替代物，这也是买方对卖方交付不符货物行使的拒收权。如果根据情况认定拒收权成立，可能有两种结果：一是将不符的货物退回，更换相符的货物，这是原合同的继续履行；二是将不符货物退回，卖方返还价金，双方回复到合同没有履行前的状况，这是解除合同。交付替代物是拒收货物后的第一种结果，是指卖方第一次提交的货物因不符合合同被退回后,要求卖方又进行第二次提交,以相符的货物代替前次交付的不符货物,这一过程中,所有的费用由卖方负担。在国际贸易中,采用这样的救济代价高昂,整体上会大幅度增加交易费用,会给卖方带来严重的后果,卖方不仅要收回、处理已交付的不符货物,支付该货物退回的费用(主要是运费、商检费甚至关税等),还要重新发运合格的货物,再次支付附加的费用(运费、商检费等),卖方因此受到的损失通常要比买方因收到不符货物遭受的损失更大,出于权利义务平衡考虑,实践中法庭很少判令卖方对货物的全部或整体进行更换,而常常是对其中一部分或零部件予以更换,如果要退回整体的全部货物,效率原则会使当事人和法庭倾向于解除合同。

由于上述原因,公约对买方要求卖方交付替代物作了以下限制:(1)卖方交货与合同不符构成根本违约是要求卖方交付替代物的前提,这是指不符货物不能被买方按照原计划使用,并且买方有理由拒绝卖方修理补救货物。(2)要求卖方交付替代物应符合第 82 条限制,根据第 82 条的规定,除三种例外情况,买方应该将第一次交付的不符货物原物返还(包括修理货物时将原缺陷部件返还),卖方应该接受归还的货物,还要承担买方归还货物成本,[1]若不能返还原物或情况表明买方处分了货物,则不能支持买方这种救济请求。(3)此项救济应该符合"比例性原则"与合理性原则,如果考虑相关情况,认为交付替代物将严重影响双方利益平衡就不应该支持该项救济,这主要是指替代货物不可获得或需要高价获得,决定因素是卖方地位和能力、货物可替代性以及替代成本。[2] (4)买方要求交付替代物应及时发出通知,该通知必须与第 39 条下发出的货物与合同不符通知同时提出,或者在以后一段合理时间内提出。

第 46 条第(3)款规定买方可以要求卖方通过修理对不符货物做出补救,除非他考虑了所有情况之后,认为这样做是不合理的。这项要求也必须与第 39 条规定的发出不符通知同时提出或在以后一段合理时间内提

[1] See The International Sale Convention Advisory Council, *CISG - AC Opinion*, *No. 21*, Opinion, Paragraph 8.

[2] See The International Sale Convention Advisory Council, *CISG - AC Opinion*, *No. 21*, Opinion, Paragraph 5, Interpretation, 3. 28, 3. 29.

出。安德雷因评论说,“买方要求卖方修理的权利在所有国家的法律中都找不到,因此,加进这一条款有相当大的异议。同时,在国际贸易中,它又是对于技术产品的最常见的救济手段”。[1] 的确,第46条第(3)款是原草案中没有而正式文本新加进去的,是对商人之间形成的关于违约救济的国际交易合理现实的肯定,这在某些国内法中却不被认可。根据UCC第2-508条的规定,未违约的买方通常不会获得要求卖方交付替代物或修理的救济,除非在未超过履行期内卖方愿意做这样的补救。

公约对于买方要求卖方修理的主要限制是:若考虑所有情况,认为这样做对卖方不合理,买方就不得要求卖方修理。应考虑的主要情况如下:(1)修理的成本和费用,如果对不符货物的修理费用很高,甚至超过交付替代物,修理是不合理的;由于地理上的隔绝,卖方进入买方所在地修理涉及过高费用和成本,修理就不合理。(2)货物瑕疵状况,有些货物瑕疵属于设计缺陷,不可能通过修理解决;或者货物缺陷是轻微的,买方可轻易自行解决,要求卖方修理是不合理的。(3)当事人的地位和客观情况,对于重要的机械设备,卖方通常有义务提供修理服务,客观上拥有这方面专家或维修网络,卖方的修理通常是合理的,不合理是例外。在买方要求修理时,若此项要求是合理的,而卖方拒绝,这相当于卖方双重违反义务,买方可以根据货物瑕疵情况,在根本违约时要求交付替代物或要求解除合同,或在其他情况下要求损害赔偿。如果修理对卖方来说是合理的,但买方认为对于他有不合理的不便[第48条第(1)款]卖方无权强迫买方接受修理要求。买方提出修理的要求也要履行与第46条第(2)款一样的通知义务。

3. 第46条与第28条之间的关系

第46条第(1)款规定买方有权要求卖方实际履行,买方享有的实际履行一般救济权利受制于第28条没有问题,两者有明显的关联。问题是其他两款是否受制于第28条?要求卖方交付替代物和修理更换不符货物是否属于实际履行?对此学界有不同看法。1978年公约草案第42条(正式文本第46条)只有2款(相当于第46条前2款),秘书处评论第42条第(1)款提到第28条,指出虽然在第42条下买方有权要求卖方实际履行,并

---

[1] Dubrovnik Lectures: *International Sale of Goods*, Oceana. Pub. (1986).

且在法院协助下强制卖方履行,第 28 条限制了买方这项权利,但是对第(2)款的评论没有提及第 28 条。[1] 秘书处评论更无关第(3)款,因为 1978 年公约草案没有第(3)款,现有的第 46 条第(3)款是在讨论公约的维也纳外交会议上,由芬兰、联邦德国、挪威、瑞典联合建议加进去,后经过修改,在第一委员会第 19 次会议上获得通过。[2] 因此从公约立法历史看并没有明显依据把要求卖方交付替代物[第(2)款]和修理不符货物纳入第 28 条调整范围内,这是两项独立的违约救济方式。

解释公约应该考虑公约的国际性和统一适用,不受国内法传统影响,将修理不符货物和交付替代物作为实际履行方式是大陆法系国家制度特点,根据德国民法典,这两种救济都属于实际履行,因此来自德国、瑞士等欧洲的学者在评论公约第 46 条第(2)款和第(3)款都倾向于同时适用第 28 条。而在其他法律制度中,特别是普通法系国家,并没有把这两项救济作为实际履行。分析第 46 条及相关条款,结论也是如此:首先,第 46 条第(2)款和第(3)款救济本身有特殊限制,分别是卖方根本违约和按情况合理,如果加上第 28 条限制,会造成有的法院支持修理和交付替代物,有的法院不支持,这对有关当事人不公平。其次,需要考虑与第 48 条的协调,依据第 48 条的规定,卖方在交货后主动要求补救不符货物显然不受第 28 条限制(不属于实际履行),如果第 46 条下买方行使两项救济受第 28 条限制,则卖方会从这种可能发生的限制中获取好处,这破坏了买卖双方权利义务平衡。考虑以上理由,国际销售公约咨询委员会得出结论:公约第 46 条第(1)款买方要求卖方实际履行一般权利受第 28 条限制,而要求卖方交付替代物[第(2)款]和要求修理[第(3)款]救济并不受制于公约第 28 条。[3]

---

[1] See UNCITRAL, *Secretariat Commentary on Article 42 of Draft Convention* (*Article 46 of Official Text*), Paragraph 9, Official Records, p. 38.

[2] See UNCITRAL, Report of the First Committee, Document A/CONF. 97/11 (7 April 1980), https://www.cisg.law.pace.edu/cisg/1stcommittee/summaries46.html.

[3] See The International Sale Convention Advisory Council, *CISG-AC Opinion*, *No. 21*, Opinion, Paragraph 1.

第 47 条　针对卖方不履行义务的“宽限期”程序

(1)买方可以规定一段合理时限的额外时间,让卖方履行其义务。

(2)除非买方收到卖方的通知,声称他将不在所规定的时间内履行义务,买方在这段时间内不得对违反合同采取任何补救办法。但是,买方并不因此丧失他对迟延履行义务可能享有的要求损害赔偿的任何权利。

评　释

1. 第 47 条规定的宽限期程序

第 47 条规定了在卖方不履行义务时,买方可以给他一段时间让他履行的宽限期程序,第 63 条授予买方同样的权利,这是两个平行条款,可放在一起解读。宽限期制度起源于大陆法系国家,[1] 实际上是典型的德国民法制度,PECL 也确认这一规则,第 8:106 条与公约第 47 条和第 49 条对应,规定:“(1)在任何不履行义务的情况下,受损害一方可以通知另一方,允许给他一段额外时间让其履行。(2)在此一额外时间内,受损害一方可以中止履行他相应的义务,请求损害赔偿,但是他不得诉诸采取任何其他救济。如果他从另一方那里获得通知,另一方在这额外时间内不履行义务,或者一旦宽限期已过另一方仍不能正当履行,受损害一方可以诉诸他根据第 9 章可获得的任何救济。”这两款可以更好地帮助我们理解公约第

---

〔1〕《德国民法典》第 326 条规定:“在一方不履行时,另一方可以给对方一段合理时间让他履行义务,同时宣告,如果他在此一段时间截止时仍不能履行,将拒绝接受履行。”如果在宽限期内当事人不履行义务,给予宽限期的一方可撤销合同。此外,《奥地利民法典》第 918 条、《瑞士义务法典》第 107 条都有类似规定。UCC 没有“宽限期”制度,其第 2-609 条允许在卖方不交货时买方要求他提供适当履行保证,在收到此保证前,买方可暂停履行义务,卖方如未能在收到通知后 30 日内提供履行保证,即构成毁约。冯斯沃斯曾经这样描绘想象中的美国律师对异于普通法传统的公约中违约救济条款的反应:“根本违约”——OK;“宽限期”——莫名其妙,我们的确不理解它,从未听说过它,不过我们喜欢它;“减价”——我们不理解它,我们不喜欢它;“实际履行”——我们希望法院可尽量不要采取这种救济。See Albert H. Kritzer, *Guide to Practical Applications of the United Nations Convention on Contracts for the International Sale of Goods*, Dventer / Boston: Kluwer, 1989, p. 231.

47 条。此外,UPICC 第 7.6.5 条也有类似规定。

第 47 条与第 46 条相关,它适用于卖方不履行任何义务的情况,包括在可分割合同或分批交货合同中部分不履行义务,无论是主要义务,还是次要义务,或随附性义务,买方都可以规定一段合理时间让卖方履行。例如,在卖方不交货时,买方可给他宽限期让他交货;在卖方交货与合同不符时给他宽限期,让他对不符货物进行修理、更换或交付替代物;在卖方不能提交规定单据时,给他宽限期,让他提交单据或修改不符单据;在卖方交货存在第三人权利时,给他宽限期,让他解除第三人权利要求;在卖方不能提供履行保证时给他宽限期,让他提供这样的保证等。但是第 47 条与第 46 条第(3)款的要求一样,适用于卖方已经同意履行其义务[第 47 条第(2)款第一句],如果卖方在买方决定给他宽限期时声明不履行义务,买方就没有必要给他宽限期,第 47 条不适用。在买方已经给予卖方履行宽限期后,在宽限期内卖方声明不履行义务,这时买方可以立即终止宽限期程序,采取适当的救济,而不必再拖到宽限期过后再行使救济。

采取宽限期程序的另一项要求是,买方给予卖方的宽限期必须是"合理长的一段时间",如果买方给予卖方的宽限期过短,买方无权采取第 47 条第(2)款授予的宽限期过后的救济权,特别是在卖方不交货时,无权援用第 49 条第(1)款(b)项解除合同,除非根据情况判断卖方构成根本违约或者构成预期根本违约,否则,匆忙宣告解除合同要承担违约风险。判断合理长的一段时间应考虑合同中交货期的规定,考虑迅速履行对于买方利益的影响以及完成义务履行客观上需要的时间,其中履行期对买方的影响是最重要的。宽限期应自合同规定的履行期过后开始设定,不论如何,买方必须给予一个准确无误的截止日期,要求卖方在这一截止日前的一段时间内必须履行,[1] 以警示卖方这是最后机会。诸如"我希望尽快收到你们交付的货物""希望能在××日之前收到货物"等请求不构成第 47 条所指的给予宽限期。给予宽限期的通知不做形式要求,自发出该通知之日生效。

〔1〕 比较《中华人民共和国民法典》第 563 条的催告制度。贸易法委员会认为,仅仅要求立即交货的催告是不够的,因为没有规定确定的一段额外时间交货,即使催告后过了一段时间,买方也无权利解除合同。

宽限期程序是对买卖双方都有利的制度安排,反映了国际商事合同履行的客观需要和一般规律。对卖方而言,这一程序解决了在发生违约情况下,他是否有权利用额外一段时间对不履行义务进行补救的不确定性。如果设定了宽限期,买方有义务在此期间维持合同有效性,不得诉诸其他救济;卖方可以放心地采取补救措施,不必担心在这一段额外时间发生解除合同的情况,使之为履行义务付出的努力落空。他也可以合理地期待一旦在宽限期内履行了义务,买方应接受他的履行。对买方而言,宽限期制度最重要的功能是可以消除在卖方逾期不交货时,买方是否可以宣告合同无效的不确定性。在履行期已过卖方仍没有交货时,除非他声明将不交货,否则只能推定他延迟交货。公约特别反对在商事交易中买方仅仅因为卖方轻微超过交货期就解除合同,只有在卖方不能按期交货构成根本违约,实质上剥夺了买方根据合同有权期待得到的东西时,买方才有权这样做。问题是卖方逾期不交货到什么程度才可以认定其构成根本违约?这就需要把握一个时间界限和尺度,在这种情况下,公约第 47 条引入了大陆法系的给予宽限期制度,买方可以规定一段合理时限让卖方履行,按照第 49 条第(1)款(b)项的规定,卖方若不能在这一段宽限期内交货,或声明他将不交货,买方就可以宣告合同解除。这相当于向卖方发出了信号,在宽限期截止前交货对买方至关重要,超过此一段时间不履行类似于根本违约。〔1〕

与德国法中宽限期制度不同的是,公约第 47 条的程序是非强制性的,不是非用不可,它绝不是在卖方不交货情况下买方行使合同解除权的先决条件,如果卖方逾期不交货已经构成了根本违约,买方就没有必要再给予其宽限期,可以直接援用第 49 条第(1)款(a)项解除合同。反之,如果逾期不交货本身并不构成根本违约,或不能肯定是否构成根本违约,买方能否依据第 49 条第(1)款(b)项行使解约权取决于卖方是否履行第 47 条程序,宽限期过后的不履行相当于根本违约,使等待履行的买方消除了对

〔1〕 第 47 条的重要意义在于通过给予宽限期,确定买方可以行使合同解除权,而不在于认定卖方是否构成根本违约。即使在宽限期过后并没有使买方遭受相当于根本违约的重大损失,买方仍有解约权,而卖方不能以其他理由对抗这种解约权。从第 49 条规定看,公约对于依宽限期程序的解约与在根本违约情况下的解约区别对待,两者性质不同。

卖方逾期不履行是否足以构成解约权的不确定性。

2. 买方设定宽限期的效力

第47条第(2)款要求买方在给了卖方履行的宽限期后,他就不能在宽限期内对卖方采取任何救济办法,这产生于一个不言自明的法律原则:“当事人不得拒绝他已经邀请的履行”以及“禁反言”规则。应该合理地预见到,卖方基于对买方所给出宽限期的信赖而积极准备履行合同,他可能在这一期间付出一定成本,所以除非卖方声明不履行,买方不应该在这一段时间采取其他违约救济措施。买方不得行使的救济措施主要是第45条规定的宣告合同无效、要求损害赔偿、要求减价、要求交付替代物,即使是卖方的不履行已符合解除合同条件或要求交付替代物的条件,买方若已经给卖方履行的宽限期,他在宽限期内仍不能要求解除合同或要求交付替代物。而一旦宽限期已过,买方恢复了处分自由。如果要求卖方在宽限期内修理不符货物,而在宽限期内卖方没有履行或履行有瑕疵,在宽限期过后买方就可以用自己的力量进行修理,同时要求损害赔偿,但在宽限期内不能这样做。如要求卖方在宽限期内交付货物而他没有交付,买方可以在宽限期过后宣告合同无效和购进替代物(在宽限期内他不能这样做)。买方也可以在宽限期过后对卖方交付的不符货物要求减价(宽限期内他不能这样做)。需要注意的是,宽限期过后买方行使的救济权应符合公约规定的标准,如果宽限期内的不履行并不构成根本违约,就不能解除合同,只能采取其他救济。但是公约对买方的一项重要授权是,根据第49条第(1)款(b)项的规定,如果卖方在买方给予宽限期后仍不交货,买方就有理由解除合同,而不必考虑卖方不交货是否构成根本违约。买方的这一权利仅适用于卖方在宽限期内不交货的情况,不适用于买方要求卖方在宽限期内履行其他义务,如在交货不符情况下对不符货物补救。[1]

---

〔1〕 在维也纳会议上,主张把第49条第(1)款(b)项权利扩大适用于卖方交货不符合合同的建议被拒绝,理由是这样可能使该程序不适当地用来对付轻微的交货不符。比如,在行情下跌时,买方为了逃避收货义务,通知卖方他已经规定了一段时间让其补救轻微的货物瑕疵,地理上的限制使卖方不可能在给予的时间内补救不符,买方就找到了解除合同的借口。所以,公约正式文本第49条第(1)款(b)项在对应的原草案第45条中加进了“如果发生不交货的情况”(in case of non-delivery)限制其适用范围。

假定卖方在宽限期内圆满地履行了义务，买方应该接受，但是买方仍有权向卖方索赔他没有在原合同规定的期限内履行造成的损失以及其他附带的损失（第47条最后一句）。若卖方在宽限期内的履行本身构成根本违约，如交付的替代物不合格，买方有权及时宣告解除合同，而不必拖到宽限期届满。如果卖方在宽限期内履行了大部分合同义务，仅剩下少部分义务没有履行，买方不能解除整个合同。

第48条　卖方交货日期过后对不履行义务的补救权利

（1）在第49条的条件下，卖方即使在交货日期之后，仍可自付费用，对任何不履行义务做出补救，但这种补救不得造成不合理的迟延，也不得使买方遭受不合理的不便，或无法确定卖方是否将偿付买方预付的费用。但是，买方保留本公约所规定的要求损害赔偿的任何权利。

（2）如果卖方要求买方表明他是否接受卖方履行义务，而买方不在一段合理时间内对此一要求做出答复，则卖方可以按其要求中所指明的时间履行义务。买方不得在该段时间内采取与卖方履行义务相抵触的任何补救办法。

（3）卖方表明他将在某一特定时间内履行义务的通知，应视为包括根据上一款规定要买方表明决定的要求在内。

（4）卖方按照本条第（2）款和第（3）款做出的要求或通知，必须在买方收到后，始生效力。

评　释

1. 第48条第（1）款

第48条第（1）款规定了卖方在交货日期过后仍有权对不履行义务进行补救，它与第37条相对应，后者规定了卖方在交货期截止以前对不符货物进行补救的权利。第48条第（1）款规定：“在第49条的条件下，卖方即使在交货日期之后，仍可自付费用，对任何不履行义务做出补救”，交货期过后卖方不履行义务主要有:(1)卖方逾期不交货;(2)卖方交货存在第三人权利;(3)卖方交货与合同不符;(4)卖方不提供担保或不履行技术服务等其他义务。

卖方可利用这一时机对任何不履行义务采取补救措施:其可以在履行期过后继续完成交货;在货物存在第三人权利时通过与第三人达成协议使之放弃权利;在货物与合同不符时通过修理、更换或交付替代物进行补救;或以相符的文件代替不符文件。卖方对补救措施可以进行选择,可以进行多次补救,只要符合第48条规定的限制条件。第48条不能适用于交货延迟(货物已在晚于合同规定的日期交付),对此买方或接受延迟的交付,要求损害赔偿,或者依据第49条第(2)款(a)项及时解除合同,卖方不可能对迟延交付做出什么补救,失去的时间无法挽回。有些特定物如存在固有缺陷,也难以补救。卖方采取补救措施必须"自付费用",其不得就这一时机采取补救措施招致的任何额外费用向买方求偿,也不得以买方同意分担费用作为补救的前提条件。若买方先行为修理、退还货物支付了费用,卖方应偿付这些费用。假如卖方请求修理而买方坚持要卖方更换货物怎么办,德国学者麦克·威尔(Michael Will)指出,"如果卖方通过修理以及更换货物可以在同样程度上满足买方的期待,那么决定性的考虑因素是成本,在选择救济措施时买方必须遵守减轻损失的义务(第77条)"。[1]

根据第48条第(1)款的规定,卖方在交货之后对不符货物进行补救应符合以下条件:(1)卖方采取的补救措施不得造成不合理的延迟。是否构成不合理的延迟要考虑时间因素对买方的影响,如果买方为了转售货物,卖方的补救不应晚于买方向最终买方履行的交货期。如购买的货物是为了装配、生产季节性商品或需求紧迫的商品,哪怕耽误很短时间,也将构成不合理延迟。在德驰公司诉罗特力士公司(Delchi Carrier v. Rotorex Corp)案中,[2]美国罗特力士公司未能向意大利德驰公司提供符合合同的生产空调用三洋牌压缩机,买方在收到第一批货物时发现了不符,宣布解

---

[1] Michael Will. C. M. Bianca & M. J. Bonell eds., *Commentary on the International Sale Law: The 1980 Vienna Sales Convention*, Giuffre, Milan, 1987, p. 355-356.

[2] See Delchi Carrier SPA v. Rotorex Corp., No. 88 - CV - 1078, 1994 WL 495, 787 (NDNY. SEPT. 9, 1994). 参见本书例25B。

除合同。此案中，尽管第一批货物履行期未过，并且买方发现第一批货物不符时，第二批货已在运输途中，美国纽约北部地区法院仍支持了买方解除合同的要求。很明显，卖方不能在合理时间内补救不符，他也无权做出补救，因为买方需要这些压缩机是为了生产100台空调机，履行与下一家瑞士公司的销售合同。由于卖方违约，买方只得紧急空运事先从其他渠道订购的三洋牌压缩机代替美国公司交付的不符货物，最终买方意大利公司仍没有依约生产出符合订单数量的空调机，原告意大利公司有权向美国公司索赔。相反，如果购买机器设备是为了自用，交货时间的重要性相对降低。实践中，如果卖方到期不履行义务时，买方给了宽限期，在宽限期过后进一步拖延就是不合理延迟。(2)卖方采取补救措施不得使买方遭受不合理的不便(参见公约第37条相同提法)。为补救不符货物的目的，卖方需要广泛地进入买方营业地，甚至造成其停工停产，这就是不合理的不便；买方宣布减价或损害赔偿虽不能阻止卖方行使补救，这一事实本身就说明卖方补救会给买方带来不合理不便。(3)卖方行使救济涉及退货、停工停产等巨大成本，必然引起额外费用和支出，这些费用和支出应该完全由卖方承担，若所涉费用过高或无法确定卖方是否偿付买方预付的费用，卖方无权要求补救。买方也可以要求卖方为额外的费用支出提供担保，否则拒绝卖方进行补救。(4)如果卖方的不履行已经构成根本违约，买方已经宣告合同无效，卖方就不能进行补救。(5)根据第48条第(2)款和第(3)款的规定，卖方行使补救权应通知买方，得到买方同意或默许，否则也不能获得补救权。

需要注意的是，即使卖方在能满足以上条件的前提下主动要求补救，买方也无义务必须接受卖方要求，给予其进行补救的宽限期(第47条)。买方仍然可以立即诉诸其他可获得救济，如损害赔偿和减价，拒绝卖方补救。[1] 而一旦根据情况判断，买方明示或默示同意给卖方一段合理时间让其补救，卖方获得在履行期过后的补救权，买方就不得在卖方进行补救期间采取相抵触的措施[第47条第(1)款、第48条第(2)款]，这是指

〔1〕 See the International Sale Convention Advisory Council, *CISG - AC Opinion No. 21*, Opinion, Paragraphs 13, 14.

买方不得在这期间宣告解除合同;不得要求减价;买方也不得自行补救,然后向卖方索赔,这相当于剥夺卖方补救的权利。第48条第(1)款最后一句"买方保留公约规定的要求损害赔偿权利",是指买方有权对卖方经过履行期过后的补救仍不能挽回的损失进行索赔,并有权根据情况要求减价或解除合同。

2. 第48条补救权与第49条的关系

第48条第(1)款强调卖方在交货期后的补救权利服从于第49条关于宣告合同无效的权利,这涉及如何处理两者之间的关系。正确的理解应该是:(1)在货物经过适当补救就能实现与合同相符时,应支持卖方依据第48条享有的补救权,此时买方解除合同权利难以成立;(2)如果卖方违约的严重性使买方有权解除合同,买方行使解约权不受卖方补救权限制;(3)第48条不应该解释为在任何情况下买方都应给卖方补救机会,它不是买方宣告合同无效的先决条件。

在1978年公约草案与第48条相应的条文(第44条)中,第一句原为:"除非买方按照第45条(即第49条)宣布解除合同,卖方即使在交货日之后……"这一规定明显地带有过分保护买方的解约权而否定卖方救济权的倾向,其法律效果是只要买方宣布解除合同,卖方就丧失了对不符货物救济的权利。维也纳外交会议讨论期间,联邦德国代表建议取消这一句,并指出,"现存的条文产生一种既不令人满意也不合逻辑的情况,如卖方按合同规定的交货期交付一台机器,在它被安装后,其运转并不令人满意,而情况表明这又不能构成根本违约,如果卖方在合理时间内准备修理机器中的缺陷,买方不能解除合同,卖方的补救不符的权利优于买方的解约权,这种情况应与第49条规定的情况相区别"。而英国代表也就上述联邦德国代表的举例指出,"相反,应该考虑这样的情况,卖方提交的机器根本不能符合买方的预期,买方失去了信心,甚至不希望卖方试图修理机器,此时买方应该能够宣布解除合同而不要去听卖方的争辩,第44条第一句应该保留"。[1] 会议最后采取了折中方案,正式文本没有保留原草案中的第一

〔1〕 UNCITRAL, *The Official Records of United Nations Conference on the Contract for International Sale of Goods*, p. 341-342.

句,而由“在第49条的条件下”代替“除非买方按第49条宣布解除合同”(“subject to article 49”似应译为“服从于第49条的规定”),这一改动只不过比原来的那一句含蓄些,并没有实质变化,意味着“一旦卖方构成根本违约,即货物不可使用以及货物的不符是按期不可补救的,卖方第48条下的补救权就被排除”。[1] 在这种情况下,买方可依据第49条退货解除合同,要求损害赔偿。相反,如果卖方交货与合同不符并不构成根本违约,则这种不符一般是可以修理或补救的。

在卖方救济可行的场合,买方在卖方有机会补救货物缺陷之前急匆匆宣布解除合同,这种做法有理由怀疑买方是否符合诚信,卖方的救济权利应该受到保护。霍纳尔德教授指出了修改后的第48条第(1)款与公约草案中原条款的不同,依据第48条的规定,在卖方对不符货物救济可行,即可以通过修理、更换等方法使货物满足买方要求时,买方根本不给卖方补救的机会就匆忙宣布解约,这种滥用权利的行为不应给予支持,即这种唯一目的就是想剥夺卖方救济权的解约并不产生相应效力,不影响卖方继续采取补救措施。买方是否有权宣布解约取决于货物与合同不符是否达到第25条根本违约的程度,这要考虑所有相关情况,不仅仅由买方单方面声明而定,在救济可行以及救济请求可以预见时,当事人不应得出发生根本违约的结论,除非卖方明确拒绝做出补救。秘书处评论第49条也指出:“卖方愿意并且能够补救交货不符而没有造成买方不便的事实,意味着肯定不存在根本违约,除非卖方在适当的时间内不能补救货物的不符。”[2]

3. 第48条第(2)款和第(3)款

公约确定的信息沟通与合作原则决定了在卖方逾期不履行义务时,双方应互相沟通,寻求满意的解决。第48条第(2)款和第(3)款规定,在履行期过后,意欲对不履行义务采取补救措施的卖方应承担通知义务,征求买方的意见,以消除卖方是否可继续履行,是否可以对不符货物采取补救措

[1] The International Sale Convention Advisory Council, *CISG-AC Opinion No. 21*, Opinion, Paragraph 11.

[2] UNCITRAL, *Secretariat Commentary on Article 45 of Draft Convention* (*Article 49 of Official Text*), Paragraph 6, Official Records, p. 41.

施的不确定性。如果买方想拒绝卖方的补救,则应在合理时间内回绝,买方的回绝使卖方通知不发生获得补救权效力。如果买方表示沉默,则卖方获得了行使补救的权利。第48条第(2)款中,卖方请求履行的通知应表明:(1)采取补救措施的期限和方案,如果没有说明采取措施的具体时限和补救办法,则这一通知不具备第(2)款和第(3)款所述通知的效力,买方可以自行采取违约救济。(2)应征求买方意见,要求买方表明是否接受卖方的救济。

例48A:卖方向买方交付一台成套生产设备,当买方收到货物并安装检验时,发现设备某一部件存在缺陷,使整个机器设备不能正常运转,买方通知卖方设备故障情况,卖方很快以电传答复:"我公司技术人员将自本通知发出之日起一星期之内到达你处,对设备进行检验修理。"买方未作答复,后来卖方果然在通知规定的一星期内派来技术人员欲检测、修理机器,而买方拒绝技术人员的要求,理由是该设备故障严重,已无法修理,要求退货。

此例中买方的做法是不适当的,因为卖方的通知符合第48条第(3)款的规定,虽然其中没有明确要买方答复,但该通知内容本身意味着买方应在合理时间使卖方了解他的决定,买方未能在合理时间答复卖方,后者就有权在通知规定的期限内采取补救措施。不仅如此,根据第48条第(3)款的规定,如果在履行期过后,卖方发出通知,直接向买方说明"他将在某一特定时间履行义务",这类通知注定等同于第48条第(2)款规定的通知,如果买方不在合理时间内回绝,卖方也获得继续履行权利。

例48B:合同规定卖方应于10月1日装运应交付的机器设备,9月30日卖方通知买方:"由于零部件供应困难,我方难以在10月1日交付货物,只能在10月15日以前交货,贵方是否接受在此期限内的供货? 请尽快答复。"买方迟迟没有答复,卖方于10月10日装运了机器设备,货物于15日到达后买方拒绝接受货物,理由是卖方交货延迟已构成根本违约。此例中卖方的通知及请求符合第48条第(3)款规定,因为卖方在投入资金,完成生产和交付货物前需要了解这样的信息，买方未能履行回复义务，卖方有权按通知中的要求履行，买方因此失去以延迟交货为由的解约权，只能就交货延迟请求损害赔偿。

4. 第 48 条第(4)款

第 48 条第(4)款规定："卖方按照本条第(2)款和第(3)款提出的要求或通知，必须在买方收到后，始生效力。"即这种通知传递延迟、丢失的风险由作为发信人的卖方承担，这是第 27 条关于当事人按本部分规定发出通知采取"发信主义"原则的一个例外。当事人就卖方是否发出第 48 条第(2)款、第(3)款范围的通知产生争议，卖方应承担举证责任，证明其已发出此项通知，并且买方收到了通知。反过来，买方对于卖方发出通知的答复仍属于第 27 条的调整范围，不采取到达生效，即使卖方没有收到买方的答复，而买方能够证明其作出了答复，亦不丧失因此产生的权利。

第 49 条　买方宣告合同无效的权利和条件

(1)买方在以下情况下可以宣告合同无效：

(a)卖方不履行其在合同或本公约中的任何义务，等于根本违反合同；或

(b)如果发生不交货的情况，卖方不在买方按照第 47 条第(1)款规定的额外时间内交付货物，或卖方声明他将不在所规定的时间内交付货物。

(2)但是，如果卖方已交付货物，买方就丧失宣告合同无效的权利，除非：

(a)对于迟延交货，他在知道交货后一段合理时间内这样做；

(b)对于迟延交货以外的任何违反合同事情：

①他在已知道或理应知道这种违反合同后一段合理时间内这样做；或

②他在买方按照第 47 条第(1)款规定的任何额外时间期满后，或在卖方声明他将不在这一额外时间履行义务后一段合理时间内这样做；或

③他在卖方按照第48条第(2)款指明的任何额外时间期满后,或在买方声明他将不接受卖方履行义务后一段合理时间内这样做。

评 释

1. 公约语境中的“宣告合同无效”

第49条提出了在卖方违约时买方可以宣告合同无效的权利,以及行使该权利的情况和条件。国内法上用不同的概念表述解除合同关系的状况,包括“termination”(合同终止)、“nullification”(合同废止)、“repudiation”(合同废除)、“cancellation”(合同撤销)、“rescission”(合同解除),公约用“avoidance”(宣告合同无效)的提法表达当事人之间因违约或因不能控制障碍解除合同关系,我们不应用国内法中“宣告合同无效”等其他含义理解公约。[1] 而UPICC(第7.3.1条)和PECL(第9:301条)用“termination”(合同终止)描述因违约导致合同解除的情况,因欺诈、胁迫、错误导致合同解除称“avoidance of contraot”(宣告合同无效)。第49条应该与在此之前的一些条款结合起来理解,主要是第25条根本违约定义;第26条关于解除合同的声明必须通知对方才有效;第37条、第48条关于卖方可以在交货期截止前或交货后补救不符货物;第47条关于买方可以给卖方履行宽限期。第49条还应该与在此之后的一些条款结合起来理解,主要是第64条关于买方违约时卖方宣告合同无效的条件;第72条、第

---

〔1〕 安德雷因认为合同无效(avoidance)包含了国内法中合同撤销(rescission)和合同终止(termination)的概念。经查证这些概念的字面含义是:“rescission”与前述(第29条评释)“abrogation”的含义相同,都是指国家专门机关、社会团体依职权撤销一个文件、法律、条约或规章制度,属公法上的行为。而“avoidance”是因违约解除、免除、撤销合同,它与UCC第2-106条定义中提到的另一概念“cancellation”含义相似。“termination”是终止一项合同的效力,可以是私法上的行为,所以,合同无效、解除、终止可以互用。参见《柯林斯合编英语词典》相关词义。又根据UCC第2-106条的定义,任何一方非因违约而是根据协议规定或法律授权结束合同为合同终止(termination),其后果是当事方尚待履行的各项义务即被解除,但在此之前因对方违约或己方已履行的权利仍存在,即终止的效力指向未来,而不溯及既往。由于一方违约致使另一方结束合同为合同解除(cancellation),解除的效力与终止相同,但解除合同的一方保留因对方违约而行使救济的权利。

73 条关于先期违约和分批交货时解除合同的条件;第 74 条至第 76 条解除合同不影响请求损害赔偿;第 81 条至第 85 条宣告合同无效的后果。

在公约调整下,当事人行使宣告合同无效的救济权受到严格限制,包括适用条件的限制和程序限制,正如一法院判决指出,"《销售合同公约》运作所依据的原则是,只有在异乎寻常(exceptional)的情况下方可宣告合同无效,宣告合同无效是买方最严厉(serious)的补救办法"。[1] 公约没有采纳美国《统一商法典》规定的"完美交货"规则,不允许买方在卖方非根本违约下轻易拒收货物,解除合同,其中的道理已经在对公约第 25 条评释中做了说明。公约允许卖方在交货日截止前或交货之后补救不符货物,也起到限制买方解约权作用。买方是否行使解约权还应该考虑商业现实的需要,大宗商品价格波动、替代性强,而定制的货物、特殊设计的制成品价格稳定,难以通过替代交易补进,适合于大宗商品的违约救济措施可能不适合针对定制货物。对定制的复杂机器设备,买方宣告合同无效不仅严重损害卖方利益,对买方也相当不利,其需要付出巨大成本寻求替代,或经过长时间等待卖方补交货物。作为对解除权限制,公约没有采纳 ULIS 第 30 条规定的"自动解除合同"(automatic avoidance)或"根据事实本身解除合同"(*ipso facto avoidance*)制度,因为它导致了关于合同是否仍然有效,还是根据事实已经解除的不确定性,而仅采纳其中关于"宣告无效"制度。根据第 49 条的规定,除非买方明确宣告合同无效并通知对方(第 26 条),否则合同仍然有效。公约也没有采纳法国法的规则,后者要求解除合同必须请示法院批准,法院将考虑违约严重情况、被告的过错程度作出决定,而公约授予的解约权是自主权利,在满足公约规定的条件下,合同经当事人宣告而解除,不需要其他步骤和程序,当事人也可以选择不解除合同,而要求违约方实际履行。

2. 买方宣告解除合同的条件

第 49 条第(1)款提出了买方正当宣告解除合同的条件:(1)卖方不履行其在合同或公约中的任何义务等于根本违约;(2)发生逾期不交货情况时,卖方在买方按照第 47 条规定给予宽限期过后仍不交货或声明不在这

---

[1] UNCITRAL, CLOUT, case No. 248(瑞士联邦法院,1998 年 10 月 28 日).

段时间交货。此外,考虑公约其他条款以及国内法规定,买方有权宣告合同无效还包括以下情况:(1)卖方构成预期根本违约(第72条);(2)卖方因不能控制的障碍导致不能履行义务(第79条);(3)因当事人无订约能力、错误等原因依据国内法解除合同或撤销合同。买方解除合同还应符合特定的程式:(1)宣告合同无效的声明必须通知对方才有效(第26条);(2)宣告合同无效应在合理的时间内行使[第49条第(2)款]。宣告合同无效的后果在公约第5章第5节第81条至第84条作了规定。

第49条第(1)款(a)项规定了卖方违约时,买方可以解除合同的第一种情况,这就是"卖方不履行其在合同中或本公约中的任何义务等于根本违约"。"根本违约"的含义及构成条件已在本书第25条评释中作了阐述,第45条的评释中也解释了"不履约义务",第49条第(1)款(a)项应与这两个条款对照起来理解。"卖方不履行合同或本公约中的任何义务",这些义务主要包括:(1)按照合同与公约规定的条件(时间、地点、方式、数量、规格、包装)交付货物,这方面,销售合同以及公约第30条、第35条都作了明确规定;(2)移交与货物有关的单据并转移货物所有权(第30条);(3)卖方交货不得存在第三人的权利要求。这三个方面义务是主要的,但不限于此,卖方违反了其他一些销售合同及公约规定的义务也可能构成根本违约。比如,在FOB条件下卖方装运货物后未能及时通知买方,以方便他办理保险;在成套设备引进合同中卖方未能履行合同规定的技术转让、人员培训义务;在DDP交易条件下卖方不能直接、间接地取得货物进口许可证以及履行其他进口通关手续等,属于这类根本违约情况,买方可以立即通知卖方,宣布解除合同,既不需要在交货不符情况下按照第48条程序给卖方修理、更换、补交货物的机会,也不需要在逾期不交货情况下按照第47条的程序给予卖方履行宽限期。反过来,如果货物经过补交、修理、更换有可能满足买方要求,就不构成根本违约。同理,如果卖方逾期不交货并没有实质上剥夺买方的合同利益,买方就应该适用第47条和第48条的程序和方式来解除合同。另外,在某些以单证为目的的交货合同中,卖方履行交单义务有重要意义,关于单据不符在什么程度上构成根本违约已经在对公约第25条的评释中作了阐述(见例25A)。

3. 第 49 条第(1)款(b)项

第二种买方可以解除合同的情况是,如果发生逾期不交货的情况,买方根据第 47 条程序给予卖方履行的宽限期,卖方在宽限期内仍没有履行,买方就可以宣告合同无效。发生了这种情况,买方就打消了卖方某种程度的逾期不履行是否产生买方解除合同权利的不确定性和疑虑。第 49 条第(1)款(b)项授予的解约权不适用于卖方不交货以外的其他违约情况,属于卖方交货与合同不符或其他违约,买方给予卖方宽限期让其履行,即使卖方在宽限期内没有履行或履行有瑕疵,买方是否有权解除合同只能由第 49 条第(1)款(a)项规则确定,并且买方给予宽限期的事实本身不能使轻微的违约变成根本违约。如果买方给予卖方履行的宽限期,即使卖方逾期不交货构成根本违约,买方不得在宽限期内解除合同。卖方如果在宽限期内只交付一部分货物,比如 50%,如果合同是可分割履行的,买方可在宽限期过后解除尚未交付的那一部分合同,已交付的部分有效。如果合同是不可分割的,买方可宣告整个合同无效。如果卖方在宽限期尚未期满时就宣告不履行,则卖方的宣告可以代替买方宣告合同无效通知(参见本书对公约第 26 条的评释),合同自买方明示或默示地同意(包括以购买替代物方式表示同意)解除后而解除,不必等待宽限期过后解除。有时,买方在给予卖方宽限期的通知中同时声明:"在宽限期内不交货合同解除",这一通知可以代替宽限期过后买方宣告合同无效的通知,如果卖方真的在宽限期内不交货,合同自宽限期届满后自动解除。假定这时买方又给予卖方继续履行的宽限期,买方给予宽限期的通知相当于向卖方发出一新的要约,卖方可以用发货方式表示接受,也可以拒绝接受。但因原合同解除产生的索赔权仍存在。

4. 第 49 条第(2)款

第 49 条第(2)款对于买方行使解约权提出了时间限制,它适用于卖方发生违约却已经完成交货的情况,它不适用于卖方还没有完成交货的情况。从法理上讲,即使卖方不履行义务构成根本违约,或者卖方在买方给予宽限期过后仍不交货,只要卖方没有声明不履行,买方行使解约权不受时间限制,无论这一权利产生于第 49 条第(1)款(a)项还是(b)项,在解除权成立时,买方可以选择适当机会解除合同。买方在第一次给予卖方的宽限期届满后,还可以第二次或多次给予卖方履行的宽限期,新的宽限期给出后,基于旧的宽限期届满而产生的解约权丧失,在新的宽限期届满后,买方仍有权解除合同。但是公约第 77 条减轻损失原则和第 7 条诚信原则客观上限制买方行使解约权的时间,特别是当卖方严肃地、真诚地表示将不履行义务时,买方坚持要求卖方履行已无意义,买方不适当地拖延解除合同造成的损失应认定为是扩大的损失,如在价格波动时错过了最佳购买替代物时机所造成的损失。[1] 在合同是继续维持还是宣告解除问题上,买方不应使卖方在较长时间内处于不确定状态。

依据第 49 条第(2)款的规定,如果卖方已经交货,买方的解约权必须在合理的时间内行使,超过合理时间,其解除合同的要求不应支持,买方应该收下货物并支付价款。这一制度安排的理由是:其一,在买方收到和控制货物的情况下,允许他在货物市场行情变化时拖延解除合同,等于允许买方以牺牲对方利益为代价投机获利,这不符合公约违约救济规则的法理,违约救济规则的实施必须符合公约第 7 条规定的诚信原则,因此,货物已经由买方控制的事实本身就使采纳更严格的解约标准正当合理。其二,限制买方解除合同的时间可以使卖方免受不合理负担,有利于权利义务平衡。属于延迟交货,买方在货物已经到港的情况下拖延宣布解除合同必然增加货物滞留费、仓储费用支出;也面临着遭受自然灾害、意外事故引起的货物损坏灭失风险,以及由于市场行情波动带来的商业风险。在交货与合同不符时,买方延迟宣布解约,除可能遭遇以上费用和风险外,也不利于及时调查取证,认定货物不符的情况,可能使卖方失去修理、更换、重新处理货物的商机。正是基于这些理由,第 49 条第(2)款规定:"但是,如果卖方已交付货物,买方就丧失宣告合同无效的权利……"除非买方在不同

[1] 德国波恩大学乌尔里克休伯认为:卖方严肃地、肯定地拒绝交货,以及买方要求卖方继续履行已毫无意义的事实,并不等于买方必须进行替代购买,以避免第 77 条所指的损失扩大后果。这样做意味着强迫买方尽快解除合同。卖方无权简单地以他拒绝履行的行为强迫买方解除合同,进行替代交易,买方不能"用钱来免除他的交货义务"。See Huber, Peter Schlechtriem ed., *Commentary on the UN Convention on the International Sale of Goods*, Clarendon Press Oxford, 1998, p. 427.

情况下遵守严格的时间限制，及时地宣布解除合同。国内法也有类似的限制性规定，如 UCC 第 2-602 条规定："拒收货物必须在交付或提示交付货物后的合理时间内作出。如果买方未能及时通知卖方，拒收无效。"第 2-608 条第(2)款规定："买方撤销对货物的接受必须在他发现或理应发现撤销理由之后的合理时间内提出，且必须在货物状况发生实质变化之前提出……"英国《1893 年货物买卖法》第 35 条规定，在买方保留货物超过一定合理时间之后仍没有向卖方表示拒收货物，买方就接受了货物。《瑞典货物销售法》第 52 条规定，准备拒收不符货物的买方必须将自己的意图通知卖方，不得有不合理的拖延。

第 49 条第(2)款对买方行使解约权的时间分以下几种情况进行限制：(1)"对于延迟交货，他在知道交货以后一段合理时间内"宣布解除合同，这里的"合理时间"的起算自买方主观上实际知道卖方已经交货时开始。(2)对于延迟交货以外的任何违反合同事情，如交货与合同不符、交货存在第三人权利等，买方应在知道或理应知道这种违反合同后的一段合理时间内宣布合同无效，买方"知道或理应知道"这类违反合同的时间应参照第 38 条关于买方必须在可行的最短时间内检验货物的规定来确定起算时间，第 39 条、第 43 条规定了买方对不符货物的通知义务，买方宣布解除合同的通知可以在第 39 条、第 43 条规定的通知中同时提出，也可以在不超过合理时间内单独提出。(3)如果卖方逾期不交货，买方按照第 47 条给予卖方履行宽限期，卖方在宽限期内交付了货物，但交货与合同严重不符构成根本违约，买方应在宽限期届满后的一段合理时间宣布解除合同。另一种情况是买方给予宽限期后，卖方声明其将不在这一段宽限期内履行义务，但是过后又交付了货物，买方应在卖方声明他将不在宽限期内履行义务后的一段合理时间内宣布解除合同，而不是在宽限期届满时这样做。(4)根据第 48 条第(2)款的规定，卖方逾期不交货或交货与合同不符时，卖方可能会通知买方，请求是否同意他在一定期限内履行义务，包括在交货期过后的一定期限内履行交货，或在一定期限对已交付的不符货物进行补救，买方可能明确同意卖方在该期限内履行义务，或不在合理时间内答复卖方。根据第 48 条第(2)款的规定，这两种情况下，卖方都可以按其通知中指明的期间履行义务，包括在这一期间内交付他尚未交付的货物或修理已交付的不符货物,假定延迟交付的货物存在严重的与合同不符,或已交付的不符货物经卖方修补后,仍不能改变货物与合同严重不符的情况,买方应在卖方告知他的履行义务期限届满后的一段合理时间内宣布解约。另一种情况是,卖方要求对不符货物修理时,被买方明确拒绝,表示不接受卖方履行,买方应在声明将不接受卖方履行义务后一段合理时间内宣布解约。除了第 49 条第(2)款规定的限制外,第 39 条关于未能及时履行品质异议通知义务的后果,第 43 条关于未能履行及时提出第三人权利要求的异议通知的后果,第 82 条对买方行使拒收权的限制,都是对买方行使解约权的重要限制条款。

例 49:德国原告向瑞士被告出售一台钥匙冲压机,约定货款分 3 次付清。1991 年 10 月,原告委托的第三方制造商向被告发运了货物,被告收下了货物,但是没有支付最后一笔分期付款(1991 年 11 月)。买方拒绝付款的理由是此前卖方曾表示停止向买方发运货物。法院认为,被告无权根据公约第 72 条宣告合同无效,因为合同已经履行。被告丧失了根据公约第 49 条宣告合同无效的权利,因为被告在收到卖方停止发货通知的 5 个月后才宣告合同无效,超过了第 49 条第(2)款(b)项①规定的应遵守的"合理时间"。买方既然收下了货物,就应支付货款。[1]

公约第 49 条可能产生如下后果:(1)在符合第 49 条规定条件下,买方宣告解除合同属于正当解除合同,自买方发出该通知时起或自向法院提起解除合同诉讼起,合同解除,此后应依据第 81 条进行利益返还或索赔。(2)在不符合第 49 条的条件下买方宣告解除合同(包括宣告不接受货物或不支付货款)是不正当解除合同,若卖方同意,合同协议解除,但卖方有权就买方不履行向买方索赔;卖方也可以援用第 72 条,以买方预期根本违约为理由,正当解除合同,进行索赔。若卖方不同意,情况比较复杂,假定卖方已经交付了货物,卖方可通过诉讼或仲裁要求买方收下货物支付货款(参见例 49)。若货物尚未交付,虽然从法理上讲买方解除合同的宣告无

[1] UNCITRAL, CLOUT, case No. 124(德国联邦法院,1995 年 2 月 15 日).

效,当事人仍受合同约束,但是诚信原则和第77条减轻损失原则要求卖方应停止履行,一个合理的卖方面对现实的买方不履行风险也不应该继续履行,虽然卖方有权要求买方继续履行,这一权利的实现一般不应获得法院强制执行(第28条)。销售合同乃至其他民商事合同是双方合作的交易,任何一方不合作,合同关系就不能继续维持,最终只能是解除。所以,应当承认,存在一种合同因当事人都不履行而自行消亡的状态。[1]

第50条　卖方交货不符时买方行使减价救济

如果货物不符合同,无论价款是否已付,买方都可以减低价格,减价按实际交付的货物在交货时的价值与符合合同的货物在当时的价值两者之间的比例计算。但是,如果卖方按照第37条或第48条的规定对任何不履行义务做出补救,或者买方拒绝接受卖方按照该两条规定履行义务,则买方不得减低价格。

评　释

1. 减价权的历史渊源

第50条规定卖方交货与合同不符时买方可以行使减价权。减价这一救济方式起源于民法传统,它用来弥补损害赔偿救济的僵化与不足。如前所述,大陆法系主要的民法典关于损害赔偿责任的构成采取二元论,在销售合同履行中,卖方承担损害赔偿责任的条件:一是要有违约的事实;二是要有归因于卖方的主观过错,如果不能证明卖方有过错,即使其交货与合同不符,也不用承担赔偿责任,卖方仍可以获得全部的合同价金。这对买方显然是不公平的,据说这正是罗马法中规定买方可以根据卖方履行瑕疵相应地提起减价之诉的主要根据。这一法律制度至今为欧洲主要国家民

〔1〕 参见本书对公约第79条的评释中,关于暂时性障碍免责的阐述和注释。

法典所继承和保留。[1]《德国民法典》第 462 条规定:"因出卖人依第 459 条、第 460 条的规定应对其负责的瑕疵,买受人可以请求解除买卖或减少价金。"第 472 条规定:"减价时,价金应按出卖时物在无瑕疵状态下的价值与真实价值的比例减少。"《瑞典销售法》也规定:"买方可以按货物瑕疵的比例请求减价。"此外,《中华人民共和国民法典》第 582 条也规定,当事人对违约责任没有约定或约定不明确,受损害方可以根据标的性质及损失大小,合理选择要求对方修理、更换、重作、退货、减少价金或酬金。

然而减价这一补救办法对英美普通法而言是陌生的,UCC 有两个条款具有和减价类似的效果,第 2-717 条规定:"买方可从同一合同中任何尚未付清的价款中,针对卖方任何违反合同,扣除部分或全部损害赔偿,但买方应先将此种意图通知卖方。"第 2-613 条指出,如果货物风险转移买方前非由于当事人过错造成部分损失或货物质量降低,买方如接受剩余货物,当事方应根据货物质量和数量受损情况调整价格,但是买方没有进一步对抗卖方的权利。实际上,UCC 这两个条款与大陆法及公约的减价制度有质的区别,UCC 是把减价作为损害赔偿的特殊形式,它仍属于损害赔偿范围,只能在有限的少数情况下适用。第 2-717 条适用条件是卖方违约时买方有尚未付清的价款,买方可以针对违约进行抵扣;第 2-613 条适用于处分非由于当事人原因造成的货物损害,并且这两个条款是在买方自愿接受不符货物时适用。大陆法认为,减价是因标的物价值减损而对合同关系进行适当调整,不属于损害赔偿。在大陆法及公约框架中,减价是与损害赔偿并存的相互独立的救济方式,普遍适用于任何一种卖方交货与合同不符,无论买方自愿还是被迫接受了不符货物,都可以选择要求减价,而且根据公约,减价可与损害赔偿救济同时适用。

2. 减价的适用以及与其他违约救济的关系

第 50 条规定:"如果货物不符合同,无论价款是否已付,买方都可以减

---

[1] PECL 第 9:401 条题为"减价权"规定:(1)接受提交与合同不符履行的一方当事人可以减价。减价按该履行提交时的价值和假定与合同相符的履行被提交时应有的价值两者的比例进行扣减。(2)依据上一款有权减价并且已经支付了超过减价后金额的一方当事人可以就超额支付的金额从另一方获得补偿。(3)如有权减价的一方仍不能因为减价弥补他履行价值的损失,其仍然有权就遭受的进一步的任何损失要求损害赔偿,只要该损失依据本章第五节是可以赔偿的。

低价格……"这一规定说明减价救济是可以由买方灵活掌握的救济方式,只要满足了公约规定的减价条件,买方可以单方面要求减价,即使卖方不同意,也可以经由法庭、仲裁庭裁决支持买方的要求。买方行使减价权不必像采取其他救济措施那样,可能要接受某些限制,这被视为减价的"安全网":首先,减价并不取决于买方是否扣留了应付的价金,"无论价款是否已付",买方都可采取这种救济,这与损害赔偿救济是一样的,不受类似于UCC 第 2-717 条规定的条件限制。其次,秘书处评论指出,减价权利不受第 74 条有关损害赔偿请求应服从的责任范围限制,即减价获得的补偿并不限于违约方在订约时预见的或理应预见的范围。再次,减价可以与损害赔偿救济同时使用,两者并不抵触,第 45 条第(2)款的规定很清楚,买方在要求减价之外还可以请求损害赔偿,只要减价救济不能达到损害赔偿救济足够的金钱数额。如卖方延迟交付了合同约定的机器设备,并且所交付的机器经运行测试,性能没有达到合同规定的技术指标(包括原料消耗和成品率),买方收下了货物,对于机器设备的不良品质,买方可以要求减价,而由于卖方延迟交货造成的停工等直接损失,可请求损害赔偿。反过来,如果买方请求损害赔偿,包括就设备质量和延迟交货的部分要求损害赔偿,就不能再要求减价。最后,应注意到这一重要事实,第 50 条并没有要求买方必须在某一段时间内或合理时间内提出减价,并把它作为买方取得这一权利的条件,而要求实际履行和解除合同分别要受第 46 条和第 49 条的时间限制,这意味着只要买方在发现货物不符后,依照第 39 条发出不符通知,即使超过采取实际履行、解除合同救济应遵守的时间限制,也可以要求减价。

买方行使减价权的核心要件是卖方交货不符合合同,而且这种交货与合同不符当然是在货物风险转移到买方之前发生的;同时,买方收到不符货物之后,适时地履行了第 38 条、第 39 条规定的检验货物,发出货物品质不符的异议通知的程序。第 50 条所指的"货物不符合同"应结合第 35 条理解,即货物在数量、质量、规格、包装方面与合同不符。[1] 这里显然不包

---

〔1〕《判例法摘要汇编》(2008 年版)第 50 条第 2 段指出:"不符合合同应按照第 35 条含义理解,即数量、规格和包装方面有缺陷……不过,如果违反合同基于迟延交货或卖方违反任何其他义务,则不得利用减价办法。"

括交货延迟,在卖方交货延迟时,买方可以适用第 45 条第(1)款(b)项请求损害赔偿或适用第 49 条第(1)款、第(2)款宣布解除合同,或者当买方接受了卖方延迟的交货,在发现交货不符合同时行使减价权,或请求损害赔偿,但是延迟交货本身不属于公约第 35 条、第 50 条适用范围。

除交货不符外,买方行使减价权的第二个条件是买方收下了货物,既可能是自愿的,也可能是不情愿的,后一种情况下买方本来要求退货并解除合同,经过法庭认定不符合退货条件,买方只得接受货物,寻求减价、损害赔偿的其他救济。第三个条件是没有发生卖方按照第 37 条或第 48 条的规定对任何不履行义务做出补救,或者买方在卖方提出请求时,拒绝接受卖方按照这两条规定履行义务,发生了这种情况,买方也无权要求减价(第 50 条第二句),这是出于买方应尽可能减轻损失和遵守诚信的考虑。[1] 设想一下,当货物不符可以经过第 37 条、第 48 条允许的补救达到相符而满足买方要求时,买方拒绝进行补救反而要求减价,这的确有违诚信,有可能使买方获得不当利益。如果卖方已经做出补救,买方也不能要求减价,第 37 条、第 48 条所述对不符货物的补救是指补交货物数量上的差额、对品质不符的货物修理、更换,包括整体更换和更换零部件,而不是一般的开机试验、测试。如果经过补救使货物与合同相符,当然不应该要求减价,问题是经过修补仍然没有改变货物不符的状况是否也剥夺买方的减价权?从第 50 条第二句的表述看,似应如此,即只要做了补救,就不得要求减价,这大概是为了避开需要认定修补是否有效等使问题复杂化的情况,也为了减轻损失,不过这并不妨碍买方采取请求损害赔偿、解除合同等补救措施。

---

〔1〕《中华人民共和国民法典》第 582 条只是原则性规定在卖方交货与合同不符时买方可以选择减价救济,没有规定具体计算方法。最高人民法院发布的《关于审理买卖合同纠纷案件适用法律问题的解释》第 23 条补充了这一不足,采纳了公约以货物交付时间作为测算减价额的标准时间点,规定“减价可以按实际交付的标的物与符合合同标的物在交货时的市场价值计算差价”,但是中国的减价制度没有类似公约第 50 条中的限制规定,当事人对不履行义务作了修理补救不影响买方要求减价。

3. 减价方法及其法律后果

关于减价方法，第 50 条第一句指出："……减价按实际交付的货物在交货时的价值与符合合同的货物在当时的价值两者之间的比例计算。"就是将合同规定的价金，按实际交付的货物在交货时的价值与符合合同的货物在交货时的价值两者之间的比例（肯定小于 1）进行扣减，得出的数额是买方对于不符货物应付的金额。计算公式如下：

$$\text{买方对于不符货物应付价金} = \frac{\text{不符货物交货时的价值}}{\text{相符货物交货时应有的价值}} \times \text{合同价格}$$

$$\text{减价数额} = \text{合同价金} - \text{买方对不符货物应付的价金}$$

买方减价权并不依赖于不符货物因减价导致他遭受的实际损失或获得的实际利益，包括转售、出租获得的利益，并不考虑市场行情变化可能抵销不符货物造成的损失。唯一决定的因素是不符货物交货时的价值与假如相符货物交货时的价值之间的比例关系，任何其他计算考虑不符合第 50 条精神。货物"交货时的价值"应依据公约关于交货条款和销售合同本身的规定判断，属于装运地实际交货合同，交货时间是卖方在货物存放地将货物交买方处置时；属于目的地交货合同，交货时间是卖方在目的地把货物交付给买方处置时；如果货物涉及运输，交货时间是卖方将货物交给第一承运人发运时。[1] 公约规定的减价办法中没有说明两个"交货时的价值"究竟是以卖方所在地的价格为标准计算，还是以买方所在地的价格为标准计算。国际贸易中不仅在合同订立时与合同履行时货物的价格可能发生行情变动，即使在买卖双方的不同地点，价格差异也可能很大。对此，安德雷因指出：公约没有指明以哪个地点或市场为准进行价格比较，然而，考虑到交货时间与交货地点的密切关系，这一点应该是决定性的，并不排除买方可以考虑（货物）目的地这一点。[2]

根据公约第 50 条规定的减价公式和第 74 条规定的损害赔偿原则，买方在不同情况下采取减价救济或采取损害赔偿救济对当事人有不同的效

---

〔1〕 但是，汉堡大学罗尔夫·赫伯（Rolf Herber）教授认为，涉及运输的合同，货物"交货时的价值"应依据货物到达目的地时的价值判断。See Herber, Peter Schlechtriem ed., *Commentary on the UN Convention on the International Sale of Goods*, Clarendon Press Oxford, 1998, p. 442.

〔2〕 See Dubrovnik Lectures: *International Sale of Goods*, Oceana Pub. Inc., p. 197.

果和利益影响。一般规律是:当交货时货物的价格水平没有变动,与合同订立时相同,而卖方交付的不符货物没有引起买方的其他损失,如停工待料或误工的损失,处理不符货物增加的费用等,采取减价与采取损害赔偿救济对买方的补偿效果相同。

例 50A:4 月 1 日,卖方与买方签订了出售 10 万桶一级原油的合同,含硫量不超过 1%,价格为 25 美元/桶。5 月 1 日,卖方交付了数量相符的货物,但是原油的含硫量为 2%(三级原油),5 月 1 日交货时,原油市场价格与 4 月 1 日相同,一级原油仍为 25 美元/桶,三级原油为 20 美元/桶。

买方经减价每桶应付金额为:$\frac{20}{25}\times 25=20$ 美元;

买方可以通过损害赔偿索赔的金额每桶为:25-20=5 美元。

可见,每桶减价 5 美元与每桶可索赔 5 美元的后果相同。但是如果买方接受不符货物后,又有加工费增加等间接损失可获赔偿,采取损害赔偿救济对买方更有利,例 50A 中损害赔偿额还应加上加工费用。

当卖方交货时各级别的货物价格水平相对于订约时的价格水平普遍降低,买方接受不符货物后,采取第 50 条的减价措施比损害赔偿救济更有利。

例 50B:案情与例 50A 基本相同,所不同的是,5 月 1 日卖方交货时一级原油的价格仅为 20 美元/桶,三级原油的价格为 15 美元/桶。

买方经减价每桶应付金额为:$\frac{15}{20}\times 25=18.75$ 美元;

买方可以通过损害赔偿索赔的金额为:20-15=5 美元。

这样尽管买方通过损害赔偿每桶可索赔 5 美元,仍要以每桶 20 美元的价格买回市场价值为每桶 15 美元的货物。这符合在卖方未违约时买方应有的商业地位,因为其当初签订了一个不利的合同,即使卖方未违约,买方也应该如此(每桶亏损5美元)。但是若采取减价救济,买方每桶可获得减价6.25美元(25-18.75),每桶亏损3.75美元,这使当初签订不利合同的买方通过减价处于比卖方如能正常履行合同时更有利的地位。因为在正常履行时,买方每桶也要亏5美元。所以,美国学者指责公约的减价制度设计不是用来保护根据普通法的损害赔偿原则可以确定的预期的利益(expectation interest),或信赖利益(reliance interest),或能恢复原状的利益(restitution interest),而是基于一种普通法所不知的原则。[1] 从商业策略上看,当价格下跌时,买方如解除合同,再以较低价格补进货物,就可以每桶比原来的交易多获利5美元,这种意外之喜在实务中不大可能发生。

当卖方交货时,如果各级别的货物价格水平相对于订约时的价格水平普遍升高,买方接受不符货物后采取损害赔偿救济比第50条的减价救济更有利。

例50C:案情与例50A基本相同,所不同的是,5月1日卖方交货时,一级原油的价格上涨为35美元/桶,三级原油价格上涨为30美元/桶。

买方经减价每桶应付金额为:$\frac{30}{35}\times 25=21.43$ 美元;

买方可以通过损害赔偿索赔金额为:35-30=5美元。

采用减价,买方每桶可在合同价格基础上减价3.57美元(25-21.43),而采取损害赔偿每桶可索赔5美元,这相当于买方仅用每桶20美元的价格买回价值30美元的货物。但是,这种情况下不妨碍买方同时请求损害赔偿以弥补减价救济的不足。秘书处评论指出:"第46条(公约第50条)第(2)款很清楚,当减价不能给予相当于请求损害赔偿诉讼同样的金钱救济时,买方在宣布减价之外还可以请求损害赔偿。如果存在某种可能性,买方不能获得损害赔偿救济,这既可能因为卖方是否可免于损害赔

---

〔1〕 See Harry M. Flechtner, *More U. S. Decisions on the UN Sales Convention: Scope, Parol Evidence, Validity and Reduction of Price under Article 50*, Journal of Law and Commerce, Vol. 14, 1995, p. 172.

偿责任不能确定;也可能因为损害是否属于第70条(公约第74条)可以预见的范围不能确定,这种情况下买方也许会愿意把这两种救济结合起来。在其他关于赔偿的权利请求需要服从于协商或诉讼的时候,宣布减价可以立即给买方救济。"[1]

第51条 针对卖方部分不履行的救济

(1)如果卖方只交付一部分货物,或者交付的货物中只有一部分符合合同规定,第46条至第50条的规定适用于缺漏部分及不符合同规定部分的货物。

(2)买方只有在完全不交付货物或不按照合同规定交付货物等于根本违反合同时,才可以宣告整个合同无效。

评 释

1. 第51条第(1)款

第51条规定了卖方部分不履行义务时买方可以采取的救济措施。出于违约救济目的,公约第51条承认销售合同履行的可分性,既表现为单一批次交货合同(Single-delivery Contracts)的可分开履行,也表现为某些分批交货合同(Installment Contracts)可分开履行。除少数国家的法律不允许部分解除合同外,目前大多数国家的法律都承认某些合同的履行及违约救济具有可分性。《德国民法典》第469条允许在出卖的数件物品中,只是个别物有瑕疵的,即使对全部物规定有总价金,仍可以只就有瑕疵的物请求解约。英国《1979年货物买卖法》第11条第4款规定,买方有权接受相符货物,拒收其余的不符货物,只要合同是"可分的"。UCC第2-601条(c)项规定了卖方交货不当时买方的权利,买方可以接收货物的任何商业单位,拒收其余的部分。UCC还提出认定销售合同是否具有可分割性的标

[1] UNCITRAL, *Secretariat Commentary on Article 46 of Draft Convention* (*Article 50 of Official Text*), Paragraph 13, Official Records, p. 43.

准,这就是看标的物是否属于一个商业单位,属于一个以上的商业单位,合同具有可分性,可以分割履行和行使违约救济。第 2-105 条解释说:“商业单位”是指商业惯例中货物的基本销售单位,如果将此单位分割将损害货物的特性或损害其使用价值或销售价值。属于一个商业单位的货物,合同不能再分开来处理。

当销售合同要求提交 100 包标准皮棉,而卖方交付的 100 包棉花中有 10 包是废棉,毫无使用价值,这就提出问题:(1)买方是否可以拒收这 10 包废棉,收下其余的 90 包合格棉花?是否可针对 10 包废棉的违约解除这一部分合同?(2)买方是否可以针对这 10 包不符货物解除整个合同?第 51 条第(1)款回答了第一个问题,规定如果卖方不能履行合同中的一部分义务,包括只交付一部分货物或者交付的货物中只有一部分符合合同规定,第 46~50 条规定的一整套违约救济措施适用于卖方未履行的部分,即数量上缺漏的部分和质量上不符合合同的部分,如果这部分货物质量问题符合第 25 条根本违约标准,买方可以解除这一部分合同义务。

第 51 条第(1)款给我们两条重要信息:其一,第 46~50 条这些通常适用于卖方违反整个合同义务的救济措施可以被适用于卖方部分违反合同义务,即允许对可分开履行的合同一部分违反义务的情况分开处理,承认违约救济是可分的。其二,对部分违反合同义务采取救济措施的结果是针对这一部分不符要求实际履行,要求交付货物或对不符货物修理、更换,要求损害赔偿,直至部分解除合同。对已经履行的部分和履行符合合同的部分没有任何影响,因部分不履行而解除整个合同的情况应由第 51 条第(2)款调整。买方援用第 51 条针对卖方交货部分与合同不符同样应履行第 39 条的通知义务。在上述举例中,针对卖方 10%的不符皮棉,买方可以要求卖方交付替代物(第 46 条),或宣布退回这一部分货物并解除这部分合同义务(第 49 条),或接受这 10 包棉花而要求减价(第 50 条),或要求损害赔偿(第 74 条)。又假如卖方根本没交付这 10 包棉花,数量方面他只履行了合同 90%的义务,已履行的 90 包合格,这时买方可以给卖方一段合理时间让其交付这 10 包棉花(第 47 条),如果卖方在宽限期内仍没有履行,买方可宣布解除这部分合同,无义务再接受剩余数量。如果卖方在宽限期内交付了这 10 包棉花,而经检验发现是无价值的废棉,买方可以在宽限期满后一段合理时间对这10包棉花宣布解约,这是第49条第(2)款(b)项②适用的情况。

2.第51条第(2)款

第51条第(2)款回答了本部分开头提出的第2个问题,即卖方交货部分与合同不符,买方是否可以此为由解除整个合同。它指出:“买方只有在(卖方)不完全交付货物或不按照合同规定交付货物等于根本违反合同时,才可以宣告整个合同无效。”英文本中“only if the failure to make delivery completely”似应译为(卖方)“只有在不完全交付货物”,现行的中文本此处表述其字面含义是卖方一点也没交货,与这一款的本意不符。表面看来,这一款的规定似乎多余,因为第49条第(1)款说得很清楚,只要卖方不履行任何合同或公约义务构成根本违约,买方不需要经过宽限期程序而解除合同,这与第51条第(2)款好像是一个意思。实际上并非如此,霍纳尔德指明了这个晦涩条款的实质意图,它适用于可分割合同履行中卖方部分不履行而解除整个合同的情况。“第51条第(2)款的目的之一是澄清,该条第(1)款并不是要强迫买方(对于可分割履行合同)挑出不符的货物分开来处理,即使对于部分地违反合同,只要这种违反引起的损害是实质性的,相当于根本违反整个合同,买方也可以解除整个合同或拒收全部交付的货物。”[1]把第25条适用于这种情况,与解约相关的一个重要因素是要考虑货物的部分不符合同是否影响或妨碍已履行的相符部分货物的商销性和正常使用。适用第51条第(2)款解除整个合同的条件是卖方不履行一部分义务构成根本违反整个合同,即卖方部分不履行使买方丧失了整个合同利益,使卖方已经履行的部分失去意义。一个有说服力的例子是卖方出售5万袋婴幼儿奶粉,在对其中50袋奶粉抽样检测中,有2袋检测出足以致病的有毒物,虽然不合格率是4%,但买方不可能打开所有包装清除不合格产品,而只能解除整个合同。

不止一位学者指出,对于卖方部分不交货,不允许采用宽限期程序解

---

〔1〕 John O. Honnold, *Uniform Law for International Sales under the 1980 United Nations Convention*, Deventer/Boston, Kluwer, 1982, p. 330.

除整个合同,[1]对于卖方没有履行交货义务的非实质的部分,如未能交付30%货物或已交付的这一比例的货物不合格,采用宽限期程序只能解除未履行那一部分(30%),而不能解除整个合同。买方只能等待卖方履行剩余部分,直到可以确信其到期不履行剩余部分货物相当于根本违反整个合同,才可以解除整个合同。

3. 第 51 条与第 73 条的关系

第 51 条与第 73 条关于分批交货的规则有密切联系,许多分批交货合同如原料、谷物等大宗货物也是可分开履行的合同。对于某一批次的不交货或交货与合同不符,第 51 条同样可以适用,这时买方既可以援用第 51 条,也可以选择适用第 73 条行使救济权。如果分批交货中某一批次的货物仍然可分割履行,第 51 条特别适用于卖方在该批交货中的部分不履行。对于单次交货的可分割履行合同,买方对于卖方部分违约却没有这样的选择权,第 73 条规则对此不适用,后者是专门针对分批交货合同设计的特殊规则。还应看到分批交货合同与可分开履行的合同是不同的概念,有的分批交货合同,如涉及一整套机器设备的分批装运,其实是不可分开履行的,不能解除第二批交货合同而接受第一批交货,这两次交货作为整体是不可分的,标的物是"一个商业单位"。对于可分开履行的分批交货合同,采用第 51 条行使救济权与采用第 73 条行使救济权的方式、效果不同。首先,第 51 条是卖方违约时买方可以采取的救济措施,而第 73 条是在当事人违反分批交货义务情况下,买卖双方都可以采取的救济措施。其次,第 51 条只能适用于已经发生的交货与合同不符或数量不足,而第 73 条的适用不限于此,它还适用于对未来批次的以及前后相互关联批次的整体救济。再次,买方适用第 51 条除了可以根本违约为理由解除某一部分合同

---

〔1〕 约翰·霍纳尔德指出,"买方不得把解除整个合同建立在卖方不遵守宽限期的通知上,相反他必须表明对整个合同的违反是根本的[第 49 条第(1)款(a)项、第 51 条第(2)款]"。哈里·M. 弗莱特纳(Harry M. Flechtner)指出,"[根据第 51 条第(2)款]如果卖方不能提交货物的非实质部分,买方不得用宽限期程序产生的理由解除整个合同"。See John O. Honnold, *Uniform Law for International Sales under the 1980 United Nations Convention*, Deventer/Boston, Kluwer, 1982, p. 330; Harry M. Flechtner, *Remedies under the New International Sales Convention: The Perspective from Article 2 of UCC*, Journal of Law and Commerce, 55(1988), p. 88.

或整个合同之外,还可以利用宽限期程序解除某一部分合同,而根据第73条前两款的规定,当事人只能以另一方根本违约为理由解除某一批次的合同义务,它没有明确规定允许适用宽限期程序解除某一批次的合同义务。最后,第51条允许采用的救济措施(第46~50条)都有时间限制,各项救济都应在合理时间内行使,而第73条第(1)款没有这样的要求。

第52条 卖方提前交货或超量交货的处理

(1)如果卖方在规定的日期前交付货物,买方可以收取货物,也可以拒绝收取货物。

(2)如果卖方交付的货物数量大于合同规定的数量,买方可以收取也可以拒绝收取多交部分的货物。如果买方收取多交部分货物的全部或一部分,他必须按合同价格付款。

评 释

第52条适用于当货物交由买方处置时,买方有权拒收货物的两种特殊情况:"热情"的卖方提前交货和多交货。

第52条第(1)款处理卖方提前交货,这是指合同规定了一段交货期间,如规定9月交货或9月1~10日交货,买方在9月1日以前交货的情况。如果合同约定不迟于9月10日交货,卖方在8月3日交货不算提前交货。卖方提前交货本身就是违约行为,它可能引起买方处置货物的不便,以及增加仓储费用和风险;通常提交货物和提交单据与买方的付款义务相联系,提前交货意味着买方必须提前接收货物和支付货款,这会引起买方间接的利息损失。所以,第52条允许买方在卖方提前交货时行使选择权,既可以接收货物,也可以拒收货物,并且买方这种权利的取得仅仅由卖方提前交货的事实决定,并不取决于提前交货是否给卖方带来额外的不便和费用。当然,第7条规定的诚信原则要求买方在拒收货物时应出于合理的商业需要。虽然有学者认为拒收可以由卖方承担费用将已交付的货物退还,在履行期到来时再重新提交,可以设想在一般情况下这将造成损失扩大,违反第77条减轻损失义务,在商业上也是不合理的。可行的做法是买方应以卖方名义领取货物并妥善地保全货物。[1] 条件如下:(1)货物已达目的地交由买方处置;(2)买方可以在不需要付款的前提下领取货物,即销售合同没有规定买方占有代表货物的单据必须以付款为条件;(3)领取货物不应该造成买方不合理的不便和不合理的费用;(4)卖方以及经卖方授权代表其接管货物的人不在场。

必须看到,第52条并没有授权买方在卖方提早交货时可以解除合同,在合同规定的交货期到来时,卖方仍要依约提交货物,买方照样要接收货物,针对提前交货的拒收事实上只是短时的拒收,这种拒收通常并不能给买方带来更多利益。如果买方决定接收卖方的提前发货,可以向卖方索赔因此种违约造成的损失,条件是买方必须在接收货物时向卖方指明他已经违约的事实,表明在接收货物的同时保留索赔权,此时买方依据合同规定的履行自己义务的时间没有改变。另一种情况是,买方无异议地接收了提前交货,这应该认定他以默示行为同意卖方对交货期的修改[第29条第(2)款],买方无权索赔,同时既然交货期已经改变,买方基于原合同履行自己义务的时间也已经改变。买方提早接收货物也意味着他应提早履行检验货物、发出不符通知以及支付货款的义务,如果情况表明卖方提前发货确实给买方造成不便,以至于买方还来不及为检验货物做好准备,第38条所述检验货物"实际可行最短的时间"可以更长一些。

第52条第(2)款规定,如果卖方交货数量大于合同规定的数量,买方可以收取,也可以拒绝收取多发运部分的货物。买方收取了卖方多交的部分或全部货物,相当于默示地同意卖方已表示的对合同规定的交货数量的修改,应该按合同规定的价格支付多余部分的货款。当卖方交货数量多余的部分微乎其微,属于按惯例允许的数量弹性范围,或者数量虽超出合同规定,卖方没有要求买方对多余的数量付款,而这又不影响买方通关,此时买方有义务收取货物,并按合同规定支付价金。比较糟糕的情况是卖方交

[1] PECL第7:103条规定:(1)一方当事人可以拒绝在履行期到来前提供的履行,除非接受该履行提供不会不合理地损害其利益;(2)一方当事人接受了提前履行并不影响合同规定的他应该履行自己义务的时间。

货显著超出合同规定的数量,并把这种违约交货的总量记入提单等物权凭证和相应的付款凭证(汇票),要求买方按卖方实际交付的总的数量收取货物、支付价款。这说明买方按照第52条第(2)款拒收卖方多交部分的货物已经不可行,此时,如果买方全部收下货物、支付全部货款,有可能遭受重大损失,如遇到了行情严重下跌,或货物已没有销路,或卖方的交货同时存在质量不符等情况,卖方就构成根本违约,买方可以宣布合同无效。但是若情况表明卖方的这种多交货并不会给买方带来重大损失,由于货物完好,出于商业原因买方也不可以全部退货,这就不属于根本违约,买方只能接收货物,并就受到的损失请求损害赔偿。遇到这种情况,为了保证获得赔偿,商业策略决定了买方不可能按照卖方开来的汇票付款,他应该及时声明只能按合同规定的数量、总价金付款,虽然他收下了全部货物,但对多余的数量拒绝接受,只是代表卖方去保管,同时保留索赔权,不过若采用信用证方式付款交单,这种单证不符的情况,卖方不可能议付货款。

第三章　买方义务

第53条　买方的基本义务

买方必须按照合同和本公约规定支付货物价款和收取货物。

评　释

1. 第53条的一般问题

以第53条开始的第三章与第二章的内容和结构相似,第一节和第二节分别规定了买方的两项基本义务,即接收货物和支付货款;第三节规定了买方违约时卖方可以采取的救济措施(第61~65条)。第71条至第88条关于违约救济的一般规则也适用于第三章第三节。

第53条作为第三章的开始,与第30条相对应,概括地提出国际货物销售合同中买方的基本义务，这就是：(1)按照合同和公约的规定支付货物价款；(2)按照合同和公约的规定收取货物。如同对公约第 30 条评释所述，公约强调销售合同优先的效力地位，凡销售合同对买方的这两方面义务有具体规定的，按合同的规定办理，销售合同未规定的，应按照相应的商业惯例处理，或者在公约适用的情况下按公约处理。无论从公约这一章的篇幅还是从国际货物销售合同的履行实践上看，买方应履行的这两方面义务相对于承担特征性履行的卖方义务而言，要简单一些，涉及的法律问题也少一些(参见本书对公约第 45 条的评释及注释)，如前所述，这种差异与公约对权利保护的侧重和倾向性无关，不能说买方的义务、买方违约时卖方行使救济问题不重要。

国内合同法将当事人合同义务分为主要义务和次要义务或随附性义务。〔1〕 公约事实上也有这样的区分，第 62 条将买方的这两项基本义务与"其他义务"作了区分，第 71 条指出，另一方构成预期违约的情况是其显然将不履行"大部分合同义务"。这意味着第 53 条中的买方两项义务是最基本的、最主要的。不过，在公约框架下，违约后果的轻重并不取决于当事人所违反的义务的性质，根据第 25 条，根本违约的标志是违约剥夺了另一方的重大利益，这应该进行综合评估。

买方的基本义务与卖方履行基本义务的情况密切相关，并且依赖于卖方正当履行义务。显然，如果卖方未能适当履行交货义务，买方无义务接受货物。虽然交付与合同不符货物也是交货，但公约第 52 条明确规定，在卖方提前交货或超量交货时，买方有权拒绝接收货物。公约的若干条款承认买方中止履行的权利，依据第 71 条的规定，如果卖方显然将不履行大部分合同义务以及不能提供履约担保，买方可以中止履行。同样，第 81 条第(2)款第二句、第 85 条第二句、第 86 条第(1)款第二句也包含了中止履约权的规定。根据第 67 条和第 68 条的规定，如果在货物风险转移给买方之前，买方发现卖方不履行义务，也有权拒绝接收货物。但是如果货物风险

---

〔1〕《中华人民共和国民法典》将当事人不履行"主要债务"作为解除合同的条件(第 563 条)。英国《1893 年货物买卖法》将违约分为违反条件和违反担保，这也是区分主要义务和次要义务。但是 PECL 和 UPICC 没有主要义务和次要义务的区分，却有"金钱义务"与"非金钱义务"之区分，对于非金钱义务的实际履行加以限制。

已经转移到买方,其便有义务在实体上接管货物、保全货物(第 86 条),即使他有权依据第 49 条、第 51 条、第 72 条宣告合同无效、拒收货物和拒付货款。第 58 条体现了卖方交货与买方付款是“对流条件”,据此,买方可以根据卖方不履行义务的程度、可能造成的损害,中止履行他的义务。

2. 买方的付款义务与货物所有权和风险转移的关系

尽管公约本身不涉及合同对所出售货物所有权可能产生的影响(第 4 条),当销售合同争议涉及货物所有权,特定情况下需要确定货物的归属时,当事人不能回避所有权问题,应依据冲突法、相关的国内实体法来解决。

理解这一部分内容有必要阐明公约规定的买方义务与所有权的联系。各国法例,买卖货物的所有权转移通常由法律规定或者由当事人协议来决定,其中当事人明示、默示的约定应优先适用,当事人没有约定时应适用相应的法律。英国《1893 年货物买卖法》第 19 条规定了卖方可以在货物销售中以两种方式保留货物的处置权:(1)如货物用船装运,但是根据提单所列,货物只凭卖方或其代理人的指示交付的情况下,则卖方表面上被认为保有货物的所有权(第 19 条第二段)。(2)当卖方开立汇票向买方收取货款,并将汇票和提单一并交给买方,要求其偿付或承兑汇票时,如买方不愿偿付或承兑汇票,则必须退还提单,如买方不正当地保留提单,货物所有权不发生转移(第 19 条第三段)。这两种方式都说明卖方是以买方付款为条件来转移货物的所有权,第一种方式下卖方只要提交的是指示提单,就等于保留货物所有权,只有当买方付款,提单才可凭指示交付,货物所有权才发生转移。第二种方式下卖方只要开立了跟单汇票,就意味着交单以买方承兑汇票、支付货款为条件,买方不付款就无权取得提单,所有权不发生转移。无论是特定化的货物还是已经注明至合同项下的货物,只要卖方根据合同规定保留了货物处置权,即使货物已交给承运人或其受托人,甚至交给买方,也不发生货物所有权转移,除非买方通过付款满足所有权转移的条件。

例 53:1985 年,南非 C 公司同意出售给美国 J 公司 6 万吨柠檬果肉,合同规定移交单据后15日内付款,C公司移交了提单,但是J公司没有依约付款,最后,提单被转让给ICM公司。C公司起诉ICM公司,主张对这批货物有所有权,荷兰法官判决:尽管ICM公司持有提单,但是,所有权并没有转移给他们,因为J公司从未支付货款,因而提单未能有效地转让给J公司。〔1〕

除英国《1893年货物买卖法》外,1900年实施的《德国民法典》第455条第1款规定:"动产的出卖人在价金支付前保留所有权的,如无其他规定,应认为所有权的转让以价金的全部支付为停止条件,并且出卖人在买受人支付迟延时,有权解除合同。"UCC第2-507条规定:"当卖方向买方交付货物或所有权凭证后,付款期已到,且卖方已提出支付要求,买方只有在支付了应付价款后才拥有可对抗卖方的对货物的留置权和处置权。"《中华人民共和国民法典》第224条规定:"动产物权的设立和转让,自交付时发生效力,但是法律另有规定的除外。"第641条规定:"当事人可以在买卖合同中约定买受人未履行支付价款或者其他义务的,标的物的所有权属于出卖人。"上述法例表明,卖方以买方付款作为转移货物所有权的条件已成为各国法律普遍确认的原则,更重要的是,它已成为国际货物买卖的惯例。通常销售合同或支付方式规定,卖方以买方付款为条件向其提交指示提单和其他合同约定的单证,使买方能合法地提取货物,取得对货物的所有权。而买方在尚未支付货款的情况下,未经卖方同意以其他方式提取货物,是侵犯卖方对货物所有权的行为。作为承运人的船公司有义务把它承运保管的货物交给正本提单持有者,承运人违反约定,未经授权把货物交给非提单持有人也是侵犯卖方货物所有权的行为,应承担全部责任。

在支付货款的义务与风险转移的关系上,人们经常提到,风险转移的主要问题是货物发生损坏或灭失时买方是否有支付价金的义务,德国法甚至直接把风险称为"价金风险",施米托夫引述了拉贝尔在1958年出版的《货物买卖法》一书中的观点,拉贝尔认为,"风险与所有权是两项不同的制

〔1〕 参见[英]Paul Todd:《现代提单的法律与实务》,郭国汀、赖民译,大连海运学院出版社1992年版,第16页。

度,它们服务于不同的利益。所有权转移的时间主要涉及当事人中的债权人的利益,而风险转移则决定买方应在何时无条件地支付价金"。受这种思想影响,1964 年的 ULIS 第 96 条规定:"如果风险已转移给买方,他就应支付价金,尽管货物已经损坏或灭失……"风险问题的真谛在于,"风险"一词仅指承担风险责任的一方当事人必须承担货物损坏灭失的责任,而不得要求另一方当事人对此承担责任。重要的是风险责任的归属,至于风险责任承担者是否应承担的金钱债务,还应考虑其他规则因素,买方支付价金还是补偿金都无关紧要。[1] 正是基于这种考虑,公约对于风险转移与价金支付的关系作了不同于 ULIS 的处理(公约第 66 条)。

3. 关于买方"收取货物"

公约第 53 条要求买方必须按照合同和公约规定"收取货物",这项义务与当事人双方对货物的权利紧密联系。"收取货物"(take delivery of goods)相当于接收货物(to receive goods),公约有意回避了接收货物与接受货物的区别,为的是与第 4 条规定相一致,不涉及所有权问题,而这两者的区别有重要的实践意义。施米托夫指出:"货物的接受(acceptance of goods)不应与货物的收到(receipt)或货物的认可(approval)混同起来。英国《货物买卖法》第 35 条所采取的准则是:买方是否'已被视为接受了'货物。就法律效果而言,货物的收到不同于货物的接受,所以,该节明确规定光是收到货物不能视为接受了货物。"[2]在国际贸易中接收货物是依合同或公约规定买方做出的领取货物的行为,也是应履行的"与卖方合作"的义务,是保证合同履行,保全货物所必需的。而接受货物是在买方收取货物,支付货款条件下,货物所有权已经转移给买方,合同已经履行完毕的行为。买方已经接受了货物,他就丧失了拒收货物的权利。英国《1979 年货物买卖法》第 35 条规定买方在以下情况被视为接受了货物:(1)买方向卖方表示他已接受货物;(2)除第 34 条另有规定外,当货物已交付给买方,买

---

〔1〕 参见[英]施米托夫:《国际贸易法文选》,赵秀文选译,中国大百科全书出版社 1993 年版,第 324~330 页。

〔2〕 [英]施米托夫:《出口贸易——国际贸易的法律与实务》,对外经济贸易大学对外贸易系译,对外贸易教育出版社 1985 年版,第 118~119 页。

方对货物做了任何与卖方的所有权相抵触的行为;(3)经过一段合理时间之后,买方留下货物,没有向卖方表示他已拒收货物。第34条还指出:在买方有合理的机会检验货物之前,不能认为他已接受了货物。上述三种情况中的第二种所谓买方实施与卖方所有权相抵触的行为,是指买方以货物所有人的身份所做的任何行为,包括对货物进行处置、把货物转卖或把货物作为质押品等,发生了这种情况,即使买方主张的货物与合同不符的事实成立,他也只能请求损害赔偿,而不能解除合同。

一旦接受,不得拒收的原则不是绝对的。UCC针对有潜在缺陷或经过一段时间才能暴露缺陷的货物规定了撤销接受制度,行使这项权利的条件是:(1)当初他所做出的接受是因为有合理理由假定不符之处将得到补救,但实际上未能补救;(2)未发现此种不符。在这种情况下,他最初的接受必须是合理的,因为在接受货物前难以发现此种不符,或卖方曾做出有关保证(第2-608条)。关于撤销接受或拒收货物对所有权的影响,施米托夫认为,"当卖方接受买方的拒收时,被拒收的货物所有权即复归于卖方。当卖方不接受拒收时,则可以这样认为,如果日后法院或仲裁庭决定该项拒收是正当的,则所有权同样复归于卖方,因为按德夫特法官在赵贵德案中所说,转移给买方的所有权是附有随后条件的,即货物经检验与合同相符"。[1]

虽然公约没有提到"接受货物"或"拒收货物"的概念,它的一些条款的含义与这些概念是相吻合的,第38条要求买方必须及时检验货物,第39条要求买方在发现货物不符情况后及时通知卖方,否则就丧失了声称货物与合同不符的权利,这相当于买方接受了货物。第36条规定了卖方对所交货物存在隐蔽缺陷承担责任,在此情况下买方有权行使包括退货在内的救济权利(撤销接受)。第49条、第82条对买方行使退货权(拒收权)作出了安排。

〔1〕［英］施米托夫:《出口贸易——国际贸易的法律与实务》,对外经济贸易大学对外贸易系译,对外贸易教育出版社1985年版,第124页。

第一节 支付价款

第 54 条 买方的付款义务

买方支付价款的义务包括根据合同或任何有关法律和规章规定的步骤和手续,以便支付价款。

评 释

第 54 条强调,买方支付价款的义务包括采取合同或任何有关法律和规章所要求的步骤,遵守这类手续,以便支付价款。[1] 所采取的"步骤"以及应履行的"手续"是指销售合同规定的和法律、规章所要求的,如为支付价款买方应该根据合同申请开立信用证或取得银行支付保证,根据法律向政府机构和银行登记合同,申请获得必要的外汇和支付许可,以便把货款汇往境外。这与卖方为完成交货有义务安排货物运输、保险相似(第 32 条)。值得注意的是,Incoterms 规定,买方应履行付款义务,承担风险转移至买方后应付的费用,履行必要的进口通关手续、缴纳通关费用、申领进口许可证等,它没有规定买方为完成付款需采取的步骤、审批手续应由谁负担,也没有明确规定获得外汇审批等是否属于付款义务的一部分。根据公约的规定,除非销售合同有相反的规定,否则这些工作都属于买方付款义务的一部分,由买方负责履行。考虑到目前大部分国际货物销售合同都规定了付款方式,如规定"不可撤销即期信用证付款""T/T 电汇付款""M/T 信汇付款"等,也有的合同规定了买方开立信用证的时间,而销售合同中较少涉及买方为履行付款应采取的其他步骤和手续,公约第 54 条将在这方面起到补充作用。

第 54 条最重要的意义在于,它把买方为支付货款应采取的步骤和手

〔1〕 依据公约英文本,第 54 条似应表述为:买方支付价款义务包括采取合同或任何有关法律和规章所规定的步骤以及遵守此类手续,以便支付价款。

续都作为其付款义务的一部分,属于买方应履行的“现实的义务”,而不是“准备履行中的行为”,买方如不能很好地履行这些步骤、手续以便支付货款,这本身就是违反合同,其结果是公约中买方违约时卖方可以采取的所有救济措施(第61~64条),以及公约规定的买卖双方都可以采取的违约救济措施(第74~77条)都适用于此类违约行为。根据第63条第(1)款的规定,卖方可以给买方额外的一段时间让他履行这类义务,如果在宽限期内买方不能履行诸如开立信用证、办理外汇审批等义务以便支付货款,卖方可以解除合同。卖方也可以表明买方不能履行上述义务构成根本违约,比如在需要买方开立可转让信用证,以便卖方及时转给拥有货源的供货方凭此供货时,买方不及时开立信用证,卖方也无法组织货源供货,此时可直接援引第25条、第64条第(1)款(a)项宣布解除合同,同时要求买方赔偿损失(第61条)。虽然公约第71条授权一方当事人在另一方显然将不履行其实质部分的义务时,中止履行他自己的义务。但是买方不能采取第54条要求的步骤,履行相应的手续本身已构成违约,卖方可以直接采取上述违约救济措施。

买方依据合同和法律采取的步骤和手续,其目的是“以便支付价款”。当事人仅仅采取某些步骤和手续,却没有达到“以便支付价款”的目的,没有取得相应的效果,仍属于违约,比如没有开立信用证,没有获得外汇支付许可。否则,像某些学者那样把第54条理解为只是采取相应的步骤、手续,而不包括取得一定效果,那么采取这种步骤、手续有何意义?当然,买方的这项义务可以适用公约第79条不可抗力条款来免除,这是指买方不能对外支付是遭遇了非他所能控制的障碍,这种障碍在订约时没有理由预见到。相对而言,政府突发的外汇管制所造成的买方对外支付障碍比买方为取得付款保证所遇到的阻碍更容易成为不可抗力,因为前者并不总是透明的,而后者作为一种商业行为,相对稳定而透明;前者是不可选择的,而后者存在可变通选择的资源;前者的要求不容易满足,后者的要求可以通过平等协商实现,如缴纳一定的担保押金或存款准备金。

当事人之间应约定支付所用的货币,如无约定,应按照惯例或当事人之间已经确立的习惯做法处理。公约没有规定如何确定货币,这属于内部空白,可依据国际私法规则决定应适用的法律处理。最有可能的结果是依据卖方营业地所在国的法律处理,卖方营业地是交货地,通常也是支付地点,与支付有最密切联系。

第55条　开口价的处理

如果合同已有效地订立,但没有明示或暗示地规定价格或规定如何确定价格,在没有任何相反表示的情况下,双方当事人应视为已默示地引用订立合同时此种货物在有关贸易的类似情况下销售的通常价格。

评　释

参见本书对公约第14条的评释。

第56条　按净重确定价格

如果价格是按货物的重量规定的,如有疑问,应按净重确定。

评　释

第56条与第55条相关。第55条指出,如果合同已经有效订立,而没有规定价格,应按照货物在有关贸易的类似情况下通常价格确定。有时货物价格是按照货物重量计算的,当事人应依据合同规定、商业惯例或当事人之间习惯做法来决定如何按重量计算价格。在没有任何依据时,公约第56条指引我们按净重计算价格,净重是扣除包装后余下货物的重量。

第57条　买方付款的地点

(1)如果买方没有义务在任何其他特定地点支付价款,他必须在以下地点向卖方支付价款:

(a) 卖方的营业地；或者

(b) 如凭移交货物或单据支付价款，则为移交货物或单据的地点。

(2) 卖方必须承担因其营业地在订立合同后发生变动而增加的支付方面的有关费用。

评　释

1. 第 57 条第(1)款

第 57 条规定了买方付款地点问题，基本的规则是：(1) 依据合同规定的地点付款；(2) 在卖方营业地付款；(3) 在凭交货或交单付款情况下，在交货、交单的地点付款。国际货物买卖中，付款地点是十分重要的问题，它涉及卖方能否安全地收回货款。如果支付地点实行外汇管制或因外汇短缺限制外汇汇出，卖方很难获取货款，买方也不能履行其义务，所以，付款地点应是对于买方汇出货款和卖方获得货款支付都同样有利的地点。付款地点也是确定争议解决地点及司法管辖权的重要因素，当事人就价款支付产生争议，合同没有就争议解决地点达成协议时，就应该考虑付款地点等因素确定管辖。

第 57 条第(1)款明确规定其适用于“买方没有义务在任何其他地点支付价款”的情况，通常销售合同都要规定支付货款的方式，这也就确定了付款地点，这时合同规定的付款地点和方式优先适用。比如，合同规定：“买方必须在货物到达后 30 日内按发票金额通过银行汇交货款(电汇 T/T 或信汇 M/T)。”若采用电汇，需要汇款人买方委托汇出行向卖方所在地的汇入行发出电讯指令，委托其解付一定金额给收款人卖方，买方向汇出行递交申请书，交款付费给汇出行是发起支付的行为，汇出行收到汇款金额后，将其拨交给委托解付的汇入行(拨头寸)，汇入行收妥头寸，完成了银行内部的偿付，然后把相当于货款的金额解付给收款人，记入卖方账户，这就完成了一笔电汇汇款。电汇相当于买方委托银行向卖方支付货款，资金划拨行为由汇入行完成，是汇入行根据电汇指令向卖方实施了最终的支付行为，所以，其付款地点是卖方所在地，但是买方所在国的外汇管制对这笔汇款有实质性影响，他的发起支付应得到政府批准。

第57条第(1)款(a)项规定,如果合同没有规定付款地点,买方应该在卖方的营业地付款,如果卖方有一个以上营业地,买方应在与合同及合同履行有最密切联系的营业地付款(第10条)。第57条第(1)款(a)项适用于当事人没有将付款与交单或交货作为对流条件,卖方或买方必须先履行义务的情况。如果当事人在合同中做了凭交单付款或者凭交货付款的安排,又没有规定付款地点,则属于第(1)款(b)项调整的范围,(a)项不适用。当事人先履行,包括卖方有义务先发货,买方在到货后付款。也可能是买方有义务先支付部分货款,卖方收到货款后再发货。维也纳会议原民主德国代表马斯科(Maskow)解释说:"买方在卖方营业地支付货款的义务有四个方面的主要后果:第一,买方必须发起支付行动,以便在适当时间支付得以在卖方的营业地发生,换句话说,除非依赖于第79条和第80条的豁免,买方承担延误的风险;第二,买方不仅要遵守付款得以完成的国家的正式要求,还要遵守付款得以实施的国家的正式要求;第三,买方支付向卖方营业地传递汇款票据的成本;第四,买方承担向付款地点传递票据的风险,当支票在传递到那一地点之前遗失时,买方应该重新寄送一张新的支票。如果正在从事划款业务的银行将要破产(卖方银行除外),买方应重新开始这一货款划拨过程。"〔1〕

在卖方营业地付款是国际通行的规则和惯例。《中华人民共和国民法典》第627条作了类似的规定:"买受人应当按照约定的地点支付价款。对支付地点没有约定或者约定不明确,依据本法第510条的规定仍不能确定的,买受人应当在出卖人的营业地支付,但是,约定支付价款以交付标的物或者交付提取标的物单证为条件的,在交付标的物或者交付提取标的物单证的所在地支付。"第511条第3项指出,履行地点不明确,给付货币的,在接受货币一方所在地履行。《德国民法典》第270条第1款规定:"如无其他规定,债务人应自负风险和费用,将金钱在债权人的住所送交债权人。"实际上公约第57条第(1)款(a)项的规定也适用于债务人向债权人支付损害赔偿金、利息等源于合同的金钱债务。

〔1〕 C. M. Bianca & M. J. Bonell eds., *Commentary on the International Sale Law: The 1980 Vienna Sales Convention*, Giuffre, Milan, 1987, p. 415, 419.

2. 第57条第(1)款(b)项

第57条第(1)款(b)项指出,如果付款需要凭交付货物或交付控制货物的单据,则移交货物或单据的地点是付款地点。这是第57条第(1)款(a)项提出的在卖方营业地付款的一个例外,它适用于当今国际货物买卖广泛采用的凭单付款或者凭交货付款的情况,卖方通过这样的安排,在买方付款前保留货物的所有权。交货地点可以是卖方营业地,如Incoterms中E组、F组、C组术语,或者在买方营业地,如Incoterms中D组术语。代表货物的全套单据可以由卖方直接寄交买方,而采用托收、信用证方式付款,则通过银行转交。采用跟单托收方式,不论是付款交单(凭即期汇票付款或简单地凭付款交单)还是承兑交单(凭远期汇票的承兑交单),买方的付款是根据代收行向其提示的单据和汇票在其所在地完成,付款及移交单据的地点是买方所在地。买方凭汇票付款后,由代收行收妥款项,然后通过托收行与代收行之间的内部结算关系,划拨到委托人(卖方)账户,买方所在地是单据与货款对流的地点。这里我们看到托收与电汇的不同,电汇是顺汇,是买方主动把货款汇交卖方,付款地点是卖方所在地,只有当汇入行把货款划入卖方账户,才完成支付。而托收是逆汇,付款地点在买方所在地,买方只要按托收指示履行了汇票上的付款义务,就完成支付,至于在此以后这笔款是如何由代收行收妥,划拨到卖方账户,对于买方已不重要。所以,两者的付款地点不同。

采用议付信用证,卖方移交单据和买方通过银行付款的地点是卖方所在地。信用证是开证行根据买方要求和指示向受益人卖方开立的在一定期限内凭规定的单据兑付一定金额的书面承诺,是有条件的付款保证。信用证下用作付款的汇票,其出票人是卖方受益人,付款人是开证行(付款行)或保兑行。本来一般的付款信用证可以由付款银行(开证行)直接向受益人凭单付款,这时付款地点应为付款银行所在地(买方所在地)。但是在议付信用证下,开证银行的付款承诺扩展到位于卖方所在地的议付银行,卖方只要向议付银行提交符合信用证的单据,议付行应买进汇票和单据,而这些汇票和单据将由开证行正当偿付,只要它们与信用证条款相符。正因为如此才极大地方便卖方,使他在提交相符货物之后享有的收回货款的权利获得及时保护。议付意指被授权的议付银行对所接受的汇票、单据给付对价,表现为立即付款或承诺支付,仅审核单据而未给付对价不构成议付。议付行在审单无误后,垫付资金给付受益人并扣除垫款的贴息金额,所以,买方付款是通过议付行在卖方所在地完成,议付银行议付后转向开证行索偿,这是银行之间的偿付。提交单据的地点除了在买方和卖方所在地外,也可能在除此之外的其他地点,秘书处评论举例如下:

例 57:销售合同的卖方营业地位于 X 国,买方营业地为 Y 国,合同要求凭单付款,单据被交付给位于 Z 国的买方银行等待结算,根据第 57 条第(1)款(b)项的规定,买方必须在位于 Z 国的银行付款。

基本的规则是:如果卖方有义务在一个特定地点将货物交买方处置,卖方交货后买方付款,则该地点既是交货地点,也是付款地点,第 57 条第(1)款(b)项适用。如果货物涉及运输,卖方通过保留货物或单据来保留所有权(凭交货或交单付款),第 57 条第(1)款(b)项适用。其他情况下,属于第 57 条第(1)款(a)项调整。

3. 第 57 条第(2)款以及司法管辖权问题

第 57 条第(2)款仅适用于因情况变化导致卖方的营业地是支付地,就是第 57 条第(1)款(a)项适用的情况。可以预见,如果卖方营业地发生变化将导致支付地点的变化,而买方基于销售合同以及公约第 57 条规定产生的在特定地点的付款义务并没有改变,他仍有义务承担风险或地点改变带来的不利后果完成支付,如买方要适应新地点的外汇管理规定,更早地发起支付。在支付问题上,卖方营业地变化产生了需要他承担的两方面义务:一是卖方必须将营业地变动情况及时通知买方,因地址变动的通知延误引起买方付款延迟,卖方无权声称买方不履行义务(第 80 条)。[1] 二是

〔1〕 黑格(Hager)教授认为,与第 27 条规则不同,卖方发出此项通知应采取“到达主义”,他应承担通知不能正常到达的风险。因为营业地变化是卖方能控制的事项。See Hager, Peter Schlechtriem ed., *Commentary on the UN Convention on the International Sale of Goods*, Clarendon Press, Oxford, 1998, p. 466.

卖方必须承担因营业地变动而增加的有关支付方面的费用[第57条第(2)款]。第57条第(2)款还适用于卖方将债权转让给第三人的情况,各国法一般规定债权转让无须征得买方同意,但应通知买方,买方有义务按新的地点向新的价金受让人完成支付。

冲突法规则不仅基于履行地确定法律适用,[1]而且基于履行地确定法律管辖。在审理合同争议案时,一般的国内程序法将履行地作为决定司法管辖的基础,这一常规也被有关的国际公约或地区性条约接受。在欧共体成员国生效的《1968年民商事管辖权及判决执行的布鲁塞尔公约》(《布鲁塞尔公约》)第5.1条规定,涉及合同争议案件"在有关义务履行地法院就有关争议事项"起诉被告。其中"履行地"的含义应依据国内冲突规则确定。一般理解为实施特征性履行的卖方营业地所在地,也有的将履行地与争议事项联系起来,如涉及请求付款争议,履行地应为买方履行付款义务的地点。贸易法委员会援引大量欧洲国家法院判决的表明,[2]法院在适用《布鲁塞尔公约》或国内冲突法规则确定合同履行地时,依据公约第57条第(1)款(a)项的规定,将买方付款地点或卖方营业地所在国作为履行地,法院的选择一般没有什么问题,因为卖方所在地是付款地点,也是卖方承担特征性履行的地点,结果是多数情况下,卖方得以在其营业地所在国的法院起诉买方。而将支付地与司法管辖相联系的做法遭到批评,因为第57条作为实体法规则,意在分配权利义务及风险,不是用来确定管辖。关于管辖的冲突规则必须清楚明确,《布鲁塞尔公约》第5.1条不够明确。2002年欧共体《关于管辖和民商事判决的承认和执行的理事会条例》(理事会条例44/2001号)开始执行,该条例取代了《布鲁塞尔公约》,对有关合同争议案的管辖作了更清楚明确的规定,第2节第5.1条(b)项规定,销售合同争议的管辖地点是"成员国国内根据合同交货或理应交货的地点",而交货地并不总是卖方所在地。

---

[1] 1980年罗马《合同法律适用公约》第4条第1款规定:"合同适用与合同最密切联系的国家法律。"第2款规定:"合同与在合同订立时将要实施特征性履行的那一方所处国家有最密切联系。"关于销售合同,特征性履行是卖方交付货物,卖方营业地是履行地。

[2] 参见《判例法摘要汇编》(2008年版)第57条注释5、6。

第58条　买方付款时间

(1)如果买方没有义务在任何其他特定时间内支付价款,他必须于卖方按照合同和本公约规定将货物或控制货物处置权的单据交给买方处置时支付价款。卖方可以支付价款作为移交货物或单据的条件。

(2)如果合同涉及货物的运输,卖方可以在支付价款后方可把货物或控制货物处置权的单据移交给买方作为发运货物的条件。

(3)买方在未有机会检验货物前,无义务支付价款,除非这种机会与双方当事人议定的交货或支付程序相抵触。

评　释

1.第58条第(1)款

第58条回答了与卖方履行义务相关的买方支付货款的时间问题。这些问题诸如:卖方是否有义务在买方付款前交付货物?买方是否必须在收到货物以前付款?卖方是否可以要求买方在检验货物前付款?明确买方付款时间很重要,它决定卖方行使付款请求权的时间,以及在适用第78条时测算买方对于拖欠货款应付利息的起算时间。销售合同一般都规定了卖方交货与交付单据,买方付款的时间和方式(公约第34条),第58条只有在销售合同没有规定付款时间时适用。

第58条第(1)款确立了交货与付款是对流条件的基本规则。[1] 这一条款承认,在销售合同没有规定付款时间时,公约不要求卖方向买方扩展信用,体现在第(1)款中的一般规则是:买方必须在卖方把货物或控制货物处置权的单据交给他处置时支付货款,如果买方没有可能在这一时间支付价款,卖方可以拒绝交付货物或交付单据,卖方可以把买方支付价款作为移交货物或提交单据的条件,这就是卖方所谓对交货或交单的"保留权"

〔1〕 "交货与付款是对流条件"这一提法体现于英国《1893年货物买卖法》。该法第28条指出:"除非另有约定,否则货物的交付与价款的支付是对流条件,也就是说卖方必须备好货物并自愿地转让给买方,以换取货款;而买方必须备好价款并自愿地支付给卖方,以换取货物。"

(retention of rights),这项权利与公约第 71 条法理有关,也符合国际惯例(第 9 条)。反过来,如果卖方不履行义务或拖延履行其交货和交单义务,买方不仅有权对卖方不履行义务行使索赔权,也有权相应地改变付款时间或条件,即有付款“保留权”。有多项 CISG 裁决中法院承认和支持当事人行使保留权,在奥地利最高法院审结的废旧机器销售案中,法院支持奥地利买方在意大利卖方交货与合同不符时中止履行付款。[1]

引发买方付款义务的第一种情况是卖方向买方实际交付货物,卖方以交货作为买方付款条件在实际交货下才有意义。如果买方有义务在卖方营业地或存放货物的地点收取货物[第 31 条(c)项和(b)项],当卖方将货物划拨到合同项下,并向买方发出提取货物的通知时,买方应在收到通知后的合理时间内收取货物并支付价款,在买方付款之前,卖方应给予其合理机会检验货物。如果卖方有义务自担风险、费用将货物运往买方所在地或其他特定地点(第 31 条第一句),买方应在卖方将货物交给他处置时支付货款,但是,买方在付款之前有权检验货物[第 58 条第(3)款]。根据 58 条第(2)款的规定,如果合同涉及货物运输,卖方还可以把在合同中确认“保留权”作为发运货物的条件。合理的制度安排是货物与价款的交割应同时完成,以最大限度地减少当事方在接受另一方履行义务后拒不履行自己义务的风险,但是这在技术上不可行,实践中很难实现双方义务的同时履行,互不了解的当事人双方谁也不愿意首先向另一方授信。打开僵局的办法是采用信用证或国际保理等付款方式,由银行或保理商为双方提供信用担保,交货与付款的对流经由银行等中介来完成。也有的谈判能力和地位较弱一方不得不首先向对方授信,对方能否最终履行义务取决于商业信用。

2. 交付控制货物处置权的单据

卖方除了在将货物实际交付买方控制时,买方有义务付款外,卖方还可以将控制货物处置权的单据交付买方之后,要求买方付款。这里,“控制货物处置权的单据”是触发买方付款义务的关键,也是理解这一条款的关

〔1〕 See Austria Supreme Court (*Recycling machine case*) 8 November 2005, https://cisgw3. law. pace. edu/cases/051108a3. html, (2020-10-14).

键,而公约第 58 条本身及其立法历史、立法准备资料都没有说明是指哪些单据。如果把它们理解为能够使买方提取和占有货物的单据,其范围显然比第 30 条和第 34 条所述的“与货物有关的单据”要更狭窄,只有其中的某些单据属之,装船前检验报告、商检证书是与货物有关的单据,却不是控制货物处置权的单据。另外,其也不同于第 32 条和第 67 条中出现的“装运单据”,装箱单(packing list)属于装运单据,却不是控制货物处置权的单据。

公约第 68 条立法历史提供了理解第 58 条所述控制货物处置权单据的可信的指引,这一条第二句中有“……从货物交付给签发载有运输合同单据的承运人时起”的表述,在对应的 1978 年公约草案(第 80 条)中,这一部分的表述是“从货物交付给签发控制货物处置权单据的承运人时起”,在维也纳外交会议上,第一委员会接受美国代表的修改建议,用“载有运输合同的单据”代替“控制货物处置权的单据”,对此,美国代表约翰·霍纳尔德解释说:“‘控制货物处置权的单据’这一表述可能被理解为限于可转让海运提单,可是,成为公约正式文本第 68 条中的关于风险转移的规则对于那些不论是可转让的单据还是不可转让的单据都应该适用。”委员会主席罗兰·洛伊(Roland Loewe)同意这个观点,认为“控制货物处置权的单据”这一短语的确是指那些可转让的单据。[1]

将控制货物处置权的单据理解为仅限于可转让海运提单明显带有历史的局限性,在起草公约第 58 条的 20 世纪 70 年代末,与会专家们基于传统商法的理念,自然地将海运承运人签发的可转让提单作为标准和典型的控制货物处置权单据,这种狭隘解释显然不能适应现代集装箱运输。在多种运输方式下,承运人签发多种可用于提取和占有货物单据,只有对这类单据作出符合现实的解释,第 58 条才能得以正确和积极地适用。基于此,国际销售公约咨询委员会于 2012 年发布第 11 号意见,解释公约第 30 条、第 34 条和第 58 条关于卖方交单,买方付款义务,指出:“第 58 条所述控制货物处置权的单据应该解释为是指任何一种单据或电子单据,该单据一

〔1〕 See the International Sale Convention Advisory Council, *CISG-AC Opinion No. 11*, Comments, Paragraph 4.5.

且交付给买方则买方有权占有货物,或可以认定卖方不再享有控制货物的处置权。"该意见列明以下单据属于控制货物处置权的单据:(1)可转让海运提单,无论是由海上运输承运人签发,还是由货运代理人等中介机构签发,或由多式联运经营人(MTO)、无船公共承运人签发;(2)记名提单(不可转让);(3)发货人的航空运单副本;(4)发货人的铁路托运单副本;(5)发货人的公路托运单副本;(6)北美公路或铁路运输提单;(7)仓库收据或仓单;(8)提货单。以下单据属于不能控制货物处置权的单据:(1)海运单;(2)码头收货单或者大副收据;(3)商业发票;(4)保险单或保险凭证;(5)商品检验证书、原产地证书、质量检验报告、卫生检疫证明。除非销售合同、当事人习惯做法或惯例所要求,否则,买方不得要求卖方提交非控制货物处置权单据作为付款条件。[1]

为了使第58条在新的国际贸易环境下正常运作,"控制货物处置权单据"应包括海运单(sea waybill)在内所有运输承运人签发的代表货物的单据,不论是否可转让,只要这些单据表明其收到货物,并使买方据以提取货物。这种解释有充分法律理由和实务根据,假定一份CIP合同中运输承运人依约出具海运单,合同没有规定付款方式,货物在风险转移买方后灭失,按规则买方应该承担价金风险,支付货款,可是如果不能将海运单认定为控制货物处置权的单据,买方付款义务就永不发生,因卖方不可能将货物交买方处置,也不能出示所谓控制货物处置权的单据。

3. 第58条第(2)款

第58条第(2)款处理国际贸易中广泛存在的涉及运输的合同,主要是雇用独立承运人运输货物的装运合同(如CIF或FOB)的履行中,买方付款条件。这种交货方式下,卖方交货需要分阶段完成,通常包括卖方在装运港装运货物(预备交货)、承运人在目的港最终向买方交货以及卖方交单3个阶段,在卖方发起交货的第一阶段就要求买方付款是不合适的,因为此时货物尚未能"交买方处置",第58条第(1)款难以适用。折中的办法是卖方把货物运至买方所在地,同时保留控制货物的单据,直到买方付款才交

---

[1] See the International Sale Convention Advisory Council, *CISG-AC Opinion No. 11*, Opinions, Paragraph 6,7.

给他,付款与交单在买方所在地完成,这种支付方式对买方有利,既可以拖延付款时间,也方便在付款前检验货物,所以他不会反对,对卖方而言,在国内贸易背景下通常不会有大的风险。所以,UCC 第 2-310 条(a)项规定:“买方应在收到货物的时间和地点付款,即使货物发运地同为交付地。”《中华人民共和国民法典》第 628 条也规定:“买受人应当按照约定的时间支付价款。对支付时间没有约定或者约定不明确,依据本法第 510 条的规定仍不能确定的,买受人应当在收到标的物或者提取标的物单证的同时支付。”

但是在国际贸易背景下,卖方在未能获得付款保证时就把货物运抵买方所在地,希望在那里交付单据换取货款,将冒极大的风险,一旦买方拒收,卖方将遭受巨额的运输费损失和其他交易费用损失,也很难重新处分货物。有时卖方即使取得货款,由于外汇管制原因,能否把钱汇出去也是问题。为防范这种风险,对于重要的交易,卖方通常要求买方开立信用证或提供其他付款担保,在获得付款保证之后才发运货物。目前,贸易实务中采用的跟单信用证、跟单托收、国际保理等付款方式,卖方都通过银行、保理商等中介向买方移交单据,通过保留单据保留其对货物处置权,这与第 58 条第(2)款的规定相吻合,该条款允许卖方对发运货物、交付单据附加条件,条件是:卖方只有在买方支付价款后,才可以将货物或控制货物处置权的单据移交买方;买方只有事先接受这一条件,卖方才可以发运货物。需要注意的是,如果销售合同没有列明卖方应该提交的单据(如 CIF 下交付保险单据等),卖方只要将“控制货物处置权单据”交付买方,买方就应该付款,买方不得提出其他单据要求而拒绝付款。同时,第 58 条第(2)款并没有授权卖方在没有合同安排时,把买方预付价款作为其发运货物的条件。

4. 第 58 条第(3)款

第 58 条第(3)款处理买方付款与检验货物的关系,规定:“买方在未有机会检验货物前,无义务支付价款,除非这种机会与双方当事人议定的交货或支付程序相抵触。”这意味着卖方有义务在交货及买方付款之前给买方提供某种机会检验货物。当交易要求买方自己负责运输(Exworks、

FOB)或用自己的运输工具承运,买方有可行的方式在付款前检验货物。当货物由承运人运输,卖方也可以在货物到达后提示汇票和单据,指示承运人允许买方在收单与付款前检验货物。在当事人双方约定采用 CIF 等象征性交货条件时,付款以交单为条件,卖方在装运货物、取得单据后,可凭单据要求买方付款,卖方通过银行向买方提示单据时,可能货物尚未到港,这就属于买方检验货物机会与双方当事人议定的交货或支付程序相抵触的情况,此时买方就不能要求先检验货物再付款。另外,采用信用证方式支付,它的抽象性、独立性原则决定了银行支付并不以买方是否有机会检验货物为条件。

例 58A:一份 CIF 合同要求卖方 6 月 1 日装运货物运交买方,运货船舶预定于 6 月 15 日到达买方所在城市的港口,而合同规定卖方将于 6 月 10 日向买方提交跟单汇票,见票即付。这项协议安排与买方在付款之前检验货物的权利相抵触,买方不得要求在付款之前检验货物。

如果当事人关于交货与付款的协议安排与买方在付款前检验货物的机会无抵触,买方就没有失去这一权利,而卖方也不得阻止买方行使这一权利。如上例中的其他条件不变,只不过合同规定卖方在装运货物后将单据直接寄交买方,买方在货到 10 日之内以电汇付款,或者我们假设货物不是 6 月 15 日而是 6 月 6 日到港。在这两种情况下,当事人双方明确规定的交货、支付程序与买方在付款前检验货物的权利无抵触。还应注意到,根据第 58 条第(3)款的除外条件,只有当买方检验货物机会与当事人双方议定的交货与支付程序抵触,买方才失去在付款前检验货物的权利,如果支付程序不是双方同意的,而是单方面决定的,也不影响买方行使这种权利。

例 58B:合同采用 CIF 条件,没有其他关于付款时间、地点的规定,卖方最终以托收方式请求买方付款,卖方在向银行发出的托收指示中规定,买方只有在银行提示汇票时立即付款,才允许把单据交给买方。此例中卖方提出了付款交单的条件[第 58 条第(1)款],但是这种支付方式并不是双方通过合同议定的[第 58 条第(3)款],因此,买方仍然可以行使在付款买单之前检验货物的权利,卖方有义务确保买方有可能在付款买单之前检验货物。

即使买方没有机会在付款前检验货物,仍有权在付款之后以及货物到达目的地后检验货物,只要是在按实际情况可行的最短时间检验(第38条),并在发现或理应发现不符后的一段合理时间内通知卖方(第39条),他就享有第45条规定的各项索赔权。并且,如果合同涉及运输,检验可推迟到目的地后进行;如果货物在运输途中改运或再发运,因而没有合理机会检验,则检验可推迟到到达新的目的地后进行。

第59条　买方承担付款义务的起算时间

买方必须按合同和本公约规定的日期或从合同和本公约可以确定的日期支付价款,而无需卖方提出任何要求或办理任何手续。

评　释

第59条规定了买方承担付款义务的起算时间,据此,买方依据合同或公约规定的付款日到期,就应该支付价款,而不需要卖方发出通知或履行其他手续。如果买方到期不履行,卖方可以直接请求损害赔偿,要求支付利息(第78条),或解除合同[第61条第(1)款(a)项]。根据惯例,买方付款应以卖方提交控制货物处置权的单据和其他单据为前提条件,否则买方有权拒绝付款,正常情况下,其他单据应包括发票。

第59条意在否定大陆法系的一项特殊规则,即为使买方付款义务适当成立,卖方必须向买方提出正式请求,这就是所谓"催告"程序。在大陆法系国家,如果销售合同没有规定准确的付款日期或期限,经过卖方发出催告后才被认为是买方履行付款义务的适当时间,买方在此之后仍不履行,应支付延迟履行的利息。催告可以是发出正式通知,也可用寄送发票的行为来表示。《法国民法典》规定,买受人于下列三种情形应支付买卖价金的利息,直至价金的原本清偿之时为止:买卖当时有此项约定者;出卖及交付的标的物产生果实或其他收益者;买受人受支付价金的催告者。在后一种情形,利息仅自催告之日起算(第1652条)。《德国民法典》规定:(1)债务人经债权人在到期后进行催告不给付的,经催告而构成迟延。提起给付之诉以及在督促程序中送达支付命令,视同催告。(2)对给付按日历指定期间的,债务人在其不按指定的期间给付时,不经催告即构成迟延(第284条)。《中华人民共和国民法典》第579条规定,当事人一方未支付价款、报酬、租金、利息,或者不履行其他金钱债务的,对方可以请求其支付。但是没有说明对方请求付款是否属于"催告"性质,并把它作为认定延迟付款的界限。公约采纳了英美法制度,规定买方必须按照合同和公约规定的日期付款,或按照从公约或合同可以确定的日期付款,不需要提出请求或办理任何催告之类的手续,否则买方应承担延迟付款的责任。

第二节 收取货物

第60条 买方收取货物的义务

买方收取货物的义务如下:

(a)采取一切理应采取的行动,以期卖方能交付货物;和

(b)接收货物。

评 释

第60条具体规定了第53条提出的买方应履行的另一项义务,即收取货物,它应该与第53条放在一起解读。买方收取货物的义务由两部分组成:一是采取一切理应采取的行动,使卖方能交付货物;二是接收货物。

前一部分义务,可以解释为买方承担的与卖方合作的义务,它是国际贸易中当事人双方应采取的连锁步骤,公约第19条第(2)款、第21条第(2)款、第32条、第48条第(2)款、第54条、第58条第(3)款、第60条(a)项、第65条、第71条、第73条第(2)款、第79条第(4)款、第85~88条都规定了不同情况下一方当事人应承担的与另一方合作的义务。"这些实例表

明:提供必要的合作是作为公约基础的一般原则之一。”[1] 此外,UCC 第 2-311 条第(3)款也规定了类似的合作义务。“采取一切理应采取的行动”是指那些与卖方能交付货物有关的行为,主要包括在 FOB、Exworks 条件下买方应履行的订立运输合同,派船或其他运输工具接货的义务;安排集装箱装货以及指定交货地点,安排卸货的义务;办理进口手续,使卖方能顺利发货的义务。在 D 组术语下,买方应确保卖方能顺利进入其营业地,如要求卖方安装设备,买方应使卖方进入场地,并做必要准备。买方承担的第 60 条项下义务应与卖方交货直接相关,若买方承担义务仅仅是使卖方得以生产合同项下的货物,如第 65 条所指,不属于第 60 条义务范围。除非依据合同,买方提供必要的使货物得以制造的信息是卖方履行交货义务的条件。

后一部分义务是收取货物,这里使用的是“taking over the goods”,而不是“acceptance of goods”(接受货物),意在避免涉及货物所有权转移问题。显然当卖方交货与合同不符尚未构成根本违约时,买方必须收取货物,即使货物与合同不符构成根本违约,买方有权拒收货物,买方也可能需要收取货物以保全货物(第 86 条)。买方承担接管货物的职责,取决于合同规定的交货形式,其中有的交货方式,卖方交货的时间和地点与买方接收货物的时间和地点不一致。[2] 公约第 31 条确认了三种可能的交货方式:(1)在涉及运输时,即在卖方有义务安排运输时,卖方有义务在装运港将货物交付给第一承运人完成交货[第 31 条(a)项],假定货物顺利抵达目的港,且与合同相符,买方应在约定的目的港在货物到达时收取货物。(2)在不涉及运输时,卖方应在双方已知的货物制造或存放的地点,或者在卖方的营业地将货物交买方处置[第 31 条(b)项和(c)项],基于“信息沟通合作原则”,货物交买方处置包括卖方应通知买方收取货物,买方应在收到卖方通知后的合理时间内接收货物。(3)如果合同有规定,卖方应在合同规定的特定地点交货,买方应在合同规定的特定地点,并在货物到达后的合

---

[1] John O. Honnold, *Uniform Law for International Sales under the 1980 United Nations Convention*, Deventer/Boston, Kluwer, 1982, p. 256.

[2] 在维也纳会议上有代表提出,第 60 条(a)项应包括买方采取行动使卖方能生产合同项下货物,但这一建议没有被接受。显然,许多销售合同的履行不需要卖方生产合同项下货物。

理时间内接收货物(第 31 条第一句)。

买方履行接收货物的义务直接影响卖方利益。在涉及运输的合同,卖方经由承运人把货物运交买方时,买方应迅速地从承运人控制下提取货物,因为此时卖方要对不能及时卸货造成的滞期费、运费损失向承运人负责,除非合同规定滞期费由买方负担。如果根据第 31 条(b)项和(c)项的规定,卖方有义务在某一特定地点或在卖方所在地把货物交给买方处置,买方也应在实体上把货物从该地点取走,以实施他接收货物的义务。买方迟延提取货物会产生风险和损失(第 66~70 条),根据第 69 条的规定,在货物不涉及运输的情况下,风险自买方接收货物时转移至买方,但是"如果买方不在适当时间内这样做,则从货物交给他处置但他不收取货物从而违反合同时起,风险转移到买方承担"。买方不能及时履行接收货物义务是违约行为,构成卖方根据第 63 条和第 64 条宣布解除合同的理由。

第三节　买方违反合同的补救办法

第 61 条　买方违反合同时卖方可采取的救济措施

(1)如果买方不履行他在合同和本公约中的任何义务,卖方可以:

(a)行使第 62 条至第 65 条所规定的权利;

(b)按照第 74 条至第 77 条的规定,要求损害赔偿。

(2)卖方可能享有的要求损害赔偿的任何权利,不因他行使采取其他补救办法的权利而丧失。

(3)如果卖方对违反合同采取某种补救办法,法院或仲裁庭不得给予买方宽限期。

评　释

1. 买方违约卖方行使的救济权利

第 61 条与第 45 条相对应,规定了买方违约时,卖方可以采取的救济方式。第45条的评论中关于公约整个结构的分析,第45条与第61条关系的分析同样有助于理解第61条。就整体结构来看,第61条规定卖方可选择的违约救济方式与第45条买方可采取的违约救济方式有一定的对称性,基本违约救济方法也是相同的(实际履行、损害赔偿、解除合同)。所不同的是,卖方可采取的违约救济比买方的救济措施要简单一些,因为买方的义务只有两项,即接收货物和支付货款。而卖方的义务更复杂,卖方不具有一些可由买方采取的违约救济方式,如在货物与合同不符时要求减价(第50条);针对部分交货的违约救济(第51条);对于提前交货或超量交货的违约救济(第52条)。此外,针对买方违约要求实际履行和损害赔偿救济与针对卖方违约采取这两种救济,其内容和方式也有区别,这都是由当事人依据合同、公约应承担的义务不同引起的。

第61条第(1)款(a)项规定,买方不履行合同和公约义务,卖方可行使第62条至第65条所规定的权利,主要是要求实际履行和解除合同的权利。实际履行包括要求买方接收货物、支付货款,以及按照合同和公约规定应履行其他义务(第62条),如要求买方开立信用证、先付定金、订立运输合同以指定船舶接运货物等,卖方采取这一救济方式要受公约第28条规定的条件的限制,也不能同时采取其他与实际履行救济相抵触的救济办法(第62条)。第63条和第64条规定了卖方可以宣布解除合同的条件,其中第63条授权卖方给予买方履行义务的宽限期,这是在买方逾期不履行义务时卖方行使解除合同权利的一个步骤,第64条具体规定了卖方可以宣布解除合同的条件。第65条规定了买方未能提供货物规格时卖方可以采取的救济办法。

第61条第(1)款(b)项授权卖方在买方违约时可以按照第74条至第77条规定要求损害赔偿,卖方不需要证明买方有过错,只要证明他客观上违反了合同和公约规定的义务,给卖方造成损失,就可以行使救济权,包括在买方无理拒收货物时索赔合同价格与提示交货时市场价格之间的差价,或在卖方变卖已交付或准备交付的货物后,索赔变卖货物后所得价金与合同价金之间的差价及其他损失;如果买方收到货物后拒付货款,卖方可以要求他付款,索赔利息和其他损失。卖方采取损害赔偿救济应遵守第74条、第75条的原则,在行使各项救济权的同时应遵守第77条减轻损失的义务,如在买方不接收货物或明确宣告他将不接收货物时,应停止生产合同项下的货物并及时转售,包括成品和半成品。如果货物已注明到合同项下,甚至已经运达买方,也应及时按合理价格转卖(第75条)。除了第61条第(1)款明确规定的救济措施外,当事人还可以根据合同和公约规定采取其他针对买方违约的救济,如在买方破产,其履行能力和信用存在严重缺陷时,卖方可以中止履行合同,中止或拒绝交付货物(第71条),或行使停运权追回已交付的货物,或阻止将代表货物所有权的凭证交给买方,卖方也可在买方收到货物后不付款时,有选择地采取保留物权凭证的措施。

第61条第(2)款同样规定,卖方享有的要求损害赔偿权利不因他行使其他救济权利而丧失。维也纳会议捷克代表纳普(Knapp)认为,根据第61条第(2)款,不排除卖方采取一项救济措施后紧接着采取其他救济措施,除非后一项救济客观上与最初选择的救济相抵触。这种情况卖方不得同时采取几种救济措施。但是在公约关于卖方违约时买方采取救济措施的部分,秘书处评论以买方可以同时要求减价损害赔偿为例证,认为买方可以同时采取几种救济措施,并把其中一种作为最好的救济,这意味着买方违约时卖方可以有同样的权利,只要同时采取的救济相互不抵触。

第61条第(3)款与第45条第(3)款相似,强调如果卖方对于买方违反合同采取补救办法,法院或仲裁庭不得给予买方宽限期。涉及价款支付,法院或仲裁庭不得允许买方延期支付,也不得授权其分期支付。涉及收取货物义务,法院或仲裁庭不得授权买方延期接收货物或仅仅接收部分货物。但是这不排除卖方在保留损害赔偿权的前提下给予买方履行的宽限期(第63条)。各国合同法律规范大体上有两种类型:一类是宣示合同当事人相互之间的权利义务;另一类是指示裁判机关如何解决争议。第61条第(3)款属于第二种类型,它是对裁判机关的约束,以限制其滥用自由裁量权,这两类规范类型最终的结果是一样的,即使正面宣示当事人的权利,这种权利可以经由法院强制执行。

2. 公约违约救济模式的特点

把公约规定的买卖双方各自可采取的违约救济与UCC第2篇比较,显现出公约违约救济的整体特点。UCC第2篇包含了两个可选择的救济模式:一种是销售合同预定的交易已经完成,尽管其中一方违约,货物仍由买方收妥,卖方已收回货款。不管是出于违约一方自愿履行,还是法院强制违约方实际履行,只要已完成的交易未达到合同预想的结果,都可以用金钱补偿未违约方的损失。另一种是预定的交易没有完成,买方没有接收货物,卖方也无权收取价金,这时当事人之间完成预定交易的义务被解除,未违约方可以摆脱不良交易。如果交易本来是有益的,未违约方可以按照合同价格与补进货物价格或时价之间的差额获得金钱赔偿。在个案中,决定这两种救济模式哪个应被采用的因素是"接收货物",如果买方接收了货物,即使存在违约,交易仍将正常地得以完成,除极个别情况,如买方破产,卖方可以收回货物以外(第 2-702 条),通常买方将保留货物,卖方有权获取价金。如果卖方违约,接收货物的买方可以对违约造成的损失要求金钱赔偿,损害赔偿按相符货物与实际提交的不符货物之间的差额加上附带的间接损失计算(第 2-714 条)。如果是接受货物的买方违约,卖方通常采取的救济是索赔价金加上附带的损失(第 2-709 条)。另一种选择是货物没有被接受,如果卖方正当或不正当地没有交货,或者买方正当或不正当地拒收货物,撤销对货物的接受就是这种结果,基本的交易不能正常地得以完成。如果买方尚未收到和保留货物,可以要求卖方实际履行,不过只有在极少数情况下,[1]未违约的买方才能获得实际履行救济(参见本书对公约第 28 条的评释)。对于未违约的卖方而言,只有在货物不能转卖以及在货物风险已转移至买方后发生了意外灭失,才可以获得价金补偿。如果货物没有被接受,未违约方的通常做法是转卖货物,然后索赔差价的补偿,或者索赔交货时市场价格与合同价格之间的差额补偿(第 2-706 条、第 2-708 条、第 2-713 条)。

公约也包含两个可选择的救济模式,不过它与 UCC 第 2 篇救济制度的最重要的区别是,根据公约,合同无效或有效发挥着类似于 UCC 第 2 篇中

〔1〕 UCC 第 2-716 条规定:(1)货物具有独特性或有其他适当原因,法院可以判决实际履行。(2)有关实际履行的判决可以同时对价款支付、损害赔偿和其他法院认为合理的补救措施作出规定。(3)如果经过适当努力,买方无法补进同类货物,或者情况合理表明此种努力不会取得结果,或者如果货物已在保留权利的情况下发运而买方已偿付或已提示偿付此种担保权益,则买方有权取回已特定于合同下的货物。

货物是否被接受的功能。如果合同无效,在未违约方宣告合同无效并通知对方的情况下(第26条),未违约方可以终止履行合同义务(第81条),预期的交易将被取消,可以发起的救济措施包括转卖货物、索赔差价损失。如果合同没有被宣布解除,基本交易将得以完成,对于违约,可采用损害赔偿和其他救济补偿交易中的损失。公约关于合同无效规则的关键是"根本违约",如果另一方存在根本违约,未违约方可以宣告合同无效;如果另一方没有根本违约,未违约方不得宣告解除合同,除非根据宽限期条款可以这样做。

公约把合同是否被宣告无效作为影响违约救济措施选择的主要因素,由此产生了公约违约救济制度的以下特点:(1)即使货物尚未提交或没有被接受,结局也未必像UCC设计的那样,合同自然被宣告无效,根据公约,当事人可较容易地获得实际履行,只要服从于某些限制条件。(2)即使货物已经交付或被收下,服从于某些限制条件(第82条),未违约方仍可以对方根本违约为由宣告合同无效,卖方可以相对容易地收回货物。(3)如果当事人有权宣告合同无效,公约授予他的救济权基本上是任选的,他既可以这样做,也可不这样做。(4)公约包含一个统一适用的根本违约标准,用于决定应采取的违约救济措施,而UCC没有这样的标准。

第62条　买方违约卖方要求实际履行

卖方可以要求买方支付价款、收取货物或履行他的其他义务,除非卖方已采取与此一要求相抵触的某种补救办法。

评　释

1. 卖方要求买方实际履行

第62条与第46条第(1)款对应,确认卖方有权要求买方实际履行。实际履行是以合同约定的实物或服务履行义务,依据公约,卖方同样有权要求买方实际履行,包括要求买方接收货物,支付价款,或履行合同规定的其他义务,除非卖方采取了与此项要求相抵触的救济办法。实际履行的救济与公约授权当事人采取的其他救济有很大区别,这一救济措施在本质上是当事人最初应履行的合同义务的延续,并没有使卖方获得新的权利或使买方增加新的义务。公约不承认其前身 ULIS 规定的“事实解除合同”[1]制度,这一制度不仅使合同解除的时刻不确定,而且剥夺了未违约方对合同效力的控制权,尤其在货物已经交由买方控制时,事实解除合同将极大地不利于卖方。所以在公约框架下,买方拒收货物或到期不履行义务并不影响原有合同义务的有效性,卖方仍有权要求买方实际履行,而无义务转售货物,除非他根据情况宣布解除合同。卖方要求实际履行的权利并不排除他随后行使第 63 条或第 64 条的救济,在卖方依据第 63 条给予买方履行宽限期内,卖方不得要求实际履行(客观性抵触),而在宽限期过后,如果买方没有履行义务,卖方仍可要求他实际履行,这一权利并不因为宽限期程序而失效。但是如果卖方已经宣告解除合同,因为客观上抵触,他就失去了要求实际履行的权利(第 62 条第二句)。另外,当买方违约不接受货物,卖方进行替代交易转卖货物,就无权再要求买方接受货物支付价款,只能依据第 75 条索赔。除公约规定外,下文引述的 PECL 第 7:101 条、ULIS 第 61.2 条也体现了这一规则。

秘书处评论第 58 条(公约第 62 条)指出:“这一条承认卖方首先关心的是买方到期支付价款。因此,如果根据第 54 条和第 55 条(第 58 条和第 59 条)买方应该立即支付价款却没有支付,第 58 条(公约第 62 条)授权卖方要求买方支付。”[2]按照第 58 条和第 59 条的规定,买方应该在合同规定的时间支付价款,而这个时间通常是卖方把货物或代表货物所有权的单据交给买方控制的时间。如果情况表明,卖方已经把货物交给买方,买方接受了货物,买方无疑应该支付价款,第 62 条可提供充足根据要求法庭和

[1] 依据 ULIS,卖方要求买方支付价款受某种限制。在符合惯例以及卖方有合理的可能通过替代交易出售货物时,他不得要求买方支付价款,这种情况下,合同注定“事实上解除”(第 61 条第 2 款)。

[2] UNCITRAL, *Secretariat Commentary on Article 58 of Draft Convention* (*Article 62 of Official Text*), Paragraph 2, Official Records, p. 48.

仲裁庭强制买方履行这项义务。[1] 问题是：当货物仍由卖方控制而买方明确表示他将不接收货物，或者货物虽然已经运交买方，而买方明确表示拒收货物时，卖方是否有权强迫买方接受货物、支付价款？基本的结论是：在这两种情况下，即使买方拒收是无理的或明显的违约，卖方要求买方接受货物和支付全部价金的权利通常也难以实现，要受法律上的限制和事实上的阻碍。他可以采取损害赔偿或解除合同的救济措施来维护自己的权利和合同利益。根据 UCC，如果买方尚未收到货物，卖方无权要求买方支付价款(第 2-709 条 a 项)。即使买方无理拒收货物，一般的原则是卖方必须以合理的努力转售货物[第 2-703 条 d 项、第 2-706 条第(1)款、第 2-709 条第(2)款]，然后向买方索赔转售货物所收价款与合同价格之间的差价损失[第 2-706 条第(1)款]。如果货物是由卖方制造的，他应该按照减轻损失的原则转售半成品或成品，然后索赔差价损失。只有在卖方经过适当努力未能以合理价格转售货物或情况表明此种努力不会有结果时，买方才应该接受卖方请求，接受货物和支付价款(第 2-709 条)。

英国《1893 年货物买卖法》把买方的付款义务与货物所有权的转移联系起来，“在一项买卖契约下，如果货物所有权已经转移给买方，而买方不正当地疏忽或拒绝按照契约规定支付价金时，卖方可对买方提出索取价金的诉讼”。(第 49 条)这样，买方在卖方装运货物以前拒绝履行或拒收货物，所有权概念的适用限制了卖方向买方提出价金诉讼的权利，卖方只能索取合同价格与交货时货物价格的差价补偿(第 50 条)。英国普通法把索取价金的诉讼作为债的诉讼，而不是实际履行，这一诉讼被限制在对被告已收到物品价值的偿付，即当被告已经收到货物这种等价物时，原告才可提起价金之诉，结果是法庭可以发出支付令，以各种强制手段(包括以藐视法庭为由的监禁)要求买方支付价金。而在公约框架内，要求支付价款仍属于要求实际履行，我们不能用国内法的术语和诉讼分类解释公约。

---

〔1〕 UCC 第 2-709 条规定：“如果付款期已到而买方未能支付价款，卖方可以要求取得下列价款，并加上以下规定的附带损失：(a)已接受之货物的价款，或损失风险转移至买方后商业上合理的时间内灭失或损坏的符合合同之货物的价款；以及(b)已特定于合同项下的货物价款，只要卖方经过适当努力未能以合理价格将货物转售，或情况已合理表明此种努力不会取得效果。”

2. 公约第 28 条对卖方要求实际履行的限制

正如本书对公约第 28 条的评论所述,虽然按照民法法系的理论,当事人可以要求另一方实际履行合同义务,实际上法院也很少在实体上(physically)强迫当事人履行义务,实际履行的原则从属于大量的例外,而这些例外要比一般原则重要得多。PECL 第 7:101 条集中体现了当代欧洲大陆法关于金钱债务履行的法律精神,[1]它规定:"(1)债权人有权要求偿付到期价金。(2)当债权人尚未履行其义务,并且很显然,债务人将不愿意接受他的履行时,债权人可以继续完成他的履行以及要求偿付任何合同规定的到期金额。除非:a. 债权人本身可以在不付出重要努力或费用情况下进行合理的替代交易;或者根据情况,他的履行是不合理的……"当买方拒绝接受货物,而货物又被卖方所控制时,买方履行他的付款义务应当包括由卖方为买方的利益考虑而转售货物,然后由卖方索赔差价损失,卖方很少通过诉讼请求买方接受货物、支付价款。《中华人民共和国民法典》没有相当于公约第 62 条的条款,但是明确规定买方应当依约支付价款(第 626 条),规定了买方支付价款的时间、地点(第 628 条、第 627 条),但是该法没有规定当买方拒绝接收货物或拒付货款时,卖方应该如何采取救济措施。

当买方没有收到货物或不愿意接受货物时,公约第 62 条规定的权利义务似乎意味着可以强迫买方完成合同预定的交易,因为第 62 条关于卖方可以要求买方支付价金、接收货物与第 46 条买方可以要求卖方实际履行的条款是平行的。不过,这两个条款都要受第 28 条规定的影响,采取实际履行救济最终取决于国内法院的准许,这一点非常重要。除了第 28 条限制实际履行外,公约的其他条款也限制了卖方采取实际履行的救济措施。第 85 条规定,在买方推迟收取货物,没有支付价款时,卖方必须按情况采取合理措施以保全货物,而不是强迫买方接收货物。第 88 条第(2)款规定,如果货物易于迅速变坏或者货物的保全牵涉到不合理费用,则按照第 85 条或第 86 条规定,有义务保全货物的一方当事人必须采取合理措施把货物出售。霍纳尔德认为,即使货物的变坏不是迅速的,长期保管不可避免地产生仓储费用的"损失",他暗示,这种情况下,也应按照第 88 条的

〔1〕 PECL 第 9:102 条关于非金钱义务实际履行已在本书第 28 条评释中引述。

规定及时出售。[1] 当买方拒收货物时，虽然原有的合同义务仍然有效，公约第77条减轻损失的原则约束卖方，使他不得因继续履行义务而导致损失扩大。效率原则要求卖方不得利用第62条的授权把货物强加于买方，因为这要经过国际争议特有的漫长的诉讼过程，直到法庭作出判决才可能实现。巨额的仓储费用损失和货物可能因为存放而过时，失去转让机会的风险决定了强迫买方接受货物绝不是明智的，在大多数情况下，卖方应迅速转卖货物，索赔差价损失。

例62：卖方宁波有限公司与中国香港一公司订立了出售汽车靠垫的合同。合同规定交货条件为C&F菲利克斯多夫，总价金70,201美元，买方应于2000年2月3日开出信用证，规定2月29日交货。但买方于2月3日传真通知卖方宣布取消订单，理由是英国市场无销路。卖方拒绝买方要求，继续完成合同项下货物的生产，在2月28日安排发运，由于买方没有依约履行装船前检验义务，货物未能发出，并产生港口费用。卖方也不能议付货款。卖方提请仲裁，要求：(1)买方赔偿卖方货款60,000美元；(2)买方赔偿卖方滞港费用和律师费等损失。仲裁庭驳回申请人卖方的全部请求。理由是在货物尚未完成交付情况下，卖方无权要求买方付款。而卖方主张的港口费用损失是扩大的损失，不予支持。本案卖方败诉的关键是他提出了不适当的仲裁请求，他本应该主张合同无效，要求赔偿利润损失和其他损失。[2]

3. 第62条与第77条、第79条的关系

根据第77条的规定，声称另一方违反合同的一方必须按情况采取合理措施，减轻由另一方违约而引起的损失，包括利润方面的损失。但是秘书处评论指出："第73条（公约第77条）规定的对于不能减轻损失一方的

---

〔1〕 See John O. Honnold, *Uniform Law for International Sales under the 1980 United Nations Convention*, Deventer/Boston, Kluwer, 1982, p. 358.

〔2〕 参见中国国际经济贸易仲裁委员会编：《中国国际经济贸易仲裁裁决书选编》（1995—2002），法律出版社2002年版，第504~514页。

处罚仅仅是使另一方请求从损害赔偿中进行扣减,它并不影响卖方根据第58条(公约第62条)请求支付价款或者买方根据第46条(公约第50条)要求减价。"[1]这意味着当事人不履行减轻损失的义务应仅限于从他应得的损害赔偿中扣减,而对他(卖方)请求支付价款的权利或他(买方)要求减价的权利不产生影响,即使未违约的卖方或买方违反了减轻损失义务,他可以照常要求对方支付价金或要求减价。这个问题在第77条评释中还将讨论。第79条第(1)款规定:"当事人对不履行义务不负责任,如果他能证明此种不履行义务,是由于某种非他所能控制的障碍,而且对于这种障碍,没有理由预期他在订立合同时能考虑到或能避免或克服它或它的后果。"第79条第(5)款规定:"本条规定不妨碍任何一方行使本公约规定的要求损害赔偿以外的任何权利。"这似乎表明,当买方因为不可抗力的原因而不能履行他的义务,我们假设,位于美国世贸中心大楼的某企业受"9·11"恐怖袭击事件影响,不能及时提取已到达的货物和支付货款,假定买方有能力支付,卖方仍然有权要求买方支付货款,即使买方被免除了损害赔偿的责任。有一点尚不清楚,买方因不可抗力免责是否影响卖方要求支付利息的权利?因为公约关于利息的问题(第78条)没有规定在第五章第二节(损害赔偿),利息似乎不属于损害赔偿范围,但是根据国内法和通常的理解,对违约的买方追索利息属于广义的损害赔偿,买方因遭遇不可抗力免除损害赔偿责任,应包括免除支付利息的责任。

第63条　针对买方逾期不履行义务的宽限期程序

(1)卖方可以规定一段合理时限的额外时间,让买方履行义务。

(2)除非卖方收到买方的通知,声称他将不在所规定的时间内履行义务,卖方不得在这段时间内对违反合同采取任何补救办法。但是,卖方并不因此丧失他对迟延履行义务可能享有的要求损害赔偿的任何权利。

---

[1] UNCITRAL, *Secretariat Commentary on Article 73 of Draft Convention* (*Article 77 of Official Text*), Paragraph 3, Official Records, p. 61.

评 释

1. 第 63 条第(1)款

公约第 63 条作了与第 47 条对应的规定,允许卖方在买方逾期不履行义务时给予他履行宽限期。这两个条款的样式相同,而第 63 条的主要目的是为实施第 64 条第(1)款(b)项做铺垫,确定如果买方在卖方给予其履行的宽限期后,他在宽限期内仍不能接收货物或支付价款,或声明不这样做,卖方有权解除合同。第 63 条同样适用于买方逾期不履行任何义务,包括在可分割履行合同中或分批交货合同中部分不履行义务,无论是主要义务还是次要义务,卖方都“可以规定一段合理时间,让买方履行义务”[第 63 条第(1)款]。例如,在买方不开立信用证时给他宽限期,让他履行;在买方不按照合同履行装船前检验义务时,给他宽限期,让他履行;在买方不接收货物或不支付价款时,给他宽限期,让他接收货物和支付价款。

与第 47 条相似,卖方对于买方违约而给予其履行宽限期应符合以下条件:(1)买方逾期不履行义务。如果合同规定的买方履行期尚未届满,他就有在届满前正常履行义务的可能,宽限期程序不适用,只有在买方处于逾期仍未履行义务的状态,卖方才可以给他宽限期,让他履行。(2)买方同意履行,至少没有明确拒绝履行。如果买方在履行期过后已经声明不履行义务,就没有必要给他宽限期,即使卖方给予买方宽限期,而在宽限期内买方声明不履行,卖方可以终止宽限期程序,采取适当救济,而不必等到宽限期过后再这样做。(3)卖方给予的履行宽限期必须是十分确定的一段时间,如“自通知日起 1 个月履行”“在 9 月底以前付款”等。其他的表述,如“请迅速接货”“请尽快付款”等都不符合第 63 条第(1)款的要求,不属于给予买方宽限期,即使在卖方发出这样的通知过后,买方没有履行,也不产生第 63 条和第 64 条第(1)款(b)项规定的后果,即卖方无权据此解除合同。(4)宽限期必须是合理长的一段时间。是否“合理”,应依据买方履行客观上所需要的时间判断,卖方给予买方的宽限期少于“合理”长的时间也不产生第 64 条第(1)款(b)项的后果。(5)希望给予宽限期的卖方应该向买方发出通知,无论采取何种通知形式,该通知应采取“发信主义”,自发出生效(第 27 条)。

不同的法律制度对于卖方针对买方不履行义务而行使解约权采取不同的态度。有的国家法律规定,当买方不能按期履行合同义务时,即授予卖方解约权。比如,UCC 第 2-703 条规定,如果买方错误地拒收货物或错误地撤销接受,或未能在交付时或交付前按时付款,或部分或全部撕毁合同,受损害的卖方可以采取包括解除合同、损害赔偿在内的救济措施。UCC 没有类似于大陆法的给予宽限期制度。不过,法庭在个案中也判定,买方不按期履行时,卖方不能立即解约,或者因为买方的违约并不严重到可以解约的程度,或者因为卖方放弃了要求买方立即履行的权利。在某些大陆法系国家,法律允许买方请求法庭、仲裁庭裁决给予他履行的宽限期,这相当于由法庭裁决设定一个新的履行日期,〔1〕公约明确摒弃了这一规则[第 61 条第(3)款]。也有的国家法律规定,逾期不履行并不立即产生卖方的解约权,除非合同这样规定或者卖方给予买方宽限期,而买方在宽限期内仍不履行。公约特别反对在商事合同的履行中,一方当事人仅仅是逾期不履行,另一方就立即解除合同。即使是构成根本违约,也并不导致“事实上”解除合同,未违约方仍有权要求实际履行,还可给买方宽限期让他履行,如果买方在宽限期内仍不履行主要义务,卖方才可以解除合同。

2. 卖方给予宽限期的效果

如同在公约第 47 条评释中所述,宽限期程序最主要的作用是确权功能,在第 63 条下,则确定买方在宽限期内不履行主要义务时,卖方可以解除合同的权利。卖方给予买方履行宽限期后可能有以下结果:第一种情况是买方在宽限期内圆满地履行了义务,卖方应接受买方的履行。但卖方有权向买方索赔他没有在原合同规定的期限内履行义务造成的损失以及其他附带的损失。比如,逾期接管货物给卖方造成的仓储费损失;逾期付款造成的利息损失。第二种情况是买方在宽限期内不履行次要义务,如没有依据合同指明货物的式样、规格,没有依约提前检验货物,这时卖方可以采

---

〔1〕《法国民法典》第 1655 条规定:“若不动产的出卖人有丧失标的物及价金的危险时,应立即宣告买卖的解除。如果此种危险不存在,审判员得酌情给予买受人以相当期限,如逾此期限未支付时,应即宣告买卖解除。”

取适当的补救措施,如果不构成根本违约,卖方无权解除合同。第三种情况是买方在宽限期过后仍不履行接收货物或支付价款的主要义务,这种不履行打消了卖方关于买方某种程度的逾期不履行是否足以构成解约权的不确定性,卖方可以宣告合同无效[第64条第(1)款(b)项]。秘书处评论指出:“买方的付款义务包括根据合同或任何有关的法律规章规定,采取步骤和履行手续,以便支付价款(第54条),如向主管部门或银行登记合同以获得必要的外汇许可,申请开立信用证或其他银行担保以方便付款。因此,买方不能在卖方按第59条(公约第63条)指定的额外时间内采取上述步骤就会授权卖方根据第60条第(1)款(b)项[公约第64条第(1)款(b)项]宣布解除合同。卖方不一定要利用第60条第(1)款(a)项[公约第64条第(1)款(a)项]程序以根本违约为由或第63条(公约第72条)预期违约为由宣布解除合同。”[1]

宽限期程序的另一功能是稳定作用。卖方一旦给予买方履行宽限期,他在宽限期内不得对买方违约采取任何补救办法[第63条第(2)款第一句]。主要是不得宣告合同无效,因为客观性抵触,不得要求实际履行,因为主观抵触。除非卖方收到买方通知,声称他将不在规定时间内履行义务。

卖方给予买方宽限期后,可以应买方请求或者自主决定,在宽限期届满前延长宽限期。这时,宽限期以延长后的时间为准,超过此一时间不履行属于宽限期过后不履约。当第一个宽限期届满,买方不履义务后,卖方还可以另外再给买方履行宽限期,新的宽限期给出后,基于旧的宽限期届满,买方不履行义务而产生的卖方解约权丧失,在新的宽限期届满后,买方不履行主要义务,卖方有权解除合同。

---

[1] UNCITRAL, *Secretariat Commentary on Article 60 of Draft Convention* (*Article 64 of Official Text*), Paragraph 7, Official Records, p. 51.

第 64 条 卖方宣告合同无效的权利和条件

(1)卖方在以下情况下可以宣告合同无效:

(a)买方不履行其在合同或本公约中的任何义务,等于根本违反合同;或

(b)买方不在卖方按照第 63 条第(1)款规定的额外时间内履行支付价款的义务或收取货物,或买方声明他将不在所规定的时间内这样做。

(2)但是,如果买方已支付价款,卖方就丧失宣告合同无效的权利,除非:

(a)对于买方迟延履行义务,他在知道买方履行义务前这样做;或者

(b)对于买方迟延履行义务以外的任何违反合同事情:

①他在已知道或理应知道这种违反合同后一段合理时间内这样做;或

②他在卖方按照第 63 条第(1)款规定的任何额外时间满期后或在买方声明他将不在这一额外时间内履行义务后一段合理时间内这样做。

评 释

1. 第 64 条第(1)款

第 64 条规定了买方违约时,卖方可以宣告合同无效的权利和对该项权利的限制。卖方违约,买方可以宣告解除合同的权利由第 49 条作了规定,这两个条款大体上相互对称,可以对照理解。第 64 条第一句规定:“卖方在以下情况可以宣告合同无效”,正如第 49 条评释中已经指出,公约没有接受所谓“自动解除合同”或“根据事实本身解除合同”制度,因为它导致了关于合同是否仍然有效,还是根据事实已经解除的不确定性,而采取了“宣告无效”制度。根据第 64 条,除非卖方基于买方违约的情况和严重性,向买方发出宣告合同无效的通知(第 26 条),否则合同仍然有效实施。同时,宣告合同无效应符合所列举的“以下情况”,这意味着即使一方当事人宣布解除合同,关于合同解除的条件是否已经满足,因而授权他解除合

同的不确定性仍然存在,有待法庭或仲裁庭作出裁决。

第64条第(1)款提出了卖方可以宣布解除合同的两种情况:第一种情况是,“买方不履行其在合同或本公约中的任何义务,等于根本违反合同”。这是卖方可以宣布解除合同的典型情况,它包括买方到期不接收货物和不支付货款;买方到期不履行其他义务,如订立运输合同,发出必要的通知,提供制造合同货物所需要的式样、规格;买方没有履行合同规定的限制转售义务;买方没有配合卖方完成货物特定化和装运,联合进行装船前检验等。买方到期不履行义务,卖方可以不经过第63条的宽限期程序测试,直接宣布解除合同,这必须符合公约第25条标准,就买方违约是否剥夺了卖方的实质利益进行综合评估。一般而言,买方没有严格按照合同规定的日期接受货物或支付价款不应构成根本违约,只有逾期不履行涉及以下特殊情况,才可以考虑构成根本违约,比如,买方需以特定的可自由兑换货币支付,他应该支付价款的期间是该货币的汇率剧烈波动的时刻;买方不能提供信用证等付款担保远远超过合同规定期限;买方到期不接收货物导致卖方巨大的滞期费损失或港口费用;合同涉及巨大数量货物交易,或易腐烂变质货物交易,买方到期不接收货物产生巨大损失;买方不提供样品、图形规格导致卖方根本无法交货等等。此外关于可分割履行合同和分批交货合同的履行中,买方不履行义务导致卖方宣告解除合同的条件在第51条和第73条作了规定。

第二种情况是,在买方没有按期履行支付价款或接收货物义务时(不包括其他义务),卖方依据第63条给予买方履行的宽限期,买方在宽限期过后仍没有履行这样的义务,或者在宽限期内宣告他不能履行义务,则自宽限期届满之日或自买方宣告不履行的通知到达卖方时起,卖方获得解除合同的权利。卖方只要不违反第64条第(2)款规定的限制条件,及时发出宣告合同无效的通知,合同即告解除。一旦发出通知,卖方不能单方撤销通知,除非撤销解除合同的通知先于解除合同的通知到达买方,或与之同时到达买方[第15条第(2)款、第22条]。

依据第54条的规定,买方的付款义务包括为便于支付价款而需要履行的步骤和手续,如开立信用证或履行其他付款保证、安排外汇等,第64条第(1)款(b)项应适用于买方到期不履行这一类义务。买方在卖方给予宽限期过后仍不履行这类义务,卖方有权解除合同。买方为便于支付价款进行的准备步骤也涉及适用第71条或第72条,买方不能履行这些准备步骤,说明其准备履行合同中的行为表明他显然将不履行大部分合同义务,构成预期违约,甚至构成预期根本违约,卖方可以依据第71条或第72条宣告合同无效。

2.第64条第(2)款(a)项

第64条第(2)款对卖方行使解约权的时机进行限制,这一限制区分两种不同情况,即"买方延迟履行义务"和"除延迟履行义务以外的其他违约情况"。第(2)款适用于"买方已经支付货款",这种情况下卖方原则上失去了宣告合同无效的权利,除非"对于买方延迟履行义务,他在知道买方履行义务之前这样做"[第64条第(2)款(a)项]。"延迟履行"是指买方已经履行了合同义务,只不过他的履行发生在合同规定的履行期过后,最常见的延迟履行是买方逾期付款。同时,第64条第(2)款假定其适用的所有买方违约情况,卖方都有权解除合同,无论基于其中(a)项还是(b)项所指。根据第(2)款(a)项的规定,对于买方延迟履行义务,卖方必须在得知买方履行前解除合同。即如果买方延迟付款,卖方在得知买方已经付款时,就失去了宣告合同无效的权利。如果买方延迟履行接收货物的义务构成根本违约,同时已经支付了价款,卖方也失去了宣告合同无效的权利,除非他在得知买方接收货物之前宣告合同无效。如果买方同时逾期不履行接收货物和不支付价款,其中买方不履行付款义务使卖方有权解除合同,如果买方后来支付了价款,根据第64条第(2)款(a)项的规定,卖方在得知买方付款时即失去了宣告合同无效的权利,无论过后买方是否接收货物。根据秘书处评论,买方在宽限期之内不履行义务,而在宽限期过后又履行了义务,这也属于延迟履行,但这个问题由第64条第(2)款(b)项②作了规范,不属于第64条第(2)款(a)项范围。

应当注意到,第64条第(2)款(a)项与第49条第(2)款(a)项是不对称的,仅就付款义务而言,前者的意思是,如果买方已经付款,卖方就失去了宣告合同无效的权利,除非他在得知买方付款前这样做。而后者的意思是,对于延迟交货,买方在得知卖方交货以后的一段合理时间内可以宣告合同无效，即卖方交货后，买方仍有宣告合同无效的机会。对此，霍纳尔德评论："根据第49条第(2)款宣布解除合同的时间起算于'卖方已经交付货物'，一直等待交货的买方不必估算卖方拖延到何时构成根本违约，因而通知卖方宣布解除合同。买方可以等待卖方交货，在得知卖方已经交货之后决定是接受货物，还是拒收货物，宣告合同无效。只要卖方的拖延交货构成根本违约，或者在第47条通知的宽限期内仍不履行。"[1]而已经逾期履行的卖方则应该考虑是否继续筹措资金装运货物，关于买方是否再接受货物的不确定性可通过直接的通信协商解决，或依据第48条第(2)款和第(3)款来解决。可见，第49条下的买方处于主动，如果卖方不交货，他可以一直等待下去，即使卖方最终交付货物，买方也有权决定是否解除合同。相反，对于等待买方付款的卖方而言，公约第64条没有给他这种选择权，如果不经过第63条的宽限期程序，卖方对于买方延迟履行合同，必须在他得知买方履行前宣布解除合同，等待延迟付款的卖方必须估算买方延迟履行到何时构成根本违约，以便宣布解除合同。如果卖方拖延宣告解除合同，而过后了解到买方已经付款，卖方将失去解除合同的权利，即使买方的延迟履行已经构成根本违约。

3. 第64条第(2)款(b)项

第64条第(2)款(b)项规定，对于买方迟延履行义务以外的任何违反合同的事情，卖方应在已经知道或理应知道这种违反合同之后的一段合理时间内这样做。秘书处评论说："如果买方已经支付价金，买方还存在除延迟履行以外的其他某种根本违约情况，第(2)款(b)项①规定，如果卖方不在知道或理应知道买方此项违约后的一段合理时间内宣布合同无效，卖方就失去了宣告合同无效的权利。"[2]买方已经支付价金的情况下还有其他根本违反合同的情况是很少见的，可能的情况是采用信用证方式付款使货款经银行先行支付，而买方在货物到港后无理拒收货物或拒收单据。买方

---

[1] John O. Honnold, Uniform Law for International Sales Under the 1980 United Nations Convention, Deventer/Boston, Kluwer, 1982, p. 320.

[2] UNCITRAL, *Secretariat Commentary on Article 60 of Draft Convention* (*Article 64 of Official Text*), Paragraph 10, Official Records, p. 51.

违反了限制性转售的义务或其他销售限制义务等构成根本违约,这种情况下,卖方应在知道或理应知道这种违反合同后的一段合理时间宣告合同无效。第 64 条第(2)款规定应适用于买方已经支付全部货款的情形,买方未能支付任何一部分货款都使得第 64 条第(2)款不能适用,而应由第 64 条第(1)款调整。如果买方已支付大部分货款,或在卖方给予的宽限期内支付了大部分货款,仅有尾款未能补足,卖方没有什么理由解除合同,买方的行为并不构成第(1)款提出的两项解约条件。反之,如果买方在履行期届满时或在卖方给予的宽限期内仅象征性支付少部分货款,而大部分货款未能支付,就具备了卖方按第 64 条第(1)款的规定宣布解约的条件。

第 64 条第(2)款(b)项②取消了卖方在另一种特殊情况下的解约权,即当买方不能按期付款或拒收货物时,卖方依据第 63 条第 1 款给买方履约的宽限期,买方不是在宽限期内,而是在宽限期过去之后支付了货款,接收了货物,或者在买方明确宣布他将不履行合同之后又支付了货款,接收了货物,这都属于第(2)款(b)项所指"买方延迟履行以外的违反合同情况"。对此,如果卖方不在宽限期届满后的一段合理时间内宣布合同无效,或者不在买方明确宣布他不履行义务后的一段合理时间内宣布合同无效,就失去了宣告合同无效的权利。换句话说,只要卖方在宽限期届满后的一段合理时间,或者在买方宣布他将不履行义务之后的一段合理时间及时宣布解除合同,即使买方过后反悔,决定履行合同,支付货款,仍不能改变卖方宣布解除合同的效力。反过来,如果卖方超出了上述的"一段合理时间"仍迟迟不宣布解除合同,而买方在这一期间已经支付了货款,履行了实质义务,则卖方无权宣告合同无效。法律对当事人的这种限制是基于公约第 7 条规定的诚信原则,公约反对在市场发生变化后宣布合同无效,不允许一方当事人以牺牲另一方当事人的利益为代价去投机。

第 65 条 买方不提供货物规格的处理

(1)如果买方应根据合同规定订明货物的形状、大小或其他特征,而他在议定的日期或在收到卖方的要求后一段合理时间内没有订明这些规格,则卖方在不损害其可能享有的任何其他权利的情况下,可以依照他所知的买方的要求,自己订明规格。

(2)如果卖方自己订明规格,他必须把订明规格的细节通知买方,而且必须规定一段合理时间,让买方可以在该段时间内订出不同的规格。如果买方在收到这种通知后没有在该段时间内这样做,卖方所订的规格就具有约束力。

评　释

第65条指出,在买方有义务详细说明他欲购货物的形状、尺寸或者其他性状而没有按时作出说明时,卖方应享有自己订明规格的权利。有些合同在成立时,买方尚未最终确定所订购货物的规格、式样,如买方在4月1日订购了1000双鞋,合同规定了价格和交货日期(10月1日),合同还规定买方必须在9月1日前向卖方详细说明货物的式样和尺寸,或者规定买方有权订明规格,以便卖方从存货中筹集所要求的货物,或作为制造商,在买方提供式样后按要求制作将要提交的货物。即使合同规定买方有这项义务,他也许因为疏忽没有按期履行,或者他已改变主意,因为市场行情变化,他根本不想接收这批货物,把生意做下去。此时,只要买方没有声明拒收货物,第65条授权卖方可以按照他所知的买方的要求,自己订明规格以继续履行合同。

卖方这样做并不损害他根据合同和公约享有的其他救济权利[第65条第(1)款]。根据秘书处评论的解释,如果买方不能按时订明规格构成违约,卖方既可以自己订明规格继续履约,同时保留公约规定的违约救济权,也可以不再订明规格,中止履行合同,直接寻求违约救济。卖方可以请求损害赔偿[第61条第(1)款(b)项];如果买方不能按时订明规格构成根本违约,卖方可宣告合同无效[第64条第(1)款(a)项],同时要求损害赔偿;卖方可以规定额外的合理时间要求买方履行义务[第63条第(1)款],如果买方在此宽限期内仍不履行义务,卖方可以宣告合同无效[第64

条第(1)款(b)项],请求损害赔偿。[1] 不过,有的学者注意到,秘书处评论此处允许卖方援用第64条第(1)款(b)项行使救济是不准确的,因为这一条款仅适用于买方在宽限期内不能履行支付价款或收取货物的义务,除非买方订明规格的义务可以作为他接收货物的义务的一部分,否则卖方就不应援用第64条第(1)款(b)项,而应援用其他条款解除合同。

如果卖方自己订明规格,可以根据第65条第(1)款的规定,在合同规定的买方本应订明规格的日期过后,按照他所知的买方的要求(不是买方正式通知他的要求)这样做;也可以根据第65条第(2)款的规定,把订明规格的细节通知买方,征求他的意见,卖方应在通知中规定一段合理时间,以便买方在该段时间内订出不同的规格。如果买方在收到卖方的通知后没有在该段合理时间内订出规格,卖方自己所订的规格就具有约束力。反之,如果卖方没有按照他所知道的买方的要求订明规格,或者卖方没有按照第65条第(2)款把订明规格的细节通知买方,并且让买方在一段合理时间内订出不同的规格,卖方自己所订的规格对买方没有约束力。卖方发出的说明其所订规格的细节以及要求买方确认或订出不同规格的通知,只有送达买方时才生效,并且通知中规定的"一段合理时间"应自买方收到通知或在此之后才开始起算。如果买方未收到此项通知,或卖方未能规定合理的时间,卖方自己所订的规格对买方无约束力。总之,当卖方决定自己订明货物规格时,公约第65条对他施加了以下义务:(1)根据第65条第(1)款的规定,他必须按照他所知道的买方的要求订明规格;(2)根据65条第(2)款的规定,他必须通知买方订立规格的细节;(3)他必须规定一段合理时间,让买方确定不同的规格。

第65条的意图是阻止买方通过拒绝提供货物规格来逃避应有的合同义务,公约特别反对这样的观点:大意是只有买方提供了货物规格,合同才成立,或者把它作为卖方提交货物,买方支付货款的先决条件。除非合同明确地作出这样的规定。因为根据第14条的规定,一项建议如果写明货物,并且明示、默示地规定数量和价格或规定了确定数量、价格的方法,即

[1] See UNCITRAL, *Secretariat Commentary on Article 61of Draft Convention*(*Article 65 of Official Text*), Paragraph 6, Official Records, p. 51-52.

符合有效要约的条件,对该项要约表示承诺,合同就成立,没有订明货物的规格并不影响合同成立,也不应对合同的效力产生影响。公约也反对以规格含混不清为由否定卖方应有的因买方未能按时订明货物规格而产生的损害赔偿请求权,如果买方拒绝提供规格导致合同解除,卖方可以向他索赔差价损失(第 75 条)。当合同规定的标的物属于卖方的存货,或者即便由卖方制作,他也可轻易地转售,买方违约时,卖方按第 65 条的规定获得损害赔偿应不成问题。困难的是合同要求按特殊规格制作,该规格的独特性使卖方很难转售货物,而买方通知卖方他不再需要这批货,在这种情况下,卖方还按照第 65 条的规定自订规格,继续制造已没有什么价值的货物,相信这不符合第 65 条的本意,卖方过后要求买方接受货物,支付价金或请求损害赔偿,这与第 77 条减轻损失的原则相抵触。所以,在买方毁约,卖方自订规格所生产的货物很难转售的情况下,合理的卖方应停止制造合同项下的货物,并直接向买方索赔。

第 65 条的原理经由第 77 条的限制,也可在其他类似的情况下适用,如秘书处评论指出:"如果合同要求买方指定运货的船舶,而买方没有在适当的时候这样做,第 73 条(公约第 77 条)要求声称另一方违约的当事人应减轻损失的原则也许授权卖方指定船舶,以减轻损失。"[1]这一评论的适用应限制在买方希望接收货物但由于运力紧张而不能及时派船的场合,若买方有意毁约,拒收货物,卖方就不应当主动派船装运货物。在合同要求买方先查验货物再决定开立信用证时,买方不能及时查验货物,卖方可发出通知要求代表买方查验,根据买方的反应决定是否继续履行。

---

〔1〕 UNCITRAL, *Secretariat Commentary on Article 58 of Draft Convention* (*Article 62 of Official Text*), Paragraph 9, Official Records, p. 49.

第四章 风险转移

第66条 风险转移的含义与后果

货物在风险移转到买方承担后遗失或损坏,买方支付价款的义务并不因此解除,除非这种遗失或损坏是由于卖方的行为或不行为所造成。

评 释

1. 第三部分,第四章概述

公约第三部分第四章共5个条文(第66~70条),建立了公约关于国际货物销售的风险转移制度,这个问题曾经是海牙ULIS起草者们遇到的"需要最为严肃对待的问题之一"。[1] 风险转移制度是关于在特定情况下,货物因自然灾害、意外事故、当事人以外的原因造成损失、灭失,其后果应该由哪一方当事人承担的法律制度。风险损失发生时,如果风险还没有转移,损失后果由卖方承担;如果风险已经转移,损失后果由买方承担,风险转移制度的核心是风险转移的界限如何划分。

1980年讨论公约的维也纳会议召开之际,国际货物交易量迅猛增长,使风险转移问题变得更为复杂和重要,提出了许多新的法律问题。首先是运输的货物发生很大变化,在早期,大宗国际货物交易以散装的矿产、原油、谷物等自然资源产品为主,而到了20世纪80年代,这些种类的货物仅仅是巨大、多样性国际交易的一部分,跨国运输的货物还包括汽车、电器、食品等消费产品;水果、花卉、蔬菜等农产品;电子计算机、精密设备、医疗仪器等高技术产品以及香精、制药原料等精细化工产品。多样性的产品使风险损失额增加,发生的形式、后果呈多样性。其次是"集装箱革命"引

[1] [英]施米托夫:《国际贸易法文选》,赵秀文选译,中国大百科全书出版社1993年版,第321页,注释②。

起跨国运输方式发生巨大变化,给认定风险转移带来一些困难。由于它的安全性,集装箱运输已经成为最普遍的运输方式,它也带动了国际货物多式联运的兴起。货物在卖方所在地或其他存放的地点被装入集装箱,经由货运汽车、火车运往码头或机场,再经过海运、空运完成跨国运输,这是欧洲、北美商人典型的交易。如果货物的损坏、变质发生在集装箱内,很难确定货损发生的准确时间,除非因意外事故,集装箱本身损坏或灭失,所以需要新的规则调整。

CISG 以两个海牙公约为基础,对风险转移问题作了独特处理,尽管留有缺憾,仍然适应了目前国际货物销售和运输实践的需要,为这方面的理论和实践提供了国际法上的指引。公约第 66 条规定了货物风险转移的法律后果;第 67~69 条规定了风险转移的时间;第 70 条规定了卖方根本违约对于风险转移的影响。公约关于国际货物销售风险转移制度的基本安排如下:(1)根据意思自治原则,当事人合同中关于风险转移事项的约定优先适用(第 6 条),允许当事人通过采用贸易术语确定风险转移界限(第 9 条)。(2)强调“货物特定化”是风险转移的先决条件,在货物“特定化”之前,不发生风险转移[第 67 条第(2)款]。(3)提出 5 种模式的补充性划分风险界限的规则,在销售合同没有明确规定风险转移界限时适用。(4)规范了卖方根本违约同时货物又发生风险损失情况下,风险损失分担问题(第 70 条)。

2. 国际货物销售风险转移制度的概念和范围

第四章以“风险转移”为题,有必要首先界定这里所述“风险”(risk)的含义和范围。从事国际贸易的商人要面对多种多样的风险,首先是由于一方当事人违约给另一方当事人造成损害的合同风险,卖方不交货、交货与合同不符或交货延迟将影响买方转售货物或正常的生产经营,造成其利润损失;卖方则担心买方无理拒收货物或拒付货款造成损失。其次是正常的商业风险,即使合同正常履行,当事人也可能陷入不良交易,所交易的货物行情涨跌都可能给某一方当事人带来实际损失或预期的利润损失。利率、汇率的急剧变动也会引起当事人的损失。以上风险,当事人可以通过法律措施和经营策略去规避和控制,设法转移上述风险。不过这些风险却不是国际货物贸易中风险转移制度所要解决的问题,不属于其调整范围。我们再看看因不可抗力原因造成的履行不能(合同落空)或履约艰难(情势变迁)。虽然不可抗力造成履行不能或履行艰难的风险与公约第三部分第四章货物损失、灭失的风险在范围上基本相同,都是由于自然灾害、意外事故、当事人不能控制的政府管制等因素造成的,但是两者归属于不同的法律制度调整,要解决的问题不同。风险转移制度要解决的是风险损失发生后,应由哪一方直接承担这种损失后果,要解决风险损失分担问题,即使货物办了保险,损失属于承保范围,也存在应由哪一方负责向保险公司求偿的问题。而不可抗力制度要解决的问题是当一方遭受不可抗力事故的损失后,他能否免除合同义务或损害赔偿责任,即承担损失后果的当事人是确定的,要解决的问题是他可否免除合同或法律上的责任。

风险转移制度所涉及的"风险"属于货物遭受的实体损失风险,最典型的是由于自然灾害、意外事故、当事人以外原因造成卖方准备履行或已经履行的货物遭受灭失或损坏的风险。造成货物的灭失(loss)与损坏(damage)很重要,这是风险损失的本质特征。《柯林斯合编英语词典》解释:灭失(loss)是不再拥有某物品或拥有某物品比以前减少的事实。损坏(damage)是物品的实体性(physical)损伤,因破坏、损坏、非正常开机所致。贸易法委员会解释:"货物灭失包括货物找不到、被盗,或被转让给另一人等情况。货物损坏包括在运输或储存期间货物完全损毁、实际损坏、变质和短缩。"〔1〕贸易法委员会的判例显示,有的法院将公约第四章还适用于除货物灭失和损坏以外的风险转移,这些风险包括卖方将货物交给承运人后,承运人延迟运输的风险以及一幅画并非声称的画家作品的风险。〔2〕

〔1〕《判例法摘要汇编》(2008年版)第三部分第四章概述第4段。

〔2〕考虑第36条第(1)款的规定,"风险"应包括一般的非由于当事人原因造成的货物与合同不符的风险。在荷兰阿纳姆地方法院1997年7月17日公布的一案中,荷兰卖方将据认为是亨利·范德维尔德的一幅风景画售予德国买方,他们约定,一旦被拍卖的画作有实质上和法律上的缺陷,适用于销售合同的规则同样适用于他们的交易。画作被德国第二买方购得后被送往知名拍卖行拍卖,经出口检验,拍卖行认为画作不是前述作者真品。第二购买人向买方索赔,买方向本案卖方索赔。卖方抗辩第二购买人的起诉超过时限,法院认为:合同由公约调整,公约第2条(b)项排除不适于本案,这不是经由拍卖的销售,而是拍卖方的订单销售。法院发现第二购买人起诉买方超过时限。即使不超过时限,公约第35条规定,货物在被交付时与合同相符是决定性的,卖方不承担货物交付后与合同不符的风险。本案中卖方交货时没有证据表明画作不是作者所作,卖方做了相符的交货。荷兰阿纳姆地方法院判决(1997年7月17日)载罗马统一国际私法协会等主办的项目网站UNILEX。

总之,“风险”具有以下特点:(1)偶然性。风险是自然灾害意外事故造成,而不是必然发生的事故,是不能合理预见的、不确定的。如果卖方在装船时黄豆水分超标,这是交货时固有的缺陷,按预定航线运输货物,可以预见损失不可避免,这样的风险不能转移。(2)风险具有外部性,是当事人以外的原因造成的,如果是当事人自身原因,包括当事人的雇员的原因造成货损,该损失负担不能转移。(3)针对准备履行和已经履行,且已经特定化的货物。显然,尚待制造的货物没有风险转移问题,但是有不可抗力问题,不可抗力制度涉及广义的不履行风险,包括预备履行中的风险,而不限于狭义的货损风险。

首先,货物风险损失是自然灾害、意外事故、当事人以外的原因造成的,除此之外,政府法律变化、贸易禁运、进口国政府依据与标准有关的法律扣押货物,这都属于交易中的法律风险,一般不属于风险转移制度调整范围,因为这类政府行为没有造成货物实体上损坏、灭失,也不是绝对使当事人失去对货物控制,这与战时敌国扣押、海盗劫掠货物不同。其次,这类风险在 Incoterms 中规定由负责取得进出口许可的一方承担,而不由风险转移制度调整,公约框架内也应如此。最后,风险转移制度中的风险一般有可保险性,而上述政府行为通常没有可保性,难以通过一般性保险求偿。〔1〕

销售合同当事人以外的第三人(主要是承运人)的原因造成货损的风险是比较典型的,这属于意外事故。

例 66A:中国 A 公司向海外 B 公司以 CIF 条件出口一成套机械设备,1996 年年初,A 公司与 S 航运公司签订了海上集装箱运输合同,由 A 公司将货物交 S 航运公司装箱运输,合同中注明货物为成套设

〔1〕 关于法律风险是否属于风险转移制度调整,是否可随附货物的实体风险一起转移,是有争议的。有学者认为,法律风险属于风险转移制度调整,如果当事人没有选用贸易术语,并且合同没有就分配此类风险作出规定,应参照公约第四章规则处理。在匈牙利一仲裁庭处理的一案中,匈牙利买方依约在南斯拉夫卖方营业地接运合同项下的鱼卵,合同履行后,南斯拉夫遭联合国贸易禁运制裁,卖方将债权转让给塞浦路斯当事人,买方接受这种转让,但以不可抗力为由拒绝付款。仲裁庭认为风险已在买方接运货物时转移(第 67 条),主张因不可抗力免责的一方也是应该承担风险后果的一方,裁决买方应支付价款。See UNCITRAL, CLOUT, case No. 163.

备,严禁水浸。A公司交货后与S公司共同装箱并加铅封。货物到达目的地后,收货人告知A公司交付的货物被水浸,全部报废。由于买卖双方签订的是CIF合同,收货人要求卖方A公司协助其向S公司索赔。A公司经初步调查,发现运送货物船舶途中进水,加上集装箱下有漏洞,致使货物被浸。但S公司认为A公司参与了封箱,当时未提出异议,故其不应对此事负责,拒不赔偿。[1]

关于此案中货损责任分担,将在下文结合分析第66条第一句具体说明。

3. 风险转移的后果

第66条规定:“货物在风险转移到买方承担后遗失或损坏,买方支付价款的义务并不因此解除,除非这种遗失或损坏是由于卖方的行为或不行为所造成。”就是说,一旦风险转移到买方承担,买方应该:(1)尽管货物已经损坏、灭失,买方仍然有义务支付货款(价金风险);(2)如果货物没有灭失而经由承运人交付买方,买方必须接收受损失的货物,并依约支付全部价款(第53条、第60条);(3)买方无权对风险造成的货损以卖方交货与合同不符为由对抗卖方,向他索赔;(4)买方无权就风险造成的受损货物针对卖方行使第45条规定的其他救济。买方对卖方交付与合同不符货物,如不能在索赔期内提出异议,其后果也与上述风险转移的后果相似,在卖方交货与合同不符时,买方若能及时查验货物,通知卖方,他可以行使包括解除合同在内的索赔权。但是买方如果在发现货物不符之后没有在合同规定的索赔期内或合理时间内通知卖方货物不符的情况,便失去了主张货物与合同不符的权利(第38条、第39条),而应该接收不符的货物,支付货款。与第66条前半部分相反的规则是:卖方对风险转移到买方时已经存在的任何不符合合同情形,按照合同和公约规定承担责任[第36条第(1)款],即在风险转移到买方之前存在的货物与合同不符,即使是由于自然灾害、意外事故造成的,也应该由卖方承担责任。如果受损货物已经运交买方,买方可以拒收货物并向卖方索赔,行使第45条至第50条的救济权利。

---

〔1〕 参见吴惠琴:《国际经济与金融案例评析》,广东经济出版社2000年版,第212~213页。

在例66A中，当事人以CIF条件成交，货物自越过船舷时起，风险转移至买方，所以，货物在运输途中遭受的湿损应由买方承担，他应该接收报废的货物并支付货款。虽然作为卖方的A公司与S公司签订了运输合同，向保险公司办理了保险，他有义务提供必要的资料、文件，协助收货人向有关责任人索赔，他的义务仅此而已。卖方无义务承担货损后果，对B公司索赔的结果也无责任。如果A公司查证货损的原因属实，承运人应该对货损承担责任，根据有关国际公约和中国的海商法，承运人在开航前和开航时应使船舶适航，包括适于航行和载货，在发货人A公司声明货物严禁水浸的情况下，S公司使用有漏洞的集装箱装运货物，造成货损，S公司违反了运输工具适航性的要求，[1]即使A公司与S公司共同装箱加封，不等于A公司允许S公司用不适航的方式承运货物。所以，B公司应向S公司索赔。

4. 第66条后半句

第66条后半句规定了风险转移到买方后，买方对风险转移后发生的货损承担责任的一个例外，即"除非这种遗失或损坏是由于卖方的行为或不行为所造成"。这就是说，如果货物灭失与损害是由于卖方的行为或不行为造成的，即使这种损害是在货物风险转移到买方之后发生的，买方可免除与其遭受的损害相当的支付价款的义务。这一规则可进一步推出：如果货损是由于买方的行为或不行为造成的，尽管损失发生时风险没有转移至买方，买方对于风险转移前他引起的货损应负责任。如在Exworks条件下，货物已经被特定化，注明到合同项下，买方逾期仍不领受货物，逾期之后发生的风险损失，买方应该负责。卖方的行为或不行为肯定与当事人约定的合同义务或公约规定的义务有关，由于他违反了这些相关义务造成了货损，应该对此承担责任。秘书处评论还指出："货物灭失损害也可以由卖方的并不违反合同义务的作为或不作为引起。例如，如果合同是FOB条件，货物正常地在越过船舷时风险转移至买方，当卖方在卸货港收回他的

---

〔1〕集装箱一般由航运公司提供，被视为延伸的船舱。《中华人民共和国海上国际集装箱运输管理规定》第12条第2款规定："集装箱所有人、经营人应当做好集装箱的管理和维修工作，定期进行检验，以保证提供适宜于货物运输的集装箱。"第3款规定："违反本条第二款规定，造成货物损坏或者短缺的，由责任人按照有关规定承担赔偿责任。"

集装箱时损坏了货物,该货损也许构不成违反合同,不过已构成一项侵权。如果货物损失或灭失构成侵权而不是违约,买方根据第41~47条(公约第45~51条)的救济权利都不能适用。然而,如同第78条(公约第66条)所规定,买方无义务支付货款,他有权根据相应的侵权法扣减一部分价金作为损害赔偿。"[1]以下这个真实案例比较恰当地说明了第66条后半句适用的情况。

例66B:(仲裁)申请人美国E公司与被申请人中国D公司于1992年9月9日签订了一份洋茉莉醛售货合同。合同规定由D公司向E公司出售10,000公斤洋茉莉醛,总价金为210,000美元,价格条件为CIF纽约,品质要求为杭州××厂生产的外销产品,纯度99%。合同订立后买方依约开立了信用证,卖方于1992年9月30日在上海港将货物装运。买方E公司在货物装运前分别于1992年9月24日和9月27日两次传真,提醒D公司货物遇高温时色泽会变黄,品质发生变化,要求卖方注意货物温度,不宜过热,以免货物受高温变质,并尽量安排直达船舶。D公司回电称:"现在港口温度适宜,不会对货物产生影响,请放心。"运货船舶于同年11月18日抵达纽约,买方委托的货运公司于11月27日卸货时发现货物存在严重熔化、泄漏现象而未完成卸货,货运公司于11月30日将货物卸下、贴上标签后,于12月4日将货物运交最终用户,遭其退货。买方E公司于12月14日通知卖方及保险人中国人民保险公司沈阳分公司在美国的代理人,保险人的代理人请检验机构检验了货物,认定货损是运输过程温度太高造成,最后E公司、D公司及保险人三方就索赔达成协议,由D公司、保险人分别赔偿给E公司一定金额,E公司处理残值。后D公司没有依协议支付赔偿金,E公司被迫提起仲裁,仲裁庭判令D公司履行协议。支付给E公司6万元赔偿。[2]

---

[1] UNCITRAL, *Secretariat Commentary on Article 78 of Draft Convention* (*Article 66 of Official Text*), Paragraph 6, Official Records, p. 64.

[2] 参见中国国际商会仲裁研究所编:《典型国际经贸仲裁案例评析》,法律出版社1999年版,第51~58页。

仲裁庭对本案的裁决是正确的。仲裁庭认定,卖方交货时货物是合格的,有承运人签发的清洁提单及中国商检机构的检验证书证明,合同采用CIF条件,货损是在风险转移到买方后发生的,如果当事人之间没有事先就货物运输应注意的温度问题作出约定,货物在装船之后发生熔化,卖方是不负责任的。而事实上,买方在卖方装运前已通知后者要注意温度,特别提出要安排直达船舶,20个货柜的货物安排直达不很困难,卖方对于买方的要求没有提出异议,还通知请买方放心,这相当于当事人双方就储存温度控制达成单独约定,卖方有义务在租船订舱时遵守约定。卖方答辩中声称已通过电话将温度控制问题通知了承运人,但是这个通知无从证明,也不足以引起承运人重视,卖方没有履行妥善安排运输义务,货物途经气温高的中国香港,造成损坏,根据公约第66条,卖方对货损负有责任。

第66条后半句与第70条有相似之处,都涉及卖方违约或卖方的行为对货物风险转移的影响,不过这两个条款适用于不同情况。第70条适用于卖方交货根本违约情况下,货物发生风险损失,因为自然灾害、意外事故造成的货损与卖方根本违约造成货物与合同不符同时存在,并且可以分得开,这样,即使在风险转移到买方之后发生意外损失、灭失,买方不受第67~69条风险转移规则的影响,仍享有退货权和索赔权。而第66条后半句适用于卖方行为或不行为引起风险转移至买方之后发生货损,这里卖方没有构成根本违约,可能发生轻微违约,甚至没有违约(见前述秘书处评论),只要风险损失与卖方的行为或不行为有关就足够。[1]

---

〔1〕　在中国江苏公司诉日本公司“丙烯酸酯案”中,卖方依约交付了货物,却在此后指示承运人无单放货给第三人,买方提货不到。虽然该案最终适用中国法律,以卖方违背诚信为由判决卖方退还货款及利息,但由于中国法律中没有解决这一问题的具体规则而引起仲裁庭内部争议。这一案件适用公约第66条后半句就可迎刃而解,显然卖方必须对货物风险转移到买方之后(CFR)的提货不到负责,因为这是由卖方的行为引起的。“丙烯酸酯案”参见中国国际经济贸易仲裁委员会编:《中国国际经济贸易仲裁裁决书选编》(1995—2002),法律出版社2002年版,第427~444页。

第 67 条　货物销售风险转移的界限

(1)如果销售合同涉及货物的运输,但卖方没有义务在某一特定地点交付货物,自货物按照销售合同交付给第一承运人以转交给买方时起,风险就移转到买方承担。如果卖方有义务在某一特定地点把货物交付给承运人,在货物于该地点交付给承运人以前,风险不移转到买方承担。卖方授权保留控制货物处置权的单据,并不影响风险的转移。

(2)但是,在货物以货物上加标记,或以装运单据,或向买方发出通知或其他方式清楚地注明有关合同以前,风险不移转到买方承担。

评　释

1. 划分风险转移界限的国内法理论

国际货物销售风险转移法律制度的核心问题是确定风险转移的时间界限,即从合同订立时起至买方收下和转运货物时为止的整个期间,货物损失、灭失的风险自哪一时刻从卖方转移到买方承担。"在向买方转移风险的时间问题上,不应有丝毫的不确定性。"[1]公约第 67～69 条规定了买卖货物风险转移的时间问题,其中第 67 条规定货物涉及运输时风险转移的时间,包括在特定地点交货(第二句)和不在特定地点交货(第一句)两种不同情况;第 68 条规定"路货"销售的风险转移时间;第 69 条第 1 款规定不涉及运输时货物风险转移时间。实务中,当事人通常通过在合同中并入贸易术语来确定风险界限,也可能不采用贸易术语而自行约定风险界限,第三种情况是合同既没有采用贸易术语,也没有约定风险划分界限,公约第四章仅在第三种情况下适用,补充合同的不足。这并不是说公约的规定不重要,如果当事人的约定与公约规则是一致的,法院也会援引公约规则裁判案件。为了理解公约的这些规定,有必要说明国内立法及国际惯例关于风险转移时间的基本理论和基本规则。

---

〔1〕 [英]施米托夫:《国际贸易法文选》,赵秀文选译,中国大百科全书出版社 1993 年版,第 326 页。

霍纳尔德总结了国际贸易中风险转移的一般理论,提出了在当事人之间分配风险损失时应考虑的几个因素:(1)哪一方处于更有利的地位,以便评估所受的风险损失并向有关的责任人(保险人、承运人)索赔;(2)哪一方处于更有利地位,以便救助和处理受损的货物;(3)谁能以较低成本对所交易货物投保;(4)谁具有更大可能依据标准的商业条件为货物投保;(5)哪一种关于风险转移的规则能最大限度地减少因对货物照管、监管失误引发的诉讼。[1] 除此之外,在确定国际货物销售风险转移的规则时,还应考虑国际贸易的特殊性、贸易实践和惯例的特殊要求。国际货物买卖的突出特点是货物涉及跨国运输,买卖货物的当事人常常与所交易的货物相分离,从卖方交货到买方收货的很长一段时间,货物由第三人控制。同时,单据交付具有重要意义,在单据买卖中,交易的完成并不取决于对货物的实际控制,而取决于交付合格单据。这方面,典型的关于买卖货物风险转移的国内法理论暴露出它的不足。

比较法的研究表明,早在罗马法时期,查士丁尼国法大全规定,自合同成立时起货物风险转移到买方,该原则对 15 世纪的欧洲国家有很大影响。据说这种划分的目的是让买方尽可能早地接管货物,风险变成怠于收取货物的买方应付出的代价。这一理论先假定卖方总是在实体上占有货物,他可以在合同订立时将货物移交给买方。但是在国际贸易中,合同成立时卖方可能不拥有将要出售的货物,即使拥有货物,这些货物可能存放于其营业地以外的地方,并不能立即在实体上控制它,把合同订立作为国际货物买卖风险转移的标志将增加诉讼争议。另一种理论是把风险转移与实体上实际占有货物联系起来,《德国民法典》第 446 条规定,自出卖物交付时起,意外灭失和意外减损的危险转移至买受人。其根据是只要卖方在实体上占有货物,只有他可以采取措施阻止风险损失发生,而在他占有货物期间发生了损失,买方有充分的理由推定卖方有过失而拒付货款,这可以减少诉讼。另外,在卖方占有货物时,要求买方承担损失风险和投保是不现实的,卖方更方便向保险人索赔。这一理论假定货物只能由买卖双方当事

---

〔1〕 See John O. Honnold, *Uniform Law for International Sales under the 1980 United Nations Convention*, Deventer/Boston, Kluwer, 1982, p. 367.

人控制,而没有考虑到国际货物销售在涉及跨国运输时,相当长的一段时间货物并非由当事人控制,另外,如果买卖双方都是中间商,完成一项交易并不意味着货物由卖方实际控制转移到买方实际控制,而是由真正的供货方直接运交最终用户,发生货损很难追究卖方或买方的责任。

国内法理论中影响比较大的是以英国法为代表的把风险与所有权转移联系起来,即所谓“物主承担风险”的原则。这一理论也起源于罗马法,并为17世纪自然法学者格劳秀斯所推崇。英国《1893年货物买卖法》第20条规定:“除另有约定者外,卖方应承担货物的风险直至财产权转移至买方时为止。但财产权一经转移给买方,则不论货物是否已经交付,风险即由买方承担。”《法国民法典》第1624条、第1138条,《意大利民法典》第1465条也采纳了这一原则。按照英国《1893年货物买卖法》的规定,货物所有权转移有两个重要条件:一是货物必须特定化,无条件地注明到合同项下;二是允许当事人通过保留单据而保留对货物处置权和所有权,只有当买方支付货款,卖方才转移单据和货物所有权(第19条),交单与付款是对流条件。这就相当于把单据与付款的对流时刻这一瞬间标准作为转移风险的界限,这一理论在国际贸易领域表现为一种把交付代表货物的单据作为风险转移标志的原则,其理由是:交单是交货义务的一个部分,卖方保留单据就保留了货物控制权,买方只有取得单据,才取得对货物的控制权,谁控制货物,谁就应承担风险。但是这一风险转移界限在实践中很难把握,首先,当事人在国际货物销售中很少就所有权转移问题在合同中作出约定,只能在争议发生时依据相关国内法确定,而国内法关于所有权的制度差异很大,把风险转移与一个事先不能确定的标准联系在一起,等于使风险转移的标准陷于不确定性,这在根本上违背当事人意愿,不利于争议解决;其次,采用单据交付这一瞬时标准要求我们必须准确地判断交单时间与货损发生的时间,并把两者相对照,然后确定风险是否发生转移,实践中这是很困难的,不具操作性。所以,物主承担风险的标准是一个陈旧的标准。

与其相联系的另一种关于风险转移的标准是UCC的前身,美国《1906年货物销售法》所主张的由合同当事人中承担运费、保险费的一方承担风险的原则。理由是卖方既然支付了运费和保险费,意味着他也承担了运输途中的风险和保险范围内的风险,如果卖方支付运保费而由买方承担风险,卖方会寻找廉价的承运人和保险公司来办理运输和投保,就会加大损失风险。这一标准最大的问题是承担运费和保险费的一方(卖方)并不是最有利于发现货损、及时向责任人索赔的一方,另外,即使卖方承担运保费而由买方承担风险,并不等于卖方就会不关心货物安全,它也要承受买方拒收、索赔、处理残余货物的种种压力,必须认真地办理运输和保险,如果把支付运保费的义务与承担风险责任联系起来,卖方可能根本不愿意承担支付运费和保险费。

2. 关于风险转移的国际惯例

公约关于风险转移的规则(第66~70条)是补充性的,在合同中没有就货物风险转移作出规定时才适用。国际商会制定的 Incoterms 列出的各贸易术语中,详细规定了卖方交货地点和货物风险转移界限(参见第31条评释附表),合同中并入贸易术语也就有了关于货物风险转移界限的明确规定。我们注意到,Incoterms 是以交货作为货物风险转移的界限,卖方交货的时间和地点(A4),通常也是风险转移的时间和地点(A5)。"当卖方交货后,货物灭失或损坏的风险,以及负担与货物有关的费用的义务便从卖方转移到买方。"[1] 由于不应给买方任何拖延风险和费用转移的机会,因此,所有的贸易术语都作出规定,当买方没有按约定受领货物或没有给卖方完成交货义务的必要指示通知时,风险和费用甚至在交货前就可转移,前提是货物已注明至合同项下。

迄今为止,国际商会对 Incoterms 有7次修订,这在第31条评释中已经做了回顾,其中2次修订与货物运输的风险转移问题密切相关。为适应集装箱运输的需要,1980年版 Incoterms 增加了3个新的贸易术语,即 FCA(当时的缩略语是 FCR)、CIP 和 CPT,分别与 FOB、CIF 和 CFR 这3个海运术语有对应关系。3个新贸易术语都是装运合同条件,在装运地交货和转移风险,但是与对应的海运术语最大不同是,新贸易术语适用于包括海运在内的各种运输方式;风险转移界限是货交承运人而不是货物装到船上。

---

〔1〕 国际商会中国国家委员会编:《2000年国际贸易术语解释通则》,中信出版社2000年版,引言第8节,第10页。

例如,在FCA(货交承运人……指定地点)条件下,卖方只要在约定期限内,在指定地点将货物交买方指定的承运人控制,就完成交货,货物损失灭失的风险转移给买方。这种风险界限前移对卖方最有利,因为自货物交付给承运人到货物完成拼装装上船要经过一段时间,这一期间,存放在集装箱堆场或场站的货物最容易发生偷窃等风险损失,采用FCA,因卖方已经完成交货,此间的货损应该由买方负担;采用FOB,因货物尚未装船,损失仍由卖方负担,尽管此时货物已经交给承运人,脱离卖方掌管。遗憾的是商人对贸易术语这种变化更新并不敏感,过了很久他们才明白误将FOB用于集装箱运输的不利后果,明白在FCA下,货物不是在装船后,而是在集装箱堆场存放时已经交付给承运人,转移了货物损失风险。

2010年版Incoterms对比旧版的重要变化就是修改传统海运术语FOB、CIF、CFR的风险转移界限,将原来规定的"越过船舷"改为"将货物装上船"(place on board),以适应商业现实需要,"越过船舷"是帆船时代的法律标准,有学者评价:"只有满腔热忱的律师方能满意地观察到,当货物在船上吊杆的末端摆动,横过想象中的来自船舷的垂直投影时发生的不稳定的责任变动情形"。[1] 但是新文本并没有进一步解释何为"将货物装上船"?卖方是否有义务理仓或平仓,把货物安放好?还是说卖方无论以何种方式把货物装上船就完成交货?基于诚信原则,当法律主体有义务做一件事,本身就意味着他有义务以适当方式做好这件事。"装运合同"条件下,卖方需要向承运人完成交付才能转移风险是商业现实需要,这在运用旧的FOB或CIF术语的实践中已经体现出来,虽然理论上风险界限是越过船舷,如果在装运港货物发生吊索损坏,不慎跌落甲板,应该由买方承担这损失后果,可是卖方如果不及时补救货损则难以从承运人处取得清洁提单,无法结算货款,只有圆满完成交付才能实现合同目的。2010年版Incoterms对海运术语风险界限的修订正是对商业现实和习惯的确认。"将货物装上船"理应解释为把货物装进船舱整理好(必要时理仓、平仓),取得清洁提单。在"链式销售"情况下,卖方通过取得上游供货商转让的提单向买方交货(货物理应整理好)。因此采用2010年版Incoterms,之前存在的

---

[1] Jan Ramberg, *ICC Guide to Incoterms 2010*. ICC Publications, 2011, p. 173.

"FOB stowed"(加理舱费)、" FOB trimmed"(加平仓费)等 FOB 变通安排没有必要选用,因为卖方的义务已经自然延伸至把货物装船安放好,完成交付。[1]

3. 公约关于风险转移的原则

公约关于货物风险转移的一个基本原则是:允许当事人通过引用 Incoterms 贸易术语自行确定风险转移的时间、地点,公约第 9 条已经确立了贸易惯例对当事人的约束力。在 1964 年两个海牙公约制定期间,代表们曾提出在海牙公约中对贸易术语作出定义,后来没有这样做的理由是为了防止贸易术语陷于僵化。贸易惯例的生命力在于适应新的技术进步,不断发展,比如集装箱、多式联运、电子商务的发展必然要求 Incoterms 的更新,包括对风险转移问题的修订。公约拒绝涉足贸易术语表明其承认国际贸易惯例和公约本身在发展国际贸易中各自的作用,两者不能相互取代,其中贸易惯例更处于优先的效力地位。在选择风险转移模式上,公约也摒弃了国内立法的制度学说,拒绝将风险转移与合同订立、所有权转移、运输成本的支付等联系起来。Incoterms 传达的信息说明,任何一种把风险转移与某种个别事项联系起来的法律制度,都不能应付不同类型涉及运输的销售合同需要,所以,公约没有提出一个风险转移的一般标准,而是区分几种典型情况,直截了当地指出风险转移的确切标准。

1964 年海牙 ULIS 以交货(delivery of goods)作为风险转移的一般界限,第 97 条第 1 款规定:"当依据合同和本法条款,交货被实施时,风险转移至买方。"把交货作为风险转移的界限受到广泛赞扬,施米托夫称这是"商业现实主义对理论上的教条主义的胜利"。[2] 但是海牙公约所采纳的这个一般标准也受到了批评,因为该公约第 35 条把"交货"解释为实现了卖方所有的合同要求,当卖方提交了有缺陷的货物而没有符合他应履行的合同义务时,就意味着他没有完成交货,风险仍由卖方承担,即使是买方已

---

〔1〕 这类 FOB 变体指卖方承担装船产生的平仓费或理舱费,国内有学者认为这类变体是费用划分,不涉及风险划分,可是一些外国主流学术作品认为这也是风险划分,事实上将风险界限延伸至完成交付,2010 年版 Incoterms 强化了这种理解。

〔2〕 [英]施米托夫:《国际贸易法文选》,赵秀文选译,中国大百科全书出版社 1993 年版,第 347 页。

收下了货物,这显然与今天的贸易实践相冲突。因此,CISG 没有使用抽象的“交货”概念,而采用把货物“交付给(hand over)×××”这样更确切的表述,这可以避免歧义。

公约关于风险转移的规则是对当事人各方可能遭遇的不便进行平衡,基本的政策是如果合同涉及运输,货物通常要投保运输风险,大部分装运合同通常由卖方承担运输费用,而由买方承担运输过程中的风险,因为买方处于更有利的地位,能及时发现和补救货损并向责任人索赔。从减少货物中所含的保险成本考虑,由卖方承担运输风险损失更有效益。卖方可以对于他所销售运输的货物投保一个总括的保险(blanket policies),而不必对每笔交易和每次运出的货物投保分保险(individual policies),从保险的角度看,这应成为公约确定风险转移规则的必要基础。而公约规则与国际惯例的协调同样重要,公约还应考虑如保险总金额的成本效率,哪一方能更好地救助货物、评估损失、提起保险索赔诉讼,以及减少诉讼等竞争政策问题,在这方面,由卖方承担保险就有很大的局限,2010 年版 Incoterms 中 11 个贸易术语给经营者以广泛的选择,其中如 CIF 条件卖方承办保险后,把保单所代表的保险权利连同索赔权利一起转让给买方,由他承担货损风险,负责保险索赔,这是能平衡各方利益、克服风险分配中不利因素的较好选择。

4. 第 67 条第(1)款的适用范围

第 67 条第(1)款适用于销售合同项下的货物“涉及运输”时的风险转移,并且当事人没有使用贸易术语就运输方式和风险转移作出明确的规定。正如本书第 31 条评释指出的,“如果销售合同涉及货物的运输”,这一句并不是指一般意义上的国际货物销售中涉及的运输。事实上,几乎所有的国际货物销售合同的履行都要涉及货物的运输,只不过运输的距离、运输方式、承担运输义务的当事人有所不同而已。这里,公约与 Incoterms 的处理一样,以卖方承担义务的情况为标准,或从卖方承担义务的角度确定规则适用范围,“如果销售合同涉及货物的运输”是指合同某条款明示或默示地规定应由卖方承担或安排货物运输,它不包括由买方承担运输,自备运输工具或委托承运人到卖方的所在地取货,这种情况等于销售合同不涉及货物运输,应由第69条第(1)款调整。秘书处评论这一条款时指出,"如果(合同)要求卖方运送货物或者卖方被授权运输货物,并且事实上这样做,销售合同就涉及货物运输。如果买方在卖方营业地接收货物,即使是货物也许需要由公共承运人从那一地点被运出,或者由买方安排这些货物的运输,这就不属于货物涉及运输"。[1]

卖方承担货物运输的情况又分3种模式:第一种模式是卖方没有义务在某一特定地点向买方交货,销售合同没有规定运输方式和运输路线,没有要求卖方在特定地点把货物交给承运人,买方也没有提出自备运输工具或委托承运人到卖方所在地接运货物,正常的结果是,卖方接到订单后应自备运输工具或委托运输公司把货物"交给第一承运人"以运交买方,通知买方在×××港口、场站或地点接货,这时应适用第67条第(1)款第一句所谓的"第一承运人"规则。第二种模式是卖方按照合同规定,有义务在某一特定地点把货物交给承运人以运交买方,就像目前CIF、FOB、FCA等装运合同所规定的那样,写明卖方应在装运港指定船上或指定的地点把货物交给承运人,这里应适用第67条第(1)款第二句所谓"特定地点的承运人"规则。第三种模式是销售合同既涉及货物运输,同时又要求卖方在某一特定地点,如买方营业地附近的港口,向买方交付货物,这是大多数目的地交货合同规定的情景(参见Incoterms D组术语),这时应适用第69条第(2)款所谓的"目的地交货"规则。当事人采用哪一种模式应根据合同认定,如果合同规定了卖方运输货物的路线,比如对于由中国长春地区运往韩国的玉米,合同要求卖方由大连港装船运至韩国釜山,这就应该适用第67条第(1)款第二句的"特定地点承运人"规则,尽管货物要通过铁路或公路把玉米从产地运往大连港,在货物于大连港装船前,风险并不转移至买方。如果合同没有指定运输路线,或合同规定由卖方自行决定运输,应适用第67条第(1)款第一句的"第一承运人规则",货物由产地运交铁路长春站时,风险转移至买方。如果合同规定卖方在韩国釜山交货,应适用第三种模式,即"目的地"交货规则。

---

[1] UNCITRAL, *Secretariat Commentary on Article 79 of Draft Convention* (*Article 67 of Official Text*), Paragraph 2, Official Records, p. 64.

公约立法的历史表明,第 67 条第(1)款意在提供各种属于“装运合同”项下货物风险转移的一般规则,如同 Incoterms F 组术语和 C 组术语所显示的那样。“已经有法院判决书裁定,成本加保险费、运费,成本加运费……术语与第 67 条第(1)款相一致。”〔1〕这类交易条件下,卖方只要在其营业地或货物存放的地点把货物交给第一承运人以运交买方,或者在合同指定的某一特定地点把货物交付给承运人以运交买方,就算完成交货义务,货物风险也在交货时转移至买方,买方承担整个跨国货物运输,甚至包括在此之前大部分境内运输的风险。这一运输及风险转移模式是国际公认的普遍的模式。〔2〕 而第 69 条第(2)款则调整属于目的地交货合同(Incoterms D 组术语)的风险转移。

5. 第 67 条第(1)款的含义

第 67 条第(1)款第一句规定了涉及货物运输时的第一种风险转移模式,即卖方有义务承担运输,但没有义务在其营业地或货物存放地以外的某一特定地点把货物交付给承运人以运交买方[第 67 条第(1)款第二句],或在该地点直接交给买方,这时,货物风险自交付给第一承运人时转移到买方承担。秘书处评论指出:“如果销售合同规定从卖方的营业地或装运时货物存放的其他地点运输货物,而没有要求卖方在除开始运输地点以外的其他地点把货物交付给买方或承运人,则依据销售合同,货物被交付给第一承运人以运交买方时起,风险就转移到买方承担。”〔3〕这里的“依据销售合同”是正式文本新加进去的,意在强调把货物运交第一承运人的程序应依据相关合同。公约决不限制当事人选择承运人及运输模式的权利,更希望当事人能通过运输合同或销售合同分清风险责任。“交付给第

〔1〕《判例法摘要汇编》(2008 年版)第 67 条第 3 段。

〔2〕有人在意大利宪法法院提出,《意大利民法典》第 1510 条第 2 款规定卖方通过把货物交给承运人履行了交货义务,因此默示运送货物的风险由买方承担,这与意大利宪法第 3 条规定的平等原则不符。事实上,根据《意大利民法典》第 1228 条的规定,承运人被视为卖方代理人,卖方应为其行为负责。宪法法院驳回这一论点,依据是第 1510 条反映了国际公认的规则,该规则体现为公约第 31 条和第 67 条的规则。参见 UNCITRAL, CLOUT, case No. 91(意大利宪法法院,1992 年 11 月 19 日公布)。

〔3〕UNCITRAL, *Secretariat Commentary on Article 79 of Draft Convention* (*Article 67 of Official Text*), Paragraph 4, Official Records, p. 64.

一承运人”意味着货物必须移交给承运人监管,除非另有协议,涉及海上运输,卖方将货物运至船边,使承运人能接管货物就足够,装运货物以及在此之后的风险由买方负担;如果是多式联运,涉及陆上运输,货物被装上承运人提供的运输工具就足够。“货交第一承运人”这种风险转移的模式最可能发生在当事人之间地理上非常接近,卖方只需要安排卡车就可以把货物运至买方营业地的情况。但是也不排除涉及多种运输方式,比如合同要求卖方安排运输,他可以由铁路把货物运至一港口,然后由船舶运往买方,也有的合同仅要求卖方安排运输,运输方式由卖方自己选择。无论何种方式,在卖方把货物交付给第一承运人,使之能在实体上控制货物时(而不是越过船舷时),风险转移至买方。问题的关键在于谁是第一承运人?

例 67:贝尔格莱德(塞尔维亚)的卖方接受了埃及买方的订单,向买方出售了 10 台机器。合同没有规定运输方式,按照惯例,卖方决定由铁路从贝尔格莱德运往位于克罗地亚南部的里耶卡港的铁路终点,然后由船舶自里耶卡港经海牙把货物运往买方所在地埃及的亚历山大港。卖方用自备的卡车把机器从工厂运往铁路车站,途中卡车出了事故,机器受到严重损害,卖方是否有权向埃及的买方收取货款?

此例中的第一承运人应该是铁路运输承运人,陆上运输虽然是第一环节,承担运输的却是卖方自己,如果把卖方自己承担的那一段公路运输认定为第一承运人,按照第 67 条第(1)款第一句的卖方把货物交给第一承运人的规则,这里就变成了卖方把货物交给他自己,这显然不合逻辑。所以,第一承运人的规则是转移货物控制权的规则,这个承运人应为独立承运人(independent carrier),是卖方以外的经营运输业务的实体,卖方用自己的运力承担运输没有转移控制权,不发生风险转移效果。在这种情况下,货物仍由卖方控制,他有义务按照公约和合同规定照管好货物,他也是处于有利地位救助风险损失,防范风险损失发生的一方。

第一承运人的规则也可以在国内法和贸易惯例中找到佐证,UCC 第 2-509 条规定:“1. 当合同要求或授权卖方通过承运人发运货物时:a. 如果合同未规定卖方在特定目的地交付货物,卖方将货物适当地交付给承运人后风险即转移至买方,即使卖方保留了权利(第 2-505 条)……”2000 年版 Incoterms 中 FCA 术语的说明也解释:“承运人指任何人在运输合同中,承诺通过铁路、公路、空运、海运、内河运输或上述运输的联合方式履行运输或由他人履行运输。”[1]承运人是运输合同的当事人,自然排除卖方自己。在上例中,卡车事故造成的损失应由卖方自己承担,因为风险是在货物交付给第一承运人之前发生的,如果卖方不是自己承担公路运输,而是雇佣独立承运人运输,该独立承运人应该是第一承运人,他在运输中发生货损,应由买方承担风险。

当卖方没有义务在某一特定地点交付货物时,卖方把货物交给一独立承运人安排运输时就转移了风险,买方承担自此以后可能发生的多种方式运输的风险,甚至包括在卖方境内运输的风险,这一点也有关于“第一承运人”的不同看法。一个同样受到广泛支持的见解是:第一承运人应该是承担跨国运输的承运人(transnational carrier),国内运输不发生向买方转移风险的效果。这样,上例中风险转移的界限是货物被交付给里耶卡港的海运承运人时,在此之前的风险损失应由卖方承担或由他向保险公司索赔,这一主张的理由是公约所述的“销售合同涉及运输”主要是指跨国运输,只有跨国运输才可能是销售合同中所涉及的。不过这一论点在公约及正式评论中尚无根据,不应以此作为理解第一承运人的标准。对于像美国、欧洲、中国这样既有大面积内陆地区又有延长的海岸线、众多出海口的国家和地区,货物先通过内陆的公路、铁路运往出海口,再由海上运输到国外的联运模式具有相当典型性,在海运和空运过程中发生的事故也同样可能在陆上运输中发生,是否把境内的内陆运输包含在第一承运人规定中,会产生完全不同的法律后果。在销售合同没有规定运输方式时,把独立承运人承担的内陆运输纳入“第一承运人”规则,在政策上是公平和有效率的,这可以避免既不在卖方所在地,也不在买方所在地,而是在一个运输中转地点划分风险的不利局面。

第 67 条第(1)款第二句属于第一句的例外,提出了目前贸易实务中最

---

〔1〕 国际商会中国国家委员会编:《2000 年国际贸易术语解释通则》,中信出版社 2000 年版,第 29 页。

普遍适用的第二种风险转移模式，即合同规定卖方有义务在某一特定地点把货物交给承运人，“在货物于该地点交付给承运人以前，风险不转移到买方承担”。秘书处评论描述了这样一种典型情况：“在许多涉及货物运输的销售合同中，卖方被要求把货物交付给除其营业地、货物存放地以外的某一地点的承运人，如内陆的卖方以 CIF 条件销售货物，他被要求把货物交付给位于港口的海运承运人，卖方有必要把货物运往该港口，他可以使用自己的人员、运输工具完成这项工作，而通常雇佣独立承运人完成这一运输。”〔1〕在这种情况下，当货物被交付给这一指定地点的承运人时，风险转移至买方。Incoterms 列举的 F 组术语指明了特定装运地点，C 组的贸易术语后接目的港或目的地名称，但运输合同也指明装运地点，这样，在卖方把货物交付给这一指定地点的承运人之前，运输风险由卖方自己承担，即使这一段运输可能是由独立承运人负担亦应如此。严格地讲，当事人若采用贸易术语，风险转移界限并不都是交给特定地点承运人，应严格按贸易术语的规定执行，如果没有使用贸易术语，而合同又要求卖方在其营业地、货物所在地、最后目的地（买方营业地）以外的某一地点把货物交给承运人以运交买方，当卖方在该地点把货物交给承运人而不是交给第一承运人时，风险转移至买方。在例 67 中，如果合同规定卖方在里耶卡港装船，里耶卡港就是一个转移风险的地点，卖方在这里把货物交给海运承运人之后（而不是在越过船舷），风险转移至买方。霍夫曼认为，“特定地点承运人”模式反映了这样一种理念：当货物既涉及陆上运输又涉及海上运输时，风险只能在装运港而不是在货物被交付给第一陆上运输承运人时转移至买方。但是从第 67 条第（1）款表述中看不出这层意思。而霍纳尔德的观点较令人信服，他强调：“公约拒绝这样的观点，当销售合同既要求陆上运输，也要求海上运输时，货物在被交付给海运承运人之前风险不能转移至买方。这样的风险划分与现代多式联运的惯例不符，也会产生确定风险在何处发生的实际问题。”〔2〕

〔1〕 UNCITRAL, *Secretariat Commentary on Article 79 of Draft Convention* (*Article 67 of Official Text*), Paragraph 6, Official Records, p. 64.

〔2〕 John O. Honnold, *Uniform Law for International Sales under the 1980 United Nations Convention*, Deventer/Boston, Kluwer, 1982, p. 377.

交给"特定地点承运人"转移风险,的确是反映国际货物运输独特性的风险转移模式,或者说是为那种最常见的货物先由陆上运输工具运往出海港口,然后由海运承运人完成跨国运输的模式"量身定做"的一种风险转移规则。这一规则在主要调整国内货物销售的国内立法中常常被忽略,如UCC 第2-509条第(1)款a项和b项分别规定了装运合同和到货合同风险转移的情况,第(2)款规定在卖方营业地或货物所在地交付时转移风险的情况,第(3)款规定买方收到货物转移风险的情况,没有所谓的"特定地点承运人"规则。原《中华人民共和国合同法》也缺失这方面规定,《中华人民共和国民法典》补充了这一不足,其第607条规定,出卖人按照约定将标的物运送至买受人指定地点并交付给承运人后,标的物毁损、灭失的风险由买受人承担,这应该属于货交特定地点承运人转移风险模式。

公约第67条第(1)款最后指出:"卖方授权保留控制货物处置权的单据,并不影响风险转移。"这是针对某些国内法主张的"风险随所有权转移而转移的原则"所作的特殊说明。按照英国法,卖方在把代表货物所有权的单据交给买方之前,所有权和风险都不转移到买方。公约上述规定表明,英国法的规定在公约成为准据法时,可以影响公约所调整的货物销售的财产权的转移,但不影响风险的转移。

6. 第67条第(2)款

第67条第(2)款提出了公约关于货物风险转移的一项重要前提条件,就是货物应以一定的方式标注到合同项下。标注或注明(identification)就是将货物"特定化",意味着卖方所出售的货物已经与某一特定的合同联系在一起,一旦发生风险损失、灭失,也有了归属。如同本书对公约第32条的评释中所述,在正常情况下,卖方可以在货物包装上打上标记,标明目的港和收货人、货物品名、产地等,用此方式将货物注明到合同项下,也可以从卖方应提交的装运单据(发票、提单、装箱单、保单等)中得出货物的收货人,这都是货物被特定化的方式。但是,若卖方交付的是散装货,并且所装运的货物又是为履行多个合同,交付不同的买主,就不能用打标记的办法注明,而必须向买方发出装运通知或发货通知才能产生特定化效力。有时提单和发票上不能显示出收货人的名称,如采用空白指示提单或凭发货人或银行的指示交货,这也需要发出必要的通知。货物被注明到特定合同项下之后,再发生意外的风险损失,卖方可主张这是应由某个特定买方承担的损失,而在未特定化之前,风险没有转移至特定买方,卖方无权提出这样的要求。可见,将货物特定化制度可以防止卖方在货物发生风险损失后,错误地标注受损货物,主张这些受损货物是由某买方购买的。注明、特定化、划拨制度似乎是英美普通法特有的制度,我们从英国《1893 年货物买卖法》(第 18 条规则 2、规则 5)和 UCC(第 2-501 条、第 2-105 条)中都可发现其存在,而《德国民法典》无此规定。

卖方装运货物后向买方发出货物已经装船启运的通知,对于许多货物在交给海运承运人之后转移风险的装运合同而言,发出装船通知这种注明方式使货物特定化与风险转移的时刻大体上一致。不排除货物在越过风险转移界限之后发生损失,而卖方还没有将其注明到合同项下的情况,此时货损之后注明是否来得及?这个标注是否具有溯及既往的效力?一些国家国内法主张在货物发生损失与灭失之后完成的特定化不具有溯及既往的效力,相反,ULIS 第 100 条规定,只有当卖方寄运单据时知道或理应知道其交付给承运人的货物已经灭失,风险才不转移至买方(否则风险就发生转移),就是说,标注通常具有溯及既往的效力。公约第 67 条第(2)款清楚说明在卖方完成注明前风险不转移至买方,这样,货物遭到意外损失或灭失,认定其是否在完成特定化之后发生具有重要意义,公约第 67 条第(2)款显然鼓励卖方尽早地向买方发出发货通知。

第 68 条　运输途中出售货物的风险转移

对于在运输途中销售的货物,从订立合同时起,风险就移转到买方承担。但是,如果情况表明有此需要,从货物交付给签发载有运输合同单据的承运人时起,风险就由买方承担。尽管如此,如果卖方在订立合同时已知道或理应知道货物已经遗失或损坏,而他又不将这一事实告知买方,则这种遗失或损坏应由卖方负责。

评 释

1. 第 68 条第一句

第 68 条调整在运输途中出售货物时风险转移界限,这在所谓“链式销售”中最常见。[1] 作为中间商的卖方购买了已经装船运输的原油、天然气、谷类、矿物等散装种类物,当船舶在公海航行时,卖方把这些货物出售给第一买方,第一买方还可能通过转卖单据将货物转售第二买方,直到最终买方预期在货物到达他指定的港口时收取货物。船舶在公海航行的某一时刻,甚至在卖方与买方达成交易之前,都可能因为自然灾害、意外事故造成货物损坏、灭失,这种情况不能适用第 67 条第(1)款,因为货物不是由卖方交给承运人以运交买方,而是在运输途中交付给买方。

例 68:中国香港特别行政区中间商从澳大利亚购进 5000 吨鱼粉饲料,货物于 4 月 1 日装船,预期在 4 月 25 日到达中国香港,在由澳大利亚驶往中国香港的航行途中,中国香港中间商把这批货物卖给了中国广州的买方,当货物于 5 月 1 日到达汕头港时,买方经检验发现部分货物遭受海水浸湿。当事人之间就这批货物的损失责任发生争议。

第 68 条第一句规定了在运输途中销售的货物风险转移的一般原则:“对于在运输途中销售的货物,从订立合同时起,风险就转移到买方承担。”当货损是由于可查明的恶劣气候、船舶碰撞等意外事故造成时,因为有明确的记录,损失究竟发生在合同订立前还是在此之后,这个界限是容易搞清的。可是若造成货损的灾害或事故不易查明,如渗水、潮湿、过热,损失发生的时间无法确定,这个界限也不易划清。按照这一原则来分析例 68,虽然当事人双方订立合同的时间可以确定,但我们不得不面对另一个

〔1〕 Incoterms(2010)中针对“链式销售”中卖方的交货义务和交货方式作出特别规定,序言说明,在销售链中间的卖方实际上不需要运输货物,因为销售链起始端的卖方已经安排了运输,中间卖方是以“取得运输中货物”的方式履行交货义务。参见 Incoterms(2010)序言第 9 段以及相关贸易术语 A4 项规定。

难题，就是要查明货物湿损究竟是在中国香港中间商与广州买方订立合同之前，还是在此之后发生的。这在技术上有困难，结果是：第 68 条第一句专门针对货物在运输途中出售规定的风险转移的一般原则在许多情况下并不能解决问题。

公约立法的历史表明，正式文本第 68 条是维也纳外交会议妥协的产物，是公约起草者中主张避免在运输途中划分风险的一方与主张避免由买方承担在货物被买进以前所发生的风险损失的另一方之间的妥协，是代表前者的发达国家与代表后者的发展中国家之间的妥协。与第 68 条相对应的公约草案第 80 条排除了在运输途中划分风险的可能性，它规定："在运输途中出售的货物在其被交付给签发控制货物处分权单据的承运人之时起，货物风险由买方承担。然而，如果在合同成立时卖方知道或理应知道货物已经损坏或灭失，而他没有向买方披露这一事实，该货物灭失、损坏的风险就由卖方承担。"这一规则据说是反映了欧洲国家的惯例，并为 ULIS 所承认（第 99 条），它基于以下理由：在运输途中出售的货物难以精确地认定货损在何时发生；希望货物损失、灭失风险在货物状况可知的或能获知的时候已经转移；买方处于最有利于提出保险索赔的地位。但是这一条款在维也纳会议上遭到代表发展中国家的"亚非法律咨询委员会"的反对，因为它意味着买方要溯及既往地承担货物在被买进以前已经发生的风险损失，巴基斯坦的代表建议应改写成"风险自合同成立时起转移"；印度代表建议加上一句："货损如在合同成立之前发生，该条款不适用。"正式文本基本采纳了巴基斯坦代表的建议，产生了风险自合同成立时起转移的一般原则，同时又保留了一句弹性规定，即"如果情况表明有此需要，从货物交付给签发载有运输合同单据的承运人时起，风险就由买方承担"。

2. 第 68 条第二句和第三句

第 68 条第二句的弹性规定适用于第一句表述的一般原则例外的情况。但是公约没有说明，"情况表明有此需要"中所指的是何种"情况"？如果是指允许当事人在第一句一般原则以外另行安排风险转移界限，这不需要特别规定，因为根据第 6 条的规定，公约本来就允许当事人另行规定货物风险转移界限，并把当事人约定放在优先效力地位。霍纳尔德认为，这里所说的"情况"是指卖方通过交付给买方标准的全套单证,包括运输单证和凭被保险人指示赔付的保险单,把运输途中的货物出售给买方,这样,卖方(被保险人)把保险单背书转让给买方的事实表明买方是唯一可以凭保险单向保险公司索赔的人,证明整个运输风险已由买方承担这一意图。原联邦德国代表霍夫曼也同意这一看法。[1]

而公约立法的历史并没有清楚地说明在何种情况下运输途中出售的货物的风险并不是从订立合同时起转移至买方,而是从货物交付给跨国承运人时转移至买方的。第 68 条第二句的另一处修改是把草案中"交付给签发控制货物处分权的单据的承运人"改为"交付给签发载有运输合同单据的承运人",强调承运人签发的单据与运输合同有关,以便澄清此处的承运人应为承担跨国运输的海运或空运承运人,而不是承担国内运输的陆上承运人。假定陆上承运人把货物运往开始跨国运输的装运港途中发生货损,该损失不应由买方承担,而是属于风险转移买方之前发生的损失,第 68 条第二句也不适用。

第 68 条第三句规定:"尽管如此,如果卖方在订立合同时已知道或理应知道货物已经灭失或损坏,而他又不将这一事实告诉买方,这种灭失或损坏由卖方负责。"从第 68 条上下文分析,第三句但书显然是对第 68 条第二句情况的限制,意思是:尽管根据第二句,风险自卖方将货物交给承运人运输时已经转移至买方,如果卖方在与买方订立合同时已经知道货物灭失或损坏,即使这种货损发生在卖方将货物交付给承运人之后,也应由卖方负担。这里的问题是卖方是否应该承担合同订立后发生的损失?第三句是否也是对第一句的限制?假如例 68 中,中国香港中间商于 4 月 20 日与广州买方达成销售协议,当时他已经知道货物湿损了 500 吨,而 5 月 1 日货物到达汕头时,买方检验发现货物湿损了 1000 吨,卖方是否要对这另外的

---

〔1〕 See John O. Honnold, *Uniform Law for International Sales under the 1980 United Nations Convention*, Deventer/Boston, Kluwer, 1982, p. 380; Bernd von Hoffmann, *Passing of Risk in International Sale of Goods*, Dubrovnik Lectures, p. 294.

500 吨负责?[1] 主张第 68 条第三句适用的场合,卖方对他所知的合同订立时发生的货损以及在此之后发生的货损都要负责,不仅与第 68 条第一句的一般原则相抵触,也动摇了第 36 条关于货物与合同不符风险划分的基础,根据第 36 条和第 68 条第(1)款的规定,在风险转移时和转移前发生的货损属于货物与合同不符,而在此之后发生的货损属于风险损失。第 68 条第(3)款不应该改变这些关于风险转移的基本规则,假如上例中合同订立后发生的 500 吨货损与在此之前发生的 500 吨货损能清楚地分得开,卖方不应对在合同订立后发生的损失负责。

第 68 条的重要性在于确立了运输途中出售货物划分风险转移界限的一般原则。当造成货损的原因、时间和地点都难以查明时,第 68 条第一句的一般原则最终将损害买方利益,无论货损在何时发生,也无论发生货损时谁拥有货物,风险损失都将由在整个航程终点的最后的买方承担。当然这也取决于谁负举证责任,如果买方有责任证明货损在风险转移前发生,买方将败诉,因为他将难以证明这一点。如果卖方负举证责任,他也将败诉,而举证责任问题应由冲突法规则决定。正因为第 68 条第一句的不足,研究公约的学者都建议,对于运输途中出售货物的风险转移问题,应由合同作出明确规定,而不是依靠第 68 条来推定,任何一个明智的卖方都不会置路货的风险转移于不顾,任凭去推论,这一特殊类型的交易需要一个明确的关于风险转移的条款。对买方最有利的是在合同中明确规定货物在目的港交付时转移风险。

对于在运输途中向两个以上买方出售的种类物,货物还没有或者根本不可能被清楚地划拨到各自合同项下,发生了风险损失将很难确定应由哪一方承担。假定摩洛哥中间商与两位法国买方签订了出售正在运输途中的原油合同,两位买方各购得一船原油的一半,油轮离开摩洛哥航行在公海,在开往德国途中因大雾与另一艘货船相撞,损失了部分原油。第 68 条并不能解决上述问题中的损失分担问题,可行的办法是按买方购得的原油

---

〔1〕 与公约 68 条对应的纽约草案第 80 条的英文本最后一句是:“Such loss or damage is at the risk of the seller.”而英文正式文本改为:“The loss or damage is at the risk of the seller.”这一细小改动也是引起争议的原因,似乎后者包括合同订立后的损失。

的比例分担该损失。

第69条　不涉及运输货物和目的地交货的风险转移

(1)在不属于第67条和第68条规定的情况下,从买方接收货物时起,或如果买方不在适当时间内这样做,则从货物交给他处置但他不收取货物从而违反合同时起,风险移转到买方承担。

(2)但是,如果买方有义务在卖方营业地以外的某一地点接收货物,当交货时间已到而买方知道货物已在该地点交给他处置时,风险方始移转。

(3)如果合同指的是当时未加识别的货物,则这些货物在未清楚注明有关合同以前,不得视为已交给买方处置。

评　释

1. 第69条第(1)款

第69条调整不属于第67条、第68条规定的其他特殊情况,第69条第(1)款适用于销售合同不涉及货物运输,即不涉及卖方运输货物的风险转移,这是指买方根据合同安排有义务自备运输工具或委托公共承运人到卖方所在地收取货物。2000年版Incoterms中,Exworks条件与这种风险转移模式最相似。基本的规则是从买方到卖方的营业地接收货物时起,风险转移至买方;当买方被允许接收货物,而根据合同他没有义务接收货物,且货物在卖方掌管期间,货物损坏、灭失的风险仍由卖方承担。[1] 秘书处评论以如下实例说明这一规则:

〔1〕 对当事人在合同中商定的交货及风险转移条件应作具体分析,不能看价格术语的表面规定。在德国科隆高等法院审理的一案中,卖方有义务交付买方一批摄影器材,价格为"工厂交货价目单价格"(list price Exworks),法庭认为这一术语不是对风险的界定,而是对价格的规定。合同履行中,卖方有义务雇用日本独立承运人从日本工厂将货物运交买方,这一合同安排被认为与第67条第(1)款合同涉及货物运输的风险转移模式相符,而不应适用第69条第(1)款。参见UNCITRAL,CLOUT, case No. 283(德国科隆高等法院,1997年7月9日)。

例 69A:合同规定买方于 7 月在卖方的仓库接收 100 箱晶体管。7 月 1 日,卖方把 100 箱这种货物标明买方的名称,并把货物堆放在仓库中专门用于准备提取或发运的场地,买方于 7 月 20 日派车接运了货物,货物风险于 7 月 20 日转移到买方承担。假定在买方于 7 月 20 日提取货物以前,卖方于 7 月 1 日把货物划拨到合同项下之后的某一日,如 7 月 19 日,货物发生意外灭失,风险损失应由卖方负担。

第 69 条第(1)款规则中所述"从买方接收货物时起",无论如何应理解为买方或其代理人在物体上实际控制货物的时候,而不仅仅是第 69 条第(1)款后半句和第(2)款表述的货物处于交付状态,等待买方处置时,或是双方办理单据交接手续,卖方意图交付货物,买方知道这一意图时(这本身就会引起争议)。上文中假定 7 月 20 日买方的货车到达卖方仓库,停在外边等待装运,双方办理交接手续,在装运时恰好货物在被搬动时发生损坏,这种损失也不应由买方负担,因为货物被装上买方的货车时才可理解为由买方控制。这样理解才能与公约关于风险责任分配的政策考虑相吻合,公约的政策是:在未违约时或没有合同规定时,意外事故风险应由在照管货物、办理保险方面处于最有利的一方当事人承担。"只要卖方在实体上占有货物,买方有义务接收货物的某一期间的最后一天尚未过去,卖方应该承担风险损失是适宜的,正是卖方处于最有利的地位保护货物,使之免遭损害、灭失,并且一旦损害、灭失发生,可以向造成损害的责任人索赔或向保险人索赔。"[1]当卖方控制货物时,如果要求买方对卖方掌管下发生的意外灭失的货物支付价款,买方很可能主张损失是由于卖方照管不当所致,这种诉讼争议解决涉及较高的成本及当事人的不确定性;根据成本效益原则,办理保险需要关于标的物状况的准确信息,由掌管货物的卖方办理保险更合适。

第 69 条第(1)款后半句指出,如果买方不在适当的时间内接收货物,则从货物交给他处置,但他不收取货物,从而违反合同时起,风险转移

---

〔1〕 UNCITRAL, *Secretariat Commentary on Article 81 of Draft Convention* (*Article 69 of Official Text*), paragraph 4, Official Records, p. 65.

到买方承担,条件是货物已注明到合同项下。“如果合同指的是当时尚未注明的货物,则这些货物在被清楚地注明到合同项下之前,不得视为已交给买方处置”[第69条第(3)款]。

例69B:假定的事实情况与例69A相同,只是买方直到7月底仍不来收取货物。7月30日,卖方通知买方接受货物的期限已近届满,催促他尽快接收货物,买方未置可否。8月5日,部分货物因遭遇火灾受损。由于7月31日以后风险转移至买方,该风险损失应由买方承担,即买方有义务支付货款,收取包括部分受损货物在内的货物。

第69条第(1)款后半句的风险转移规则适用于买方逾期不接收货物以及与之相联系的其他违约情况,如未能取得进口许可证,它没有回答买方不履行其他义务对风险转移的影响,典型的情况是买方有义务在接收货物时支付货款,而他在接收货物时尚未支付货款,此时未收到货款的卖方有权拒绝交付货物,这就有一个以后的风险负担问题。对此,霍夫曼的观点是:“情况确是如此,由德国代表提出的(公约)修改建议未获采纳,该建议的意图是在买方违约而阻碍了卖方交付货物的任何情况下,对货物风险转移施加影响。无论如何,我相信,制度上的强制要求因买方违约而被阻碍的卖方的交货应该让风险转移给买方承担,这一主张受到一项政策考虑的支持,即风险转移也许是促使买方履行其合同义务的某些因素之一。”[1]还应看到,卖方的某种不作为也可以影响第69条第(1)款情况下的风险转移。

例69C:虽然例69A中的卖方应在7月中的任何时候把100箱晶体管注明到合同项下以等待买方收货,事实上,卖方在9月15日才给货物打上标记,把它们标注到合同项下。买方在收到卖方接货通知后的一段合理时间,9月20日到达卖方营业地接收了货物,货物损失风

〔1〕 Bernd von Hoffmann, *Passing of Risk in International Sale of Goods*, in Dubrovnik Lectures: International Sale of Goods, Oceana Pub. Inc., 1986, p. 295.

险也在这时转移到买方。这一实例中,风险转移时间的延迟并不是买方违约造成,因为在9月20日以前,卖方都没有完成交货准备,没有把货物交给买方处置,买方也不可能接收货物。

需要注意的是,第69条第(1)款设定的货物不涉及运输时风险转移的模式与2000年版Incotorms中Exworks交易条件规定的风险转移模式并不完全相同。该贸易术语的A4段指出:“卖方必须按照合同约定的日期或期限,或如果未约定日期或期限,按照交付此类货物的惯常时间,在指定的地点将未置于任何运输车辆上的货物交给买方处置。”不难看出,在Exworks条件下,如果当事人以通知形式或以合同规定确定了卖方交货和买方接收货物的日期,而买方发生违约,在该日期或期限内没有接收货物,风险自该日期、期限届满时起转移至买方,[1]这与第69条第(1)款后半句的规则基本一致。但是当买方未违约时,货物损失风险“自按照A4规定交货时起”,即卖方在规定日期或期限把置于运输车辆上的货物交给买方处置时转移给买方,而不是第69条第(1)款前半句规定的“自买方接收货物时起”转移到买方。曾经以为Exworks条件下,“交货”或“交给买方处置”(goods are placed at the disposal of the buyer)与“买方接收货物”在正常情况下同时发生,“交货”意味着买方接收货物。而实际上交货或“交给买方处置”为单方法律行为,“当卖方已经完成使买方得以占有货物所必需的事项时,就是货物交给买方处置,通常这类事项应包括将要交付的货物拨出进行标注,完成预备性交货准备,如打好包装,以及向买方发出通知,以便他能接管货物”。[2] 也就是说,卖方已把货物交给买方处置不等于买方能接收货物,这样,Exworks条件可能导致与第69条第(1)款不同的风险转移效果。

例69D:情况与例69A基本相同,只是合同规定采用Exworks条

[1] Incoterms(2000)EXW条件B5段规定,买方必须按下述规定承担货物灭失或损坏风险:自按照A4交货之时起;以及由于买方未能按B7规定通知卖方,则自约定的交货日期或期限届满之日起,但以该项货物已正式注明到合同项下为限。

[2] UNCITRAL, *Secretariat Commentary on Article 81 of Draft Convention* (*Article 69 of Official Text*), Paragraph 7, Official Records, p. 65.

件,卖方在7月1日把货物打好包装,且标明买方名称等,完成了特定化,于7月2日通知买方尽快接收货物,买方没有表示反对,也没有提出他接管货物的确切日期,7月19日货物因意外火灾而受损,买方直到7月25日才接收货物。尽管货物意外损失是在卖方控制货物期间发生的,在损失发生以前,卖方已向买方发出通知,即把货物交给买方处置,根据2000年版 Incoterms Ewrorks 术语中 B5 段的规定,货物自交给买方处置时起风险转移至买方,该货损应由买方负担。

还应注意到,Exworks 条件规定卖方没有装货义务,Incoterms 制定者特别强调:"若双方希望在起运时卖方负责装载货物并承担装载货物的全部费用和风险,需要在销售合同中明确规定。"

2. 第69条第(2)款

第69条第(2)款适用于两种情况:一是货物被存放在当事人营业地以外的公共仓库,买方有义务在该地点接收货物;二是货物被卖方的运输工具或他委托的其他运输车辆运至买方的营业地,买方有义务在该地点接收货物,这相当于2000年版 Incoterms 的 D 组术语目的地交货合同。第69条第(2)款是海牙 ULIS 中没有的,贸易法委员会最初讨论公约草案时决定增补这一款,是针对货物有时被存放在既不是卖方营业地,也不是买方营业地,而是位于第三方所在地的公共仓库,当货物处于可交付状态时买方迟迟不予提取,就需要划分此时的风险责任。基本的规则是:如果买方有义务在卖方营业地以外的某一地点接收货物,当交货时间已到(若是合同规定一段期间,应为其中任何一天),而买方知道货物已在该地点交给他处置时,风险转移至买方。如果货物置于仓库保管人、承运人等受托人控制,卖方应向该受托人发出向买方交货的指示,或者卖方交付给买方提单、仓单等控制货物的文件,由买方直接提货,当买方收到卖方通知后,知道货物已交给他处置时,风险转移到买方。

例69E:合同规定卖方向买方交付一批标准包装皮棉,这些皮棉存放于双方所知的第三人仓库,5月1日,当合同规定的交货期到来时,卖方向买方发出提货通知,同时告知仓库保管人向买方交货,保管人无异议。5 月 3 日,一场大火烧毁部分货物,这一损失风险应由买方负担,因为 5 月 1 日买方已经知道提货时间已到,货物已交给他处置,风险已转移至买方,在此之后的一段合理时间买方有条件提取货物。

第 69 条第(2)款把风险转移时间定在货物在特定地点交给买方处置时,比第(1)款规定的风险转移时间(自买方接收货物时起)有所提前,这一划分是合理的,因为当货物被置于第三人控制时,卖方并不比买方处于更有利的地位来防范风险,向第三人或其他责任人索赔。相反,当交货时间已到,货物交由买方处置时,买方可以通过不拖延提货的努力来防范风险。

如果第 67 条主要适用于装运合同,那么第 69 条第(2)款相对地适用于到货合同。从字面含义看,这一款充分地涵盖了卖方有义务把货物运往特定目的地交付给买方的情况,通常这个目的地是最接近于买方的一个港口,也可能是买方指定的一个其他运输站点,不论如何,卖方的义务是把货物运至此地交买方处置,有时不需要卸下货物,如 2010 年版 Incoterms DDP 所示,有时应把货物卸下,如 DAT 所示。交买方处置而不是交给另一个承运人,不应将第 67 条第(1)款第二句适用于这种情况。货物风险转移的时间取决于买方知道货物已经到达指定地点等待自己接管这一事实,当运输工具到达指定地点,交货时间已到,买方知道货物已交给他处置时,风险转移至买方。大部分国际货物销售中,卖方提交的单据显示了买方收货人的名称,货物到港或到达目的地后,买方应收到承运人或港务当局发来的到货通知,使他知道货物已在指定地点交给他处置,即使货物被卸下后发生损失,买方也是最有条件查明损失、追究责任的一方,理应由其承担风险。

由于正式文本第 67 条第(1)款第二句中删除了草案中“除目的地以外”的短语,这一句有可能被解释为同样适用于目的地交货合同,或者干脆把这里的第一句解释为适用于装运合同,第二句适用于到货合同。从第 67 条第(1)款第二句的字面含义看,如果一个到货合同恰好规定卖方有义务在目的港把货物交给买方指定的陆上运输承运人(这是可能的,当买方或其营业地都远离港口),第 67 条第(1)款第二句的确可适用,不过把这一句解读成专门适用于这种情况,则不符合通常的商业做法和行业界通常的理解。因为卖方在跨国运输目的地把货物交给另一承运人时转移风险,是一种极不具有典型性的运输模式和风险转移模式,2000 年版 Incoterms 的 5 个目的地交货术语中,没有一个是这样划分风险责任的。公约总的目标是提供一套能涵盖各种典型的涉及运输合同的风险转移规则,使之与国际贸易惯例和习惯做法相符合,不可能为极不典型的运输方式制定规则。基于这样的理由,应该拒绝把第 67 条解释为适用于到货合同,而第 69 条第(2)款适用于到货合同顺理成章,这使公约风险转移规则有最充分的涵盖面。

第 69 条第(3)款同样规定将货物注明到合同项下,使之特定化,是货物风险转移的先决条件,这在本书对公约第 32 条、第 67 条的评释中已经展开说明,此不赘述。

第 70 条　卖方根本违约对风险转移的影响

如果卖方已根本违反合同,第 67 条、第 68 条和第 69 条的规定不损害买方因此种违反合同而可以采取的各种补救办法。

评　释

1. 第 70 条的含义、适用范围

第 70 条适用于并不经常发生的特定情况,这就是卖方的履行有严重缺陷,构成根本违约,同时,所交付的货物又遭遇到风险损失。按照合同安排或公约规定,这种损失正常时应由买方负担,而在这种特殊情况下,就涉及买方是否仍有权依据公约的规定,以卖方根本违约为由拒收货物,宣告合同无效,或者退回有缺陷的货物,包括因风险造成损失的货物,要求卖方交付替代物。如果承认买方享有这样的救济权,那么因风险事故造成的损失是否仍然按照正常情况,由买方负担,卖方的赔偿仅限于扣除风险损失以外的部分。对此,第 70 条作出规范,这就是:“第 67 条、第 68 条和第 69 条的规定并不损害买方因此种违反合同可以采取的各种补救办法。”即使根据第 67 条、第 68 条和第 69 条的规定，风险转移到买方之后，货物因风险事故造成损失、灭失，如果买方在货物到达后及时检验货物，发现货物在卖方交付时就与合同不符，已经构成根本违约，并在索赔期内或在合理时间内向卖方发出货物与合同不符的通知（第 39 条），买方仍然可以将不符货物连同因风险事故造成损失的货物一起退还给卖方，要求卖方交付替代物（第 46 条、第 47 条），或者宣告合同无效（第 49 条），买方无义务支付价金以及负担风险事故造成的损失。

以下是第 70 条适用的典型情况：

例 70A：卖方按 CIF 条件向买方提供 50,000 公斤花生，合同规定品质为一级，新麻袋包装。卖方按时交付了货物，但是到货后经买方检验认定，货物并非合同规定的一级品，而是不能适合买方需要的三级品，另外有 70 袋花生在运输中受海水浸湿发生霉变。根据情况可认定卖方交货整体构成根本违约，依据公约第 70 条，买方有权拒收货物，退还包括 70 袋湿损货物在内的全部货物，向卖方要求返还货款、索赔利润损失。

例 70B：中国卖方向英国买方出售 1700 吨"尼古拉斯节"核桃，价格条件为 CIF 阿文茅斯。合同约定卖方应保证货物于 1983 年 12 月 2 日到达目的港，价格以 11 月 29 日时价为基础，早于或晚于该日期 3 日内都给予卖方发票价格 0.2%的贴水，若迟于 12 月 2 日抵达，经买方要求可退货取消合同。后因运输船舶发生机械故障，货物于 12 月 4 日到达，同时，在船舶检修期间丢失 20 袋货物。假定公约适用于该合同争议，买方可依约要求退货并解除合同，依据公约第 70 条，丢失 20 袋货物的风险损失应由卖方负担。

例 70C：中国卖方向法国买方出口一批羊毛衫，货物到达后，经买方检验发现这批羊毛衫含有一定比例的化纤织物，买方以卖方构成根本违约为由要求退货并解除合同。在协商期间，货物被存放于一间海关保税仓库暂存，由于仓库保管失误，有两个包装的货物遭管道漏水污染。本案中，如果卖方构成根本违约，买方有权退回全部货物，虽然货物在买方控制下发生风险损失，该损失不是由于买方的行为或不行为造成(第 66 条),即使该损失在风险转移买方之后发生,依据第 70 条,买方可不对这 2 包货损负责。

以上实例说明,第 70 条的适用需要符合以下条件:首先,第 70 条适用于卖方交货与合同不符构成根本违约,或卖方延迟交货,包括在宽限期过后才交货构成根本违约,买方行使救济的情况,如果卖方不构成根本违约,而是一般的违约,这一条不适用。其次,第 70 条适用于卖方根本违约,同时交付的货物又发生风险损失,并且不符货物的瑕疵与风险事故造成的货物损失能够分得开,彼此独立存在没有混淆。最后,第 70 条适用另一条件是风险转移规则妨碍了买方行使救济,在卖方根本违约以及货物发生风险损失的情况下,买方要求退货,要求卖方交付替代物,或要求解除合同,这时,第 70 条允许买方将全部货物,包括风险损失的货物一并退回,如果买方不是要求退回全部货物,而是接收货物,要求减价和损失赔偿,则风险转移规则对买方救济没有影响,第 70 条也不适用(参见本条评释第二段)。“第 70 条用语的字面含义就是,由于采取了解除合同的措施,根据第 67 条、第 68 条或第 69 条已经转移到买方的风险,不受阻碍地溯及既往地转回(到卖方)。”[1]基于第 70 条,我们可以说:卖方根本违约对风险转移本身有影响,它回答了这时风险是否正常地转移,是否风险转移到买方之后,货损又转移到卖方承担的问题。也可以说,卖方根本违约对风险转移效果有影响,本来买方对于风险转移之后发生的货物与合同不符应该负责(第 36 条、第 66 条),由于卖方根本违约,他可以对此不负责,从而改变了风险转移效果。第 70 条对风险转移界限没有影响,即使适用第 70 条,风险转移之后发生的货损又转回到卖方负担,也不能说风险界限发生什么变化。

由于第 70 条允许在卖方根本违约时退还全部货物,包括因风险造成损失的货物,第 70 条构成第 82 条第(1)款的例外,后者规定:“买方如果不可能按实际收到货物的原状归还货物,他就丧失了宣告合同无效或要求卖

---

〔1〕 Nicholas, C. M. Bianca & M. J. Bonell eds., *Commentary on the International Sales Law: The 1980 Vienna Sales Convention*, Giuffre, Milan, 1987, p. 510.

方交付替代物的权利。"第 70 条必须与第 39 条、第 49 条第(2)款联系起来适用,如果买方不能在合理时间检验货物,宣布解除合同,便失去了在卖方根本违约时根据第 70 条退回包括风险损失货物在内的不符货物的权利,也不能改变风险转移效果。

例 70D:合同要求买方于 7 月到卖方仓库接收 100 箱电子元件,卖方应在这一期间备好货物,但是直到 9 月 15 日之前,卖方仍没有给货物打上标记,注明到合同项下。买方于 9 月 20 日接收了货物,风险于买方接收货物同一天转移至买方。9 月 23 日,货物遭受了意外风险损失(买方无过错),如果卖方迟延把货物交由买方处置相当于根本违约,按第 70 条规定,在风险转移至买方之后发生的货物风险损失并不能阻止买方宣布解除合同。然而,根据第 49 条第(2)款(a)项的规定,很可能认定,一旦买方在卖方仓库以提货方式接收了货物,他就失去了宣告合同无效的权利,因为他没有在知道卖方延迟交货后一段合理时间内这样做。

2. 第 70 条涉及的不影响风险转移的情况

第 70 条仅仅适用于卖方根本违约,同时交易货物发生风险损失的情况,这时,公约关于风险转移的规则不应该损害买方因卖方这种违反合同可以采取的救济权利。如果卖方不是根本违约,而是非根本违约,则买方无权退货或解除合同,只能要求实际履行,要求修理、更换货物或减价和损害赔偿。买方采取的这类救济措施并没有因为公约第 67 条、第 68 条和第 69 条的风险转移规定而受到影响和损害,也就不应该改变风险转移效果,所以卖方非根本违约对风险转移没有影响。

即使卖方交货与合同不符或延迟交货构成根本违约,同时又发生货物的风险损失,如果买方根据行情没有选择退货并解除合同,而是收下货物,索赔实际损失或要求减价,买方采取这种除退货以外的救济措施没有受到公约风险转移规则阻碍,也就不应改变风险转移效果,与卖方履行瑕疵并存的风险损失仍由买方负担。

例 70E:法国卖方根据合同售予纽约买方 500 箱 1978 年酿造的察吐酒,这是一种法国产高档葡萄酒。事实上,卖方交付的货物中有 200 箱为 1981 年酿造的次等品,另有 150 箱货物在运输途中因装载不当破碎报废(其中有次品与合格品),剩下 150 箱基本合格。

假定卖方交付 200 箱不符货物构成整个合同根本违约,买方援用公约第 51 条第(2)款或者直接援用第 49 条宣布整个合同无效,买方可以退回 200 箱不符货物和 150 箱相符货物,根据第 70 条的规定,150 箱发生风险灭失的货物溯及既往地应由卖方负担,卖方应退还全部货款,还应承担共 350 箱货物退还的费用。买方还可以选择另一种救济方式,依据第 51 条第(1)款部分解除合同,即退还 200 箱次品,保留 150 箱合格品,在这种情况下,因风险事故损失的 150 箱酒应由买方负担。

但是若买方因为需求紧迫或行情上涨等原因,决定收下这 200 箱不符货物和其他相符货物,对 200 箱不符货物要求减价和损害赔偿,那么另外 150 箱发生意外灭失的货物应由买方负担,假定依据合同,运输中货损风险由买方负担。他接收了货物,也就接受了风险责任,他只能向承运人或保险人索赔。这样理解是符合第 70 条本意的,第 70 条仅仅规定,卖方根本违约并不损害买方根据公约应有的救济权利,第 70 条从字面含义看并不是要改变第 67~69 条的风险转移规定,不能说卖方违约就改变风险转移效力,而是要消除风险转移规则对买方行使正当救济权的阻碍。

当卖方违约结果本来导致买方有权全部退货,而仅仅因为发生了某些风险损失就阻止他退货,这是不公平的。但是当买方不打算退货时,风险转移规则的适用对他行使减价、损害赔偿救济权没有影响和阻碍,也就不应该改变风险转移后果。“第 70 条保留了买方解约权和要求返还价金的权利,但是难以得出结论,认为第 70 条扩大了买方可以行使的损害赔偿请求权范围,使之包括风险转移给他之后的意外损失。”[1]第 70 条文字解读的结果不幸地导致鼓励买方拒收货物、解除合同,而不是鼓励他救助受损

〔1〕 John O. Honnold, *Uniform Law for International Sales under the 1980 United Nations Convention*, Deventer/Boston, Kluwer, 1982, p. 388.

货物并请求损害赔偿。不过我们也注意到,当货物存有如此严重缺陷,买方几乎不会去选择对此负责,如果买方确实选择接受货物,他对运输过程的意外事故损失负责也正当合理,因为在运输终点控制货物的买方比卖方处于更有利的地位就风险损失向承运人或保险人索赔。

3. 比较法的分析

所有国家的国内法和国际规则都认为,只有货物与合同相符时,风险才能自卖方转移至买方,也规定卖方交货与合同不符对风险转移的影响。UCC 第 2-510 条规定:"(1)当提示交付或交付的货物不符合合同,致使买方有权拒收时,在卖方做出补救或在买方接受货物之前,风险仍由卖方承担。(2)如果买方正当地撤销对货物的接受,他可以就自己有效保险之不足部分,视损失风险从开始即由卖方承担。"把 UCC 规定与公约第 70 条相比较,可以发现,在卖方交货严重不符导致买方有权拒收货物时,如果买方行使拒收权,这两方面规则的效果大致相同,即应由卖方承担货物因意外灭失风险。但是当买方没有选择拒收货物或宣布合同无效,这两方面规则的适用结果不同,依据 UCC 第 2-510 条的规定,在卖方对不符之处实行补救或买方宣布接受货物之前,风险由卖方承担,而依据公约第 70 条的规定,如果买方收下了不符货物,原来合同规定的风险责任分担不受影响,对风险转移买方之后发生的货损,买方仍要负责,他只能向承运人或保证人寻求救济。《中华人民共和国民法典》第 610 条规定:"因标的物不符合质量要求,致使不能实现合同目的的,买受人可以拒绝接受标的物或者解除合同。买受人拒绝接受标的物或者解除合同的,标的物毁损、灭失的风险由出卖人承担。"这很清楚,当卖方交货与合同不符导致买方拒收时,标的物损坏、灭失的风险由卖方承担,与公约第 70 条一致。中国法律没有规定买方没有拒收货物时对风险转移的影响,这大概意味着没有影响。但是该法第 611 条规定:"标的物毁损、灭失的风险由买受人承担的,不影响因出卖人履行义务不符合约定,买受人请求其承担违约责任的权利。"另外,海牙 ULIS 起草委员会还认为:"假如买方拒收货物,但法院后来查明买方无权拒收时,风险应由买方承担,这时或者溯及卖方交货之时,或者无论如何也要追溯到在法院看来买方应该作出接受货物的决定,并接受此项货物之时。"[1]

第五章　买方和卖方义务的一般规定

第一节　预期违反合同和分批交货合同

第71条　预期违约的救济

(1)如果订立合同后,另一方当事人由于下列原因显然将不履行其大部分重要义务,一方当事人可以中止履行义务:

(a)他履行义务的能力或他的信用有严重缺陷;或

(b)他在准备履行合同或履行合同中的行为。

(2)如果卖方在上一款所述的理由明显化以前已将货物发运,他可以阻止将货物交付给买方,即使买方持有其有权获得货物的单据。本款规定只与买方和卖方间对货物的权利有关。

(3)中止履行义务的一方当事人无论是在货物发运前还是发运后,都必须立即通知另一方当事人,如经另一方当事人对履行义务提供充分保证,则他必须继续履行义务

评　释

1. 第三部分第5章关于违约救济的一般规则

自第71条开始的第三部分第五章以买方和卖方义务的一般规定为题,处理违约救济中当事人双方面临的某些特殊的共同问题。第一节中的第71~73条涉及预期违约和分批交货合同的违约救济,意在保护面对即将发生的违约行为可能遭受损害的未违约方。公约相关条款授权未违约方

---

〔1〕［英］施米托夫:《国际贸易法文选》,赵秀文选译,中国大百科全书出版社1993年版,第355页。

可以采取中止履行合同、请求损害赔偿、宣布合同无效的救济措施。第二节为第74~77条,提出了计算损害赔偿的一般规则。第三节和第四节规定利息补偿,因不可抗力事件的免责(第78~80条)。第五节(第81~88条)为宣告合同无效的后果。第三部分第五章是违约救济方面的一般性规则,是第二章和第三章的重要补充。

2. 预期违约的含义和制度比较

根据公约第71条第(1)款的规定,预期违约("prospective breach"或"anticipatory breach")是指合同订立后,履行期截止日前,当事人显然将不履行其大部分合同义务的行为和意思表示。第71条第(1)款适用于买卖双方都可能发生的预期违约,以及未违约方可以采取的救济措施。第(2)款适用于当买方发生预期违约,卖方已将货物发运的特殊情况下,未违约的卖方可以行使停运权的救济方式。预期违约是当事人表现出具有不履行其大部分合同义务的违约可能性,因此应该将其发生的时间界定在合同成立后,履行期截止日前,这之前只能推定其可能不履行大部分合同义务,而不能判定其实际上不履行。要求卖方5月交货,在履行期到来前的4月(合同成立后)它声明不交货当然是预期违约;进入履行期间,如卖方5月10日声明不交货,也只能认定他预期违约,有不履行的可能,因为它可以改主意在5月20日交货,那也没有违约。只有在实际履行期截止日过后,才排除发生预期违约的可能,此时,当事人仍不履行其大部分义务构成实际违约,应由公约第三部分第二章第三节(第45~52条)或第三章第三节(第61~65条)调整。预期违约制度是法律授权当事人在面临不履行的威胁时,中止他们自己的履行,采取某种自我保护措施,属于事前补救制度,而针对实际违约的各项救济是事后补救。针对预期违约采取的法律救济同样是必要的,它使受违约及损害威胁的当事人不必等到另一方发生实际违约和造成损害事实之后再采取救济,以免陷入相当被动和不利的境地,既可以防止违约事态及损失扩大,又可以使受害方的利益得到及时保护,还可以减少诉讼成本,节省司法资源,促进合同履行。

英国普通法不包含与公约第71条相似的预期违约制度,但是英国《1893年货物买卖法》第28条强调"除非另有约定,否则货物的交付与货款的支付是对流条件”,这意味着任何一方不履行实质义务,另一方也有中止履行相应义务的权利。另外,该法第 41 条规定了未收到货款的卖方享有对货物的留置权,第 44 条详细规定了在买方无力偿付时,卖方对运输途中的货物享有停运权,公约第 71 条第(2)款体现了这一制度。公约的预期违约制度更多地借鉴了 UCC 相应的制度,UCC 第 2-609 条与第 71 条相似,规定:“任何一方有合理的理由认为对方不能正常履约时,他可以用书面形式要求对方提供适当的履约保证。”在收到保证前,他可以暂停履行相应的义务。第 2-610 条与公约第 72 条类似,规定:“任何一方在合同任何义务尚未到期情况下毁约,且造成的损失将严重损害对另一方的价值”,未违约方可以中止履约,并寻求任何违约救济。UPICC 第 7.3.4 条与公约第 71 条相似。PECL 第 9:201 条规定:“一方当事人可以相应地中止履行义务,只要明显看出另一方当事人在履行期到来时将不履行义务。”这说明预期违约制度是当代合同法的基本制度。

公约第 71 条的预期违约制度以及 UCC 第 2-609 条对传统欧洲大陆法中类似制度有重要改进:一是将这一制度适用于当事人双方;二是规定预期违约不限于财务状况恶化,还包括任何不履行大部分合同义务的表现。虽然公约亦承认买卖双方的履行是“对流条件”(第 58 条),很少有国际货物销售合同规定当事人双方应同时履行,只有在个别交易中,卖方交货与买方付款可以同时履行,这时,一方在对方履行前有权拒绝他提出的履约要求。一方在对方履行债务不符合约定时,有权拒绝其相应的履约要求,这就是大陆法系制度中的所谓“同时履行抗辩”。大部分国际货物销售合同义务的履行都要分先后,如卖方同意给买方授信,在货到后 15 日之内由买方电汇(T/T)付款,这样卖方的交货在先,买方付款在后;采用信用证付款方式也是卖方的交货、交单在先,买方接收货物、向银行偿付货款的义务履行在后。公约遵循权利义务平衡与公平的原则,把行使预期违约救济的权利同等地授予当事人各方,无论是先履行的卖方,还是后履行的买方,只要在对方尚未履行其大部分重要义务以前,明显看出他将不履行这些义务,未违约的卖方或者买方都有权根据第 71 条中止履行其自身义务,只要他自身的实质义务尚未履行,关于这一点,公约比某些大陆法国家的“不安抗辩”制度更可取。后者是指一方当事人应向另一方先为给付的,如另一方在订约后财产显著减少,有难以给付的嫌疑时,另一方在做出对等给付或担保以前,当事人可拒绝给付。它仅适用于负有先行给付义务的一方在对方财经状况不良时,行使预期违约救济,后履行义务的一方即使发现先履行的一方预期违约,也无权行使不安抗辩,而且先履行一方中止履行合同只能因为对方资金状况恶化。[1]

3. 预期违约的构成条件

预期违约制度安排总是面临两难的考虑:授权一方当事人仅在怀疑另一方也许会违约时就可以延缓他的履行并不可取;然而,在另一方存在实质性违约的现实可能性时,要求当事人继续履行他自己的义务将导致难以挽回的损失,这并不公平。第 71 条立法的历史表明,发展中国家的代表担忧处于强势地位的合同当事人动辄要求另一方提供到期履行的担保,否则就中止履行,而在合同订立时并没有提出这样要求。预期违约制度的实行不可避免地涉及未违约方对另一方将不履行义务的主观评估,公约立法者希望对预期违约形成一个新的较为客观和明确的定义,如同对根本违约的明确定义,目的是在面临不利局面困扰的义务人的利益与无辜的权利人的利益之间达成一个平衡。

根据第 71 条第(1)款的定义,预期违约发生在合同订立后,履行期届满前。如果当事人显然将不履行大部分合同义务的事由在订立合同前已经发生,并在合同订立后持续存在,任何一个客观的、合理的同业经营者都应该知道这样的事实,即当事人已经不能向外界隐瞒他将不履行义务,此时,想要中止履行合同的一方即使在订立合同前事实上不知道对方将不履行义务,而与之订立合同,第 71 条也不应适用,这属于当事人甘冒风险,允许他中止履行义务违背诚信(第 7 条)。虽然公约第 71 条没有明确界定,基于贸易法委员会的解释,预期违约应发生在当事人履行期届满前,

---

[1] 《德国民法典》第 321 条规定:"因双务合同负有先为给付义务的人,在合同订立后另一方的财产状况发生明显恶化,并由此危害对等的给付请求权(claim for the counter-performance)时,可以在对等给付履行前或在为对等给付提供担保前,拒绝其负担的给付。"第 1613 条规定:"如买卖成交之后,买受人陷于破产或处于无清偿能力致使出卖人有丧失价金之虞时,即使出卖人曾同意延期支付,出卖人亦不负交付标的物的义务。但买受人提供到期支付的保证不在此限。"这两个条款都规定把中止履行权授予先履行的卖方,中止事由限于买方财务状况恶化。

"根据(第一节)前两条,在合同履行期届满前,如果这些条款的条件得到满足,受损害一方可以中止履行义务(第 71 条)或宣告合同无效(第 72 条)"。[1] "中止履行义务的权利存续至履行时间届满为止。但是,一旦过了履行期,受损害一方当事人必须寻求公约规定的其他补救措施。此项权利延续至中止履行义务的条件不复存在时,该方当事人有权宣告合同无效,或另一方当事人根据第 71 条第(3)款对履行义务提供了充分保证。"[2]在履行期过后的不履行是实际违约,这时公约针对实际违约的救济措施应该适用。

预期违约还可以从"当事人准备履行合同或履行合同中的行为"来判断。这意味着预期违约可以发生在当事人预备性的履行开始后,大部分重要义务尚未履行之前。霍纳尔德教授特别强调预备性履行(preliminary performance)或预备性步骤(preliminary steps)与最终履行(final performance)或实质履行(substantial performance)的区别。前者是指为履行当事人"大部分重要义务"或"实质性义务"应做的预期准备,如卖方为履行 CIF 合同,应该安排运输(第 32 条),组织生产和采购货物;买方为履行支付义务,应该开立信用证(第 54 条),为接收货物应提供式样和规格(第 65 条),按照合同规定预先检验货物或交付定金等,都是合同规定的应履行的预备性义务。而"大部分重要义务"对于卖方而言是交付相符的货物和单据,对于买方而言是接收货物、支付货款。在当事人预备性的履行期尚未到来时,当然可以发生预期违约,如当事人明确宣布他将不履行义务,而更多的情况是,当事人预备性的履行期已到,他没有履行这些义务,也是预期违约。比如,买方没有依约开立信用证,没有提供规格、式样,或没有事先检验货物。卖方没有组织生产货物,或者虽然已经履行这些预备性义务,但是其履行的过程表明他的履行能力、信用有缺陷,显示他将不履行大部分重要义务。在此意义上,当事人不履行预备性合同义务既是实际违约,也是预期违约。

第 71 条也具有类似于大陆法国家"同时履行抗辩"的功能,只要有义

---

〔1〕《判例法摘要汇编》(2008 年版)第 5 章第 1 节概述第 1 段。

〔2〕《判例法摘要汇编》(2008 年版)第 71 条第 1 段。

务同时履行或先履行的一方在准备履行或履行中的行为，表明其“显然将不履行大部分义务”，尚未履行的另一方就可以中止他的履行。[1] PECL 第 9:201 条第 1 款为公约第 71 条的这一功能作了很好的解释，该款规定：“应该与另一方同时履行或者在另一方履行之后应该履行的一方当事人有权中止履行，直到另一方提供履行或已经履行。一方当事人可以中止他全部应履行义务或部分义务，只要情况表明是合理的。”公约第 80 条也具有类似的中止履行作用。

预期违约表现为合同订立后当事人显然将不履行其实质部分义务。与第 71 条对应的 1978 年公约草案第 62 条授权未违约方可以中止履行合同，只要他“有充分理由断定(good grounds to conclude)另一方将不履行实质部分义务”。正式文本改为允许当事人在另一方“显然”(apparent)将不履行大部分义务时可以中止履行合同，这对于草案第 62 条仅凭主观上担心另一方不履行就可中止履行是一个修正。也就是说，仅凭主观担心就中止履行不正当，必须有客观理由显示另一方具有不履行的极大可能性，而且一个合理的人能预见其将不履行合同。但是一些学者也强调，当事人对于另一方即将不履行的认识，第 71 条规定了比第 72 条较低的确定性(certainty)要求。第 71 条要求另一方当事人显然将不履行实质部分义务时，当事人可中止履行合同；而第 72 条要求在“明显看出”(it is clear)一方当事人将根本违约时，另一方当事人可宣告合同无效。这种措辞上煞费苦心地区别对待，是不希望把采取第 71 条下的救济与采取第 72 条下的救济条件等同起来。另外，第 71 条第(3)款要求在另一方提供充分担保时，当事人必须继续履行义务。这说明当事人不必证明另一方将要不履行义务是确定无疑的，即使是基于一种不实的认识亦可，中止履行的一方只要经对方提供担保而改变这种不实认识之后能继续履行就是了。行使第 71 条中止履行权还要求另一方当事人显然将不履行其“实质义务”，而不是附随

[1] 在德国柏林地方法院审理的一案中，意大利卖方向德国买方提供一批鞋，卖方交货后，买方以部分货物的式样与合同不符为由拒付货款。法院裁决卖方无权要求买方支付货款及利息，因为货物与合同不符构成“显然将不履行大部分合同义务”。法院援用公约第 71 条第(1)款(b)项，认为买方有权中止付款，也有权以根本违约为由解除合同。参见罗马统一国际私法协会等主办的项目网站“Unilex”，德国柏林地方法院判决(1994 年 9 月 15 日)。

义务或小部分义务。如果把当事人不履行这种少部分义务也作为预期违约看待而中止履行,将影响交易的安全稳定。卖方之所以在买方不开立信用证时有权中止履行,并不是因为买方违反了开证本身这种预备性义务,而是从中看出买方将不履行接收货物、支付货款的实质性义务。

当事人显然将不履行大部分重要义务基于两方面客观情况判断:一是他履行义务的能力或他的信用有缺陷;二是他在准备履行合同或履行合同中的行为表明他将不履行大部分义务。履约能力缺陷是指当事人客观上没有能力履行合同,而无论他主观上是否愿意履行合同。比如,卖方工厂发生罢工,不能按时生产出履行的货物;卖方多次要求修改信用证上的交货期显示他并不掌握货源,无供货能力。比如,买方履行能力欠缺,经了解买方是个小公司而合同标的物价格昂贵;买方破产丧失支付能力。信用缺陷是指当事人偿还债务、履行合同的表现不佳,有欠账不还或拒不履行合同的记录。比如,卖方拥有货源,却暗示除非买方同意支付比合同规定的更高的价格,否则就不交付货物,或者买方了解到卖方已把货物出售给出价更高的买主;买方的信用缺陷如在近期业务往来中有拖欠货款情况等。"准备履行或履行合同中的行为"主要是指卖方履行合同、采购货物或组织生产相关货物中的行为,如果在临近交货时卖方还没有采购到合同项下的货物或者还没有组织生产,就说明他显然将不履行大部分义务;也包括卖方未能获得出口许可;卖方待交付或已经交付的货物有原料、部件、包装等缺陷;卖方依约将货物交第三方保管并由买方自提,而第三方破产、货物丢失等。其也指买方预备履行的行为,如开立信用证、提供货物的规格、样式等。"准备履行或履行合同中的行为"也包括当事人履行另一合同中的行为。如果合同要求卖方交付一种精密仪器部件,买方要用它组装成品,买方可能没有发现卖方的履行行为或履行能力有缺陷,却发现卖方正在制作的要向另一买主交付的同样货物中存有缺陷,如果卖方准备用同样货物向买方履行,买方也有权中止履行合同。

当事人预期不履行是否还应包括那些有"正当理由"的不履行,如由于进口国政府实施贸易禁令,或突然增加关税、实行外汇管制使买方履行不能或履行艰难;或出口国政府突然禁止合同下的货物出口等,这个问题学术界有不同看法。[1] 基于秘书处评论对于第 72 条第(1)款的解释和第 72 条与第 71 条的联系，预期违约包括可免责的情况已经无可争议（参见对公约第 72 条评释），在公约范围内，当事人不履行合同或公约义务都属于违约，无论是否可以免责。不过公约又在此基础上把买卖双方实际的违约及其救济方式与预期的违约及救济方式（第 71 条、第 72 条）区别开来；把具有正当理由的可以免责的违约（第 79 条）及其救济方式与不具备正当理由的不可免责的违约（第 45 条、第 61 条）及其救济方式区分开来，分别用不同的条款规范处理，这样的分类可交叉适用，不排除将预期违约分为可免责的和不可免责的。预期违约救济是事前防范，防止违约事态发展及损失扩大，这对于可免责的预期违约有同等重要性，第 71 条应该适用于基于任何理由的预期不履行。不过，当未违约方针对有正当理由的、可免责的预期违约行使中止履行权后，在履行期届满后对方仍不履行，预期违约就变成可免责的实际违约，应适用第 79 条。

4. 针对预期违约的救济方式及法律后果

针对当事人预期违约，公约授权未违约方采取的首要救济是他可以中止履行合同，包括准备履行中的义务和实质义务，以及行使停运权。条件是无论在货物发运前还是发运后，他都必须立即通知另一方中止履约的事实[第 71 条第(3)款]，这是公约关于信息沟通与合作原则的要求。此项通知应符合第 27 条，针对预期违约的中止履行权自发出通知起生效。依据公约判例法，在未按规定发出通知的情况下，受损害方不得行使中止履行权。“如果该中止行为公正合理，中止履行义务的一方就没有违反合同。如果中止行为不属于第 71 条准许范围，则中止方未履行义务就违反了本合同。”[2] 中止方应承担不当中止履行造成违约的风险，在一项判决中，卖方中止交货却没有及时通知买方，法庭认定这是违约行为，买方因此有权

---

[1] 参见何春兰：《寻求未然的防范——预期违约及其对我国的借鉴》，载《国际贸易》1998 年第 5 期；蔡春生：《国际货物买卖中预期违约和分批交货合同违约的救济方法》，载《国际贸易问题》1991 年第 2 期。在两位作者中，前者主张构成预期违约的要件之一是预期的违反没有正当理由；后者主张即使预期的不履行有正当理由，也可由未违约方行使中止履行权。

[2] 《判例法摘要汇编》(2008 年版)第 71 条，引言第 1 段。

要求损害赔偿。[1]

未违约方如果不清楚另一方能否继续履行合同,他可以在有关中止履行的通知中要求另一方提供担保[第71条第(3)款],保证他能如期履行,或者保证未违约方因继续履行而遭受损失,另一方应赔偿,同时应声明不提供充分担保的后果。针对预期违约的中止履行具有类似于宽限期程序的功能,宽限期程序可以消除未违约方关于另一方逾期不履行时还能否继续履行的不确定性;第71条下的中止履行,要求另一方提供履约担保的程序消除了未违约方关于另一方在履行期届满前后还能否继续履行合同的不确定性,实施这两个程序的共同结果是未违约方可以最终决定他可否解除合同。当卖方声明他将不履行合同时,买方没有必要给他宽限期。同理,当事人如果声明他将不履行合同,构成明示的预期违约,此时未违约方也不必再要求对方当事人提供履行担保。

当事人给未违约方的担保必须是充分的,足以消除未违约方的疑虑。秘书处评论以如下实例说明这一问题:

例71A:销售合同规定,在货物到达买方营业地之后的30日内买方必须付款。合同订立之后,卖方获得了关于买方的信用有严重缺陷的信息,卖方中止履行合同并通知了买方。在此之后,买方提供了下列之一的担保条件:(1)买方同意一项新的支付条件,据此,他必须见单付款;或者(2)由有信誉的银行开立一份信用证寄交卖方;或者(3)由有信誉的银行或其他类似的当事人保证在买方不付货款条件下,由他们支付货款;或者(4)以买方拥有的与货物等值的财产作为物权担保,确保卖方能获得补偿。上述任何一种担保方式都能够使卖方获得付款的充分担保,卖方必须继续履行合同。

例71B:销售合同要求卖方向买方交付一批精密零件用于组装一种高技术机器,如果卖方在交货期到来时不能交付符合质量要求的货物,会造成买方巨大的金钱损失。合同要求在卖方制作零部件的整个

〔1〕 UNCITRAL,CLOUT, case No. 51(德国美因河畔法兰克福州初级法院,1991年1月31日).

期间，买方应分期预先支付货物的购买价。当买方获知卖方显然将不能按时交付货物之后通知卖方，他将中止履行合同。卖方给买方以书面保证，声称他一定能按时交付合格的货物，同时提交一个银行担保，保证一旦卖方不能履行其义务，由银行赔付买方已预先支付的全部货款。上面的情况说明卖方不能给买方以充分的履行担保，因为他的书面保证仅仅是重申了他应履行的义务，除非他就买方掌握的卖方显然不能按时交付货物的信息给予充分的解释，而由银行保证赔付买方预付的货款也不是一份对买方的"充分"的担保，因为买方需要的是货物，而不是银行担保，这并不能保证卖方能按时交付买方急需的货物。[1]

无论合同最终的命运如何，只要未违约方针对另一方的预期违约正当行使中止履行权，直接的结果是使未违约方合法地停止实施自己的履行行为，其得以在不构成违约的前提下背离合同正常履行的时间表，单方面修改了原合同履行的时间表。"中止履行权的实施导致修改合同履行的时间表，该时间表在考虑未违约方的义务被合法顺延后应该适当调整。"[2]中止履行后，如果另一方提供了有效担保，或者圆满地履行了义务，未违约方应停止其中止履行做法，继续履行其义务，由于已经中止的履行不能溯及既往地取消，原来合同规定的履行期应相应地顺延调整。假定合同约定卖方9月交货，9月中旬卖方鉴于买方资金状况启动了中止履行程序，9月30日买方才提供履行担保，此时卖方交货期应合理顺延，顺延的时间应参照卖方中止履行的那一段期间，依据国内法确定。[3]

未违约方通知中止履行后，另一方在通知规定的合理时间内没有提供

---

〔1〕 See UNCITRAL, *Secretariat Commentary on Article 62 of Draft Convention* (*Article 71 of Official Text*), Example 62E, 62F, Official Records, p. 53.

〔2〕 Peter Schlechtriem ed., *Commentary on the UN Convention on the International Sale of Goods*, Clarendon Press, Oxford, 1998, p. 528.

〔3〕 1979年加拿大法律改革委员会发布《修改安大略货物销售法》的报告，其中第531条规定："如果提供了充分担保，当事人的履行应恢复，但是他对于中止履行引起的任何延迟不负责任。"UCC第2-611条第(3)款规定："撤回毁约使毁约方恢复其合同权利，但是受损方由于此种毁约而延迟履行义务，应被视为有正当理由。"

有效担保,未违约方不得无限期中止履行,如前所述,此项权利的行使延续至中止履行的条件不复存在时。虽然第 71 条并没有授权当事人解除合同,但随着时间推移,预期违约已变成实际违约,未违约方可以援用公约第 25 条、第 49 条、第 64 条、第 81 条宣告合同无效,要求损害赔偿。秘书处评论指出:“前一当事人的履行仍处于中止状态,直到下列情况发生为止:(1)另一方当事人已履行了他的义务;(2)另一方当事人提供了充分担保;(3)前一当事人宣告合同无效;(4)适用于本合同的诉讼时效已过。”〔1〕当事人不能提供充分的履行担保的事实本身等于“明显看出”他将根本违反合同,未违约方也有理由根据第 72 条宣告合同无效。

不过根据第 72 条第(2)款的规定,在履行期截止日前宣告合同无效,要求“如果时间许可,打算宣告合同无效的一方当事人必须向另一方当事人发出合理的通知,使他可以对履行义务提供充分保证”。应该合理地认定,根据第 71 条履行的通知及担保要求已经满足了第 72 条第(2)款的通知及担保要求。为了支持这一主张,根据第 71 条发出的通知和担保请求,不仅应该说明未违约方正在中止履行的情况,还应该说明当事人在合理时间内不能提供充分担保将宣告合同无效。总之,“在另一方当事人应该履行合同的日期到来之前,第一方当事人只有在第 63 条(公约第 72 条)标准得以满足时才可宣告合同无效;在另一方当事人应该履行合同的日期过后,第一方当事人只有在第 45 条或第 60 条(公约第 49 条或第 64 条)规定的标准满足时才可宣告合同无效;属于分批交货的合同欲解除某一批或更多批次的合同应由第 64 条(公约第 73 条)调整”。〔2〕

另一个问题是当事人提供了充分担保,但是他担保的履行是不完备的,比如他承诺拖延一段时间履行,或者作为买方仅支付部分货款,处理这种情况应该符合第 25 条、第 49 条、第 64 条规定的宣告合同无效的条件以及第 71 条授权未违约方中止履行合同的条件。如果所担保的履行虽不完善,但是已经改变了原先的“显然将不履行大部分重要义务”的局面,显示

---

〔1〕 UNCITRAL, *Secretariat Commentary on Article 62(3) of Draft Convention*[*Article 71(3) of Official Text*], Paragraph 14, Official Records, p. 53.

〔2〕 UNCITRAL, *Secretariat Commentary on Article (62)(3) of Draft Convention*[*Article 71 (3) of Official Text*], Paragraph 15, Official Records, p. 53.

出当事人将履行大部分实质义务,未违约方就应继续履行合同而不再中止履行。这类似于当事人在宽限期内部分履行义务,未违约方可以采取相应的救济措施。

5. 第 71 条第(2)款

第 71 条第(2)款规定,如果卖方在发运货物后获知买方显然将不履行大部分重要义务,则卖方可以阻止将货物交付给买方。这一条款仅适用于以下特殊情况:(1)卖方发现买方不履行义务的威胁是在他发运货物之后,把货物交付给买方以前;(2)卖方没有通过保留代表货物的单据来保持对货物的控制权。如果卖方尚未发运货物,发现买方预期违约,应适用第 71 条第(1)款。如果卖方不仅发运了货物,而且经由承运人把货物交付给了买方,卖方甚至没有保留控制货物的单据,这意味着卖方已经履行完毕,即使买方预期违约,卖方也失去了针对这种违约可采取的救济,他只能等待买方到期不履行时,针对买方实际违约采取救济措施。如果卖方在发运货物的同时保留了代表货物的物权凭证,并约定直到买方付款时才交付这些凭证,卖方也没有必要以第 71 条第(2)款规定的方式阻止把货物交给买方。理论上,卖方只要保持对单证的控制,就取得中止把货物交给买方的效果。所以,第 71 条第(2)款只能在卖方发运了货物,并且没有保留代表货物的单据时适用。卖方这时可以采取的阻止把货物交给买方的措施,是行使类似于英国《1893 年货物买卖法》第 44 条、第 45 条、第 46 条规定的停运权,包括向货物运输途中的承运人以及货物到达目的地后的货物保管人发出通知,阻止他们把货物交给买方,恢复卖方对货物的占有。在 CIF 条件下,卖方负责租船定舱,他是运输合同中的托运人,即使货物已在运输途中,卖方可以指令承运人停止运输,因为承运人是卖方的受托人或代理人。但是在 FOB 等贸易条件下,由买方负责订立运输合同,买方是合同托运人,卖方仅仅是所谓的"付货托运人",此时卖方是否享有停运权,应由相应的国内法确定。[1]

根据第 71 条第(2)款的规定,即使买方持有其有权获得货物的单

---

〔1〕 英国《1893 年货物买卖法》第 45 条第(5)款规定:"当货物交与买方租赁的船舶时,究竟船东是作为承运人抑或作为买方的代理人而占有货物,这是一个需视具体案情而定的问题。"

据,或者根据合同买方有权在提取货物后付款,卖方仍然有权阻止将货物交给买方。从表面上看,公约放宽了卖方行使停运权的条件,因为像 UCC 这样的国内法就规定,在控制货物的可转让物权凭证交付给买方时,卖方就终止实施停运权。[1] 不过,第 71 条第(2)款第二句事实上又限制了卖方行使停运权,它指出:"本款规定只与买方和卖方间对货物的权利有关。"这里重申了公约第 4 条关于其只适用于销售合同的订立以及卖方与买方因此种合同而产生的权利义务的一般原则。当买方取得了控制货物的可转让提单后,第 71 条第(2)款规定的停运权可能难以实现,最终将取决于承运人是否愿意服从停止交付的命令。而在买方获得物权凭证后,承运人是否服从卖方指示,应由相应的调整不同运输方式的国内法和国际公约调整。因为货运承运人一般不属于销售合同的当事人,它既不是卖方,也不是买方,公约授予卖方的停运权对它无约束力[第 71 条第(2)款第二句]。规定承运人责任的国内法和国际公约通常允许承运人只能把货物交给正本提单持有人,UCC 第 2-705 条第(3)款就规定:"如果货物是由可转让物权凭证所代表,货物保管人在取得物权凭证之前,没有义务服从阻止交付的通知。"基于国内法的要求,承运人可以不理会卖方的停运通知,若承运人服从了卖方的停运指令,买方不能起诉;反过来,若承运人行使其正当权利,把货物交给正本提单持有者,卖方也不能起诉。同理,根据秘书处评论,如果买方把单据转让给了支付对价并且出于善意的第三人,卖方就丧失了命令承运人不得交付货物的权利。[2] 即卖方的停运权并不优于提单善意受让人的权利。此外,在航运实务中,承运人接受卖方停运的指令通常条件是要卖方提供担保,这也是一种限制。

---

〔1〕 UCC 第 2-705 条第(2)款规定了卖方可以行使停运权的时机,"卖方可以:a. 在买方收到货物前阻止交付;或 b. 在除承运人外的任何货物保管人向买方作出有关货物系为买方掌管的确认前阻止交付;或 c. 在转船承运人或兼为承储人的承运人向买方作出上述确认前阻止交付;或 d. 在代表该货物的可转让物权凭证交给买方前阻止支付。"

〔2〕 See UNCITRAL, *Secretariat Commentary on Article 62(2) of Draft Convention*[*Article 71 (2) of Official Text*], Paragraph 11, Official Records, p. 52.

第72条 预期根本违约

(1)如果在履行合同日期之前,明显看出一方当事人将根本违反合同,另一方当事人可以宣告合同无效。

(2)如果时间许可,打算宣告合同无效的一方当事人必须向另一方当事人发出合理的通知,使他可以对履行义务提供充分保证。

(3)如果另一方当事人已声明他将不履行其义务,则上一款的规定不适用。

评 释

1. 预期根本违约的构成

第72条规定了预期根本违约及其救济。其第(1)款指出:"如果在履行合同日期之前,明显看出一方当事人将根本违反合同,另一方当事人可以宣告合同无效。"预期根本违约发生在合同履行期截止日前,[1]如果在履行期过后,当事人仍不履行合同,或履行义务与合同严重不符,这构成实际根本违约,受损害一方应适用第49条或第64条,在符合第25条根本违约标准的前提下宣告合同无效,依据第74条、第75条、第76条行使损害赔偿救济。PECL第9:304条有类似规定:"如果在一方当事人合同履行期前,明显看出他将根本不履行,另一方可以解除合同。"UPICC第7.3.3条的规定与之相同。这说明预期根本违约制度是当代国际商事合同法的基本制度,尽管从预期违约制度的国内法本源看,并不包括预期根本违约。第72条可以与第71条、第73条结合适用,同时又可独立适用,大体上应适用于以下3种情况:(1)在合同履行期截止日前,新的客观情况使当事人明显看出另一方将根本违约,又因为市场波动和履行时间紧迫,不允许当事人向另一方发出通知,要他提供保证,当事人立即宣布合同无效,并及时进

[1] 预期根本违约指当事人在履行期截止日前不履行实质性义务,不是其他义务。有时,在卖方交货期和买方付款期截止日前(实质义务尚未履行),当事人履行其他义务的时间已到,如应依据合同联合检验货物;或买方应开立信用证,这不影响预期根本违约仍可能成立,而且当事人实施这些预备履行中的行为可作为认定依据。

行替代交易,以减轻损失。(2)在合同履行截止日前,新的客观情况使当事人明显看出另一方将根本违约,当事人依据第 71 条已经中止履行,要求另一方提供担保;或依据第 72 条第(2)款向另一方发出通知,要他提供担保,另一方没有提供有效担保,当事人宣告合同无效。(3)在合同履行截止日前,另一方当事人要求修改合同的要求被拒绝,因此告知当事人他将不履行合同,当事人宣告合同无效或立即进行替代交易[第 72 条第(3)款]。

第 72 条针对预期违约设定的救济权可以使未违约方在另一方履行期截止前对于迫近的不履行威胁迅速反应和行动,及时解除合同。未违约方得以用快捷方式恢复处分自由,改变原来合同的进程。但未违约方取得的公约第 72 条的权利仍然建立在另一方将发生根本违约的预想之上,依赖于对另一方根本违约可能性的合理评估。我们在分析第 71 条时已经看到,有权以预期违约为由中止履行合同的条件是"另一方显然将不履行大部分合同义务",而有权以预期根本违约为由宣告合同无效的条件是"明显看出另一方将根本违约"。措辞上的区别说明,证明可能发生预期根本违约比证明可能发生预期违约的证据要求更高,这种评估不是主观猜测,而是基于现有的客观事实和证据来证明。虽然第 72 条没有像第 71 条那样列举出用于证明另一方显然将不履行大部分合同义务的事实原因。但是第 71 条第(1)款(a)项和(b)项的理由完全可以为适用第 72 条所引用,即另一方履行义务的能力或他的信用有严重缺陷,或他在准备履行或履行中的行为"明显看出"将根本违约。

秘书处评论指出:"'明显看出'预期的根本违约既可能因为另一方构成毁约的声明或行为;也可能因为一些客观事实,诸如卖方工厂因火灾而毁坏或者贸易禁运、货币限制的实施使将来的履行不可能。一方当事人基于第 63 条第(3)款[公约第 71 条第(3)款]被要求提供适当担保时,他没及时提供充分担保就等于'明显看出'他将根本违约。"[1]这一评论说明第 72 条主要针对普通法制度中的预期毁约(anticipatory repudiation of

---

[1] UNCITRAL, *Secretariat Commentary on Article 63(1) of Draft Convention*[*Article 72(1) of Official Text*], Paragraph 2, Official Records, p. 54.

contract)；[1]也针对合同履行受阻，一方当事人因为不能控制的障碍，如战争爆发、工厂因火灾被毁导致不能履行。在后一种情况下，普通法认为因情况变化不履行一方可免于履行，不构成违约。第72条采纳大陆法系的观点，因不能控制的障碍导致不能履行仍属于违约，但不履行一方可免除相应责任。当事人依据现有情况判断另一方将根本违约，在另一方履行期届满前急迫宣布解除合同，而宁愿不等到履行期过后，可以设想这应该不是常发生的情况，诚如霍纳尔德教授所言，这应该属于极少数个别情况。大体上是指：(1)当事人宣布他将不履行合同[第72条第(3)款]，即使这种宣布尚不能保证他最终不会改变主意；(2)客观事实以及当事人的行为可以断定他将不履行义务。比如，卖方已经表现出不愿履行的意思，在履行期到来前，有证据证明已将货物转卖他人；卖方已将工厂出售给别人，而该工厂将要生产合同项下货物。买方在与卖方先前履行的合同中尚有未偿付货款，在履行新的合同中卖方要求买方提供担保，而买方不能提供；买方未能开立信用证等等。

2. 第72条第(2)款和第(3)款

正如发展中国家的代表担心第71条的中止权被滥用，他们更担心第72条基于预期根本违约的解约权被滥用。在维也纳会议上，代表们一致同意在原草案基础上补充第72条第(2)款和第(3)款，以减少当事人不适当地适用第72条带来的风险。“意图援引第63条[公约第72条第(1)款]宣告合同无效的当事人应该谨慎从事，如果到了履行期事实上本来就没有发生根本违约，原来的预想变成了‘不明显’，并且宣告合同无效本身变成无效，这种情况下，企图宣告合同无效一方因其不履行变成违约。”[2]这说明未违约方在另一方履行期届满前不适当地援用第72条宣告合同无效，有可能因为另一方在履行期到来时真的履行合同而改变原来宣告解除合同的效力。

第72条第(2)款的核心是要求未违约方在时间许可时向另一方发出

---

〔1〕 参见本书第25条评释中对英美法“毁约”的概念分析。

〔2〕 UNCITRAL, *Secretariat Commentary on Article 63 of Draft Convention* (*Article 72 of Official Text*), Paragraph 3, Official Records, p. 54.

有意解除合同的意向通知,使另一方可以对履行义务提供充分担保,维持合同的有效性,同时使另一方对解除合同有思想准备,有思考的余地。该通知有两方面要求和限制:一是说“如果时间准许”,这意味着该通知不是任何情况都必须发出的,如果情况表明时间上不允许当事人发出通知或要求他发出这样的通知不合理,意图解除合同的当事人可不发出这一通知,而立即宣告合同无效。可以考虑的情况一是市场价格波动;二是涉及季节性货物及易腐货物的履行。另一项要求是该通知必须是“合理的”,这是指发出通知的方式、内容合理。由于涉及协商担保事实,该通知应采取到达主义。在现代通信条件下,发出这样的通知总是必要的、合理的,“在时间上不允许”应属于例外情况。另一方当事人在通知规定的合理时间内不能提供充分担保,可以得出“明显看出他将根本违反合同”的确信,未违约方有权宣布合同无效。

第 72 条第(2)款规定的通知,本质上是传达解除合同意向和要求提供担保的通知,这一通知与第 71 条第(3)款发出中止履行的通知有同样功能,如同第 71 条评释中所述,未违约方已经发出第 71 条第(3)款关于中止履行、要求提供担保的通知,可以取代第 72 条第(2)款的通知。但是这种通知不能代替第 26 条规定的通知程序,未违约方基于另一方不能提供有效担保的事实希望解除合同,必须发出宣告合同无效的通知才有效。假如没有第 72 条后两款,在适用第 72 条第(1)款时,发出宣告合同无效通知顺理成章,即使增加了后两款,其本意也不是要取消第 26 条的通知程序。第 72 条第(3)款规定:“如果另一方当事人已声明他将不履行义务,则上一款的规定不适用。”其中的“上一款规定”是指第 72 条第(2)款中[也包括第 71 条第(3)款中]关于要求另一方当事人提供担保的规定不适用。可以理解,声明不履行义务是确定的违约,基于诚信原则和公约承认的禁反言规则,当事人严肃地表示不履行是根本违约的可靠证据,并且是不可撤销的,即使他过后反悔,在履行期内又履行了义务,这相当于以行为发出的新的要约,未违约方有权拒绝。另一方发出这样的声明当然就没有必要要他提供履行担保。参考第 26 条评释中引用的一些判例得知,违约方发出这样的声明后,未违约方可以不发出宣告合同无效通知即可进行替代交易,同时寻求解约后的补偿,消除违约造成的不利影响。

理论上,解除合同的效果既溯及既往,也指向将来,而针对先期违约解除合同的效果主要是指向将来,不存在当事人双方按第 81 条第(2)款和第 84 条互相返还已受领的利益问题,因为合同主要义务尚未履行。未违约方可以转卖合同项下的货物或者另行购买替代物(第 75 条),同时向违约方请求损害赔偿(第 74 条),也可直接取得差价补偿(第 76 条),他在采取这些救济时受第 77 条减轻损失义务限制。而预期违约方如果能证明他的根本违约是由第 79 条规定的可以免责的原因所造成,即可免除损害赔偿责任。

3. UCC 中的相关规定

公约关于预期违约的法律制度深受 UCC 的影响,据说第 71 条就是受其中第 2-609 条的启示制定的。然而与第 2-609 条相比,公约关于中止履约的条件更严格和受限制,前者的条件是"任何一方有理由认为对方不能正常履约",后者的条件是"另一方当事人显然将不履行其大部分义务"。如果卖方暗示而不是公开宣布他将不履行合同,根据 UCC 第 2-609 条的规定,买方无疑可以中止履行;而依据公约第 71 条就需要证明卖方的陈述或其履行中的行为构成"显然将不履行其大部分义务"。同样,UCC 关于预期违约时,未违约方解除合同的条件比公约第 72 条的规定宽松,第 72 条相当于 UCC 第 2-609 条第(4)款和第 2-610 条的功能。按照 UCC,当事人没能在最长不超过 30 日的合理时间内提供履约保证即构成毁约[第 2-609 条第(4)款],如果这种毁约造成的损失严重损害对方当事人的合同价值,未违约方可以先期解除合同(第 2-610 条)。UCC 关于预期违约的这种制度安排与其"完美交货规则"有关,本书对公约第 25 条的评释第三段已经对此作了说明,如同对公约第 61 条评释中所述,在 UCC 法律框架内,决定合同能否解除的关键是预定的合同交易是否已经完成,买方是否收到货物,在交易尚未完成时,即卖方尚未交付货物,买方尚未付款时,未违约方可轻易地解除合同,摆脱不良交易或取得差价补偿。即使卖方已经交货,买方对不符货物可轻易解除合同。

第73条　分批交货的违约责任

(1)对于分批交付货物的合同,如果一方当事人不履行对任何一批货物的义务,便对该批货物构成根本违反合同,则另一方当事人可以宣告合同对该批货物无效。

(2)如果一方当事人不履行对任何一批货物的义务,使另一方当事人有充分理由断定对今后各批货物将会发生根本违反合同,该另一方当事人可以在一段合理时间内宣告合同今后无效。

(3)买方宣告合同对任何一批货物的交付为无效时,可以同时宣告合同对已交付的或今后交付的各批货物均为无效,如果各批货物是互相依存的,不能单独用于双方当事人在订立合同时所设想的目的。

评　释

1.第73条第(1)款的适用范围

第73条规定了分批交货合同(instalment contract)的违约救济措施。UCC第2-612条指出:“分批交货合同”是指要求或授权卖方分批交付货物,买方分批接受货物的合同,即使合同包括“每次交货构成一项独立合同”或类似的条款,仍属此种合同。这一定义也适用于解释公约第73条范围的分批交货合同,只要合同规定卖方分两批以上交货就属于此类,每一批次的货物可以是不同种类和数量,价金也不必均衡精确,有的判例将有长期供货关系的合同也作为分批交货合同。但是卖方违反义务,突破原有合同计划,将本应单次交付的货物分几次供货,或者依据一个单次交货合同,买方可以分期付款,这都不是分批交货合同,第73条不适用(但第51条适用)。涉及复杂的分批交货合同,每个批次的履行与整个合同虽有关联,也相对独立,允许当事人仅针对违约的批次行使救济有助于整个合同的继续履行,也符合违约救济的比例性原则(proportionality)。

大部分分批交货合同也是可分割履行合同,第73条与第51条有类似的调整功能,在必要时可以合并适用,所不同的是第51条仅适用于卖方违约时买方行使救济,而第73条前两款对买卖双方都适用。第73条立法的重要目的就是弥补第51条不足,阐明当事人不履行某批次合同义务,对该批次以及对未来批次或对已履行批次合同的影响。

第73条第(1)款规定,在分批交货合同履行中,一方当事人不履行其中任何批次的合同义务构成根本违约,另一方当事人可以对该批次货物宣告合同无效。这一规则确立了公约调整分批交货合同的一般原则,即一方当事人(卖方或买方)可以对另一方当事人在履行某一批次交易的违约,将它从整体合同履行中分离出来,单独处理,既不指向将来,也不涉及以往正常的履行。如果某一批次交货的履行构成根本违约,未违约方可以对该批次货物合同宣告合同无效,公约第25条关于根本违约的构成条件在这里适用;公约第49条和第64条关于宣告无效的条件、方式也应与第73条第(1)款一并适用。当事人宣告某一批次货物的合同无效必须按照第26条的规定向另一方发出通知,该通知必须在合理时间内发出。

宣告合同无效仅仅是未违约方针对另一方某一批次的违约可以采取的救济方式之一,应当合理地得出结论,公约关于违约救济的其他规定和其他救济方式也应适用于当事人某一批次的不履行。"第73条并没有排除公约其他条款的适用。当一方当事人逾期未能交付货物或支付某一批次的货款时,根据第47条或第64条,受损害方可以给另一方一段额外的合理时间让他履行,另一方在这额外时间内不履行,受害方可以宣告这一批次的合同无效。"[1]如果违约是非根本性的,受损害方可以针对某一批次的履行,要求违约方修理、更换货物(第46条)或要求实际履行,或要求损害赔偿(第45条、第62条)。涉及卖方违约并且合同不仅是分批交货,也是可分割履行的(分批交货合同不等于可分割履行合同),第51条也可适用于卖方某一批次的违约。如果当事人显然将不履行某一批次合同义务,另一方可以中止履行(第71条)。总之,在卖方不履行某一批次的合同义务构成根本违约时,买方可以选择适用第51条第(1)款、第73条第(1)款,宣告该批次的合同无效,或适用第49条和第51条第(2)款宣告整个合同无效。当某一批次的合同被解除时,合同整体的标的额相应减少,产生

---

〔1〕《判例法摘要汇编》(2008年版)第73条第2段。

合同被修改的后果。

2. 第 73 条第(2)款

第 73 条第(2)款确立了分批交货合同履行中,未违约方针对另一方今后批次的履行有可能发生预期根本违约,行使解除合同救济的特殊规则,是第 72 条预期根本违约原理在分批交货合同中的适用。所不同的是,基于第 73 条第(2)款解除未来批次的合同的条件是当事人已履行的批次发生实际违约,而第 72 条的适用并不建立在当事人已经履行部分实质义务的前提下。第 73 条第(2)款规定,如果当事人不履行任何一批次的合同义务,使另一方当事人有充分理由断定当事人今后各批次合同的履行会发生根本违约,另一方当事人可以在合理时间内宣告今后批次的合同无效。"当事人不履行任何一批次的合同义务"是指买方或卖方在履行某一批次(不包括最后一批次)的合同义务中存有瑕疵,如卖方不交货或交货与合同不符,或者买方不付款或不能及时付款,这种违约既可能是根本违约,也可能是不应导致解除合同的一般性违约,对于前者,另一方当事人可以援用第 73 条第(1)款宣布该批次的合同无效,对于后者,也可采取相应的违约救济措施。即使是后一种情况,即某一批次或若干批次的违约是一般性的,也可能会"使另一方当事人有充分理由断定当事人今后批次的合同履行会发生根本违约",有权解除今后批次的合同。"有充分理由断定"意味着对当事人今后批次的履行会发生根本违约的判断有足够的客观依据,这也应该依据当事人已履行批次的情况,并考虑第 71 条第(1)款(a)项和(b)项所指的情况进行客观评估。

贸易法委员会的判例显示以下情况,受损害方有权依据第 73 条第(2)款解除今后批次的合同:卖方未能交付第一批货物或声明不继续交货;前三批货物延迟交付影响买方生产;已交付的货物质量差;已交付的货物不符合食品安全法;买方不开立信用证;买方继续违反关于特定市场销售限制的合同规定。[1] 对照第 71 条授权当事人针对预期违约中止履行合同的条件,以及第 72 条针对预期根本违约授权当事人解除合同的条件,我们注意到,公约第 73 条允许另一方当事人解除今后各批销售合同的条件更宽

〔1〕 参见《判例法摘要汇编》(2008 年版)第 73 条第 7 段。

松,更依赖于主观判断,甚至也没有要求未违约方通知当事人提供履约担保,这是因为另一方当事人的解约权是建立在已经发生的某一批次的违约基础上,这样他不仅"有充分理由",也有客观的事实根据采取进一步行动。另一方当事人宣告今后批次的合同的无效应在合理的时间内提出并通知对方(第 26 条),合理时间应该自另一方当事人能够或根据情况判断他应该获得"充分理由",判定当事人今后各批次履行将根本违约时开始计算。

第 73 条第(2)款仅仅涉及解除今后批次的合同,免除尚未履行的合同义务,对已履行的批次的交易不产生影响,其效力是指向将来,而不溯及既往。不过,当过去的第一批履行构成根本违约时,未违约方由此可断定今后各批履约也将根本违约,过去的第一批履行可依据第 73 条第(1)款宣布合同无效;今后各批可援用第 73 条第(2)款宣布合同无效,事实上也等于解除整个合同。除此以外,就应维持已履行的各批合同的效力,假定排除了可以适用第 73 条第(3)款的情况。当然未违约方还可鉴于对方当事人履行某一批次合同的情况,采取除解除合同以外的其他违约救济,如要求修理更换,要求损害赔偿。如果认定他已经违反了整个合同,构成整个合同根本违约,援用第 49 条第(1)款(a)项和第 64 条第(1)款(a)项,宣布整个合同(包括已履行的批次)无效;或者认定对方当事人将根本违反整个合同,援用第 72 条预期根本违约的规则和程序,宣布整个合同无效。以这两种方式解除整个分批交货合同要受更严格的条件限制。

3. 第 73 条第(3)款

在分批交货情况下,买方对于卖方某一批次的交货与合同不符寻求解除整个合同,也可以适用第 73 条第(3)款。这一款规定:"买方对于任何一批货物的交付宣告无效时,可以同时对已经交付的或今后将要交付的各批货物均宣告合同无效,只要各批货物是相互依存的,不能单独用于双方当事人在订立合同时所设想的目的。"第 73 条第(3)款是第(1)款一般规则的进一步展开和补充,第(3)款适用的前提是买方依据第(1)款有权解除某一批次的合同,"一方当事人只能在它根据第(1)款有权宣告某一批次的合同无效时才可以同时对所有批次的货物宣告合同无效"。[1] 由于第(3)款的

---

〔1〕《判例法摘要汇编》(2008 年版)第 73 条第 10 段。

效力既溯及既往,也指向将来,应该谨慎适用。如果卖方某一批次的履行只是轻微的瑕疵,不构成根本违约,也不能满足其他解除合同的条件,第73条第(3)款就不适用。还应看到,与第73条前两款的规定不同,第73条第(3)款仅适用于卖方违约时,买方行使救济,因为卖方交付的货物可能构成一个整体,是不可分开使用和分割履行的,比如大型成套设备的分批交付,或用于装修某一建筑的材料分批交付,[1]而买方付款义务不具有类似特性,不能说买方不支付某一批货物的货款,其他已支付的货款就失去价值,不能使用。

以下实例可以说明第73条第(3)款的适用:

例73:中国G公司与中国香港K电子公司(卖方)于1985年签订了143号合同,由后者向G公司提供双马牌DF型和SF型两种型号的塑料风扇生产模具各一套,交货条件是CFR梧州,总价金135,000美元。合同还规定:"卖方在当地制成模具后,每副模具都应先行试模,试模后每种交10套塑料件给买方试装用,试装用后认为合格方可发货。卖方试模时应邀请买方三人共同参与。"卖方于1986年2月,比合同规定的日期晚一个月交付第一批货物,共6箱,为合同所订两套模具的一部分,且未经买方参与试模,初步确认为合格。1986年11月,卖方又未按合同规定的程序试模,即发运了第二批货物共11箱,也是两套模具的一部分,经检验这批模具不合格,有些甚至是没有加工完毕的半成品。在1987年2月,卖方应按计划发运第三批货物共7箱模具之前,买方通知卖方决定拒收最后一批货,同时宣布解除合同,卖方早在发运第一批货物后就谎称已发运了全部货物,从银行提取了信用证项下90%的货款(而第一批货价值为19,000美元)。1987年11月,买方向中国国际经济贸易委员会申请仲裁,经审理,仲裁庭

[1] 秘书处评论指出:"相互依存的货物不一定是构成一台整体机器的部件,如同大型机器设备的例子。例如,交付买方的所有原料应具有同一品质,只有货物属于同一来源,这一条件才可满足,若情况如此,不同批次的交货就属于相互依存,第73条第(3)款适用。" See UNCITRAL, *Secretariat Commentary on Article 64 of Draft Convention*(*Article 73 of Official Text*), Paragraph 8, Official Records, p. 54.

判令被申请人(卖方):(1)自裁决作出之日起60日内,被申请人归还申请人90%的货款120,500美元,加计利息。(2)申请人应在收到上述款项60日内将已收到的143号合同项下的货物全部退回被申请人,退货发生的一切费用由被申请人负担。(3)被申请人应补偿申请人支出的海关税(146,000元)、运输费、商检费、仓储费、装卸费人民币150,000元。(4)本案仲裁费由被申请人承担。[1]

这是一个真实的案例,笔者仅做了小的技术性改动。案件资料没有说明作出裁决的法律根据,若以公约为准据法,这恰好符合公约第73条第(3)款适用的条件。买方根据第73条第(1)款可以退回1996年发运的第二批货物,作为半成品的模具根本无法使用;买方根据第73条第(3)款也有权退回已经交付的第一批货物和即将交付的第三批货物,解除这两部分合同,因为各批货物相互依存,不能单独用于订立合同时所设想的目的。总之,第73条第(3)款的适用应符合以下条件:(1)卖方不履行某一批次的交货义务,使买方有权解除这一批次的合同;(2)卖方不履某一批次的交货义务不能通过修理、更换、购买替代物获得补救;(3)各批货物相互依存,不能单独用于订立合同时双方当事人设想的目的。如前所述,第73条第(3)款是第(1)款的延伸,买方依据第73条第(3)款解除以前批次的合同和今后批次的合同也必须发出宣告合同无效的通知,这一通知客观上只能与第73条第(1)款适用时的通知一起发出,即买方依据第73条第(1)款宣告某一批次的合同无效时,同时宣告已经履行的批次和尚未履行的批次合同无效。

〔1〕参见中国国际经济贸易仲裁委员会编:《中国国际经济贸易仲裁裁决书选编》(1963—1988),中国人民大学出版社1993年版,第256~260页。

第二节 违约的损害赔偿

第74条 损害赔偿的一般规则

一方当事人违反合同应负的损害赔偿额,应与另一方当事人因他违反合同而遭受的包括利润在内的损失额相等。这种损害赔偿不得超过违反合同一方在订立合同时,依照他当时已知道或理应知道的事实和情况,对违反合同预料到或理应预料到的可能损失。

评 释

1. 第74条适用范围

第74条作为第五章第二节的开始,提出了当事人依据公约相关规定请求违约的损害赔偿时,计算损害赔偿数额的一般原则和基本规则,在公约框架内,承担损害赔偿责任的方式是金钱赔偿,不包括返还原物。国际货物销售中的违约情形及损害赔偿要求多种多样,第74条适用于一方当事人因另一方任何违约造成的任何损害提出索赔请求,既适用于宣告合同无效情况下的损失赔偿测算,也适用于受损害方要求违约方实际履行时附带的损害赔偿要求。第75条和第76条提供了解除合同的特殊情况下损害赔偿的计算办法,对于当事人根据第75条和第76条规则仍不能获得赔偿的损失,受侵害方仍可根据第74条获得赔偿。虽然第74条规定具有原则性和概括性,但第74条本身以及在公约实施之后,国际贸易法委员会、国际销售公约咨询委员会对第74条的进一步阐述和补充,为裁判机关在具体案件中计算违约造成的损害赔偿额提供了明晰的指引。

2. 关于"违约损害"的国内法分类和学理分类

各国法中有不同的确定损害赔偿范围的方法和关于损失的分类方法。笔者仅介绍两大法系主要国家关于违约损失的基本分类,这是我们理解公约第 74 条的基础和基本线索。大陆法系国家对损失的基本分类是实际损失和所失利益。《法国民法典》第 1149 条规定:“对债权人的损害赔偿,除下述例外和限制外,一般应包括债权人所受的现实损害和所失的可获得的利益。”《德国民法典》要求债务人的损害赔偿能使债权人恢复到赔偿事由不发生时的状态(第 249 条),即应赔偿实际的损失。又规定应赔偿的损害包括失去的利益,这是根据情事发展预期能得到的利益(第 252 条)。简言之,实际损失是偶发的利益损失(damnum emergens),就是原有资金、财产的减损、灭失、费用的支出。所失利益是持续性利益损失(lucrum cessans),是预期应得的利益损失,即本应得到的利益而没有得到。大陆法系这个源自罗马法的损害分类相当简洁而富于概括性,几乎可以涵盖任何一种违约或违法行为造成的损失。

英美普通法关于违约损失的基本分类是期待利益损失和信赖利益损失。期待利益(expectation interest)也称交易利益(benefit of bargain),期待利益损失是当事人在订立合同时预期应该从合同中获得的利益和好处的损失。对期待利益损失进行赔偿的目标是使原告处于假如合同能正常履行时应有的地位,在这种意义上,合同本身就意味着财产和权利。期待利益与当事人实际获得的利益可能有差别,即使合同正常履行,由于标的物价格的涨落,实际获得的利益可能低于或高于期待的利益。信赖利益(reliance interest)是合同一方当事人因信赖另一方当事人的允诺而付出的各种代价和费用,因而改变了地位。在合同能正常履行时,这些费用和代价可以由所获得的合同利益来补偿,或把它们打入转卖货物的成本中转移给他人承担,但是因一方违约而使本能达成的交易被撤销,信赖利益因不能补偿而完全损失,对信赖利益的损失进行补偿就非常必要,其目的在于使原告处于犹如他未曾订约时所处的地位。

UCC 在普通法分类基础上又提出附带损失(incidental damage)和间接损失(consequential damage)的概念。前者是违约造成的杂项费用损失,根据 UCC 第 2-715 条的规定,卖方违约给买方造成的附带损失包括:为检验、接收、运输、照管和存储被正当拒收的货物而支出的合理费用;任何商业上合理的服务费用;补进货物的佣金或费用;因延迟交货或其他违约而附带造成的任何合理支出。[1] 间接损失是除标的物本身的损失(直接损失)以及附带损失以外的其他损失。根据 UCC 第 2-715 条第(2)款的规定,卖方违约给买方造成的间接损失包括:未能满足买方一般或特殊要求和需求而造成的损失,只要在订立合同时卖方有理由知道这种要求和需求,且买方无法以补进货物或其他方法而合理地避免此种损失;对人身或财产造成的损害,只要卖方违反担保是造成此种损害的近因。[2] UCC 所指的附带损失,大体上可归于普通法的信赖利益损失,如其第 2-713 条指出,如果卖方拒绝交货,买方有权主张的赔偿金为:买方得知违约时的市场价格与合同价格之间的差额,再加上所有附带损失或间接损失,减去卖方因违约而使买方节省的支出。其中的差价损失属于期待利益损失,附带的损失相当于信赖利益损失。

大陆法系国家关于实际损失与所失利益的分类与普通法中关于期待利益损失、信赖利益损失的分类虽然角度不同,也有相互重叠、基本一致的地方。比如,所失利益基本相当于期待利益的损失,但是实际损失既可能是信赖利益损失,也可能是期待利益的损失。买方为履行合同花去的开立信用证费用,根据大陆法属于实际损失,根据普通法属于信赖利益损失。但是买方因卖方未按合同供货,以高于合同价格的费用购买替代物,这种损失根据大陆法属于实际损失(现有财产的减少),根据英美法属于期待利益的损失,即订约时预期获得的利益损失。

学术界在总结和归纳以上国内法关于违约造成损失分类的基础上,提出了带有普适性的关于违约造成损失的学理划分,这种划分在施莱特里姆的著作中有集中的体现。[3] 包括:

(1)实际损失(actual loss),也是直接损失,是指当事人不履行义务或履行义务有瑕疵给另一方造成的原有利益的减损。比如在卖方不交货或

---

〔1〕 UCC 第 2-710 条规定了买方违约可能给卖方造成的附带损失,包括:买方违约后卖方因阻止交付货物、照管和存放货物、退货和转售货物而支出的任何商业上合理的费用和佣金,以及因买方违约而造成的其他支出。但是没有提出卖方遭受的间接损失问题。

〔2〕 在英国的古老判例 Smith v. Green 案(1875)中,被告出售给原告的牛已患有疾病,原告把病牛放入牛群,使新买的牛与原有的牛都死去。这里原告牛群的损失属于间接损失。

〔3〕 See Peter Schlechtriem ed., *Commentary on the UN Convention on the International Sale of Goods*, Clarendon Press, Oxford, 1998, p. 559-564.

延迟交货时，买方被迫购进替代物；在交货与合同不符时形成的差价损失或修理货物造成的损失；买方延迟付款迫使卖方贷款损失等。

（2）附带的损失（incidental loss），是违约造成受侵害方的杂项费用损失。如果没有违约行为，这些损失是可以避免的，或可以正常地计入成本。比如，为检验、接管、运输、照管、储存被正当拒收的货物花费的支出；替代交易中支出的佣金和其他费用；退货后关税、检验费等进口通关费用损失。

（3）间接损失（consequential loss）是违约导致的受损害方对第三人承担责任的损失，包括第三人索赔的罚金，甚至商誉损失。

（4）利润损失（loss of profit）。以上 3 类实际损失表现为受害方订约时原有利益的丧失、减损，而利润损失是订约时预期增加的利益的丧失。

3. 公约关于损失赔偿救济的一般原则

（1）全部赔偿原则

第 74 条规定，一方当事人应负的损害赔偿，应与另一方当事人因他违反合同遭受的包括利润在内的损失相当。即受害方可追偿违约造成的一切损失，包括实际损失和利润损失，只要这些损失是当事人在订约时能合理预见的，并且受害方不违反减轻损失义务。“第 74 条反映了充分补偿的一般原则。”[1]这一原则是针对某些国内法制度不承认利润损失赔偿，或对这类赔偿提出更高水平的证据要求而提出的。[2] 全部赔偿原则说明，公约规定的损害赔偿救济的目标是使受损害方恢复到假如合同正常履行时应有的经济地位，即应授予受损害方应有的“契约利益”。这一基本理念在 UPICC（第 7.4.2 条）、PECL（第 9:502 条）以及主要国家的国内法中都有体现。

---

[1] The International Sale Convention Advisory Council, *CISG-AC Opinion No. 6*, Opinion, Paragraph 1.

[2] 秘书处评论指出：第 74 条规定受损害方可获得的损害赔偿额相当于违约导致的包括利润在内的损失。显然，损害赔偿的基本信条是使受损害方恢复到假如合同能正常履行时相同的经济地位。特别提到利润损失是必要的，因为在某些法律制度中，“损失”的概念不包括利润损失。See UNCITRAL, *Secretariat Commentary on Article 70 of Draft Convention*（*Article 74 of Official Text*），Paragraph 3，Official Records，p. 59.

(2)以损失为基础原则

从全部赔偿的原则出发,违约的损害赔偿额应以受损害方所受的实际损失为限,这是违约救济的比例性原则(proportionality)的基本要求。损失赔偿以受损害方遭受的实际损失为基础,不以违约方是否从违约行为中获利以及获利多少为基础,即损失赔偿是补偿性的,不是惩罚性的。惩罚性赔偿是指法院判决违约方支付的损失赔偿金额超过违约造成的实际损失额,约定的违约金过高也可能被认定惩罚性赔偿,有的国家将其适用于对违反诚信、欺诈、胁迫等严重民事违法行为的处罚,具有准司法性质。“根据第 74 条,惩罚性的损害赔偿不得判罚”,[1]因为这一条明确指出受害方可获得的损害赔偿额应与违约方因违约造成的包括利润在内的损失额相当。在公约调整的案件中,一项惩罚性的损失赔偿判决有可能违反某些国家的国内强行法和公共政策,其结果这类判决会被认为是无效的或不能强制执行。[2] 在法院地国内法承认惩罚性损害赔偿情况下,如果其审理的销售合同争议案件以公约为准据法,这类赔偿也不允许,这与第 74 条赔偿实际损失原则不符。

即便违约方为获取更大利益公然毁约,另一方也只能就其所遭受的实际损失和预期利润损失索赔,而不能主张剥夺违约方的其他利益。这一点应与侵权的损害赔偿相区别。比如,在美国,商业秘密侵权案的损害赔偿处罚有四种方式:吐出方式(disgorgement approach)、实际损失补偿方式、前两者结合方式和支付特许费方式。其中“吐出方式”就是按侵权方实际从侵权行为中获得的收益来确定受害方的损失额,它特别适用于侵权发生后,受害方的实际损失不明显或难以查明的情况(如产品尚未投放市场),其理论基础是“过错方不应从过错行为中不公平致富”。采用这一方

---

[1] The International Sale Convention Advisory Council, *CISG-AC Opinion No. 6*, Opinion, Paragraph 9.

[2] 若干美国对侵权案的惩罚性损害赔偿判决在请求外国法院协助执行时遭到阻碍。1992 年,对于一名 14 岁男孩遭德国被告性侵犯一案,加利福尼亚州法院判处包括惩罚性损害赔偿在内的 40 万美元处罚。由于作为被告的加利福尼亚州居民已移居德国,原告请求德国联邦最高法院协助执行,德国最高法院对医疗费、精神损失费予以支持,但拒绝承认惩罚性损害赔偿。See Volker Behr, *Myth and Reality of Punitive Damages in Germany*, Journal of Law & Commerce, Vol. 24, 2005, p. 204.

案,原告只要证明被告从侵占的商业秘密中获利或节省了资金就足够。[1]侵权方从侵权中获得的好处就属于受害方所遭受的实际损失。但是对于违约的损害赔偿不能采用这一办法。

以损失为基础的原则还意味着,损害赔偿不得使受损害方享有比合同正常履行时更好的地位。因此,在计算受损害方的损失额时,原则上,如果受损害方从另一方的不履行中有任何获益或节省下来的费用,应该用这种获益或节省的费用对其所受损失做适当抵销。比如中国卖方以 CIF 条件出售给德国买方 5000 吨花生,买方无理拒收,中方被迫将花生就地转卖,卖方可以索赔合同价格与转售价格之间的差价,但应扣除因买方违约使卖方节省的货物通关费、商检费及跨国运输费。秘书处评论提出以下实例也可以说明这一点:

> 例 74A:合同规定出售 100 台机床,总价金 FOB 50,000 美元,由卖方自己制造,在卖方开始制造这些机器之前,买方宣布拒收货物,如果合同能正常履行,卖方获利为 5000 美元,应投入 45,000 美元总成本,其中 40,000 美元为原材料零配件、能源消耗、为履行合同雇工的成本;5000 美元为企业经常性支出(借贷资金成本、行政管理支出、设备折旧费用),由于卖方撕毁合同,卖方应投入的 40,000 美元成本尚未发生,但是 5000 美元的经常性支出即管理费用并不因合同取消而免除,除非在本应履行该合同的期间卖方恰好与第三人订立了合同,使生产能力得以利用,生产设备没有闲置。由于买方违约的结果使卖方失去了应由该合同分摊的 5000 美元的管理成本,买方应赔偿。买方应赔偿卖方的损失为:50,000 美元 - 40,000 美元 = 10,000 美元,其中 5000 美元为利润损失,5000 美元为管理成本损失。如果在买方撕毁合同以前卖方为履行合同已经投入不可回收的费用支出 15,000 美元,买方总共应赔偿 25,000 美元。若卖方投入的 15,000 美元费用购买了必要的原材料,由于买方毁约,卖方只好把这些原材料作废品变

[1] See Stephen S. Young, Margaret J. Palladino, *Monetary Damages in Trade-Secret Cases*, TRIAL, March, 1989, p. 45.

卖获得5000美元,这样卖方的损失应减至20,000美元。当卖方按时交付了货物,但交货与合同不符时,买方的损失包括不符货物赔偿的损失以及不符货物投入使用后(如机器)造成的误工、低效率、生产废品等其他损失。[1]

(3)替代补救(substitutional relief)原则

广义上,替代补救原则首先是指用金钱赔偿替代要求违约方实际履行,就是未违约方通过实施自己的替代履行之后,索赔差价损失进行违约救济。本书对公约第28条的评释已经说明,公约虽确认买卖双方实际履行的救济权,却通过对实际履行的多重法律限制,鼓励金钱赔偿救济。同时,替代补救是对实际履行救济的一种限制,当卖方不履行时,买方自主购进替代物,这相当于自主进行了履行,就不得再要求卖方实际履行(参见本书对公约第46条的评释)。替代补救原则是减轻损失原则的主要表现,"销售合同下避免损失扩大的最通常步骤就是,一旦买方违约,(卖方)应将货物替代出售或转售给其他买主;一旦卖方违约,(买方)应该从其他卖方替代购买或补进货物"。[2]

狭义上,替代补救原则也是计算损失赔偿金额的方法,通过将合同价格与实际发生的或指定的替代补救价格比较得出差额,加上根据第74条应该赔偿的其他损失,就是违约方大体应该承担的损失赔偿金额。可见这一方法具有工具作用,能用来实现第74条全部赔偿原则。公约第75条和第76条分别规定了在宣告合同无效后,计算违约损失赔偿额的差价赔偿方法,所谓"具体的赔偿方法"和"抽象的赔偿方法",前者是赔偿合同价格与实际发生的合理的替代交易价格之间的差额;后者是赔偿合同价格与时价(指定或拟制的替代交易价格)之间的差额,其中的具体赔偿方法是替代补救原则的典型表现。这种差额赔偿方法可以类推适用没有解除合同下的损失赔偿,大量国际货物买卖合同争议都是因卖方交货与合同不符引起

[1] See UNCITRAL, *Secretariat Commentary on Article 70 of Draft Convention* (*Article 74 of Official Text*), Example 70A, 70B, 70C, Official Records, p. 59.

[2] E. Allan Farnsworth, *Damages and Specific Relief*, 27 American Journal of Comparative Law, 1979, p. 251.

的,如果客观情况决定买方不能解除合同而选择收取货物(如不构成根本违约或买方需求货物),则买方的损失赔偿金额可运用替代补救原则下的差额赔偿方法来计算。一方面,通过计算受损失方按市场价格测算的被剥夺的利益得出;另一方面,通过计算受损失方为恢复到假如合同正常履行时应有的状况所支出的费用得出赔偿金额。[1] 方法一:违约发生后,未违约方为减轻损失,在宣告解除合同之前进行替代交易,这种情况下第75条规定的具体赔偿方法仍适用,他可以索赔合同价格和替代交易价格之间的差额。[2] 方法二:卖方交付不符货物后,买方以折扣价格将货物转售下游买方,转售价格就是不符货物市场价格,买方可索赔合同价格与转售价格之间的差额。方法三:买方收到不符货物后,对不符货物进行修理或再加工使之与合同相符,买方可以索赔由此产生的费用损失和因货物缺陷导致生产停工的利润损失,费用损失相当于不符货物与相符货物之间的差额。方法四:如果不符货物的价格和相符货物的价格可以确定,损失赔偿额可以参照第76条抽象赔偿公式,直接按照两者之间差额计算。即使不符货物没有市场价格,仍可以根据假如转售的价格或修复不符货物所需费用确定。

(4)减轻损失原则

第77条原则规定,声称另一方违反合同的一方必须按情况采取合理措施减轻另一方违约造成的损失,包括利润损失,否则对扩大损失不予赔偿。违约发生后,未违约方实行替代补救是减轻损失原则的表现。公约还规定了不同情况下打算行使违约救济权的控制货物的一方保全货物、减轻损失义务。如果买方收到货物,打算行使公约规定的退货权,他必须按情况采取合理措施保全货物(第86条)。如果买方延迟收取货物,而卖方拥有或控制这些货物,卖方也必须采取措施保全货物(第85条)。如果货物易于变坏或货物保全牵涉不合理的费用,保全货物的一方还必须采取合理措施把货物出售,并在可能的范围通知另一方(第88条)。但履行保管货

[1] See the International Sale Convention Advisory Council, *CISG Advisory Council Opinion No. 6*, Opinion, Paragraph 3.

[2] Ibid., Opinion, Paragraph 8.

物的一方有权要求另一方偿还保管费用,有权从出售货物的所得中扣回为保全货物和销售货物支付的合理费用(第88条)。

(5)当事人约定优先原则

虽然公约第74条规定了损害赔偿的一般原则和规则,但是如果当事人之间就违约可能导致的损害赔偿事先在合同中作了约定,或在事后就损害赔偿达成协议,该协议中关于损害赔偿的规定应优先适用,即使当事人之间的争议适用公约,公约中关于损害赔偿的规则也不适用,这符合公约第6条以及第81条第(1)款规定的精神。关于损失赔偿救济,当事人约定主要是两方面:一是关于损失赔偿责任范围的约定,如有的合同规定,任何情况下损害赔偿仅限于货物本身的价值;卖方免除违反默示相符义务引起的损失赔偿;卖方免除超过产品或零部件价格的赔偿等。公约第6条允许合同有这类规定,如果没有违反强行法,应予以支持。二是关于违约金或罚金的约定,一般应该是预定的损失赔偿,如果合同规定的违约金过高,使赔偿具有惩罚性,则涉及这样规定的效力,应该依据国际私法指引的国内法确定。

(6)与其他违约救济方式兼得原则

损害赔偿是一项独立的请求权,不因当事人主张其他救济方式而丧失,其与其他救济方式可以兼得(参见本书对公约第45条的评释)。

4. 违约的损失赔偿成立的法律要件

违约救济(remedy)以及损失赔偿救济都是英美法概念,是指通过法院判决实现当事人权利或补偿因另一方违约造成的损失。在民法法系国家,与之对应的概念是损失赔偿责任或责任构成,公约借用了普通法法系"救济"这一概念(第45~49条),说明违约救济的方式和实现救济权的要件。下文阐述的损失赔偿救济要件也相当于大陆法中损失赔偿责任构成,在公约框架内,承担损害赔偿责任的方式是金钱赔偿,不包括返还原物。需要注意的是,除以下要件之外,损失赔偿救济还受以下公约规则影响:减轻损失要求(第77条);不能控制的障碍免责要求(第79条);及时发出品质异议的通知要求(第38条、第39条);"脏手规则",第80条规定,受损害方因其行为或不行为使另一方违约,不得指控另一方违约。

(1)损失赔偿救济的前提是违约方不履行义务

公约第45条第(1)款(b)项和第61条第(1)款(b)项分别论述了买卖双方请求损失赔偿的法律基础,第74~77条规定损失赔偿范围和计算方法。根据第45条的规定,违约是采取损失赔偿救济的首要条件,一方不履行任何合同和法律规定的义务,包括解除合同后归还货物或收到不符货物后对其保管等随附性义务,另一方都可要求损失赔偿。只有不履行关系自身利益的义务,如检验货物和发出品质不符通知等才不引起另一方的损失赔偿。上述法理还说明损失赔偿产生于当事人客观的不履行义务,而不需要证明他是否有过错,损害赔偿建立在违约及由此造成损害这两方面的客观事实基础之上。但是未违约方履行合同中所谓的“过错”也是违约或违反义务,如果给另一方造成损失,他也要承担损失赔偿责任,双方因互为承担责任而发生抵销。如果受损失方违反义务行为也是造成他自身损失的原因,他应该分担这种损失后果。[1] 另外,第45条还强调销售合同的优先地位,买方要求损害赔偿首先因为卖方违反了合同义务,其次是违反了准据法规定的义务。根据第6条的规定,合同不仅可以改变卖方义务,而且可以改变违约救济本身(如违约金条款),包括损害赔偿救济。

(2)损失的确定性

第74条表明,承担损失赔偿的另一要件是违约给未违约方造成了损失。并非所有违约都会引起损失,有时卖方交货延迟或货物有瑕疵,买方仍可以按原计划使用或加价转卖货物,既然没有造成他需要补救的损失,也就无权获得损失赔偿,公约没有所谓名义上的损失赔偿制度,[2]也不接受惩罚性损失赔偿(参见“以损失为基础原则”),但是公约判例显示有法院支持非物质的商誉损失赔偿,国际销售公约咨询委员会意见也指出“受损失方有权取得作为违约后果的信誉损失的赔偿”。[3]同时“损失”还

---

〔1〕 在保加利亚工商会审理的一案中,受损害的买方没有在通知中说明货物不符合合同的情况,仲裁庭裁定买方和卖方分摊损失。参见《判例法摘要汇编》(2008年版)第74条第11段。

〔2〕 英美普通法有名义上的损失赔偿制度(nominal damages),违约侵害了原告合法权益,但是原告没有因此造成损失或者他不能在诉讼中证明有损失,这种情况法庭会判罚被告象征性赔偿(如1美元),有时也判赔偿诉讼费。

〔3〕 The International Sale Convention Advisory Council, *CISG - AC Opinion No. 6*, Opinion, Paragraph 7, Comments, Paragraphs 7.1–7.5.

要有确定性(certainty),“受损害方有责任以合理的确定性证明他遭受了某种损失。受损害方还有责任证明其所受损失的范围,但是对损失范围的证明不需要具有算术上的精确性”。[1] 第74条并没涉及解决受损害方对所遭受损失的证明范围,实务界就这一问题是否属于公约范围存有争议,有的国家司法机关将这一问题作为程序问题适用国内法解决,不同的证明要求导致对类似问题的处理结果不同,有的国家对利润损失提出了更高的证明要求。考虑公约的国际性和统一适用,国际销售公约咨询委员会提出了上述指引,其中关于“合理确定性”的证明要求与UPICC(第7.4.3条)、PECL[第9:501(2)条]和许多国家国内法要求是一致的。

首先,合理的确定性意味着受损害方必须证明损失已经发生或将要发生,损失不是虚构的,对损失的范围既不夸大,也不缩小。其次,合理的确定性还要求损失是可估算和量化的,这样才有补偿的可能。比如,公约并没有排除信誉损失的赔偿,但许多案件中法庭没有支持当事人的这项索赔请求,就是因为这种损失不能合理估算和量化,或者因为损失不能合理预见。最后,损失应有合理的证据支持,合理的证据要求不是过分严格的证据要求,实际上是一个合理的人基于他所处的与事实有关情况能提供的适当的证据水平(第8条)。“不需要具有算术的精确性”是指“受损害方只要提供某种法庭可合理地据以估算损失范围的基础即可。比如,受损害方可能通过利用专家证明、经济和财务数据、市场调查和分析或类似企业的商业记录证明其所受损失的范围。这样的证据要求承认证明任何违约造成的损失具有某种困难,而法庭又需要据以判罚的必要证据,试图在两者之间寻求平衡”。[2] 从政策角度看,对受害方的损害赔偿请求,特别是利润的索赔请求要求过高的证明水平是不公平的,许多情况下是不可能的,因此拒绝赔偿不符合全部赔偿原则,有可能客观上鼓励违约,损害合同必须信守原则和诚信原则的基础。事实上,违约方应对受害方不能以绝对的确定性(absolute certainty)证明损失的状况负责,正是违约行为导致证明损失

[1] The International Sale Convention Advisory Council, *CISG - AC Opinion No. 6*, Opinion, Paragraph 2.

[2] The International Sale Convention Advisory Council, *CISG-AC Opinion No. 6*, Comments, Paragraph 2.9.

范围的困难。

(3)损失的可预见性

与国内法一样,第 74 条提出了全部赔偿原则的例外和限制,即损害赔偿不能超过违反合同一方在订立合同时,根据他当时知道或理应知道的事实,能预见到或理应预见到的损失范围。这就是国内法普遍存在的"合理预见"或"可预见性"标准,它是由英国古老判例"哈德雷诉巴克森戴尔案"发展而来的。[1] 这一案件确立的基本原则如下:①如果订立合同时违约方没有理由预见到损失是违约很可能发生的结果,另一方就不能获得损害赔偿。②可预见的损失包括通常性损失和非通常性损失,前者是事物正常进程中发生的损失,后者是特殊情况下发生的损失。依据第 74 条提供的指引,违约损失的可预见性意味着:首先,损失的可预见性是事实问题,应根据具体案件情况判断,但是第 74 条并不要求受损害方证明违约方在订立合同时真的预见到损失,而只要证明一个处于违约方同样地位的合理人,依据当时所知道和理应知道的情况,应该预见到这种损失就足够。其次,违约方对损失的可预见性既包括对损失发生可能性的预见,也包括对损失范围、损失额的预见。最后,是否属于可预见的损失应该从违约方角度判断,并且以他在订立合同时能否预见为准。导致合同订立的协商可能持续一段时间,与可预见性相关的时间当然是合同成立时,违约方在客观上对订立合同时不能预见的损失不负责任,即使是他在违约时或在其后能够预见到违约可能造成的损失,根据第 74 条的规定,在此之后的可预见性无法律效果。[2] 违约方的损害赔偿责任也不因为以下事实而扩大:受损害方在合同订立后,在违约方违反合同前告知他或使其了解一旦违约,有可能发生额外损失风险的情况。

在维也纳会议的预备工作中,有代表建议将缔约过失问题纳入公约范围,但被拒绝,这样,在协商谈判期间违反义务的行为不属于公约调整范

---

〔1〕 See Hadley v. Baxendale (1854) 9 Exch 341,156 Eng、Rep. 对哈德雷案的进一步分析参见王军:《美国合同法》,对外经济贸易大学出版社 2004 年版,第 325~327 页;杨良宜:《国际商务游戏规则——英国合约法》,中国政法大学出版社 1998 年版,第 654~658 页。

〔2〕 See C. M. Bianca & M. J. Bonell eds. , *Commentary on the International Sale Law: The 1980 Vienna Sales Convention*, Giuffre, Milan, 1987, p. 542.

围。不过,许多判决承认受损害方有权追偿在起草被违反的合同过程中或由于合同被违反而发生的费用。[1] 这种损失发生在合同成立前,却属于违约方在订立合同时能预见到的范围。另外,贸易法委员会关于公约判例表明,以下损失是违约方无法预见的:买方索赔向第二买方租赁机械的租金损失;延迟交货后在另一国家处理货物的费用;给货运代理人的费用过高;与货运代理人发生纠纷的律师费;违约卖方不知道买方转售所失利润;超过需要抛光的金属丝本身价值的抛光费用。

从可预见损失类型看,哈德雷案得出的结论同样适用于理解公约第74条。违约方预见到或理应预见到的损失分两种:一种是损害为某种违约行为在通常情况下自然发生的,违约与损害后果的必然联系一目了然,是凭常识可预见和判断的,这种损害赔偿不需要事先告知违约方某种事实和情况即可成立。另一种是违约造成的损害属于某种特殊情况下违约造成的后果,违约与损害的因果联系取决于某种特殊情况的存在,这种特殊情况只有事先声明才能被双方理解,而不能凭常识判断出来,要获得这种特殊的损害赔偿,必须事先说明这一特殊情况,否则应推定违约方不能合理预见。基于以上两点,违约方应预见的损失可区分为通常性损失(usual losses)和非通常性损失(unusual losses)。卖方不交货,他应预见到买方将损失预期利润(差价损失),这是通常的损失;若买方还要向卖方索赔由于卖方不交货造成他不能履行下一家合同引起的巨额赔偿,这种损失就是非通常性的,买方要拿出被下一家索赔的证明,还要证明卖方订立合同时已经预见到他与下一家的合同关系。同理,卖方没有依约交付某种机器部件,可以预见到将影响买方组装成品,这是通常性损失,卖方要对此负责;如果买方主张卖方的违约引起他工厂倒闭,这种损失是非通常性的,卖方只有在订约时明知,他才对此负责。以上原理告诉我们:“如果一方当事人在订立合同时,考虑到另一方违约将造成他额外的严重损失或者是非通常性质的损失,他就必须在合同订立时告知另一方当事人这种损失后果,如

---

〔1〕 参见《判例法摘要汇编》(2008年版)第74条第20段。

果他遭受了这样的损失,他可以获得赔偿。”[1]

(4)因果关系

这是指违约方应赔偿的损失必须是令人信服地由违约造成,违约是造成损失后果的直接原因。有时受损害方因为购进了不合格货物的确造成损失,有的损失项目却与违约无直接关系。在关于果汁生产线的质量纠纷案中,中国买方从法国卖方购进一套果汁生产线,安装后达不到合同规定的技术标准,买方通知卖方派技术人员调试,而技术人员晚于约定的日期4日到达,买方因此向卖方索赔因技术人员不能按时到达导致的柑橘损失167吨,这一要求被仲裁庭驳回,原因是技术人员的迟到与柑橘损失无直接关系,在保管良好和柑橘状况良好的情况下,技术人员迟到4日不会损失那么多。[2] 20世纪90年代,中国许多地区引进各种加工生产线,如装瓶机、压汁机、糖果包装机、压塑机等,设备引进后调试和试生产时往往出现故障,或达不到技术要求,原因并不是进口设备本身不合格,而是诸如原料不合格、电压不稳、环境湿度过高、工人操作不熟练等非设备本身原因造成。

5. 违约的损失赔偿范围

第74条规定损害赔偿范围包括实际损失和利润损失。广义上,以下提到的附带的损失和间接损失也属于实际损失。

(1)实际损失(直接损失)

在一方当事人不履行时,“受损害一方有权获得不履行的损失赔偿,此项赔偿可以按因违约被剥夺的利益的市场价值衡量,或者按所引起的某种情况下需采取合理措施时的合理支出赔偿,此种情况是假如合同正常履行时必定存在的”。[3] 一方不履行最常见的是卖方不交付货物或买方拒绝接受货物,这在货物价格波动时很容易发生,这时受损害一方有权解除合

---

〔1〕 UNCITRAL, *Secretariat Commentary on Article 70 of Draft Convention* (*Article 74 of Official Text*), Paragraph 8, Official Records, p. 59.

〔2〕 参见中国国际经济贸易仲裁委员会编:《中国国际经济贸易仲裁裁决书选编》(1963—1988),中国人民大学出版社1993年版,第168~174页。

〔3〕 The International Sale Convention Advisory Council, *CISG-AC Opinion No. 6*, Opinion, Paragraph 3.

同,同时索赔不履行导致的合同利益损失或实际损失,此项损失可以按合同价格和时价之间的差额计算(第 76 条),或在发生替代交易情况下,按合同价格和替代交易价格之间的差额计算(第 75 条)。按此方法计算的损害赔偿额已经包含了受损害方应获得的利润损失。但是如果在当事人不履行时货物价格相对于合同价格没有变化,如卖方不能交付为买方生产供应的机器或买方无正当理由拒收卖方正在准备交付的机器,受损害方可索赔利润损失和违约造成的其他损失。不履行也可表现为卖方交货与合同不符,在价格波动时,如果买方决定接受不符货物,他可以索赔在交货时不符货物价格与相符货物价格之间的差额,此时合同规定的价格不再成为计算损害赔偿的考虑因素。[1] 此外,还应包括附带的损失,只要是违约引起的并能合理预见。

例 74B:合同规定出售 100 吨谷物,总价金为 50,000 元 FOB。卖方交付的货物水分超出合同指标,导致部分变质,买方收到货物后对其烘干支出 1500 元,如果货物与合同相符,其价值应为 55,000 元,而卖方交付的不符货物价值为 51,000 元(行情上涨),卖方应赔偿损失为:(55,000-51,000)+1500=5500 元。

有时,买方收到不符货物后,对货物进行修理补救以满足正常需要,卖方应赔偿买方采取这种合理措施的合理支出。有时买方将不符货物交卖方修理,为满足生产需要从第三方租用替代货物,买方有权索赔支付第三方的租金损害,这是合理情况下的合理支出。在卖方迟延交货或交货与合同不符时,受损害的买方也可能在没有宣告合同无效时就进行了合理的替

[1] See UNCITRAL, *Secretariat Commentary on Article 70 of Draft Convention*(*Article 74 of Official Text*), Paragraph 7, Official Records, p. 59. 公约没有说明以何时、何地价格水平为依据计算卖方交货与合同不符给买方造成的损失,可以考虑卖方交货地点和交货时间或者卖方知道了货物与合同不符的时候;或者卖方显然不能按公约第 37 条、第 46 条、第 47 条、第 48 条补救不符的适当时刻。无论如何,应考虑公约调整的销售合同的国际性,不能简单地以局部地区的货物价格波动为依据,而应考虑国际市场的变动。UCC 第 2-713 条规定:卖方未能作出交付或毁约所造成的损害,是买方得知违约时的市场价格与合同价格的差额[第(1)款];市场价格应为提示交付地的市场价格;如果涉及货物到达后拒收或撤销接受的情况,则为货物到达地的市场价格[第(2)款]。

代交易,从第三方补进合格货物,受损害的买方仍可以根据第74条索赔损失,此项损失按合同价格和替代交易价格之间的差额计算。[1]

(2)利润损失

依据第74条的规定,受损害方有权索赔利润损失,目的是使他恢复到合同正常履行时应有的经济地位。如前所述,在确定损失的利润时不需要算术上的精确性,只需要合理的确定性。但是,"一般而言,在计算净利润时,应该扣减因另一方违约导致受损害方免于履行而节省下来的费用"。[2] 当事人不交货或拒收货物使受损害方在解除合同后,有权依据第75条和第76条索赔差价损失,此项索赔已经包括净利润损失,但需扣除受损害方因另一方违约节省的费用。特别是在无替代交易时,如果受损害方是卖方,则其节省了运费、保险费、商检费、出口通关费用;如果是买方,则其节省了进口通关费以及仓储、保管、转运货物的费用。受损害的卖方,可以凭他与上游供货商订立的采购合同,按进货价与出售给买方的合同价格之间的差额索赔利润损失;受损失的买方也可凭他与下游零售商之间的转售合同,按合同价格与转售价格之间的差额索赔利润损失,但也应扣除因违约方不履行而节省下来的费用。

"利润损失包括那些产生于销售量损失的利润。"[3]在买方拒收货物时,卖方的损失可以按转售价格与合同价格之间的差额计算,如果卖方正常地按合同价格转卖了货物,这表面看来卖方没有损失。然而,如果卖方是经销商,经营的货物本来就可以同时出售给多个买家,那么卖方的第二次交易(转售合同项下的货物)本来就属于另一次销售,它不应成为第一次交易的替代,而第一次交易的销量不正常地损失掉了。销量的损失还可以下例说明:

例74C:某私人甲与私人乙协商将甲的汽车按2000元价格出售给

---

[1] See the International Sale Convention Advisory Council, *CISG - AC Opinion No. 6*, Opinion, Paragraph 3. 14.

[2] Ibid. ,Comments, Paragraph 3. 14.

[3] The International Sale Convention Advisory Council, *CISG-AC Opinion No. 6*, Opinion, Paragraph 3(c).

乙,乙后来反悔不买了,甲按同样2000元价格转售汽车给丙,甲基本没什么合同利益损失,除了转售可能付出少量的花费。但是如果卖方是汽车经销商,具有按标准价格无限的供货能力,任何一个买方的毁约都是一次销量损失,即使在该买方毁约后,经销商正常地按同样价格转售了买方订购的汽车,这一转售不能代替前一次与买方的交易,假如毁约的买方正常履行,该经销商应有两次交易的销量,经销商因买方毁约损失了一个销量,他应获得一次销售量的利润赔偿。

"根据第74条可索赔的利润损失还包括在法庭已经估算完损害赔偿之后,受损害方预计可能招致的利润损失。"即受损害方不仅可以取得判决前发生的经判决确定的利润损失,还可取得判决之后预计可能发生的利润损失,只要该损失是合理确定的,并且违约方应该合理预见,这符合全部赔偿原则。比如,违约方拖延履行经判决确定的损害赔偿金,法庭可以追加判罚。

(3)附带的损失

附带的损失是受害方因另一方违约增加的费用支出,也包括为减轻损失增加的额外支出。贸易法委员会的判例显示,受害方以下额外支出属于附带的损害赔偿范围:不符货物的检验费用;不符货物的处理仓储费用;保全货物费用;退回货物时发生的运费和海关费;根据与第三方合同紧急发运替代物的费用;安装替代物的费用;不符货物销售费用和营销费用及佣金;雇佣第三方处理货物的费用。[1]

(4)间接损失

受损害方有权索赔因另一方违反合同招致的第三人索赔的金钱损失。如卖方不交货或交货与合同不符导致买方赔偿下游经销商的罚金,或买方拒收货物时卖方赔偿上游供货商的违约金。但这些赔偿应有合理的证据支持,并且符合可预见性要求。

例74D:中国香港公司(买方)与内地一贸易公司(卖方)在广交会

〔1〕 参见《判例法摘要汇编》(2008年版)第74条第21段。

签订了购买一批电视机的合同。合同签订后，买方按时开立了信用证，但卖方却以"工厂已安排内地市场所需要的电视机的生产"为理由拒绝供货。导致买方请求仲裁解除合同，同时要求赔偿"预期的利润损失"。作为索赔依据，买方向仲裁庭提交了他在同卖方订立合同后不久，同德国、奥地利的零售商签订的几个售货合同（应有明显的差价）。仲裁庭支持了原告关于预期利润损失的索赔要求，这种损失是卖方于广交会签约时能合理预见到的。

6. 其他损害赔偿要求

以下讨论的损害赔偿要求在国际货物销售合同争议中经常被提出，有一定的争议性。

（1）信誉损失

第74条规定全部赔偿原则，并没有将违约造成的信誉损失明确排除在外，学术研究的进展表明公约支持信誉损失赔偿（参见前述损失确定性）。但是信誉损失是非物质性损失，当事人遭受这种无形资产损失要用量化的金钱赔偿，显然要有更高更严格的证据要求。对信誉损失的赔偿困难首先在于其含义的不确定，有的把其解释为未来损失的利润，或定义为由顾客保有量显示的商业信誉和商业形象损失，还有的解释为商业利益、品牌价值的减损。无论如何，受损害方主张信誉损失的金钱赔偿，就必须使该损失能被合理地量化与可估算。如果所说的信誉损失指未来利润的减少或因顾客减少导致的销售下降，此项损失应有合理的确定性，如果受损害方的利润损失已得到违约方的补偿，就不应再向其索赔额外的信誉损失。但是如果情况表明，卖方出售不合格货物使买方经营困难，直至倒闭，卖方如能预见到这一后果，他应赔偿利润损失和企业倒闭损失（信誉损失）。

（2）机会损失

有时受损害方索赔获利的机会损失，如在买方不能按时付款的情况下，卖方认为他损失了进行下一笔交易并获利的机会。由于即使违约方正常履行，按时偿付货款，受损害方能否利用偿付的货款进行下一笔交易或因此获利,受偶然因素影响都是不确定的,此项要求不应支持。但这不包括受损害方已经与下一交易方订立合同的情况,此时受损害方的机会损失是可以估算的。

(3)汇率损失

公约没有明确规定如何处理汇率波动导致的当事人损失问题,但是,根据全部赔偿原则,受损害方有权索赔汇率下跌损失,只要受害方能证明违约方若能按时偿还到期债务,他就能通过将外汇兑换成本币取得更高的货币价值,此时,受损害方的损失可以按照付款到期时的可转换的货币价值与债务人实际还款时可转换的货币价值两者之间的差额计算。贸易法委员会的许多判决表明,法院依据第 74 条判令汇率损失赔偿。[1] 但是这类判罚仅限于特定情况,即债权人通常以不同种类的外汇从事日常经营,并假定每次交易后都将外汇兑换成本币,因此他有权取得按债务到期时的汇率将外汇兑换成本币的确定的价值。如果销售合同中规定债务人(买方)以债权人本币支付货款,而买方付款时遭遇债权人本币贬值,则属于债权人自担的商业风险或内部事变,是不能补偿的。

(4)律师费损失

在适用公约处理的损害赔偿案中,律师费的索赔要求是不应支持的。这一判罚使法官处于两难,如果一律支持胜诉方的律师费赔偿请求,可胜诉方不总是违约受损害方,有可能是违约方,则违背了损害赔偿是对违约造成损失的赔偿这一根本性质。如果一律支持受损害方要求的律师费赔偿,受损害方不总是胜诉方,假如他败诉,又怎么能获得律师费补偿呢?

(5)抵销的请求

尽管公约没有直接规定当事人提出的反诉是否可以抵销根据公约提起的权利主张,但贸易法委员会根据判例,对此做出肯定回答,如果反诉成

[1] 在瑞士一家法院审理的 DT. Ltd. v. B. AG 案(2002 年)中,法院根据公约第 74 条的规定,判决买方赔偿受害方汇率损失,认为债权人有权索赔违约方造成的任何汇率损失,这项索赔额应依据付款到期时较为优惠的汇率与买方实际付款时下跌的汇率之间的总额计算。只要一个外汇债务的债权人通常以不同的外汇经商并假定该债权人立即将外币换成本币。参见《公约咨询委员会第 6 条意见》附件(案例概要)。

立，根据公约提起的反诉可以抵销根据公约提出的诉讼。[1] 许多法院判决认为，公约明确了销售合同引起的反诉是否存在的问题，也明确了如果存在反诉，该反诉是否可以抵销根据公约提出的权利主张问题。在德国汉堡法院审理的一案中，法院裁定买方的反诉抵销卖方对价款的权利主张。学术界也取得共识，认为公约调整当事人基于销售合同提出的抵销要求，“公约调整下的金钱权利要求不论是否产生于同一合同，都可以被任何一方当事人要求抵销，只要符合公约蕴含的一般原则”。[2] 允许抵销的条件如下：①债务是双方当事人之间尚未偿付的，即双方当事人互为欠债。②双方的债务都依法成立，已到清偿期，在同一诉讼中或仲裁案中因为符合相关实体法或程序法被一并审理和允许抵销。③债务是属于同一性质的，都属于根据销售合同产生的债务，而不是性质不同的债务。

第75条　宣告合同无效后的损害赔偿——具体的赔偿方法

如果合同被宣告无效，而在宣告无效后一段合理时间内，买方已以合理方式购买替代货物，或者卖方已以合理方式把货物转卖，则要求损害赔偿的一方可以取得合同价格和替代货物交易价格之间的差额以及按照第74条规定可以取得的任何其他损害赔偿。

评　释

1. 第75条差价赔偿方法的适用范围

第75条和第76条规定了当事人宣告合同无效后，计算损害赔偿数额的差价赔偿方法。这两个条款是第74条计算损害赔偿数额一般原则的进一步阐述，尤其是其中替代补救原则的具体体现。当卖方不交付货物、延迟交付货物或交货与合同不符构成根本违约时，或者当买方不正当地拒绝

[1] 参见《判例法摘要汇编》(2008年版)第5章第2节概述第13段。

[2] The International Sale Convention Advisory Council, *CISG-AC Opinion No. 18*, Set-off under the CISG, Opinion, Paragraph 1.

接收货物、拒付货款构成根本违约时,未违约方可以援用公约第 49 条和第 64 条宣告合同无效。依据第 72 条和第 73 条的规定,当事人预期根本违约或在分批交货合同的履行中根本违约,也可导致另一方当事人宣告合同无效。未违约方通知对方合同无效之后,即免除了他的合同义务,"但应负责的任何损害赔偿仍应负责"(第 81 条)。解除合同之后的损害赔偿计算应把第 75 条、第 76 条结合起来考虑,这两个条款规定了各国法律普遍承认的,受损害的一方索赔直接损失的两种基本方法:这就是"具体的赔偿方法"(concrete method of damage)和"抽象的赔偿方法"(abstract method of damage)。前者是指合同解除后卖方以合理价格转卖了货物,或者买方以合理价格购进替代物,形成所谓"替代交易",受损害的买方或卖方可以索赔合同价格与替代交易价格的差额,其赔偿建立在所受实际损失基础上(第 75 条)。后一种方式是指合同解除后买方或卖方没有进行替代交易,受损害的一方可以索赔合同价格与时价之间的差额,其赔偿建立在预计的市场价格损失基础上(第 76 条)。

对受损害方而言,依据第 75 条和第 76 条计算损害赔偿比适用第 74 条更有利。后者要求当事人证明损失具有一定程度的确定性、合理预见性、违约与损失的因果关联性,为此,受损害方免不了要公开会计账目、内部结算关系以及客户信息,这是他不愿意披露的商业信息,按照第 75 条和第 76 条计算损害赔偿就不需要提供这些具体信息。但是,"第 75 条和第 76 条不能取代第 74 条,它们只不过向受损害方提供了一种解除合同下用于测算损害赔偿的可供选择的方法。"[1] 即使在解除合同后,第 75 条和第 76 条也不是必须适用,并且第 75 条、第 76 条应该与第 74 条结合适用,后者起补充作用。在特定情况下,解除合同后计算损害赔偿只能依据第 74 条以及其他相关条款,假如替代交易不合理,应依据第 76 条和第 74 条计算损失;假如受损害方在特定产品市场进行持续性交易,就不可能认定哪一次交易是替代交易,只能适用第 76 条或第 74 条(参见对公约第 74 条的评释

〔1〕 The International Sale Convention Advisory Council, *CISG-AC Opinion No. 8*, Opinion, Paragraph 1. 2.

关于“销量损失”)。[1] 以上法律适用的结果不应使受损害方处于比合同正常履行时更好的地位,有时受损害方依据第 75 条索赔合同价格和替代交易之间的差额后,又援用第 74 条主张利润损失补偿,这一要求不应支持,“差价赔偿”已经使当事人恢复了权利,包括预期利润补偿。

《中华人民共和国民法典》合同编第 584 条作出与公约第 74 条相似的规定,但是缺失相当于公约第 75 条和第 76 条“差价赔偿方法”的规定。中国最高人民法院 2012 年发布的《关于审理买卖合同纠纷案件适用法律问题的解释》没有填补这一漏洞。最高人民法院编写的《买卖合同司法解释适用手册》承认可以用“差别法”计算“可得利益损失赔偿”,包括按照合同价格和替代交易价格之间的差额这种具体赔偿方法,以及按照合同价格和市场价格之间差额这种抽象赔偿方法测算,[2] 似乎接纳公约第 75 条和第 76 条差价赔偿制度,只是这仍属于学理解释而不是法律规定。因为缺失“差价赔偿制度”这样刚性法律工具,中国裁判机关、案件当事人和律师在计算违约损失赔偿时缺少确定性和可预见性法律指引,给法官处理案件以极大自由裁量权。在“铁矿砂进口仲裁案”中,中国内地买方与香港特别行政区卖方订立了按 58.4 美元/吨价格进口印度铁矿砂 2 万吨合同,后来因货物价格上涨到 72 美元/吨,卖方公然毁约,买方提起仲裁,其援引 CISG 第 76 条和 UPICC 第 7.4.6 条,要求卖方赔偿差价损失 322,000 美元,仲裁庭最终以适用法律错误和卖方不能合理预见该损失为由没有支持买方诉求,只是按 2.5 美元/吨的平均利润判赔买方。[3] 因此,对于国际货物买卖中寻求损害赔偿救济的受损害方,适用公约比适用《中华人民共和国民法典》更有利。

2. 第 75 条的含义

在正常情况下,合同解除后,买方希望购进替代物,卖方要将准备履行

---

〔1〕 The International Sale Convention Advisory Council, *CISG-AC Opinion No. 8*, Opinion, Paragraph 2.4; Comments, 4.1.5.

〔2〕 参见最高人民法院编选组编:《买卖合同司法解释适用手册》,人民法院出版社 2012 年版,第 71~72 页。

〔3〕 参见中国国际经济贸易仲裁委员会编:《中国国际经济贸易仲裁裁决书选编》(2003—2006),法律出版社 2009 年版,第 555~568 页。

的货物转卖给新的买主[第88条第(1)款],在市场行情变化时,将会发生金钱损失,第75条允许受损害方索赔合同价格与这种替代交易价格之间的差额,经过赔偿,大体上使受损害方恢复到假如合同正常履行时应处的经济状况。第76条规定意味着解除合同后,具体的赔偿方法应优先适用,如果替代交易已经发生,就不得采用抽象的赔偿方法计算损失额,即使是按第76条的抽象赔偿方法,受损害方可以获得更多的赔偿。第75条的适用应符合两方面基本条件:

一是合同宣告无效后,受损害方进行了替代交易,这说明替代交易只能在受损害方发出宣告合同无效的通知后进行才有效。在此之前,即使受损害方鉴于对方违约而适时进行替代的购买或转售,该交易不被认定为第75条项下的替代交易,不能用具体的赔偿方法计算损失,只能依据第74条的一般规则计算损失额。正如笔者在对公约第26条和第27条的评释中所指出,一个例外情况是,假如违约方肯定地、真实地明确通知受损害方他将不履行义务,根据诚信原则和“禁反言”规则,受损害方可以本着对另一方的声明和行为的信赖行事,不必发出宣告合同无效的通知,即可进行替代交易,合同自受损害方实施替代交易时起解除,而不是自违约方宣告不履行时解除,因为只有受损害方有权解除合同,其实施替代交易的行为是宣告合同无效的意思表示。

二是受损害方进行的替代交易必须具备合理性,即在合理时间内,以合理的方式进行交易。公约没有规定衡量替代交易是否合理的统一标准,应按照一个审慎合理的商人应有的行为判断,并考虑交易时的情况,包括时间限制。基本要求如下:首先,替代交易不要求与原合同的交易条件完全相同(数量、价格、信用条件、交货时间),只要交易事实上属于代替被解除的交易即可。如替代交易量低于合同的规定数量,未发生替代交易的部分应适用第76条或第74条计算损失。如替代交易价格与合同价格差额过大,应考虑是否符合第74条关于损失的可预见性要求和第77条减轻损失要求。其次,未违约方应以诚信态度行事,尽可能减少违约造成的损失,减轻违约方的赔偿负担,卖方转售货物应在情况允许的条件下,以尽可能高的价格售出;买方的补进货物应在情况允许条件下,以尽可能低的价格购进。再次,由于替代交易可能在与原交易不同的地点,并按不同的条件进行,引起交易费用和成本的增加或减少,索赔数额也必须做相应的调整,因一方违约,当事人转卖或购进货物增加的费用当然要计入赔偿范围,如增加的运输费用、仓储费用或中介费用等。但是,因当事人违约而节省的费用也应从赔偿额中扣除,如卖方在当地转卖货物就可能节省跨国运输的费用、通关的费用等。最后,替代交易应遵守时间限制,转售和补进货物都应该在解除合同之后的一段合理的时间内进行。合理时间的起算是在未违约方宣告合同无效之后,其长短应视替代交易是否可能发生、是否有利于减轻损失来确定。当货物价格趋于下跌时,未违约的卖方应尽可能早地转售货物,当货物价格趋于上升时,未违约的买方应尽可能早地购进货物。当事人没能在合理时间内转卖或购进货物,等于没有履行第 77 条减轻损失义务,这种情况下有两种解决办法:一种办法是由仲裁庭认定一个合理的替代交易额,然后按这一交易价格与合同价格之间的差额确定赔偿额;另一种办法是整体上对替代交易不予认定,相当于不存在,改按第 76 条或第 74 条规则计算赔偿额。"如果转售或补进货物不是以合理方式,并且在合同宣告无效之后的一段合理时间内进行的,损害赔偿按照仿佛替代交易没有发生那样来计算,因此,可诉诸第 72 条(公约第 76 条)规定,或者在可行时依据第 70 条(公约第 74 条)计算。"〔1〕

公约承认第 75 条和第 76 条的计算公式不一定能完全补偿未违约方遭受的损失,所以在这两个条款都规定其本身适用的同时,未违约方还可以获得按照第 74 条规定可以取得的任何其他损害赔偿。这是指与进行替代交易有关的所有附带的损失。例如,买方保管不符货物或卖方保管本应正常交付的货物增加的费用,落实替代交易延误的时间损失和佣金运费等损失,替代交易的交货期比原合同规定的日期延迟造成的利息与汇率损失等,它们与第 75 条适用相关,又属于第 74 条范围的损失。

例 75:当事人双方订立合同,由卖方提供金属精矿。卖方按期履行了第一批供货,后来卖方通知买方,由于市场行情变化和不可抗力

〔1〕 UNCITRAL, *Secretariat Commentary on Article 71 of Draft Convention* (*Article 75 of Official Text*), Paragraph 6, Official Records, p. 60.

原因,他不能继续履行其余的交货,除非买方同意调整合同条件。在1993年12月举行的双方会面中,当事人双方同意重新协商价格,但是几个月过后,买方达成替代交易,同时要求卖方继续履行合同。由于卖方拒绝履行,买方中止支付卖方已交付货物的货款,并于1995年1月宣布解除合同,随后提请仲裁,要求卖方赔偿损失。买方认为卖方停止继续供货构成预期违约,买方有权中止支付,并有权获得较高的替代交易价格和合同价格之间的差额。卖方仍以前述理由辩解,主张因不可抗力免除交货义务,同时请求买方支付货款,买方中止支付构成违约。

仲裁庭认定,合同规定适用瑞典法,决定适用公约,因为公约已经纳入《1987年瑞典销售法》。关于中止履行,仲裁庭认为:买方于1994年2月替代购买的行为相当于解除合同[第72条第(2)款],而不是中止履行(第71条),但是公约不承认自动解除合同,买方没有发出宣告合同无效通知,合同并没有解除,并且第72条适用的条件是当事人预期根本违约,双方决定重开谈判说明卖方不构成预期根本违约。买方于1995年1月宣告合同无效,这一宣告因为超过合理时间归于无效[第49条第(2)款]。由于未能满足公约解除合同条件,买方中止履行构成违约,根据情况属于非根本违约,卖方可以给买方一段宽限期让他履行或解除合同,但是卖方没有这样做。关于买方的损害赔偿要求,仲裁庭认为买方无权援用公约第75条,因为他没有在替代交易前解除合同,而这是第75条适用前提。买方也不能适用第76条,因为他进行了替代交易。买方可以依据第74条、第77条行使索赔权,合同自1994年以来仍有效,买方替代购买价格高于卖方双方协商中建议的价格,应依据减轻损失原则调整(第77条)。[1]

---

〔1〕 参见国际商会8574号裁决,1996年9月,载罗马统一国际私法协会等主办的项目网站Unilex。

第76条 宣告合同无效后的损害赔偿——抽象的赔偿方法

(1)如果合同被宣告无效,而货物又有时价,要求损害赔偿的一方,如果没有根据第75条规定进行购买或转卖,则可以取得合同规定的价格和宣告合同无效时的时价之间的差额以及按照第74条规定可以取得的任何其他损害赔偿。但是,如果要求损害赔偿的一方在接收货物之后宣告合同无效,则应适用接收货物时的时价,而不适用宣告合同无效时的时价。

(2)为上一款的目的,时价指原应交付货物地点的现行价格,如果该地点没有时价,则指另一合理替代地点的价格,但应适当地考虑货物运费的差额。

评 释

1. 第76条适用范围

第76条提出了宣告合同无效后可供选择的计算损害赔偿的另一种方式,这就是抽象的损害赔偿方式,它在合同解除后,当事人没有实施替代交易,没有购买或转卖货物时适用。这时,未违约方可以索取合同规定的价格与宣告合同无效时[第(1)款第一句]或接收货物时[第(1)款第二句]的时价之间的差额。抽象的损害赔偿公式建立在一种假想的替代交易基础上,真实的替代交易并没有发生。当事人没有购买或转卖货物可能有两种情况:最常见的一种情况是合同的实质性义务尚未履行,一方当事人毁约导致合同解除,这时卖方尚未交付货物,买方未收到货物,也未支付货款,正常情况下,未违约方不实施替代交易是可行的;另一种情况是合同已经履行,买方收到货物,但是正当或不正当地拒收货物导致合同解除,未违约方没有实施替代交易,这意味着卖方把已交付的货物运回自行处理(这种情况不常见),买方没有补进货物。

替代交易没有发生的原因也有两种:一种情况是未违约方不想转卖或补进货物,这是基于"不作为";另一种情况是当事人毁约后,未违约方付出极大努力,力求达成替代交易,转卖或补进货物,终因需求紧迫或价格等因素未能在合理时间内成交,这是基于“积极作为”。公约并不强迫当事人寻求所有努力进行替代交易。秘书处评论指出:“即使事实上没有发生转售或补进货物,或者在不可能确定哪一个转售或购买合同属于替代被撕毁的合同的场合,或者转售或购买不是以合理的方式在解除合同后合理的时间内实施,第72条(公约第76条)都允许使用其中的这一公式(指抽象的损害赔偿公式)。”[1]这里提到的“不可能确定哪一个合同是替代被宣告无效的合同”是指当事人是持续性供货或进货的生产商、专业经销商的情况。如工业生产的原料,生产企业不间断地需要供货,在一定时期内企业从不同的卖方订购了同样的货物,或者卖方与不同的买主签订相似的销售合同,如果被解除的合同属于其中之一,就很难分清这许多购买或销售合同中哪一个合同是属于替代被解除的合同,因此适用第75条是不可能的。概言之,第76条适用于合同被解除后,替代交易事实上没有发生或不能确定是否发生的情况,并且以买方是否收到货物为标准,按不同方法处理。

2. 第76条第(1)款

第76条第(1)款以当事人是否收到货物为界限,提出了未违约方解除合同后,没有购买或转卖货物时,计算损害赔偿的两个公式:第一个公式是请求损害赔偿的一方在收到货物以前宣告合同无效,这时他可取得合同规定的价格与宣告合同无效时的时价之间的差额[第(1)款第一句]。它适用于以下情况:(1)由于一方当事人预期根本违约,在他的实质性义务履行之前,合同被宣告无效(第72条);(2)由于买方不能支付货款,或不能为支付货款履行必要的手续,卖方在交货时或交货前宣告合同无效(第64条);(3)由于卖方交货延迟或交货与合同不符,买方拒收货物,宣布解除合同(第49条)。“宣告合同无效时”是指未违约方根据第26条发出通知的时间,该通知生效的时间采用“发信主义”(第27条)。采用“宣告合同无效时”这一参照点是对公约原草案的一个修改,公约草案第72条第(1)款[正式文本第76条第(1)款]提出了单一的抽象损害赔偿计算公式,即请求损

[1] UNCITRAL, *Secretariat Commentary on Article 72 of Draft Convention* (*Article 76 of Official Text*), Paragraph 3, Official Records, p. 60.

害赔偿的一方可以获得“合同规定的价格与他第一次有权宣告合同无效时的时价之间的差额”。[1] “第一次有权宣告合同无效”这个参照点的设计显然也是为了防止未违约方的价格投机，但是在实践中难以确定，而且有可能鼓励当事人匆忙宣布合同无效，尽管一个正常的诚信的商人通常不会这样做。价格投机只有在买方宣告合同无效之前已经收到货物才容易发生，这时他可以视行情决定是否以及在何时宣告合同无效，如果合同被宣告无效时货物尚未交付，较少有发生投机风险的可能，未违约方没有更多的选择。所以，正式文本以当事人接收货物为界限设计两个计算方法，把“宣布合同无效时”作为第一种方法的参照点是合理的，既容易确定，也可防止投机。

第二个公式是请求损害赔偿的一方在接收货物之后宣告合同无效，这时他可以取得合同规定的价格与较早时接收货物时的时价之间的差额[第(1)款第二句]。上面已经提到，这个设计是为防止提出损害赔偿的一方等待价格跌落时再宣布解约，以牺牲对方利益为代价实行价格投机，为了防止他不适当地利用价格变化来加重违约方的责任。接收货物(take over the goods)含有“收下货物”(take deliver)的意思，通常指买方收到货物后发现严重不符合同，决定行使拒收权，他应把货物提取并存放在第三人仓库等待处理，货物不发生所有权转移。它也含有美国 UCC 第 2-606 条所述的接受货物(acceptance of goods)的意思，买方收到货物后，经检验认为货物与合同相符，或虽然不符，仍决定保留货物，这种情况也可能发生合同被解除，比如在到货后付款条件下买方拒付货款，卖方宣告合同无效；货物有隐蔽缺陷，买方在随后的使用中发现这一缺陷，援用公约第 49 条第(2)款(b)项②宣布合同无效。无论如何，以“接收货物”时的时价为参照计算损害赔偿，这个“接收货物时”与宣布合同无效时应该有一个合理的间隔期，如果两者近乎等同，比如买方收到货物后立即宣告合同无效，采用第二个公式与采用第一个公式可能没什么区别。另外，“接收货物”的一方不限于买

---

[1] 公约草案第 72 条规定：如果合同宣告无效并且货物又有时价，请求损害赔偿的一方如果没有根据第 71 条(正式文本第 75 条)购买或转卖，他可以取得合同规定的价格与他第一次有权宣告合同无效时的时价之间的差额以及按照第 70 条(正式文本第 74 条)规定可取得的任何其他损害赔偿。

方,公约本来就没有这样的限制,当买方收到货物后不正当地拒收它,货物反过来又归卖方处理,即产生了卖方从买方那里"接收货物",欲向买方行使索赔权的卖方如果没有转卖货物,应取得合同价格与他接收货物时的时价两者之间的差额。

第 76 条第(1)款第一句除允许当事人取得差价赔偿外,还可以取得"第 74 条规定可以取得的任何其他的损害赔偿"。这是指附带损失和利润损失的补偿,附带损失是杂项费用损失,假如合同正常履行,这些损失可以避免或可以计入成本。如损失的许可证费、开立信用证费、通关费用;为检验、保管、运输被正当拒收货物的支出。利润损失主要是产量损失或销量损失(lost volume),这在合同价格与时价之间没有明显差额,受损害方属于持续性供货的供应商时应该特别予以关注(参见例 74C)。由于合同价格与时价之间没有差额,采用抽象的赔偿方法不能挽回利润损失,而必须依据第 74 条索赔利润损失或销量损失(参见第 74 条相关评释)。

UCC 第 2-708 条、第 2-713 条与公约第 76 条的规定相似。UCC 第 2-708 条与公约第 76 条第(1)款最大的不同是,其第(1)款规定的"差价赔偿"公式与第(2)款规定的利润赔偿模式可以替换引用。在特殊情况下,采用抽象的损害赔偿计算方式不能达到赔偿目的或不符合损害赔偿的一般原则,美国法官可以放弃抽象的损害赔偿方法[第 2-708 条第(1)款],而采用平均利润损害赔偿方法[第 2-708 条第(2)款]。这是指以下两种情况:一是在价格不变时,不存在合同价格与时价之间的差价;二是由于合同价格与时价相差悬殊,用抽象的赔偿公式计算结果使违约方获得过多补偿,以至于法庭有理由怀疑损害赔偿超过当事人在订约时合理预见的范围。如果适用公约第 75 条、第 76 条计算公式不足以赔偿受损害方的损失,或者可能导致赔偿数额过大,应考虑放弃差价补偿,直接援用第 74 条处理。[1]

---

〔1〕 依据中国香港特别行政区的法律,货物销售合同履行中的损害赔偿,以价值差额为原则,普遍的原则是当货物有销路,不考虑货物转售时的价值,而以市场价值为准。说明这一问题的著名案例是:卖方同意出售 4000 吨到 5000 吨煤,分 6 批按指定日期交货,到岸价格为每吨 16 先令 3 便士。卖方违约,没有交付其中一批煤。卖方违约时的市价为 23 先令 6 便士。法庭裁定卖方的赔偿额是市价与合同价格之间的差额,而无须理会较低的转售价(此例中买方转售价相当于公约所述的补进货物价格)。参见李骐:《论香港合同法中的违约救济》,载《国际贸易问题》1991 年第 1 期。

3. 第 76 条第(2)款

第 76 条第(2)款解释了“时价”的含义,它是指与合同规定的相同规格、数量的货物在“原应交货地点的现行价格”,这是确定时价的地点依据。第 76 条第(1)款是确定时价的时间界限,两者应结合起来把握。“交货地点”应参照第 31 条规则理解,如果销售合同涉及运输,货物通常交付给第一承运人以运交买方。属于 CIF、FOB 等装运合同的,交货地点在卖方所在地;若采用 Incoterms D 组术语,交货地点在合同指明的目的地。卖方向买方索取差价赔偿时,采用装运合同条件,他可以很方便地证明和取得“时价”,这就是其交货地价格;而买方向卖方索取差价赔偿时,采用装运合同条件,买方要基于卖方所在地的价格水平,证明宣告合同无效时或接收货物时的时价以及受到的差价损失,这对买方有些困难和不便。这个问题 UCC 的规定比较灵活,第 2-713 条第(1)款规定,在卖方未能交货或毁约时,他可取得“买方得知违约时的市场价格与合同价格的差价”,而“市场价格应为提示交付地的市场价格;如果涉及货物到达后拒收或撤销接受,则为货物到达地的市场价格”[第(2)款]。

认定时价不一定要求当地有官方牌价或非官方牌价,应依据客观的标准进行评估。时价是所出售的同样货物在相关贸易的可比条件下一般应支付的价格。[1] 如果交货地点在卖方所在地,受损害的买方难以确定时价,在这种情况下,第 76 条允许参考合理替代地点的价格,这一地点应为与交货地接近的另一地点,同时考虑运费的差异进行适当调整。“如果合同没有规定价格或者不存在第 76 条意义的时价,应依据第 74 条计算损害赔偿。”[2]

---

[1] See the International Sale Convention Advisory Council, *CISG - AC Opinion No. 8*, Opinion, Paragraph 4. 3.

[2] Ibid., Opinion, Paragraph 5.

第77条　减轻损失义务

声称另一方违反合同的一方,必须按情况采取合理措施,减轻由于该另一方违反合同而引起的损失,包括利润方面的损失。如果他不采取这种措施,违反合同一方可以要求从损害赔偿中扣除原可以减轻的损失数额。

评　释

1.第77条减轻损失义务及其法理依据

第77条是第五章第二节的最后一条,它要求依赖于另一方违反合同的当事人必须采取合理措施,减轻另一方违反合同造成的损失,包括利润损失,否则,违约方可以要求在赔偿的损失中扣除本来应该减少的损失数额。这一规则与公约第85条至第88条规定的立法意图相同,后者要求占有货物的一方有义务保全货物,减少损失。第77条是公约要求未违约方承担的一项特殊义务,仅对可能发生的损失或损失威胁起作用,它体现了对违约所造成损害的预防原则,据此,面临另一方违约造成损害威胁的受损害方不得消极等待损害结果的发生和继续扩大,然后向违约方索赔,而必须采取合理的预防措施减轻损失。不同于当事人依据销售合同及公约应承担的其他义务,未违约方违反减轻损失义务的后果只能是从他所主张的损失赔偿额中扣除应减少的损失额,而不产生其他法律责任,诸如损害赔偿、解除合同这样的违约责任。第77条与第74条一样,也是一项关于测算违约造成的损失赔偿额的规则,只能在未违约方要求损害赔偿时适用,“如果受损害方既没有通过积极索赔也没有通过抵销要求损害赔偿,则第77条不适用”。[1] 涉及损害赔偿时,违约方应负举证责任,证明另一方违反了第77条项下的减轻损失义务,要求在应承担的损害赔偿额中扣减可以减轻的损失额。

“当事人不得对于他本来可以合理避免的损失获得补偿”,这一法律原

〔1〕《判例法摘要汇编》(2008年版)第77条,引言第1段。

则在不同的法律制度中都有体现。英国普通法把这一原则概括为减轻损失义务,在1912年英国上诉法院审理的威斯廷豪斯公司诉伦敦地铁公司案中,法官指出:"基本的原则是应当赔偿那些因违约自然产生的金钱损失(《1893年货物买卖法》第50条、第51条)。然而,这一原则受到第二个原则的限制,即原告有义务采取所有合理的步骤减少由违约造成的损失,他不能要求赔偿由于他未采取这些步骤所引起的损失。"[1] UCC也要求对该法范围的任何合同义务或其他义务,当事人均需以善意做出履行或寻求强制执行(第1-203条),卖方违约时,买方不得获取通过补进货物或其他办法能合理避免的损失补偿[第2-715条第(2)款]。传统的欧洲大陆法将当事人存在过错作为承担违约损害赔偿责任的基础,正是基于这一原则,把受损害方未能采取合理措施导致损失扩大归结为他本身也存在过错,由于存在共同的过错(contributory negligence),对扩大的损失不予补偿。[2] 但PECL已放弃了过错理论,第9:505条以减少损失为题,规定:(1)不履行的一方对受损害一方遭受的以下范围的损失不负责任,该损失是受损害方通过采取合理措施本来可以减少的。(2)对于因减轻损失造成的任何合理支出,受损害一方有权获得补偿。总之,减轻损失义务可归纳为以下法律上的要求:(1)受损害一方获得的损害赔偿应限于他采取减轻损失的合理措施后仍不能避免的损失;(2)如果受损害方采取的措施事实上避免或减少了违约造成的损失,违约方应承担的损害赔偿额应扣除这种已经避免或减少的损失;(3)受损害方为采取减轻损失的措施而支出的费用,无论其措施是否有效,都应给予合理补偿,但补偿额应与预计可避免的损失额相当。

第77条具体阐述了减轻损失原则,它是对公约第74条关于全部赔偿原则、以损失为基础原则的重要限制,是替代补救原则的法理依据。第74条指出,一方当事人违反合同应负的损害赔偿责任相当于另一方当事人因

---

[1] British Westinghouse Co. v. Underground Electric Railway Co. of London. (1912) A. C. 637. 该案的被告向原告提供的涡轮机与合同不符,原告购进新的涡轮机替代,节省大笔成本,其数额超过购进新机的费用。法庭从原告要求的损害赔偿中扣除购置新机器的费用。

[2] 《德国民法典》第254条规定:"损害的发生,被害人如果有过失,赔偿义务和赔偿范围应根据情况,特别根据损害主要是当事人的一方还是他方造成的来确定。"《意大利民法典》第1227条规定:"如果债权人的过失行为导致损害发生,将根据过失的程度及其引起的后果严重程度减少赔偿额。对债权人只要尽勤勉注意即可避免的损失不予赔偿。"

违约遭受的包括利润损失在内的全部损失。假定卖方不能如约提供买方用于生产的原材料,买方未能及时购买市场可获得的替代物导致生产中断,第 77 条减轻损失的义务强调,买方本来可以避免的停工的损失不得援用第 74 条获得补偿。同理,买方明知把卖方提供的与合同不符原料或设备投入生产会导致间接的利润损失,他仍然这样做,买方也不能获得这种间接损失赔偿。对于卖方而言,假定在其履行期到来之前,买方明确宣布拒收货物,卖方知道买方不可能使用货物,其所在国也缺乏市场需求,难以转卖货物,且路途遥远,一个诚信的卖方应该采取合理措施停止生产、发运合同项下的货物,尽可能减少损失。以下实例中的卖方违反了第 77 条义务,不能从买方获得全部的损失补偿。

例 77A:当事人于 1 月 1 日签订一份合同,要求卖方于 2 月 1 日发运一批货物,当事人的营业地之间相距遥远,买方所在地没有其他客户需要这批货物。1 月 15 日,买方发觉他已经不需要这批货,立即通知卖方,向他作出解释,告知其不要发运货物,目前情况下产生的损失他可给予赔偿。后来卖方仍然发运了货物,买方拒收,卖方在目的地转卖货物。由于缺乏需求,卖方要么以极低的价格卖出货物,要么转卖不成又把货物运回,损失巨大。根据第 77 条和第 74 条的规定,买方只能赔偿卖方一部分损失,而不是全部损失。

第 77 条是一方不履行义务,另一方选择采取合理的违约救济措施的指导性原则,贸易实践中,买卖双方都有遵守第 77 条减轻损失的义务。这项义务的理论基础,首先,是经济学的效率原则,就是要促进资源的优化配置和有效合理的利用,减少浪费,维护整个社会的公正。为此目的,特定情况下,当事人应该停止履行或要求另一方履行合同项下的义务,及时地终止合同。对个人损失的赔偿原则(第 74 条)应该让位于效率原则(第 77 条),个人正义应服从于社会正义。[1] 经济分析法学派代表人物理查德 · A. 波斯纳(Richard A. Posner)在其著作《法律的经济分析》中阐述了

---

〔1〕 关于“效率违约”参见本书对公约第 28 条的评释第一部分。

这一原理，强调“在许多情况下，一旦违约再要求履行合同则是不经济的”。[1] 著名海商法专家杨良宜先生更提出“有效益违约”的概念，认为在继续履行合同将造成更大损失的情况下，违约或毁约可能是一种减少损失、防止资源浪费的有效手段。[2]

其次，减轻损失的义务也是诚信原则（第 7 条）和国际贸易惯例所要求（第 9 条）。上文提到的在买方宣布终止合同时，卖方还要继续生产合同项下的货物或者还要准备发运货物，这在贸易实践中难以想象，即使是出于自身利益考虑，卖方也不应该在这种情况下盲目地支付巨额生产成本或运输成本来继续履行本应解除的合同，把它们投入浪费性的生产交易活动，其回报或是不可能，或是只能指望通过费时、费力的诉讼来获得，这不符合贸易惯例。根据诚信原则，当事人应该相互合作，以善意方式履行义务，在不损害他人利益和社会利益的前提下追求自己的利益，不得滥用权利以规避法律和合同义务，如果当事人规避减轻损失义务的唯一目的是索取更多的赔偿，就是违背诚信，不应获得法律支持。

2. 第 77 条第一句

第 77 条第一句概括了减轻损失义务的基本内容，它要求未违约方“必须按情况采取合理措施，减轻由于该另一方违反合同而引起的损失，包括利润方面的损失”。当事人是否采取了合理措施减轻因违约造成的损失，应该根据不同情况和诚信原则去判断。合理措施就是尽可能减轻损失的措施，时间上，它要求未违约方在得知对方违约后毫不迟延地立即采取行动，避免损失扩大，这意味着未违约方实施第 77 条的作为或不作为义务

---

〔1〕 波斯纳在其著作中还举例说：“我同意购买 10 万件用于我制造机器的定制零部件，在我取得 1 万件交货后，我的机器市场疲软了，我立即通知我的供货方，我想终止合同，并承认我的终止为违约。供货方接到终止通知时，他还没有开始生产另外 9 万件零件，但是他通知我他将依约履行和向我收款。这些定制零件除了用于我的机器以外，没有其他用处，也很少有废料价值。所以，给供货方任何得以使他在我违约后再履行合同的救济都将导致资源的浪费。法律对这种危险给予极大关注，并基于减轻损失的原则，不会对供货方在我终止通知后遭受的任何继续生产成本给予经济损害赔偿。”参见金健：《国际商事合同履行法律问题比较研究》，武汉大学出版社 2001 年版，第 320 页。

〔2〕 参见杨良宜：《国际商务游戏规则——英国合约法》，中国政法大学出版社 1998 年版，第 708～714 页。

应该自他得知另一方违约时开始。在货物销售合同的履行中,未违约方为减轻损失而采取的合理措施主要有以下表现:

(1)放弃继续履行合同的权利。其主要是指在买方宣布不履行时,卖方应中止继续履行合同,停止生产合同项下的货物或发运货物;也包括在卖方毁约时,买方停止履行他为接受货物、支付价款采取的准备履行行动。在保护未违约方的合同权利与承担减轻损失义务方面应进行权衡,应当承认,即使在买方毁约,卖方有权宣告合同无效的情况下,第 77 条也不应理解为强迫卖方必须解除合同。但是解除合同,及时进行替代交易却是有可能防止损失扩大的合理措施,相反,受损害方坚持不解除合同、不进行替代交易应属于不能及时采取预防性措施防止损失扩大,不应支持。

(2)及时进行替代交易。根据第 74 条下的替代补救原则,在买方毁约时,卖方应及时通知上游供货商停止供货,或者及时转卖已准备履行的货物;在卖方不交货或交货与合同不符时,买方应及时补进合格货物以避免间接损失(下游买家的索赔、利润损失)。如果当事人在宣告合同无效后进行了替代交易,则该交易可以作为适用公约第 75 条测算损害赔偿的依据;如果在进行替代交易时合同尚未解除,则该交易及其后果可作为最终依据第 74 条或第 77 条测算违约方应付损失赔偿额的依据之一。另外,替代交易应该合理,在一案件中,买方要求修改价格遭卖方拒绝,卖方却以低于买方曾提出的报价转卖了货物,法院认定卖方未能减轻损失。[1]

(3)适当地处理卖方已交付的货物。表现为停止使用卖方交付的有缺陷货物,或者对不符货物进行及时补救、加工处理,以避免间接损失。对准备拒收的不符货物或相符货物应采取适当的保管措施(第 85 条、第 86 条),或转卖货物(第 88 条),买方为防止损失扩大而支付的费用卖方应给予合理补偿。

(4)其他为减轻损失应采取的与另一方合作的措施,如在卖方不能及时安排运输时协助其安排运输;在卖方迟延交货时,动用库存煤解决急需。

秘书处评论指出:“减轻损失的义务适用于某种属于第 63 条(公约第 72 条)范围的预期违约,以及适用于某种违反在当时履行期已到的合同义

---

〔1〕 UNCITRAL,CLOUT, case No. 395(西班牙最高法院,2000 年 1 月 28 日).

务,如果明显看出一方当事人将根本违约,另一方当事人不得等待合同履行期到来才宣告合同无效,必须通过转卖或补进货物等方式采取措施,减少因违约造成的损失。使用第 62 条(公约第 71 条)中规定的程序,如果可行,肯定是一种合理的措施,即使是采用这一程序也许会拖延采取宣告合同无效、购买替代物或转卖货物等措施,使之推迟到超过本来可以采取这些措施的日期。"[1]也就是说,如果符合第 72 条预期根本违约的条件,未违约方应在履行期到来前宣布合同无效,同时履行减轻损失义务;一般的预期违约可以采用第 71 条规定的程序中止履行,达到减轻损失的目的。

例 77B:合同规定卖方应于 12 月 1 日交付 1000 台机床,总价金 50,000 美元。7 月 1 日,卖方通知买方,声称由于价格上涨,并且预计今后几年内还将继续上涨,决定将不交付货物,除非买方同意修改原合同价格,改为总价金 60,000 美元,买方在答复中拒绝卖方的要求,坚持卖方应按合同规定的价格交货,7 月 1 日以及在此后的一段合理时间,买方本来可以同其他供货商以 56,000 美元成交,同样是 12 月交货,而直到 12 月 1 日以后买方才补进货物,约定总价金为 61,000 美元,次年 3 月交货,由于买方迟延收到货物,买方遭受额外的损失 3000 美元。此例中买方应获得的合理补偿是 6000 美元,这是买方在 7 月 1 日以后的一段合理时间及时补进货物后仍不能避免遭受的损失,即 56,000 美元与合同价格 50,000 美元的差价损失。事实上卖方直到 12 月 1 日后才以 61,000 美元价格补进货物,比合理的损失多出 11,000 美元;这部分损失以及附加的 3000 美元损失,共计 14,000 美元,都属于扩大的损失,不应给予补偿。

例 77C:案情如上例,假定买方于 7 月 1 日获知卖方暗示将毁约后,立即援用第 62 条(公约第 71 条)要求卖方提供履约担保,卖方在买方通知中规定的合理时间内没有提供有效的履约担保,买方迅速以时价 57,000 美元补进了货物,这时买方可获得的差价补偿是 7000 美

[1] UNCITRAL, *Secretariat Commentary on Article 73 of Draft Convention* (*Article 77 of Official Text*), Paragraph 4, Official Records, p. 61.

元,而不是6000美元。[1]

当事人有义务根据情况为减轻损失而采取合理措施,同时法律又不应该给当事人施加过重的负担,使他超出为保护其自身利益所必需的范围行事,他无须承担更大的商业风险,无须接受劣质商品,无须为减轻损失支付过高费用或者做出有损于其名誉的行为或不行为。当买方违约拒收货物时,UCC第2-704条第(2)款允许受损害的卖方根据合理的商业判断,决定是转售半成品,还是为避免损失继续完成产品的制造并转售成品。如果他选择继续完成产品的制造,即使事后发现,当初若停止制造产品,把半成品作为废物处理更能够避免损失,法律仍然允许补偿卖方为完成产品制造而支出的成本。UPICC第7.4.8条第2款规定:"受损害方当事人有权对试图减少损害而发生的一切合理费用要求赔偿。"公约第77条没有这方面的具体规定,它关于减轻损失的义务规定是原则性的、简洁的。不过,"按情况采取合理措施"这一表述似乎意味着,应依据未违约方采取措施的后果这种更客观的方式判断他采取的减轻损失的措施是否合理。

3. 第77条第二句

第77条第二句概括未违约方不能履行的减轻损失义务的法律后果:"如果他不采取这种措施,违反合同的一方可以要求从损害赔偿中扣除原可以减轻的损失数额。"秘书处评论指出:"第73条(公约第77条)针对不能减轻损失一方所规定的制裁只能是使另一方请求从损害赔偿中扣减,它并不影响卖方根据第58条(公约第62条)提出支付价金的要求,或者买方根据第46条(公约第50条)提出减价要求。"[2]由于第77条减轻损失义务只能在未违约方提出损害赔偿要求时适用,这就提出未违约方若采取其他救济措施,是否还应承担减轻损失的义务的问题。有学者认为,未违约方仅仅通过选择诉讼请求就可以抵销第77条的效力。例如,合同成立

---

〔1〕 See UNCITRAL, *Secretariat Commentary on Article 73 of Draft Convention*(*Article 77 of Official Text*), Example 73A, 73B, Official Records, p. 61.

〔2〕 UNCITRAL, *Secretariat Commentary on Article 73 of Draft Convention*(*Article 77 of Official Text*) Paragraph 3, Official Records, p. 61.

后,买方意识到他不需要合同项下的货物,立即建议卖方停止制造这些货物,由此造成的损失可给予赔偿,卖方若接受买方意见,转卖成品或半成品,后向买方索赔,这等于他履行了第 77 条的义务,可以获得赔偿;如果一意孤行,继续制造产品导致损失扩大,卖方就扩大的损失向买方索赔,根据第 77 条第二句,买方可主张从损害赔偿中扣减。但是若卖方继续完成产品制造后不向买方提出损害赔偿要求,而是单方面发运货物,然后要求买方支付价金(实际履行),第 77 条第二句似乎不能限制卖方提出这种要求。

因此,在维也纳会议上,霍纳尔德代表美国提出修改建议,要求在第 77 条最后一句"违反合同一方可以要求从损害赔偿中扣除原可以减轻的损失数额"后面加上"或者对其他违约救济做相应的调整或修正"(or a corresponding modification or adjustment of any remedy),美国代表团的这一建议最终未获批准。反对这一建议的主要理由是:(1)在字面意义上,第 77 条第二句中的"damage"特指违约造成的"损失",而不是狭义的"损害赔偿",这一句的中文应译为"违约方可以要求按本来可以减轻的损失数额扣减损失"。(2)如果违约方如上文所述,在完成产品制造后提出价金要求,根据第 28 条的规定,是否支持卖方这一要求应由国内法院判决,国内法中的减轻损失原则应该发挥作用,阻止卖方实现他的企图,第 77 条第二句没有必要修改。(3)即使把第 77 条第二句解释为不适用未违约方提出减价要求,第 50 条规则本身就要求减轻损失,如果卖方对不符之处做出补救,或买方拒绝其补救,买方不得要求减价。

第三节　利　　息

第 78 条　收取利息的权利

如果一方当事人没有支付价款或任何其他拖欠金额,另一方当事人有权对这些款额收取利息,但不妨碍要求按照第 74 条规定可以取得的损害赔偿。

评 释

1. 第 78 条适用范围

利息是占用资金的成本,是借款人向贷款人融资而应付给后者的报酬。在国际贸易中,买方拖欠货款必然使卖方遭受货款被拖欠期间的利息损失,买方应支付利息;卖方在交易中如有应归还买方的金额时,买方也有权向卖方收取利息(第 84 条)。公约把受损害方收取利息的权利纳入调整范围,立法者希望在第 84 条的具体规则之上订立一条关于收取利息权利的一般规则,没想到这个问题竟成为维也纳会议上公约制定者争论最为激烈的问题之一,争论的焦点是:(1)哪些债务应付利息?是否限于那些已经清算的确定的债务?(2)利息应自何时起计算和支付?(3)利率如何确定?经过多年适用公约的司法或仲裁实践,这些问题已经有了趋于一致的理解和解释。

根据第 78 条的规定,"一方当事人没有支付价款或任何其他拖欠金额",另一方都有权要求其支付利息。第 78 条是一般法,它不适用于宣告合同无效后卖方拖延退还货款的情况,后者由第 84 条特别法处理。贸易法委员会强调,"收取利息权利的唯一前提是金额到期应付,且债务人未能按合同规定的时间或按本公约规定的时间遵守支付价款或任何其他金额的义务"。[1] 这意味着当事人应偿付利息的债务必须是依法或经裁判机关确认已清算的到期应付债务。霍纳尔德教授的观点是可取的,他认为,"传统上,利息一直被限制适用于拖延偿付已经清算的金额(liquidated sums),这一传统大体上是(第 78 条中)'拖欠金额'这一短语的基础"。[2] 相反,认为第 78 条应付利息的"价款或拖欠金额"还包括那些数额尚未确

---

〔1〕《判例法摘要汇编》(2008 年版)第 78 条第 3 段。

〔2〕John O. Honnold, *Uniform Law for International Sales under the 1980 United Nations Convention*, Deventer/Boston, Kluwer, 1982, p. 424-425.

定的债务的观点难以接受,[1]因为数额没有确定的债务还没有成为“应付”的债务。第78条所指的除买方应付价款以外的其他拖欠金额主要有:依据第75条具体赔偿方法测算的当事人应支付的赔偿额及利息;卖方交货数量短少或品质不符时应退还买方的价金及利息;违约方应向另一方支付的损害赔偿及利息;当事人因保全货物支付了费用而有权获补偿时,他应获得的补偿金及利息等。一笔金额何时处于被清算状态,应视具体情况而定,属于价金,应该依据合同或相关法律,自付款期已到起算;属于应归还的金额,应该自当事人不正当地占有而权利人有权取回该金额时起算;属于赔偿金,应自受损害方提出权利要求时,或者自裁判机关作出赔偿损失的裁决时起算。

与某些国内法的规定不同,公约第78条授予的收取利息权并不取决于债权人向债务人发出偿付通知,只要债务到期并处于应付状态,就开始计算利息。第84条第(1)款的规定也包含这样的意旨:对于支付价款或归还价款、定金等已经确定的金额,应该自当事人有义务支付或归还这笔金额时起计算利息。在中国国际经济贸易仲裁委员会审理的申请人中国江苏公司诉被申请人日本公司“丙烯甲脂案”中,违约的卖方在通过信用证议付货款后,指示承运人无单放货给第三人,造成持有提单的买方不能提取货物,仲裁庭裁决卖方归还已提取的货款,并支付自卖方提取货款之日(1998年6月9日)至将货款实际支付给买方之日的利息,年利率为5%。[2] 在申请人卖方诉被申请人买方的“柴油发电机组争议案”中,买方以卖方交付的货物有质量问题为由,拖欠货款180余万港元,仲裁庭判令买方支付这笔拖欠货款,利息自买方最终取得全部合格单据,已收取货物之日(1995年10月)起算,至实际偿付之日为止,年利率按8%计算。[3] 在申

---

〔1〕 有学者认为:“有时被问到第78条是否只能在拖欠金额被确定(清算)时才可以援用,第78条的措辞(拖欠金额)没有为这一假定提供依据,也不存在对偿付利息义务进行这样限制的依稀可辨的实质性理由。因此应付的利息包括权利要求产生期间的,甚至是要求偿付金额尚未确定的。”See Peter Schlechtriem ed., *Commentary on the UN Convention on the International Sale of Goods*, Clarerdon Press, Oxford, 1988, p. 593.

〔2〕 参见中国国际经济贸易仲裁委员会编:《中国国际经济贸易仲裁裁决书选编》(1995—2002),法律出版社2002年版,第427~444页。

〔3〕 同上书,第108~116页。

请人与被申请人“大麻籽销售案”中,卖方在政府调整货物价格后,仅按合同交付了3批货物,拒绝交付其余7批货物,买方以合理的高价补进替代货物,仲裁庭支持买方索赔差价损失27,579美元及利息,利息自卖方所有批次货物最迟交货期(1995年3月4日)算起,至仲裁裁决生效(1998年3月3日)为止,年利率按5%计算。〔1〕 在中国公司诉韩国公司“铝箔销售案”中,买方收到货物后经检验发现短少四木箱,重约2078公斤,另有3582公斤的货物有皱纹、划痕,仲裁庭判令卖方收回有缺陷货物,退还这一部分货物的货款及利息,利息自卖方实际议付信用证下的货款之日算起(1995年12月29日),至仲裁裁决生效之日(1996年12月20日)为止,美元利息按年利8%计算。〔2〕 以上案例说明,利息额应该结合受损害方提出的权利要求、证据情况以及违约方对受损害方提出权利要求的反应确定,如债务人提出反诉,依据德国法,反诉排除了债权人要求支付利息的权利,并且,如果债务人基于同一合同要求抵销债务主张成立,也对获取利息权有影响。

2. 第78条与损害赔偿救济的关系

第78条还规定,在当事人有权收取利息的同时,并不妨碍他“要求按照第74条规定可以取得的损害赔偿”。这意味着当事人向另一方提出的关于支付利息权利请求独立于他提出因拖欠货款造成的损害赔偿的权利请求。在有些法律制度中,“损害赔偿”的概念本身就包括利息的补偿,而另外一些法律制度则把两者分开来处理,支付利息是与损害赔偿相区分的救济。公约正是采纳了后一种做法,把损害赔偿的救济(第五章第二节)与赔付利息的救济(第五章第三节)分开来规定,两者是相互独立的违约救济措施。这对于当事人遭受第79条所指的,非他所能控制的障碍情况有重要意义,第79条第(5)款规定:“本条规定不妨碍任何一方行使本公约规定的要求损害赔偿以外的任何权利。”因此,债务人不能支付价款和其他拖欠金额,即使是非他所能控制的障碍造成的,比如其所在国实行突然的外汇

〔1〕 参见中国国际经济贸易仲裁委员会编:《中国国际经济贸易仲裁裁决书选编》(1995—2002),法律出版社2002年版,第88~92页。

〔2〕 参见中国国际商会仲裁研究所编:《典型国际经贸仲裁案例评析》,法律出版社1999年版,第90~94页。

限制,那也只能免除他因拖延支付造成的损害赔偿责任,比如由于买方不能按时付款,卖方不得不以更高的利息从银行借贷用于支付上游供货方的货款等,而不能免除债务人应支付价款及利息的义务。即权利人既可以对债务人的拖欠金额要求支付利息,也可以要求其赔偿拖欠金额造成的其他损失。不过允许受害方向债务人既索取迟付价款利息,又索赔迟付款额造成的损失,有可能形成重复赔偿,因此,当事人有权取得的合理的损害赔偿应限于利息所不能包括的损失范围。而对于来自市场经济国家的债权人,他更容易和倾向于援用第 74 条而不是第 78 条向债务人索赔其拖欠款额造成的损失,因为援用第 78 条不能预先确定应付的利息数额和相应的计算利息的准据法,按照第 74 条损害赔偿规则,债权人遭受的损失相当于他自己借贷被拖欠金额的成本,是可以预见的。

3. 利率问题

不同于公约前身 ULIS,[1]公约第 78 条没有规定如何确定利率,这是由维也纳外交会议期间无法调和的分歧造成的。这促使法院和学者们从公约第 7 条寻求解决,一些法院认为利率问题是受公约支配的问题(内部空白),应依据公约的一般原则处理(第 7 条),体现于公约第 74 条的全部赔偿原则要求适用债权人所在国的利率确定其利息损失,这样才能使债权人恢复到假如货款能按时支付时应有的境地。但反对者认为这混淆了利息与损害赔偿的界限,公约第 78 条明确地将两者区别对待。贸易法委员会的结论是:"大部分法院都认为,现有的问题是完全不受公约支配的问题,因此往往都适用国内法。这方面,大部分法院依据法院地国际私法规则来适用某一特定国家的国内法,其他一些国家适用债权人所在国的国内法,而不一定适用依据国际私法规则选择的法律。"[2]基于国际私法规则所选择的法律通常也是卖方营业地所在国法律,因为按照《欧共体合同义务法律适用公约》以及普遍的国际私法原则,应适用与合同有最密切联系

〔1〕 1964 年 ULIS 第 83 条规定:"当一方违反合同属于拖延支付价款时,在任何情况下,卖方对于被拖欠的金额有权取得利息,利率按卖方营业地,或者如果没有营业地按卖方惯常居住地所属国官方贴现利率加 1%计算。"

〔2〕 《判例法摘要汇编》(2008 年版)第 78 条第 10 段。

的法律解决利率问题,而"最密切联系"的法律是实施特征性履行(characteristic performance)一方当事人营业地所在国法律,即卖方营业地所在国法律。如果国内法没有规定利率问题,应按照"商业上合理的利率"确定,如按伦敦银行同业拆借利率(London Interbank Offered Rate, LIBOR)确定。PECL 第 9:508 条规定:"(1)如果应该支付的金额被拖欠,受损害方有权取得自偿付期已到至实际付款之日起的利息,利率按支付地点合同货币最优借款人现行商业银行短期平均借贷利率计算。(2)受损害方也可以对进一步的损失索赔额外的赔偿,只要该赔偿额依据本节是应该补偿的。"

第四节 免 责

第 79 条 因不能控制的履行障碍免责

(1)当事人对不履行义务不负责任,如果他能证明此种不履行义务,是由于某种非他所能控制的障碍,而且对于这种障碍,没有理由预期他在订立合同时能考虑到或能避免或克服它或它的后果。

(2)如果当事人不履行义务是由于他所雇用履行合同的全部或一部分规定的第三方不履行义务所致,该当事人只有在以下情况下才能免除责任:

(a)他按照上一款的规定应免除责任;和

(b)假如该款的规定也适用于他所雇用的人,这个人也同样会免除责任。

(3)本条所规定的免责对障碍存在的期间有效。

(4)不履行义务的一方必须将障碍及其对他履行义务能力的影响通知另一方。如果该项通知在不履行义务的一方已知道或理应知道此一障碍后一段合理时间内仍未为另一方收到,则他对由于另一方未收到通知而造成的损害应负赔偿责任。

(5)本条规定不妨碍任何一方行使本公约规定的要求损害赔偿以外的任何权利。

评 释

1. 国内法中的不可抗力制度

“不可抗力”这个源自法语“force majeure”的法律概念被当今国内法广泛采用。作为一项大陆法系国家基本的民事制度,不可抗力制度是指合同订立后,由于发生了当事人在订立合同时不能预见、不能控制、不能避免的障碍,致使合同不能履行,当事人应予免除责任。古罗马时代就产生“对不可能作为之事勉义务”理念,到14世纪,教会法已经有因“情势变迁”应该修改合同的规定。最终形成的因不可抗力免责的要件是:(1)发生了订约时当事人不可预见的、不可克服的事件,即不可抗力。在早期的罗马法文件中,它主要是指火灾、水灾、坍塌、搁浅等自然灾害和掠夺、叛乱、强盗袭击等人为事变。(2)这些事件的发生不可归责于当事人,不是当事人及其雇员造成的,是他们不能控制的。(3)这些事件造成的后果是债务人履行不能,典型的情况是标的物灭失,并且不能以替代的履行补救,如待出售的奴隶、耕牛死亡,待出租的房屋被焚毁,生产合同项下货物的工厂损毁等。(4)由于不可抗力造成合同不能履行,可以免除当事人的违约责任。

不可抗力制度属于大陆法中嗣后的履行不能范畴,其理论基础是民法中的“过错责任原则”以及“合同必须信守原则”。合同生效后当事人必须遵守,因过错造成违约应承担违约责任。而不可抗力条款规定了“合同必须信守原则”的例外情况,即由于不可归责于当事人的事由(无过错)造成合同不能履行,当事人可免责。其目的一是保护无过错的当事人的合法权益,保证诚实信用、公平交易原则的实现,毕竟让无过错的当事人承担违约责任是不公平的;二是促使合同当事人预先评估可能出现的风险,依据法律和合同规定合理地分担风险。PECL第8:108条以“障碍免责”为题,作出了与公约第79条以及UPICC第7.1.7条类似的规定,成为与大陆法传统的不可抗力制度趋于一致的现代表述。

与不可抗力制度相联系而又有所区别的另一项大陆法制度是“履约艰难”(hardship of performance),亦称“艰难情形”(hardship)或“情势变迁”(fundamental change in circumstance)。根据PECL第6:111条的规定,其含义是:合同订立后发生了当事人不能预见的情况变化,造成履约成本增加,所获价值减少,履行极为艰难,根本改变当事人之间权利义务平衡。处于不利地位的当事人有权向另一方要求重新谈判调整合同条件,如果不能达成协议,当事人可提起诉讼,由法院决定按确定的日期和条件终止合同或者修改合同,按公正合理的方式分配收益和损失。这说明两种制度虽然都是合同必须信守原则的例外,但在理论基础、客观障碍的起因,法律救济办法方面有所不同。引起不可抗力的事件是任何导致合同不能履行的障碍,而造成履约艰难的起因通常是没有预见到的影响全局的经济形势变化;不可抗力的后果是导致合同不能履行而倾向于解除,履约艰难的后果是因利益失衡导致履行困难,应通过法律调整保全和继续履行合同。履约艰难制度基础是"有限牺牲"(limit of sacrifice)理论,其认为应该推定商业合同当事人在订立合同时预见到并同意承受一定范围的合理风险,作为获取合同利益的代价,他们假定合同的履行以合同订立时的情形持续存在,某种意外事件风险不发生为先决条件。但是这种代价不应该是无限的,当事人承担的商业风险、购置风险以及履行合同的成本不应超出合理人应预见到的正常范围,超出这一范围,即出现极端不利的变化导致经济上不可行,这无异于法律上的不可能,[1]合同义务就失去存在基础。基于公约规定的诚信原则和公平原则,也不应该在极端艰难情况下强制当事人履行义务,这样做的结果是以一方当事人过分沉重的负担为代价换来另一方的意外之喜。

英美普通法制度中没有"不可抗力"的概念,传统普通法奉行合同下的"绝对义务",当事人不能以合同订立后发生的阻碍事件要求免于履行。在1647年英国王座法庭审理的帕拉代恩诉简 & 阿利恩案中,法院表述了这样

---

〔1〕 价格涨跌50%为根本改变权利义务平衡。参见1994年UPICC第6.2.2条解释第2段。还有的学者在论文中提出价格涨跌100%的数量标准,但是在2004年版UPICC中,此处删去了50%这个具体数字,说明确定是否发生履约艰难应该个案考虑,没有普遍适用的数量标准。例如,是短期合同还是长期合同,不同交易的利润空间幅度,交易是否具有高度投机性(商品交易所的价格波动永远没有履约艰难问题),在德国汉堡高等法院1997年2月28日审理的一案中,产自中国的钼铁涨价300%,法院没有支持卖方援引公约第79条要求免责,理由是这一交易行业有高度投机性(推定卖方在从事交易时默示承担风险)。参见德国汉堡高等法院1997年2月28日判决第167号,CISG-online261。

的观点:“在当事人通过他订立的合同为自己创设了义务和责任时,他就有义务圆满完成它,只要他能够做到,而不管存在什么样的不可避免会发生的意外事件,因为他本可以通过在合同中作出规定不在这种情况下承担义务。因此,如果承租人答应修理房子,尽管该房子被雷电焚毁或被敌对者拆掉,他仍应该修复它。”〔1〕也就是说,合同成立后,当事人做出的允诺和保证即便天塌下来也要执行,如果想免责,就应事先清楚地规定在免责条款中,因为当事人有充分的订约自由。到了 19 世纪末 20 世纪初,产生了与不可抗力制度相当的“合同落空”(contractual frustration)制度,修正了严格责任。合同落空是总的概念,它包含目前由判例法发展的以下三种制度和学说:物体上不可能(physical impossibility)、目的落空(frustration of purpose)以及商业上不可行(commercial impracticability)。物体上不可能是指由于合同标的物灭失,导致合同履行在客观上绝对不可能,他无所作为(The thing cannot be done),标的物灭失是由不可抗力(Act of God)以及公敌行为(king's enemies)造成的。这一学说最早建立在英国法院审理的 1863 年的泰勒诉考德威尔案(Taylor v. Caldwell)上。该案中被告同意将音乐厅租给原告举行音乐会,租期 4 天,租金为每天 100 英镑,但是音乐厅在出租前已被大火烧毁,双方当事人均没有过失。法庭以“默示条件”的分析方法得出结论,指出:“从合同的性质看,仿佛当事人从一开始就已经知道,除非履行期到来时,某些特殊的情事仍然存在,当合同生效时,这类情事构成将要实施某种行为的基础,否则合同就不能履行。”〔2〕如果由于某种东西的灭失造成合同不能履行,而这种东西继续存在是合同的基础,那么当事人对于不履行合同不负责任。

如果合同实际上可以履行,不过合同预想的情势和目的不复存在,这使得合同的履行实质上不同于原来设想的情况,这就是所谓的“目的落空”,其典型的案例是 1903 年克雷尔诉亨利案。克雷尔有房屋一座,位于英王爱德华七世登基典礼游行的必经之路,亨利向克雷尔租用该屋两天(6

〔1〕 Paradine v. Jane, Aleyn, 26, 27, 82 Eng、Rep, 897(K. B. 1647). 该案进一步的评论参见王军:《美国合同法》,对外经济贸易大学出版社 2004 年版,第 295 页;杨良宜:《国际商务游戏规则》,中国政法大学出版社 1998 年版,第 490~495 页。

〔2〕 Tayor v. Caldwell, 3 B&S, 826, 32 L. J. Q. B. 166(1863).

月 26 日和 27 日),目的是观看登基典礼,但是这一目的并未载入合同。后来登基典礼因故取消,亨利拒绝支付房租,引起争议,法院认为,虽然合同未说明租房的目的是观看登基典礼,从有关背景可以发现,这是“合同基础”,而由于登基典礼被取消,该合同基础不存在,亨利支付租金的义务被解除。[1] 目的落空理论为英美广为接受,美国两次合同法重述都采纳了这一学说。实践中同样适用于货物买卖。根据美国《第二次合同法重述》第 265 条的规定,因不可抗力造成目的落空的要件是:(1)该事件发生使订立合同的主要目的实质性地落空;(2)合同订立时基本假定该事件不会发生;(3)目的落空不是请求免责一方的过错造成;(4)该方当事人没有在法律规定的义务之外承担额外义务。

“商业上不可行”是指合同的履行仍然可能,合同的目的也可以实现,只不过由于情况的变化,当事人继续履行合同义务变得经济上毫无意义。1916 年美国法院审理的矿产园林土地公司诉哈沃德案创立了这一学说。该案案情是:被告同意原告在其土地上挖取土石,浇注混凝土,用来建造一座桥梁,合同约定挖取 114,000 立方码,但是被告挖取 50,000 立方码之后被迫停止工作,其余的土石淹没在水下,被告需要花费 10 倍或 12 倍于通常每码的成本才能取出这些土石。法庭认为,这里的成本如此之高致使合同的履行不可行,这一情况无异于总体上不存在土石。“如果一件事只能以过分的不合理的成本去完成,那么这件事是不可行的,当一件事不可行时,从法律上考虑,此事是不可能的。”[2] 美国《第一次合同法重述》第 454 条指出:“本重述此标题下所述的不可能(impossibility)不仅意味着严格意义上的不可能,还意味着由于涉及极端的不合理的困难、费用支出、损伤和损失导致不可行(impracticability)。”商业上不可行以更加弹性的方式丰富了英美合同落空理论,它适用于包括货物买卖的各领域,成为最接近于大陆法中“情势变迁”“履行艰难”的制度形态。在此之后,制定法方面进

[1] Krell v. Henry, 2 K,B 740(1903).

[2] Mineral Park land Co. v. Howard 156,p. 459-460. (Cal,1916).

一步的发展就是产生了 UCC 第 2-615 条。[1] 依据这一条，如果因当事人订约时没有预想到的阻碍情况，造成合同的履行商业上不可行，可以免除卖方不能及时交货的责任。

2. 公约第 79 条的适用范围

第 79 条基本采纳了 1978 年公约草案对应的第 65 条，仅在第(2)款做了小的技术修改，因此，秘书处评论对于第 65 条解释有助于理解第 79 条。公约没有直接采纳传统两大法系的免责制度，第 79 条用“不能控制的障碍”代替国内法诸如“不可抗力”等类似提法，说明当事人可以免责的情况，一方面是强调此类情况的客观性质，另一方面也体现公约的独立性和国际性，希望用自主的方法解释它，避免受国内法类似制度模式的干扰。根据公约，合同成立后，当事人必须依约和依法履行，圆满地实现合同中的承诺和保证，义务人对于任何客观的不履行承担违约责任，他不能以没有过错为由免责，只能证明不履行义务是由于他不能控制的障碍造成的。在不考虑主观过错这一点上，公约第 79 条与英美普通法的免责制度更为接近，但是这一条整体表述和规则样式却类似大陆法系不可抗力制度。根据第 79 条第一句，当事人双方不履行“任何义务”都可以在符合第 79 条限定条件下免除责任，在免责主体上适用于买卖双方，比某些国内法规定的范围广。比如，UCC 第 2-615 条仅规范卖方的免责，许多示范性销售合同的免责条款实质上也是规定卖方免责的条件。在免责事由上，第 79 条适用于当事人不履行任何义务，包括卖方义务和买方义务、实质性义务和其他义务、结果性义务(obligation of result)和活动性义务(obligation of activity)，[2]表现

---

〔1〕 UCC 关于不可抗力免责的规则由 4 个条文组成。第 2-613 条规定了已特定化的货物在风险转移买方以前发生意外风险损失的处理；第 2-614 条规定了因意外风险造成无法装卸、无法获得船舶时卖方可采取的办法以及买方因意外风险不能依约付款时的救济办法；第 2-615 条为卖方因不可抗力造成不能交货、不能按时交货或不能全部交货时的免责；第 2-616 条为免责程序。核心的是第 2-615 条，题为预设条件落空的免责，其(a)项规定：“如果由于发生了订立合同时作为基本前提条件而设想其不会发生的特殊事件；或是由于卖方以善意遵守了外国或本国政府法令(不论此种法令以后是否被证明为无效)，致使卖方按协议规定的履行成为不可行(impracticable)，则只要卖方遵守本条(b)项和(c)项，卖方即使延迟交付，或部分或全部未能交付，也不构成违反合同义务。”

〔2〕 结果性义务要求当事人的履行必须取得效果，如卖方交货与买方付款；活动性义务的履行要求完成某种行为，不要求取得效果，如发出通知、及时检验货物等。

形式上包括当事人不履行、履行提前或延迟,以及履行与合同不符(瑕疵履行),既包括不履行全部货物义务,也包括不履行部分货物义务。

对比 UPICC 和 PECL,〔1〕公约没有关于“情势变迁”或“履约艰难”的明确规定,仅有第 79 条关于不能控制障碍免责的规定。在维也纳会议上,有代表建议扩大因不能控制的障碍的免责事由,使之包括这种障碍造成的履约艰难,这个建议没有被接受,理由是这样规定会干扰公约关于当事人必须履行合同这一基本义务的实施。〔2〕这增加了部分学者的确信:公约不包含履约艰难制度。学者建议在适用公约解决没有预见的严重经济困难导致履约艰难的争议时,应该考虑公约国际性,参考 UPICC 关于履约艰难的规定填补空白。另一部分学者认为:公约这段立法的历史并不排除极端的不可预见的经济形势变化构成第 79 条范围“不能控制的障碍”,“不能控制的障碍”不仅包括普通法中“物理上的不可能”,还包括“商业上不可行”,“没有理由预期能考虑到的情况变化引起的履约艰难可以构成第 79 条第 1 款中的‘障碍’。第 79 条的表述并没有明确地将‘障碍’这一提法等同于那些使履行绝对不可能的事件,因此,发觉自身处于艰难情势的一方当事人可以引用这种艰难情势作为第 79 条下的免责事由”。〔3〕对公约下这类争议,裁判机构应根据公约第 7 条诚信原则推理,向当事人双方施加重新谈判合同条件的义务。〔4〕不容置疑,一般的经济形势和市场行情的不利变化不能免责,这种行情变化被认为是正常的商业风险,当事人应该预见到,或者基于对合同的合理解释,这种商业风险应由当事人承担或控制。

---

〔1〕 UPICC 第 6.2.2 条、第 6.2.3 条规定了履约艰难问题及其救济办法;第 7.1.7 条规定了不能控制的障碍免责。PECL 第 8:108 条规定了“障碍免责”,第 6:111 条规定履约艰难及救济办法。

〔2〕 在维也纳外交会议上,挪威代表建议将第 79 条第(3)款表述为“如果障碍是暂时性的,本条款规定的免责仅在障碍存在期间有效。然而,当障碍解除之后,情势发生如此根本性改变,以至于使不履行一方履行 义务显然不合理,这种情况下不履行的一方永久性免责”。这一修改建议被拒绝。See UNCITRAL, *the Report of the First Committee*, *1980 Vienna Diplomatic Conference*, Document, (A/CONF. 97/C1/L. 191/Rev. 1).

〔3〕 See the International Sale Convention Advisory Council, *CISG - AC Opinion No. 7*, Opinion, Paragraph 3. 1.

〔4〕 Ibid., Comments, Paragraph 40.

在多数法律制度中,履约艰难问题有着与不可抗力问题结合起来调整的趋势。UPICC 第 6.2.2 条注释清楚地解释了两者的关系,“依据《通则》对履约艰难和不可抗力各自所作的定义,实践中可能存在同时既为履约艰难又可能视为不可抗力的情形,如果发生这种情况,应由受影响的一方当事人决定寻求何种救济。如果主张不可抗力,其目的在于使其不履行获得免责;另一方面,如果当事人主张履约艰难,则首先以重新谈判合同条款为目的,以便允许合同经修改后继续存在”。假如当事人的合同适用公约,并且当事人针对履约艰难的情况,以不可抗力为理由主张免除不履约的责任,这种情况下第 79 条适用,如果免责成立,即免除了当事人不履约应承担的损害赔偿责任。公约不影响合同的存在,也不存在履约艰难制度特有的关于当事人有义务重开谈判或由法院判决修改合同的规则,这属于公约的内部空白,应依据公约一般原则或国际私法规则选择的法律处理。

第 79 条是否适用于卖方交货与合同不符也是有争议的问题。反对适用的理由是第 79 条可以免责的障碍是客观的、外部的,而交货与合同不符通常是卖方自身因素造成的,如果把第 79 条适用于这种情况,必须要追究卖方交货与合同不符是否归因于他的过错,这与公约严格的违约责任制度相悖。目前的主流意见是第 79 条同样适用于卖方交货与合同不符,按照“显明含义”的字面解释规则,第 79 条适用于“当事人不履行任何义务”,当然也包括卖方交货与合同相符的义务。“在当事人不能履行任何义务,包括卖方交付相符货物的义务时,第 79 条免除一方当事人的损害赔偿责任。”〔1〕第 79 条所处的第五章题为“买方和卖方义务的一般规定”,意味着交货与合同不符相当于第五章第 79 条范围的不履行义务。虽然根据惯例,卖方承担与所出售货物相关的采购风险,但是在缺乏明示或默示担保条件下,卖方不应被认为绝对、无条件地承担货物与合同相符义务,〔2〕他

〔1〕 The International Sale Convention Advisory Council, *CISG-AC Opinion No. 7*, Opinion, Paragraph 1.

〔2〕 当事人可以在销售合同中限定产品来源而限制其购置风险,假如从合同看出,卖方出售的是自己土地产出的马铃薯,他证明产地遭灾就可免除相应责任,包括交货与合同不符责任。如果交付的是广西梧州产出的锑,梧州水灾就是免除不能交货责任的理由。参见杨良宜:《国际商务游戏规则——英国合约法》,中国政法大学出版社 1998 年版,第 525~530 页。

只能在可控制的范围,可预见和克服的障碍范围内承担这项义务。已经公布的判例说明,卖方依据第79条成功地免除交付不符货物的责任极少成功。在德国联邦最高法院审理的一案中,[1]卖方交付的牛奶被一种酶污染,卖方要求根据第79条免责,理由是这种无活性酶(lipase)是任何当前可获得的检测技术都无法查明的。法院没有认同卖方的主张,认为卖方不足以证明经过良好治理的检验手段也不能查明这种酶,案件被发回初审法院重审,并要求初审法院确定是否这种污染物在奶粉整个制造过程,包括原奶供应和加工过程逃离卖方监控。这一案例说明,至少在理论上卖方交货与合同不符存在免责的可能,说明成功免责 需要承担较重的证明责任,以下是卖方交货与合同不符成功免责的一例:

例79A:瑞士买方与法国卖方订约购买柔道衫,在夏天前交货。买方收到货物后,从12月中旬陆续接到客户反映货物严重缩水。买方在次年2月和3月通知卖方要求协商解决,卖方没有答复。买方请专家对货物鉴定,出具货物与合同不符的证明,据此起诉卖方,要求解除合同并索赔。依据公约,法院认可专家证据以及买方在2年内发出了货物与合同不符通知,判决买方有权解除合同和索赔。在决定赔偿额时,法院认为买方不能证明所有的货物存在缺陷,已经至少从部分货物中获利。进一步指出,卖方不能履行是因为不能控制的障碍造成,因为货物由第三方制造,没有证据证明卖方违背诚信,判决货物减价30%,卖方做相应补偿。[2]

3. 第79条与销售合同中的不可抗力条款

如同本书对公约第6条的评释中所述,国际货物买卖的法律调整,销售合同处于仅次于国内强行法的效力地位,任何调整国际货物买卖的准据

---

〔1〕 德国联邦最高法院判例(BGH,9 January 2002),载美国佩斯大学法学院官网,http://cisgw3. law. pace. edu/cases/020109g1. html。

〔2〕 该案例参考法国贝桑松商事法庭裁决,1998年1月19日,载罗马统一国际私法协会等主办的项目网站Unilex。

法,包括国内合同法或公约都是补充性规则(defaut rule),其功能是补充合同调整的不足,合同效力高于准据法的效力,两者冲突,合同效力优先。当事人以不能控制的障碍或类似理由主张免责是否成立,应首先考虑销售合同的规定,合同中的不可抗力条款或免责条款是当事人双方就未来交易可能遭遇自然灾害、意外事故风险负担所做的安排,这种协议安排体现当事人意思自治,即使其中的免责条款不符合公约或国内法规定的范围或严格的免责标准,仍然有效。在公约调整下,这相当于当事人双方同意在合同适用公约时改变第79条规定的效力(第6条),裁判机构应予以尊重。公约充分肯定销售合同中不可抗力条款或类似免责条款的优先效力,对于障碍的"不可预见性",秘书处评论指出:"对于不履行的一方来说,这正是最难以证明的因素。所有对于合同履行的可能的障碍在一种程度或另一种程度上都是可以被预见的,诸如战争、风暴、火灾、政府禁运、国际航道的关闭之类的障碍过去都发生过,预计未来还要发生。合同当事人通常已经想象到这种障碍恰好发生的可能性,有时他们明确地指出是否这些阻碍事件的发生可以允许不履行一方对于他的不履行后果免责,在另外一些情况下,从合同的背景可以明显看出,即使某种障碍发生,当事人也有义务实施某种行为。无论是其中哪一种情况,第5条(公约第6条)都确保这种明示或默示的规定可强制执行性。"〔1〕

这一原理告诉我们,从事国际贸易的交易商在合同中审慎订立适合其交易的不可抗力条款至关重要,对自身权益能提供切实有效的法律保护,一旦相应的风险事故发生较容易获得免责,将节省诉讼成本并使交易有可预见性。研读公约第79条可知,对于因不能控制的障碍免责,第79条规定需要满足四个方面的标准,这一标准过于严格,乃至这类争议中,如果合同没有相关规定,仅援用公约或者国内法主张免责的一方较少成功的案例,〔2〕公约提出严格的免责条件是考虑国际货物买卖成本高和风险大特点,规定轻易免责会损害交易安全稳定。而合同中订立的不可抗力条款则

---

〔1〕 UNCITRAL, *Secretariat Commentary on Article 65 of Draft Convention (Article 79 of Official Text)*, Paragraph 5, Official Records, p. 55.

〔2〕 参见《判例法摘要汇编》(2016年版)第79条第7段。

不受公约或国内法律局限,完全可以采用更有针对性的、更宽松的免责条件,使遭遇风险阻碍的一方最大可能获得法律保护。许多实务界流行的不可抗力条款的示范模板没有引入类似公约第 79 条关于障碍的定义和免责条件。有学者指出:“已经表明,如果不可抗力条款的任何地方都没有明确规定成为不可抗力的某事项或起因必须是不能预见的,不能预见性的标准就不能适用于该条款。”[1]有的合同为防止法律纷争,这类条款的标题没有采用“不可抗力”,而是用“免责”(reliefs)这样的提法,以应对裁判庭可能适用有关不可抗力的法律。美国一示范合同将生产合同项下货物所需原料、能源、制成品短缺、配给或不能获得列入免责,同时规定:因不可抗力阻碍履行,“卖方无义务交付按协议应提供的除自己工厂生产以外的原材料,卖方无义务修缮重建受损害灭失的工厂以便履行合同”,“不得要求卖方为履行合同之目的,从他人处或公开市场购买按本协议规定生产或出售的原料”,“不得要求卖方为履行合同的目的购买替代物”。根据这样的规定,免责并不要求障碍或其后果是不能克服的,或不能合理预见的。[2]

拟定合理的不可抗力条款可以弥补公约第 79 条或其他准据法的缺陷和不足,一份公约调整的合同中,不可抗力条款对第 79 条有限制、替代和补充作用。采用清单列举式的免责条款,对可能发生的天灾和意外详细列明,如将瘟疫、爆炸导致生产停顿,将冰雹导致谷物歉收列入免责,如果合同履行期间真的发生瘟疫或爆炸导致停工,或生长的谷物遭遇冰雹被毁,卖方对因此不能正常交货就可以免责,在这种情况下,列举式的免责条款就取代了公约第 79 条。还因为列举式的清单没有对主张免责一方施加其不能预见不能克服障碍后果的条件,客观上限制了公约第 79 条这方面严苛要求的适用。不可抗力条款还可以弥补公约第 79 条的不足,例如,公约第 79 条是否适用于履约艰难存有争议,而将汇率变化、货物价格上涨超过一定幅度导致权利义务失衡列入不可抗力或做其他合同安排,如规定套

〔1〕 Jennifer M. Bund, *Force Majeure Clauses: Drafting Advice for the CISG Practitioner*, 17 Journal of Law and Commerce (1998), note125, p. 413.

〔2〕 一般认为,因原料或制成品短缺导致卖方不能履行合同属于卖方应该承担的购置风险(见本书对第 79 条的评释正文第 4 部分),是卖方能合理预见的,因此 ICC 不可抗力条款模板没有将原料或制成品短缺列入风险事项。

头交易，价格调整条款，就可以避免争议。第79条没有说明因障碍成功免责的一方如能部分履行其是否可以这样做？对方是否应该接受？如果障碍对履行合同的影响解除且合同还存在，免责方是否应该恢复履行？对方是否应该接受？这些未决问题都可在不可抗力条款作出安排，如前述美国示范合同就规定，因障碍导致交货不足应该对合同总的交货量做相应扣减，这意味着障碍导致修改合同，卖方应该继续履行经扣减的交货，买方应该接受货物。联合国欧洲经济委员会《机器设备交货共同条件》第10.3条规定："如果因上述情况（指风险事项），在合理时间内履行合同成为不可能，任何一方不需经任何法院同意，以书面通知另一方后，有权终止合同。"另外，公约也可以补充不可抗力条款的空白，假如一销售合同中的不可抗力条款没有将瘟疫、疾病流行列入风险事项，而合同履行时，卖方正好遭遇类似新冠病毒疫情引起的企业劳工短缺或停工，卖方因不能交货主张免责，因此发生争议，裁判庭应该适用公约第79条或其他准据法评估所主张的免责是否成立，结果是依据合同不能免责的却可能依据公约获得免责，反之亦然。

需要注意的是，当事人能否成功免责应该根据具体合同规定个案分析，即使发生不可抗力条款列明的风险，免责未必自动发生，如果合同有规定，主张免责的一方仍然需要证明：(1)风险事故的发生是不履行一方不能合理控制的，是客观的外部障碍，不是内部障碍；(2)风险事故发生事实上阻碍了他的履行；(3)主张免责的一方已经采取合理措施防范风险事故发生，防止损失扩大。

目前，国际货物买卖合同采用的不可抗力条款有三种模式：概括式规定，清单列举式规定以及两者混合式规定。从保护的主体看有单边规则（仅保护卖方或买方）和双边规则（保护买卖双方），当事人拟定不可抗力条款应该明确规定是为哪一方提供救济。实践中裁判机构更倾向于支持清单列举式的规定，因为清单列举式有确定性，给裁判机关较少自由裁量空间，如明确将暴雪或冰暴列入免责，如果真的发生这样的天气（有气象记录证据）影响运输和交货，卖方应该无可争议地免责。可是将"恶劣天气"这样概括事项列入免责就不可取，"冰暴"是否属于恶劣天气？恐怕充满争议，根据同类解释规则（ejusdem generis），法官在是否将暴风雪或冰暴归于恶劣天气问题上,倾向于严格解释。同理,那种几乎是复述不可抗力法律规定的免责条款也是空耗努力,它不能对解决争议提供有效帮助。国际商会分别推出 2003 年版和 2020 年版的不可抗力、履约艰难合同条款示范文本,〔1〕后者意图在全球新冠病毒流行背景下供商人参考使用,但是将示范条款不加删改整体并入合同并不可取,因为这个条款规定了与公约第 79 条相同的免责条件(不能合理预见,不能合理克服、避免障碍的后果),不能减轻法律关于免责的严苛性。其可取之处一是列举 7 个方面可能发生的风险事项,是对公约或相关国内法的补充;〔2〕二是明示:需要满足严苛的免责条件的前提是"当事人双方在合同中没有协议做出相反的规定",这暗示当事人可以通过合同约定减缓法律关于免责的严苛性。

4. 因不能控制的障碍导致不履行免责的条件

与国内法类似的制度相比,第 79 条规定的免责条件并不宽松。贸易法委员会指出:"只有满足以下条件,(第 79 条)第(1)款可以免除当事人不履行义务的责任:当事人不履行义务是'由于某种……障碍所致';这种障碍是'他不能控制的障碍';对于这种障碍'没有理由预期他在订立合同时考虑到';没有理由预期当事人能'避免'障碍;没有理由预期当事人'克服'障碍'或它的后果'"。〔3〕 这些要件与 PICC 和 PECL 相应条款规定的要件相同,即援引第 79 条主张免责的一方需证明符合以下条件:

首先,当事人不履行义务是由于他所不能控制的障碍造成的。"不能控制的障碍"是指直接导致当事人不履行义务的外部障碍,大体上包括国内法传统的不可抗力范围,即自然灾害、意外事故、当事人以外的原因造成的履行阻碍。自然灾害如恶劣气候、地震、洪水、风暴、病虫害和瘟疫等;意外事故如货物被偷盗、工厂被蓄意破坏、罢工、运输事故、燃料和电力中断等;当事人以外的原因如政治法律变化、贸易禁运、战争、社会动乱、政府征

〔1〕 See ICC Force Majeur Clause 2003 and ICC Hardship Clause 2003, ICC Force Majeur Clause and ICC Hardship Clause 2020, https://iccwbo.org/.

〔2〕 公约第 79 条和国内法关于障碍免责的规定有概括性,不能有针对性地处理各种商业交易面临的特殊障碍问题,因此一些特殊交易和特定行业的标准合同中的免责条款有重要参考意义,如国际谷物交易标准合同和建筑工程承包合同中的免责条款。

〔3〕 《判例法摘要汇编》(2008 年版)第 79 条第 1 段。

用和管制、检疫限制等,也包括对某一类型合同履行有影响的障碍,如劳工、物料、设备、零部件、运力短缺,机器故障、核心部件缺陷、港口拥挤等。以上列举不能穷尽第 79 条范围的"障碍",并且发生上述障碍本身不等于可免责,还需要满足第 79 条规定的其他条件。除非当事人在合同中另有规定,否则,以下情况不属于"不能控制的障碍":一是价格涨落、交易亏损、货币贬值、成本上升等不利的市场变化,一般不能免责,这属于当事人应预见的正常商业或交易风险,并且是当事人默示应承担的义务。[1] 但是极端不利的市场变化如构成"履约艰难"或"情势变迁",如前所述,是不能控制的障碍。二是购置风险(procurement risk)不能免责,这是指因市场供应短缺或卖方资金困难难以获得履约的货物,特别是指由于卖方的一般的上游供货商、原材料、半成品、零部件的供应商的原因导致不履行,包括不能交货或交货与合同不符,许多判决形成一致观点,就是卖方正常地应承担第三方供应商或分包商违反他们与卖方订立合同的风险,至少原则上,当不履行是由于供应商的原因造成时,卖方不得免责,除非当事人在合同中规定以不同方式分担这类风险。第 79 条第(1)款仍然是控制性条款,用来确定卖方因为第三方行为或不行为产生的责任,第三方的不履行不得被卖方援用来免除他不能交付相符货物的责任。[2] 即因第三方原因造成卖方不履行或瑕疵履行只能将责任归于卖方本身,这是属于卖方应控制的风险范围。但是不排除极少例外情况,卖方客观上不能控制对上游供应商及其履行的选择,在此情况下,供应商的不履行构成真正的卖方不能控制的障碍。

不能控制的障碍具有客观性,是当事人以外的客观情况阻碍了他的履行,不存在当事人主观上努力不够的问题。如果当事人不能获得进口许可是由于当事人不积极申请,就不能免责。允许免责的客观障碍是不履行的唯一原因,如果不履行的原因中既有客观障碍因素,也有当事人自身行为或不行为因素,就不能免责。比如,卖方超过履行期才交付货物,仓库意外

---

〔1〕 根据英国判例,涨价 20%~30%不构成不可抗力。See Brauer v. James C'lark,(1952)2 A11 E. R. 497.

〔2〕 See the International Sale Convention Advisory Council, *CISG - AC Opinion No. 7*, Opinion, Paragraph 18.

地失火,焚毁了货物,卖方不能利用事故免责。不能控制的障碍具有外部性,义务人控制范围以内的履行障碍是内部障碍,义务人控制范围以外的障碍是外部障碍,只有外部性的履行障碍可以成为免责理由。当事人永远要对其管理的人员负责,只要这些人员由他组织和控制,由于个别员工造成的履行瑕疵不能免责,这属于用人不当。罢工是否属于外部障碍也要具体分析,当罢工是由于政府的行为引起时,构成外部障碍。有些事故,如工厂遭蓄意破坏,如果表明采取任何合理措施都不能防范,也属于外部障碍。

其次,没有理由预期要求免责的当事人在订立合同时能考虑到该障碍发生。可预见性是最含混不清的问题,原因是各种客观的障碍事件都发生过,不能说绝对不能预见。第 79 条中"没有理由预期他在订立合同时能考虑到"的提法,强调要有足够"合理"的证据,证明主张免责的义务人没有预想到障碍的发生。而能否合理预见是一个事实问题,必须根据与合同及合同订立有关的所有事实情况来个案判断,没有固定的适用于所有案件的统一标准。同时,能否合理预见到也不取决于案件当事人是否真的没有考虑到障碍的发生,而应依据"合理人"的标准由裁判机关裁量。公约的判例表明:卖方因上游供货商工厂停产主张免除交货义务的要求被驳回,即使障碍存在,当事人在订立合同时理应预见到这一点。卖方因无法购置符合进口国管理法规的奶粉主张免责被驳回;卖方基于政府关于煤炭出口的禁令要求免除供货义务被驳回;买方因政府暂停外汇支付的条令要求免责被驳回,理由是订立合同时这些法令都存在。[1] 可预见性不要求预见障碍发生的细节,不能说只有预见到事件发生的具体时间、地点才算预料到,否则就是不能预见的,这样的标准太容易免责。国内法把握的尺度是:一个标准的合理的人能预料到的行业特殊风险,都属于可预见的风险。即商人应预见到行情涨跌;矿产出口商应预见到矿井事故;航运公司应预见到航路改变;农产品交易商应预见到因气候原因导致农作物歉收等。[2]

最后,没有理由预期要求免责的当事人能够避免或克服该障碍或障碍

〔1〕 参见《判例法摘要汇编》(2008 年版)第 79 条第 17 段。

〔2〕 参见[美]理查德·谢弗等:《国际商法》,邹建华主译,人民邮电出版社 2003 年版,第 135 页。

的后果。义务人仅仅证明在订立合同时没有理由预见到障碍的发生仍不能免责,他还要证明没有理由能避免或克服障碍,没有理由能避免或克服障碍造成的后果。这方面没有固定判断标准,应根据主张免责的义务人提供的证据,在个案基础上确定免责是否成立。字面上,“避免”是采取一切按情况属于合理的措施阻止障碍或障碍的后果发生;“克服”是采取一切按情况属于合理的措施排除或解决障碍或障碍造成的后果。可以说,不能控制的障碍基本上是不能避免和克服的障碍。但是障碍本身不能克服和避免不等于障碍的后果不能克服、避免。很多情况下可以通过改变履约方案,如改变运输路线,或者实施替代交易来克服障碍造成的困难。“这一规则反映了这样一种政策,即负有特定作为义务的当事人必须竭尽全力去实施他的作为义务,他不该等待事态的发生,过后为自己的不履行去辩解。该规则还显示,当事人必须通过提供某种在所有情况下都属于商业上合理的交易来实施替代原合同所要求的履行。”〔1〕秘书处评论以如下举例说明这一问题。

例 79B:合同要求提交独特货物,在根据第 67 条或第 68 条货物损失风险本应转移到买方之前,货物因火灾灭失,火灾属于卖方不能控制的事故引起。这种情况下,买方根本不需要支付货款,因为货物风险没有转移,而卖方免除基于他不履行交货义务应负的损害赔偿责任。

例 79C:合同要求交付 500 台机床,在货物损失风险转移至买方以前,货物因为与上例类似的情况灭失。这种情况下,卖方不仅得承担 500 台机床灭失的后果,他还有义务另外装运 500 台机床运交买方。如果补交的货物不能按期交货,卖方可以免除不能按时交货的赔偿责任。此例与上例的区别是,在例 79B 中的货物是独特的,卖方无法通过替代交易履行合同,而在此例中,卖方可以通过交付替代的机床克服原合同项下的货物灭失的后果。〔2〕

〔1〕 UNCITRAL, *Secretariat Commentary on Article 65 of Draft Convention* (*Article 79 of Official Text*), Paragraph 7, Official Records, p. 55.

〔2〕 例 79B 和例 79C 引自 UNCITRAL, *Secretariat Commentary on Article 65 of Draft Convention* (*Article 79 of Official Text*), Example 65A, 65B, Official Records, p. 55.

第 79 条第(4)款还要求因不能控制的障碍导致不履行义务的当事人“必须将障碍及其对他履行义务能力的影响通知另一方”,也包括将他实施合理替代履行的意图通知另一方。这个通知采取到达主义,如果另一方不能在障碍发生后的一段合理时间收到通知,主张免责方对另一方未收到通知而造成的损害应负赔偿责任。这里所述应负的损害赔偿仅限于另一方未及时收到通知造成的损失,不包括主张免责方不履行义务造成的损失。这意味着即使另一方没有及时收到主张免责一方发出的通知,也不影响后者因不能控制的障碍造成不履行应享有的免责权。

5. 特殊形式的障碍免责

首先是由于特殊的第三人原因造成当事人不履行义务的免责问题。根据第 79 条第(2)款的规定,当事人不履行义务如果是由于他雇佣履行合同(包括全部或一部分)的第三人不履行义务造成的,当事人只有同时满足以下两个条件才可免除责任:(1)他按照第(1)款的规定应予免除责任;(2)假如该款规定也适用于他所雇佣的人,这个人也同样会免除责任。这一款的目的是限制当事人以第三方不履行为由主张免责,假如第三方因免责问题卷入买卖双方争议,并且第 79 条第(1)款真的可以适用于第三方,第三方与当事人需要同时满足第 79 条第(1)款条件才可以免责;如果第三方没有卷入当事人之间的争议,或者公约不适用于第三方义务(如第三方是运输承运人),这种情况下,也应假定第 79 条第(1)款标准适用于第三方,当事人若以第三方原因主张免责,第三方也必须符合第 79 条第(1)款规定的免责条件。学术界认为,第 79 条第(2)款加重了当事人的责任,因为他要为控制范围以外的独立第三人的行为承担后果,仿佛第三人的行为就是当事人自己的行为,只有当事人与第三方同时符合第 79 条第(1)款的免责条件,才可免责。但是当事人并不是无条件地承担第 79 条第(2)款的责任,在例外情况下,卖方可以主张他不能控制对于第三人的选择,因为第三人在货物或服务的供应上享有垄断,或者主张第三人是买方选择的,或者卖方也可以主张第三人的不履约实际上是他(指卖方)所不能控制的。[1]

---

〔1〕 See the International Sale Convention Advisory Council, *CISG - AC Opinion No. 7*, Opinion, Paragraph 20.

第三方不是任何与当事人履行义务有关联的第三方，例如，没有被委托面对面地向买方履行义务的一般卖方上游供货商、原料供应商、半成品或零部件供应商等不是第79条第(2)款所指的第三方。[1] 如前所述，卖方应承担由于这类第三方原因造成不履行的风险，这属于卖方应承担的购置风险，因为这类第三方是当事人可选择的，他们不履行属于能控制的障碍和风险。并且当事人双方都存在所雇佣履行合同的第三方原因造成不履行的问题，第79条第(2)款对当事人双方都适用。比如根据销售合同安排，卖方直接向买方的最终客户供货和发运货物，买方的最终客户也可以成为被买方雇佣履行合同的第三方。被雇佣来履行合同的第三方具有独立身份，通过雇佣合同安排使义务人与第三方建立起类似主合同与分合同之间的有机联系，第三方的履行成为当事人履行的有机组成部分，而不再是单纯第三方自己的履行。相反，一般供应商对卖方的履行仍然是第三方自己义务的履行。以下情况存在第79条第(2)款意义上的被雇佣履行合同的第三方：

(1)根据卖方指示，买方直接向卖方的上游化肥制造商发出运货所需要的化肥袋规格。

(2)卖方通过可转让信用证将合同一部分或全部委托上游供货商完成。

(3)卖方雇佣运输货物的承运人履行与买方的合同。

(4)买方购买货物是为了履行其与总承包商之间的分包合同。

另一种特殊形式的障碍免责是暂时性障碍的免责。第79条第(3)款规定："本条所规定的免责对障碍存在期间有效。"这是指发生了不能预见和控制的障碍使履行中断，如果这种障碍是暂时性的，不履行的一方只能免除障碍存续期间的损害赔偿责任，而不能免除在此之后的责任。障碍及其后果消除的日期，就是损害赔偿免责终止的日期，也是当事人应当继续开始履行合同的日期。

---

[1] See UNCITRAL, *Secretariat Commentary on Article 65 of Draft Convention* (*Article 79 of Official Text*), Paragraph 12.

例 79D:合同规定 B 公司应于 1994 年 8 月 10 日以前交付给买方 Y 公司某种化工原料 8.5 吨。7 月 9 日至 8 月 17 日,B 公司所在的城市发生特大水灾,铁路、公路中断,企业被迫停工停产(有当地防汛指挥部提供的证明)。直到 8 月 17 日水灾影响消除,企业生产和交通恢复。卖方以上述不可抗力事件为由迟迟不履行合同,买方被迫请求仲裁。仲裁庭裁决:卖方所在地发生水灾属于不能预见、不能克服和避免的障碍,这一事件发生在应该交货的履行期间,卖方可以免除迟延交货的责任。但是,这一事件的影响持续到 8 月 17 日,卖方可以免除 8 月 10 日至 8 月 17 日这一期间迟延交货的责任,但不能免除在 8 月 17 日以后的交货义务,买方在 8 月 22 日发出传真,要求卖方继续履约,卖方仍没有履行,他应该承担自 8 月 17 日起以后未能交货的损害赔偿责任。这一裁决是正确的。

例 79E:卖方工厂因意外火灾损毁,导致其在履行期到来时不能按期履行义务,卖方根据第 79 条第(1)款免除违约损失赔偿责任直到工厂完成重建。工厂于 2 年后完成重建,虽然卖方延迟 2 年交货构成根本违约,但是买方没有宣告合同无效。因此,卖方有义务在工厂建成后交付货物,买方有义务接收货物支付价款。

持续多长时间的障碍属于暂时性阻碍,这是一个事实问题,应由个案确定。如果这个中断履行时间过长,当事人不履行相当于根本违约,另一方有权宣告合同无效;然而,买方也可能在卖方长时间中断履行的情况下,明确表示对货物仍有需求,没有宣告解除合同,这意味着合同继续存在,障碍及其影响解除的日期就是恢复当事人根据合同应承担的权利义务日期,卖方有义务交货,买方有义务收货。[1]

---

〔1〕 PECL 第 9:303 条第(4)款规定:“如果当事人因为完全的、永久性障碍依据第 8-108 条免责,合同自动终止,不需要在障碍产生时发出通知。”虽然公约不承认自动解除合同,但是因为障碍或其他原因一方不履行义务,另一方也不主张权利,包括超过合理时间仍不宣告合同无效,合同最终的命运也只能自行消亡。应该承认,在公约框架内,除宣告合同无效导致解除合同外,合同也可能因双方默示同意归于消灭,或事实上自行消亡。

6. 因不能控制的障碍免责范围

第 79 条第(5)款规定了当事人因不能控制的障碍导致不能履行义务而他可以免责的范围。“本条规定不妨碍任何一方行使本公约规定的要求损害赔偿以外的任何权利。”这意味着不履行一方只能免除损害赔偿责任,除此以外的其他责任不能免除。

表面上,不履行一方享有的免责被严格限制,他应该承担的责任超出一些国家国内法规定范围,可是仔细分析会发现,第 79 条第(5)款给受损害一方的授权仅仅是名义上的,他实际能获得的除损害赔偿以外的其他救济相当有限,多数情况下可行使的救济只能是解除合同。首先,除损害赔偿以外,第 50 条规定了买方可以行使减价的权利,可是减价只能适用于卖方交货与合同不符,包括数量、质量、规格和包装不符,它不适用于交货延迟,卖方因不可抗力造成交货延迟不能行使减价的救济,只有在数量和质量与合同不符时才可行使这一救济。其次,障碍导致卖方不能交货时,买方可要求实际履行,即使在没有发生履行障碍时,卖方不交货,买方能否取得实际履行的救济取决于法院自由裁量（第 28 条),而发生不能控制障碍的后果常常是履行不能或不可行,要求免责方履行义务不仅客观上被障碍所阻止,也相当于对其施加比损失赔偿还严重的一种处罚,这不符合立法原意。最终,可取的救济措施是买方宣布合同无效,他既可以依据第 49 条第(1)款(a)项,以卖方构成根本违约为由,也可以援用同一条款的(b)项宽限期程序宣告合同无效。合同解除后,合同项下的货物在通常情况下比较好解决,当事人既可转卖,也可补进。如果货物是应买方要求定做的机械设备、零部件,因不可抗力造成履行中断,就有一个半成品、先期投入的处理问题,应该按减轻损失原则、权利义务平衡原则公平合理解决。

另外就是发生“障碍”后,合同规定的违约金或罚金是否可以免除,在维也纳外交会议上,有代表主张把违约金也作为损害赔偿的范围,这样,根据第 79 条第(5)款的规定,也免除不履行合同的当事人支付违约金的责任,这一建议未被采纳,这样第 79 条第(5)款不含有免除违约金处罚的含义。如果合同有违约金条款,即使是发生不可抗力,也应由裁判机关依合同和相应的国内法(准据法)决定是否判罚,关键是看合同有没有规定因不可抗力造成不履行可以免除违约金处罚,公约本身没有规定违约金问题。最后,因不能控制的障碍不履行义务不能免除当事人对于拖欠金额支付利息的义务,按照第78条的规定,支付利息不属于损害赔偿范围。

第80条　一方当事人的原因造成另一方不履行的免责

一方当事人因其行为或不行为而使得另一方当事人不履行义务时,不得声称该另一方当事人不履行义务。

评　释

早期合同法的绝对义务理论认为,当事人在合同中所做出的担保和承诺是绝对义务,不可抗力不应该成为拒绝履行的理由,而且即使义务人的不履行是由于权利人造成的,义务人也不能免责,他仍构成违约。这一不平衡、不合理的制度随着近代以来两大法系发展的不可抗力、合同落空理论得以调整和完善,其中也形成因一方当事人原因造成另一方不履行免责的所谓"脏手规则"(dirty-hands rule)。[1]

除了当事人因为不能控制的障碍造成不履行可以免责外(第79条),公约第80条提出了当事人可获免责的另一理由,即他的不履行是由于另一方当事人的行为或不行为造成的,这时前一当事人可免除相应的违约责任,另一方当事人不得主张前一当事人不履行义务。第80条是第7条诚信原则的体现,它阐明了这样一个基本原理和原则:当事人本来就不应该拥有某些权利,如果他本身的不当行为使他失去了获得这些权利的理由。事实上,公约的另一些条款已经体现了这一精神。第66条规定,如果货物的遗失或损坏是由于卖方的行为或不行为造成的,他对于风险转移到买方之后货物发生的损坏、灭失仍负有责任。只不过第66条的适用范围很小,它只适用于买方依赖于卖方的行为或不行为而免除义务,而不适用

〔1〕 关于"脏手规则",参见奥古斯特(Ray August):《国际商法》,高等教育出版社2002年版,第587页。

于卖方在类似情况下的免责，所以，第 80 条带有根本性，它对于当事人各方都适用。公约立法的历史显示，第 80 条是草案中没有而经过维也纳会议讨论后加进去的，起草委员会被授权将这一条款放在第三部分第一章总则中，作为最后一条，或者放在第 79 条之后。“这一授权说明联合国大会将第 80 条作为一项基本原则来阐述，它适用于公约各方面。”〔1〕

当事人援用第 80 条而要求免责，他应该证明另一方的行为或不行为是自己不能履行义务的直接原因。另一方当事人的行为或不行为既包括违约性的，也包括非违约性的，与是否存在不能控制的障碍、是否存在过错无关，只要行为或不行为客观上引起当事人不能履行义务，当事人就可以免责。就其本质特征看，引起当事人不能履行义务的行为都是拒绝与当事人进行合作的行为。典型情况有两种：第一种是另一方的行为或不行为使当事人履行不能。比如买方不依约提供样品图形，不依约开立信用证，卖方就不能生产合同项下的货物，也不能完成交货。本书例 32 中，违反诚信的买方越过作为中间商的卖方从上游供货商中买走全部积压的 5 万箱柑橘罐头，使卖方无货可供，卖方可以根据第 80 条免除自己不履行义务的责任。第二种是另一方的行为是合同规定应先履行的义务，虽然他不履约并不导致当事人履约不能，但是要求当事人正常履约或继续履约是不合理的。比如，买方在已履行批次的交易中拖欠卖方货款，卖方要求买方只有结清货款才可继续履行，买方不偿付货款就无权要求卖方继续履行。贸易法委员会指出以下判例满足了第 80 条的适用条件：(1) 在一分期付款的机器销售案中，买方仅支付第一期货款后就停止付款，并从卖方的上游制造商取得机器，法院指出卖方随后不履行义务是买方造成的；(2) 由于买方没有依约付全款，卖方无义务交货，买方无权索赔；(3) 卖方未能指定装运港导致买方无法按合同条件开立信用证；(4) 卖方拒绝履行继续交货义务致使买方不支付以前所交货物的部分货款；(5) 卖方同意交付替代物以补救先期交付的不符货物遭买方拒绝，买方无权以不符货物为由主张损害赔偿

〔1〕 John O. Honnold, *Uniform Law for International Sales under the 1980 United Nations Convention*, Deventer/Boston, Kluwer, 1982, p. 444, note 2.

和减价。[1]

与第 79 条的规定不同,因为一方当事人的行为造成另一方当事人不履行义务,前一方当事人失去了以另一方不履行为由要求所有法律救济的权利,即他不得要求实际履行、损害赔偿和解除合同,所以当卖方交货与合同不符的原因是买方提供的样品或图形有误造成时,买方无权索赔,也无权解除合同。相反,如果前一方的行为或不行为不仅造成另一方不能履行义务,本身也构成违约,另一方反过来可以追究前一方的违约责任。还应注意到,以当事人的行为或不行为造成自己不履行为理由主张免责的一方,其免除的责任应该限制在特定范围内。第 80 条的英文原文译成中文是:"一方当事人的行为或不行为造成另一方当事人不能履行义务,按照所造成的不能履行程度(to the extent that...),当事人不得声称另一方当事人不履行。"可见,另一方的免责应该同当事人的行为或不行为造成另一方不履行义务的程度相适应。假定买方仅仅是延迟开立信用证或者延迟交付了图纸、样品,最终他履行了这些义务,这也只能免除卖方延迟交货产生的违约责任,卖方不得以此为由主张不交货。即使买方出现了延迟履行义务行为,公约第 80 条仍授权法庭或仲裁庭考虑买方延迟履行的后果,以及卖方履行义务受影响的程度,确定卖方应享有的免责。

第五节　宣告合同无效的效果

第 81 条　宣告合同无效的后果——清理程序

(1)宣告合同无效解除了双方在合同中的义务,但应负责的任何损害赔偿仍应负责。宣告合同无效不影响合同中关于解决争端的任何规定,也不影响合同中关于双方在宣告合同无效后权利和义务的任何其他规定。

---

[1] 参见《判例法摘要汇编》(2008 年版)第 80 条第 6 段。

(2)已全部或局部履行合同的一方,可以要求另一方归还他按照合同供应的货物或支付的价款。如果双方都须归还,他们必须同时这样做。

评 释

1. 宣告合同无效的后果

第 81 条是关于宣告合同无效后果的原则性规定,它指引当事人依据本公约第 49 条、第 64 条,在另一方根本违约或在宽限期后不履行,或因不能控制的障碍导致不履行义务而宣告合同无效后,如何处理遗留问题,说明这一特定情况下解除合同的后果。第 81 条从两方面回答了宣告合同无效的后果:一方面是宣告合同无效对于合同本身的影响;另一方面是对当事人双方权利义务的影响。宣告合同无效后原合同关系解除,但是合同本身并没有被废止,当事人原有的权利义务关系变为以恢复原状为目的的后续事项清理程序(winding-up process),该清理程序仍需要依据原合同处理。"根据第 81 条被宣告无效的合同并没有因为宣告无效而完全废止,而是变成清理合同的关系。"[1]即合同成为处理解除合同之后遗留事项的一种文件依据,不论免除当事人尚未履行的义务,还是归还已交付的货物或货款,以及如何通过争议解决向违反义务一方索赔等,都要参照原有的合同规定,在原有合同框架之内处理。关于解除合同对于当事人权利义务的影响,第 81 条指出解除合同的三方面后果:(1)停止履行尚未履行的原合同义务,不论是主要义务还是附属性义务,[2]解除效力指向将来;(2)履行继续存在的某些义务,如返还已交付货物或已支付价款,效力溯及既往;

---

[1] 《判例法摘要汇编》(2008 年版)第 81 条第 2 段。这样的观点还见于 Peter Schlechtriem ed., *Commentary on the UN Convention on the International Sale of Goods*, Clarendon Press Oxford, 1998, p. 634, 640; The International Sale Convention Advisory Council, *CISG - AC Opinion, No. 9*, Comments, Paragraph 3.7。

[2] See the International Sale Convention Advisory Council, *GISG - AC Opinion No. 9*, Comments, Paragraph 3.2.

(3)实施第81条列举的继续存在的某些合同规定。后两者都属于清理合同关系。已有判例表明第81条不适用于当事人双方协议解除合同,即经双方同意而不是因违约导致单方宣告解除合同,协议解除合同后的清理受当事人双方终止合同的协议支配。[1] 不过在当事人双方没有就清理遗留问题作出规定或规定不明时,应适用第81条相关规定而不是国内法处理(参见例81)。

第81条第(1)款指出:"宣告合同无效解除了双方在合同中的义务,但应负责的任何损害赔偿仍应负责。"卖方违约时买方宣告合同无效,大体上分三种情况:第一种情况是卖方逾期不交货,并且在买方给予履行的宽限期后,在宽限期内卖方仍不交货,买方可以依据第49条第(1)款(a)项、(b)项宣告合同无效。合同解除后,免除了卖方交货义务以及买方接收货物、支付价款的义务,买方无权要求卖方实际履行,但是买方可以要求卖方赔偿违约给他造成的损失。卖方应该赔偿买方合同价格与替代交易价格之间的差额(第75条),或者赔偿合同价格与宣告合同无效时的时价之间的差额(第76条),当买方已经支付了全部或部分货款,卖方应该归还货款[第81条第(2)款]。第二种情况是在履行日前卖方构成预期根本违约,买方可以宣告合同无效,并有权要求损害赔偿。第三种情况是卖方已经交货,但是因为交货延迟或交货与合同不符,买方在得知卖方交货延迟之后的一段合理时间内宣告合同无效[第49条第(2)款];或在交货不符的情况下买方根据第49条第(1)款宣告合同无效,这相当于买方正当地行使了拒收权。合同解除后,免除了买方支付货款的义务,他有权索赔实际损失和利润损失。但是买方有义务妥善地保管卖方交付的货物(第86条、第87条),有义务应卖方的要求归还货物[第81条第(2)款]。若买方已经支付了货款,卖方有义务归还货款;"如果双方都须归还,他们必须同时这样做"。根据第82条,买方如不能按实际收到的货物原状归还,他就丧失了宣告合同无效的权利。

相应地,买方根本违约时,即他不正当地拒绝接收货物或拒付货款,或者他在宽限期内仍不履行这些实质义务,卖方可以依据第64条第(1)款宣

[1] 参见《判例法摘要汇编》(2008年版)第81条第2段。

告合同无效。卖方也可以在买方预期根本违约时依据第 72 条宣告合同无效。合同解除后，如果卖方尚未交付货物，免除了他的交货义务，同时也免除了买方的付款义务，而买方应负的损害赔偿责任不能免除[第 81 条第(1)款]。卖方可以要求买方赔偿合同价格与替代交易价格之间的差额(第 75 条)，或者赔偿合同价格与宣告合同无效时的时价之间的差额。如果合同解除时卖方已经交付了货物，买方应该归还货物。当标的物属于为买方生产或定做的产品，买方毁约导致卖方宣布合同无效，第 81 条的实施会产生较复杂的情况。[1] 事实上，合同解除后，卖方负有减轻损失的义务和责任，这方面的义务不能因合同无效而解除(第 77 条)。对于半成品，卖方应依据减轻损失的原则，决定是继续完成产品的制造还是立即停止制造这些产品，卖方应本着最大善意，尽可能挽救、救助、利用、变卖这些货物，他只能就经过努力仍不能挽回的损失获得损害赔偿。

第 81 条第(1)款还指出："宣告合同无效不影响合同中关于争端解决的任何规定，也不影响合同中关于双方在宣告合同无效后权利和义务的任何其他规定。"这意味着合同解除后，所有有助于清理程序的条款或当事人意图继续存在的条款继续存在。[2] 主要是：争议解决条款，与之相关的任何规定，如选择争议解决地、法律适用条款；合同中关于双方在宣告合同无效后的权利义务的任何其他规定，如不可抗力条款；合同中关于违约救济的约定，如免除间接损害赔偿责任的规定、关于违约金的规定，以及排他性救济条款(exclusive remedy)等。[3] 第 81 条仅仅承认这些条款没有因为

---

[1] 应注意到因标的物不同使国际货物销售合同违约责任具有两种极端性质。一种是谷物、矿产、油品、工业原料、标准化工业品等大宗货物，此类交易中对于买卖双方施加严格的合同义务、严格的违约责任是必要的。交易本身含有投机因素，当事人的盈亏、损害赔偿受制于市场行情涨落，任何一方违约以至于解除合同，无论另一方是谁，损失大体在一个有限的范围内，合同解除后卖方通常可以将货物转售，双方负担不至于过重。另一种合同项下的货物属于为买方定制的机器设备，任何一方毁约，另一方遭受的损失或可能的损害赔偿则不取决于市场行情变动，而更多地依赖于个别情况，损失及损害赔偿具有非通常性，是严重的、难以准确预见的，这类合同的履行可以给当事人各方较宽松的条件，解除合同尤为不可取，应适用于罕见的情况。解除合同的后果不仅使未违约方损失惨重，违约方常常也不一定得到好处。

[2] See the International Sale Convention Advisory Council, *CISG - AC Opinion No. 9*, Opinion, Paragraph 1.2.

[3] 这是指合同中规定排除实施某种违约救济，如实际履行等，或对于根据法律可采取的违约救济措施实行限制的条款。

合同解除而取消,但不认为其当然有效。这些剩余合同条款的效力应依据相关准据法确定,公约不能处理这些条款的效力问题。根据公约第 6 条的规定,当事人可以减损和改变公约某些规定、条款的效力,合同中的排他性救济条款、免除间接损害赔偿的条款与公约并不抵触,但是有些国内法基于公共政策的理由或者以显失公平为理由限制、取消这类条款的效力,如 UCC 第 2-718 条第(1)款规定,如果违约金数额过大变成罚金,则归于无效。UCC 第 2-719 条也规定当事人可以限制或排除间接损失赔偿,除非此种限制或排除显失公平。

2. 第 81 条第(2)款

第 81 条明确区分了解除合同后被取消的义务和解除合同后仍然存在的权利、义务、责任,特别是要求损害赔偿的权利以及归还按合同提供的货物或货款的义务,这些权利义务产生于销售合同和公约本身的规定。第 81 条第(2)款规定,已经全部或部分履行合同的一方可以要求另一方归还他按照合同供应或支付的货物或价款。如果双方都须归还,则他们必须同时这样做。如果属于部分解除合同或分批交货合同中解除某一批次的合同,当事人有义务归还被解除的那一部分合同的货物或货款。解除合同后仍然存在的合同义务不限于返还货物或货款,还包括减轻损失义务(恰当地处分尚未完成的产品制造)、保全货物的义务(第 85~88 条)等。"应该公平地自公约中推出避免商业破坏和经济浪费的原则,若要使这种损失降到最低限度,第 81 条下的归还应该尽快实施,并且应在第 84 条所要求的复杂测算完成以前实施。"[1]第 81 条第(2)款的归还义务涉及以下问题:

首先,要求已经履行的双方必须同时承担归还义务。基于相互归还原则,即使卖方违约,在买方没有退还已履行的货物之前,卖方没有义务返还价款。应该考虑到许多情况下归还义务是单方面履行,或不能按原状归还货物,无论哪种情况,归还义务是履行相互合作义务,问题是当事人不合作怎么办?

如果卖方拒绝退还货款,根据第 81 条第(2)款最后一句,买方有权扣

[1] The International Sale Convention Advisory Council, *CISG-AC Opinion No. 9*, Comments, Paragraph 3. 21.

留货物,买方应该采取合理措施保存货物(第 86 条),他可以一直保存到卖方偿还应付的合理费用时为止。但是,买方显然不能无限期地将货物保管下去,经过一段保管期后,卖方继续拖延归还货款、收回货物,构成第 88 条第(1)款所述的"不合理延迟"收回货物,买方可以采取适当办法将货物出售,同时向卖方发出通知。买方出售了所保管的货物后,合理的解决办法是允许买方用变卖货物的价款收入冲抵卖方应归还给买方的货款,不足的部分再要求卖方补足。但是公约并没有明确允许拒收货物的买方这样做,第 88 条第(3)款只允许出售货物的买方有权从销售收入中扣回为保全货物和销售货物而付出的合理费用,买方还需要向卖方说明所余款项。不过公约立法的历史说明,第 88 条第(3)款意味着出售货物的当事人保留依据相应的国内准据法享有的抵销权。[1] 公约允许当事人用转卖货物收入抵扣价款,具体如何操作属于公约的空白,应由相应的国内法解决。[2]

其次,国内法对于返还货物的限制。主要涉及破产法限制返还已设定担保物权的卖方已交付的货物,以及国内法关于所有权转移的规定也可能限制已交付货物的返还。假定买方的债权人取得对卖方已交付货物的担保物权,根据公约第 4 条的规定,卖方和第三方债权人之间谁对货物享有优先权不属于公约调整范围,应受适用的国内法支配,而根据一般国内法,第三方债权人的权利先于卖方的归还权。[3] 即使销售合同中规定,在买方付款之前卖方保留对货物的所有权,该条款的效力仍受国内法支配

---

〔1〕 See UNCITRAL, *Secretariat Commentary on Article 77 of Draft Convention*(*Article 88 of Official Text*),Paragraph 9,Official Records,p. 63.

〔2〕 UCC 第 2-711 条第(3)款指出:"买方正当拒收或正当撤销接受后,就其已支付的价款,以及检验、接收、运输、保管和存储货物中的任何合理支出,对其占有或控制的货物享有担保权益,并且可以用同受损害的卖方相同方法留置和转售这些货物。"第 2-706 条第(6)款规定:"处于卖方地位的人,或正当拒收或撤销接受货物的买方,必须交付超出其担保权益[如第 2-711 条第(3)款规定]的部分。"《中华人民共和国民法典》第 566 条规定,合同解除后,尚未履行的,终止履行;已经履行的,根据履行情况和合同性质,当事人可以请求恢复原状或者采取其他补救措施,并有权请求赔偿损失。

〔3〕 根据美国破产法,已经交付货物的卖方以买方毁约为由宣布解除合同,要求他归还货物,假定买方恰好进入破产程序,卖方不仅要中止解除合同程序,其要求归还货物的请求很难实现。尽管 UCC 第 2-702 条规定了卖方在信用方式下有权收回货物,但是卖方的权利不能对抗买方的破产财产和债权人,依据破产法,破产债权人有优先的权利。公约本身只能调整当事人之间因销售合同产生的权利义务,不能对于当事人以外的第三人权利施加影响(第 4 条)。

(公约第 4 条)。

再次,返还地点、返还前后货物损失、灭失的风险负担问题。第 81 条第(2)款假定买方完好无损地退还了货物,如果货物被退还时遭受风险损失,就有风险负担问题。关于买方返还货物的地点,卖方违约买方宣告合同无效并有权退货时,一致的观点是:应将买方的返还假定为基于原合同条件的反向交货(二次交货),是主体身份颠倒的二次销售,[1]货物又从原来的买方转售到原来的卖方。二次交货的风险界限也应比照第一次交货的风险界限处理。假定原合同规定的条件为 CIF,买方承担货物越过船舷之后的损失、灭失风险,二次交货时则卖方承担货物越过船舷后货物损失、灭失的风险(参见例 81)。如果原合同规定的交货地点是买卖双方营业地以外的其他保存货物的地点,二次交货的地点也应是这一地点,这是返还后的风险负担问题。在返还货物以前,买方控制货物时,货物因自然灾害、意外事故造成损失、灭失的风险应由买方负担,买方有义务保全货物(第 86 条),买方也是有利于办理保险一方(保险成本可忽略不计)。如果买方违约,卖方宣告合同无效,在卖方通过控制单据控制货物时,返还货物地点是买方所在地,卖方应保全货物(第 85 条),他应以合理的减少损失方式就地转卖货物或负责将货物运回,由此产生的运费、保险费损失可向买方索赔。基于反向销售的假定,原合同中买方付款的地点是卖方营业地,相应地,在二次销售中,卖方返还货款的地点是买方营业地,只要货款没有划拨到买方账户,卖方就没有完成返还货款。

最后,返还涉及的成本费用负担。根据第 82 条第(2)款的规定,原则上应由违约方承担返还货物或价款的费用,“任何增加的返还成本都应由不能免责的不履行义务一方承担”。[2] 常见的情况是卖方交货与合同不符,买方宣告合同无效并取得退货权,买方退还货物的运费成本由卖方负担,买方可将这些支出作为第 74 条范围的损失向卖方索赔,除非卖方免责(第 79 条)。如果是买方违约,卖方宣告合同无效,并且货物已经运交买

〔1〕 See the International Sale Convention Advisory Council, *CISG - AC Opinion No. 9*, Comments, Paragraphs 3. 6, 3. 17, 3. 12.

〔2〕 The International Sale Convention Advisory Council, *CISG - AC Opinion No. 9*, Comments, Paragraph 3. 16.

方,卖方运回货物的成本应由买方负担,除非买方依据第 79 条可以免责。若情况表明卖方就地转售货物比将其运回更能减少损失,第 77 条减轻损失原则要求卖方就地处理货物而不是将其运回,卖方也难以根据第 74 条索赔运费损失。

以下是奥地利最高法院审理的涉及返还费用、返还货物风险损失负担的案件,奥地利法官缜密的法律推理和对公约规则的熟练运用令笔者印象深刻。

例 81:奥地利买方向德国卖方订购一批特制木板,交货条件为 Exworks。卖方实际交付的是非特制木板,经双方协商同意买方退还货物。卖方收到买方退还的货物后发现木板在运输途中受损,提出索赔。法院认为卖方交付与合同不符的货物后,当事人根据公约第 29 条协议解除合同,公约没有规定协议解除合同的后果,这属于公约没有解决的属于公约调整范围的问题,法院决定援用公约类似的规定特别是第 81 条而不是国内法解决这一问题[第 7 条第(2)款]。根据第 81 条,协议解除合同后免除了各方主要义务,已经履行的货物应该返还。对于返还的货物受损,法院考虑被返还的货物风险何时转移至卖方,这也是公约没有解决的属于公约范围的问题,应考虑公约第 66 条风险转移规则和第 81 条到第 84 条关于返还地点规则处理,后者优先适用。本案的交易条件是买方承担运输风险;相反,在退还货物方面,卖方应承担运输风险。这一结果也符合第 82 条第(2)款,据此,卖方承担退货风险,因为退货是卖方交货与合同不符引起的。[1]

第 82 条　对买方行使退货权的限制

(1)买方如果不可能按实际收到货物的原状归还货物,他就丧失宣告合同无效或要求卖方交付替代货物的权利。

〔1〕 奥地利最高法院,1999 年 6 月 29 日,载罗马统一国际私法协会等主办的项目网站 Uniex。

(2)上一款的规定不适用于以下情况:

(a)如果不可能归还货物或不可能按实际收到货物的原状归还货物,并非由于买方的行为或不行为所造成;或者

(b)如果货物或其中一部分的毁灭或变坏,是由于按照第38条规定进行检验所致;或者

(c)如果货物或其中一部分,在买方发现或理应发现与合同不符以前,已为买方在正常营业过程中售出,或在正常使用过程中消费或改变。

评 释

1. 第82条适用范围

第82条规定了对买方行使退货权的限制条件,它仅适用于卖方已经交付货物后构成根本违约时,对买方宣告合同无效或要求交付替代物的权利进行限制,是第81条关于解除合同后果制度的一部分。

买方有两种性质的退货:一种是买方以卖方根本违约或宽限期内不履行为由宣告合同无效[第49条第(1)款],一旦这一主张成立,根据第81条第(2)款的规定,已经收到货物的买方有义务将这些货物归还给卖方,双方尚未履行的义务不再履行。另一种是卖方交货与合同不符构成根本违约,买方没有宣告合同无效,而是要求卖方交付替代物[第46条第(2)款],这时买方也有义务将不符货物退还卖方,买方无权要求卖方先交付替代物再退货,第81条第(2)款的同时履行要求不适用。无论哪种性质的退货,第82条第(1)款都要求买方必须"按实质上收到货物的原状归还货物",[1]如果不符合这一要求,也不符合第82条第(2)款列举的可豁免"按原状归还货物"义务的条件,买方就"丧失宣告合同无效或要求卖方交付替代物的权利",已经宣告合同无效的,也逆转为不发生效力。但是根据第83

〔1〕 对照公约英文本第82条,中文本第82条第一句中"买方如果不能按实际收到货物原状归还货物",似应翻译为"买方如果不能按实质上(substantially)收到货物的原状归还货物"。请参见正文进一步的解释。

条的规定,买方仍有权针对卖方的违约行为采取公约允许的其他救济。第82条还被认为是公约关于货物损失、灭失的风险划分机制的一部分,卖方应该对交货与合同不符或其他不当行为造成的损失后果负责,包括被退回的货物遭受风险损失。第82条第(2)款前两项的例外说明,在买方行使退货权过程中,“卖方独立承担因意外事故和不可抗力事件的风险”,[1]此类风险包括货物被退还时运回途中的风险,不符货物质量进一步恶化的风险,除非风险事故造成的货损是买方的行为或不行为造成的。

“按原状归还货物”的原则起源于罗马法,也体现在当代主流货物销售法中。根据国内法的“禁反言”理论和国际惯例,买方接受或被视为接受货物,他就丧失了拒收货物权利。英国《1893年货物买卖法》第35条规定以下情况属于买方接受或被视为接受了货物:(1)买方通知卖方他已经认可并接受货物;(2)货物交给买方后,买方做出了某种与卖方所有权相抵触的行为;(3)买方收到货物以后,经过一段合理时间没有向卖方发出拒收货物的通知。其中,买方做出与卖方对货物所有权相抵触的行为就包括买方转卖、抵押、消费或处置货物,使货物状况发生实质性改变。对于经过较长时间的使用才能发现的隐蔽缺陷,要求买方在短时间内提出异议,主张退货,这是不公平的(参见本书对公约第36条的评释),所以,UCC针对这种情况建立了“撤销接受”制度,第2-608条规定货物存在交货时难以发现的不符,如果买方接受该货物后造成货物价值严重降低,买方可以撤销对货物的接受。但是要求撤销接受必须在处理不符之后的合理时间内提出;必须在货物状况发生实质性改变之前提出,货物因自身缺陷发生的改变除外。

第82条第(1)款说明公约关于“按原状归还货物”的原则不是严格意义上的。“按实质上收到货物的原状归还货物”这一表述意味着,买方收到不符货物或违约的货物后,即使货物状况在买方营业地发生了非实质性的变化,该变化并非固有的不符状况所致,买方仍有权宣告合同无效或要求退货。而货物状况的变化在平衡当事人双方利益时应予考虑(第84条),判断货物是否发生实质性变化应按照一个合理人的标准,考虑货物变化的情况和变化后的价值进行客观评估,例如收到的机器被开箱合理使用

---

〔1〕《判例法摘要汇编》(2008年版)第82条第2段,以及本书例81。

过;丢失了或损坏了次要的零部件,应考虑是非实质性变化,不影响退货。关于买方退货的条件,秘书处评论指出:“货物没有必要保持被(买方)收到时相同的状况;货物只需要‘在实质上’(与收到时)相同的状况。虽然‘实质上’这一提法尚未界定,这一概念说明货物状况的变化应达到足够重要的程度,以至于要求卖方将它作为曾经交付给买方货物的等同物来接受显属不当,即使是卖方的交货构成根本违约。”[1] 贸易法委员会公布的判例显示:买方声称卖方交付的花卉色彩有缺陷,或卖方交付的纺织物与合同不符,由于买方丢弃、出售了花卉或出售了纺织品,不能满足第 82 条按原状退货的条件,无权宣告合同无效;买方声称收到的大理石板粘在一起并有缺损,由于他已经对大理石板进行了切割加工,不能按原状归还货物,也失去宣告合同无效的权利。

第 82 条第(1)款仅仅限制买方行使宣告合同无效和退货的权利,即使买方因为不能按实质上收到货物时的原状归还货物而丧失退货权,依据第 83 条,买方仍然可以行使其他救济权利,包括请求损害赔偿、要求减价、要求对不符货物修理补救。第 82 条第(2)款规定的可以免除第(1)款义务的例外情况也说明“按原状退还货物”的原则不是严格地适用。

2. 第 82 条第(2)款

第 82 条第(2)款规定了第(1)款“按原状归还货物”一般原则的 3 项例外情况,据此,即使买方不能按实质上收到货物的原状归还货物,假如不能按原状归还属于由这些例外中的原因引起,买方仍有权宣告合同无效,或要求卖方交付替代物。另外,根据第 70 条的规定,如果不能按原状归还货物是因为卖方交货与合同不符构成根本违约,卖方履行后货物又发生风险损失,发生这种累加的货损,买方也有权退货。

首先,第 82 条第(2)款(a)项规定,如果买方不能按实质上收到货物的原状归还货物并非由于买方的行为或不行为造成的,第(1)款的限制就不适用。例 81 中的货损就属于这种例外,而前文提到的大理石板被切割是由买方自身原因造成的。非由于买方的行为或不行为造成货物状况改变

---

[1] UNCITRAL, *Secretariat Commentary on Article 67 of Draft Convention* (*Article 82 of Official Text*), Paragraph 3, Official Records, p. 58.

包括:(1)货物存在隐藏缺陷,在使用中造成货物状况改变,如电器产品其内部的质量问题造成短路起火、纺织品褪色、缩水等(第36条)。(2)卖方交货与合同不符,构成根本违约,货物风险转移到买方之后,又遭受自然灾害和意外事故,使货物进一步损害,改变了原来的状况,根据第70条,这不损害买方行使退货权。但是买方应证明其履行了谨慎保管货物的义务。(3)买方收到货物后发现货物状况不良,主张退货时,货物质量进一步恶化,如谷物、鲜活食品、化工原料,如果交货时有变质、泄漏、水分过多等问题,都可能出现这类状况。第49条第(2)款要求买方应在知道卖方违反合同后的合理时间内宣布退货、解除合同,如果他不能在合理时间内行使退货权,就应该初步认定货物质量、状况的改变,与买方的作为或不作为有关系。其次,根据第82条第(2)款(b)项的规定,如果货物的一部分的毁灭、变坏是由于买方按照第38条检验货物造成的,则第(1)款也不适用,其中的道理不需要解释。

第82条第(2)款(c)项还规定,如果货物或其中一部分是在买方发现或理应发现货物不符以前,已经为买方在正常营业中售出或在正常使用中消耗或改变,第(1)款的原则也不适用。其中,货物在正常营业中出售,在正常使用中消耗和改变状况,都是在买方发现或理应发现货物与合同不符之前发生的。如果买方在发现或理应发现货物与合同不符之后出售了货物,或消耗改变了货物,就不能排除第(1)款的适用。如果买方不是在正常营业中出售货物,或不是在正常使用中消费、改变货物,也不能排除第82条第(1)款的适用。第82条第(2)款使贸易法专家感到吃惊,它意味着买方即使出售、处分了一部分货物,也可以退还剩下的货物,与传统的关于买方做出与卖方对货物所有权相抵触的行为之后即不得退货的理论相矛盾。考虑这项免责应该在特殊的较少场合适用,规则本身并无不妥。第82条第(2)款(c)项实际上是与第36条的规定协调配合,后者规定卖方对货物在风险转移时存在隐蔽缺陷应负责任,即使是风险转移到买方之后这些缺陷才显露出来,隐蔽缺陷最终暴露,通常因为买方使用、消费或转售了全部或部分不符的货物,第82条第(2)款仍允许买方退货。这意味着在极个别情况下,买方已经无货可退,例如他使用或出售了全部的货物,他仍有权退货并解除合同;卖方没有收回任何已交付的货物,却要退还买方已经支付的价金,赔偿不符货物给买方造成的损失。显然这是买方需要有足够证据来支持的一种处理结果。霍纳尔德教授认为,此时买方之所以选择退货而不是单纯的损害赔偿,正是为了免去证明的麻烦,如果退货得以成立,买方可以合理地追回价款,他就不会再去主张损害赔偿。第 84 条第(2)款要求,对于不能归还给卖方的货物,买方应该说明这些货物的情况,他从这些货物中得到的利益,可以想象,买方如不能退还任何数量的货物,第 84 条第(2)款下的说明和证明责任将会更严格。

第 83 条　不能按原状返还货物的救济权

买方虽然依第 82 条规定丧失宣告合同无效或要求卖方交付替代货物的权利,但是根据合同和本公约规定,他仍保有采取一切其他补救办法的权利。

评　释

参见本书对公约第 82 条的评释。

第 84 条　归还货物或价款时的利益返还

(1)如果卖方有义务归还价款,他必须同时从支付价款之日起支付价款利息。

(2)在以下情况下,买方必须向卖方说明他从货物或其中一部分得到的一切利益:

(a)如果他必须归还货物或其中一部分;或者

(b)如果他不可能归还全部或一部分货物,或不可能按实际收到货物的原状归还全部或一部分货物,但他已宣告合同无效或已要求卖方交付替代货物。

评　释

第 84 条阐述了当事人宣告合同无效或有权要求卖方交付替代物之后,有义务归还货物或货款的一方必须同时归还由此产生的利益问题,是第 81 条第(2)款关于当事人归还义务的进一步阐述和补充。根据第 81 条第(2)款的规定,合同解除后以及买方退货权成立后,已经全部或部分履行合同的一方有权要求另一方归还先前已交付的货物或已支付的货款,“如果双方都须归还,他们必须同时这样做”。有归还义务的当事方因一定时期内占有另一方的货物或货款而产生的利益,典型的情况如卖方占用买方的货款而产生利息;买方占有、使用卖方的货物或相关服务而产生的收益,如占有的动物产崽及副产品,或者使用机器、软件、技术许可产生收益,对此,第 84 条要求当事方在履行归还义务时,有义务说明以及同时归还这些利益。实践中,这种利益返还请求可能转化为金钱请求,与损害赔偿请求同时提出,但两者的性质完全不同,利益返还本质上是以恢复原状为目的的清理合同关系,是利益平衡机制,涉及当事人双方;而损害赔偿具有补偿性,只有违约方应承担损害赔偿责任。

第 84 条第(1)款规定:“如果卖方有义务归还价款,他必须同时从支付价款之日起支付价款利息。”承担第 84 条归还价款及利息义务的不一定是违约方,在买方根本违约,卖方宣告合同无效时,也可能产生卖方归还价款及利息问题。而归还拖欠金额的一方应该是违约方(第 78 条),确定此项金额的利息和利率应考虑被拖欠方所受的实际损失,这是个曾经有争议的问题。但是第 84 条第(1)款归还价款的利息计算已有定论,即“卖方支付利息的义务基于一项不可反驳的假定,这就是卖方已经将价款投资于某附息账户或者已经用别的方式从中获利”。[1] 无论卖方是否实际上从占用的价款中获得利益,都必须支付利息。利息率应依照卖方占用价款期间其营业地的商业投资利率确定。利息额自买方支付价款时起算,直到卖方返

---

〔1〕 The International Sale Convention Advisory Council, *CISG-AC Opinion No. 9*, Opinion, Paragraph 3.4; Comments, Paragraph 3.25. Also see UNCITRAL, *Secretariat Commentary on Article 69 of Draft Convention* (*Article 84 of Official Text*), Paragraph 2, Official Records, p. 58.

还价款日为止,并且应以买方实际支付的外汇作为计算利息、利率的依据。

在利益归还方面,买方的义务是归还卖方已经交付的货物[第81条第(2)款],第84条第(2)款进一步要求买方履行此项义务的同时,“必须向卖方说明他从货物或其中一部分得到的一切利益”。这意味着如果买方从货物本身,或者从转卖货物中获得收入,或者买方从处理货物的残值中获得收入,他有义务归还这些收入,或者卖方有权从应归还给买方的价款中或应支付给买方的损害赔偿价金中扣除相应的价金。与卖方第84条第(1)款返还价款及利息的义务不同,卖方对于这种利益返还要求应负举证责任,他应证明买方实际上从收到的货物中获得利益,否则买方就无义务归还利益。[1] 第84条第(2)款既适用于买方可全部归还的货物,也适用于第82条第(2)款所指的买方不可能归还全部或一部分货物,却有权退货、宣告合同无效或要求卖方交付替代货物的情况[第84条(b)项]。

针对不同情况,买方在第84条第(2)款下的具体义务是:(1)买方能够实质上按原状归还给卖方已交付的全部货物,这种情况通常不会再有什么额外的从货物中获得的利益需要向卖方交代,但也不排除活的动物可能产崽,对此买方应向卖方作出说明,并归还该利益。(2)卖方交货质量与合同不符,买方收到货物后由于不可归责于买方的原因造成货物损失或损坏,买方不可能按原状归还全部或部分货物,这时买方应向卖方说明货物损坏或损失的原因,买方应归还残余的货物。(3)买方依据第81条第(2)款的规定,在卖方拖延退还货款时变卖了货物,或在第88条情况下出售了易腐货物,买方应向卖方交代其出售货物的所得,在扣除一定的保管费用后,归还其余价款。(4)买方收到货物后使用或出售了一部分货物[第82条第(2)款(c)项],后发现货物与合同不符主张退货或解除合同。如果买方的主张成立,买方应向卖方交代他已经使用或出售的那一部分货物的情况,归还因此产生的利益以及剩余的货物。这里的问题是,买方对于已使用、出售的货物,除应归还货物本身的价值外,是否应归还出售或使用货物产生的利润。比如,货物是原料,买方用该原料加工出产品出售后有升值。

---

[1] See the International Sale Convention Advisory Council, *CISG - AC Opinion No. 9*, Opinion, Paragraph 3.7.

UCC 第 2-706 条第(6)款规定:"处于卖方地位的人,或者正当拒收或撤销接受货物的买方,必须交付超出其担保权益的部分。"而公约第 84 条第(2)款的措辞是:"说明从货物或其中一部分得到的一切利益。"这当然应该包括买方转售货物产生的利润,至于货物属于原材料、零部件,买方利用它们制造出成品,出售后获得的利润收入,则应酌情返还。

第六节　保全货物

第 85 条　卖方控制货物时保全货物的义务

如果买方推迟收取货物,或在支付价款和交付货物应同时履行时,买方没有支付价款,而卖方仍拥有这些货物或仍能控制这些货物的处置权,卖方必须按情况采取合理措施,以保全货物。他有权保有这些货物,直至买方把他所付的合理费用偿还给他为止。

评　释

第五章第六节共 4 个条文(第 85~88 条),规定了卖方或买方在控制货物时保全货物,以及在紧急情况下自主变卖货物的义务。第 85 条首先规定了在货物交买方处置之前,如果卖方仍占有货物或能控制这些货物的处置权时,他必须按情况采取合理措施保全货物的义务。第 85 条仅适用于货物风险转移到买方之后,而卖方仍占有这些货物或能控制货物处分权的情况。这是指合同的履行因为买方不能及时收取货物或不能依约支付价款而受阻,卖方仍占有这些货物或控制货物处置权,虽然合同能否继续履行尚不能确定,此时卖方不得以风险转移或所有权转移等理由放任货物不管,任其遭受损害。卖方必须像对待自己的货物一样按情况采取合理措施,以保全货物,这是第 7 条诚信原则和第 77 条减轻损失义务所要求的。在货物注明到合同项下,风险转移到买方之前,第 85 条不适用,根据公约风险转移规则,此时货损的后果必然由卖方承担,无须法律特别规定。如果卖方交付货物,风险转移到买方之后,货物由买方控制或接管,第 85 条也不适用,此时买方有义务保全货物(第 86 条)。

第 85 条首先适用于合同规定卖方有义务在其营业地或存放货物的地点将货物交给买方处置,而买方没有按合同规定的时间收取货物的情况,这相当于在第 69 条第(1)款规定场景下,或在 Exworks 条件下买方没有按期收取货物,根据第 85 条第一句,这时卖方仍有义务妥善保管货物,他不得在买方逾期不接收货物的期间对风险已经转移至买方的货物放任不管。秘书处评论以如下实例说明这一点。

例 85:合同规定买方应该于 10 月在卖方存放货物的仓库收取货物。卖方依约于 10 月 1 日将货物注明到合同项下,交买方处置。11 月 1 日,买方已经违反了接收货物义务并且货物风险已经转移至买方(第 69 条),卖方鉴于这种情况,将货物转移至仓库中不宜存放货物的地点。11 月 15 日,当买方到达接收货物的地点收取货物时,发现由于存放货物的地点不良,货物遭受损失。尽管事实上自 11 月 1 日起货物损失的风险已经转移至买方,卖方由于违反了第 85 条保全货物的义务,他对于自 11 月 1 日以后至 11 月 15 日这一期间发生的货损仍要负责。[1]

第 85 条适用的另一种情况是:卖方依约装运了货物,货物或者在运输途中,或者已经运抵买方接收货物的地点。而买方没有按合同规定的时间、方式付款,如他没有依约在到货后的一定期限内汇款,或者承兑卖方通过银行向买方提示的汇票。如果合同属于 CIF、FOB 等装运合同,货物损失、灭失的风险在越过船舷时已经转移至买方;如果属于 Incoterms(2000)贸易术语中的 D 组术语,卖方在将货物运至目的地,在船上、码头上或指定地点交给买方处置时,货物损失的风险也转移至买方。但是这两种情况下卖方虽然不占有货物,却可能通过保留全套单据保留对货物控制权,他拥有直接控制这些货物或通过银行、承运人等控制这些货物的处置权。这时

〔1〕 See UNCITRAL, *Secretariat Commentary on Article 74 of Draft Convention*(*Article 85 of Official Text*), Example 74A, Official Records, p. 62.

依据第 85 条规定,“卖方必须按情况采取合理措施,以保全货物”,第 87 条建议的方法是,他可以委托其他人卸下货物,将货物存放在第三方仓库,防止货物遭受损失。“卖方有权保有这些货物,直至买方把他所付的合理费用偿还给他为止。”

在第 85 条适用的上述两种情况下,如果买方不合理地拖延接收货物和支付价款,拖延支付卖方保管货物的费用,构成根本违约,卖方可随时宣告合同无效,第 85 条下的保全货物措施转入第 82 条的清理程序。在符合条件下,第 88 条授权卖方以适当的办法出售货物,他还需要在事先向另一方当事人发出合理的意向通知。卖方出售货物后,进入违约赔偿程序,若是买方违约,对于卖方保管货物的合理支出,买方应予补偿。但是如果买方拒绝接收货物、支付货款有正当理由,比如属于卖方延迟交货构成根本违约,买方就不应该补偿这笔保管费用,因为这些费用是卖方违约行为引起的(第 80 条)。第 85 条没有说明卖方没有尽到保全货物的责任造成货物损失的后果,合理的做法是:若属于买方无理拒收货物、拒付货款,卖方违反第 85 条义务造成的损失属于扩大的损失,根据第 77 条的原则,该损失后果应由卖方承担。无论货物最终如何处理,应该从买方预计应支付的货款金额或损害赔偿金额中扣除卖方未能保全货物造成的相应损失数额。

第 86 条　买方在控制货物时保全货物的义务

(1)如果买方已收到货物,但打算行使合同或本公约规定的任何权利,把货物退回,他必须按情况采取合理措施,以保全货物。他有权保有这些货物,直至卖方把他所付的合理费用偿还给他为止。

(2)如果发运给买方的货物已到达目的地,并交给买方处置,而买方行使退货权利,则买方必须代表卖方收取货物,除非他这样做需要支付价款而且会使他遭受不合理的不便或需承担不合理的费用。如果卖方或授权代表他掌管货物的人也在目的地,则此一规定不适用。如果买方根据本款规定收取货物,他的权利和义务与上一款所规定的相同。

评 释

1. 第 86 条第(1)款

第 86 条与第 85 条有密切联系,它规定了买方拥有控制货物的权利,却打算退回货物的情况下,应承担的保全货物的义务。

第 86 条第(1)款适用于买方收到和占有货物后,因货物与合同不符等原因,决定行使退货权,宣告合同无效或要求交付替代物,在这种情况下,第 86 条第(1)款向买方施加了保全货物义务,要求买方"必须按情况采取合理措施以保全货物。他有权保有这些货物,直至卖方把买方所付的合理费用偿还他为止"。与第(2)款的规则相比,第 86 条第(1)款的规则带有一般性和普遍性,它适用于任何交易条件下,买方已经收取货物(已付款或未付款),却在理应发现货物与合同不符之后主张退货的情况,这时卖方已经不再保留单据和保留对货物的实际控制,货物在买方实际掌控之下,买方当然应该承担保全货物的义务。第 86 条第(1)款也适用于在分批交货合同、可分割履行合同中,买方收到和控制一部分货物时,决定行使退货权,他应承担保全收到这部分货物的义务。如果买方收到和控制货物后,他不想行使退货权而寻求其他救济,第 86 条第(1)款不适用。如果买方事实上无权退货,他为自身利益亦应保全货物,不需施加法律义务,第 86 条也不适用。第 86 条第(1)款至少在两个方面不同于第(2)款:首先,第(2)款仅适用于买方在目的地收取货物,而第(1)款不限于此,属于在卖方所在地实际交货合同(Exworks),买方收到货物后决定退货,他应该按第(1)款规定保全货物。其次,第(2)款通常适用于在买方尚未付款和收取货物时,授权他代表卖方收取货物,而第(1)款也不限于此,它还适用于买方付款并收取货物后主张退货的情况。

2. 第 86 条第(2)款

第 86 条第(2)款适用于发运给买方的货物已经到达目的地并交由买方处置,买方在提货前经查验,货物与合同不符而决定退货,货物处于尚未被买方收取和占有状态。在这种情况下,第 86 条第(2)款要求买方必须代表卖方提取货物,一方面,可以避免压舱、压港的损失;另一方面,也使货物得以妥善保管。买方为了表示他仅仅是“接收货物”或“保全货物”，而不是“接受货物”的立场，他应该按照第 87 条的指示，“把货物寄放在第三方的仓库，由另一方当事人担负费用”。买方以此方式接收了货物，他应该享有第(1)款规定的权利，并且应承担该款规定的义务。第(2)款仅仅适用于买方有义务在发运货物的目的地接收货物(装运合同与到货合同)，如果不属于此类交易，或者虽属此类交易，买方在货物到达之前即在运输途中就明确宣布他不接收货物和不接收单据，以至于货物最终没有到达目的地交买方处置，则第 86 条第(2)款不适用。这里的“交给买方处置”是指买方能在实体上控制货物。另外，如果买方提取和收取货物需要支付货款，或使买方遭受不合理的不便，承担不合理的费用，则可以免除买方提取和保全货物的义务[第(2)款第一句]。如果卖方或卖方授权代表他掌管货物的人也在目的地，买方也免除同样的义务[第(2)款第二句]。

履行了保管货物的义务的买方有权要求卖方偿还保管费用，他应该就如何处置货物与卖方协商解决。卖方在处理货物上有不合理的迟延，买方可以采取任何适当办法或经法庭授权将货物出售，并在事前向卖方发出合理的意向通知(第 88 条)。反之，若买方按第 86 条规则有义务提取货物却没有这样做，没有妥善保管货物而造成人为的货损，将直接影响买方行使退货权[第 82 条第(1)款]，这项货损应该由买方给予补偿，或者在卖方有义务退还货款、赔偿损失的情况下，从损害赔偿数额中适当扣除。

第 85 条和第 86 条要求买卖双方分别承担的保全货物的义务在公约的框架内有重要意义。如同在对公约第 61 条评释中所述，公约与普通法体系最大的不同点是：按照普通法，合同是否得以解除主要取决于卖方是否已经交货及买方是否收到货物。若买方收到货物，他很少退货和解除合同；若货物尚未交付，合同可轻易地解除，卖方通常不可能强迫买方收下货物，要求他实际履行，也就不能将保管货物不当的风险转移给买方。而买方收到货物后，货损的风险也轻易不能转移给卖方。但是，在公约体制下，买方拒收货物的主张如果不成立，货物最终仍将交付给买方，卖方可以同时转移保管货物不善的风险。如果拒收成立，已经交付的货物也可被退还给卖方，买方仍有义务保全货物，这就需要运用第 85 条和第 86 条规则分清责任。

第87条 有义务保全货物的一方接收和处置货物

有义务采取措施以保全货物的一方当事人,可以把货物寄放在第三方的仓库,由另一方当事人担负费用,但该项费用必须合理。

评 释

参见本书对公约第85条和第86条的相关评释。

第88条 保全货物的当事人出售货物

(1)如果另一方当事人在收取货物或收回货物或支付价款或保全货物费用方面有不合理的迟延,按照第85条或第86条规定有义务保全货物的一方当事人,可以采取任何适当办法,把货物出售,但必须事前向另一方当事人发出合理的意向通知。

(2)如果货物易于迅速变坏,或者货物的保全牵涉到不合理的费用,则按照第85条或第86条规定有义务保全货物的一方当事人,必须采取合理措施,把货物出售。在可能的范围内,他必须把出售货物的打算通知另一方当事人。

(3)出售货物的一方当事人,有权从销售所得收入中扣回为保全货物和销售货物而付的合理费用。他必须向另一方当事人说明所余款项。

评 释

1. 保全货物的当事人出售货物的权利

第88条规定,按照第85条或第86条有义务保全货物的当事人在符合条件时,有权甚至有义务向第三方出售货物,以尽可能减少损失。这项安排是为了配合第81条解除合同后归还货物,以及第85条、第86条当事人保全货物措施的实施,是公约关于减轻损失原则和规则的组成部分。第88条也适用于买方因不正当拒收货物构成根本违约,卖方因此宣告合同无效,实施转售货物的替代交易。卖方行使转售权属于解除合同后的清理程序,这是欧洲大陆法国家普遍承认的一项权利。

第88条第(1)款授权保全货物的当事人在符合条件时,出售所保管的货物,同时要求在出售货物前向另一方发出合理的意向通知。在买方拖延收取货物时,卖方转售货物也被称为自助性销售(self-help sale),是以自身名义、自付费用的转售。第(1)款允许保管货物的当事人出售货物的条件是:另一方当事人在履行以下义务时有不合理的迟延,包括收取货物、支付价款、收回货物(第86条)、支付保全货物的费用。

在以下情况,有义务保全货物的当事人可以采取适当办法出售货物:(1)合同规定买方有义务在卖方营业地或其存放货物的地点收取货物,买方不能按时收取货物构成不合理的延迟(第85条第一句)。(2)卖方按时发运了货物,买方没有按合同规定的时间支付货款,在这方面构成不合理的延迟。(3)卖方交货前或者货物运抵目的地后,买方不正当地表示拒收货物,而货物在卖方或其代表保管之下,买方的拒收构成第88条不合理地延迟收取货物[第86条第(2)款]。(4)卖方交付货物后,合同被宣告无效,卖方有义务收回货物,归还买方事先已经支付的价款,卖方在收回货物、归还价款上构成不合理的延迟[第81条第(2)款]。(5)卖方交付货物,买方因货物与合同不符行使正当拒收权,他按照第86条第(1)款将货物存入第三方仓库,卖方在收回不符货物或支付给买方保管费用方面有不合理的延迟。可以想象,以上当事人不合理地延迟收取货物或收回货物,延迟支付价款及保全货物费用,将给有义务保全货物的卖方或买方带来两方面问题:一是所保管的货物面临变质或贬值的危险;二是迅速增加仓储保管费用,如果拖延收取货物的一方不能提供充分担保,保证偿还所产生的仓储费用,就等于有义务保全货物的卖方或买方需要承担不合理费用[第88条第(2)款]。这两方面问题构成第88条第(1)款所述的"不合理延迟",以及另一方可以"采取适当办法出售货物"的共同的理由和事实根据。

2. 保管货物的当事人在紧急情况下有义务出售货物

第88条第(2)款进一步要求,在紧急情况下,"如果货物易于迅速变坏,或者货物的保全牵涉到不合理的费用,则按照第85条或第86条规定有义务保全货物的一方当事人,必须采取合理措施,把货物出售"。由第(1)款中当事人"可以"采取办法,出售货物,转变为第(2)款中"必须"采取合理措施,出售货物,从而使出售货物的权利变成特定情况下必须履行的义务。这个特定情况就是存在"货物易于迅速变坏"以及"货物的保全牵涉到不合理的费用"的事实证据。UCC第2-603条同样规定了商人买方拒收其占有或控制的货物后,有义务遵从卖方有关处置货物的指示,代表卖方出售货物,或者若没有卖方的指示,在货物易腐或价值面临迅速下降危险时出售货物,"买方以善意做出的行为不构成对货物的接受或侵占,也不构成提起损害赔偿之诉的依据"。

显然,公约第88条允许保全货物的当事人出售货物的规则,在两方面不同于UCC的上述规定。首先,UCC第2-603条要求保全货物的买方有义务遵从卖方的指示出售货物,如果没有卖方指示,买方只能在货物易腐或面临价值迅速下降危险时出售货物。而公约第88条没有这样的要求,只是要求保全货物的当事人在出售货物前必须把出售货物的意向通知另一方,当事人出售货物既不依赖于另一方收到此项通知,也不依赖于另一方表示同意出售货物。当然,出售货物的一方"必须采取合理措施",应以合理的价格出售,否则应该补偿给另一方造成的损失。另一个不同点是公约允许保全货物的一方仅以"牵涉到不合理的费用"为由出售货物,而UCC没有此项规定。这两方面不同点恰恰体现了公约所调整的国际货物销售的特殊性,地理上的限制和较高的交易成本决定了保全货物一方不能依赖于另一方的同意;"牵涉到不合理费用"则是国际货物销售数量大、金额高、履行周期长的特性自然产生的结果,货物不允许较长时间的保存。

第88条第(3)款规定了当事方出售货物的金额如何处理,大体上分以下情况:(1)货物由卖方控制和保管,卖方在买方不正当地延迟收取货物或支付价款时出售了货物,或在第88条第(2)款条件下出售了货物,而合同没有解除,这时买方有义务支付价金,卖方有义务在扣除合理保管费用后将出售货物的余额向买方交代,由于双方都有义务返还一定金额,应该实行抵销,以避免来回转移资金。[1]（2)货物由买方控制,买方出售货物后正当地行使了拒收权,解除了合同,他可以从销售货物收入中扣除为保全货物支出的合理费用,剩余款项应向卖方交代,买方无义务支付货款,已经支付的货款应由卖方返还。(3)合同宣告无效后,卖方在收回货物、归还价款时有不合理延迟,买方出售了货物,他可以就保全货物的费用和卖方应返还的价款从出售货物的收入中扣出,不足部分向卖方索偿,买方应把出售货物的收入和抵扣情况向卖方交代。第 88 条第(3)款没有说明保全货物的一方可以扣除哪些"为保全货物"和"销售货物"而付出的合理费用,UCC 第 2-711 条第(3)款规定应扣除检验、接收、运输、保管和储存货物中的任何合理支出,可以作为借鉴。

---

〔1〕 See the International Sale Convention Advisory Council, *CISG - AC Opinion No. 18*, Specific Comments, Paragraph 1. 1.

Part 4　第四部分

最后条款

第 89 条　公约的保管人

兹指定联合国秘书长为本公约保管人。

评　释

公约第四部分共 13 个条款(第 89~101 条),其内容和性质与前三部分有明显区别,属于公约中的外交条款,或称"国际公法条款",规定了公约批准、接受以及生效的方式。其中关于允许缔约国做出保留的规定,关于公约适用的地域范围、时间范围的规定,公约与其他国际条约关系的规定,都有重要意义。

第 89 条指出联合国秘书长为公约的保管人,这说明公约是联合国框架内的国际法文件,参加国应为联合国成员国。《维也纳条约法公约》第 77 条规定了条约保管人及其职责。

第 90 条　与其他类似国际协议的关系

本公约不优于业已缔结或可能缔结并载有与属于本公约范围内事项有关的条款的任何国际协定,但以双方当事人的营业地均在这种协定的缔约国内为限。

评 释

第90条承认公约的效力并不优于其他调整属于公约范围事项的类似国际协议,无论这些国际协议是在缔结公约之前已经存在的,还是在缔结公约之后产生的。这一规定解决了公约可能与其他国际协议相抵触的问题,也使公约容易为更多国家所接受,有助于增强其普遍性。据此,中国当事人与匈牙利当事人之间的货物买卖仍适用1962年“经互会”《交货共同条件》,[1]虽然中国和匈牙利都是公约的缔约国。匈牙利也声明《交货共同条件》属于公约第90条范围的其他国际协议。

法理上,公约“不优于”缔约国已经参加的其他类似国际协议并不意味着排除公约效力,不是用后者代替前者(对比第94条),它仅意味着,对于那些与第90条有关的不同国家的当事人之间的销售合同争议,如果确定公约为准据法,在公约与其他类似国际协议冲突情况下,其他类似协议优先适用;而在不冲突的情况下两者应同时适用。可是中国对外经济贸易部1987年发布的《对外经济贸易部关于执行联合国国际货物销售合同公约应注意的几个问题》中,第4条明确规定,中国与匈牙利当事人之间的货物买卖目前不适用公约,仍适用《交货共同条件》。[2] 第90条所指的其他国际协议的效力优于公约还有一个前提条件,这就是双方当事人的营业地都位于其他协议的缔约国内,如果不属于这种情况,公约的效力优先。另外,“其他国际协议”也不包括公约的前身——两个海牙统一法公约,因为根据公约第99条,批准和接受1980年公约的国家必须先退出这两个海牙统一法公约。

第91条 公约的批准和加入程序

(1)本公约在联合国国际货物销售合同会议闭幕会议上开放签字,并在纽约联合国总部继续开放签字,直至1981年9月30日为止。

---

〔1〕 关于“经互会”,参见本书对公约第95条的评释第一部分注释。

〔2〕 参见《对外经贸部关于执行联合国国际货物销售合同公约应注意的几个问题》(1987年12月4日)第4条。

(2)本公约须经签字国批准、接受或核准。

(3)本公约从开放签字之日起开放给所有非签字国加入。

(4)批准书、接受书、核准书和加入书应送交联合国秘书长存放。

评 释

第91条规定了公约的批准和加入方式。依据条约法原理,一国代表在条约约文上签署只表示所代表的国家初步同意缔结该条约,尚需经过批准或核准程序才表示该国正式同意缔结条约,受条约的约束。[1] 批准是一国签署条约后,经国内议会或政府批准该条约,并由国内有权机关作出批准书,表示正式同意缔结该条约的表示。核准是简便的批准程序,条约签署后,依据国内法可以不经由议会批准而由行政机关批准,作出核准书,表示正式同意缔结该条约。有时一国签署条约后附以须经过"接受"的保留,经国内程序认可,制作接受书,表示正式同意缔结该条约,接受通常也不需要经议会批准。假如一国在条约规定的期限没有签署条约,并且在条约生效后希望成为缔约国,它只能采取加入的方式,"加入"恰如"批准"一样,是正式表示受条约约束。[2]

第91条第(2)款和第(3)款意味着,成为公约缔约国,接受公约义务约束应通过两种路径:一是签字加批准,或者在不需要国内立法机构批准情况下以核准、接受的程序成为缔约国,这适用于已经在截止日前签署公约的国家,仅签署公约而没经过批准程序不等于参加公约(第91条第2款)。二是加入程序,适用于签署国以外的其他国家,完成加入程序相当于完成批准程序。

---

[1] 1981年9月30日,以下21个国家签署了公约,它们是:智利、中国、丹麦、民主德国、联邦德国、芬兰、法国、圭亚那、意大利、南斯拉夫、莱索托、荷兰、挪威、奥地利、波兰、瑞典、新加坡、捷克斯洛伐克、匈牙利、委内瑞拉、美国。

[2] 参见李浩培:《条约法概论》,法律出版社2003年版,第108页。李浩培教授认为,"加入"只能是条约生效之后的程序。但根据公约第91条第(3)款、第99条第(1)款的规定,公约生效前也可采取"加入"方式参加公约。贸易法委员会公布的公约状况说明,大部分国家通过"加入"成为缔约国。

第92条 缔约国对公约第二部分、第三部分的保留

(1)缔约国可在签字、批准、接受、核准或加入时声明它不受本公约第二部分的约束或不受本公约第三部分的约束。

(2)按照上一款规定就本公约第二部分或第三部分做出声明的缔约国,在该声明适用的部分所规定的事项上,不得视为本公约第1条第(1)款范围内的缔约国。

评 释

公约实质上是由其前身两个海牙公约合并形成的,它们成为1978年公约草案(纽约草案)的第二部分和第三部分。第92条产生于贸易法委员会1978年作出的关于将两个海牙公约合并的决议,[1]其中允许缔约国在参加公约时对公约第二部分或第三部分作出保留。第92条允许缔约国做出保留的目的是满足某些国家的需要,这些国家仍希望成为公约缔约国,却不希望受公约第二部分或第三部分约束。[2]

缔约国依据第92条作出保留的后果是:在声明保留部分所涉及的事项上,该缔约国不得视为公约第1条第(1)款范围内的缔约国[第92条第(2)款]。假定营业地位于缔约国A的当事人与营业地位于缔约国B的当事人之间就销售合同是否成立问题发生争议,缔约国A在加入公约时对公约第二部分作了保留,虽然整体看当事人双方营业地所在国都是缔约国,当事人也没有排除公约适用,却不能依据第1条第(1)款(a)项自动适用公约,因为A国对解决争议相关的公约第二部分作了保留,不视为缔约国。但是这并不意味着营业地位于作出保留国家的当事人在与另一公约缔约国的当事人发生争议时,保留的部分绝对不适用。公约第1条第(1)款(b)项仍可能导致保留部分的适用。在上例中,假定案件在B国审理,由于A国不视为公约缔约国,应适用依国际私法规则选择的法律处理,而根

〔1〕 See UNCITRAL, *Yearbook*, 1978, p. 13.

〔2〕 这反映了北欧一些国家的需求。丹麦、芬兰、挪威、瑞典在加入公约时对公约第二部分作了保留,后来丹麦、芬兰、瑞典又撤销了这一保留。

据国际私法的最密切联系原则,裁判机构决定适用 B 国法律,B 国是公约缔约国并且没有对公约第二部分作出保留,公约第二部分仍适用于解决他们之间的争议。

第 93 条　联邦国家条款

(1)如果缔约国具有两个或两个以上的领土单位,而依照该国宪法规定,各领土单位对本公约所规定的事项适用不同的法律制度,则该国得在签字、批准、接受、核准或加入时声明本公约适用于该国全部领土单位或仅适用于其中的一个或数个领土单位,并且可以随时提出另一声明来修改其所做的声明。

(2)此种声明应通知保管人,并且明确地说明适用本公约的领土单位。

(3)如果根据按本条做出的声明,本公约适用于缔约国的一个或数个但不是全部领土单位,而且一方当事人的营业地位于该缔约国内,则为本公约的目的,该营业地除非位于本公约适用的领土单位内,否则视为不在缔约国内。

(4)如果缔约国没有按照本条第(1)款做出声明,则本公约适用于该国所有领土单位。

评　释

1. 第 93 条下对公约适用地域范围的保留

第 93 条是所谓的联邦国家条款。应加拿大、澳大利亚等联邦国家的要求制定的第 93 条,允许联邦国家在加入公约时声明公约仅适用于其境内的某些领土单位,排除公约在另一些领土单位适用,这属于公约适用的地域范围的保留。因为某些联邦国家有多元化的法律体系,州、省有高度自治性的立法权,即使联邦政府加入公约,也无权决定州、省这样的领土单位接受公约。

并不是所有联邦国家都有权援用第 93 条作出保留,有权声明保留的国家必须是“有两个或两个以上领土单位,而依据该国宪法,各领土单位对本公约所规定的事项适用不同的法律制度”。如果虽是联邦国家,却实行相同的国内货物销售法,则不得做出第 93 条的保留。与第 95 条规则相似,第 93 条第(1)款允许的保留仅限于缔约国在“签字、批准、接受、核准或加入时”声明做出,如果一国在加入公约时声明公约适用于其全部领土单位或者根本没有做出第 93 条第(1)款中的声明,根据第 93 条第(4)款的规定,则公约适用于其境内全部领土单位,而不论这些领土单位是否实行不同法律制度。第 93 条第(1)款允许缔约国“随时提出另一声明来修改其所做的声明”,意图是鼓励有可能做出保留的国家,尽可能用这样的方式随时决定将公约扩大适用于其全部领土单位。[1]

依据第 93 条第(3)款,缔约国作出第 93 条保留的结果是其境内的某些领土单位不适用公约。假定当事人的营业地位于这样的领土单位,应视为其营业地位于非公约缔约国,如果当事人有一个以上的营业地,与合同及合同履行有最密切联系的营业地位于这样的领土单位,也属于非公约缔约国。第 93 条并不意味着公约可以适用于营业地位于同一缔约国境内不同领土单位的当事人之间的货物销售合同,第 93 条没有改变公约的国际性,其适用于营业地位于不同国家的当事人之间的货物销售(序言及第 1 条)。

2. 公约适用于中国香港特别行政区的问题

2019 年 5 月,中国香港立法会司法及法律事务委员会发布《〈联合国国际货物销售合同公约〉适用香港的咨询报告》(咨询报告),香港律政司拟在 2019 年 7 月就公约适用于香港特别行政区的建议展开为期 3 个月的咨询,说明特别行政区政府开始考虑公约在香港特别行政区适用。曾有学者著文,基于国家条约继承的国际惯例,认为香港、澳门回归中国后,中国领土范围的扩张应导致中国已经参加的国际条约(包括公约)扩大适用于香港、澳门。公约第 93 条第(1)款允许某些联邦国家在加入公约时声明公约

---

〔1〕 贸易法委员会关于公约的状况显示,自 1992 年以来,加拿大联邦政府 3 次送交声明,将公约适用于包括魁北克在内的原不在公约适用范围的北部 4 个地区。

仅适用于其境内某些领土单位,不适用于另一些领土单位。公约第 93 条第(4)款规定,如果缔约国在加入公约时没有依据第(1)款作出保留,公约就适用于其全部领土单位,而中国加入公约时没有作出这方面保留。[1]

上述主张并没有被中央政府和特别行政区政府认可,也不被相关司法机构在裁判中认可。关于中国已经参加的国际条约对香港特别行政区的效力,《中华人民共和国香港特别行政区基本法》第 153 条规定:"中华人民共和国缔结的国际协定,中央人民政府可根据香港特别行政区的情况和需要,在征询香港特别行政区政府意见后,决定是否适用于香港特别行政区。"据此,中国常驻联合国代表秦华孙于 1997 年 6 月 20 日向联合国秘书长安南递交了《自 1997 年 7 月 1 日起适用于香港的国际条约外交照会》,外交照会附件列明自 1997 年 7 月 1 日起适用于香港的 214 项中国已经参加的国际条约清单,其中没有列入 CISG。[2] 基于这样安排,学术界和法律实务部门通常认为香港、澳门不属于公约缔约方地位。法国最高法院在 2008 年 4 月裁决的一起涉及中国香港卖方的货物销售合同争议案中,驳回法国原告主张适用公约的请求,指出,"中华人民共和国已交联合国秘书长保存的一份声明公布了那些中国已经参加的适用于香港的国际条约,公约没有被列入这一条约清单中,并且在英国将香港归还中国之前,公约也不适用于香港。因此中华人民共和国有效地履行了关于公约保留(指对香港适用保留)的手续,该手续相当于公约第 93 条规定的手续。结果是公约不适用于香港特别行政区"。法院驳回上诉审原告主张适用公约的请求。[3] 这一判例强化了国际社会对中国香港特别行政区、澳门特别行政区不属于公约缔约方地位的认同。

---

[1] See Ulrich G. Schroeter, *Status of Hong Kong and Macao under the United Nations Convention on Contracts for the International Sale of Goods*, Pace International Law Review, Vol. 16, Fall 2004, p. 13-19.

[2] See *Letter of Notification of Treaties Applicable to Hong Kong after 1 July 1997*, deposited by the Government of the People's Republic of China with the Secretary General of the United Nations, http://www.hku.hk/ccpl/database/prclette.htm. 中国常驻联合国代表于 1999 年 12 月 13 日向联合国秘书长递交《自 1999 年 12 月 20 日起适用于澳门的国际条约外交照会》,该照会附件 1 同样没有列入《联合国国际货物销售合同公约》。

[3] 法国最高法院判决载美国佩斯大学法学院官网,http://cisgw3.law.pace.edu/cases/080402f1。

如果香港特别行政区政府经过此次咨询，决定将公约适用于香港特别行政区，根据《中华人民共和国香港特别行政区基本法》第 153 条的规定，在征询中央政府同意后，经特别行政区政府立法机构批准生效，中国政府还应该将批准文件通知联合国秘书长。香港特别行政区取得适用公约地位后，有以下法律效果：(1)香港特别行政区当事人与其他公约缔约方当事人之间的货物销售合同争议，是营业地位于不同公约缔约方当事人之间的争议，可依据公约第 1 条第(1)款(a)项规定适用公约。(2)公约适用于香港特别行政区的一个重要问题是，中国目前维持的对公约第 1 条第(1)款(b)项的保留是否对香港特别行政区有约束，由于在"一国两制"下香港特别行政区政府享有高度自治权，特别行政区立法机构有可能在决定公约适用于香港特别行政区时，不再维持中央政府加入公约时作出的这项保留，这将形成缔约方做出的第 95 条下的保留对境内一部分领土不适用的特殊局面。(3)即使公约适用于香港特别行政区，对于中国内地企业与香港当事人之间的货物销售交易，公约也不适用。因为公约适用于国际货物销售，不适用营业地在同一国家境内的当事人之间交易。立法会的咨询报告中建议修改《香港货物销售条例》，将公约纳入该条例，通过适用香港特别行政区法律事实上在陆港两地之间适用公约。另一可行的解决方案是鼓励香港企业在与内地企业订立销售合同时，协议选择适用公约，合同中法律适用条款的参考模式为："本合同中的权利义务由《联合国国际货物销售合同公约》调整，但是不包括其中的序言、第 1 条和第四部分。"这样的适用法律条款属于意思自治，法院应该认定为合法有效。

第 94 条　具有类似销售法的缔约国声明公约不适用

(1)对属于本公约范围的事项具有相同或非常近似的法律规则的两个或两个以上的缔约国，可随时声明本公约不适用于营业地在这些缔约国内的当事人之间的销售合同，也不适用于这些合同的订立。此种声明可联合做出，也可以相互单方面声明的方式做出。

(2)对属于本公约范围的事项具有与一个或一个以上非缔约国相同或非常近似的法律规则的缔约国,可随时声明本公约不适用于营业地在这些非缔约国内的当事人之间的销售合同,也不适用于这些合同的订立。

(3)作为根据上一款所做声明对象的国家,如果后来成为缔约国,这项声明从本公约对该新缔约国生效之日起,具有根据第(1)款所做声明的效力,但以该新缔约国加入这项声明,或做出相互单方面声明为限。

评 释

第94条允许具有相同或类似销售法的两个或两个以上国家,对营业地位于这些国家的当事人之间订立的国际货物销售合同,继续适用这种相同或类似的国内法律规则,从而排除适用公约。公约并不取代已经通过原有国际条约或因为国内法相似形成的事实上的国际协调。[1]

第94条第(1)款规定,具有相同或近似货物销售法的两个或两个以上缔约国可以随时联合声明或各自单方面声明:公约不适用于营业地位于这些缔约国内的当事人之间订立的货物销售合同。其后果是,对营业地位于做出这种保留的缔约国当事人之间订立的货物销售合同,裁判机关无义务依据公约第1条第(1)款(a)项直接适用公约,而应视为他们的营业地位于非缔约国。如果当事人没有就法律适用达成协议,应依据国际私法规则选择的国内法解决争议。丹麦、芬兰、挪威、瑞典这4个北欧国家加入公约时,各自做出了第94条第(1)款的保留声明。

第94条第(2)款规定,如果公约缔约国与一个或一个以上非缔约国的货物销售法相同或近似,缔约国可随时单方面声明公约不适用于营业地位于该缔约国和那个非缔约国的当事人之间订立的销售合同。其后果是,对

[1] 第94条是针对国家之间因为有相似的国内法而形成了事实上的国际协调这种情况,允许对公约适用作出保留,如果原有的国际协调以国际条约为基础,就没有必要作出第94条保留,因为第90条已经起到这样的作用。重要的不同是,第90条仅在公约与原有的类似国际协议冲突时适用,而第94条保留的后果是完全排除公约适用。

营业地位于作出这种保留的缔约国的当事人与营业地位于那个非缔约国的当事人之间订立的国际货物销售合同，裁判机关无义务依据公约第1条第(1)款(b)项间接适用公约，即使依据国际私法规则决定适用公约缔约国的法律，由于该缔约国作出了第94条第(2)款的保留，并且该非缔约国与保留相关，只能适用该缔约国的国内法而不适用公约。丹麦、芬兰、挪威、瑞典在加入公约时也作出了单方面的第94条第(2)款的保留，声明对于营业地位于这些缔约国境内的当事人与营业地位于冰岛(在2003年前是非缔约国)的当事人之间订立的货物销售合同，公约不适用。

根据第94条第(3)款的规定，与缔约国所做的第94条第(2)款保留相关的那个非缔约国后来加入了公约，并且在加入公约时同时加入了前述缔约国根据第94条第(2)款作出的保留声明，或者相互单方面作出这样的声明，这样，在与新的缔约国的关系上并且自公约对新缔约国生效之日起，前述缔约国依据第94条第(2)款作出的保留具有根据第94条第(1)款作出的保留效果。假如新的缔约国没有依据第94条第(3)款作出声明保留，原缔约国第94条第(2)款的保留失效。比如，冰岛加入公约时，加入了丹麦、芬兰、挪威、瑞典根据第94条第(1)款作出的保留声明。

第95条 缔约国声明对第1条第(1)款(b)项保留

任何国家在交存其批准书、接受书、核准书或加入书时，可声明它不受本公约第1条第(1)款(b)项的约束。

评 释

1. 立法的历史以及缔约国做出第95条下保留的理由

根据第95条的规定，缔约国在加入公约时可以对公约第1条第(1)款(b)项作出保留，声明不受这项实施义务的约束。第95条和第96条都规定对公约具体条款的保留，所不同的是，第95条保留要求缔约国必须在向联合国交存批准书、接受书、核准书或加入书的时候做出，而第96条下的保留可以在加入公约时或加入后的任何时候作出。另一不同点是公约对作出第 95 条保留的国家没有资格限制,任何缔约国都有权作出此项保留,而对作出第 96 条下的保留有资格限制。截至 2023 年,作出第 95 条下的保留的国家有:中国、美国、新加坡、圣文森特与格林纳达、老挝、亚美尼亚、斯洛伐克共 7 个国家。加拿大加入公约时宣告不列颠哥伦比亚省不受第 1 条第(1)款(b)项约束,1992 年又撤销这一保留。

在维也纳外交会议上,第二委员会全体会议通过了捷克斯洛伐克代表建议增加的第 95 条,允许缔约国对第 1 条第(1)款(b)项作出保留,这项理由牵强地保留在会议后期被顺利纳入公约,主要是避免因为这一问题未能解决,招致社会主义阵营国家抵制整个公约,影响整个公约通过。捷克斯洛伐克代表(也包括当时民主德国代表)提出建议的理由是,其本国已经有了或正在制定调整国际货物交易的专门立法,当时苏联、东欧等社会主义国家之间缔结了调整彼此之间货物交易的《经互会成员之间交货共同条件》,[1]公约第 1 条第(1)款(b)项实施的结果将排除这些国家国内特别法和社会主义阵营内部统一法的适用,而优先适用公约,国内议会可能因此拒绝批准公约。[2] 另一原因是担心第 1 条第(1)款(b)项导致法律适用不确定性,公约的核心目的是减少法律的不确定性,第 1 条(a)项适用因为不受制于国内冲突规范,解决了法律不确定问题。而第 1 条第(1)款(b)项遭到许多国家代表异议,一个重要原因是政府官员、合同法律师通常不熟悉国际私法规则,在国际私法规则指引下还产生了适用或不适用公约两种可能,这损害了公约的基础——法律的确定性。也有代表注意到,公约第 92

---

〔1〕 "经互会"即经济互助委员会(CMEA),是苏联、东欧社会主义国家通过条约成立的地区性经济组织,1949 年 1 月由苏联、保加利亚、匈牙利、波兰、罗马尼亚、捷克斯洛伐克 6 国协议设立,总部在莫斯科。后民主德国、蒙古国、古巴、越南也加入。该组织的宗旨是通过经济、技术合作促进成员国经济发展,苏联解体后,经互会于 1991 年事实上解散。《经互会成员之间交货共同条件》由经互会下设的对外贸易常设委员会于 1962 年制定,是调整成员间货物贸易的统一法,该法目前仍适用,其第 110 条规定:"在双方交货关系中,合同或本交货共同条件未予规定或规定不完全的问题将适用卖方国家的实体法。"

〔2〕 匈牙利政府在批准公约时声明,《经互会成员之间交货共同条件》应受公约第 90 条约束,并在联合国国际贸易法委员会 1980 年《联合国国际货物销售合同公约》状况注释(j)标明,但是目前这个标注被取消。

条允许缔约国对公约第二部分合同成立、第三部分货物销售作出保留，[1]而无论做出第二部分保留还是做出第三部分保留的国家，除保留部分以外的公约规则对其仍有约束，销售合同争议如涉及没有作出保留事项，这类国家仍处于公约缔约国地位，当法院地的国际私法规则导致适用作出这类保留国家的法律时，应适用的公约变得残缺不全，也许不能满足法律调整需要。

在保留国中，美国、新加坡、中国因为在国际贸易中地位重要，各自提出保留的理由值得关注。美国提出保留的理由在国务卿舒尔茨于 1983 年提交总统的一封信中得以证实，根据美国律师协会的建议，他提出美国应该对公约第 1 条第(1)款(b)项保留的两方面理由：第一，保留有助于使调整公约适用的规则清晰明确，第 1 条第(1)款(a)项适用有清晰明确标准，主要看当事人双方营业地是否位于缔约国，而(b)项适用的结果不确定，要受制于各国并不清晰明确，也不统一的国际私法规则。第二，这一点更重要，保留出于“互惠”考虑，是为了保护美国商人免于被剥夺适用其熟悉的本国法律的权利。第 1 条第(1)款(b)项仅仅与美国当事人与非缔约国当事人之间的交易有关，当国际私法规则导致适用非缔约国法律时，应适用该外国法而不是公约；当国际私法规则导致适用美国法律时，只能适用公约，用公约代替国内法律。“第 1 条第(1)款(b)项导致美国国内法经常被公约替代，相关的外国法却没有被经常替代”，[2]美国认为这是一种非互惠，用统一法代替外国法(美国法)是非缔约国当事人获得的一种利益，在没有从非缔约国商人那里获得对等补偿情况下，美国应该对第 1 条第(1)款(b)项保留。新加坡保留的理由见于新加坡法学会法律改革委员会商法分委员会就批准公约 1995 年写给本国政府一份报告，指出：“如果

---

〔1〕 因为有着相似的国内货物销售法，属于北欧斯堪的纳维亚国家的丹麦、芬兰、挪威、瑞典政府在批准公约时依据公约第 92 条第(1)款规定，声明它们不受公约第二部分(合同成立)约束。丹麦、芬兰、瑞典已经宣布撤销此项保留，公约第二部分对他们已经生效。但是沙特阿拉伯在批准加入公约时宣布对公约第三部分(货物销售)作出保留。参见联合国国际贸易法委员会：1980 年《联合国国际货物销售合同公约》状况，注释(f)，载 UNCITRAL 官网，http://www.uncitral.org/uncitral/zh/uncitral_texts/sale_goods/1980CISG-status。

〔2〕 乔治·舒尔茨的信见于美国总统提交参议院表决批准公约的信附录 I B，载美国佩斯大学法学院官网，http://www.cisg.law.pace.edu/cisg/biblio/reagon.html(2020-12-18)。

不作出第95条下的保留,意味着即使一方当事人营业地位于非缔约国也将适用公约。假定新加坡批准公约,新加坡商人与马来西亚商人订立合同,如果合同约定适用新加坡法律,那么公约将适用而不适用新加坡货物销售法,这也许不是当事人双方本意。如同第95条允许的那样,建议在开始时应实施这项保留,在此之后若发现保留无用可随时取消。"[1]由此看出,新加坡提出保留的初衷既不是为了更多适用本国法,也不是为了互惠对等,而是为了保护本国当事人,防止他们不经意地把公约作为准据法,其本意却是要适用新加坡法律。

尚未发现正式文件说明中国对第1条(b)项保留的理由,综合分析20世纪80年代中国国情及其加入公约的历史可以看出,中国提出保留的首要原因与捷克代表的主张相同,即希望更多适用与西方资本主义国家不同的国内专门法,中国批准公约时国内存在专门调整对外贸易的《中华人民共和国涉外经济合同法》,对第1条第(1)款(b)项保留是为了更多适用《中华人民共和国涉外经济合同法》。1981年中国驻联合国代表凌青在公约上签字时不仅对公约第11条、第1条第(1)款(b)项作出保留,甚至对第三部分也作了保留,中国政府最终采纳国内学者意见,在递交批准书时放弃对第三部分作出保留。公约第95条规定任何国家只能"在交存其批准书、接受书、核准书或加入书时"对第1条第(1)款(b)项作出保留,在加入时没有保留,加入后就无权保留;反之,当时做了保留,今后可根据第97条随时取消它。

2. 缔约国对第1条第(1)款(b)项保留的法律效果

公约实施以来,依据第1条第(1)款(b)项适用公约案件较少发生,但是对这一款项作出保留的复杂法律后果却逐渐被认知。缔约国依据公约第95条对第1条第(1)款(b)项做出保留,其后果是免除保留国按照第1条第(1)款(b)项适用公约的公法义务,法院在公约下的适用义务仅限于按照公约第1条第(1)款(a)项指引,将公约适用于营业地位于不同缔约国的

---

[1] Gary F. Bell, *Why Singapore Should Withdraw Its Article 95 Reservation to the United Nations Convention on Contracts for the International Sale of Goods*(*CISG*),9 Singapore Yearbook of International Law (2005),http://www.cisg.law.pace.edu/cisg/biblio/bell.html.

当事人之间的销售合同争议。作出第1条第(1)款(b)项保留的缔约国(保留国)法院无义务依据(b)项适用公约,这项义务免除既针对其审理的本国当事人和非缔约国当事人之间的销售合同争议,也针对其审理同属保留国的第三国当事人和非缔约国当事人之间的销售合同争议。如同目前的中国法院,因为属于保留国,无须按照这一条款的指引将公约适用于中国当事人和马来西亚当事人之间的交易,也无须将公约适用于新加坡当事人和马来西亚当事人之间的交易,因新加坡也是保留国,当国际私法规则指向新加坡法律时,考虑新加坡立法机关意图,不适用公约是恰当的。这说明在案件由保留国法院审理时,无论国际私法规则指向法院地法还是指向同属保留国的第三国法律,此项保留都具有约束力,导致公约不适用而适用保留国的国内法。

不过那些没有作出第1条第(1)款(b)项保留的缔约国(非保留国)法院,在审理涉及保留国当事人与非缔约国当事人之间的合同争议时,是否也应考虑缔约国这项保留的影响,是有争议的。例如,中国当事人与马来西亚当事人之间的销售合同争议在日本法院审理,当法院地的国际私法规则导致适用中国法律时,如考虑中国保留国地位就不应适用公约而应适用中国国内法,但主流看法是这种情况应适用公约,理由是日本作为非保留国不受另一缔约国保留约束,其应该遵守第1条第(1)款(b)项适用义务。另一重要理由是就此类交易而言,公约第1条第(1)款(b)项限定的适用公约条件已经满足,依据第1条第(1)款(b)项适用公约的条件是"如果国际私法规则导致适用某一缔约国法律",作出第95条下保留的国家仍属于"缔约国",不因为保留影响其公约缔约国地位,这与第92条、第93条保留后果不同,依据这两个条款作出保留的国家在涉及保留条款适用上不属于公约缔约国。因此,当法院地属于非保留国时,其国际私法规则指向保留国法律,应该适用公约。[1] 此外,非缔约国法院、国际商事仲裁机构无义务适用公约,无须考虑当国际私法规则指向第95条保留国的国内法时,是否适用公约问题(参见本书对公约第1条的评释)。

---

〔1〕 See the International Sale Convention Advisory Council, *CISG - AC Opinion No. 15*, Opinion. 3, Comments 3. 14.

需要注意的是,缔约国作出第 95 条下的保留后果仅仅是免除其依据第 1 条第(1)款(b)项适用公约的公法义务,第 95 条并没有阻止保留国法院在不符合自动适用公约[第 1 条第(1)款(a)项]条件时适用公约,也没有阻止保留国法院在符合第 1 条第(1)款(b)项条件下自愿适用公约。对保留国法院而言,保留仅具有拒绝或移除第 1 条第(1)款(b)项实施义务的效果,没有添加新义务,没有要求保留国法院在符合第 1 条第(1)款(b)项适用公约条件时不得适用公约,没有妨碍或取消这种情况下其适用公约的自由。在当事人一方或双方营业地位于非缔约国,不符合第 1 条第(1)款(a)项自动适用公约条件时,保留国法院有可能在以下情况适用公约:一是当事人双方选择公约作为适用法;二是双方选择公约缔约国法律为适用法,多数法院,包括保留国法院都会依据本国国际私法规则,尊重双方根据意思自治适用公约,或者在适用缔约国国内法的同时适用公约,国际销售公约咨询委员会于 2013 年发布第 15 号意见,其中引用中国江苏省高级人民法院的 2001 年审理的日本太平与江苏顺天公司争议案、宁夏回族自治区高级人民法院 2002 年审理的日本一公司和宁夏钢铁公司案,解释根据第 95 条作出保留效果,这两个案件中法院在适用中国法的同时都适用公约。[1] 新加坡在加入公约,作出第 95 条下的保留之后,通过国内立法宣布第 1 条第(1)款(b)项在新加坡没有法律效力,同时规定公约仅适用于营业地位于不同缔约国当事人之间的销售合同。这一规定不符合第 95 条下保留的本意,对其他国家无约束。

3. 关于撤销公约第 95 条下的保留

保留国也许意识到排除第 1 条第(1)款(b)项的后果是限制公约的适用而扩大其国内法适用的机会,至于为什么这样做则缺乏理性思考,这与此项保留制度本身不成熟有直接关系。[2] 有学者直言:"维也纳会议上对

---

〔1〕 The International Sale Convention Advisory Council, *CISG - AC Opinion No. 15*, Opinion. 1, Comments 3. 14, Footnotes 29. 中国法院审理这两个案件时,日本为公约非缔约国,日本于 2009 年加入公约。

〔2〕 第 95 条是考虑捷克斯洛伐克代表关切,在维也纳外交会议全体会议最后时刻决定加进去的,对照同属保留条款的第 92 条和第 94 条可以看出,第 95 条缺乏仔细斟酌,带来很多不确定和争议。

第1条第(1)款(b)项的批评来自所谓社会主义国家的代表,不批准的原因主要是政治上的,与法律逻辑和这一条款在实践上的必要性无关。"[1] 首先,认为保留是为保护本国当事人在第1条第(1)款(b)项条件下适用本国法律的权利这一点很难成立。当事人选择适用本国法律的权利从来没有被剥夺,公约本来就允许当事人选择适用,根据公约第6条的规定,即使营业地位于缔约国的当事人双方也可以在合同中明示,默示地排除适用公约,选择适用其他法律。对第1条第(1)款(b)项保留限制了法院对当事人之间交易适用公约权力,增加适用本国法的机会,但争取到这样的机会既不等于争取到自己国家利益,也不等于为本国商人争取了利益。涉外货物销售合同争议不能一概说适用本国法就对本国人有利,适用统一法就不利,具体案件中只有当事人知道适用什么法对其有利,合理的制度安排是尊重意思自治,将涉外商事交易适用法律的选择权交给当事人,减少国家干预。

过去30多年,涉及对第1条第(1)款(b)项保留的案例较少发生,已经公布的公约案例绝大多数是根据第1条第(1)款(a)项自动适用公约。随着越来越多的国家加入公约,这一趋势将进一步强化,成为适用公约的主要路径,第1条第(1)款(b)项适用余地将更少,因此学术界建议保留国取消第95条下的保留和其他保留(参见本书对公约第97条的评释)。

第96条　缔约国对"合同形式自由"的某些规定作出保留

本国法律规定销售合同必须以书面订立或书面证明的缔约国,可以随时按照第12条的规定,声明本公约第11条、第29条或第二部分准许销售合同或其更改或根据协议终止,或者任何发价、接受或其他意旨表示得以书面以外任何形式做出的任何规定不适用,如果任何一方当事人的营业地是在该缔约国内。

---

〔1〕 Bojidara Borisova, *Geographic Sphere of Application of the United Nations Convention on Contracts for the International Sale of Goods*, http://ww. cisg. law. pace. edu/cisg/biblio/borisova. html.

评　释

参见本书对公约第12条的评释。

第97条　缔约国可随时声明撤回原来的保留

(1)根据本公约规定在签字时做出的声明,须在批准、接受或核准时加以确认。

(2)声明和声明的确认,应以书面提出,并应正式通知保管人。

(3)声明在本公约对有关国家开始生效时同时生效。但是,保管人于此种生效后收到正式通知的声明,应于保管人收到声明之日起六个月后的第一个月第一天生效。根据第94条规定做出的相互单方面声明,应于保管人收到最后一份声明之日起六个月后的第一个月第一天生效。

(4)根据本公约规定做出声明的任何国家可以随时用书面形式正式通知保管人撤回该项声明。此种撤回于保管人收到通知之日起六个月后的第一个月第一天生效。

(5)撤回根据第94条做出的声明,自撤回生效之日起,就会使另一个国家根据该条所做的任何相互声明失效。

评　释

第97条规定了任何国家在加入公约时作出声明的方式(主要是各种保留声明),以及这些声明生效的时间。第97条最重要的内容是规定,已经作出声明保留的缔约国,可以随时用书面形式正式通知公约保管人撤回该声明的保留,规定该通知撤回生效的时间[第(4)款、第(5)款]。

在公约发布40周年之际,联合国国际贸易法委员会于2020年举办一系列纪念活动,目的是促成更多国家加入公约,早日实现100个缔约国目标,同时支持保留国撤销之前做出的保留,扩大公约适用范围。2013年10月21日,国际销售公约咨询委员会在北京召开第18次会议,通过和正式发布“关于公约下保留利用”的第 2 号宣言(declaration),建议:新加入公约的国家不要作出任何第 92~96 条下的保留宣告;已经作出一项或多项第 92~96 条下保留的缔约国应该考虑依据公约第 97 条第(4)款规定撤销保留。[1] 理由是第 92~96 条保留条款被纳入公约在立法历史上是一种妥协方式,迎合在公约最后文本通过当时存在的一些特殊国家的特殊关切。公约通过以后,多年来相关国家的法律和政治形势发生根本变化,实质上移除了当初保留得以设置的客观条件,如第 95 条是维也纳会议接受捷克斯洛伐克等国家的立法建议被纳入公约,这些国家的理由是为了保持特殊国内法和地区内部统一法的适用。今天,对于继承保留的捷克、斯洛伐克两国而言,已经不存在特殊国内法和地区内部统一法。保留理由的消失和弱化凸显维持保留的弊端,即损害公约的统一适用以及增加适用上的混乱。所以加拿大撤销了作出的第 95 条下的保留;芬兰、瑞典和丹麦撤销了原来作出的第 92 条下的保留。同样,当时作出第 96 条下保留的国家是希望本国关于合同必须采取特定形式要求的立法得以实施。而今天,多数第 96 条保留国的国内立法不再要求销售合同必须是书面形式,这项保留也失去意义,所以爱沙尼亚、拉脱维亚、中国、立陶宛已经撤销了第 96 条下的保留。

第 98 条 对缔约国声明保留的限制

除本公约明文许可的保留外,不得作任何保留。

评 释

第 98 条宣布除公约明文许可的保留外,缔约国不得作出其他任何保留,这项限制是为了保证公约统一解释和统一适用。尚未发现缔约国在公约明文许可的保留(第 92~96 条)之外声明做出其他保留,问题是,有缔约国在作出公约许可保留时通过不规范的保留声明和国内立法解释,客观上

[1] See the International Sale Convention Advisory Council, *CISG-AC Declaration. No. 2*, Reconmmend, Paragraph 3.

扩大保留的法律效果。例如,德国在批准公约时声明,对于已经声明不适用第1条第(1)款(b)项的国家,德国也不适用第1条第(1)款(b)项。[1]这项声明与公约第95条下的保留有关,却不是正式的规范的第95条下的保留声明,因此德国不属于第1条第(1)款(b)项保留国。同时德国法院是有权适用公约的机关,这项意在限制(b)项适用范围的声明是否对法院有约束尚需观察。此外,新加坡在加入公约,作出第95条下的保留之后,通过国内立法宣布第1条第(1)款(b)项在新加坡没有法律效力,同时规定,在新加坡公约仅适用于营业地位于不同缔约国当事人之间的销售合同。这项国内立法安排显然扩大了第1条第(1)款(b)项保留的法律效果(参见本书对公约第95条的评释)。

第99条 公约生效时间以及与两个海牙货物销售法的关系

(1)在本条第(6)款规定的条件下,本公约在第十件批准书、接受书、核准书或加入书、包括载有根据第92条规定作出的声明的文书交存之日起12个月后的第一个月第一天生效。

(2)在本条第(6)款规定的条件下,对于在第十件批准书、接受书、核准书或加入书交存后才批准、接受、核准或加入本公约的国家,本公约在该国交存其批准书、接受书、核准书或加入书之日起12个月后的第一个月第一天对该国生效,但不适用的部分除外。

(3)批准、接受、核准或加入本公约的国家,如果是1964年7月1日在海牙签订的《关于国际货物销售合同的订立统一法公约》(《1964年海牙订立合同公约》)和1964年7月1日在海牙签订的《关于国际货物销售统一法的公约》(《1964年海牙货物销售公约》)中一项或两项公约的缔约国,应按情况同时通知荷兰政府声明退出《1964年海牙货物销售公约》或《1964年海牙订立合同公约》或退出该两公约。

[1] 参见联合国国际贸易法委员会,《联合国国际货物销售合同公约》(1980年,维也纳)状况:http://www.uncitral.un.org。

(4)凡为《1964年海牙货物销售公约》缔约国并批准、接受、核准或加入本公约和根据第92条规定声明或业已声明不受本公约第二部分约束的国家,应于批准、接受、核准或加入时通知荷兰政府声明退出《1964年海牙货物销售公约》。

(5)凡为《1964年海牙订立合同公约》缔约国并批准、接受、核准或加入本公约和根据第92条规定声明或业已声明不受本公约第三部分约束的国家,应于批准、接受、核准或加入时通知荷兰政府声明退出《1964年海牙订立合同公约》。

(6)为本条的目的,《1964年海牙订立合同公约》或《1964年海牙货物销售公约》的缔约国的批准、接受、核准或加入本公约,应在这些国家按照规定退出该两公约生效后方始生效。本公约保管人应与1964年两公约的保管人荷兰政府进行协商,以确保在这方面进行必要的协调。

评 释

第99条前两款规定公约生效的时间。1986年12月11日中国与美国、意大利政府联合递交批准书,核准了公约,这也是第十件交存联合国的批准文件[第99条第(1)款],因此,公约于1988年1月1日生效。[1] 在此之后加入公约的国家,公约对该国生效的时间适用第99条第(2)款。

第99条另一重要的内容是规定公约与其前身两个海牙国际货物销售法的关系。根据第99条第(3)款和第(6)款的规定,凡属于ULF和ULIS的缔约国,应在这些国家按规定退出这两个海牙公约之后,其提交的批准、接受、核准或加入CISG的声明方始生效。凡属ULIS缔约国而在申请加入CISG时根据第92条对公约第二部分作出保留(接受公约第三部分),根据第99条第(4)款的规定,其必须在申请加入公约时退出ULIS,因为ULIS与缔约国接受的CISG第三部分相抵触。凡属ULF缔约国而在申请加入

---

〔1〕 关于公约目前的成员国,可查阅贸易法委员会官方网站发布的公约状况:http://www.uncitral.org/uncitral/zh/uncitral_texts/sale_goods/1980 CISG_status.html。

CISG 时根据第 92 条对公约第三部分作了保留(接受第二部分),根据第 99 条第(5)款的规定,其必须在申请加入 CISG 时退出 ULF,因为 ULF 与 CISG 第二部分相抵触。

第 100 条　公约对具体销售合同生效的时间

(1)本公约适用于合同的订立,只要订立该合同的建议是在本公约对第 1 条第(1)款(a)项所指缔约国或第 1 条第(1)款(b)项所指缔约国生效之日或其后作出的。

(2)本公约只适用于在它对第 1 条第(1)款(a)项所指缔约国或第 1 条第(1)款(b)项所指缔约国生效之日或其后订立的合同。

评　释

第 99 条涉及公约本身生效以及对于某缔约国生效的时间,而第 100 条规定公约对于具体国际货物销售合同生效的时间。其中,第 100 条第(1)款调整公约关于销售合同成立的规则(包括第一部分、第二部分)对具体交易生效时间;第(2)款调整公约关于合同权利义务的规定(第一部分、第三部分)对具体交易生效时间。

关于合同成立,第 100 条第(1)款规定,只有当公约对要约人所在缔约国生效之日或在此之后,该要约人作出的要约才有效,公约才适用于当事人之间的交易,当然这还要看公约对受要约人所在国是否已经生效。公约对缔约国生效包括对第 1 条第(1)款(a)项所指的缔约国生效,或对第 1 条第(1)款(b)项所指的缔约国生效。假定公约对 A 国生效的日期是 1990 年 5 月 1 日,公约对 B 国生效的日期是 1991 年 10 月 2 日,对于营业地位于 A 国当事人和 B 国当事人之间的货物买卖,无论要约是营业地位于 A 国当事人发出,还是营业地位于 B 国的当事人发出,只有当要约发出的日期是 1991 年 10 月 2 日或在此之后,裁判机关才有义务援用公约第 1 条第(1)款(a)项,将公约适用于解决以上当事人之间的争议。如果要约在这之前,如在 8 月 2 日由 A 国当事人作出,公约虽然对 A 国有效,但是 B 国不是缔约国,不能依据第 1 条第(1)款(a)项自动适用公约,除非根据(b)项,在国际私法规则导致适用 A 国法律情况下,适用公约。假定上例中,A 国不是公约缔约国,B 国是缔约国,而根据国际私法规则,裁判机关决定适用作为公约缔约国的 B 国法律,B 国没有对公约第 1 条第(1)款(b)项作出保留,这种情况下,只有当要约由 B 国当事人于 1991 年 10 月 2 日或在此之后作出,裁判机关才有义务依据(b)项,将公约适用于当事人之间的争议(涉及合同成立)。

如果是合同成立以外的其他销售合同争议,依据第 100 条第(2)款的规定,公约只能适用于它对于第 1 条第(1)款(a)项所指的缔约国或对第 1 条第(1)款(b)项所指的缔约国生效之日,或在其后成立的销售合同。假定上例中当事人之间的合同争议不涉及合同成立,而是其他违约索赔事项,只有经认定当事人之间的合同成立于 1991 年 10 月 2 日或在此之后,裁判机关才可以援用公约第 1 条第(1)款(a)项,决定适用公约,或者援用第 1 条第(1)款(b)项,决定适用公约,假定只有 B 国是缔约国,并且依据国际私法规则决定适用 B 国法律。

第 101 条　缔约国退出公约

(1)缔约国可以用书面正式通知保管人声明退出本公约,或本公约第二部分或第三部分。

(2)退出于保管人收到通知 12 个月后的第一个月第一天起生效。凡通知内订明一段退出生效的更长时间,则退出于保管人收到通知后该段更长时间期满时起生效。

1980 年 4 月 11 日订于维也纳,正本一份,其阿拉伯文本、中文本、英文本、法文本、俄文本和西班牙文本都具有同等效力。

下列全权代表,经各自政府正式授权,在本公约上签字,以资证明。

评　释

第 101 条规定了退出公约的方式以及缔约国声明退出公约生效的

时间。

公约宣布6种语言的正式文本具有同等效力。将贸易法委员会公布的正式中文本与英文本对照,可以看出个别条文中中文本表达的意旨与英文本的表述不一致,而英文表述的意旨更符合立法原意,这方面作者已在相关条文中作了对比和更正。因此,将中文本与英文本或法文本对照解读,对于准确地理解公约是非常必要的(参见本书对公约第7条的评释)。

Appendix 附　录

UNITED NATIONS CONVENTION ON CONTRACTS FOR THE INTERNATIONAL SALE OF GOODS

PREAMBLE

THE STATES PARTIES TO THIS CONVENTION,

BEARING IN MIND the broad objectives in the resolutions adopted by the sixth special session of the General Assembly of the United Nations on the establishment of a New International Economic Order,

CONSIDERING that the development of international trade on the basis of equality and mutual benefit is an important element in promoting friendly relations among States,

BEING OF THE OPINION that the adoption of uniform rules which govern contracts for the international sale of goods and take into account the different social, economic and legal systems would contribute to the removal of legal barriers in international trade and promote the development of international trade,

HAVE AGREED as follows:

PART Ⅰ SPHERE OF APPLICATION AND GENERAL PROVISIONS

Chapter Ⅰ SPHERE OF APPLICATION

Article 1

(1) This Convention applies to contracts of sale of goods between parties whose places of business are in different States:

(a) when the States are Contracting States; or

(b) when the rules of private international law lead to the application of the law of a Contracting State.

(2) The fact that the parties have their places of business in different States is to be disregarded whenever this fact does not appear either from the contract or from any dealings between, or from information disclosed by, the parties at any time before or at the conclusion of the contract.

(3) Neither the nationality of the parties nor the civil or commercial character of the parties or of the contract is to be taken into consideration in determining the application of this Convention.

Article 2

This Convention does not apply to sales:

(a) of goods bought for personal, family or household use, unless the seller, at any time before or at the conclusion of the contract, neither knew nor ought to have known that the goods were bought for any such use;

(b) by auction;

(c) on execution or otherwise by authority of law;

(d) of stocks, shares, investment securities, negotiable instruments or money;

(e) of ships, vessels, hovercraft or aircraft;

(f) of electricity.

Article 3

(1) Contracts for the supply of goods to be manufactured or produced are to be considered sales unless the party who orders the goods undertakes to supply a substantial part of the materials necessary for such manufacture or production.

(2) This Convention does not apply to contracts in which the preponderant part of the obligations of the party who furnishes the goods consists in the supply of labour or other services.

Article 4

This Convention governs only the formation of the contract of sale and the rights and obligations of the seller and the buyer arising from such a contract. In particular, except as otherwise expressly provided in this Convention, it is not concerned with:

(a) the validity of the contract or of any of its provisions or of any usage;

(b) the effect which the contract may have on the property in the goods sold.

Article 5

This Convention does not apply to the liability of the seller for death or personal injury caused by the goods to any person.

Article 6

The parties may exclude the application of this Convention or, subject to article 12, derogate from or vary the effect of any of its provisions.

Chapter Ⅱ GENERAL PROVISIONS

Article 7

(1) In the interpretation of this Convention, regard is to be had to its international character and to the need to promote uniformity in its application and the observance of good faith in international trade.

(2) Questions concerning matters governed by this Convention which are not expressly settled in it are to be settled in conformity with the general principles on which it is based or, in the absence of such principles, in conformity with the law applicable by virtue of the rules of private international law.

Article 8

(1) For the purposes of this Convention statements made by and other conduct of a party are to be interpreted according to his intent where the other party knew or could not have been unaware what that intent was.

(2) If the preceding paragraph is not applicable, statements made by and other conduct of a party are to be interpreted according to the understanding that a reasonable person of the same kind as the other party would have had in the same circumstances.

(3) In determining the intent of a party or the understanding a reasonable person would have had, due consideration is to be given to all relevant circumstances of the case including the negotiations, any practices which the parties have established between themselves, usages and any subsequent conduct of the parties.

Article 9

(1) The parties are bound by any usage to which they have agreed and by any practices which they have established between themselves.

(2) The parties are considered, unless otherwise agreed, to have impliedly made applicable to their contract or its formation a usage of which the parties knew or ought to have known and which in international trade is widely known to, and regularly observed by, parties to contracts of the type involved in the particular trade concerned.

Article 10

For the purposes of this Convention:

(a) if a party has more than one place of business, the place of business is that which has the closest relationship to the contract and its performance, having regard to the circumstances known to or contemplated by the parties at any time before or at the conclusion of the contract;

(b) if a party does not have a place of business, reference is to be made to his habitual residence.

Article 11

A contract of sale need not be concluded in or evidenced by writing and is not subject to any other requirement as to form. It may be proved by any means, including witnesses.

Article 12

Any provision of article 11, article 29 or Part II of this Convention that allows a contract of sale or its modification or termination by agreement or any offer, acceptance or other indication of intention to be made in any form other than in writing does not apply where any party has his place of business in a Contracting State which has made a declaration under article 96 of this Convention. The parties may not derogate from or vary the effect of this article.

Article 13

For the purposes of this Convention "writing" includes telegram and telex.

PART Ⅱ FORMATION OF THE CONTRACT

Article 14

(1) A proposal for concluding a contract addressed to one or more specific persons constitutes an offer if it is sufficiently definite and indicates the intention of the offeror to be bound in case of acceptance. A proposal is sufficiently definite if it indicates the goods and expressly or implicitly fixes or makes provision for determining the quantity and the price.

(2) A proposal other than one addressed to one or more specific persons is to be considered merely as an invitation to make offers, unless the contrary is clearly indicated by the person making the proposal.

Article 15

(1) An offer becomes effective when it reaches the offeree.

(2) An offer, even if it is irrevocable, may be withdrawn if the withdrawal reaches the offeree before or at the same time as the offer.

Article 16

(1) Until a contract is concluded an offer may be revoked if the revocation reaches the offeree before he has dispatched an acceptance.

(2) However, an offer cannot be revoked:

(a) if it indicates, whether by stating a fixed time for acceptance or otherwise, that it is irrevocable; or

(b) if it was reasonable for the offeree to rely on the offer as being irrevocable and the offeree has acted in reliance on the offer.

Article 17

An offer, even if it is irrevocable, is terminated when a rejection reaches the offeror.

Article 18

(1) A statement made by or other conduct of the offeree indicating assent to an offer is an acceptance. Silence or inactivity does not in itself amount to acceptance.

(2) An acceptance of an offer becomes effective at the moment the indication of assent reaches the offeror. An acceptance is not effective if the indication of assent does not reach the offeror within the time he has fixed or, if no time is fixed, within a reasonable time, due account being taken of the circumstances of the transaction, including the rapidity of the means of communication employed by the offeror. An oral offer must be accepted immediately unless the circumstances indicate otherwise.

(3) However, if, by virtue of the offer or as a result of practices which the parties have established between themselves or of usage, the offeree may indicate assent by performing an act, such as one relating to the dispatch of the goods or payment of the price, without notice to the offeror, the acceptance is effective at the moment the act is performed, provided that the act is performed within the period of time laid down in the preceding paragraph.

Article 19

(1) A reply to an offer which purports to be an acceptance but contains additions, limitations or other modifications is a rejection of the offer and constitutes a counter-offer.

(2) However, a reply to an offer which purports to be an acceptance but contains additional or different terms which do not materially alter the terms of the offer constitutes an acceptance, unless the offeror, without undue delay, objects orally to the discrepancy or dispatches a notice to that effect. If he does not so object, the terms of the contract are the terms of the offer with the modifications contained in the acceptance.

(3) Additional or different terms relating, among other things, to the price, payment, quality and quantity of the goods, place and time of delivery, extent of one party's liability to the other or the settlement of disputes are considered to alter the terms of the offer materially.

Article 20

(1) A period of time for acceptance fixed by the offeror in a telegram or a letter begins to run from the moment the telegram is handed in for dispatch or from the date shown on the letter or, if no such date is shown, from the date shown on the envelope. A period of time for acceptance fixed by the offeror by telephone, telex or other means of instantaneous communication, begins to run from the moment that the offer reaches the offeree.

(2) Official holidays or non-business days occurring during the period for acceptance are included in calculating the period. However, if a notice of acceptance cannot be delivered at the address of the offeror on the last day of the period because that day falls on an official holiday or a non-business day at the place of business of the offeror, the period is extended until the first business day which follows.

Article 21

(1) A late acceptance is nevertheless effective as an acceptance if without delay the offeror orally so informs the offeree of dispatches a notice to that effect.

(2) If a letter or other writing containing a late acceptance shows that it has been sent in such circumstances that if its transmission had been normal it would have reached the offeror in due time, the late acceptance is effective as an acceptance unless, without delay, the offeror orally informs the offeree that he considers his offer as having lapsed or dispatches a notice to that effect.

Article 22

An acceptance may be withdrawn if the withdrawal reaches the offeror before or at the same time as the acceptance would have become effective.

Article 23

A contract is concluded at the moment when an acceptance of an offer becomes effective in accordance with the provisions of this Convention.

Article 24

For the purposes of this Part of the Convention, an offer, declaration of acceptance or any other indication of intention "reaches" the addressee when it is made orally to him or delivered by any other means to him personally, to his place of business or mailing address or, if he does not have a place of business or mailing address, to his habitual residence.

PART Ⅲ SALE OF GOODS

Chapter Ⅰ GENERAL PROVISIONS

Article 25

A breach of contract committed by one of the parties is fundamental if it results in such detriment to the other party as substantially to deprive him of what he is entitled to expect under the contract, unless the party in breach did not foresee and a reasonable person of the same kind in the same circumstances would not have foreseen such a result.

Article 26

A declaration of avoidance of the contract is effective only if made by notice to the other party.

Article 27

Unless otherwise expressly provided in this Part of the Convention, if any notice, request or other communication is given or made by a party in accordance with this Part and by means appropriate in the circumstances, a delay or error in the transmission of the communication or its failure to arrive does not deprive that party of the right to rely on the communication.

Article 28

If, in accordance with the provisions of this Convention, one party is entitled to require performance of any obligation by the other party, a court is not bound to enter a judgement for specific performance unless the court would do so under its own law in respect of similar contracts of sale not governed by this Convention.

Article 29

(1) A contract may be modified or terminated by the mere agreement of the parties.

(2) A contract in writing which contains a provision requiring any modification or termination by agreement to be in writing may not be otherwise modified or terminated by agreement. However, a party may be precluded by his conduct from asserting such a provision to the extent that the other party has relied on that conduct.

Chapter Ⅱ OBLIGATIONS OF THE SELLER

Article 30

The seller must deliver the goods, hand over any documents relating to them and transfer the property in the goods, as required by the contract and this Convention.

Section Ⅰ Delivery of the goods and handing over of documents

Article 31

If the seller is not bound to deliver the goods at any other particular place, his obligation to deliver consists:

(a) if the contract of sale involves carriage of the goods, in handing the goods over to the first carrier for transmission to the buyer;

(b) if, in cases not within the preceding subparagraph, the contract relates to specific goods, or unidentified goods to be drawn from a specific stock or to be manufactured or produced, and at the time of the conclusion of the contract the parties knew that the goods were at, or were to be manufactured or produced at, a particular place-in placing the goods at the buyer's disposal at that place;

(c) in other cases-in placing the goods at the buyer's disposal at the place where the seller had his place of business at the time of the conclusion of the contract.

Article 32

(1) If the seller, in accordance with the contract or this Convention, hands the goods over to a carrier and if the goods are not clearly identified to the contract by markings on the goods, by shipping documents or otherwise, the seller must give the buyer notice of the consignment specifying the goods.

(2) If the seller is bound to arrange for carriage of the goods, he must make such contracts as are necessary for carriage to the place fixed by means of transportation appropriate in the circumstances and according to the usual terms for such transportation.

(3) If the seller is not bound to effect insurance in respect of the carriage of the goods, he must, at the buyer's request, provide him with all available

information necessary to enable him to effect such insurance.

Article 33

The seller must deliver the goods:

(a) if a date is fixed by or determinable from the contract, on that date;

(b) if a period of time is fixed by or determinable from the contract, at any time within that period unless circumstances indicate that the buyer is to choose a date; or

(c) in any other case, within a reasonable time after the conclusion of the contract.

Article 34

If the seller is bound to hand over documents relating to the goods, he must hand them over at the time and place and in the form required by the contract. If the seller has handed over documents before that time, he may, up to that time, cure any lack of conformity in the documents, if the exercise of this right does not cause the buyer unreasonable inconvenience or unreasonable expense. However, the buyer retains any right to claim damages as provided for in this Convention.

Section Ⅱ Conformity of the goods and third party claims

Article 35

(1) The seller must deliver goods which are of the quantity, quality and description required by the contract and which are contained or packaged in the manner required by the contract.

(2) Except where the parties have agreed otherwise, the goods do not conform with the contract unless they:

(a) are fit for the purposes for which goods of the same description would ordinarily be used;

(b) are fit for any particular purpose expressly or impliedly made known to the seller at the time of the conclusion of the contract, except where the circumstances show that the buyer did not rely, or that it was unreasonable for him to rely, on the seller's skill and judgement;

(c) possess the qualities of goods which the seller has held out to the buyer as a sample or model;

(d) are contained or packaged in the manner usual for such goods or, where there is no such manner, in a manner adequate to preserve and protect the goods.

(3) The seller is not liable under subparagraphs (a) to (d) of the preceding paragraph for any lack of conformity of the goods if at the time of the conclusion of the contract the buyer knew or could not have been unaware of such lack of conformity.

Article 36

(1) The seller is liable in accordance with the contract and this Convention for any lack of conformity which exists at the time when the risk passes to the buyer, even though the lack of conformity becomes apparent only after that time.

(2) The seller is also liable for any lack of conformity which occurs after the time indicated in the preceding paragraph and which is due to a breach of any of his obligations, including a breach of any guarantee that for a period of time the goods will remain fit for their ordinary purpose or for some particular purpose or will retain specified qualities or characteristics.

Article 37

If the seller has delivered goods before the date for delivery, he may, up to that date, deliver any missing part or make up any deficiency in the quantity of the goods delivered, or deliver goods in replacement of any non-conforming goods delivered or remedy any lack of conformity in the goods delivered, provided that the exercise of this right does not cause the buyer unreasonable inconvenience or unreasonable expense. However, the buyer retains any right to claim damages as provided for in this Convention.

Article 38

(1) The buyer must examine the goods, or cause them to be examined, within as short a period as is practicable in the circumstances.

(2) If the contract involves carriage of the goods, examination may be deferred until after the goods have arrived at their destination.

(3) If the goods are redirected in transit or redispatched by the buyer without a reasonable opportunity for examination by him and at the time of the conclusion of the contract the seller knew or ought to have known of the possibility of such redirection or redispatch, examination may be deferred until after the goods have arrived at the new destination.

Article 39

(1) The buyer loses the right to rely on a lack of conformity of the goods if he does not give notice to the seller specifying the nature of the lack of conformity within a reasonable time after he has discovered it or ought to have discovered it.

(2) In any event, the buyer loses the right to rely on a lack of conformity of the goods if he does not give the seller notice thereof at the latest within a period of two years from the date on which the goods were actually handed over to the buyer, unless this time-limit is inconsistent with a contractual period of guarantee.

Article 40

The seller is not entitled to rely on the provisions of articles 38 and 39 if the lack of conformity relates to facts of which he knew or could not have been unaware and which he did not disclose to the buyer.

Article 41

The seller must deliver goods which are free from any right or claim of a third party, unless the buyer agreed to take the goods subject to that right or claim. However, if such right or claim is based on industrial property or other intellectual property, the seller's obligation is governed by article 42.

Article 42

(1) The seller must deliver goods which are free from any right or claim of a third part based on industrial property or other intellectual property, of which at the time of the conclusion of the contract the seller knew or could not have been unaware, provided that the right or claim is based on industrial property or other intellectual property:

(a) under the law of the State where the goods will be resold or otherwise used, if it was contemplated by the parties at the time of the conclusion of the contract that the goods would be resold or otherwise used in that State; or

(b) in any other case, under the law of the State where the buyer has his place of business.

(2) The obligation of the seller under the preceding paragraph does nog extend to cases where:

(a) at the time of the conclusion of the contract the buyer knew or could not have been unaware of the right or claim; or

(b) the right or claim results from the seller's compliance with technical drawings, designs, formulas or other such specifications furnished by the buyer.

Article 43

(1) The buyer loses the right to rely on the provisions of article 41 or article 42 if he does not give notice to the seller specifying the nature of the right or claim of the third party within a reasonable time after he has become aware or ought to have become aware of the right or claim.

(2)The seller is not entitled to rely on the provisions of the preceding paragraph if he knew of the right or claim of the third party and the nature of it.

Article 44

Notwithstanding the provisions of paragraph (1) of article 39 and paragraph (1) of article 43, the buyer may reduce the price in accordance with article 50 or claim damages, except for loss of profit, if he has a reasonable excuse for his failure to give the required notice.

Section Ⅲ Remedies for breach of contract by the seller

Article 45

(1)If the seller fails to perform any of his obligations under the contract or this Convention, the buyer may:

(a)exercise the rights provided in articles 46 to 52;

(b)claim damages as provided in articles 74 to 77.

(2)The buyer is not deprived of any right he may have to claim damages by exercising his right to other remedies.

(3)No period of grace may be granted to the seller by a court or arbitral tribunal when the buyer resorts to a remedy for breach of contract.

Article 46

(1)The buyer may require performance by the seller of his obligations unless the buyer has resorted to a remedy which is inconsistent with this requirement.

(2)If the goods do not conform with the contract, the buyer may require delivery of substitute goods only if the lack of conformity constitutes a fundamental breach of contract and a request for substitute goods is made either in conjunction with notice given under article 39 or within a reasonable time thereafter.

(3) If the goods do not conform with the contract, the buyer may require the seller to remedy the lack of conformity by repair, unless this is unreasonable having regard to all the circumstances. A request for repair must be made either in conjunction with notice given under article 39 or within a reasonable time thereafter.

Article 47

(1) The buyer may fix an additional period of time of reasonable length for performance by the seller of his obligations.

(2) Unless the buyer has received notice from the seller that he will not perform within the period so fixed, the buyer may not, during that period, resort to any remedy for breach of contract. However, the buyer is not deprived thereby of any right he may have to claim damages for delay in performance.

Article 48

(1) Subject to article 49, the seller may, even after the date for delivery, remedy at his own expense any failure to perform his obligations, if he can do so without unreasonable delay and without causing the buyer unreasonable inconvenience or uncertainty of reimbursement by the seller of expenses advanced by the buyer. However, the buyer retains any right to claim damages as provided for in this Convention.

(2) If the seller requests the buyer to make known whether he will accept performance and the buyer does not comply with the request within a reasonable time, the seller may perform within the time indicated in his request. The buyer may not, during that period of time, resort to any remedy which is inconsistent with performance by the seller.

(3) A notice by the seller that he will perform within a specified period of time is assumed to include a request, under the preceding paragraph, that the

buyer make known his decision.

(4) A request or notice by the seller under paragraph (2) or (3) of this article is not effective unless received by the buyer.

Article 49

(1) The buyer may declare the contract avoided:

(a) if the failure by the seller to perform any of his obligations under the contract or this Convention amounts to a fundamental breach of contract; or

(b) in case of non-delivery, if the seller does not deliver the goods within the additional period of time fixed by the buyer in accordance with paragraph (1) of article 47 or declares that he will not deliver within the period so fixed.

(2) However, in cases where the seller has delivered the goods, the buyer loses the right to declare the contract avoided unless he does so:

(a) in respect of late delivery, within a reasonable time after he has become aware that delivery has been made;

(b) in respect of any breach other than late delivery, within a reasonable time:

(i) after he knew or ought to have known of the breach;

(ii) after the expiration of any additional period of time fixed by the buyer in accordance with paragraph (1) of article 47, or after the seller has declared that he will not perform his obligations within such an additional period; or

(iii) after the expiration of any additional period of time indicated by the seller in accordance with paragraph (2) of article 48, or after the buyer has declared that he will not accept performance.

Article 50

If the goods do not conform with the contract and whether or not the price has already been paid, the buyer may reduce the price in the same proportion as the value that the goods actually delivered had at the time of the delivery bears to the value that conforming goods would have had at that time. However, if the seller remedies any failure to perform his obligations in accordance with article 37 or article 48 or if the buyer refuses to accept performance by the seller in accordance with those articles, the buyer may not reduce the price.

Article 51

(1) If the seller delivers only a part of the goods or if only a part of the goods delivered is in conformity with the contract, articles 46 to 50 apply in respect of the part which is missing or which does not conform.

(2) The buyer may declare the contract avoided in its entirety only if the failure to make delivery completely or in conformity with the contract amounts to a fundamental breach of the contract.

Article 52

(1) If the seller delivers the goods before the date fixed, the buyer may take delivery or refuse to take delivery.

(2) If the seller delivers a quantity of goods greater than that provided for in the contract, the buyer may take delivery or refuse to take delivery of the excess quantity. If the buyer takes delivery of all or part of the excess quantity, he must pay for it at the contract rate.

Chapter Ⅲ OBLIGATIONS OF THE BUYER

Article 53

The buyer must pay the price for the goods and take delivery of them as required by the contract and this Convention.

Section Ⅰ Payment of the price

Article 54

The buyer's obligation to pay the price includes taking such steps and complying with such formalities as may be required under the contract or any laws and regulations to enable payment to be made.

Article 55

Where a contract has been validly concluded but does not expressly or implicitly fix or make provision for determining the price, the parties are considered, in the absence of any indication to the contrary, to have impliedly made reference to the price generally charged at the time of the conclusion of the contract for such goods sold under comparable circumstances in the trade concerned.

Article 56

If the price is fixed according to the weight of the goods, in case of doubt it is to be determined by the net weight.

Article 57

(1) If the buyer is not bound to pay the price at any other particular place, he must pay it to the seller:

(a) at the seller's place of business; or

(b) if the payment is to be made against the handing over of the goods or of documents, at the place where the handing over takes place.

(2) The seller must bear any increase in the expenses incidental to payment which is caused by a change in his place of business subsequent to the conclusion of the contract.

Article 58

(1) If the buyer is not bound to pay the price at any other specific time, he must pay it when the seller places either the goods or documents controlling their disposition at the buyer's disposal in accordance with the contract and this Convention. The seller may make such payment a condition for handing over the goods or documents.

(2) If the contract involves carriage of the goods, the seller may dispatch the goods on terms whereby the goods, or documents controlling their disposition, will not be handed over to the buyer except against payment of the price.

(3) The buyer is not bound to pay the price until he has had an opportunity to examine the goods, unless the procedures for delivery or payment agreed upon by the parties are inconsistent with his having such an opportunity.

Article 59

The buyer must pay the price on the date fixed by or determinable from the contract and this Convention without the need for any request or compliance with any formality an the part of the seller.

Section Ⅱ Taking delivery

Article 60

The buyer's obligation to take delivery consists:

(a) in doing all the acts which could reasonably be expected of him in order to enable the seller to make delivery; and

(b) in taking over the goods.

Section Ⅲ Remedies for breach of contract by the buyer

Article 61

(1) If the buyer fails to perform any of his obligations under the contract or this Convention, the seller may:

(a) exercise the rights provided in articles 62 to 65;

(b) claim damages as provided in articles 74 to 77.

(2) The seller is not deprived of any right he may have to claim damages by exercising his right to other remedies.

(3) No period of grace may be granted to the buyer by a court or arbitral tribunal when the seller resorts to a remedy for breach of contract.

Article 62

The seller may require the buyer to pay the price, take delivery or perform his other obligations, unless the seller has resorted to a remedy which is inconsistent with this requirement.

Article 63

(1) The seller may fix an additional period of time of reasonable length for performance by the buyer of his obligations.

(2) Unless the seller has received notice from the buyer that he will not perform within the period so fixed, the seller may not, during that period, resort to any remedy for breach of contract. However, the seller is not deprived thereby of any right he may have to claim damages for delay in performance.

Article 64

(1) The seller may declare the contract avoided:

(a) if the failure by the buyer to perform any of his obligations under the contract or this Convention amounts to a fundamental breach of contract; or

(b) if the buyer does not, within the additional period of time fixed by the seller in accordance with paragraph (1) of article 63, perform his obligation to pay the price or take delivery of the goods, or if he declares that he will not do so within the period so fixed.

(2) However, in cases where the buyer has paid the price, the seller loses the right to declare the contract avoided unless he does so:

(a) in respect of late performance by the buyer, before the seller has become aware that performance has been rendered; or

(b) in respect of any breach other than late performance by the buyer, within a reasonable time:

(i) after the seller knew or ought to have known of the breach; or

(ii) after the expiration of any additional period of time fixed by the seller in accordance with paragraph (1) of article 63, or after the buyer has declared that he will not perform his obligations within such an additional period.

Article 65

(1) If under the contract the buyer is to specify the form, measurement or other features of the goods and he fails to make such specification either on the date agreed upon or within a reasonable time after receipt of a request from the seller, the seller may, without prejudice to any other rights he may have, make the specification himself in accordance with the requirements of the buyer that may be known to him.

(2) If the seller makes the specification himself, he must inform the buyer of the details thereof and must fix a reasonable time within which the buyer may make a different specification. If, after receipt of such a communication, the buyer fails to do so within the time so fixed, the specification made by the seller is binding.

Chapter Ⅳ PASSING OF RISK

Article 66

Loss of or damage to the goods after the risk has passed to the buyer does not discharge him from his obligation to pay the price, unless the loss or damage is due to an act or omission of the seller.

Article 67

(1) If the contract of sale involves carriage of the goods and the seller is not bound to hand them over at a particular place, the risk passes to the buyer when the goods are handed over to the first carrier for transmission to the buyer in accordance with the contract of sale. If the seller is bound to hand the goods over to a carrier at a particular place, the risk does not pass to the buyer until the goods are handed over to the carrier at that place. The fact that the seller is authorized to retain documents controlling the disposition of the goods does not affect the passage of the risk.

(2) Nevertheless, the risk does not pass to the buyer until the goods are clearly identified to the contract, whether by markings on the goods, by shipping documents, by notice given to the buyer or otherwise.

Article 68

The risk in respect of goods sold in transit passes to the buyer from the time of the conclusion of the contract. However, if the circumstances so indicate, the risk is assumed by the buyer from the time the goods were handed over to the carrier who issued the documents embodying the contract of carriage. Nevertheless, if at the time of the conclusion of the contract of sale the seller knew or ought to have known that the goods had been lost or damaged and did not disclose this to the buyer, the loss or damage is at the risk of the seller.

Article 69

(1) In cases not within articles 67 and 68, the risk passes to the buyer when he takes over the goods or, if he does not do so in due time, from the time when the goods are placed at his disposal and he commits a breach of contract by failing to take delivery.

(2) However, if the buyer is bound to take over the goods at a place other than a place of business of the seller, the risk passes when delivery is due and the buyer is aware of the fact that the goods are placed at his disposal at that place.

(3) If the contract relates to goods not then identified, the goods are considered not to be placed at the disposal of the buyer until they are clearly identified to the contract.

Article 70

If the seller has committed a fundamental breach of contract, articles 67, 68 and 69 do not impair the remedies available to the buyer on account of the breach.

Chapter V PROVISIONS COMMON TO THE OBLIGATIONS OF THE SELLER AND OF THE BUYER

Section I Anticipatory breach and instalment contracts

Article 71

(1) A party may suspend the performance of his obligations if, after the conclusion of the contract, it becomes apparent that the other party will not perform a substantial part of his obligations as a result of:

(a) a serious deficiency in his ability to perform or in his creditworthiness; or

(b) his conduct in preparing to perform or in performing the contract.

(2) If the seller has already dispatched the goods before the grounds described in the preceding paragraph become evident, he may prevent the handing over of the goods to the buyer even though the buyer holds a document which entitles him to obtain them. The present paragraph relates only to the rights in the goods as between the buyer and the seller.

(3) A party suspending performance, whether before or after dispatch of the goods, must immediately give notice of the suspension to the other party and must continue with performance if the other party provides adequate assurance of his performance.

Article 72

(1) If prior to the date for performance of the contract it is clear that one of the parties will commit a fundamental breach of contract, the other party may declare the contract avoided.

(2) If time allows, the party intending to declare the contract avoided must give reasonable notice to the other party in order to permit him to provide adequate assurance of his performance.

(3) The requirements of the preceding paragraph do not apply if the other party has declared that he will not perform his obligations.

Article 73

(1) In the case of a contract for delivery of goods by instalments, if the failure of one party to perform any of his obligations in respect of any instalment constitutes a fundamental breach of contract with respect to that instalment, the other party may declare the contract avoided with respect to that instalment.

(2) If one party's failure to perform any of his obligations in respect of any instalment gives the other party good grounds to conclude that a fundamental breach of contract will occur with respect to future instalments, he may declare the contract avoided for the future, provided that

he does so within a reasonable time.

(3) A buyer who declares the contract avoided in respect of any delivery may, at the same time, declare it avoided in respect of deliveries already made or of future deliveries if, by reason of their interdependence, those deliveries could not be used for the purpose contemplated by the parties at the time of the conclusion of the contract.

Section Ⅱ Damages

Article 74

Damages for breach of contract by one party consist of a sum equal to the loss, including loss of profit, suffered by the other party as a consequence of the breach. Such damages may not exceed the loss which the party in breach foresaw or ought to have foreseen at the time of the conclusion of the contract, in the light of the facts and matters of which he then knew or ought to have known, as a possible consequence of the breach of contract.

Article 75

If the contract is avoided and if, in a reasonable manner and within a reasonable time after avoidance, the buyer has bought goods in replacement or the seller has resold the goods, the party claiming damages may recover the difference between the contract price and the price in the substitute transaction as well as any further damages recoverable under article 74.

Article 76

(1) If the contract is avoided and there is a current price for the goods, the party claiming damages may, if he has not made a purchase or resale under article 75, recover the difference between the price fixed by the contract and the current price at the time of avoidance as well as any further damages recoverable under article 74. If, however, the party claiming

damages has avoided the contract after taking over the goods, the current price at the time of such taking over shall be applied instead of the current price at the time of avoidance.

(2) For the purposes of the preceding paragraph, the current price is the price prevailing at the place where delivery of the goods should have been made or, if there is no current price at that place, the price at such other place as serves as a reasonable substitute, making due allowance for differences in the cost of transporting the goods.

Article 77

A party who relies on a breach of contract must take such measures as are reasonable in the circumstances to mitigate the loss, including loss of profit, resulting from the breach. If he fails to take such measures, the party in breach may claim a reduction in the damages in the amount by which the loss should have been mitigated.

Section Ⅲ Interest

Article 78

If a party fails to pay the price or any other sum that is in arrears, the other party is entitled to interest on it, without prejudice to any claim for damages recoverable under article 74.

Section Ⅳ Exemptions

Article 79

(1) A party is not liable for a failure to perform any of his obligations if he proves that the failure was due to an impediment beyond his control and that he could not reasonably be expected to have taken the impediment into account at the time of the conclusion of the contract or to have avoided or

overcome it or its consequences.

(2) If the party's failure is due to the failure by a third person whom he has engaged to perform the whole or a part of the contract, that party is exempt from liability only if:

(a) he is exempt under the preceding paragraph; and

(b) the person whom he has so engaged would be so exempt if the provisions of that paragraph were applied to him.

(3) The exemption provided by this article has effect for the period during which the impediment exists.

(4) The party who fails to perform must give notice to the other party of the impediment and its effect on his ability to perform. If the notice is not received by the other party within a reasonable time after the party who fails to perform knew or ought to have known of the impediment, he is liable for damages resulting from such nonreceipt.

(5) Nothing in this article prevents either party from exercising any right other than to claim damages under this Convention.

Article 80

A party may not rely on a failure of the other party to perform, to the extent that such failure was caused by the first party's act or omission.

Section V Effects of avoidance

Article 81

(1) Avoidance of the contract releases both parties from their obligations under it, subject to any damages which may be due. Avoidance does not affect any provision of the contract for the settlement of disputes or any other provision of the contract governing the rights and obligations of the parties consequent upon the avoidance of the contract.

(2) A party who has performed the contract either wholly or in part may

claim restitution from the other party of whatever the first party has supplied or paid under the contract. If both parties are bound to make restitution, they must do so concurrently.

Article 82

(1) The buyer loses the right to declare the contract avoided or to require the seller to deliver substitute goods if it is impossible for him to make restitution of the goods substantially in the condition in which he received them.

(2) The preceding paragraph does not apply:

(a) if the impossibility of making restitution of the goods or of making restitution of the goods substantially in the condition in which the buyer received them is not due to his act or omission;

(b) the goods or part of the goods have perished or deteriorated as a result of the examination provided for in article 38; or

(c) if the goods or part of the goods have been sold in the normal course of business or have been consumed or transformed by the buyer in the course of normal use before he discovered or ought to have discovered the lack of conformity.

Article 83

A buyer who has lost the right to declare the contract avoided or to require the seller to deliver substitute goods in accordance with article 82 retains all other remedies under the contract and this Convention.

Article 84

(1) If the seller is bound to refund the price, he must also pay interest on it, from the date on which the price was paid.

(2) The buyer must account to the seller for all benefits which he has derived from the goods or part of them:

(a) if he must make restitution of the goods or part of them; or

(b) if it is impossible for him to make restitution of all or part of the goods or to make restitution of all or part of the goods substantially in the condition in which he received them, but he has nevertheless declared the contract avoided or required the seller to deliver substitute goods.

Section Ⅵ Preservation of the goods

Article 85

If the buyer is in delay in taking delivery of the goods or, where payment of the price and delivery of the goods are to be made concurrently, if he fails to pay the price, and the seller is either in possession of the goods or otherwise able to control their disposition, the seller must take such steps as are reasonable in the circumstances to preserve them. He is entitled to retain them until he has been reimbursed his reasonable expenses by the buyer.

Article 86

(1) If the buyer has received the goods and intends to exercise any right under the contract or this Convention to reject them, he must take such steps to preserve them as are reasonable in the circumstances. He is entitled to retain them until he has been reimbursed his reasonable expenses by the seller.

(2) If goods dispatched to the buyer have been placed at his disposal at their destination and he exercises the right to reject them, he must take possession of them on behalf of the seller, provided that this can be done without payment of the price and without unreasonable inconvenience or unreasonable expense. This provision does not apply if the seller or a person authorized to take charge of the goods on his behalf is present at the destination. If the buyer takes possession of the goods under this paragraph, his rights and obligations are go-verned by the preceding paragraph.

Article 87

A party who is bound to take steps to preserve the goods may deposit them in a warehouse of a third person at the expense of the other party provided that the expense incurred is not unreasonable.

Article 88

(1) A party who is bound to preserve the goods in accordance with article 85 or 86 may sell them by any appropriate means if there has been an unreasonable delay by the other party in taking possession of the goods or in taking them back or in paying the price or the cost of preservation, provided that reasonable notice of the intention to sell has been given to the other party.

(2) If the goods are subject to rapid deterioration or their preservation would involve unreasonable expense, a party who is bound to preserve the goods in accordance with article 85 or 86 must take reasonable measures to sell them. To the extent possible he must give notice to the other party of his intention to sell.

(3) A party selling the goods has the right to retain out of the proceeds of sale an amount equal to the reasonable expenses of preserving the goods and of selling them. He must account to the other party for the balance.

PART Ⅳ FINAL PROVISIONS

Article 89

The Secretary-General of the United Nations is hereby designated as the depositary for this Convention.

Article 90

This Convention does not prevail over any international agreement which has already been or may be entered into and which contains provisions concerning the matters governed by this Convention, provided that the parties have their places of business in States parties to such agreement.

Article 91

(1) This Convention is open for signature at the concluding meeting of the United Nations Conference on Contracts for the International Sale of Goods and will remain open for signature by all States at the Headquarters of the United Nations, New York until 30 September 1981.

(2) This Convention is subject to ratification, acceptance or approval by the signatory States.

(3) This Convention is open for accession by all States which are not signatory States as from the date it is open for signature.

(4) Instruments of ratification, acceptance, approval and accession are to be deposited with the Secretary-General of the United Nations.

Article 92

(1) A Contracting State may declare at the time of signature, ratification, acceptance, approval or accession that it will not be bound by Part Ⅱ of this Convention or that it will not be bound by part Ⅲ of this Convention.

(2) A Contracting State which makes a declaration in accordance with the preceding paragraph in respect of Part Ⅱ or Part Ⅲ of this Convention is not to be considered a Contracting State within paragraph (1) of article 1 of this Convention in respect of matters governed by the Part to which the declaration applies.

Article 93

(1) If a Contracting State has two or more territorial units in which, according to its constitution, different systems of law are applicable in relation

to the matters dealt with in this Convention, it may, at the time of signature, ratification, acceptance, approval or accession, declare that this Convention is to extend to all its territorial units or only to one or more of them, and may amend its declaration by submitting another declaration at any time.

(2) These declarations are to be notified to the depositary and are to state expressly the territorial units to which the Convention extends.

(3) If, by virtue of a declaration under this article, this Convention extends to one or more but not all of the territorial units of a Contracting State, and if the place of business of a party is located in that State, this place of business, for the purposes of this Convention, is considered not to be in a Contracting State, unless it is in a territorial unit to which the Convention extends.

(4) If a Contracting State makes no declaration under paragraph (1) of this article, the Convention is to extend to all territorial units of that State.

Article 94

(1) Two or more Contracting States which have the same or closely related legal rules on matters governed by this Convention may at any time declare that the Convention is not to apply to contracts of sale or to their formation where the parties have their places of business in those States. Such declarations may be made jointly or by reciprocal unilateral declarations.

(2) A Contracting State which has the same or closely related legal rules on matters governed by this Convention as one or more non-Contracting States may at any time declare that the Convention is not to apply to contracts of sale or to their formation where the parties have their places of business in those States.

(3) If a State which is the object of a declaration under the preceding paragraph subsequently becomes a Contracting State, the declaration made will, as from the date on which the Convention enters into force in respect of

the new Contracting State, have the effect of a declaration made under paragraph (1), provided that the new Contracting State joins in such declaration or makes a reciprocal unilateral declaration.

Article 95

Any State may declare at the time of the deposit of its instrument of ratification, acceptance, approval or accession that it will not be bound by subparagraph (1)(b) of article 1 of this Convention.

Article 96

A Contracting State whose legislation requires contracts of sale to be concluded in or evidenced by writing may at any time make a declaration in accordance with article 12 that any provision of article 11, article 29, or Part Ⅱ of this Convention, that allows a contract of sale or its modification or termination by agreement or any offer, acceptance, or other indication of intention to be made in any form other than in writing, does not apply where any party has his place of business in that State.

Article 97

(1) Declarations made under this Convention at the time of signature are subject to confirmation upon ratification, acceptance or approval.

(2) Declarations and confirmations of declarations are to be in writing and be formally notified to the depositary.

(3) A declaration takes effect simultaneously with the entry into force of this Convention in respect of the State concerned. However, a declaration of which the depositary receives formal notification after such entry into force takes effect on the first day of the month following the expiration of six months after the date of its receipt by the depositary. Reciprocal unilateral declarations under article 94 take effect on the first day of the month following the expiration of six months after the receipt of the latest declaration by the

depositary.

(4) Any State which makes a declaration under this Convention may withdraw it at any time by a formal notification in writing addressed to the depositary. Such withdrawal is to take effect on the first day of the month following the expiration of six months after the date of the receipt of the notification by the depositary.

(5) A withdrawal of a declaration made under article 94 renders inoperative, as from the date on which the withdrawal takes effect, any reciprocal declaration made by another State under that article.

Article 98

No reservations are permitted except those expressly authorized in this Convention.

Article 99

(1) This Convention enters into force, subject to the provisions of paragraph (6) of this article, on the first day of the month following the expiration of twelve months after the date of deposit of the tenth instrument of ratification, acceptance, approval or accession, including an instrument which contains a declaration made under article 92.

(2) When a State ratifies, accepts, approves or accedes to this Convention after the deposit of the tenth instrument of ratification, acceptance, approval or accession, this Convention, with the exception of the part excluded, enters into force in respect of that State, subject to the provisions of paragraph (6) of this article, on the first day of the month following the expiration of twelve months after the date of the deposit of its instrument of ratification, acceptance, approval or accession.

(3) A State which ratifies, accepts, approves or accedes to this Convention and is a party to either or both the Convention relating to a Uniform Law on the Formation of Contracts for the International Sale of Goods done at The

Hague on 1 July 1964 (1964 Hague Formation Convention) and the Convention relating to a Uniform Law on the International Sale of Goods done at The Hague on 1 July 1964 (1964 Hague Sales Convention) shall at the same time denounce, as the case may be, either or both the 1964 Hague Sales Convention and the 1964 Hague Formation Convention by notifying the Government of the Netherlands to that effect.

(4) A State party to the 1964 Hague Sales Convention which ratifies, accepts, approves or accedes to the present Convention and declares or has declared under article 92 that it will not be bound by Part Ⅱ of this Convention shall at the time of ratification, acceptance, approval or accession denounce the 1964 Hague Sales Convention by notifying the Government of the Netherlands to that effect.

(5) A State party to the 1964 Hague Formation Convention which ratifies, accepts, approves or accedes to the present Convention and declares or has declared under article 92 that it will not be bound by Part Ⅲ of this Convention shall at the time of ratification, acceptance, approval or accession denounce the 1964 Hague Formation Convention by notifying the Government of the Netherlands to that effect.

(6) For the purpose of this article, ratifications, acceptances, approvals and accessions in respect of this Convention by States parties to the 1964 Hague Formation Convention or to the 1964 Hague Sales Convention shall not be effective until such denunciations as may be required on the part of those States in respect of the latter two Conventions have themselves become effective. The depositary of this Convention shall consult with the Government of the Netherlands, as the depositary of the 1964 Conventions, so as to ensure necessary co-ordination in this respect.

Article 100

(1) This Convention applies to the formation of a contract only when the proposal for concluding the contract is made on or after the date when the

Convention enters into force in respect of the Contracting States referred to in subparagraph (1)(a) or the Contracting State referred to in subparagraph (1)(b) of article 1.

(2) This Convention applies only to contracts concluded on or after the date when the Convention enters into force in respect of the Contracting States referred to in subparagraph (1)(a) or the Contracting State referred to in subparagraph (1)(b) of article 1.

Article 101

(1) A Contracting State may denounce this Convention, or Part Ⅱ or Part Ⅲ of the Convention, by a formal notification in writing addressed to the depositary.

(2) The denunciation takes effect on the first day of the month following the expiration of twelve months after the notification is received by the depositary. Where a longer period for the denunciation to take effect is specified in the notification, the denunciation takes effect upon the expiration of such longer period after the notification is received by the depositary.

DONE at Vienna, this day of eleventh day of April, one thousand nine hundred and eighty, in a single original, of which the Arabic, Chinese, English, French, Russian and Spanish texts are equally authentic.

IN WITNESS WHEREOF the undersigned plenipotentiaries, being duly authorized by their respective Governments, have signed this Convention.

主要参考文献

一、英文部分

1. UNCITRAL, *Secretariat Commentary on Draft Convention on Contract for the International Sale of Goods*, Official Records, U. N. Doc, A/conf. 97/19(1981). U. N. Pub No. E. 81. Ⅳ. 3.

2. UNCITRAL, *Digest of Case Law on the United Nations Convention on Contracts for the International Sale of Goods.*

3. The International Sale Convention Advisory Council, *CISG - AC Opinion No. 1–No. 19*, http://www. cisg. law. pace. edu.

4. Peter Schlechtriem ed., *Commentary on the UN Convention on the International Sale of Goods*, Clarendon Press, Oxford, 1998.

5. The Commission on European Contract Law, *The Principle of European Contract Law*, Part Ⅰ, Ⅱ, 1999, http://www. cisg. law. pace. edu/cisg/text/pecl comments html.

6. John O. Honnold, *Uniform Law for International Sale under the 1980 United Nations Convention*, Deventer/Boston: Kluwer Law Publisher, (1982).

7. Albert H. Kritzer, *Guide to Practical Applications of the United Nations Convention on Contracts for the International Sale of Goods* Deventer/Boston: Kluwer Law Publisher, 1989.

8. Dubrovnik Lectures, *International Sale of Goods*, Oceana Publications. Inc. New York, 1986.

9. C. M. Bianca & M. J. Bonell eds., *Commentary on the International*

Sales Law: *The 1980 Vienna Sales Convention*, Milan: Giuffre, 1987.

10. Andre Janssen, Olaf Meyer eds. , *CISG Methodology*, European Law Publishers, 2009.

11. Larry A. DiMatteo ed. , *International Sale Law-A Global Challenge*, Cambridge University Press, 2014.

12. Ingiborg Schwenzer, Yesim atamer & Petra butler eds. , *Current Issues in the CISG and Arbitration*, Eleven International Publishing, 2014.

13. Indira Carr & Peter Stone eds. , *International Trade Law* (*Fifth Edition*), Routledge Taylor & Francis Group, London and New York, 2014.

14. Alexander Von Ziegler, Charles Debattista et al. eds. , *Transfer of Ownership in International Trade* (*Second Edition*), Kluwer Law International BV. The Netherland, 2011.

15. Franco Ferrari, *Specific Topics of the CISG in the Light of Judicial Application and Scholarly Writing*, Journal of Law and Commerce, Vol. 15, 1995.

16. J. Clark Kelso, *The United Nations Convention on Contracts for the International Sale of Goods*: *Contract Formation and the Battle of Forms*, Columbia Journal of Transnational Law, Vol. 21, 1983.

17. Peter Winship, *Changing Contract Practices in the Light of the United Nations Sales Convention*, *A Guide for Practitioners*, The International Lawyer, Vol. 29, Fall, 1995.

18. Douglas E. Goodfriend, *After the Damage is Done*: *Risk of Loss under the United Nations Convention on Contracts for the International Sale of Goods*, Columbia Journal of Transnational Law, Vol. 22, 1984.

19. John E. Murray, Jr, *An Essay on The Formation of Contracts and Related Matters under the United Nations Convention on Contracts for the International Sale of Goods*, Journal of Law and Commerce, Vol. 8, 1988.

20. Harry M. Flechtner, *Remedies under the New International Sales Convention*, *The Perspective from Article* 2 *of The UCC.* Journal of Law and

Commerce, Vol. 8, 1988.

21. Harry M. Flechtner, *Another CISG Case in the U. S. Courts: Pitfalls for the Practitioner and the Potential for Regionalized Interpretations*, Journal of Law and Commerce, Vol. 15, 1995.

22. Karen B. Giannuzzi, *The Convention on Contracts for the International Sale of Goods: Temporarily Out of "Service"?* Law & Policy in International Business, Vol. 28, 1997.

23. P. J. M. Declercq, *Modern Analysis of the Legal Effect of Force Majeure Clauses in Situations of Commercial Impracticability*, Journal of Law & Commerce, Vol. 15, 1995.

24. Franco Ferrari, *Uniform Application and Interest Rates under the* 1980 *Vienna Sales Convention*, Georgia Journal of International and Comparative Law, Vol. 24, 1995.

25. John A. Spanogle, *Incoterms and UCC Article* 2-*Conflicts and Confusions*, The International Lawyer, Vol. 31, Spring, 1997.

26. Henry Mather, *Choice of Law for Infernational Sales Issues Not Resolved by the CISG*, Journal of Law and Commerce, Vol. 20, 2005.

27. Clemens Pauly, *The Concept of Fundamental Breech as an International Principle to Create Uniformity of Commercial Law*, Journal of Law and Commerce, Vol. 19, 2000.

28. Dr. Bruno Zeller, *International Trade Law—Problems of Language and Concept?* Journal of Law and Commerce, Vol. 23, 2003.

29. E. Allan Farnsworth, *Damages and Specific Relief*, 27 American Journal of Comparative Law, 1979.

二、中文部分

1. UNCITRAL:《贸易法委员关于〈联合国国际货物销售合同公约〉判例法摘要汇编》, U. N. DOC. AICN. 9/562, 2004 年发布, 2008 年修订, 载 UNCITRA 官网, http://www. uncitral. org/uncitral/zh/case-law/digosts/cisg. html。

2. UNCITRAL:《贸易法委员会法规的判例法》,UN. DOC. No. A/CN. 91SER. C/ABSTRACTS/1993 ~ 2008 年发布。载 UNCITRAL 官网, http://www. uncitral. org/uncitral/zh/case_law/abstracts. html。

3. UNIDROIT:《国际商事合同通则》(2004),法律出版社 2004 年版。

4. 杨良宜:《国际商务游戏规则——英国合约法》,中国政法大学出版社 1998 年版。

5. 杨良宜:《国际货物买卖》,中国政法大学出版社 1999 年版。

6. 韩世远:《合同法总论》(第 2 版),法律出版社 2008 年版。

7. 江平主编:《中华人民共和国合同法精解》,中国政法大学出版社 1999 年版。

8. 中国国际经济贸易仲裁委员会编:《中国国际经济贸易仲裁裁决书选编》(1989—1995),中国对外经济贸易出版社 1997 年版。

9. 中国国际经济贸易仲裁委员会编:《中国国际经济贸易仲裁裁决书选编》(1995—2002)(货物买卖争议卷),法律出版社 2002 年版。

10. 陈若鸿编译:《英国货物买卖法:判例与评论》,法律出版社 2003 年版。

11. Ray August:《国际商法》(英文),高等教育出版社 2002 年版。

12. [美]理查德·谢弗等编:《国际商法》,邹建华等译,人民邮电出版社 2003 年版。

13. 左晓东:《信用证法律研究与实务》,警官教育出版社 1993 年版。

14. 中国国际商会仲裁研究所编:《典型国际经贸仲裁案例评析》,法律出版社 1999 年版。

15. 冯大同主编:《国际商法》,对外经济贸易大学出版社 1991 年版。

16. [英]施米托夫:《出口贸易——国际贸易的法律与实务》,对外经济贸易大学对外贸易系译,对外贸易教育出版社 1985 年版。

17. [英]施米托夫:《国际贸易法文选》,赵秀文选译,中国大百科全书出版社 1993 年版。

18. 金健:《国际商事合同履行法律问题比较研究》,武汉出版社 2001 年版。

19. 王军编著:《美国合同法判例选评》,中国政法大学出版社 1995

年版。

20. 程德钧主编:《涉外仲裁与法律》(第 1 辑),中国人民大学出版社 1992 年版。

21. [英]Paul Todd:《现代提单的法律与实务》,郭国汀、赖民译,大连海运学院出版社 1992 年版。

22. 吴惠琴主编:《国际经济与金融案例评析》,广东经济出版社 2000 年版。

23. 苏宗祥主编:《国际结算》,中国金融出版社 1998 年版。

24. 周建平:《买卖合同中的“格式战役”问题》,载《国际贸易问题》1994 年第 2 期。

25. 邓旭、倪建林:《论国际货物买卖的格式之争》,载《国际贸易问题》1995 年第 5 期。

26. 查韬宁:《时代进步的体现——对中国新合同法的一些看法》,载《国际贸易》1999 年第 5 期。

27. 王追林:《国际贸易索赔中的利息问题》,载《国际贸易问题》1991 年第 1 期。

28. 王追林:《谈谈不可抗力事故的法律效力与后果》,载《国际贸易问题》1988 年第 6 期。

29. 蔡春生:《国际货物买卖中预期违约和分批交货合同违约的救济方法》,载《国际贸易问题》1991 年第 2 期。

30. 雷鸣恩:《联合国国际货物买卖合同公约》与国际贸易惯例,载《国际贸易问题》1988 年第 2 期。